# 中国上市公司业绩评价报告

（2010）

中　联　研　究　院
中联财务顾问有限公司
中联资产评估有限公司
中联造价咨询有限公司
中　联　税　务　师　事　务　所
中勤万信会计师事务所
中国上市公司业绩评价课题组

科学出版社
北　京

## 内 容 简 介

进入2010年，中国经济显露复苏迹象，中国经济能否持续增长。课题组把上市公司的经营业绩放在全球金融危机大的经济环境背景下，通过跟踪市场热点、对上市公司财务数据的系统分析，从而得出科学的评价结论。报告首先系统分析了上市公司运行的国际国内宏观经济背景，对全部A股上市公司(不含保险、信托)进行了综合评价，并依据评价成果，深入征询了各界专家的意见，并通过网络参与、邮寄参与等形式，广泛吸收公众投资者的建议，最终评选出中国资本市场最具权威、系统、科学的中联百强排名。课题组还深入煤炭、钢铁、有色金属、石油石化、机械等11个重点行业，进行了细致分析，所选行业覆盖了十大规划重点扶持行业和投资者关注的市场热点板块。

适合从事相关领域研究人员参考学习使用，也适用于对上市公司经营业绩感兴趣的人士阅读。

**图书在版编目(CIP)数据**

中国上市公司业绩评价报告.2010/中联研究院等编.—北京：科学出版社，2010.6

ISBN 978-7-03-027801-2

Ⅰ.①中… Ⅱ.①中… Ⅲ.①上市公司－经济评价－中国－2010 Ⅳ.①F279.246

中国版本图书馆CIP数据核字(2010)第098533号

责任编辑：王伟娟 / 责任校对：张怡君

责任印制：张克忠 / 封面设计：耕者设计工作室



科学出版社出版

北京东黄城根北街16号

邮政编码：100717

http://www.sciencep.com

天时彩色印刷有限公司印刷

科学出版社发行 各地新华书店经销

*

2010年6月 第 一 版 开本：A4(890×1240)

2010年6月第一次印刷 印张：21 1/2

印数：1—8 000 字数：509 000

**定价：78.00元**

(如有印装质量问题，我社负责调换)

# 2010中国上市公司业绩评价课题组成员

**顾问：**孟建民

**组长：**王子林　沈　莹　刘长琨　胡柏枝

**成员：**廖家生　孙庆红　刘绍娓　徐文石
穆东升　余蓓蕾　蒋宝恩　张成栋
沈　琦　丁亚轩　高红戈　胡柏和
高　忻　范树奎　周沫佟　刘　志
潘　明　程　旭　金　阳　唐章奇
鲁杰刚　彭　璐　李麦团　方炳希
陈志红　胡　智

# 目 录

## 附录一 中国上市公司业绩评价体系说明



## 附录二 2009年度中国上市公司业绩评价排序

## 附录三 2009年度中国上市公司分类财务指标及评价得分

## 后 记

# 第一章

# 宏观经济形势与股市表现

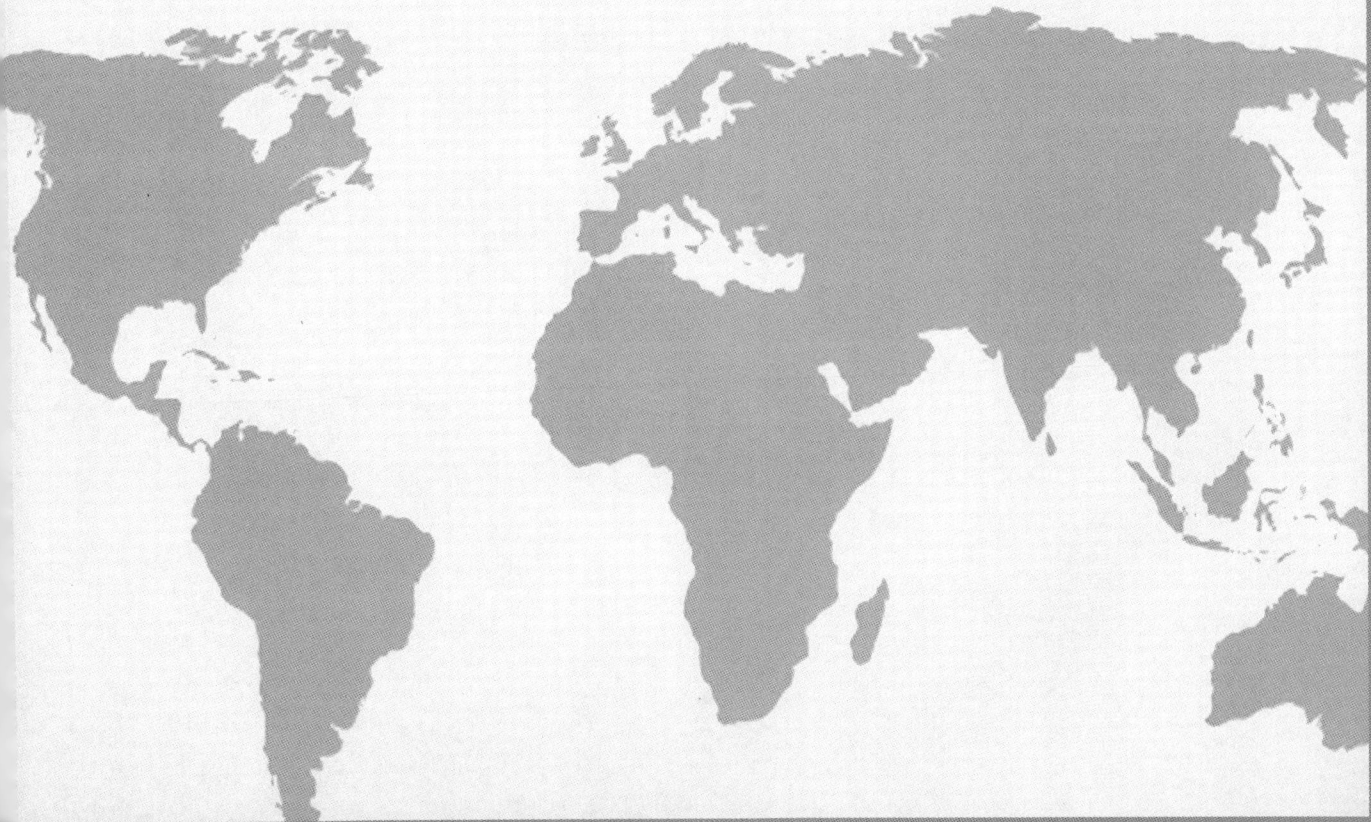

# 一、全球经济从衰退走向复苏

## （一）各国经济步入复苏

2009年为应对由金融危机导致的经济危机，各国相继出台了宽松的货币和财政政策以及巨额经济刺激计划阻止经济进一步下滑。目前发达国家金融市场已基本恢复平静，投资者信心已经恢复，经济刺激计划取得显著成效。但在发达国家内部，经济状况出现了比较明显的分化，美国经济复苏强劲；欧洲经济复苏缓慢；日本经济复苏增长动力不足。发达国家就业形势严峻、信贷持续收缩以及财政赤字日益扩大，个别国家主权信用风险凸显，构成经济稳定复苏和长期增长的不利因素。但与此形成对比的是，新兴国家市场在金融危机中仍然保持了相对较快的经济增长，新兴国家经济已经出现全面触底、企稳乃至反弹的迹象，新兴国家伴随着自身实力的增强正引领全球走出衰退深渊，成为世界经济复苏的火车头。尤其是以中国、印度为首的亚洲经济体发挥了重要作用。

### 1. 美国经济走向复苏

2009年下半年，在宽松的货币和财政政策刺激下，美国经济开始从衰退走向复苏，第四季度更是超预期增长。2009年美国各季度实际GDP环比折年率分别为－6.40％、－0.70％、2.20％和5.60％，同比分别为－3.30％、－3.80％、－2.60％和0.10％，如图1-1所示。2009年底GDP季度数据累计下降2.40％。库存调整和居民支出成为2009下半年经济回暖的主要贡献因素，美国全年商品和服务贸易逆差为3807亿美元，创8年来最低水平。

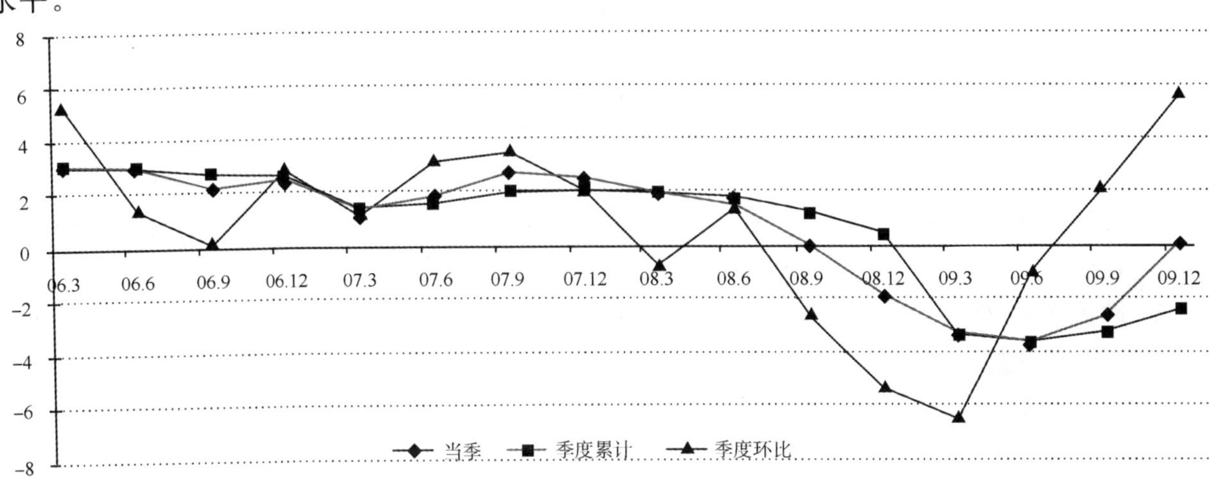


**图1-1　美国GDP季度增速**

数据来源：美国国家统计局

美国CPI和PPI于2009年7月份见底回升。2009年第四季度，美国CPI和PPI出现大幅攀升并双双转正。如图1-2所示。

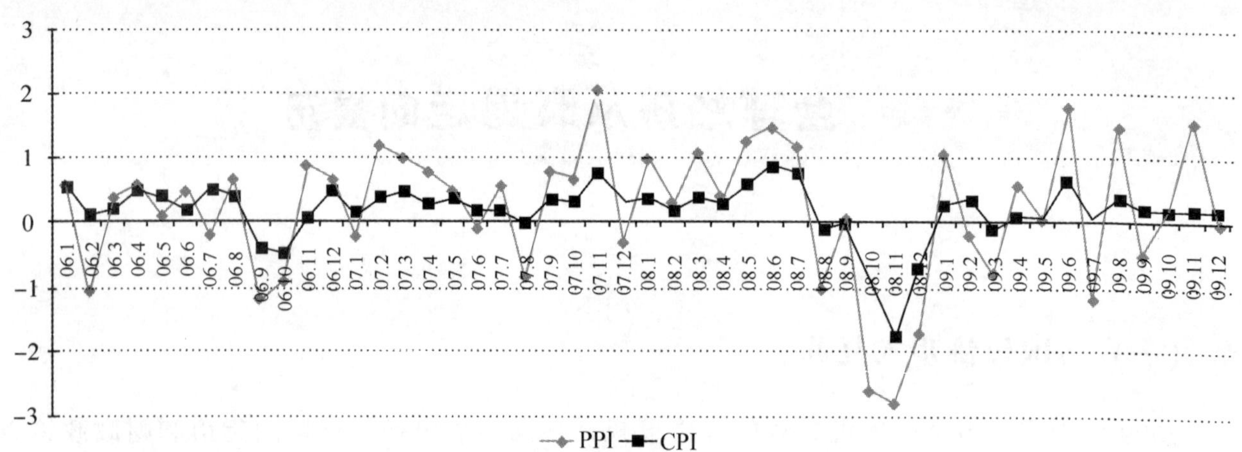


**图1-2 美国CPI和PPI走势**

数据来源：美国劳工部

就业形势依然严峻。失业率由年初的7.40%上升到至10月份的全年最高点10.10%，11、12月份微降至10.00%，就业形势仍然不乐观。如图1-3所示。

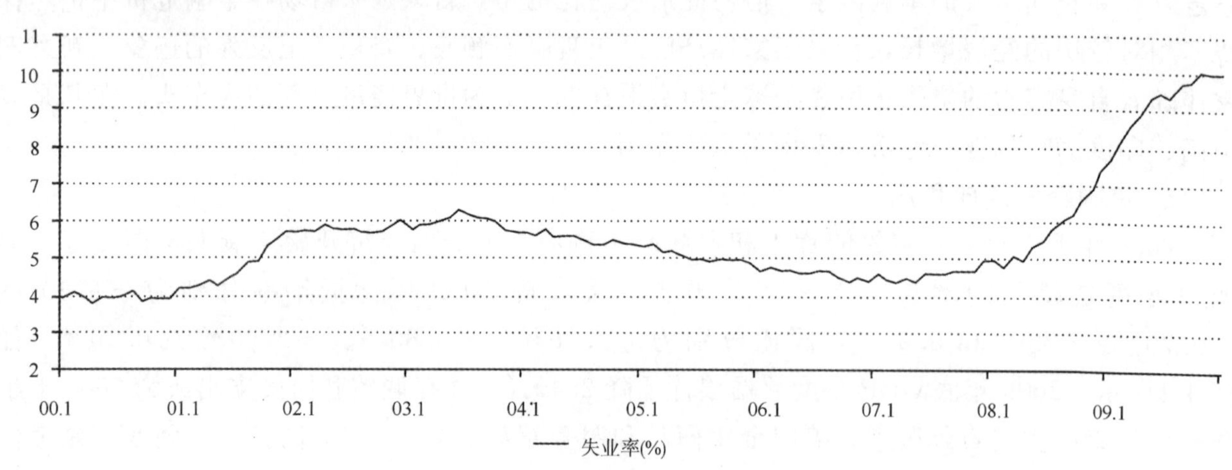


**图1-3 美国2000～2009年失业率**

数据来源：美国劳工部

美元近年持续走弱。今年初美元走强，NYMEX美元指数于2009年3月9日收于年内高点89.29。此后，美元持续走弱。2009年12月，由于迪拜世界集团债务危机、希腊等欧洲国家主权债务危机等原因，美元从低点反弹。年末，NYMEX美元指数报收于77.86，较上年末下降4.00%，如图1-4所示。

**2. 欧元区经济缓慢复苏**

在本轮经济复苏中，欧元区虽然与美国一样，都是在去年第三季度开始复苏，但欧洲经济反弹的力度明显不及美国，全年实际GDP下降4.10%。2009年欧元区各季度实际GDP环比增幅分别为－2.50%、－0.10%、0.40%和0.10%，同比分别下降5.10%、4.90%、4.10%和2.10%，如图1-5所示。欧洲经济复苏的动力主要来自于出口，而非内需，2009年第四季度个人消费、库存和政府支出增长十分微弱，企业投资下降0.20%，进口下降

0.30%。这些数据显示，欧盟经济依然十分脆弱，内需恢复尚需时日。

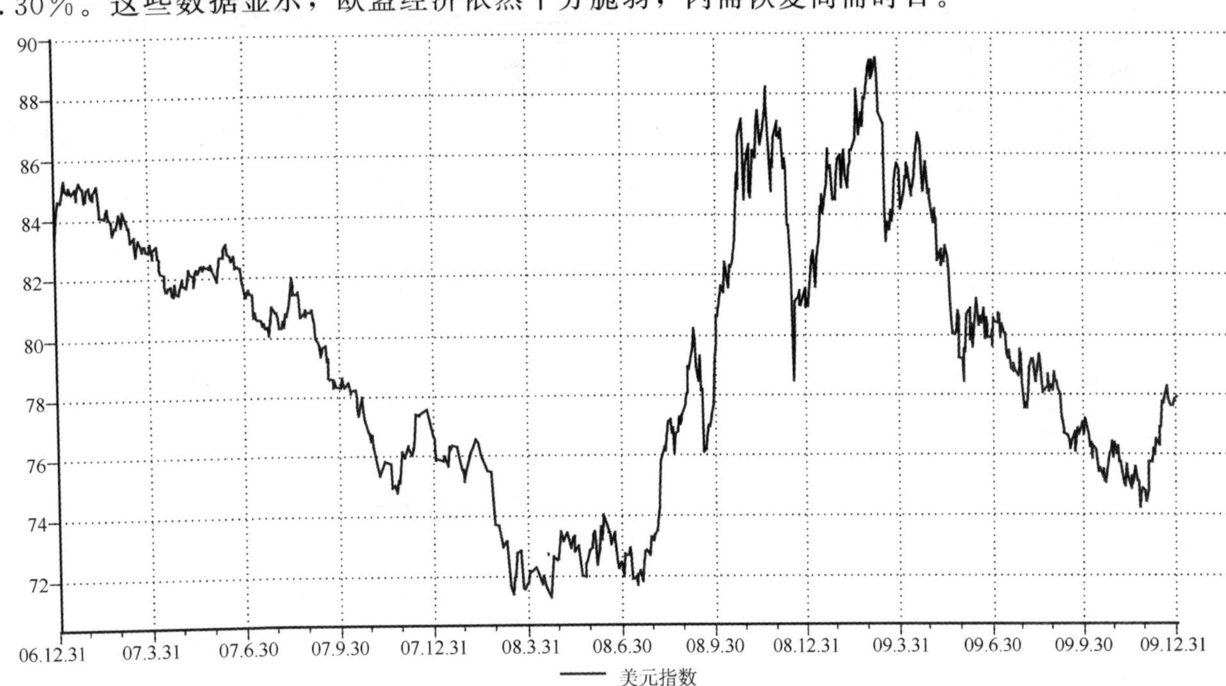


**图 1-4 美元指数走势**

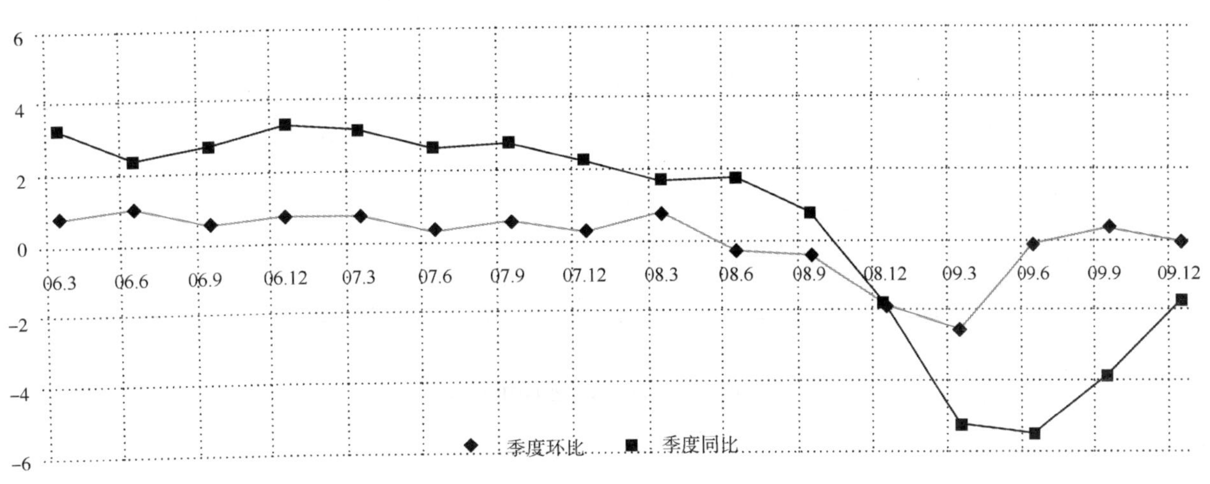


**图 1-5 欧元区季度 GDP 增长**

数据来源：Wind

欧元区消费者调和物价指数由负转正。欧元区消费者调和物价指数同比涨幅在前五个月总体下降，6～10 月处于负增长区间，11 月转为正值，如图 1-7 所示。

失业率居高不下。经季节调整的失业率从 1 月份的 8.50%不断上升，11 月份已达 9.90%，为 1998 年 8 月以来最高水平。欧元区劳动力市场仍在下滑，短期内个人消费难有大的起色，如图 1-8 所示。

全球金融危机爆发后，欧盟各国大力实施经济刺激计划，很多成员国的财政赤字水平远高于《稳定与增长公约》规定的占国内生产总值 3%的上限。欧盟委员会估计，欧盟 2009 年的财政赤字占国内生产总值的比重平均为 6.90%，2010 年预计为 7.50%，2011 年预计为 6.90%。欧元区 16 个成员中有 13 个财政水平不达标。

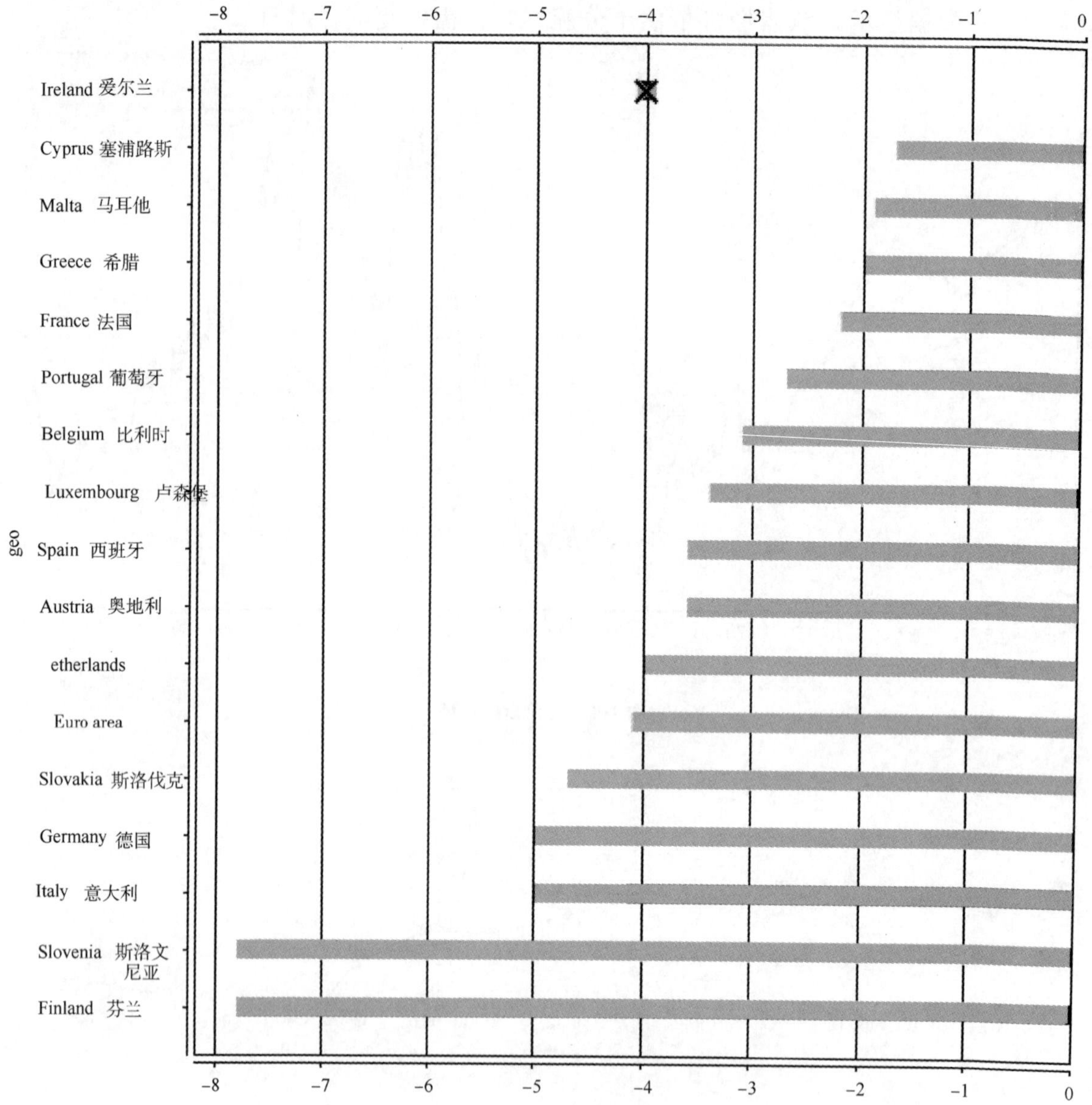

-8 -7 -6 -5 -4 -3 -2 -1 0

Ireland 爱尔兰
Cyprus 塞浦路斯
Malta 马耳他
Greece 希腊
France 法国
Portugal 葡萄牙
Belgium 比利时
Luxembourg 卢森堡
Spain 西班牙
Austria 奥地利
etherlands
Euro area
Slovakia 斯洛伐克
Germany 德国
Italy 意大利
Slovenia 斯洛文尼亚
Finland 芬兰

geo

-8 -7 -6 -5 -4 -3 -2 -1 0

**图 1-6 2009 年欧元区 16 国 GDP 增长情况**

数据来源：Eurostat

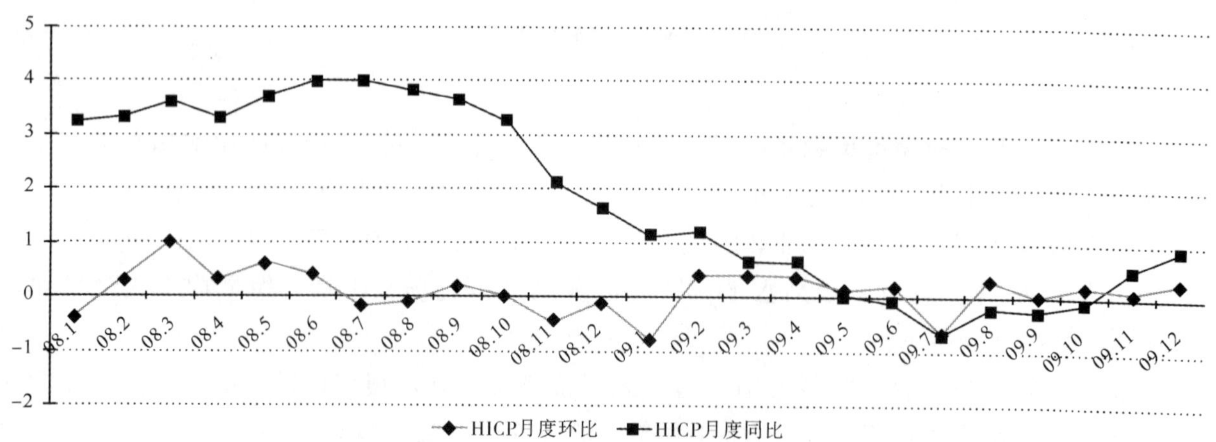


**图 1-7 欧元区消费者调和物价指数**

数据来源：Eurostat

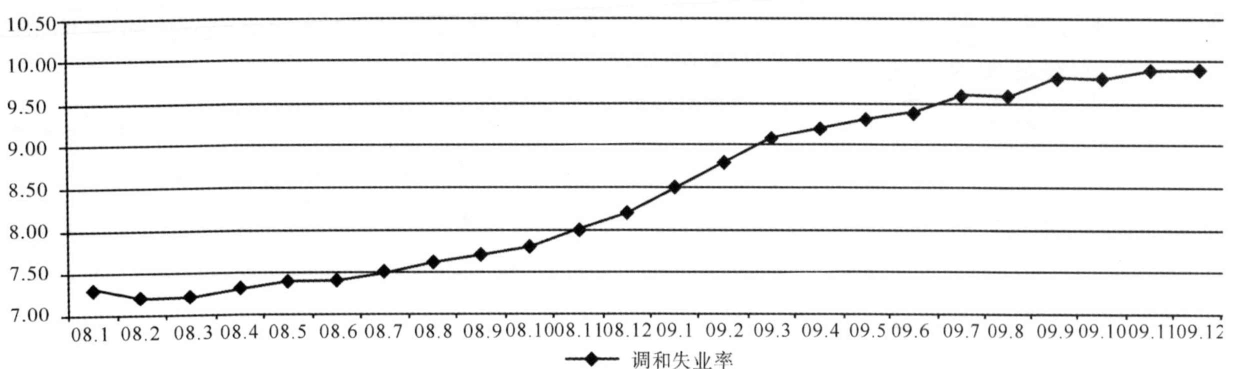


**图 1-8　欧元区调和失业率**

数据来源：Eurostat

欧洲债务危机严重撼动欧洲不稳固的复苏基础。2009 年 12 月，全球三大评级公司下调希腊主权评级，使其陷入主权债务危机中，欧美股市与欧元纷纷下跌，同样债台高筑的西班牙和葡萄牙等纷纷被“拖下水”，政府赤字远远高于预期。希腊、西班牙、葡萄牙等这些国家的主权债务风险对市场信心造成了冲击，同时引发了市场对欧洲货币联盟稳定性的疑虑。

受债务危机影响，欧元汇率走低。2009 年年初，欧元兑美元汇率一路振荡下行，并于 2 月 18 日收于 1.253 7 的年内最低点。其后，欧元汇率保持振荡上行走势。至 12 月，因迪拜债务风波、希腊等欧元区国家面临主权债务风险，欧元汇率继续下跌。

**3. 日本经济增长动力不足**

日本经济复苏力度强于欧洲，主要得益于亚洲新兴经济体强劲复苏，摆脱通货紧缩是日本央行当前较为紧迫的任务。日本经济从 2009 年第二季度开始复苏。2009 年日本各季度实际 GDP 环比分别增长－3.60％、1.50％、－0.10％和 0.90％，同比下降 8.90％、5.70％、5.20％、1.00％，全年实际 GDP 下降 5.20％。日本经济摆脱复苏的方式与欧盟类似，主要是依靠出口带动，个人消费出现较大幅度的回升，这一方面归功于去年较低的基数，如图 1-9所示。

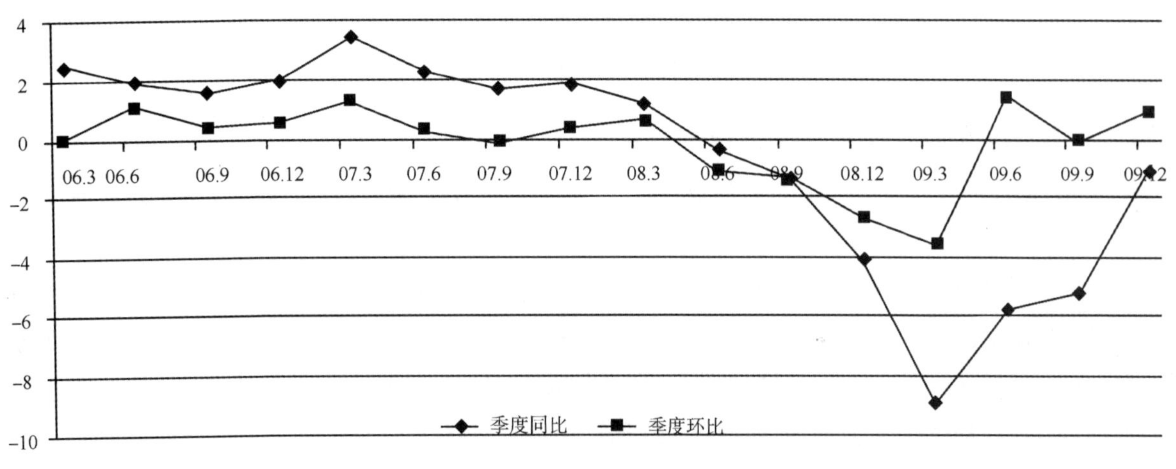


**图 1-9　日本 GDP 季度增速**

数据来源：Wind

日本失业率由 2009 年年初的 4.10％逐渐上升至 9 月份的 5.50％，此后失业率下降至 12 月份的 4.80%。就业市场恶化的趋势得到遏制。失业率渐趋稳定和政府仍在实施刺激计划使得个人消费可以继续增长。

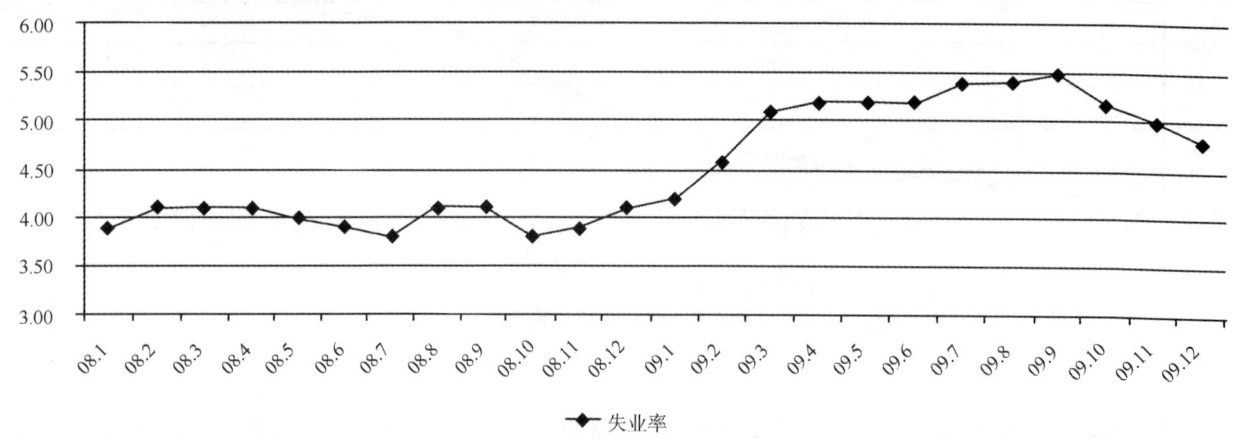


**图 1-10　日本失业率变化走势**

2009 年以来，日本物价水平持续走低，通货紧缩压力加大，CPI 同比涨幅从 1 月的 0 下降至 10 月的−2.50%，11、12 月份 CPI 同比降幅略有收窄，分别为−1.90%和−1.70%，有企稳回升迹象，如图 1-11 所示。

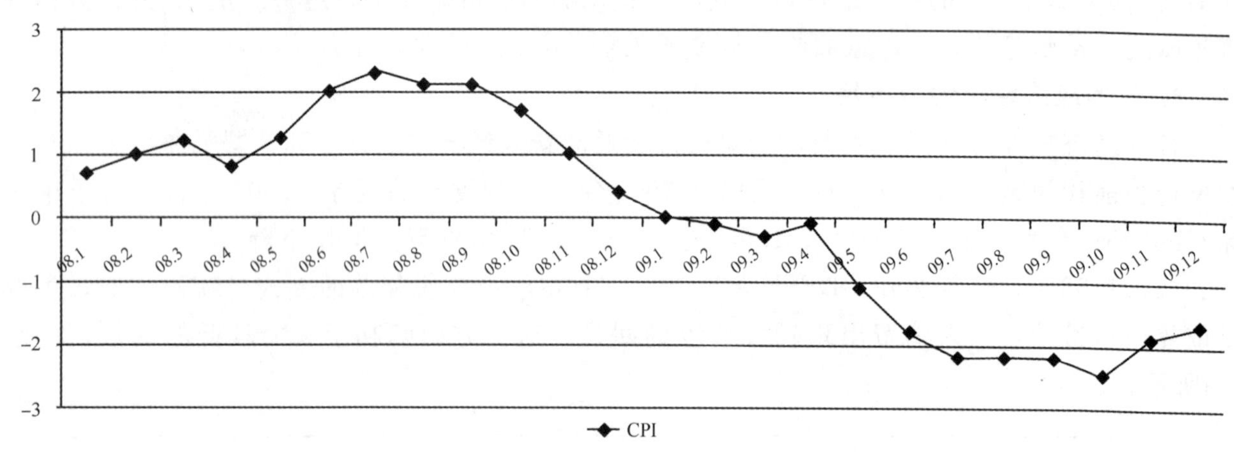


**图 1-11　日本 CPI 变化走势**

**4. 中国、印度等新兴市场经济强劲增长**

新兴市场的情况则截然相反，经济强劲增长。尽管也承受了金融危机和全球衰退的冲击，但总的来看，新兴经济体遭受的是间接伤害而非直接伤害。新兴经济体无须应对处于金融危机“震中”的经济体所要面对的余波问题。在消化了需求冲击之后（或者采取宏观刺激政策抵消了需求冲击之后），很多新兴经济体都能基本恢复至危机前的增长率。新兴市场经济在 2009 年保持了 6.50%的经济增速，成为拉动全球经济增长的重要力量。

亚洲新兴经济体由于财政和国际收支状况较好，外债负担较轻，复苏势头明显。其中，中国实际 GDP 比上年增长 8.70%，印度实际 GDP 比上年增长 5.60%。2009 年亚洲新兴市场的经济增长模式已经逐步从出口导向型增长模式向内需增长的模式转变。中国旺盛的需求对亚洲其他国家产生巨大影响。

2009 年“金砖四国”中中国、印度复苏势头强劲。其中，中国国内生产总值增长

8.70%，比上年下降 0.90 个百分点；印度 5.70%，比上年下降 0.60 个百分点；俄罗斯 −7.90%，比上年下降 13.50 个百分点；巴西−0.20%，比上年下降 5.30 个百分点。

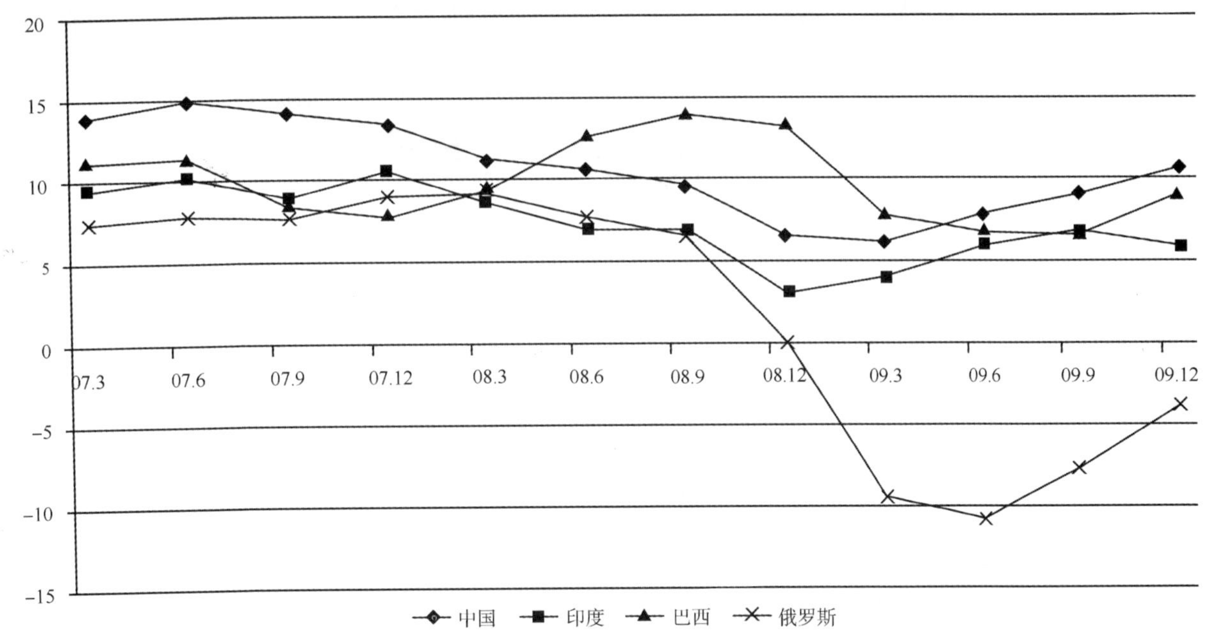


**图 1-12 "金砖四国"GDP 同比增长走势**

其他新兴市场国家经济表现不够乐观。中东地区由于经济结构相对单一，经济复苏一波三折。拉美地区经济出现分化。墨西哥经济继续下滑，巴西和阿根廷则逐步摆脱了危机影响，经济快速恢复。东欧一些经济体由于政府财政负担过重，金融系统脆弱，对外资吸引力下降，其经济回升势头相对缓慢。据 IMF 统计，非洲、中东新兴市场和发展中经济体 2009 年实际 GDP 分别增长 1.90%和 2.20%，独联体、中东欧和西半球新兴市场和发展中经济体实际 GDP 分别下降 7.50%、4.30%和 2.30%。

IMF 预计发展中经济体 2010 年 GDP 增速为 5.10%，明显高于全球经济增速的 3.10%。而新兴亚洲 2010 年 GDP 将增长 7.00%，其中中国和印度分别贡献 2.10 和 1.10 个百分点，全球经济以至新兴亚洲的总体增长动力在很大程度上仍然是得益于中印两国的增长势头。

### （二）各国资本市场逐步回暖，亚洲市场领涨全球

2009 年世界经济逐步从衰退走向复苏。全球各金融市场主要股指、大宗商品期货价格和黄金价格等都创下多年来少有的年度涨幅，黄金价格再创历史新高；主要经济体实施的宽松货币政策引导下，主要货币短期利率显著下降；美元除在年初走强外持续走弱。

**1. 美国股市**

2009 年年初至 3 月中旬，美国经济衰退逐步加深，美国三大股指大幅下跌。3 月 9 日，道琼斯指数报收于 6 547 点，为 1997 年 4 月 14 日以来最低收盘价。此后，受美联储和美国财政部实施一系列救市措施等因素影响，美国三大股指强劲反弹。如图 1-13 所示。2009 年年末，道琼斯、标准普尔、纳斯达克指数分别报收 10 428.05 点、1 115.10 点和 2 269.15 点，较上年末分别大幅回升 18.82%、23.45%和 43.88%。

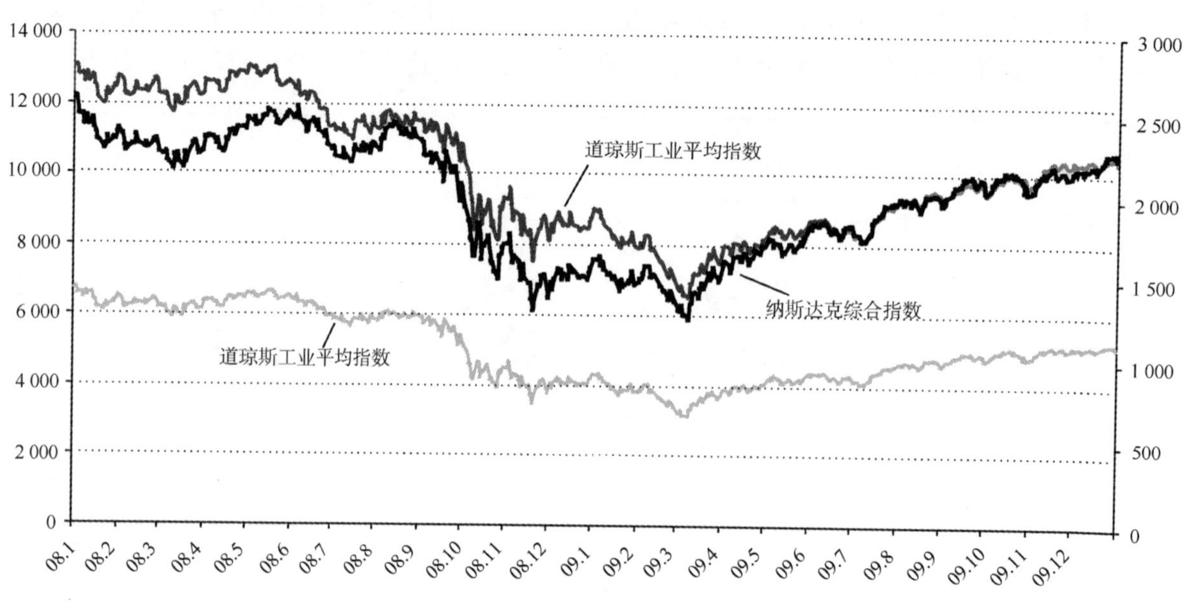


**图 1-13 2009 年美国三大股指走势**

数据来源：Wind

**2. 欧洲股市**

欧洲主要股指走势与美股相似。从 3 月中旬起，欧洲主要股指开始大幅反弹。2009 年末，德国 DAX、法国 CAC40 和英国金融时报 100 指数分别收于 5 957.43 点、3 935.50 点和 5 397.90 点，较上年末分别大幅上涨 23.85%、22.33%和 22.88%。

**图 1-14 2009 年欧洲三大股指走势**

数据来源：Wind

**3. 亚洲股市**

亚洲股票市场上，日经 225 股指与香港恒生股指也呈现大幅上涨走势。2009 年年末，日经 225 股指和香港恒生股指分别收于 10 546.44 点和 21 496.62 点，较上年末分别大幅上升 19.04%和 51.01%，如图 1-15。韩国、印度、泰国、澳大利亚股市的主要股票指数全年分别大幅上涨 49.70%、81.00%、63.30%和 33.40%。

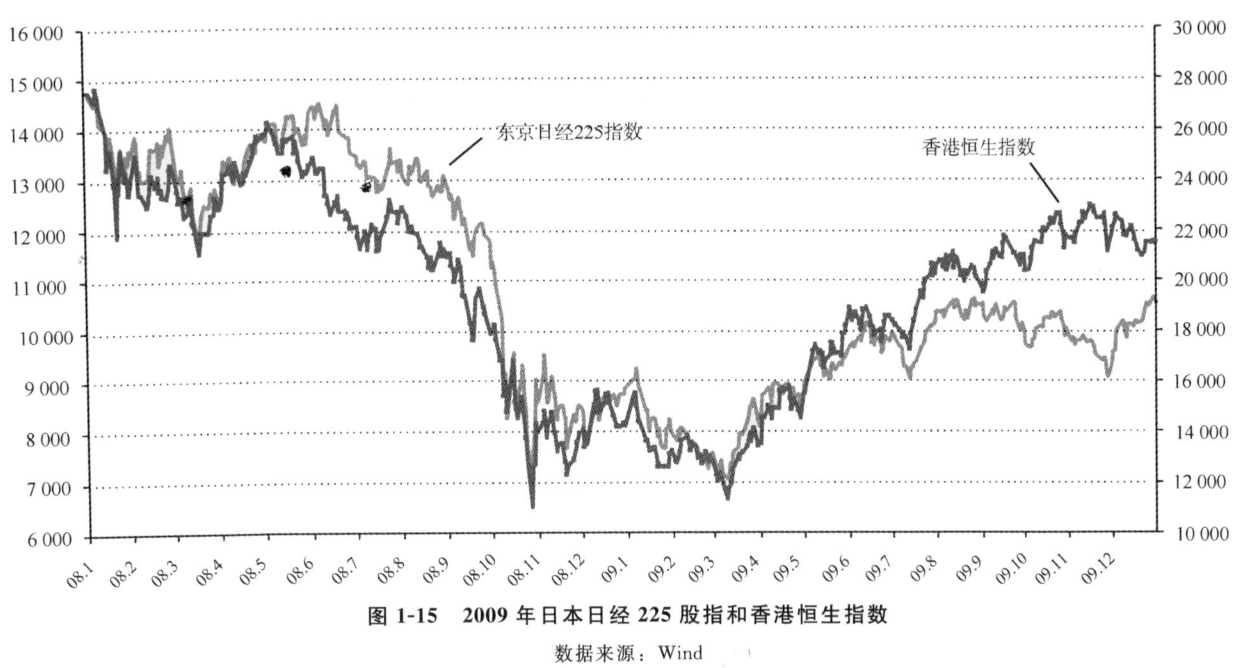


**图 1-15 2009 年日本日经 225 股指和香港恒生指数**

数据来源：Wind

## （三）大宗商品期货价格大幅回升，黄金价格创历史新高

### 1. 国际黄金价格创历史新高

2009 年年初，受美元走强等因素影响，伦敦现货金价下跌，并于 1 月 14 日收于 810.35 美元/盎司的年内最低点。4 月中旬以后，伦敦现货金价大幅上涨，屡创新高。12 月 2 日，伦敦金价报收 1 214.60 美元/盎司的历史最高点。年末，伦敦黄金价格收于 1 095.70 美元/盎司，较上年末上升 24.80%。

### 2. 国际原油期货价格大幅回升

2009 年年初，国际原油期货价格持续下跌，西德克萨斯和布伦特原油期货价格分别于 2 月 12 日和 18 日报收于 34 美元/桶和 39.60 美元/桶的年内最低点。此后，在主要经济体经济金融形势好转等因素影响下，原油期货价格一路振荡上行。年末，西德克萨斯和布伦特原油期货价格分别收于 79.40 美元/桶和 77.90 美元/桶，较上年末分别大幅上涨 77.90%和 70.90%。

### 3. 有色金属期货价格大幅回升

2009 年，有色金属走势呈现阶段性上扬特征，有色板块的股指走向紧密跟随金属价格呈现波段性上行走势。上半年，各国的经济刺激政策以及充裕的流动性是其背后强大的支撑动力，以铜为首的各金属价格大幅回升，伦敦金属交易所（LME）的期铜价格一路大幅上涨。年末，期铜价格收于 7375 美元/吨，较上年末大幅上升 140.20%。下半年，由于收储结束、中国因素动能减弱、流动性投放力度也开始减弱，同时美元反弹等因素使得价格上涨动能不足，但在全球经济尤其是美国经济缓慢复苏过程中，实际需求缓慢回升，行业景气度逐步提升，呈现震荡上行走势。

# 二、中国经济增长领跑全球

## （一）经济回升势头强劲

2009 年国内生产总值 335 353 亿元，比上年增长 8.70%，增速比上年回落 0.90 个百分点。一季度增长 6.20%，二季度增长 7.90%，三季度增长 9.10%，四季度增长 10.70%。其中四季度 GDP 较快增长主要得益于消费的较好拉动和出口形势的好转。如图 1-16 所示。其中，第一产业增长 4.20%；第二产业增长 9.50%；第三产业增长 8.90%。

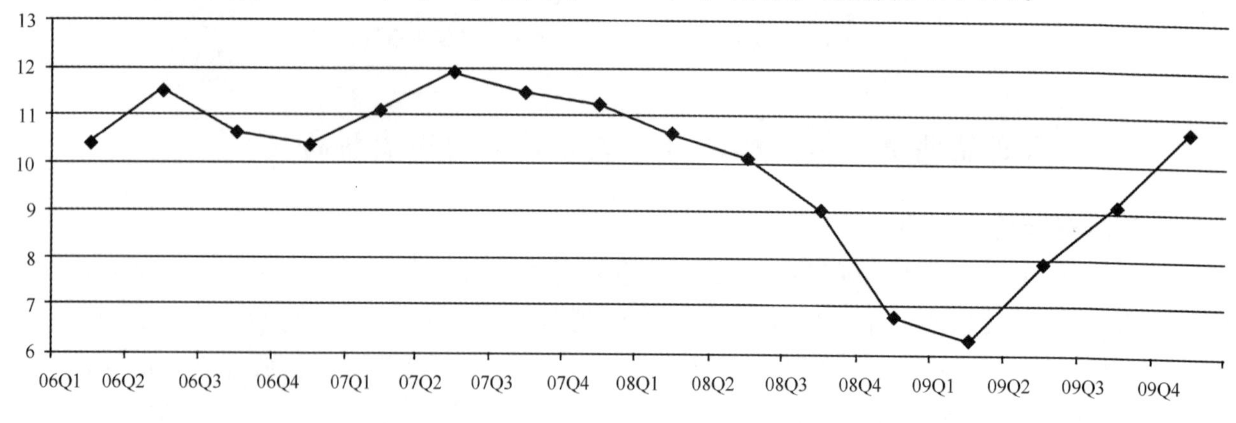


**图 1-16　中国 GDP 增速**

数据来源：国家统计局

投资成为 GDP 增长的主要动力。2009 年中国经济总体呈现出加速复苏态势，从三驾马车——投资、消费和出口对经济增长的贡献率看，投资是 2009 年经济强劲复苏的主要动力。2009 年固定资产投资实际增速是 1993 年以来最高。不过，从 11、12 月份的走势看，固定资产投资开始逐渐回落，如图 1-17 所示。

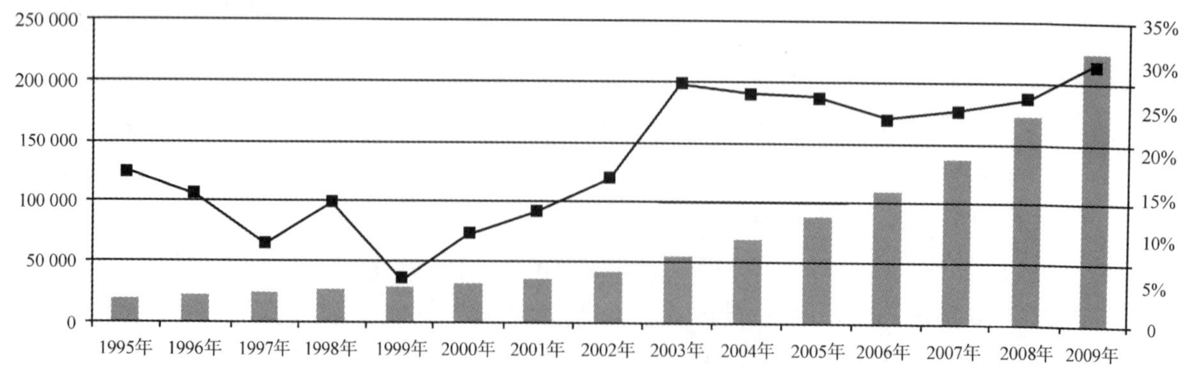


**图 1-17　全社会固定资产投资及增长**

数据来源：国家统计局

消费拉动作用增大。2009 年全年社会消费品零售总额 125 343 亿元，比上年增长 15.50%；扣除价格因素，实际增长 16.90%，为近 20 年来最高增长率。

中国国际收支继续呈现“双顺差”。全年进出口比上年下降 13.90%。11 月份进出口总额同比涨幅由负转正。贸易顺差 1 961 亿美元，比上年减少 994 亿美元。由于世界主要发达经济体经济复苏的步伐相对缓慢，且力度较弱，我国出口的好转也将相对滞后，如表 1-1 所示。

**表 1-1　　2009 年三大需求对 GDP 增长的贡献**

| 名称 | 2009 年 |
| --- | --- |
| 最终消费对 GDP 的贡献率（%） | 52.50 |
| 最终消费对 GDP 的拉动（百分点） | 4.60 |
| 资本形成对 GDP 的贡献率（%） | 92.30 |
| 资本形成对 GDP 的拉动（百分点） | 8.00 |
| 净出口对 GDP 的贡献率（%） | −44.80 |
| 净出口对 GDP 的拉动（百分点） | −3.90 |
| 生产法 GDP 不变价增长速度（%） | 8.70 |

随着经济强劲回升，通货膨胀压力增强。居民消费价格和生产价格全年下降，2009 年年底出现上升。全年居民消费价格比上年下降 0.70%。居民消费价格 11 月份同比涨幅由负转正。全年工业品出厂价格下降 5.40%，12 月份由负转正。同时，居民消费价格和生产价格环比增长明显上扬。

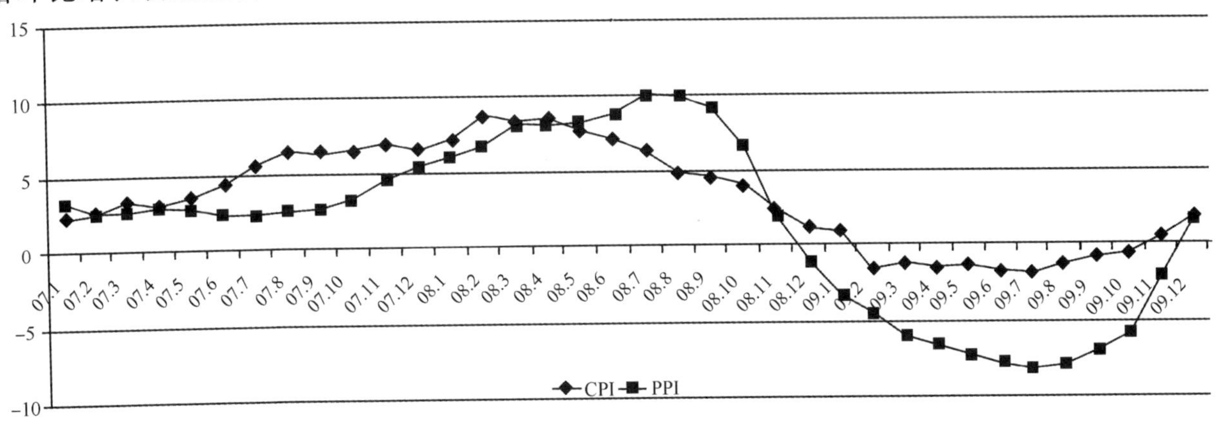


**图 1-18　CPI、PPI 同比增长（%）**

数据来源：国家统计局

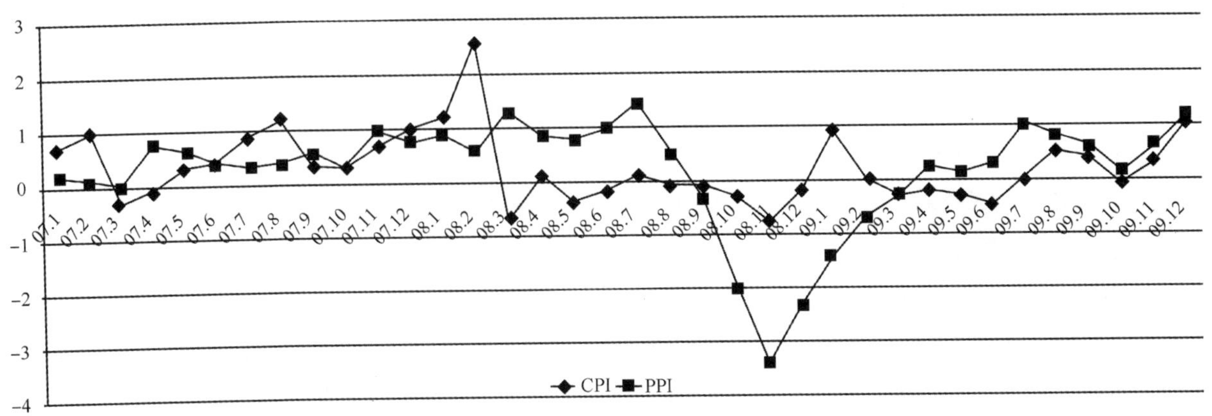


**图 1-19　CPI、PPI 环比增长（%）**

数据来源：国家统计局

全球金融危机的持续蔓延与艰难复苏给2009年中国经济发展带来巨大挑战。2009年中国经济形势呈现出了以下主要特点：一是经济增长前低后高，快速企稳超过市场预期；二是经济企稳回升主要靠投资拉动，消费出现可喜变化；三是商品价格水平低位徘徊，资产价格回升较快；四是失业情况总体得到改善，农民工就业形势迅速好转；五是出口低位维稳，初现复苏曙光；六是银行系统的稳定性在世界上表现突出，为经济企稳回升奠定基础。

2009年中国经济之所以快速企稳回升，得益于为应对全球金融危机所采取的“一揽子”刺激经济计划。从2008年11月开始，中央果断调整宏观经济政策，实施积极的财政政策和适度宽松的货币政策。迅速出台扩大内需、促进经济增长的十项措施，及时制定完善了一系列“保增长、扩内需、调结构”的政策，形成了系统完整的促进经济平稳较快增长的“一揽子”计划。具体而言，4万亿元经济刺激计划推动投资快速增长；大规模减税、“家电下乡”及改善民生等政策刺激消费需求，效果显著；适度宽松的货币政策保证了市场流动性，刺激了信贷；经济结构调整力度加大，发展势头趋好。

**2009年宏观经济重大事件**

☆ 天量信贷投放推动经济复苏
☆ 十大产业振兴规划出台
☆ 成品油定价机制改革
☆ 跨境贸易人民币结算正式实施
☆ 新医疗改革方案出台
☆ 美对中国轮胎加征特保关税引发中美贸易摩擦
☆ 十大经济区规划竞相出笼

### （二）股票市场继续回暖

A股总市值在2009年呈现翻番式增长。到2009年底，沪深A股市场总市值已恢复到24.27万亿元人民币的水平，较2008年增长100.88%，超越日本成为列美国之后的全球第二大市值市场。2009年中国经济证券化率为72.36%，比2008年增加了30个百分点。2009年流通股市值首次超过限售股市值，占到总市值的61.64%。

其中，上证综指从2008年年底的1 820.81点，上涨到2009年年底的3 277.14点，上涨了79.98%；成交量116.52亿股，比上年增长131.21%；成交额1 389.77亿元，比上年增长314.53%。深证成指从2008年年底的6 485.51点，上涨到2009年年底的13 699.97点，上涨了111.24%；成交量7.33亿股，比上年增长0.70%；成交额142.06亿元，比上年增长138%。沪深300指数从2008年年底的1 817.72点，上涨到2009年年底的3 575.68点，上涨了96.71%。成交量69.24亿股，比上年增长94.33%；成交额980.04亿元，比上年增长259.10%，如图1-20所示。

**图 1-20 上证综指和深证成指走势**

数据来源：Wind

## 创业板成功孕育诞生

2009 年成为中国创业板元年，也成为中国资本市场具有里程碑意义的一年，多层次资本市场体系建设取得重要突破。筹备了十年的创业板终于在 2009 年 11 月 30 日开板。2009 年截至目前已有 78 家公司登陆创业板市场，有 36 家成功登陆。自创业板开板至 2009 年底，创业板总市值一度突破 1600 亿元。

# 三、中国将成为“后金融危机”时代全球经济的发动机

## （一）中国经济会继续领涨全球

### 1. 全球经济继续复苏，但前景不明朗

随着世界经济复苏趋势逐渐明朗，美国2010年一季度经济数据总体上超出市场预期，加之美国上市公司业绩逐渐恢复并好于预期，2010年第一季度美国股市的反弹趋势得以延续。欧洲虽然爆发债务危机，但在美国股市的带动以及自身经济摆脱衰退的刺激下，欧洲三大股指小幅上涨。新兴市场方面，由于2009年已经获得相当可观的涨幅，2010年第一季度略显疲态。

目前来看，全球经济的主要风险仍来自发达国家。主权债务风险已成为对全球金融稳定和经济复苏的威胁，其潜在系统性影响值得关注。银行业杠杆化过程的延长可能导致经济的可持续复苏缺乏融资支持，增加了退出策略的复杂性和难度。主要发达国家向金融市场注入的流动性及其退出政策的不确定性增加了国际资本流动的不稳定，加大了新兴市场经济体短期资本流动管理的难度。贸易和金融保护主义抬头的风险也不容忽视。

**希腊危机大事记**

☆ 2009年10月20日刚刚上台的希腊社会党政府宣布，2009年财政赤字占GDP比例将超过12%。

☆ 2009年12月三大评级机构纷纷调降了希腊主权评级，同时葡萄牙、西班牙也遭到评级下调。

☆ 2010年1月28日德国与希腊10年期国债利率首次超过400个基点，创下最高纪录。

☆ 2010年1月29日西班牙政府表示2009年财政赤字达到GDP的11.4%，超过预期。

☆ 2010年2月15日欧元区16国的财政部长表示，将给希腊一个月的时间来证明它能够恢复预算平衡，否则欧元区其他国家将要求它大幅削减支出，并开征新税。

☆ 2010年3月3日希腊政府公布新增收节支48亿欧元（约合67亿美元）方案，旨在削减庞大赤字。

☆ 2010年3月5日希腊政府出售了50亿欧元（合68亿美元）的10年期债券，希腊危机得到一定缓解。

☆ 2010年3月25日欧元区国家领导人同意欧元区国家将和国际货币基金组织在必要情况下联手救助希腊。

☆ 2010年4月27日标普将希腊的长期主权信用评级由BBB＋降为BB＋，从而沦为垃圾级；短期主权信用评级由A—2降至B，评级展望定为负面。此外，标准普尔还下调了希腊国民银行、欧元银行、阿尔法银行和比雷埃夫斯银行的信用评级。

国际货币基金组织（IMF）于2010年4月发表最新《世界经济展望》报告，世界经济复苏情况好于预期，调高2010年世界经济全年增长预期0.30％至4.20％，预计2011年将增长4.30％。全球经济复苏程度差异很大：许多发达经济体复苏乏力，但多数新兴和发展中经济体的复苏步伐坚实。政策支持对于维持复苏必不可少，这包括采取扩张性的货币政策，即提供非常规性的流动性，此外还有采取刺激性的财政政策。在发达经济体中，美国比欧洲和日本迎来更好的开端。在新兴和发展中经济体中，亚洲新兴经济体处于领先地位。拉丁美洲主要经济体以及其他新兴和发展中经济体的增长也在巩固，但许多欧洲新兴经济体和独联体各国的增长仍然落后。

世界经济将进一步复苏，但不同地区和同一地区内不同经济体的复苏速度将有所不同。发达经济体的复苏进程较为温和，但大部分新兴市场和发展中经济体的复苏进程则稳步推进。发达经济体经济2010年预计增长2.40％；欧元区经济2010年预计增长1.50％；日本经济2010年预计增长2.00％。亚洲新兴经济体将继续保持经济增长，2010年增速预计为6.50％。其中，中国经济2010年增速预计为9.90％，印度2010年经济增速预计为8.40％。

**2. 中国经济继续强劲回升**

2010年经济回升势头强劲。一季度，我国国民经济持续了自2009年下半年以来回升向好的势头，GDP同比增长11.90％，比2009年一季度的增长速度加快5.70个百分点。2010年一季度国民经济增长速度比2009年第四季度快1.20个百分点，比2009年第三季度快3个百分点，比2009年第二季度快4个百分点。这些数据显示，我国经济增速回升的态势十分强劲。我国经济增速强劲回升，主要基于四个方面：一是总体上健康良好的经济基本面；二是积极财政政策和适度宽松货币政策的实施取得显著效果；三是逐步增强的社会信心；四是国际经济缓慢复苏使我国出口贸易显著回升。

经济增长的动力结构出现积极变化，投资贡献率显著下降。一季度最终消费对GDP增长贡献率为52％，拉动GDP增长6.20个百分点；资本形成对GDP增长的贡献率为57.90％，拉动GDP增长6.90个百分点；净出口对GDP增长的贡献率为－9.90％，拉动GDP增长－1.20个百分点。这其中，与2009年94.60％的水平比，2010年一季度资本形成的贡献率下降了36.70个百分点。

通货膨胀压力有增无减。一季度居民消费价格上涨2.20%，其中1月份上涨1.50%，2月份上涨2.70%，3月份上涨2.40%。而在2.20%的物价涨幅中，翘尾因素影响上涨1%，由于低温雨雪等天气因素及其他短期因素影响也比较大。宏观经济存在局部和结构性过热风险。尽管2010年通货膨胀失控的可能性很小，但未来可能影响物价上升的因素仍很多，通货膨胀预期仍在不断强化。例如，随着全球经济复苏，国际大宗商品价格不断走高，输入性通货膨胀可能性加大；西南地区旱情及2009年冬到2010年春的异常降雪可能会影响今年粮食收成，从而造成食品价格上涨压力；去年的低基数会使今年的价格水平呈现统计性上涨；市场流动性过剩难以快速解决，等等。

企业效益大幅度提升。2010年前两个月，全国规模以上工业企业实现利润同比增长119.70%，而2009年同期是－37.30%，2008年同期为16.50%。一季度工业产品产销率达到97.50%，比上年同期提高0.50个百分点。

## （二）“后金融危机”时代中国上市公司的机遇

经历了金融危机后的中国，更加深刻意识到经济发展中存在的问题，并且把调整经济结构和转变增长模式作为未来发展的重点，经济结构的调整、优化、升级表现为内、外需结构之间更加注重内需，投资与消费之间更加注重消费，城、乡之间更加注重农村地区，东、中西部的调整更加注重中西部，传统产业与新兴产业之间更加注重新兴产业。增长模式转变和政策导向意味着中国消费在收入上升和政策扶持下继续保持良好势头，消费升级趋势有望加速；更多围绕中小城市的城镇化不断改善落后地区基础设施的需求，同时释放中低收入地区的消费潜力；资源价格机制的理顺、避免过度投资、淘汰落后产能、推进整合重组、提高技术水平、发展低碳经济也将成为“调结构”的重要组成部分。

中国正处于一个经济结构调整和经济增长模式变革时期，在这个过程中，符合国家经济政策、区域政策和产业政策导向，具有自主知识产权、创新能力，在产业链中具有核心竞争能力和内生增长能力的上市公司会在未来的竞争中脱颖而出。而且在国家大力推动的新能源、新材料、信息技术、生物医药、低碳等新兴行业中将会涌现出更多优质的上市公司，这些公司将会创造出更多的业绩奇迹。

**1. 城镇化不断深化，内需消费持续增长**

随着中国人均GDP的不断提升，中国也逐步朝着消费大国迈进。从收入角度来看，更多的人群收入水平达到消费升级的临界。以人均GDP为标准将各省份归类，目前人均GDP在2万元以上的省份，其所占GDP的总额已经接近90%，按照人口计算，这些省份的人口已经占全国总人口的79%。这些表明，中国更多的人群收入水平在进入消费升级的阶段。

城镇化的进一步深入，带动包括住房、家电、汽车、装修等多方面的需求。近年来中国城镇化在以每年0.80个百分点的速度提升，中西部省市包括河南、湖南、安徽、陕西、重庆、广西、内蒙古等城镇化的速度明显加快。2010年中央经济工作会议提出，“要把解决符合条件的农业人口逐步转移在城镇就业和落户作为推进城镇化的重要任务，放宽中小城市和城镇户籍限制”。

2010年，居民的消费能力继续增强。调整和优化国民收入分配格局。强农惠农政策力度继续加大，农民收入持续增长。中低收入者收入水平得到保证，企业退休人员养老金和社会优抚对象待遇水平将会得到提高，公共卫生与基层医疗卫生事业单位将会实施改革激励政策。

**2. “低碳”经济将成为经济增长的新亮点**

金融危机后的哥本哈根大会，国际各国家组织更加关注环境问题，我国也承诺至2020年将把单位GDP碳排放在2005年的基础上减少40%～45%，这极大的表现中国对于绿色经济的决心。

在2009年两会备受关注的一号提案中，已经明确提出：将“低碳”经济作为新的经济增长点，将中国特色“低碳”发展道路作为应对气候变化、推动经济发展的重大战略。

根据国家环保总局的相关预测，直至2020年，我国在环保领域的投资都将保持较高增速。“十一五”期间中国环保产业年均增长率在15%以上。在国家高度重视节能环保产业，并加大投入和政策扶持力度，以及市场需求有较大增长的情况下，未来节能环保产业的增长速度有望进一步提升。如果节能环保产业总产值按照20%的年增长率计算，到2015年，我国节能环保产业总产值达到5.30万亿元，约占同期GDP的10%左右。此后的2016～2020年间的复合增速仍可达12%，如表1-2所示

**表1-2　2020年前环保投资预测**

| 各年预测 | 废水治理投入（亿元） | 大气污染治理投入（亿元） | 固体废弃物治理投入（亿元） |
| --- | --- | --- | --- |
| 2008 | 1 928 | 5 637 | 475 |
| 2010E | 2 204 | 6 572 | 532 |
| 2015E | 2 960 | 8 900 | 728 |
| 2020E | 3 643 | 11 300 | 1 052 |

数据来源：国家环保总局

**3. 区域政策成为区域经济增长新动力**

加快结构调整，是区域政策和各个重点产业调整的共性要求。2009年，国家陆续出台十多个区域振兴规划，加快发展区域经济被提升到前所未有的高度。区域振兴规划将成为中国经济持续发展的力量。对东部地区来说，对外开放与产业升级仍是经济主线，包括环渤海、长三角、珠三角、海峡西岸、海南国际旅游岛等地区，打造国际金融中心和国际航运中心的上海更是成为区域经济的领头羊。东北地区已经将沿海经济带和图们江区域确立为增长极，而西部地区则有望率先发挥成渝经济区、北部湾经济区和关中——天水经济区对区域经济的拉动作用。至于中部地区，在促进中部地区崛起规划的指引下，继武汉城市圈和长株潭城市群确立为“两型社会”改革试验区之后，鄱阳湖生态经济区规划也于2009年年底获批。区域政策必然会使得当地支柱产业的龙头企业得到进一步的发展，并在改革和发展过程中起到重要的推动作用。

一般而言，区域内产业占据优势、政策功能定位重点发展的行业和上市公司将会明显受益于区域振兴规划，在这个过程中会涌现优秀的上市公司。受此影响，区域振兴主题备受资本市场关注。另外，区域规划是一项持续很长时间的宏伟计划，所以区域经济振兴值得长期

持续关注，如表1-3所示。

表1-3 区域经济发展规划及其地域范围、战略定位和支柱产业

| 区域规划 | 战略定位 | 受益行业和上市公司 |
|---|---|---|
| 珠江三角洲地区 | 科学发展模式试验区；深化改革先行区；扩大开放的重要国际门户；世界先进制造业和现代服务业基地；全国重要的经济中心。 | 上市公司约40余家，支柱产业为农业、服务业、制造业、金融、航运。区域性金融、航运、物流和贸易中心的建立将给相关上市公司带来较大发展机遇。 |
| 海峡西岸经济区 | 两岸人民交流合作先行先试区域；服务周边地区发展新的对外开放综合通道；东部沿海地区先进制造业的重要基地；我国重要的自然和文化旅游中心。 | 上市公司约44家，支柱产业为基建、交通运输、制造业、商业贸易、金融。区域内具有土地资源的上市公司会受益明显。 |
| 江苏沿海地区 | 重要的综合交通枢纽；沿海新型工业基地；重要的土地后备资源开发区和生态环境优美；人民生活富足的宜居区。 | 上市公司约66家，支柱产业为港口、新能源、农业、纺织服装、机械制造、医药。港口投资和临港产业发展前景广阔，新能源等行业上市公司将受益。 |
| 关中天水经济区 | 内陆型经济开发开放战略高地；统筹科技资源改革示范基地；先进制造业重要基地；现代农业高技术产业基地；彰显华夏文明的历史文化基地。 | 上市公司约30家，支柱产业为制造业、农业、航空航天、资源加工、文化及旅游。基建类、航空航天及装备制造业、房地产类、文化及旅游产业相关上市公司会明显受益。 |
| 辽宁沿海经济带 | 重点发展大连长兴岛临港工业区；营口沿海产业基地；辽西锦州湾经济区；丹东产业园区和大连花园口工业园区。 | 上市公司约28家，支柱产业为港口物流、装备制造、原材料、农业、服务业。港口物流业、装备制造业将是资本市场关注的要点。 |
| 横琴 | 带动珠三角；服务港澳；率先发展的粤港澳紧密合作示范区。 | 上市公司约15家，支柱产业为服务业，房地产、基建等上市企业将直接受益。 |
| 图们江区域 | 沿边开发开放的重要区域；东北亚开放的重要门户；东北亚经济技术合作的重要平台和东北地区新的重要增长极。 | 上市公司约24家，支柱产业为汽车、加工制造。房地产开发、物业经营和商业零售将打开成长空间。 |
| 中部地区 | 粮食生产；能源原材料；现代装备制造及高技术产业；综合交通运输枢纽四个基地建设。 | 主要受益产业为农业、交通运输、装备制造、能源、高技术产业，相关上市直接受益。 |
| 鄱阳湖生态经济区 | 太湖流域综合开发示范区；长江中下游水生态安全保障区；加快中部崛起重要带动区；国际生态经济合作重要平台。 | 上市公司约22家，支柱产业为光电、新能源炼油及化工、航空、汽车。围绕这些产业的相关上市公司将明显受益。 |

续表

| 区域规划 | 战略定位 | 受益行业和上市公司 |
| --- | --- | --- |
| 黄河三角洲 | 建设全国重要的高效生态经济示范区；特色产业基地；后备土地资源开发区和环渤海地区重要的增长区域。 | 上市公司约 42 家，支柱产业为能源、装备制造、农业。低碳产业、新能源、农业、房地产、旅游上市企业会受益。 |
| 海南国际旅游岛 | 旅游改革创新的试验区；全国生态文明建设示范区；国际经济合作和文化交流的重要平台；南海资源开发和服务基地；国家热带现代农业基地。 | 上市公司约 44 家，支柱产业为旅游、服务业。基建、房地产和交运将迎来显著机会。餐饮、酒店、旅游、商贸、娱乐服务等相关上市公司受益长远。 |
| 皖江城市带 | 合作发展的先行区；科学发展的试验区；中部地区崛起的重要增长极；全国重要的先进制造业和现代服务业基地。 | 主要受益产业为装备制造、原材料、轻纺、服务业、农业、物流业、能源产业，相关上市直接受益。 |

**4. 产业振兴规划将助力产业升级**

2009 年，国家确定的钢铁、汽车、船舶、石化、纺织、轻工、有色金属、装备制造和电子信息、物流这十大产业振兴规划全部出齐，并随后公布的具体的实施细则，2010 年年初国家连续推出了林业产业和文化产业的政策，这必将有利推动经济增长和行业的长远发展。2010 年，我国各重点产业淘汰落后产能力度将加大，企业重组稳步推进，企业技术进步明显加快。钢铁行业将会加快企业兼并重组、技术改造、淘汰落后产能步伐，石化产业会进一步加快布局调整，机械、汽车、有色、电子信息等行业的企业兼并重组进程也在进一步加快。这些政策将会提高产业内公司的内生增长能力，惠及行业内的具有竞争实力的上市公司，并且提高业绩水平。

**表 1-4　　十二大产业振兴规划**

| 行业 | 产业振兴规划主要内容 |
| --- | --- |
| 钢铁产业 | 一是保持国内市场稳定，改善出口环境；二是严格控制钢铁总量，加快淘汰落后；三是促进企业重组，提高产业集中度；四是加大技术改造力度，推动技术进步；五是优化钢铁产业布局，统筹协调发展；六是调整钢材品种结构，提高产品质量；七是保持进口铁矿石资源稳定，整顿市场秩序；八是开发国内外两种资源，保障产业安全。 |
| 汽车产业 | 一要培育汽车消费市场；二要推进汽车产业重组；三要支持企业自主创新和技术改造；四要实施新能源汽车战略；五要支持汽车生产企业发展自主品牌，加快汽车及零部件出口基地建设，发展现代汽车服务业，完善汽车消费信贷。 |
| 纺织服装产业 | 一要统筹国际国内两个市场；二要加强技术改造和自主品牌建设；三要加快淘汰落后产能；四要优化区域布局；五要加大财税金融支持。 |

续表

| 行业 | 产业振兴规划主要内容 |
|---|---|
| 装备制造产业 | 一要依托高效清洁发电、特高压变电、煤矿与金属矿采掘、天然气管道输送和液化储运、高速铁路、城市轨道交通等领域的重点工程，有针对性地实现重点产品国内制造；二要结合钢铁、汽车、纺织等大产业的重点项目，推进装备自动化；三要提升大型铸锻件、基础部件加工辅具、特种原材料等配套产品的技术水平，夯实产业发展基础；四要推进结构调整，转变产业增长方式。 |
| 造船产业 | 一要稳定船舶企业生产；二要扩大船舶市场需求；三要发展海洋工程装备；四要积极发展修船业务；五要支持企业兼并重组；六要加强技术改造，提高自主创新能力。 |
| 电子信息产业 | 一是完善产业体系，确保骨干产业稳定增长，着重增强计算机产业竞争力，加快电子元器件产品升级，推进视听产业数字化转型；二是立足自主创新，突破关键技术，着重建立自主可控的集成电路产业体系，突破新型显示产业发展瓶颈，提高软件产业自主发展能力；三是以应用带发展，大力推动业务创新和服务模式创新，强化信息技术在经济社会各领域的运用，着重在通信设备、信息服务和信息技术应用等领域培育新的增长点。 |
| 轻工产业 | 一要积极扩大城乡消费，增加国内有效供给。改善外贸服务，保持出口市场份额；二要加快技术进步；三要强化食品安全；四要加强自主品牌建设，支持优势品牌企业跨地区兼并重组，提高产业集中度；五要加强产业政策引导，推动产业转移，培育发展轻工业特色区域和产业集群；六要加强企业管理，全面提高轻工产品质量。 |
| 石油石化产业 | 一要保持产业平稳运行；二要提高农资保障能力；三要统筹重大项目布局；四要控制总量，淘汰落后产能；五要加大政策扶持。 |
| 有色产业 | 一要稳定和扩大国内市场，改善出口环境；二要严格控制总量，加快淘汰落后产能；三要加大技术改造和研发力度，推动技术进步；四要促进企业重组，优化产业布局，加强企业管理和安全监管，提高产业竞争力；五要充分利用国内外两种资源，增强资源保障能力；六要加快建设覆盖全社会的有色金属再生利用体系，发展循环经济，提高资源综合利用水平。 |
| 物流产业 | 一要积极扩大物流市场需求，促进物流企业与生产、商贸企业互动发展，推进物流服务社会化和专业化；二要加快企业兼并重组，培育一批服务水平高、国际竞争力强的大型现代物流企业；三要推动能源、矿产、汽车、农产品、医药等重点领域物流发展，加快发展国际物流和保税物流；四要加强物流基础设施建设，提高物流标准化程度和信息化水平。振兴物流业的九大重点工程，包括多式联运和转运设施、物流园区、城市配送、大宗商品和农村物流、制造业和物流业联动发展、物流标准和技术推广、物流公共信息平台、物流科技攻关及应急物流等。 |
| 林业产业 | 一是挖掘国内市场潜力，拉动国内消费需求；二是促进增长，稳定国际市场；三是推进林业品牌建设和市场准入，全面提升行业形象和产品质量；四是加大企业技术进步，促进林业产业升级；五是加强国际投资合作，有效利用境内外森林资源；六是加快各类工业原料林基地建设，增加国内林产品后备资源储备；七是大力发展生态旅游等第三产业，提升效益，促进就业 |
| 文化产业 | 一是发展重点文化产业；二是实施重大项目带动战略；三是培育骨干文化企业；四是加快文化产业园区和基地建设；五是扩大文化消费；六是建设现代文化市场体系；七是发展新兴文化业态；八是扩大对外文化贸易。 |

从过去的经济周期来看，当经济经历一次大衰退以后，要走上坚实的复苏之路不是光靠政府的经济刺激措施，而是新兴产业带来的新一轮增长点。十大产业振兴规划已出台，新能源等七大新兴战略行业发展规划也将推出。大力推动支柱产业和新兴产业有利于经济持续快速增长，并且伴随着中国的崛起，必将产生具有国际竞争能力的上市公司在新的世界经济格局中发挥更多作用。

当前中国经济高速发展，产业不断改革升级，国际化进程不断推进，在“后金融危机”时代，中国在国际上的地位得到明显的提升，在国际事务中扮演的角色也越发重要，中国将在世界经济体系中发挥更大的作用。伴随着中国的强势崛起，中国上市公司面临了难得的历史机遇，在这个过程中，一定会在关系到国计民生的支柱产业和新兴产业产生一批龙头企业，这些龙头企业将会成为中国快速发展的引擎和火车头，推动中国经济持续快速增长、产业结构不断升级、国际化进程更加深入，成就中国综合国力的强盛和国际地位的提高！

# 第二章 中国上市公司业绩评价结果综述

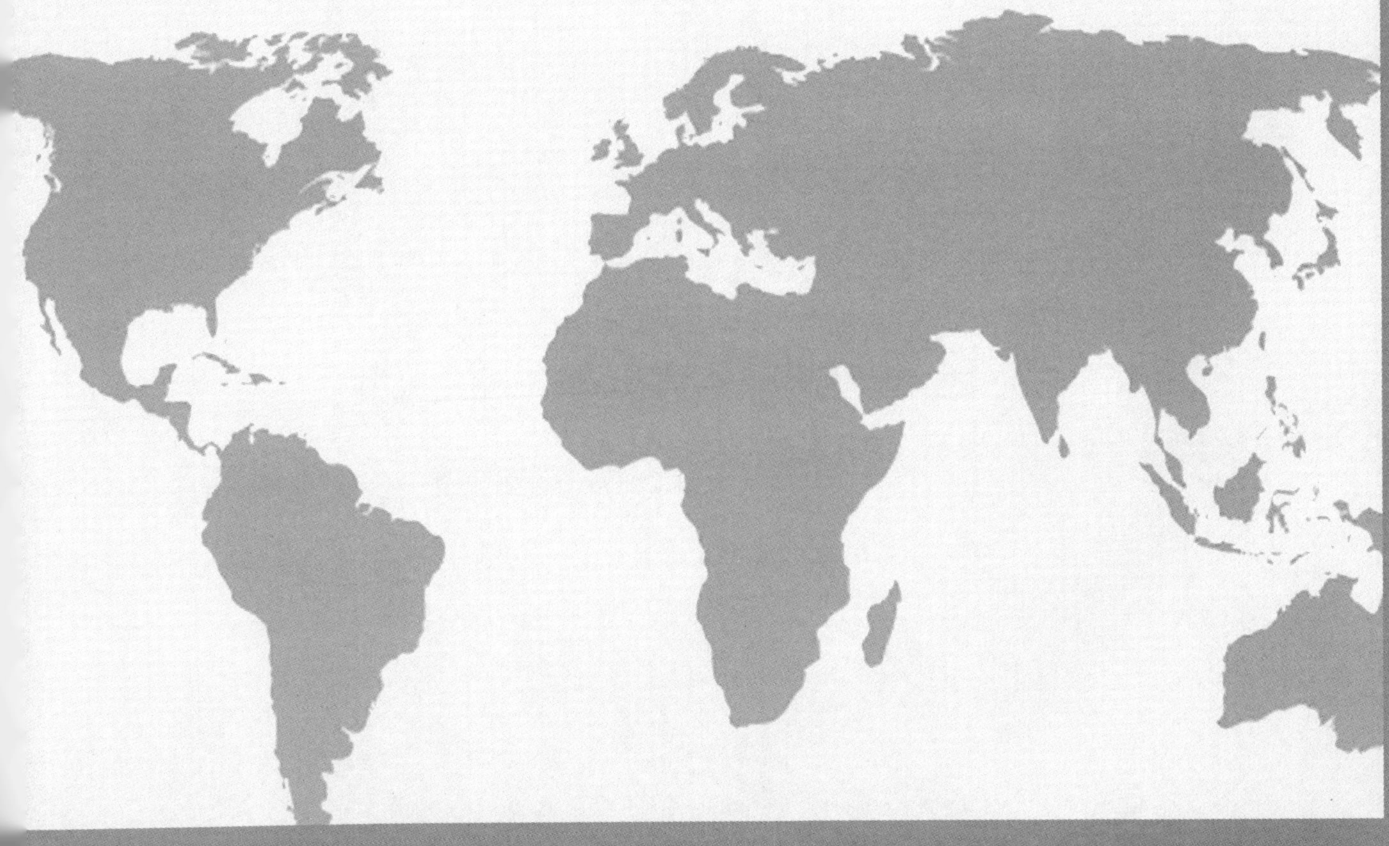

2009年，中国经济走出了一条快速反转的“V”型曲线，令全球各大经济体为之侧目，2009年中国股市一扫2008年的跌势，保持稳中回升的良好态势。沪市创出年内高点3478点，深市创出年内高点14 096点。沪市全年涨幅为72.53%，深市全年涨幅为104.92%。但2009年中国证券市场大盘反弹的高度不及2008年跌幅一半，整体依然属于恢复阶段。

整体来看，2009年是我国经济稳步复苏的一年，在对外贸易大幅萎缩的背景下，拉动内需政策对于经济结构调整作用日益明显，内需消费对整体经济贡献度大大提高。十大产业调整和振兴规划密集出台，作为国家扩内需、保增长政策的重要内容，家电、汽车下乡拉动农村购买力，促进农村消费市场大规模启动，使社会消费品零售总额稳定增长，政策利好将长期推动股市发展。

在此背景下，本章针对上市公司的总体业绩状况进行分析，归纳出2009年中国上市公司业绩表现的主要特点。

## 一、中国上市公司业绩评价结果

按照中国上市公司业绩评价体系，本书以统一测算的评价标准为基准，运用功效系数法，同时考虑上市公司的市场表现，对2009年度中国上市公司业绩进行评价，从整体来看全部上市公司（纳入评价范围的非金融类A股上市公司1 660户，本文以下如无特指按此口径）的业绩在2009年出现了稳定上涨行情。盈利与亏损户数比例为1 489∶196，即88.36%的上市公司实现盈利。比2008年的83.76%有所上升，未恢复到2007年的92.58%水平。

2009年上市公司共实现营业收入103 086亿元，同比增长3.8%，占当年GDP的30.73%，2009年实现净利润6 068亿元。根据业绩评价的结果，我们对12大行业进行了排序，表2-1为排序的结果与行业综合得分。

**表2-1　2009年度行业评价结果排序表**（12大类行业排序）

| 名次 | 行业名称 | 业绩得分 |
|---|---|---|
| 1 | 采掘业 | 75.10 |
| 2 | 社会服务业 | 65.10 |
| 3 | 建筑业 | 62.40 |
| 4 | 信息技术业 | 62.00 |

续表

| 名次 | 行业名称 | 业绩得分 |
|---|---|---|
| 5 | 批发和零售贸易业 | 61.80 |
| 6 | 传播与文化产业 | 61.20 |
| 7 | 电力煤气及水的生产和供应业 | 60.70 |
| 8 | 制造业 | 59.80 |
| 9 | 房地产业 | 59.00 |
| 10 | 综合类 | 57.60 |
| 11 | 农林牧渔业 | 56.10 |
| 12 | 交通运输、仓储业 | 54.50 |

行业排序的结果和2009年的宏观经济形势大致吻合，采掘业继续保持领先，子行业煤炭行业持续保持稳定增长。由于国家4万亿投资刺激以及内需政策的推动，国内市场需求稳定上升，社会服务业排名迅速上升，制造业中的汽车及零配件行业一枝独秀。信息技术、批发和零售贸易业等非周期性行业业绩呈现稳定趋势；交通运输业与农林牧渔业等周期性似乎仍没有完全摆脱金融危机的阴影，财务效益低于上市公司平均水平，偿债风险进一步提高。

表2-2和表2-3是1 685户上市公司综合排名的前5名和最后5名。

**表2-2　2009年度中国上市公司中联五强排行榜**　单位：万元

| 名次 | 股票代码 | 股票简称 | 总资产 | 营业收入 | 净利润 | 业绩得分 |
|---|---|---|---|---|---|---|
| 1 | 000800 | 一汽轿车 | 1 441 912 | 190 570 | 164 539 | 87.30 |
| 2 | 002304 | 洋河股份 | 649 072 | 166 569 | 125 361 | 86.40 |
| 3 | 600166 | 福田汽车 | 1 765 733 | 121 897 | 103 722 | 86.10 |
| 4 | 600104 | 上海汽车 | 138 158 356 | 843 119 | 810 803 | 85.90 |
| 5 | 600348 | 国阳新能 | 1 738 447 | 251 526 | 186 944 | 85.90 |

**表2-3　2009年度业绩最差五家上市公司排序**　单位：万元

| 名次 | 股票代码 | 股票简称 | 总资产 | 营业收入 | 净利润 | 业绩得分 |
|---|---|---|---|---|---|---|
| 1 | 600800 | ST磁卡 | 115 309 | 18 369 | −20 973 | 11.70 |
| 2 | 000408 | *ST玉源 | 51 388 | 14 222 | −16 194 | 11.00 |
| 3 | 000520 | 长航凤凰 | 633 233 | 172 024 | −40 688 | 10.80 |
| 4 | 000673 | *ST大水 | 14 977 | 409 | −4 559 | 9.50 |
| 5 | 600145 | 四维控股 | 53 757 | 14 663 | −13 548 | 8.70 |

以上的排名中我们可以清楚地看到，排名最前的公司主要是汽车和白酒企业，2009年汽车制造业表现抢眼，国家政策利好以及需求上升双重因素，带来汽车业整体增长的良好态势，整体行业收入和利润规模大幅提升，同比增长高达46%，造就了2009年财报利润的大幅飘红。一汽轿车2009年的营业收入为277亿多元，同比增长37%，净利润为16.3亿元，同比增长接近50%。白酒类消费行业受益于国内需求上升，业绩表现良好。而排名较后的

多属传统制造业企业，由于受中国出口贸易整体下滑影响，2009年传统制造业企业面临着从单纯依赖出口转变为开拓国内市场，整体行业盈利状况有所下滑，需要进一步调整产品结构，尽快由外向型营销模式转变内需型模式。

下面分别从财务效益状况、资产质量状况、偿债风险状况、发展能力状况和市场表现状况五个方面对评价结果逐一说明。

### （一）财务效益状况

2009年上市公司的财务效益状况平均得分为22.16分，略高于2008年的21.75分。评价财务效益状况的指标包括两个基本指标（扣除非经常性损益净资产收益率和总资产报酬率）和三个修正指标（营业利润率、盈利现金保障倍数和股本收益率）。财务效益状况各项指标年度变化情况详见表2-4。

**表2-4　　财务效益状况指标年度对比表**

| 分析指标 | | 2009年上市公司平均值 | 2008年上市公司平均值 | 增长率（%） |
|---|---|---|---|---|
| 基本指标 | 净资产收益率（%） | 9.45 | 9.73 | −2.87% |
| | 总资产报酬率（%） | 6.810 | 6.60 | 3.03% |
| | 得分 | 21.00 | 20.85 | 0.71% |
| 修正指标 | 营业利润率（%） | 7.07 | 4.83 | 46.37% |
| | 盈利现金保障倍数 | 2.09 | 1.82 | 14.83% |
| | 股本收益率（%） | 36.90 | 31.83 | 15.92% |
| 综合得分 | | 22.16 | 21.75 | 1.88% |

在各项财务效益状况指标中，2009年营业利润率比2008年大幅提高；2009年盈利现金保障倍数比2008年度持续提高，说明2009年经营活动取得现金的水平大幅度上升。

石油石化行业和房地产行业财务效益状况表现突出，石油石化行业上市公司实现利润总额0.24万亿元，占上市公司全部实现利润总额的31.17%，实现净利润0.185万亿元，占上市公司全部实现净利润的30.43%；2009年行业财务效益相比2008年增长8.27%，财务效益指标都高于2008年，营业利润率平均值为8.04%，增长110.60%，高于上市公司7.07%的平均水平；该行业实现净利润为1 850亿元，比2008年的1 555亿元增加295亿元。总资产报酬率9.71%，高于上市公司的6.8%，说明2009年石油石化行业上市公司资产收益水平、业务收益水平高于A股全部上市公司水平。房地产行业上市公司财务效益状况平均得分为24.65分，高于上市公司平均得分22.16分。盈利保障系数从2008年的−1.59%大幅增长到2009年的1.12%，增幅达到170.44%，财务效益综合行业得分从19.11分上升到2009年的54.39，增幅达到184.62%，说明房地产行业在2009年全面复苏，投资收益回报十分乐观。钢铁行业2009年财务效益不容乐观，与2008年的情况相比较，钢铁行业上市公司总体上财务效益状况显著下降，所有指标均大幅低于2008年，除盈利现金保障倍数以外其他指标均低于2009年全部上市公司平均值。

从上市公司的财务效益指标来看，排在前五家的情况如表2-5：

表 2-5　　2009 年度中国上市公司财务效益中联五强排行榜

| 名次 | 股票代码 | 股票简称 | 财务效益得分 |
|---|---|---|---|
| 1 | 600028 | 中国石化 | 35.00 |
| 1 | 000800 | 中国神华 | 35.00 |
| 2 | 002304 | 中国石油 | 34.94 |
| 3 | 600104 | 华侨城 A | 34.53 |
| 4 | 601006 | 大秦铁路 | 34.30 |

在财务效益状况中，排名前五名的以中央大型企业为主，受益于石油石化企业的实施产业结构调整进行资产整合、国家成品油和税费改革等因素，2009 年中国石化和中国石油的财务效益表现突出；中国神华 2009 年公司实现商品煤产销量分别为 2.1 亿吨和 2.54 亿吨，同比增长分别达到 13%、9%，均高于行业 2009 年产销量实际增长水平，规模优势继续扩大，公司费用控制能力突出。

## (二) 资产质量状况

2009 年度上市公司的资产质量状况平均得分为 9.24 分，高于 2008 年的 9.12 分。评价资产质量状况的指标包括两个基本指标（总资产周转率和流动资产周转率）和两个修正指标（应收账款周转率和存货周转率）。资产质量状况各项指标年度变化情况见表 2-6。

表 2-6　　资产质量状况指标年度对比表

| 分析指标 | | 2009 年上市公司平均值 | 2008 年上市公司平均值 | 增长率（%） |
|---|---|---|---|---|
| 基本指标 | 总资产周转率（次） | 0.78 | 0.90 | −13% |
| | 流动资产周转率（次） | 1.82 | 2.18 | −16.5% |
| | 得分 | 9.36 | 9.06 | 3% |
| 修正指标 | 存货周转率（次） | 4.13 | 5.08 | −18.7% |
| | 应收账款周转率（次） | 14.10 | 17.05 | −17.3% |
| 综合得分 | | 9.24 | 9.12 | 1.3% |

从上表可以清晰地看出，虽然 2009 年受宏观经济利好影响，企业经营情况转好，资产质量上升势头依然受到阻碍。较 2008 年总资产周转率和流动周转率均略有下降，说明 2008 年的经济危机对企业影响缓慢消退，但经营压力依然较大；存货周转率和应收账款周转率首次出现降低，资产运营能力有所降低，因此 2010 年企业经营存在一定风险变数。

从行业来看，资产质量状况表现较好行业例如采掘业和有色金属行业，得分分别为 12.49 和 11.38，2009 年以上两个行业的特点是应收账款周转率高，资金回收能力强，其应收账款周转率分别达到 40.7 和 30.05，明显高于 2009 年上市公司平均水平 14.1，这与其主要采用款到发货的结算方式密切相关。而房地产行业资产质量状况处于行业最差，2009 年应收状况周转率指标降低了 23.16%，房地产行业上市公司资产状况差异显著，其中 18 家资产质量得分均为满分 15 分，另有 57 家资产质量得分为 0。

从 2009 年上市公司质量状况得分来看，有 58 家公司质量指标得分为满分，占上市公司总数的3.4%。

表 2-7 **2009年度中国上市公司资产质量中联五强排行榜**

| 名次 | 股票代码 | 股票简称 | 资产质量得分 |
|---|---|---|---|
| 1 | 000800 | 一汽轿车 | 15 |
| 1 | 002285 | 世联地产 | 15 |
| 1 | 000616 | 亿城股份 | 15 |
| 1 | 600256 | 广汇股份 | 15 |
| 1 | 000002 | 万科A | 15 |

## （三）偿债风险状况

2009年度上市公司的偿债风险状况平均得分为9.1分，评价偿债风险状况的指标包括两个基本指标（资产负债率、获利倍数）和三个修正指标（现金流动负债比率、速动比率和带息负债比率）。偿债风险状况各项指标年度变化情况见表2-8。

表 2-8 **偿债风险状况比较表**

| 分析指标 | | 2009年上市公司平均值 | 2008年上市公司平均值 | 增长率（%） |
|---|---|---|---|---|
| 基本指标 | 资产负债率（%） | 57.52 | 54.59 | 5.36% |
| | 获利倍数 | 7.21 | 5.18 | 39.18% |
| | 得分 | 9.22 | 9.88 | −6.68% |
| 修正指标 | 现金流动负债比率（%） | 21.75 | 18.99 | 14.53% |
| | 速动比率 | 69.84 | 64.46 | 8.34% |
| | 带息负债比率（%） | 45.98 | 48.51 | −5.21% |
| 综合得分 | | 9.10 | 8.99 | 1.2% |

从上表可以看出，相比于2008年，2009年主要偿债风险状况指标逐步恢复到危机前水平，但资产负债率高于2008年，上市公司利息负担有所增加；但获利倍数的稳步回升，表明企业利润稳步回升。

在偿债风险控制方面，表现较好的行业有信息技术、食品饮料和煤炭等。这些行业资产负债率均低于全市场平均资产负债率，其中信息技术和食品饮料行业带息负债率分别为23.57%和42.45%，明显低于全市场平均水平48.51%，两项指标相结合，可以认为，以上行业的利息负担相对较低。建筑业资产负债率高达76.91%，整个行业的偿债风险随着资产负债率的上升持续加大，与2008年70.97%相比上升了5.94%。钢铁行业上市公司偿债风险状况平均得分为6.89分，低于上市公司平均得分9.10分，与2008年相比较，钢铁行业上市公司偿债风险状况平均得分下降11.21%，说明随着钢铁行业逐渐扭亏的过程中，各个公司的营运资金需求增加，相应偿债风险也随之有所上升。

表 2-9　　2009 年度中国上市公司偿债风险状况中联五强排行榜

| 名次 | 股票代码 | 股票简称 | 偿债风险得分 |
|---|---|---|---|
| 1 | 600519 | 贵州茅台 | 15.00 |
| 1 | 002242 | 九阳股份 | 15.00 |
| 1 | 002249 | 大洋电机 | 15.00 |
| 4 | 002304 | 洋河股份 | 14.99 |
| 5 | 002285 | 世联地产 | 14.99 |

受内需消费政策影响，白酒类上市公司偿债风险各项指标均好于上市公司平均水平，贵州茅台以其稳定的现金流，优良的资产负债结构，获得了这一指标的满分。

## （四）发展能力状况

2009 年度上市公司的发展能力状况平均得分为 13.37 分，高于 2008 年的 11.97 分。评价发展能力状况的指标包括两个基本指标（营业收入增长率和资本扩张率）和四个修正指标（累计保留盈余率、三年营业收入增长率、营业利润增长率和总资产增长率）。2009 年发展能力各项指标年度变化情况见表 2-10。

表 2-10　　发展能力状况比较表

| 分析指标 | | 2009 年上市公司平均值 | 2008 年上市公司平均值 | 增长率（%） |
|---|---|---|---|---|
| 基本指标 | 营业收入增长率（%） | 3.85 | 18.75 | −79.46% |
| | 资本扩张率（%） | 17.60 | 14.74 | 19.40% |
| | 得分 | 12.21 | 11.97 | 2.00% |
| 修正指标 | 累计保留盈余率（%） | 35.83 | 35.03 | 2.28% |
| | 三年主营业务平均增长率（%） | 14.99 | 22.65 | −33.81% |
| | 营业利润增长率 | 51.83 | −43.43 | 219.34% |
| | 总资产增长率（%） | 22.53 | 17.97 | 25.37% |
| 综合得分 | | 13.37 | 11.97 | 11.69% |

上市公司的发展能力是公司能否持续稳定经营的一个重要方面，国民经济的稳定增长保证了总体营业收入的增长，随着 2009 年中央经济政策利好推动，国内需求持续上升，国内各类企业业务增速提升，面对这一情况，营业利润增长率增长显著，从 2008 年的 −43.43%，大幅增加到 2009 年的 51.83%。

2009 年房地产行业公司表现突出，最突出的指标是营业利润增长率和营业收入增长率，其中营业利润增长率从 2008 年的 6.48%增长至 2009 年的 54.39%，升幅高达 739.35%；营业收入增长率从 2008 年的 17.05%上升到 2009 年的 30.58%，增幅为 79.35%。这一变化，说明 2009 年房地产行业上市公司随着经济的复苏回归景气，经营规模大幅增加。石油石化行业上市公司发展能力状况指标平均得分为 12.44 分，低于全国所有上市公司 13.37 分的平均水平，但行业的营业利润增长率高于上市公司的平均值近 40%，可见，石油石化行业发展能力主要决定于营业增长，营业增长与国际油价相关性强，2009 年国际油价整体较 2008

年下跌，是导致其在2009年度增长能力下降的主要外部因素。汽车行业的2009年的资产扩张率为30.88%，远高于上市公司平均水平，与2008年相比增幅达到了18 264.71%，这与2009年国家汽车产业振兴计划的影响密切相关。2009年钢铁行业上市公司业绩仍在低位徘徊，整个钢铁行业的扩张步伐进一步放缓。与2008年比较，钢铁行业公司营业收入增长率从2008年的23.86%跌至2009年的－15.80%。

而在这一指标中表现最好的5家上市公司是：·

**表2-11　　2009年度中国上市公司发展能力状况中联五强排行榜**

| 名次 | 股票代码 | 股票简称 | 发展能力得分 |
|---|---|---|---|
| 1 | 000069 | 华侨城A | 20 |
| 1 | 000425 | 徐工机械 | 20 |
| 1 | 600048 | 保利地产 | 20 |
| 1 | 600546 | 山煤国际 | 20 |
| 1 | 000157 | 中联重科 | 20 |

机械、煤炭、地产行业上市公司发展能力状况指标中表现较好，华侨城A实行整体上市，大幅提升了公司整体水平；成都华侨城、上海华侨城以及东部华侨城的全面开业，公司纯旅游业务收入突破20亿元。公司房地产业务收入约70亿元，销售房产回笼资金约百亿；保利地产新增土地储备权益容积率面积1 338万平方米，商业地产发展迅速。

## （五）市场表现状况

上市公司业绩评价的主旨在于倡导“业绩市”，从连续几年的研究中可以看出股价与上市公司业绩之间的正相关关系趋于增强。上市公司业绩增长会明显推升股市，特别在景气周期的初期和中期阶段。如2006年开始出现明显的经济上升，GDP增幅超过12%，直到2008年才开始下降；股市则在2005年四季度开始起步，一路上涨直到2008年三季度才结束。

2008～2009年上市公司股价波动率分别为138.04%、269.39%，均体现了当年股价的大幅波动，但两年的波动走势截然相反，在国内外各种超预期的不利因素影响下，2008年A股市场跌幅巨大，2008年上市公司市场投资回报率仅为－59.03%，2009年A股市场回升，投资回报率达到116.28%，受国家4万亿经济刺激计划等众多利好影响，大盘回升明显。

汽车业以10.45分位居各行业之首，高于平均分15.34%，2010年汽车业将延续2009年的良好势头，在产能利用率较高的情况下，盈利水平将维持在高位，即使是在需求速度放缓的情况下，2010年行业的利润增速仍将可能超过20%。2009年由于宏观经济转暖，带动基本金属的供求改善，同时由于国家行业振兴计划推动有色金属行业整合优化升级，提升了整个行业的竞争水平。2009年石油石化行业上市公司市场表现的得分为14.80分，高于同年上市公司9.08的平均值，投资回报率为118.82%远远高于2008年的－60.24%，主要是由于国内资本市场回暖，投资者信心回升。

市场表现较好的前五位如下表2-12。

表 2-12　　2009 年度中国上市公司市场表现状况中联五强排行榜

| 名次 | 股票代码 | 股票简称 | 市场表现得分 |
|---|---|---|---|
| 1 | 002324 | 普利特 | 15 |
| 1 | 002320 | 海峡股份 | 15 |
| 1 | 002307 | 北新路桥 | 15 |
| 1 | 601139 | 深圳燃气 | 15 |
| 1 | 002322 | 理工监测 | 15 |

普利特 2009 年公司营业收入增长的原因为受益于汽车行业井喷式增长，市场表现较好。北路新桥由于属于新疆板块，随着国家西部大开发政策的陆续推进以及相关区域振兴规划的出台，相关地区公路交通等基础设施类公司遇到了大发展的机遇，《新疆区域振兴规划》推出预期明显，也使得投资者对北新路桥这样的基建类公司的发展充满期待。

**2009 年中国证券市场十大新闻**

☆ 深交所创业板火爆亮相，首日临时停牌创纪录
☆ 券商内幕交易第一案结案，董正青获刑四年
☆ 跨境贸易人民币结算试点正式启动
☆ 基金推出“一对多”业务，基金业获得长足发展
☆ 市场监管力度加大，股市黑嘴上缴 2.5 亿元罚款
☆ 新增贷款超过 9 万亿元，十大产业振兴规划出台
☆ 基金评价新规出台，基金业开展“捕鼠”行动
☆ 立立电子成为首家募集资金到位，但上市申请被否公司
☆ IPO 暂停 9 个月后重启，新股发行体制进一步完善
☆ 杨彦明成“证券业死刑第一人”，6 500 多万元赃款去向成谜

**2009 年国际财经十大新闻**

☆ 美国实施量化宽松货币政策
☆ 新兴市场股市领跑全球
☆ 国际金价创历史新高，大宗商品持续走牛
☆ 美国金融监管体系改革计划出炉
☆ G20 峰会协调政策确保全球经济全面复苏
☆ 迪拜债务危机警示主权信用风险
☆ 哥本哈根大会未达成具有约束力的协议
☆ 美国两大汽车业巨头破产重生
☆ 全球 IPO 市场再度活跃，香港 IPO 集资总额居全球首位
☆ 美国经济初现走出衰退曙光

## 二、2009年度上市公司业绩评价结果的特点

2009年，随着一系列刺激经济的区域及产业政策陆续出台，中国整体经济发展态势明显好转，也带动了上市公司业绩的上扬。根据2009年度上市公司业绩评价结果，结合宏观经济环境、政策环境、社会环境以及技术环境对于上市公司业绩表现的综合影响，分别从板块、规模、行业、地区四个不同的角度对2009年上市公司业绩评价结果的特点进行了定量和定性的分析和研究，本文并从中央企业、需求拉动、存货推动、海运重创等角度对上市公司业绩评价结果的特点进行了深入剖析与总结。

### （一）宏观经济，有力带动上市公司业绩上升

2009年，为了帮助经济走出困境、恢复增长，政府采取了积极的财政政策和宽松的货币政策，以保证资金的供给；出台了一系列产业刺激政策，支持产业发展。国内经济率先于国外步入复苏，从2009年第一季度起，我国GDP单季增速逐季回升，中国资本市场表现节节攀升、并屡创新高。

正是受宏观经济状况V形反转良好趋势的影响，2009年度上市公司业绩大幅提升。2009年度上市公司财务效益的核心指标净资产收益率达到10.67%，为历年之最；反映资产质量状况的四个关键指标均稳中有升；偿债风险状况进一步改善，偿债能力得到提高；发展后劲增强，资本扩张欲望强烈；在良好的业绩基础上，上市公司的市场表现也非常耀眼。同时，创业板公司业绩实现较大增长，纳入评价范围的36家创业板公司全部实现盈利，共实现营业利润24.60亿元、净利润22.57亿元，营业利润增长率超过深市达到50.73%。这一系列数据表明：2009年度良好的宏观经济状况带动了上市公司业绩的反转飙升。

### （二）板块比较，中小企业板表现最为突出

纳入本次上市公司业绩评价范围的非金融类创业板上市公司仅有36家，与沪市、深市以及中小企业板的794、792、326家相比，规模上不具可比性，因此，本部分对于各大板块上市公司业绩的比较分析暂不考虑创业板上市公司。

**1. 从业绩评分结果看**

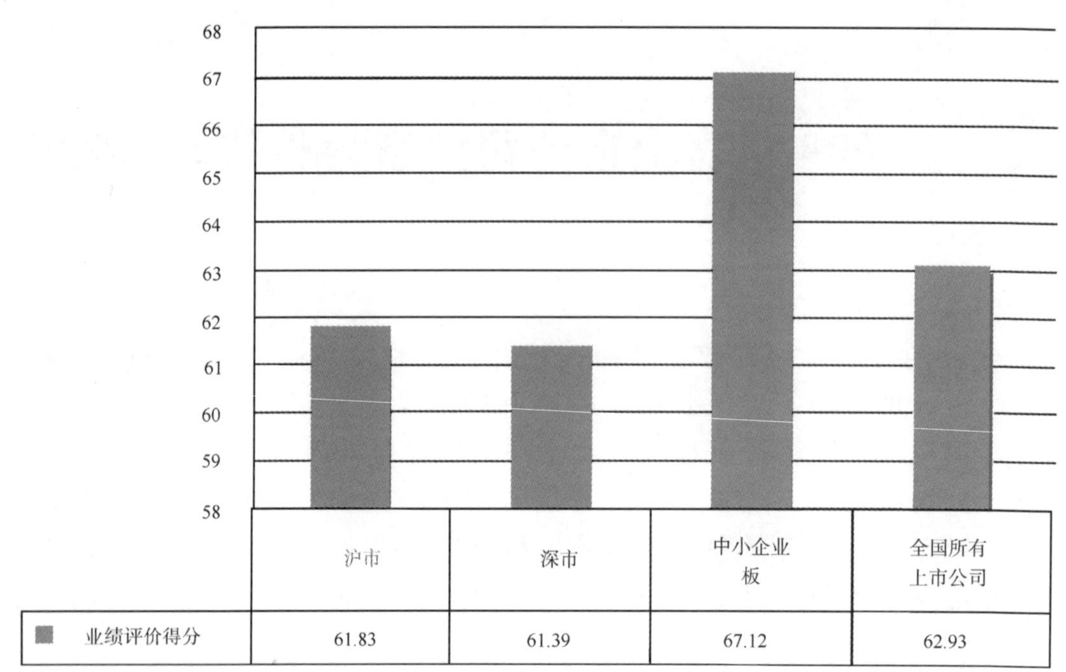


图 2-1 沪市、深市、中小企业板业绩评分结果

由上图可以直观地发现，沪市上市公司的业绩得分为 61.83 分，略高于深市的 61.39 分，沪深两市上市公司的业绩得分均低于全国所有上市公司的业绩评价分数 62.93 分。

中小企业板上市公司的业绩得分为 67.12 分，保持绝对领先优势，蝉联 2009 年度上市公司业绩冠军。

**2. 从盈利与亏损情况看**

如图 2-2 所示，沪市 794 户，盈利与亏损户数之比为 686∶108，盈利公司占沪市总户数的 86.40％。

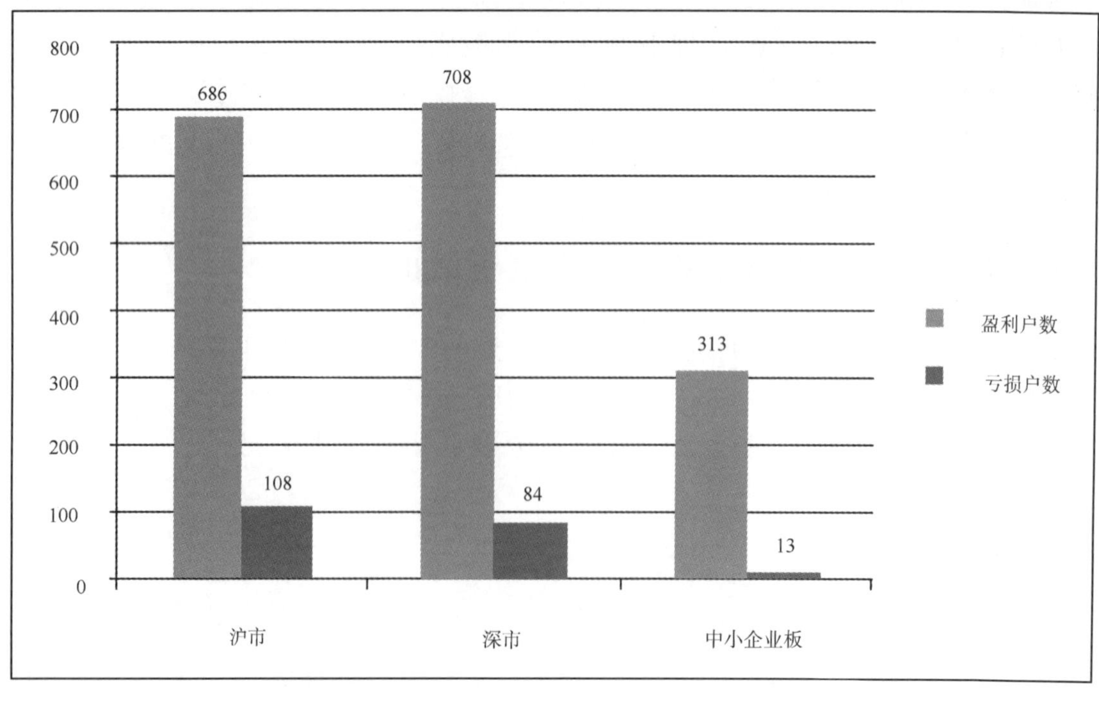


图 2-2 沪市、深市、中小企业板盈亏情况对比

深市 792 户，盈利与亏损户数之比为 708∶84，盈利公司占深市总户数的 89.39%。

深市中小板公司有 362 户，盈利与亏损户数之比为 313∶13，盈利公司占中小板公司总户数的 96.01%，是三大板块之中盈利公司所占比例最高的。

### （三）规模比较，规模效益凸显

纳入本次上市公司业绩评价范围的非金融类上市公司，按资产规模不同，可划分为以下三种类型：

资产规模在 50 亿元以上的，该等规模的上市公司有 343 户，盈利与亏损户数之比为 322∶21，盈利面为 93.88%，业绩评价得分为 66.28，比全国所有上市公司的业绩评价分数 62.93 高出 5.33 个百分点，2009 年实现营业收入 84 416.53 亿元，净利润 5 038.01 亿元。

资产规模在 10 亿～50 亿元之间的，该等规模的上市公司有 806 户，盈利与亏损户数之比为 721∶85，盈利面为 89.45%，业绩评价分数为 60.15，比全国所有上市公司的业绩评价分数 62.93 低 4.42 个百分点，2009 年实现营业收入 16 379.75 亿元，净利润 879.61 亿元。

资产规模在 10 亿元以下的，该等规模的上市公司有 511 户，盈利与亏损户数之比为 421∶90，盈利面为 82.39%，业绩评价分数为 59.07，比全国所有上市公司的业绩评价分数 62.93 低 6.13 个百分点，2009 年实现营业收入 2 290.12 亿元，净利润 161.04 亿元。

如图 2-3 所示，资产规模在 50 亿元以上的上市公司不论在业绩评分、盈利面还是在营业收入、净利润所占比例方面，都处于绝对的领先地位，这也充分体现了规模效益在上市公司业绩表现方面所体现的重要作用。

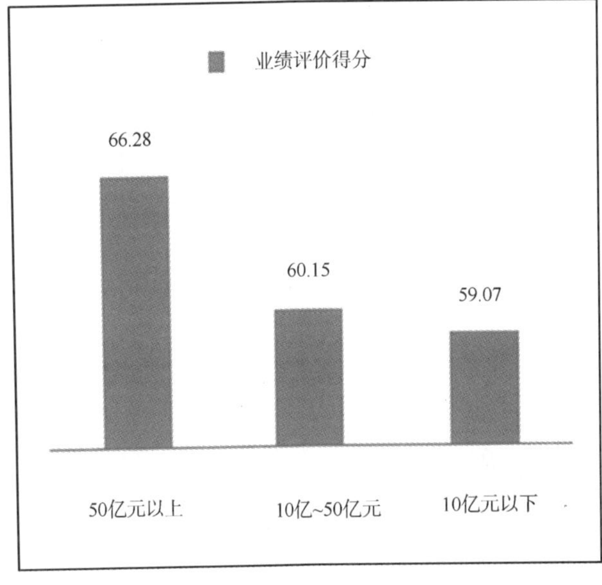


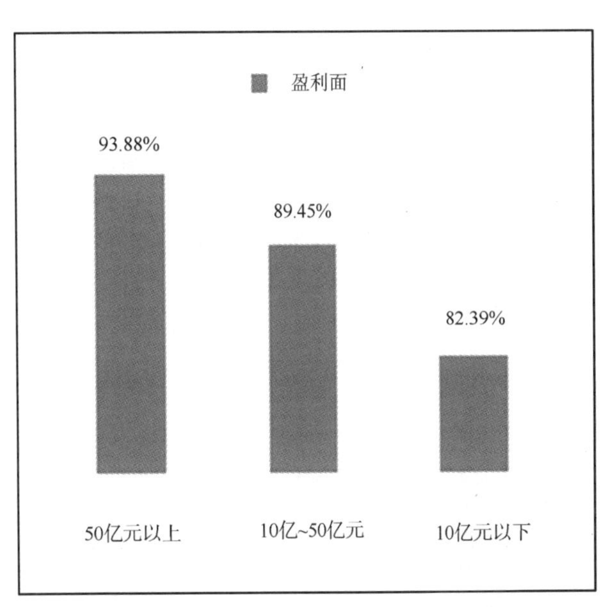

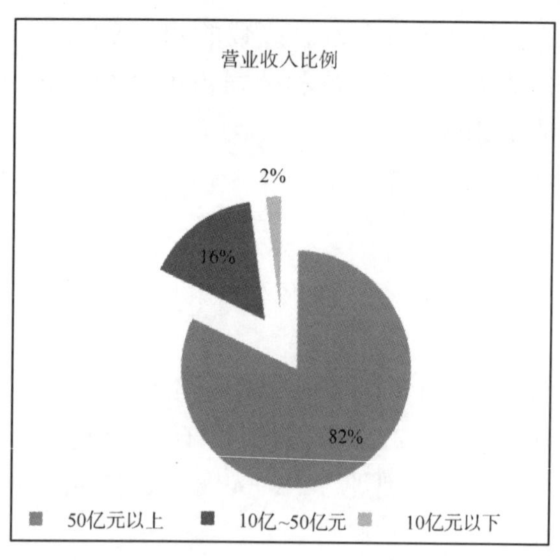


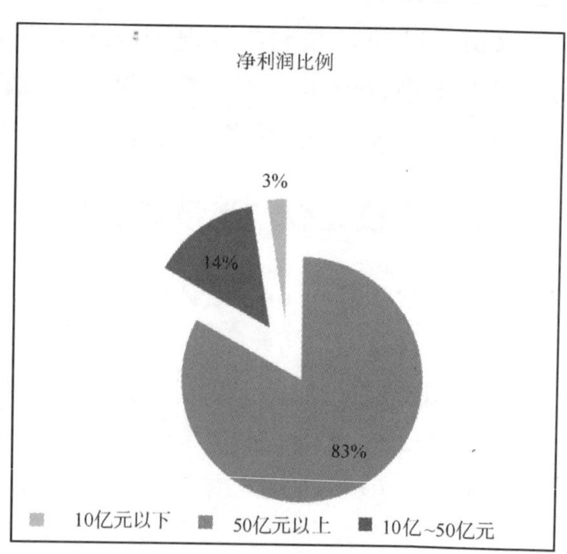


图 2-3 各规模上市公司业绩评分、盈利面、营业收入、净利润情况对比

## （四）行业比较，呈现行业间业绩差异减小趋势

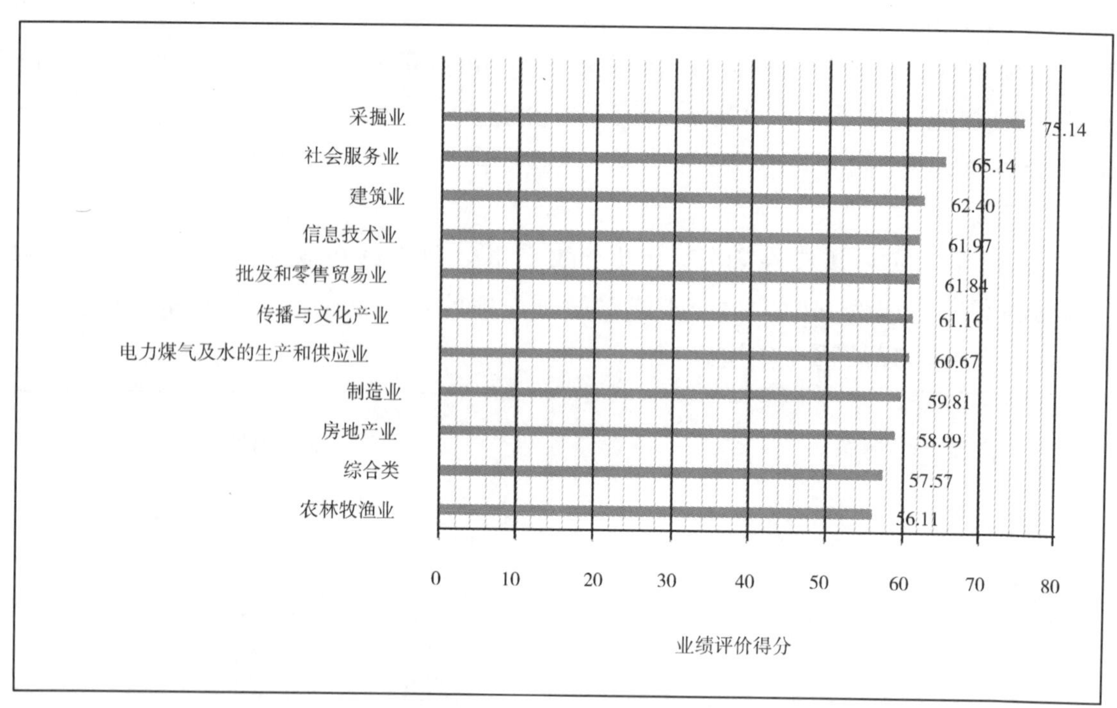


图 2-4 各行业上市公司业绩评价得分一览表

从各行业上市公司的业绩评价结果来看，十二个行业上市公司的业绩评分从最低的农林牧渔业 56.11 分到最高的采掘业 75.14 分，相差 19.03 分，比起 2008 年和 2007 年高低分之差 23.80、32.55，有行业业绩差异逐渐减小的发展趋势。

从具体排名上看，采掘业、社会服务业、建筑业、信息技术业、批发和零售贸易业 5 大行业位列业绩评价结果的前五位。这些行业之所以表现出非凡的骄人业绩，我们认为原因在于这些行业自身的一些特性，诸如它们是国民经济的基础和支柱、关乎国计民生，属于资金技术密集型行业，行业进入壁垒和集中度高、处于垄断地位、处于卖方市场、生活必需品、市场需求旺盛，等等，它们体现出长期战略发展产业、数字经济、高端制造业、健康生活等时代特征。

值得注意的是，采掘业继 2004 年之后，第 6 次位列上市公司业绩评价结果榜首。在入围业绩评价百强的上市公司中，有 20 家来自采掘业，其中，包括 15 家煤炭开采公司、1 家石油开采公司、1 家石油化工公司以及 3 家有色金属（黄金）提炼公司。

### （五）地区比较，5 大地区实现净利润同比翻番

根据 2009 年上市公司年报，净利润大幅增长地区主要分布在西藏、河北、广西、内蒙古和江苏五大区域，净利润分别增长 445.10%、128.37%、126.05%、121.20% 和 107.74%，利润增长率均超过 100%，实现了净利润同比翻番的增长，并高居区域净利润增长排行的前 5 位。

表 2-13　　2009 年净利润翻番区域上市公司情况

| 区域 | 净利润增长率排名 | 披露年报的上市公司数量 | 整体净利润 | 同比增长 |
|---|---|---|---|---|
| 西藏 | 1 | 5 家 | 2.69 亿元 | 445.10% |
| 河北 | 2 | 22 家 | 43.00 亿元 | 128.37% |
| 广西 | 3 | 13 家 | 22.66 亿元 | 126.05% |
| 内蒙古 | 4 | 6 家 | 13.82 亿元 | 121.20% |
| 江苏 | 5 | 92 家 | 247.01 亿元 | 107.74% |

### （六）中央企业，是中国上市公司的中流砥柱

2009 年中国股市的创利大户主要集中在大蓝筹公司，下面分别从两个方面加以阐述：

如图 2-5 及图 2-6 所示，根据 2009 年上市公司年报披露的数据，工商银行

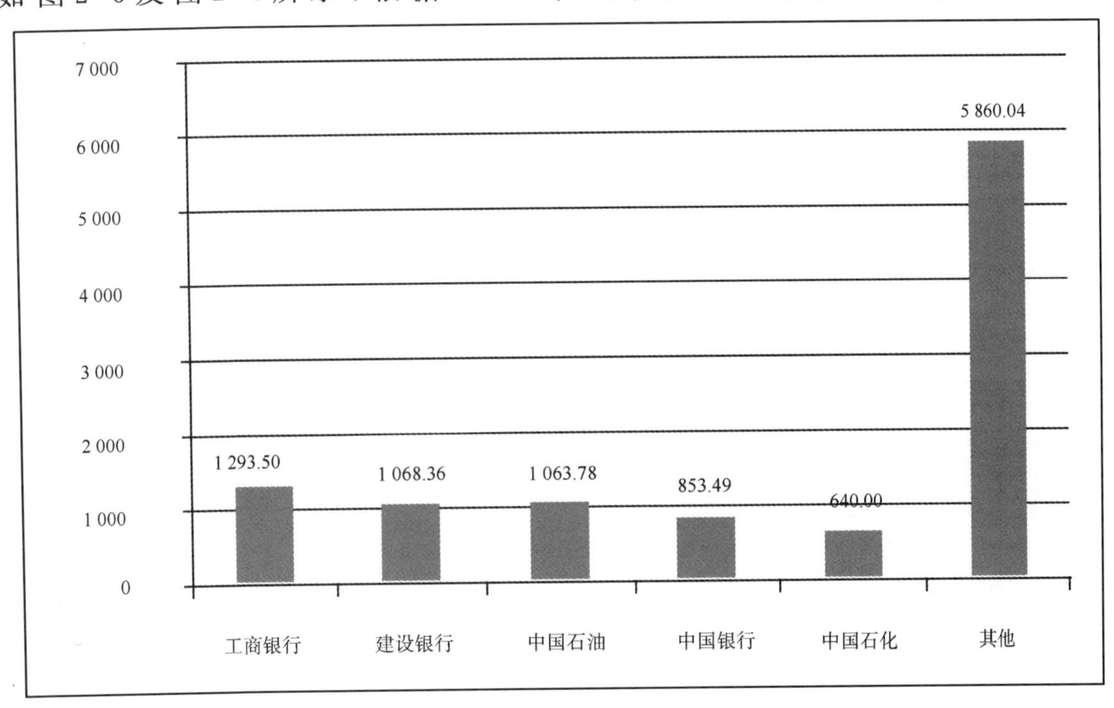


图 2-5　2009 年净利润排名 TOP5（单位：亿元）

2009 年实现归属母公司所有者利润 1 293.50 亿元，是 2009 年度中国股市利润最大的上市公司，仅此一家就占到所有上市公司利润的 12%；排名第二到五位的上市公司所占利润比例也不可小觑：工商银行、建设银行、中国石油、中国银行、中国石化，分别占到利润比例的 10%、10%、8%、6%，前 5 大上市公司所占利润比例之和高达 46%。

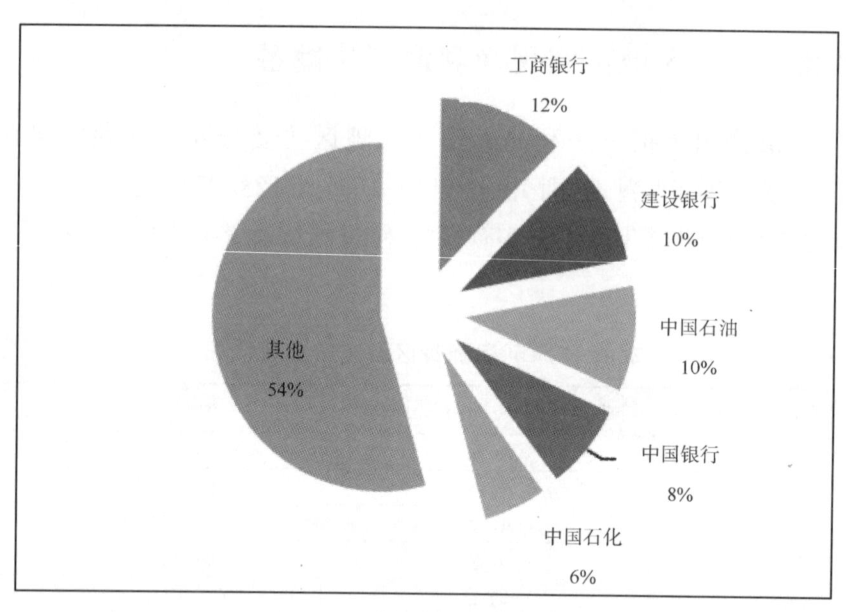


图 2-6　2009 年净利润排名前 5 位上市公司净利润权重情况

图 2-7 更为鲜明地体现了上市公司利润集中于中央企业的趋势。从上市公司利润集中度来看，中央企业占据了上市公司利润总额 70%以上的比重，因此中央企业经营状况的变化会对市场的盈利预期和估值水平带来重大影响，中央企业已成为上市公司的中流砥柱。

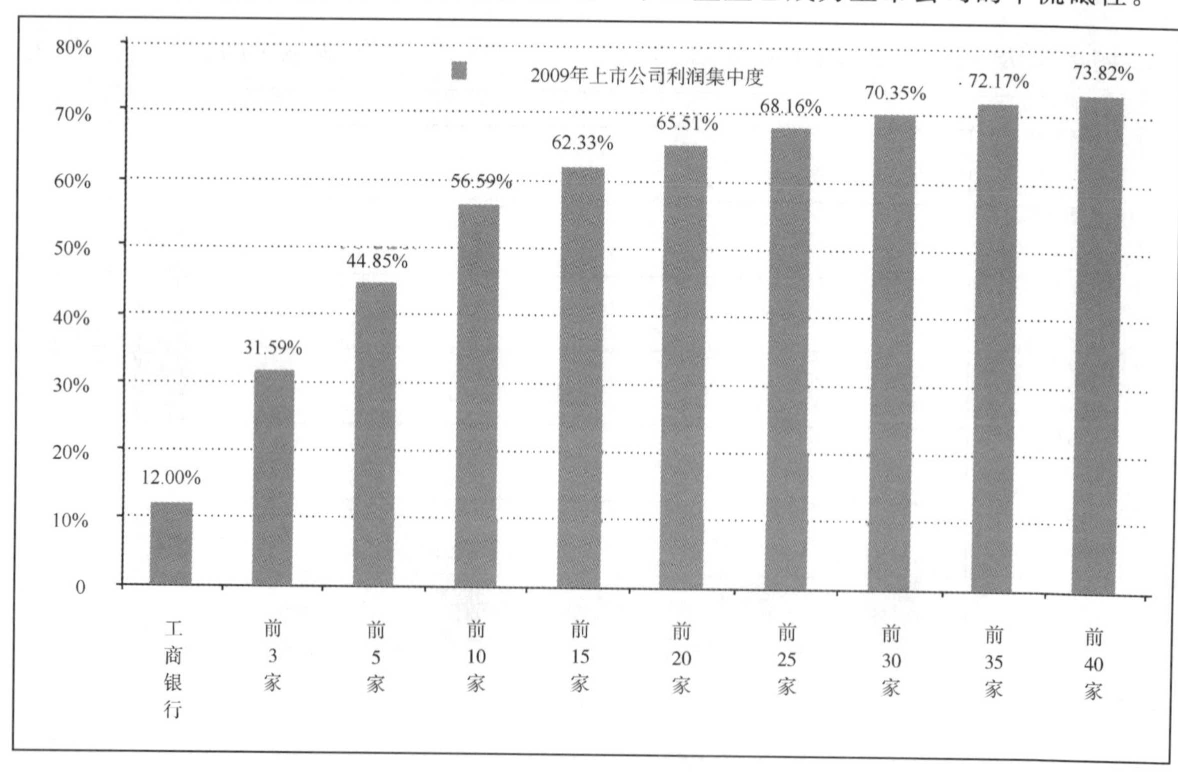


图 2-7　2009 年上市公司利润集中度（%）

### （七）需求上升，成为企业盈利好转的主要动力

上市公司业绩趋势的变化显示：需求增加已经取代成本控制成为业绩转好的动力，利润在上下游之间的重新分配大幕也已经徐徐拉开。

已公布的 2009 年年报显示，A 股上市公司的净资产收益率（ROE）明显回升。按照整体法，根据已公布的年报，非金融类上市公司的平均净资产收益率由 2008 年的 9.85%上升至 2009 年的 12.29%。值得注意的是，2009 年第三季度非金融企业的销售利润率和权益乘数出现回升，但总资产周转率并未回升，反映非金融类上市企业 ROE 回升的主要动力是成本下降而不是需求上升。不过，驱动 ROE 回升的动力在去年第四季度出现了变化。2009 年第四季度非金融企业的权益乘数小幅回落、总资产周转率和销售利润率显著回升，表明在成本下降的同时，财务杠杆收益也出现回落，需求上升开始成为企业盈利好转的主要动力。

具体到行业，采掘、化工、有色金属、机械设备、交运设备在 2009 年第四季度的总资产周转率回升较快，显示这些周期性行业的下游需求出现显著回暖。对于中游行业来说，在生产资料价格不断上升的背景下，上半年需求确定、成本能够顺利转嫁的工程机械行业将迎来更加优异的一季报行情，并有望在二季度的施工旺季延续景气。对于下游行业来说，需求拉动带来的增长更为明显。作为终端消费品行业，其盈利能力在四季度显著提高，更多的是由于需求的实际增长所拉动。其他行业如纺织服装、电子元器件、家电等表现虽有行业差别，但也大体如此。

从未来一段时间看，随着扩大内需效果的进一步显现，对下游行业的需求将持续增长，下游行业将走上坚实的复苏和增长之路，而这种由需求拉动的增长也会从中游传导到上游各行业。

### （八）存货变身，曾经业绩“杀手”变“推手”

随着经济的回暖，时下上市公司的增库存取代了去年的去库存；同时，一度是 2008 年上市公司利润“杀手”的存货因素，在 2009 年年报中扮演了业绩“推手”角色，部分上市公司因存货价值年内上涨，转回了已计提跌价减值，从而拉低了产品成本，增厚了整体利润。

从 2009 年第二季度开始，实体经济开始激活，需求重新抬头，与生产相匹配的上市公司存货逐季回升，根据已披露的 2009 年公司年报显示，2009 年的二、三、四季度，存货分别环比增长 5.38%、11.69%和 6.97%。到 2009 年底，存货同比增长 17.8%，同时，计提跌价准备同比大幅下降 63.13%，跌价准备仅占存货的 0.43%，实现净利润 1 171.83 亿元，同比增长 28.68%。

### （九）海运重创，短期内难以重回黄金时代

如图 2-8 所示，2009 年主要海运上市公司遭受重创。从业绩评价排名上看，2008 年排名 18 位的中远航运今年下滑到了第 1 193 位、2008 年排名 61 位的中国远洋今年下滑到了几乎垫底的 1 583 位，10 家上市公司中，有 9 家都排在 1 000 位之后；从财务指标变化情况

看，2009 年各海运上市公司营业收入和营业利润骤降（见表 2-14）。海运类上市公司受到如此重创，原因在于受突如其来的金融危机致全球资本市场陷入低迷，并进而引发全球海运需求萎缩。面对 2009 年全球严峻的经济环境，集装箱航运市场需求急速下滑，但全球集装箱船队的运力依然保持增长，市场供大于求的状况较为严重。受此冲击，前半年运费迅速下跌，集装箱航运业遭受了前所未有的重创，全行业陷入亏损。亏损主要是因受金融危机影响，内外贸航线运价下跌严重，中海集运受影响较深。尽管 2009 年航运企业风光不再，但业界普遍认为，航运市场最黑暗的时期虽然已经过去，但在较长的一段时间内，航运市场难以回到 2003 年至 2007 年间飞速发展的黄金时代。

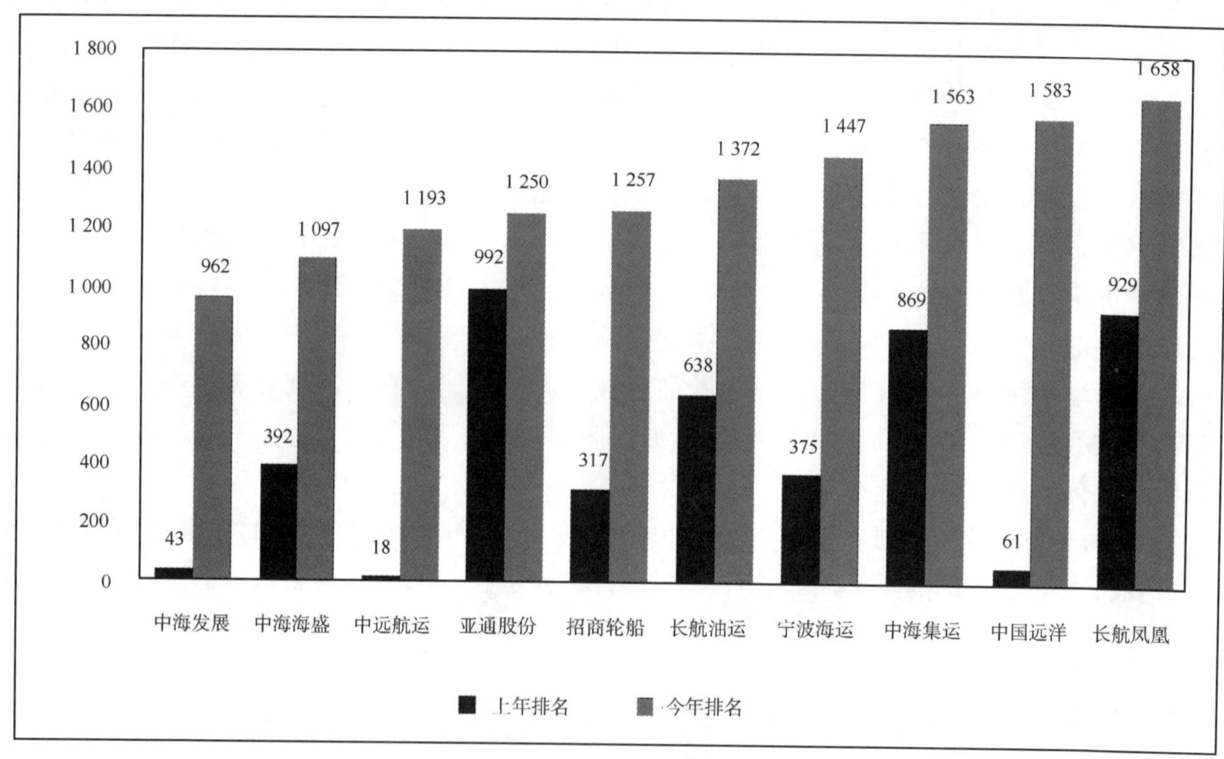


图 2-8　2009 年、2008 年主要海运上市公司业绩评价排名对比

表 2-14　2009 年主要海运上市公司财务指标变化情况

| 公司名称 | 2009 年营业收入变化率 | 2009 年营业利润变化率 |
|---|---|---|
| 中海发展 | －49.21％ | －80.30％ |
| 中海海盛 | －28.14％ | －69.60％ |
| 中远航运 | －43.46％ | －95.27％ |
| 亚通股份 | －13.02％ | 122.84％ |
| 招商轮船 | －41.94％ | －67.65％ |
| 长航油运 | 5.22％ | －97.36％ |
| 宁波海运 | －38.96％ | －102.16％ |
| 中海集运 | －43.21％ | －6240.14％ |
| 中国远洋 | －51.52％ | －128.88％ |
| 长航凤凰 | －35.73％ | －618.39％ |

# 第三章

# 2009年度“中联百强”上市公司

# 一、2009年度“中联百强”上市公司

按照中国上市公司业绩评价体系，我们以统一测算的评价标准为基准，运用功效系数法，对截至2010年4月30日公布年报的1 685户A股上市公司（不包括保险、信托，本章以下如无特指按此口径）业绩进行了评价排序，最终得出了2009年度中联上市公司价值百强排行榜（以下简称：“中联百强”）。其中一汽轿车以综合得分87.27分夺得冠军，洋河股份以0.91分之差屈居亚军，福田汽车、上海汽车、国阳新能、江铃汽车、五粮液、冀中能源、恒源煤电、世联地产分列排行榜的第3～10名。

表3-1　　中联百强排行榜

| 名次 | 股票代码 | 股票简称 | 综合得分 | 名次 | 股票代码 | 股票简称 | 综合得分 |
|---|---|---|---|---|---|---|---|
| 1 | 000800 | 一汽轿车 | 87.27 | 22 | 000425 | 徐工机械 | 80.76 |
| 2 | 002304 | 洋河股份 | 86.36 | 23 | 000651 | 格力电器 | 80.65 |
| 3 | 600166 | 福田汽车 | 86.05 | 24 | 600256 | 广汇股份 | 80.64 |
| 4 | 600104 | 上海汽车 | 85.89 | 25 | 000338 | 潍柴动力 | 80.51 |
| 5 | 600348 | 国阳新能 | 85.89 | 26 | 000625 | 长安汽车 | 80.14 |
| 6 | 000550 | 江铃汽车 | 85.42 | 27 | 002128 | 露天煤业 | 79.95 |
| 7 | 000858 | 五粮液 | 85.26 | 28 | 600508 | 上海能源 | 79.84 |
| 8 | 000937 | 冀中能源 | 83.63 | 29 | 601899 | 紫金矿业 | 79.79 |
| 9 | 600971 | 恒源煤电 | 83.61 | 30 | 600395 | 盘江股份 | 79.60 |
| 10 | 002285 | 世联地产 | 83.32 | 31 | 600519 | 贵州茅台 | 79.17 |
| 11 | 002142 | 宁波银行 | 83.28 | 32 | 600510 | 黑牡丹 | 79.15 |
| 12 | 600690 | 青岛海尔 | 83.22 | 33 | 000042 | 深长城 | 79.05 |
| 13 | 000616 | 亿城股份 | 82.87 | 34 | 000527 | 美的电器 | 78.97 |
| 14 | 600600 | 青岛啤酒 | 82.10 | 35 | 600031 | 三一重工 | 78.92 |
| 15 | 601001 | 大同煤业 | 81.96 | 36 | 600582 | 天地科技 | 78.71 |
| 16 | 601699 | 潞安环能 | 81.63 | 37 | 600028 | 中国石化 | 78.51 |
| 17 | 000069 | 华侨城A | 81.55 | 38 | 600999 | 招商证券 | 78.31 |
| 18 | 601939 | 建设银行 | 81.53 | 39 | 000423 | 东阿阿胶 | 78.31 |
| 19 | 002024 | 苏宁电器 | 81.49 | 40 | 000002 | 万科A | 78.21 |
| 20 | 000880 | 潍柴重机 | 81.26 | 41 | 000528 | 柳工 | 78.16 |
| 21 | 000650 | 仁和药业 | 80.94 | 42 | 600880 | 博瑞传播 | 77.78 |

续表

| 名次 | 股票代码 | 股票简称 | 综合得分 | 名次 | 股票代码 | 股票简称 | 综合得分 |
|---|---|---|---|---|---|---|---|
| 43 | 600123 | 兰花科创 | 77.58 | 72 | 600718 | 东软集团 | 75.63 |
| 44 | 600658 | 电子城 | 77.45 | 73 | 600216 | 浙江医药 | 75.50 |
| 45 | 601857 | 中国石油 | 77.18 | 74 | 000778 | 新兴铸管 | 75.45 |
| 46 | 601169 | 北京银行 | 77.17 | 75 | 601166 | 兴业银行 | 75.44 |
| 47 | 000918 | 嘉凯城 | 77.15 | 76 | 600048 | 保利地产 | 75.14 |
| 48 | 000895 | 双汇发展 | 77.06 | 77 | 000012 | 南玻 A | 75.09 |
| 49 | 000983 | 西山煤电 | 77.04 | 78 | 000900 | 现代投资 | 74.88 |
| 50 | 600657 | 信达地产 | 77.03 | 79 | 600985 | 雷鸣科化 | 74.88 |
| 51 | 600720 | 祁连山 | 76.97 | 80 | 600809 | 山西汾酒 | 74.84 |
| 52 | 601088 | 中国神华 | 76.87 | 81 | 600030 | 中信证券 | 74.83 |
| 53 | 002096 | 南岭民爆 | 76.86 | 82 | 600660 | 福耀玻璃 | 74.82 |
| 54 | 002146 | 荣盛发展 | 76.73 | 83 | 000690 | 宝新能源 | 74.68 |
| 55 | 600271 | 航天信息 | 76.72 | 84 | 600887 | *ST 伊利 | 74.58 |
| 56 | 600585 | 海螺水泥 | 76.59 | 85 | 001696 | 宗申动力 | 74.55 |
| 57 | 000780 | 平庄能源 | 76.55 | 86 | 600546 | 山煤国际 | 74.53 |
| 58 | 002063 | 远光软件 | 76.48 | 87 | 600188 | 兖州煤业 | 74.39 |
| 59 | 600089 | 特变电工 | 76.34 | 88 | 300022 | 吉峰农机 | 74.37 |
| 60 | 600675 | 中华企业 | 76.27 | 89 | 002294 | 信立泰 | 74.34 |
| 61 | 000869 | 张裕 A | 76.23 | 90 | 000157 | 中联重科 | 74.33 |
| 62 | 002041 | 登海种业 | 76.22 | 91 | 600060 | 海信电器 | 74.32 |
| 63 | 002324 | 普利特 | 76.20 | 92 | 600997 | 开滦股份 | 74.27 |
| 64 | 600716 | 凤凰股份 | 76.17 | 93 | 600426 | 华鲁恒升 | 74.13 |
| 65 | 000568 | 泸州老窖 | 76.15 | 94 | 600449 | 赛马实业 | 73.84 |
| 66 | 601888 | 中国国旅 | 76.11 | 95 | 600489 | 中金黄金 | 73.84 |
| 67 | 002320 | 海峡股份 | 76.05 | 96 | 000538 | 云南白药 | 73.84 |
| 68 | 002202 | 金风科技 | 75.95 | 97 | 002293 | 罗莱家纺 | 73.84 |
| 69 | 002306 | 湘鄂情 | 75.89 | 98 | 600588 | 用友软件 | 73.80 |
| 70 | 000401 | 冀东水泥 | 75.74 | 99 | 002081 | 金螳螂 | 73.79 |
| 71 | 600547 | 山东黄金 | 75.72 | 100 | 600741 | 华域汽车 | 73.60 |

**2009 年福田汽车业绩亮丽，2010 年以改善结构化解成本压力**

☆ 公司是商用车龙头企业，已连续 6 年蝉联商用车行业销量第一

☆ 2009 年累计销售整车 60 万辆，同比增长 47%，高于商用车企业 28%的平均增长速度

☆ 2009 年轻卡销量 38.38 万辆，销售名列全国第一位，市场占有率为 24.6%。公司轻卡业务占总收入的 48%，并贡献 51%左右的毛利

☆ 中重型卡车实现销量 8.46 万辆，较去年同期增长 41.8%，销售名列全国第四。该类产品的较快增长得益于公司新开发欧曼 5 系产品拓宽了产品线

☆ 新能源客车继续保持国内市场领先地位，在技术先进性、产品可靠性和市场保有量上都优于竞争对手。2009 年公司共销售福田欧 V 新能源客车 925 辆，收入超过 10 亿元

☆ 2009 年福田康明斯发动机项目投产，有助于公司提升产品技术水平，开拓国内高端轻卡市场；后期该产品的出口将有效提高产能利用率，成为公司新的利润增长点

☆ 报告期公司整体毛利率 11.18%，每股经营活动现金流 4.46 元，远高于每股收益水平

☆ 本期研发支出中有 6 亿元计入当期损益

☆ 公司 2010 年经营计划目标：确保实现销量 60 万辆；销售收入 415 亿元、利润 10.1 亿元。预计公司销售 66 万辆

☆ 2010 年公司拟向特定投资者非公开发行股票，数量不超过 1.6 亿股，发行价格不低于 17.76 元/股。募集资金投向重型载货汽车技术改造项目和重要零部件提升水平建设项目，项目的建设不仅有利于提高公司中重卡产销规模和产品技术水平，也有助于为后期与德国奔驰公司重卡项目的合资经营打好基础

☆ 风险提示：2010 年公司可能面临的最大困难是成本上升，其中占公司原材料比重最大的钢铁价格上涨幅度可能在 15%～20%。2010 年一季报预增 130%

资料来源：平安证券

# 二、 2009 年度中联百强上市公司概述

2009 年，中国经济复苏较为强劲，呈现“V”型走势，GDP 增速 8.7%。2008 年四季度以来，出台的一系列扩内需政策收到超预期的效果，与之相伴随的是，投资高速增长，工业生产增加值同比增速持续反弹，消费保持强劲，出口止跌企稳回升，物价逐步走出通缩，在此背景下，中联百强作为证券市场大舞台的绝对主角，也实现了超预期的增长，交出了高效益、高质量、高成长的漂亮答卷。从评价结果来看，2009 年中联百强整体表现优异，平均综合得分为 76.84 分，比全部上市公司平均水平 62.93 分高出 13.91 分。从财务数据来看，中联百强具有超越上市公司平均水平的业绩和成长性。业绩上，中联百强 2009 年度实现营业总收入 39 997.45 亿元，占上市公司营业总收入 115 139.80 亿元的 34.74%；净利润 4 639.73 亿元，占上市公司净利润总额 10 764.24 亿元的 43.10%。规模上，中联百强 2009 年度资产总额 160 068.80 亿元，占全部上市公司资产总额 591 052.80 亿元的 27.08%；所有者权益总额 28 720.64 亿元，占全部上市所有者权益总额 88 323.74 亿元的 32.51%。

## （一）制造业、采掘业成为中联百强的主力军

按照中国上市公司业绩评价体系，共分为 13 个行业。2009 年度中联百强中，制造业坐拥 47 个席位；采掘业占据了 20 个席位；综合类行业缺席百强。

制造业、采掘业的繁荣标示着我国的股市有着强大的物质基础，证券市场的蓬勃发展与国民经济的物质增长有着必然而紧密的联系。制造业以绝对优势连续几年入主百强，且占比逐年稳步增加，这与我国 4 万亿投资拉动、区域振兴规划、行业振兴规划等经济政策息息相关。采掘业家数名列第二，采掘业目前主要包括煤炭，天然气等资源类企业，我国宏观经济的高速发展，拉动了资源需求，提升了采掘业发展速度。

## （二）中联百强分布趋于集中化，东西差距在缩小

2009 年中联百强分布于全国 25 个省、自治区和直辖市。东部地区中联百强企业达到 61 家，成为中联百强的主要集中地，在北京、广东省、山东省等几个省市表现的尤为突出，但与 2008 年相比年减少 4 家；西部地区中联百强数量为 18 家，比 2008 年增加 6 家，其中新疆比去年增加 3 家，表明国家对西部政策支持取得了明显的效果，西部公司的经营实力在逐步增强；东北地区发展形势不容乐观，百强的家数与 2008 年相比年减少 2 家；值得关注的是，黑龙江、天津、山西、青海、湖北省今年无缘上市百强企业值得惋惜。

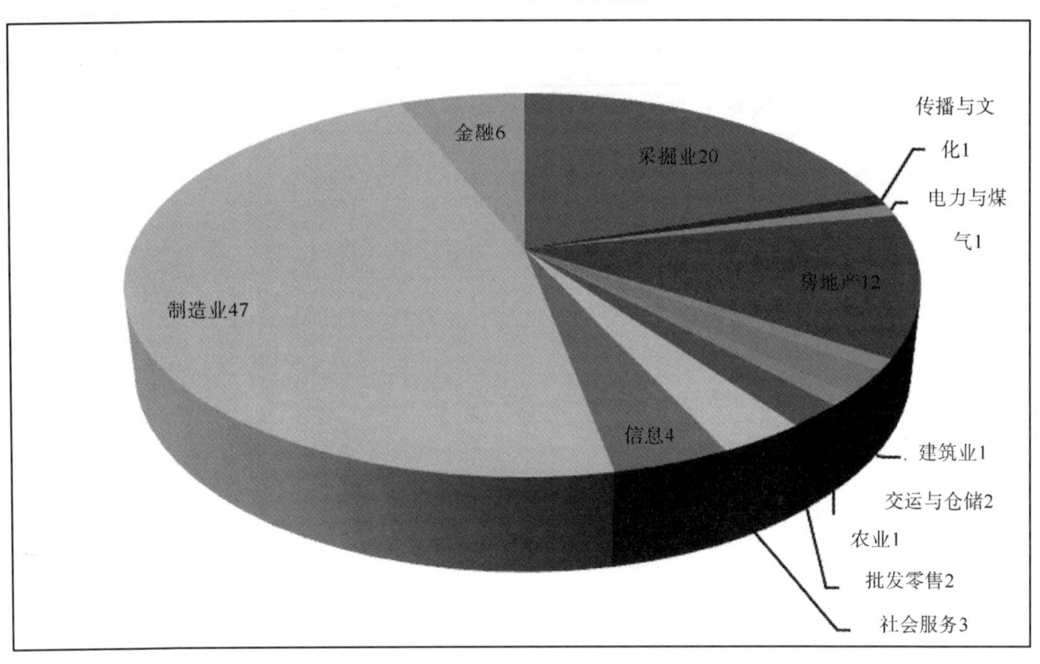


图 3-1 2009 年中联百强行业分布

表 3-2 2009 年中联百强地域分布三年比较表

| 区域 | 省份 | 2007 年 | 2008 年 | 2009 年 |
|---|---|---|---|---|
| 东北 | 吉林省 | 1 | 2 | 1 |
| | 黑龙江省 | | 1 | |
| | 辽宁省 | 2 | 2 | 2 |
| | 小计 | 3 | 5 | 3 |
| 东部 | 北京 | 15 | 14 | 14 |
| | 福建省 | 2 | 4 | 3 |
| | 广东省 | 8 | 7 | 13 |
| | 江苏省 | 7 | 6 | 7 |
| | 山东省 | 8 | 8 | 11 |
| | 上海 | 6 | 9 | 5 |
| | 天津 | 3 | 3 | |
| | 河北省 | 4 | 3 | 5 |
| | 浙江省 | 6 | 11 | 2 |
| | 海南省 | 1 | | 1 |
| | 小计 | 60 | 65 | 61 |

续表

| 区域 | 省份 | 2007 年 | 2008 年 | 2009 年 |
|---|---|---|---|---|
| 西部 | 陕西省 | | 2 | |
| | 广西壮族自治区 | 1 | | 1 |
| | 贵州省 | 1 | 3 | 2 |
| | 内蒙古自治区 | 1 | | 3 |
| | 青海省 | 2 | 2 | |
| | 四川省 | 4 | 2 | 4 |
| | 云南省 | 3 | 1 | 1 |
| | 新疆 | 2 | 0 | 3 |
| | 重庆 | | 1 | 2 |
| | 甘肃省 | 1 | | 1 |
| | 宁夏回族自治区 | | 1 | 1 |
| | 小计 | 15 | 12 | 18 |
| 中部 | 安徽省 | 4 | 5 | 3 |
| | 河南省 | 5 | 2 | 1 |
| | 湖北省 | 4 | 2 | |
| | 湖南省 | 3 | 2 | 5 |
| | 江西省 | 1 | | 2 |
| | 山西省 | 5 | 7 | 7 |
| | 小计 | 22 | 18 | 18 |
| 合计 | | 100 | 100 | 100 |

在连续三年的中联百强榜单上，讲述着中国经济的发展态势：东部和中部地区仍是我国经济的命脉，西部经济已逐渐崛起，东北老工业基地已经明显落后于全国。

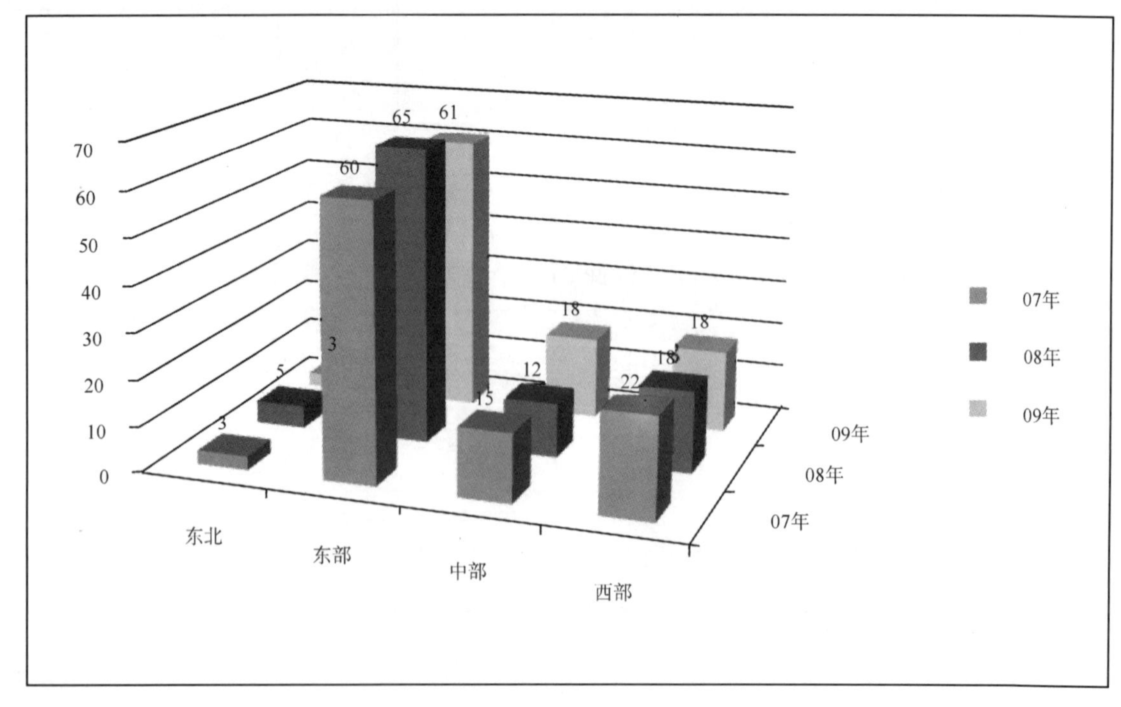


图 3-2　百强公司连续三年地域分布比较图

### （三）深证主板企业发展迅速，百强占比大幅增加

2009 年上海主板、深证中小板企业在百强的家数有所降低，深证主板企业百强家数增加 15 家。受益 4 万亿投资、十大产业振兴规划、创业板上市、低碳经济、区域经济开发等接踵而至的刺激，上市公司 2009 年的业绩迎来强劲的增长，实现净利润同比增长近 26%，深圳主板异军突起，净利润平均增速高达 47.44%，高于创业板、中小板净利润平均增速，其增速分别为 45.37%与 22.33%。创业板在登场元年，吉峰农机荣登百强榜，名列百强第 88 名。

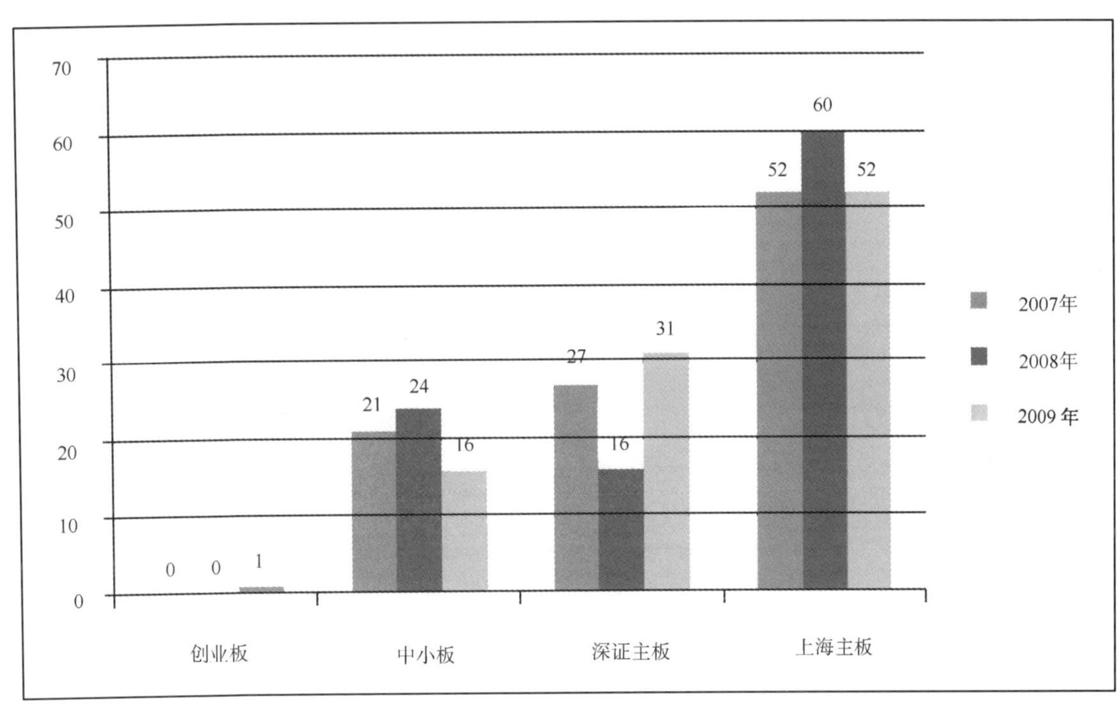


图 3-3 中联百强近两年分布图

### （四）中央企业牛气冲天，雄霸“中联百强”15 席，国有资本占据证券市场绝对主导地位

在 2009 年度中联百强中，中央企业有 15 位入驻百强，与 2008 年度计入百强户相比增加了 1 户，其中一汽轿车名列百强之首。这些中央企业资产规模盈利能力皆过半，中央企业在证券市场的地位已是不折不扣的龙头老大，截止 2009 年年末，总资产为 127 512.53 亿元，占中联百强总资产 160 068.8 亿元的 79.66%；营业收入为 29 133.58 亿元，占中联百强总营业收入 39 997.45 亿元的 72.83%；净利润为 3 384.75 亿元，占中联百强企业总净利润4 639.73亿元的 72.95%。

### （五）2009 年度中联百强榜中榜一连续三年登榜公司

1. 表 3-3 显示 2007、2008、2009 年连续三年荣登“中联百强”共 21 家公司，其中煤炭开采最多共计 5 家；

2. 可持续发展能力最强的公司：宁波银行、苏宁电器2家公司在百强中名次逐年提升；

3. 每股收益最高的公司：贵州茅台2009年每股收益4.57元；

4. 每股市盈率最低的公司：建设银行2009年5月6日市盈率11.14；

5. 发展速度最快的公司：在百强公司排名中建设银行由2007年的58名到2009年的18名，提升了98名；

6. 最具送红股实力的公司：2009年末，贵州茅台每股留存收益12.87元。

**表 3-3** 连续三年荣登百强公司

| 排名 | 证券代码 | 简称 | 各年排名 | | | 近三年累计分红占比 | 2009年每股留存收益 |
|---|---|---|---|---|---|---|---|
| | | | 09 | 08 | 07 | | |
| 1 | 002142 | 宁波银行 | 11 | 29 | 33 | 120.31 | 1.11 |
| 2 | 601699 | 潞安环能 | 16 | 4 | 13 | 81.35 | 3.54 |
| 3 | 601939 | 建设银行 | 18 | 7 | 58 | 67.70 | 0.74 |
| 4 | 002024 | 苏宁电器 | 19 | 15 | 10 | 34.98 | 1.48 |
| 5 | 000651 | 格力电器 | 23 | 33 | 18 | 30.55 | 4.19 |
| 6 | 600519 | 贵州茅台 | 31 | 10 | 20 | 51.54 | 12.87 |
| 7 | 600031 | 三一重工 | 35 | 100 | 35 | 19.84 | 3.65 |
| 8 | 600582 | 天地科技 | 36 | 87 | 74 | 22.40 | 2.61 |
| 9 | 600880 | 博瑞传播 | 42 | 27 | 14 | 77.39 | 1.64 |
| 10 | 601857 | 中国石油 | 45 | 20 | 2 | 87.84 | 2.98 |
| 11 | 601169 | 北京银行 | 46 | 17 | 98 | 38.92 | 1.82 |
| 12 | 000895 | 双汇发展 | 48 | 25 | 83 | 117.21 | 3.01 |
| 13 | 000983 | 西山煤电 | 49 | 2 | 51 | 78.66 | 2.46 |
| 14 | 601088 | 中国神华 | 52 | 71 | 7 | 49.83 | 2.94 |
| 15 | 600271 | 航天信息 | 55 | 22 | 63 | 93.21 | 2.52 |
| 16 | 600585 | 海螺水泥 | 56 | 44 | 90 | 18.39 | 6.75 |
| 17 | 000869 | 张裕A | 61 | 28 | 71 | 136.90 | 3.71 |
| 18 | 000568 | 泸州老窖 | 65 | 46 | 32 | 112.66 | 1.79 |
| 19 | 600547 | 山东黄金 | 71 | 37 | 85 | 44.71 | 2.40 |
| 20 | 600188 | 兖州煤业 | 87 | 1 | 56 | 64.41 | 3.54 |
| 21 | 600997 | 开滦股份 | 92 | 51 | 45 | 53.41 | 2.19 |

注：分红和留存收益数据来自 Wind

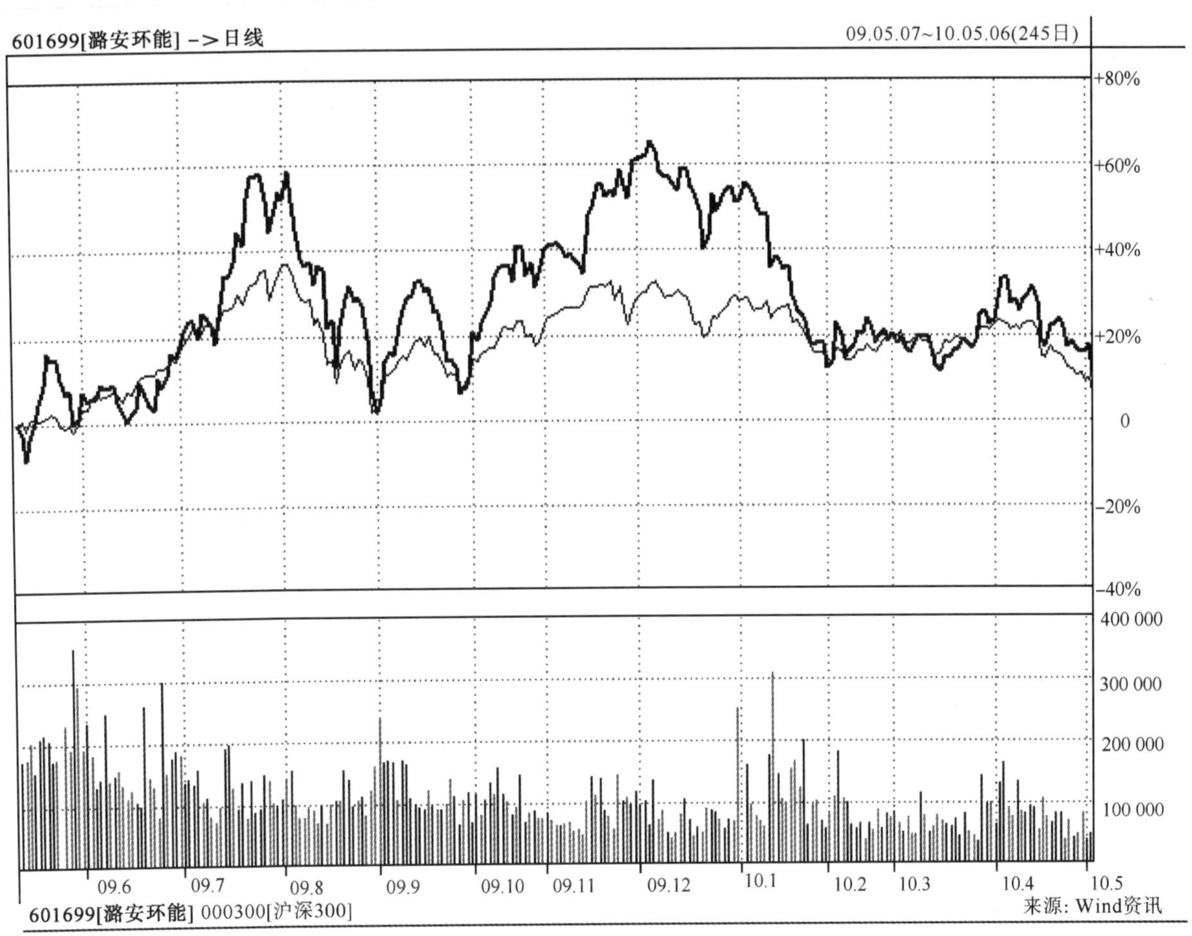


**图 3-4 潞安环能与沪深 300 走势图比较**

数据来源：Wind 资讯

# 三、 全部上市公司分类榜单

## (一) 最具实力的公司——2009 年度营业收入前十名公司

| 排名 | 股票代码 | 股票名称 | 营业收入（万元） |
|---|---|---|---|
| 1 | 600028 | 中国石化 | 134 505 200.00 |
| 2 | 601857 | 中国石油 | 101 927 500.00 |
| 3 | 601186 | 中国铁建 | 35 552 076.90 |

续表

| 排名 | 股票代码 | 股票名称 | 营业收入（万元） |
|---|---|---|---|
| 4 | 601390 | 中国中铁 | 34 597 361.90 |
| 5 | 601398 | 工商银行 | 30 945 400.00 |
| 6 | 601939 | 建设银行 | 26 718 400.00 |
| 7 | 601668 | 中国建筑 | 26 037 963.50 |
| 8 | 601988 | 中国银行 | 23 219 800.00 |
| 9 | 601618 | 中国中冶 | 16 520 114.70 |
| 10 | 600050 | 中国联通 | 15 836 881.95 |

## （二）最具发展潜力公司——2009 年前 10 名公司

| 排名 | 股票代码 | 股票名称 | 09、08 评价分数差 |
|---|---|---|---|
| 1 | 000042 | 深长城 | 50.04 |
| 2 | 600238 | 海南椰岛 | 45.70 |
| 3 | 600887 | *ST 伊利 | 45.08 |
| 4 | 601111 | 黔源电力 | 43.08 |
| 5 | 600747 | 浙江医药 | 42.00 |
| 6 | 000615 | 星湖科技 | 41.80 |
| 7 | 000878 | 平高电气 | 41.15 |
| 8 | 600104 | 同达创业 | 40.78 |
| 9 | 000570 | 沙河股份 | 40.75 |
| 10 | 000949 | 西藏药业 | 38.83 |

注：不包括当年重组的 ST 公司

本榜单为 2009 年业绩评价得分与 2008 年业绩评价得分相差前 10 名的公司。2009 年，在我国经济 V 型反转的情况下，这些公司率先启动，业绩仍保持较高速增长，说明这些公司具有较强的发展潜力。

## （三）最慷慨的公司——2009 年分红前 10 名公司

| 排名 | 股票代码 | 股票名称 | 2009 年度现金分红方案 |
|---|---|---|---|
| 1 | 600348 | 国阳新能 | 10 派 3.8，10 转 15 |
| 2 | 300002 | 神州泰岳 | 10 派 3，10 转 15 |
| 3 | 600596 | 新安股份 | 10 派 4，10 转 12 |
| 4 | 600175 | 美都控股 | 10 派 0.3，10 转 12 |
| 5 | 300024 | 机器人 | 10 派 1，10 送 2，10 转 10 |
| 6 | 002294 | 信立泰 | 10 派 10，10 转 10 |
| 7 | 000159 | 国际实业 | 10 派 5，10 转 10 |

续表

| 排名 | 股票代码 | 股票名称 | 2009 年度现金分红方案 |
|---|---|---|---|
| 8 | 002069 | 獐子岛 | 10 派 5，10 转 10 |
| 9 | 300018 | 中元华电 | 10 派 5，10 转 10 |
| 10 | 300026 | 红日药业 | 10 派 5，10 转 10 |

资料来源：中金在线数据中心（截至 2010 年 4 月 30 日）

本榜单为分红前 10 名的公司。现金分红较高说明公司 2009 年经营净现金流比较好，公司营运资金较为宽裕，取得良好的收益不忘对投资者的回报；资本公积转增股本说明公司具有丰厚的资本公积扩张股本，增加了注册资本。

### （四）业绩最牛公司——2009 年每股收益前 10 名公司

| 排名 | 股票代码 | 股票名称 | 2009 年每股收益（元/股） |
|---|---|---|---|
| 1 | 600519 | 贵州茅台 | 4.57 |
| 2 | 600948 | 伊泰 B 股 | 4.29 |
| 3 | 000338 | 潍柴动力 | 4.09 |
| 4 | 600150 | 中国船舶 | 3.77 |
| 5 | 002304 | 洋河股份 | 3.04 |
| 6 | 002001 | 新和成 | 2.98 |
| 7 | 300050 | 世纪鼎利 | 2.78 |
| 8 | 300002 | 神州泰岳 | 2.72 |
| 9 | 600216 | 浙江医药 | 2.70 |
| 10 | 601166 | 兴业银行 | 2.66 |

本榜单为每股收益前 10 名的公司，说明公司 2009 年盈利能力较强。

### （五）业绩最差公司——2009 年每股收益后 10 名公司

| 排名 | 股票代码 | 股票名称 | 2009 年每股收益（元/股） |
|---|---|---|---|
| 1 | 000958 | *ST 东热 | −4.21 |
| 2 | 000818 | *ST 锦化 | −3.24 |
| 3 | 600817 | *ST 宏盛 | −3.00 |
| 4 | 600091 | *ST 明科 | −2.85 |
| 5 | 600656 | ST 方源 | −2.48 |
| 6 | 600207 | ST 安彩 | −2.42 |
| 7 | 200770 | *ST 武锅 B | −2.27 |
| 8 | 600792 | ST 马龙 | −2.22 |
| 9 | 000068 | ST 三星 | −2.15 |
| 10 | 600699 | *ST 得亨 | −1.90 |

本榜单为每股收益后 10 名的公司。这些公司为近 2～3 年连续亏损，存在着退市风险。2009 年，这些公司盈利能力很差。

## （六）最让投资者踏实公司——2009 年股息率 10 名公司

| 排名 | 股票代码 | 股票名称 | 2009 年股息率（%） |
|---|---|---|---|
| 1 | 601788 | 光大证券 | 5.76 |
| 2 | 600177 | 雅戈尔 | 4.73 |
| 3 | 002242 | 九阳股份 | 3.45 |
| 4 | 200012 | 南玻 B | 3.38 |
| 5 | 000728 | 国元证券 | 3.33 |
| 6 | 002300 | 太阳电缆 | 3.11 |
| 7 | 002258 | 利尔化学 | 2.87 |
| 8 | 002264 | 新华都 | 2.83 |
| 9 | 900948 | 伊泰 B 股 | 2.75 |
| 10 | 601328 | 交通银行 | 2.70 |

资料来源：Wind 数据，截止 2010 年 5 月 6 日

本榜单为股息率前 10 名的公司。股息率是已分股息与股票价格之间的比率。2009 年，公司的股息率较高，说明公司具有较高的投资价值。

## （七）收益率最高的公司——2009 年加权净资产收益率 10 名公司

| 排名 | 股票代码 | 股票名称 | 加权净资产收益率（%） |
|---|---|---|---|
| 1 | 300033 | 同花顺 | 55.96 |
| 2 | 600216 | 浙江医药 | 54.49 |
| 3 | 002304 | 洋河股份 | 54.31 |
| 4 | 002317 | 众生药业 | 49.06 |
| 5 | 600196 | 复星医药 | 47.93 |
| 6 | 600505 | 西昌电力 | 47.89 |
| 7 | 002001 | 新和成 | 44.37 |
| 8 | 601877 | 正泰电器 | 44.31 |
| 9 | 600970 | 中材国际 | 43.49 |
| 10 | 002007 | 华兰生物 | 43.29 |

注：截止 2009 年 12 月 31 日上市的公司，以及剔除 ST 公司和当年重大重组的公司

本榜单为加权净资产收益率前 10 名的公司。说明 2009 年公司经营业绩良好，净资产回报率较高，盈利能力较强。

# 四、2009年度创业板“特征榜”

## （一）创业板的三大特征

### 1. 高毛利率

2009年74家创业板公司创造了42.15亿元净利润，同比增幅44.8%，充分体现了创业板高成长风格，2009年创业板公司平均毛利率达40.4%，比之主板不到20%的毛利率，高了一倍还多，充分体现了创业板公司产品技术含量，以及公司的发展潜力，随着这创业板公司募集资金投资项目的投产，创业板公司将迎来令人瞠目的增长。

### 2. 高回报

十年磨一剑的创业板元年，打破中国A股一贯分红吝啬的惯例，由于业绩增长底气十足，加之超募资金“催肥”资本公积，创业板公司的利润分配预案颇为大度，年报显示，截至4月30日披露年报的60家创业板公司中，实施10送转5股（含）以上高送转方案的达30家，其中18家10转10（含）以上。一度占据整个A股市场最高价股的神州泰岳，也以10转15派3元成为创业板送转冠军，在整个A股市场仅比国阳新能略低一点；而在大送转的同时，还有56家公司大派现金“红包”，最“大方”的为世纪鼎利，每10股派6.5元（含税）。

### 3. 高市值

创业板公司和投资人分享公司利润的同时，小小的创业板也得到投资者的追捧，截至4月30日，78家公司的市值总计约3 525亿，平均每股价约为42.70元，总市值大约是最能赚钱的工商银行市值的五分之一。

## （二）创业板上市公司分类榜单

### 1. 最慷慨的公司——2009年股利支付率前5名公司

| 排名 | 股票代码 | 股票名称 | 股利支付率（%） |
|---|---|---|---|
| 1 | 300057 | 万顺股份 | 78.51 |
| 2 | 300032 | 金龙机电 | 74.60 |
| 3 | 300012 | 华测检测 | 72.30 |
| 4 | 300027 | 华谊兄弟 | 59.61 |
| 5 | 300018 | 中元华电 | 56.04 |

资料来源：第一财经日报

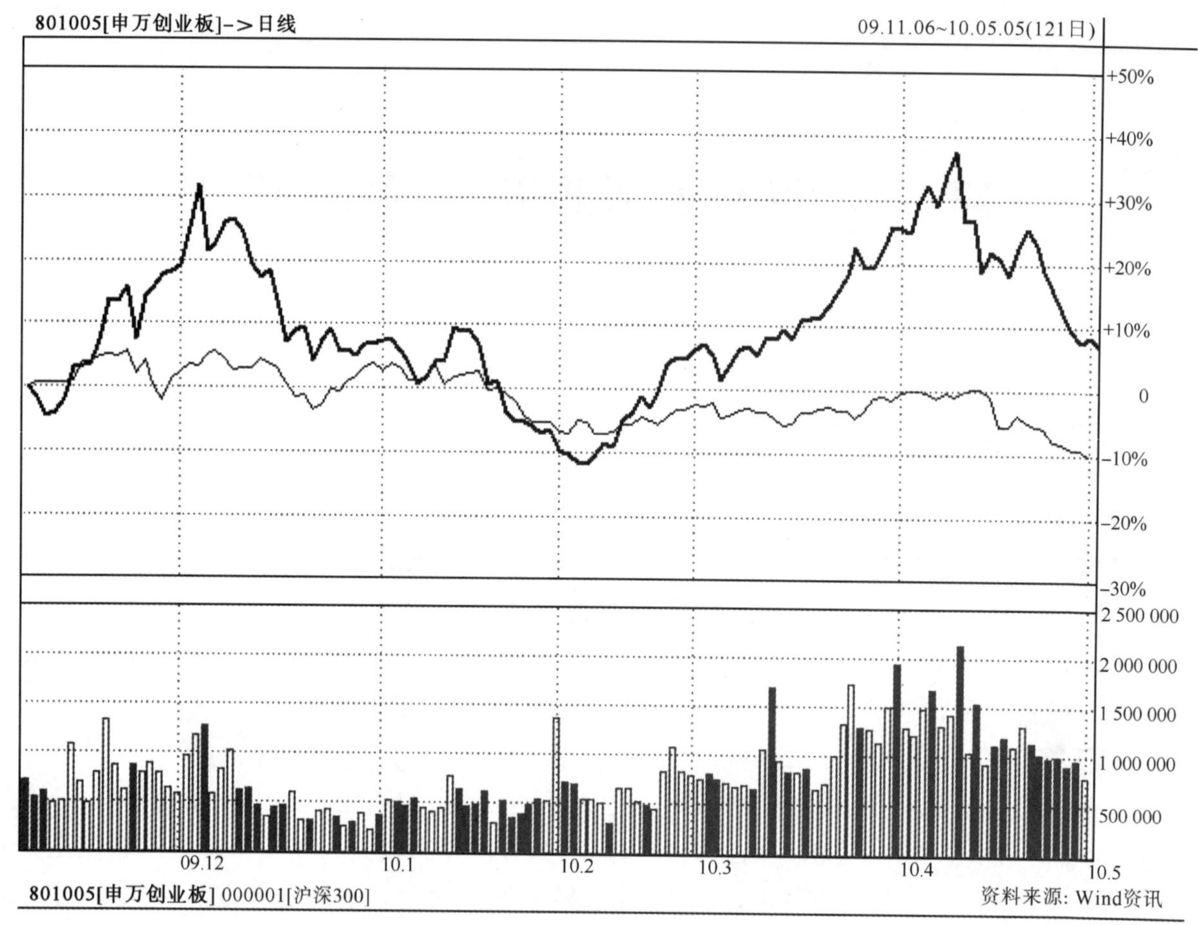


图 3-5 2009 年创业板和上证综合指数比较

股利支付率是指净收益中股利所占的比重。它反映公司的股利分配政策和股利支付能力。其计算公式为：股利支付率=每股股利÷每股盈余×100%。股利支付率较高说明公司2009 年经营净现金流比较好，公司营运资金较为宽裕。

**2. 业绩最牛公司——2009 年每股收益前 5 名公司**

| 排名 | 股票代码 | 股票名称 | 2009 年每股收益（元/股） |
|---|---|---|---|
| 1 | 300002 | 神州泰岳 | 2.72 |
| 2 | 300026 | 红日药业 | 2.03 |
| 3 | 300033 | 同花顺 | 1.48 |
| 4 | 300024 | 机器人 | 1.36 |
| 5 | 300031 | 宝通带业 | 1.29 |

资料来源：Wind 数据统计，截至 2009 年 12 月 31 日已上市的公司

**3. 最让投资者踏实的公司——2009 年股息率 5 名公司**

| 排名 | 股票代码 | 股票名称 | 2009 年股息率（%） |
|---|---|---|---|
| 1 | 300008 | 上海佳豪 | 2.10 |
| 2 | 300018 | 中元华电 | 1.96 |
| 3 | 300012 | 华测检测 | 1.67 |

续表

| 排名 | 股票代码 | 股票名称 | 2009 年股息率（%） |
| --- | --- | --- | --- |
| 4 | 300010 | 立思辰 | 1.64 |
| 5 | 300031 | 宝通带业 | 1.18 |

资料来源：Wind 数据统计，截至 2009 年已上市，2009 年 5 月 6 日已实施分红的公司

**4. 收益率最高的公司——2009 年加权净资产收益率 5 名公司**

| 排名 | 股票代码 | 股票名称 | 加权净资产收益率（%） |
| --- | --- | --- | --- |
| 1 | 300033 | 同花顺 | 55.96 |
| 2 | 300032 | 金龙机电 | 37.10 |
| 3 | 300003 | 乐普医疗 | 35.00 |
| 4 | 300002 | 神州泰岳 | 33.20 |
| 5 | 300026 | 红日药业 | 33.00 |

资料来源：Wind 数据统计，截至 2009 年 12 月 31 日已上市的公司

**世纪鼎利：借船出海，成长持续性依然可期**

2009 年公司实现营业收入 3.27 亿元，同比增长 139.6%；营业利润 1.07 亿元，同比增长 177.4%；归属母公司所有者的净利润 1.11 亿元，同比增长 6%；摊薄每股收益 2.06 元。分配预案为每 10 股派 6.50 元（含税）。

3G 投资拉动作用显著。2009 年国内运营商 2G、3G 网络设备投入促使公司经营站上新台阶，收入同比大幅增长 139.60%，其中网优测试分析系统收入同比增长 166.00%，网络优化服务收入同比增长 99.00%。从分客户情况看，来自联通、电信的收入分别同比增长 379.00%、172.00%；来自移动收入同比增长 54.00%，收入占比 36%，仍是最主要的收入来源；来自系统设备商收入同比大幅增长了 589%，收入占比达 17.70%。

路测分析系统和网优服务是公司主要收入来源公司及行业成长驱动力，随着 3G 用户规模增长、下一代宽带移动互联网建设和三网融合推进，受益于 3G 网优产品采购、网优服务规模扩大，公司仍维持较高成长性，预计 2010 年度和 2011 年度业务增长分别为 32.52%、34.07%，预测 2010～2011 年每股收益分别为 2.73 元、3.66 元。

资料来源：东海证券

# 第四章

# 煤炭行业上市公司业绩评价

我国是世界第一大煤炭生产国与消费国，缺油少气的能源禀赋结构，决定了煤炭在我国经济运行中能源核心的地位。我国在未来相当长的时间内仍是以煤炭为主的能源消费结构，煤炭在我国一次能源结构中的比重难以发生根本性的改变。随着政府对煤炭行业整合重组力度的逐渐加大，煤炭产量的增长以及整合中小煤矿的任务将主要由大型煤炭企业完成。同时，以煤为基础，煤电、煤化、煤路等将呈现相关多元化发展，优势煤炭企业将实行煤电联营、煤电运、煤电铝一体化经营。2009 年，煤炭行业上市公司总体价值表现突出，综合分析煤炭行业上市公司价值得分为 75.39 分，评价分值居各行业第二名，远远高于上市公司 62.93 分的平均水平，比 A 股百强企业综合得分 76.83 分低 1.49 分。业绩评价结果类型为优秀的国阳新能名列上市公司第五名。

煤炭在我国能源结构中的核心地位保证了 2009 年煤炭量价涨以及煤炭采选业业绩表现的回升。2009 年煤炭价格表现出企稳回升的态势。尽管 2008 年下半年主要耗煤行业需求急剧下降造成煤炭价格大幅下降，但是为逆转价格大幅下跌的状况，煤炭企业开始限产，价格在 2009 年初趋于稳定。随着实体经济显现回暖迹象，煤炭库存在 2009 年二季度开始回补，并在下半年恢复至常态，四季度煤炭价格出现明显上扬，煤炭采选业企业业绩有所回升。

展望 2010 年，受宏观经济逐步向好，电力、钢铁等下游行业持续复苏的影响，预计全年煤炭消费需求有望超过 30 亿吨。对于煤炭行业上市公司而言，有望实现业绩的回升。

## 一、 煤炭行业上市公司业绩评价结果

截至 2009 年末，煤炭行业在 A 股上市的公司共 31 家，其中：沪市 20 家，深市 11 家，其中露天煤业 1 家属于中小企业板。31 家煤炭行业上市公司资产总额合计 7437.49 亿元，所有者权益合计 4197.11 亿元，其中归属母公司的所有者权益合计 3711.22 亿元，总体资产负债率为 56.43%，2009 年完成营业收入 3968.97 亿元，比上年增长 13.21%，实现净利润 650.22 亿，比上年增长 2.95%。与全国上市公司总额相比，总资产、主营业务收入、净利润所占比例分别为 5.10%、3.83%、10.69%。据综合评价结果，进入上市公司 10 强的煤炭企业有 3 家；进入上市公司 100 强的煤炭企业有 15 家。煤炭行业综合得分为 75.39，略低于 2008 年 76.15 分，评价结果类型为“PRB —良”。其中，被评为“PRA —优”的有国阳新能；被评为“PRB+ —良”的有冀中能源、恒源煤电、大同煤业、潞安环能 4 家；被评为“PRB- —良”的有山煤国际、兖州煤业、开滦股份、平煤股份、中煤能源 5 家；被评

为“PRB—良”的有露天煤业、上海能源、盘江股份、兰花得创、西山煤电、中国神华、平庄能源 7 家。

表 4-1　　2009 年度煤炭行业中联十强排行榜

| 名次 | 股票代码 | 股票简称 | 业绩得分 | 在全部上市公司中排名 |
|---|---|---|---|---|
| 1 | 600348 | 国阳新能 | 85.89 | 5 |
| 2 | 000937 | 冀中能源 | 83.63 | 8 |
| 3 | 600971 | 恒源煤电 | 83.61 | 9 |
| 4 | 601001 | 大同煤业 | 81.96 | 15 |
| 5 | 601699 | 潞安环能 | 81.63 | 16 |
| 6 | 002128 | 露天煤业 | 79.95 | 27 |
| 7 | 600508 | 上海能源 | 79.84 | 28 |
| 8 | 600395 | 盘江股份 | 79.60 | 30 |
| 9 | 600123 | 兰花科创 | 77.58 | 43 |
| 10 | 000983 | 西山煤电 | 77.04 | 49 |

下面分别从财务效益状况、资产质量状况、偿债风险状况、发展能力状况以及市场表现状况五个方面对煤炭行业上市公司进行具体分析。

### （一）财务效益状况

表 4-2 列示了煤炭行业上市公司财务效益状况评价结果。从基本指标来看，煤炭行业上市公司财务效益状况平均得分为 35 分，高于全国所有上市公司 21 分的平均水平；在全部 31 家煤炭行业上市公司中有国阳新能、大同煤业、潞安环能、露天煤业、上海能源、盘江股份、兰花科创、西山煤电、中国神华、平庄能源、山煤国际、ST 贤成 12 家公司得满分为 35 分。煤炭行业整体的财务效益基本指标较佳，资产收益率稳定。

从修正指标来看，煤炭行业得分为 29.86 分，远高于上市公司平均得分 22.16 分。营业利润率和股本收益率等指标远远高于上市公司平均水平，而盈利现金保障倍数同上市公司平均水平还有不小的差距。较高的营业利润率和股本收益率体现了煤炭行业年盈利水平依然保持高水平，这主要是得益于煤价的企稳回升和需求的增加。

表 4-2　　煤炭行业财务效益状况比较

| 评价指标 | | 2009 年上市公司平均值 | 2009 年行业值 | 2008 年行业值 | 增长率（%） |
|---|---|---|---|---|---|
| 基本指标 | 扣除非经常性损益净资产收益率（%） | 9.45 | 16.30 | 22.97 | −29.04 |
| | 总资产报酬率（%） | 6.80 | 13.24 | 18.45 | −28.24 |
| | 得分 | 21 | 35 | 35 | 0.00 |
| 修正指标 | 营业利润率（%） | 7.07 | 21.4 | 27.49 | −22.15 |
| | 盈利现金保障倍数 | 2.09 | 1.69 | 1.39 | 21.58 |
| | 股本收益率（%） | 36.9 | 100.86 | 124.6 | −19.05 |
| 综合得分 | | 22.16 | 29.86 | 30.17 | −1.03 |

2009 年上半年，金融危机对我国实体经济的影响逐渐显现，主要耗煤行业产量下降，

煤炭企业面临需求大幅回落的形势，造成2009年全年资产收益率和净资产收益率的下滑。尽管如此，煤炭行业上市公司盈利能力仍十分突出，其中山煤国际、露天煤业、中国神华、兰花科创的扣除非经常性损益净资产收益率、总资产报酬率、营业利润率、股本收益率尤为突出，安源股份的盈利现金保障倍数大幅度地高于其他煤炭企业。在31家上市公司中，中国神华的财务得分最高，为35分，排名二至五位的分别是国阳新能大同煤业、潞安环能和西山煤电。煤炭行业上市公司整体的财务效益状况较好，为2010年的行业发展打下了一个良好的基础。

**表4-3　　2009年煤炭行业财务效益中联五强排行榜**

| 名次 | 股票代码 | 股票简称 | 财务效益得分 |
|---|---|---|---|
| 1 | 601088 | 中国神华 | 35 |
| 2 | 600348 | 国阳新能 | 34.27 |
| 3 | 601001 | 大同煤业 | 34.23 |
| 4 | 601699 | 潞安环能 | 34.20 |
| 5 | 000983 | 西山煤电 | 33.85 |

## （二）资产质量状况

从表4-4中可以看出，煤炭行业上市公司资产质量状况基本指标平均得分8.26分，低于全国所有上市公司9.36分的平均水平，其中山煤国际和国阳新能为满分15分，其总资产周转率和流动资产周转率均为行业最高，分别达到2.55和5.06。资产质量基本指标偏低，主要是因为煤炭企业资本扩张速度加快，限产现象较为突出。

从修正指标来看，煤炭行业总体得分为10.57分，高于上市公司平均值的9.24分；应收账款周转率和存货周转率均高于市场平均值。这说明2009年煤炭行业的总体状况要好于上市公司平均水平。这主要是由于煤炭价格企稳回升，产量稳定所致。

**表4-4　　煤炭行业资产质量状况比较**

| 评价指标 | | 2009年上市公司平均值 | 2009年行业值 | 2008年行业值 | 增长率（%） |
|---|---|---|---|---|---|
| 基本指标 | 总资产周转率（次） | 0.78 | 0.59 | 0.66 | −10.61 |
| | 流动资产周转率（次） | 1.82 | 1.65 | 1.84 | −10.33 |
| | 得分 | 9.36 | 8.26 | 7.89 | 4.69 |
| 修正指标 | 应收账款周转率（次） | 14.1 | 18.33 | 19.78 | −7.33 |
| | 存货周转率（次） | 4.13 | 11.82 | 11.32 | 4.42 |
| 综合得分 | | 9.24 | 10.57 | 9.69 | 9.08 |

与2008年相比，2009年煤炭行业上市公司资产运营质量得分略高，主要是由于2009年煤炭行业整合力度的加大，煤炭生产将由无序竞争跨越到以大企业集团为主的有序竞争，生产技术水平、管理运营水平将得到进一步提高。在31家上市公司中，郑州煤电、平煤股份、上海能源、国阳新能、恒源煤电占据着2009年度煤炭行业资产质量中联排行榜的前五位。

根据业绩评价表，在煤炭上市公司中，资产质量状况靠前的几家公司得益于存货周转率以及流动资产周转率较高，体现了行业领头企业资产质量较高，企业运营稳定的特点。

表 4-5　　2009 年度煤炭行业资产质量中联五强排行榜

| 名次 | 股票代码 | 股票简称 | 资产质量得分 |
|---|---|---|---|
| 1 | 600121 | 郑州煤电 | 14.69 |
| 2 | 601666 | 平煤股份 | 13.81 |
| 3 | 600508 | 上海能源 | 13.59 |
| 4 | 600348 | 国阳新能 | 12.54 |
| 5 | 600971 | 恒源煤电 | 12.41 |

## （三）偿债风险状况

从表 4-6 中煤炭行业基本指标的分析可知，该行业上市公司偿债风险状况平均得分 12.94 分，高于全国所有上市公司 9.22 分的平均水平；超过 12.94 分的有 7 家公司，其中居于前五位的分别是：盘江股份、露天煤业、中煤能源、大同煤业、靖远煤电。

表 4-6　　煤炭行业偿债风险状况比较

| 评价指标 | | 2009 年上市公司平均值 | 2009 年行业值 | 2008 年行业值 | 增长率（%） |
|---|---|---|---|---|---|
| 基本指标 | 资产负债率（%） | 57.52 | 43.51 | 39.02 | 11.51 |
| | 已获利息倍数 | 7.21 | 24.64 | 16.77 | 46.93 |
| | 得分 | 9.22 | 12.94 | 12.35 | 4.78 |
| 修正指标 | 速动比率（%） | 69.84 | 133.19 | 150.54 | −11.53 |
| | 现金流动负债比率（%） | 21.75 | 61.17 | 74.62 | −18.02 |
| | 带息负债比率（%） | 45.98 | 54.38 | 53.13 | 2.35 |
| 综合得分 | | 9.10 | 11.88 | 12.17 | −2.38 |

从表中煤炭行业修正指标来看，煤炭行业得分为 11.88 分，远高于上市公司平均得分 9.1 分；与全部上市公司的平均值相比，煤炭行业偿债风险指标中现金流动负债比率、带息负债比率、速动比均高于 2009 年上市公司平均水平，这说明煤炭行业偿债能力强于上市公司平均水平。

煤炭行业上市公司偿债风险的五个评价指标中，资产负债率、已获利息倍数、带息负债比率均高于 2008 年行业水平，而速动比率、现金流动负债比率同 2008 年相比略有下降。这些指标的变化说明煤炭上市公司负债率提高，偿债压力有所增加，财务杠杆作用加大，流动性略有下降，主要是由于煤炭企业的整合，以及宏观经济的企稳回升，加速了煤炭企业的扩张。从偿债能力总体水平来看，平庄能源偿债能力最强，得分为 14.69 分，排在二至五位的分别是露天煤业、靖远煤电、大同煤业、盘江股份。总体来说，煤炭行业的偿债风险仍处于较低的水平。

表 4-7　　2009 年度煤炭行业偿债能力中联五强排行榜

| 名次 | 股票代码 | 股票简称 | 偿债能力得分 |
|---|---|---|---|
| 1 | 000780 | 平庄能源 | 14.69 |
| 2 | 002128 | 露天煤业 | 14.20 |
| 3 | 000552 | 靖远煤电 | 14.20 |
| 4 | 601001 | 大同煤业 | 13.31 |
| 5 | 600395 | 盘江股份 | 13.31 |

## (四) 发展能力状况

从表 4-8 中可知，煤炭行业上市公司发展能力状况基本指标平均得分为 13.06 分，高于全国所有上市公司 12.21 分的平均水平；有 10 家公司超过 13.06 分，分别是冀中能源、恒源煤电、山煤国际、盘江股份、露天煤业、国阳新能、大同煤业、兰花科创、开滦股份和靖远煤电，其中冀中能源、恒源煤电、山煤国际为满分 20 分；有 21 家低于平均水平，其中 * ST 山焦得分为 0 分。这种得分结构使得煤炭行业更加趋向于通过整合、做大企业规模来提高企业发展能力。

从修正指标来看，煤炭行业得分为 13.24 分，略低于市场平均水平的 13.37 分，其中山煤国际、恒源煤电、冀中能源、国阳新能、盘江股份、露天煤业、开滦股份、中国神华、兰花科创和大同煤业等 10 家公司发展能力评分较高，均高于上市公司平均水平 13.37 分，其中山煤国际评分为满分 20 分，再次说明煤炭行业发展趋向整合和做大企业规模。

表 4-8　　煤炭行业发展能力状况

| 评价指标 | | 2009 年上市公司平均值 | 2009 年行业值 | 2008 年行业值 | 增长率（%） |
|---|---|---|---|---|---|
| 基本指标 | 营业收入增长率（%） | 3.85 | 13.37 | 44.95 | −70.26 |
| | 资本扩张率（%） | 17.60 | 15.62 | 35.39 | −55.86 |
| | 得分 | 12.21 | 13.06 | 18.70 | −30.16 |
| 修正指数 | 累计保留盈余率（%） | 35.83 | 34.94 | 37.21 | −6.10 |
| | 三年营业收入增长率（%） | 14.99 | 28.37 | 30.91 | −8.22 |
| | 总资产增长率（%） | 22.53 | 24.53 | 30.05 | −18.37 |
| | 营业利润增长率（%） | 51.83 | −4.06 | 59.89 | −106.78 |
| 综合得分 | | 13.37 | 13.24 | 15.02 | −11.85 |

虽然 2009 年煤炭价格和产量有所增长，但是从表 4-8 中可以看到，煤炭行业发展能力的七个评价指标均低于 2008 年。这主要是由于金融危机对下游经济造成了较大的冲击，化工、钢铁等行业的低位运行造成煤炭行业需求不足，直接导致了行业整体营业收入、营业利润等发展能力指标的大幅下滑，但是从个股来看，山煤国际的发展能力居 31 家上市公司之首，被评为满分 20 分，分列二至五位的是：恒源煤电、冀中能源、国阳新能、盘江股份。

表 4-9　　2009 年度煤炭行业发展能力中联五强排行榜

| 名次 | 股票代码 | 股票简称 | 发展能力得分 |
|---|---|---|---|
| 1 | 600546 | 山煤国际 | 20 |
| 2 | 600971 | 恒源煤电 | 19.66 |
| 3 | 000937 | 冀中能源 | 18.72 |
| 4 | 600348 | 国阳新能 | 17.88 |
| 5 | 600395 | 盘江股份 | 16.28 |

## （五）市场表现状况

从表 4-10 列示的煤炭行业上市公司市场表现状况评价结果来看，煤炭行业上市公司市场表现状况平均得分为 9.84 分，高于全国所有上市公司 9.06 分的平均水平；12 家公司超过 7.87 分的平均水平，其中兰花科创、平庄能源、郑州煤电得分居于前三位；有 19 家公司低于平均水平。

表 4-10　　煤炭行业公司市场表现比较

| 评价指标 | 2009 年上市公司平均值 | 2009 年行业值 | 2008 年行业值 | 增长率 |
|---|---|---|---|---|
| 市场投资回报率（%） | 116.28 | 170.38 | −63.50 | — |
| 股价波动率（%） | 138.04 | 194.15 | 298.56 | −34.97% |
| 得分 | 9.06 | 9.84 | 8.02 | 22.69% |

从分类指标看，2009 年煤炭行业市场投资回报率为 170.38%，远高于上市公司平均水平 116.28%。股价波动率为 194.15%，远高于上市公司平均水平 138.04%。

市场表现得分表明了煤炭行业受煤炭价格企稳回升影响，激发了投资者的投资热情，表现为股价大幅波动。在经过 2008 年的低迷之后，下游行业的复苏和对宏观经济的看好，激发煤炭股的飙升，主要表现为市场投资回报率远远高于 2009 年上市公司的平均水平。从公司的市场表现来看，居于行业市场表现中联排行榜前五位的分别是兰花科创、平庄能源、郑州煤电、山煤国际和国阳新能。

表 4-11　　2009 年度煤炭行业市场表现中联五强排行榜

| 名次 | 股票代码 | 股票简称 | 市场表现得分 |
|---|---|---|---|
| 1 | 600123 | 兰花科创 | 11.37 |
| 2 | 000780 | 平庄能源 | 11.31 |
| 3 | 600121 | 郑州煤电 | 10.06 |
| 4 | 600546 | 山煤国际 | 10 |
| 5 | 600348 | 国阳新能 | 10 |

图 4-1　煤炭行业指数趋势图

## 二、 煤炭行业上市公司业绩的影响因素分析

2008 年下半年主要耗煤行业需求急剧下降造成煤炭价格大幅下跌，受益于 2009 年全年原煤和焦炭产量的大幅增长以及煤炭价格的企稳回升，整体来看煤炭行业净利润比 2008 年增长 2.95%，煤炭产业继续彰显其对我国国民经济发展独特的战略地位，并为今后长期的经济发展积蓄能量。对业绩的影响主要表现在以下几个方面：

### （一）煤炭价格企稳支撑行业整体业绩

金融危机对我国实体经济的影响在 2008 年 4 季度陆续显现，主要耗煤行业产量负增长，煤炭企业面临需求大幅回落的形式，为逆转价格大幅下跌开始限产，价格在 2009 年初趋于稳定。煤炭行业去库存化从 2008 年底开始，持续了 4 个月。随着实体经济显现回暖迹象，

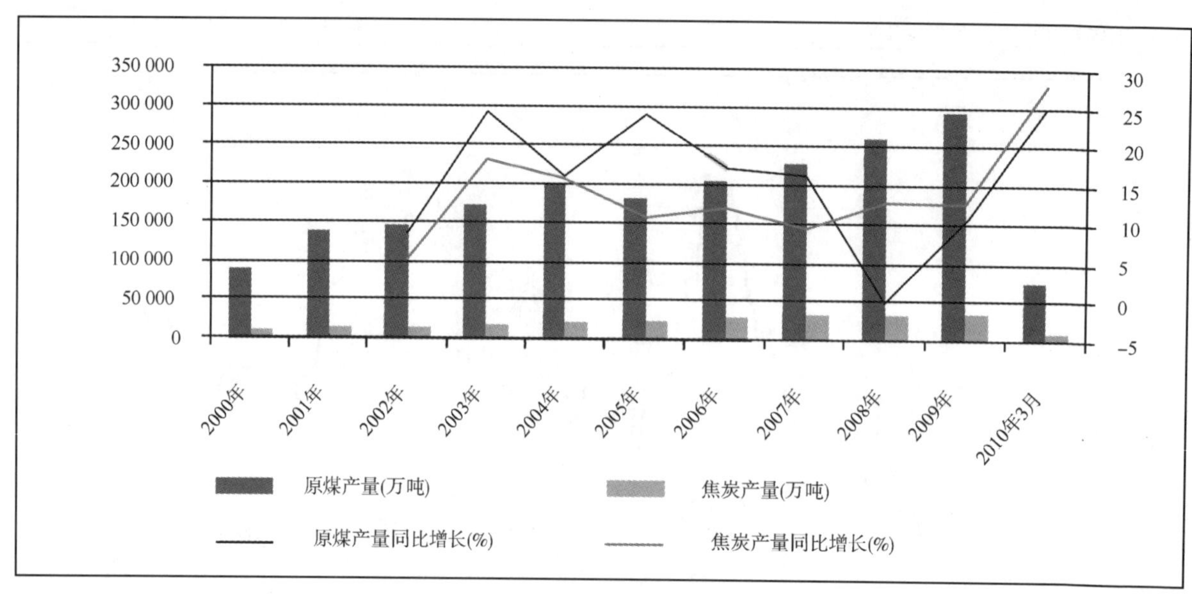


**图 4-2 原煤焦炭产量及增长幅度**

数据来源：Wind 资讯

煤炭库存 2009 年二季度开始回补，并在下半年恢复至常态，意味着煤炭行业下行周期的结束。相应的从图 4-3 中可以看出，在去库存周期中，秦皇岛煤炭价格低位稳定运行，但相比 2008 年大幅下滑。2009 年四季度开始上涨，并不断创下年内新高。从近年情况来看，本轮的上涨持续时间之长，上涨幅度之大，仅次于 2008 年年初南方雨雪灾害时以及 2008 年 4～7 月份全球大宗商品价格大幅上涨时期。从图 4-4 中可以看出，2009 年国内煤价和国际煤价的表现基本相同，澳大利亚 BJ 煤炭现货价格也基本呈现出稳中有升的走势。需求大幅回暖和全球低利率下的通胀预期是导致煤炭等大宗商品价格上涨的重要原因。

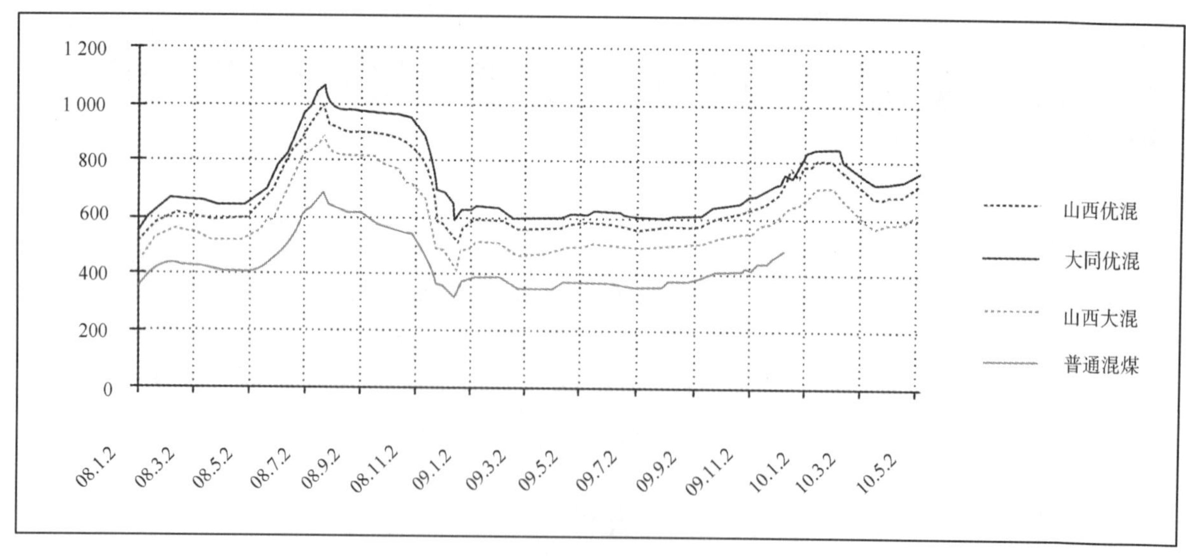


**图 4-3 秦皇岛动力煤价格**

数据来源：Wind 资讯

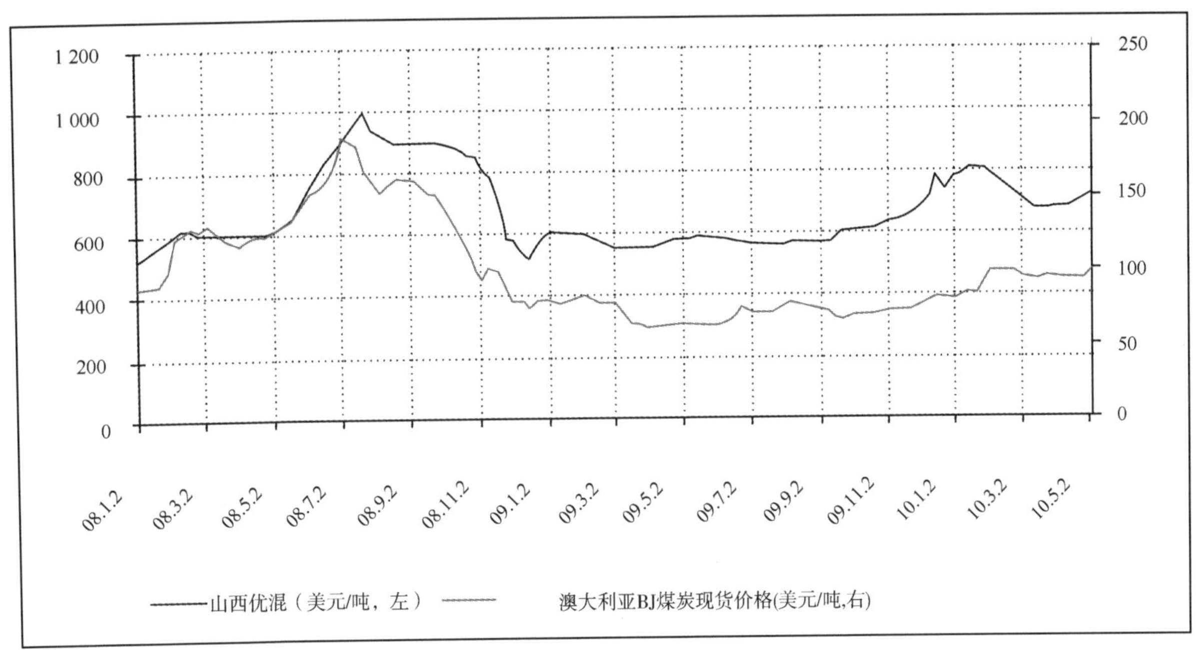


**图 4-4 国内、国际煤炭价格比较**

数据来源：Wind 资讯

## （二）下游行业表现对煤炭企业影响各异

煤炭根据其使用目的的不同，可分为动力煤、无烟煤、炼焦煤等三种。动力煤主要用于发电、蒸汽机车、建材、一般工厂锅炉等，其中发电用煤占我国煤炭消耗的 1/3 以上，可以说，电力需求对动力煤企业的业绩影响非常之大；无烟煤是较好的民用和动力燃料，在化工行业用处非常广泛；炼焦煤的主要用途是炼焦炭，焦炭多用于炼钢，是目前钢铁等行业的主要生产原料，被喻为钢铁工业的“基本食粮”。

### 1. 电力需求平稳

受经济危机影响，2008 年下半年全国发电量迅速回落。自 2009 年以来，随着国家经济刺激政策的拉动，用电量处于稳步回升态势。2009 年前三季度用电量增长较快，第四季度有所回落。总体来看电力需求表现出轻微上扬的态势。以中国神华为例，2009 年营业收入和营业利润涨幅十分明显，分别为 13.24%和 17.83%。

### 2. 化工行业低位运行

我国当前化工用煤主要是氮肥厂生产合成氨使用的无烟块煤。近年农业对化肥的需求保持较快的增长速度，以煤为原料合成氨约占问题的 70%左右。2009 年，预计我国合成氨产量为 5 145 万吨，合成氨单位能耗为 1 200 千克标准煤/吨。按国家节能规划，到 2010 年大型合成氨综合能耗降到 1 140 千克标准煤/吨。当前，我国煤化工产业还正处于发展阶段，2009 年全年化工行业景气度不高，化工产品价格指数甚至一度跌至 70 以下。第四季度才有所回升，至 100 左右。主要热点是煤制甲醇，然后是甲醇制二甲醚、烯烃等。预计随着甲醇汽油的标准和二甲醚车用标准的出台，甲醇、二甲醚作为替代能源消费量将快速增长。

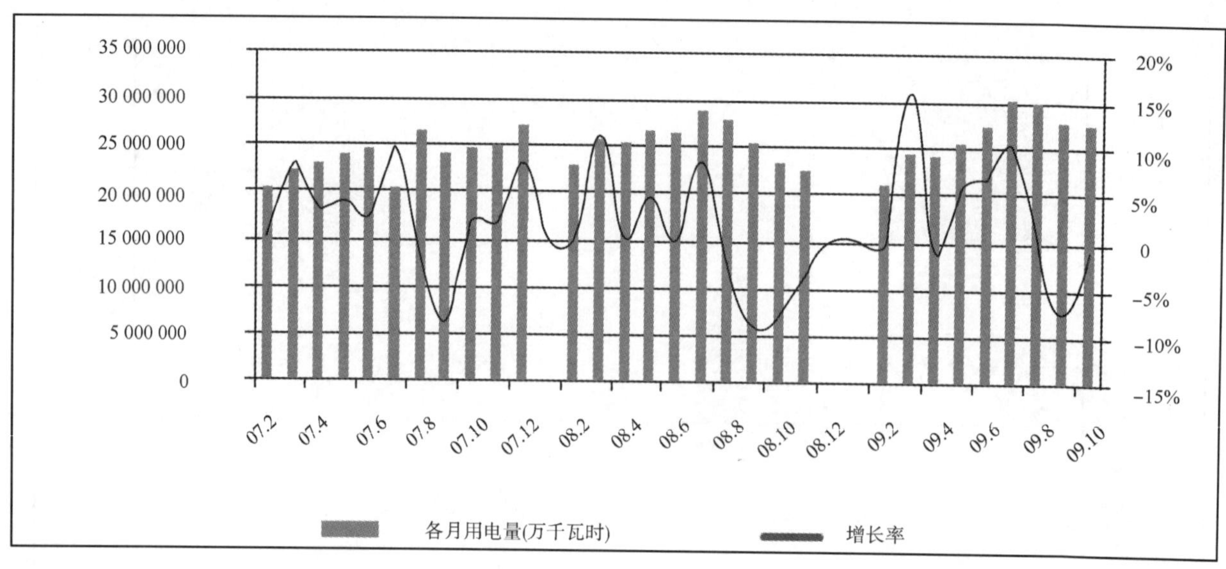


图 4-5 我国各月发电量及增速

数据来源：Wind资讯

表 4-12 2007～2009 年化工行业煤炭需求

| | 2007 年 | 2008 年 | 2009 年 |
|---|---|---|---|
| 合成氨产量（万吨） | 5 158.90 | 4 995.20 | 5 145.00 |
| 合成氨单位能耗（千克标煤/吨） | 1 300 | 1 260 | 1 200 |
| 合成氨耗煤（万吨） | 9407.45 | 8 828.66 | 8 660.40 |
| 化工行业耗煤（万吨） | 14 111.17 | 17 657.32 | 17 320.80 |
| 煤头甲醇（万吨） | 780.00 | 900.00 | 1 244.00 |
| 吨甲醇耗煤（吨） | 2.50 | 2.50 | 2.50 |
| 甲醇耗煤（万吨） | 2 735.31 | 3 156.12 | 4 362.46 |
| 煤制油（万吨） | 0.00 | 50.00 | 100.00 |
| 吨油耗煤（吨） | 4.00 | 4.00 | 4.00 |
| 煤制油耗煤（万吨） | 0.00 | 280.54 | 561.09 |
| 化工行业耗煤（万吨） | 16 846.48 | 21 093.99 | 22 244.35 |

数据来源：广发证券发展研究中心

### 3. 钢铁行业持续低迷

从经营业绩角度讲，焦化行业 2009 年业绩堪忧，多数焦化企业面临亏损。上半年国内焦化企业已处于盈亏边缘，我国焦炭 85%以上用于钢铁生产，焦炭行业的盈亏与钢铁业息息相关。2009 年 1～5 月钢铁行业亏损 44.18 亿元，焦炭行业同期也亏损严重。2009 年下半年虽然实现了增产，但从全年看焦化行业依然经营惨淡，盈利困难，其根源就在于国内钢铁行业在 2009 年较为低迷，主要表现为钢铁产量居高不下所造成的产能过剩。如图 4-8 所示，前 3 季度我国粗钢产量达到 4.2 亿吨，同比增长 7.5%。钢铁行业的不景气导致焦炭市场需求不旺，同时焦炭销售价格大幅下降，而原材料焦煤价格下跌幅度小于焦炭价格下跌幅度，于是在焦煤成本和钢厂需求的双重因素制约下，焦化行业盈利空间大幅下降，盈利能力急剧下滑。另一方面，国际上焦煤价格要远远低于国内的价格，国内生产的焦炭企业在激烈的竞争中其份额逐渐减少。国际实业、平庄能源等都受到不同程度的影响。

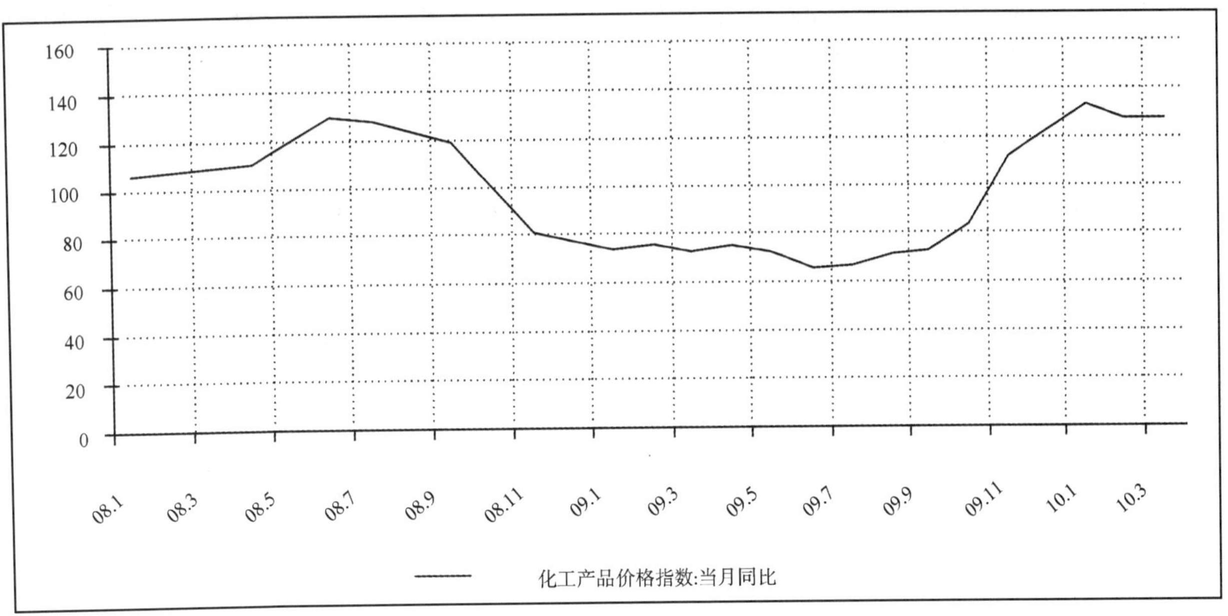


**图 4-6 煤化工产品价格指数**

数据来源：Wind 资讯

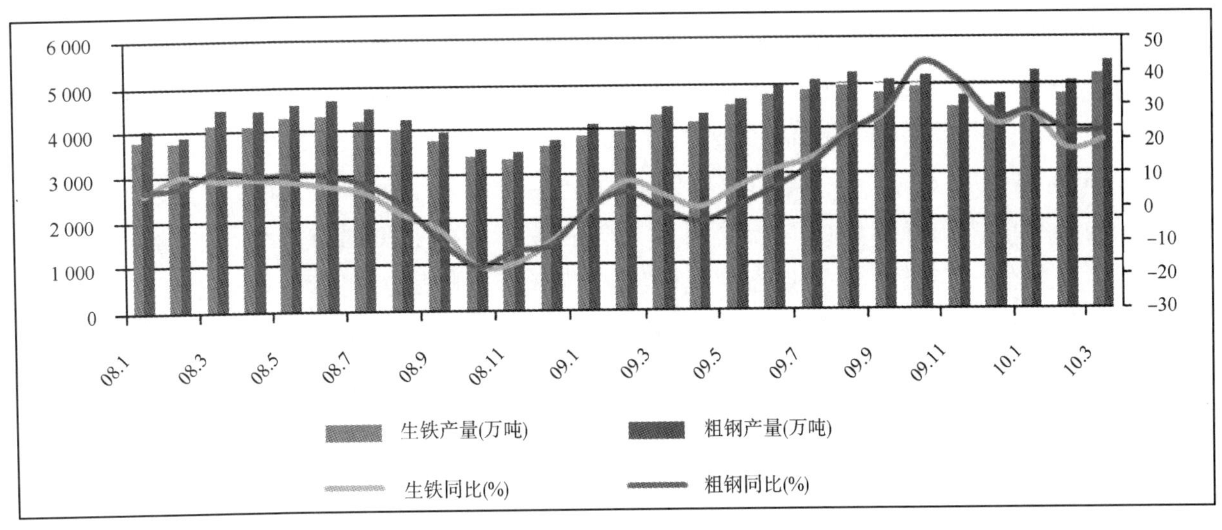


**图 4-7 生铁粗钢产量及增速**

数据来源：Wind 资讯

### (三) 山西煤炭限产有利于公司业绩增长

2009 年全国原煤产量达到 29.65 亿吨，较上年增长 3.43 亿吨，涨幅达 13.08%。然而煤炭价格趋势却非常稳定，主要原因是虽然全国原煤产量涨幅很大，但是山西作为煤炭大省，其原煤产量却大幅缩水。2009 年前三季度山西省累计完成煤炭产量 4.31 亿吨，同比减少 5 249 万吨，降幅超过 10%。这是因为山西省大力进行资源整合，大量中小煤矿关停。山西省月度煤炭产量自2008年10月至2009年9月的12个月中，有11个月产量同比负增长，累计同比跌幅超过13%，特别是前半段时期下降更快。从近两年山西省月度产量占全国的比重看，从2008年8月的最高峰28%下降到2009年3月的17%，山西省的限产和资源整合发挥了重大作用。

山西省月度煤炭产量占全国的比重在2009年二季度出现缓慢上升，主要由于全国煤炭产量增幅趋缓，从而使山西占比相对提高，该季度山西月度产量跌幅仍超15%。山西省煤炭资源整合以后，形成了大型的煤炭集团，成为山西省重点扶持的对象。虽然煤炭产量显著下降，但是煤炭企业能够在危机面前抓住周期下行机遇，促使煤炭生产结构优化，使经营业绩得到一定提升。金融危机后山西省煤炭产量占全国的比重比危机前下降了5.3个百分点，但这种舍产量换质量的做法，对煤炭生产结构进行了实质性优化，促进了产煤大省的转型。以国阳新能为例，2009年公司实现营业收入20亿元，比2008年增长17.45%；实现营业利润25.15亿元，比2008年增长5.59亿元，涨幅为28.62%；实现净利润18.69亿元，比2008年增长28.53%。

### （四）资产重组提升公司业绩

煤炭行业的大整合，不仅将提高煤炭行业的集中度，同时，也是上市公司的大股东消除与上市公司之间的关联交易和同业竞争的一个好时机，资产注入已经成为提升煤炭企业业绩的重要因素。以恒源煤电为例，2009年恒源煤电完成了向皖北煤电集团发行股票并以支付现金的方式购买其所拥有的任楼煤矿、祁东煤矿、钱营孜煤矿及煤炭生产辅助单位（供应分公司、销售公司、机械总厂、铁路运输分公司等）的相关资产和负债。此次标的资产的交易价格为经安徽省国资委核准的评估价值30 748.65万元。至2009年末收购资产为上市公司贡献的净利润36 497.45万元。再如冀中能源（金牛能源），2009年采取发行股份购买资产的方式，购买冀中能源峰峰集团有限公司、冀中能源邯郸矿业集团有限公司、冀中能源张家口矿业集团有限公司与煤炭开采业务相关的经营性资产，年底公司营业收入达2 024 553.78万元，比上年增长118.26%，每股收益达1.39元。

### （五）煤炭集团垄断经营业绩提高

2009年，我国煤炭行业的发展以整合为主、新建为辅。对中小煤矿实施整合改造，实现资源、资产、技术等生产要素的整合和重组，鼓励大型煤炭企业整合重组和上下游产业融合，提高产业集中度。我国煤炭行业产业结构的调整，行业准入门槛的提升，抗风险能力的提高，有利于提升位于大型煤炭基地内的上市公司自身以及集团的实力和竞争优势，尤其给煤炭上市公司带来通过兼并收购式外延扩张，迅速扩大产能，实现超常规快速发展的大好机遇。

从图4-8中可以看到，为走出2008年四季度煤炭量价齐跌阴影，动力煤企业2009年上半年限产成功，实现“控量保价”。炼焦煤行业“抱团作战”趋势明显，八九月份抓住钢铁行业阶段性好转时机，成功涨价。到2009年第四季度，煤炭企业由追求数量扩张低利润，向追求高价格高利润转变，成功实现“控量涨价”。例如，国阳新能2009年实现营业利润和净利润的双增长，且涨幅明显；大同煤业2009年实现营业收入94.95亿元，涨幅为 13.10%。

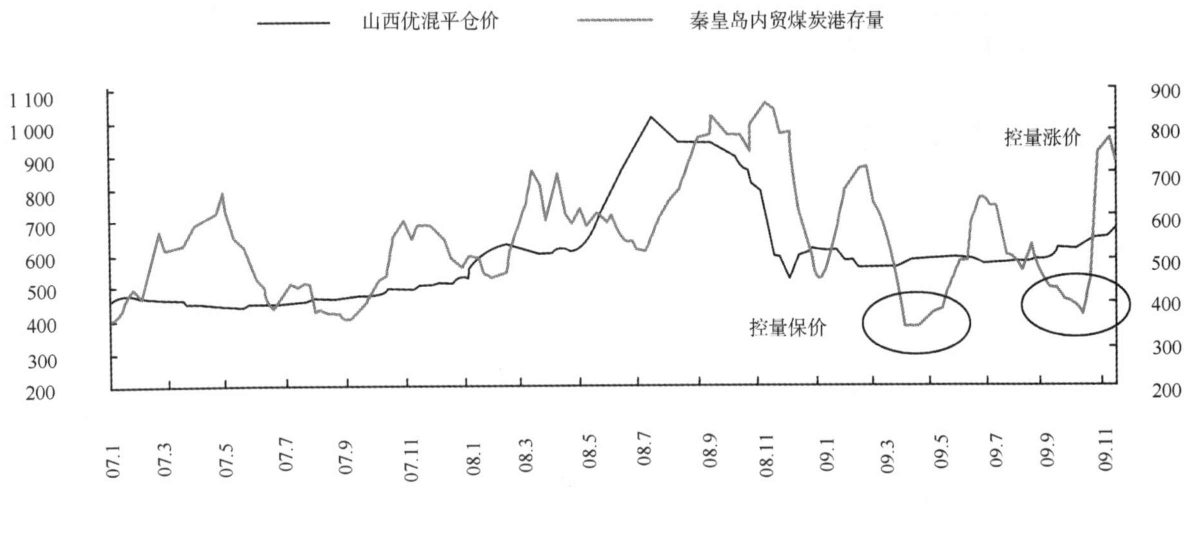


**图 4-8　动力煤价格与煤炭存量**

数据来源：Wind 资讯

## 三、 2010 年煤炭行业前景分析

在未来较长的时间里，煤炭在我国能源中的基础地位不可动摇，国家产业政策有利于煤炭行业的健康发展；宏观经济的高速发展，为煤炭需求持续增长提供了可能。在煤炭资源整合、产业结构整合的过程中，煤炭上市公司将发挥越来越大的作用，其发展空间不断扩大，业绩将大幅提升。

### （一）经济回暖拉动煤炭需求上涨

一个国家能源消耗的多少，与一个国家的经济发展水平、工业化水平、居民的消费结构、国家的产业结构和城市化水平密切相关。当前，我国经济进入了以发电、钢铁、建材等迅速发展为代表的重工业化时期。经济的高速发展、消费结构迅速升级、我国城市化水平迅速提速，为煤炭行业发展创造了巨大的市场需求。从煤炭产业链角度分析，煤炭行业下游的四大耗煤行业分别是电力、钢铁、建材和化工行业，四大行业煤炭需求占总体煤炭需求的 90%左右。这四大行业煤炭消费增速的变化决定了煤炭总消费的变化，而国家主导的 4 万亿投资是推动下游煤炭需求的重要动因。

从另一个角度，煤炭需求长期看好的原因在于，发展中国家的经济和人口增长速度将远远快于工业化国家，从而使其能源消费量持续增长，仅中国和印度就占能源消费增量的

45%。总的来看，发展中国家的能源需求目前占全球能源市场的41%，到2015年将达到47%。就煤炭需求来说，发展中国家所在地区在世界煤炭消费量中所占的比例预计将会大幅提高，这主要是因为中国和印度强劲的能源需求。

### （二）煤炭供给仍将偏紧

受新一轮煤炭资源整合的影响，煤炭供应存在不确定性，不排除局部地区、局部煤种出现供应偏紧状况，但总体上将呈现供需平衡。从煤种来看，优质动力煤可能会出现时段性、区域性、结构性的上涨和波动，但低热值煤供大于求，价格走势不容乐观。预计正常情景下2010年动力煤价格将比2009年上涨5%～10%，产能释放若低于预期，供给将处于偏紧状态。从炼焦煤资源的开采情况来看，优质炼焦煤资源的开采量正在处于逐年快速下降的趋势中。目前国内在建煤矿中，基本没有主焦煤矿井，在新增产能有限、国际炼焦煤进口预期减少的供应条件下，2010年炼焦煤市场将趋向于平衡偏紧格局。由于化肥需求疲软，市场价格走弱，无烟块煤价格2009年呈现回落走势，预计2010年无烟煤供给处于偏松状态，旺季需求拉动下价格可能出现小幅上涨。

此外，煤炭资源的整合，中小煤矿的关闭整顿也可能使2010年的煤炭供给趋于平衡偏紧的格局。

### （三）区域经济政策为煤炭企业提供业绩增长机会

2009年以来，国家批复了九个区域经济发展规划，批复的区域经济规划数量比过去四年的总和还多，我国新的区域经济版图逐渐成形，将包括以下经济区域：长三角、珠三角、北部湾、环渤海、海峡西岸、东北三省、黄河三角洲、中部和西部。政策的着眼点已从东部、南部延伸到中部、西部、东北等地。

各个经济区域都有不同的产业特征，因此国家的政策倾斜力度以及自身的发展策略也会不同。“四万亿”投资计划不仅会对各地的基建、铁建等行业造成影响，还会对钢铁、电力、化工等行业的发展产生推动作用。因此，区域经济协调发展政策的出台和实施对煤炭行业业绩的增长将起到重要的推动作用。

### （四）拓展下游产业，致力煤炭上下游一体化

在做大做强煤炭主业的同时，选择向下游非煤产业延伸，是那些煤炭资源相对比较贫乏的煤炭上市公司的最佳选择。国家现在积极推进煤炭液化示范工程和煤制烯烃项目，实现煤液化、煤化工产业化；支持煤炭企业联合建设大型坑口电厂，发展坑口煤矸石发电、热电联共、矿井疏干水综合利用的循环经济模式，实现煤炭就地转化等工作，这为相关公司的非煤业务发展指明了方向。目前有多家上市公司积极拓展非煤业务，例如，兰花科创发展化肥业务，金牛能源发展建材业务，上海能源发展电解铝业务，神火股份发展电、铝一体化产业等。

链接 1：

## 2009 年度煤炭企业十大新闻

来源：煤炭网

**1. 山西煤炭进出口集团搭上“动车组”**

2009 年 2 月 28 日，山西煤炭进出口集团举行了高速动车组轮对生产线开工暨首个合同签约仪式。这是我国建成投产的首条高速动车组轮对生产线，标志着我国高速动车组关键技术国产化取得了阶段性重大成果。

**2. 冀中能源重组华药**

2009 年 6 月底，河北最大的煤炭企业冀中能源集团正式获准重组我国建设最早、规模最大的医药企业——华北制药集团。冀中能源集团通过注入资金、改革用人机制、输出企业文化等方式，成功实现重组。

**3. 四煤矿成为行业节能示范试点**

2009 年 7 月 7 日，国家能源局批准了中国煤炭加工利用协会和山东省煤炭工业局联合上报的《煤炭行业培育节能示范企业试点实施方案》。

**4. 中煤能源集团重组山西金海洋**

2009 年 8 月 28 日，中煤能源集团山西金海洋能源有限公司正式挂牌成立，这标志着中煤能源集团在山西煤炭资源整合中迈出重要步伐。

**5. 同煤塔山循环经济园区建成投产**

2009 年 8 月，山西大同煤矿集团塔山工业园区随着煅烧高岭土项目和年产 1.2 亿块煤矸石烧结砖项目竣工投产，该循环经济产业链条正式实现闭合，这标志着我国煤炭最大的循环经济园区正式建成。

**6. 郑煤机拿下液压支架电液控制系统**

2009 年 10 月，河南郑州煤矿机械集团拥有完全自主知识产权的液压支架电液控制系统，具备了工业化推广应用的条件。这标志着我国在液压支架核心技术的自主研发方面取得了新突破。

**7. 神华牵手 GE 开发清洁煤技术**

2009 年 11 月 18 日，在中美清洁能源合作签字仪式上，神华集团与美国 GE 能源集团将开展战略合作，成立合资公司，为我国提供先进的“清洁煤”技术解决方案。

**8. 全煤首个 EMC 项目落户中平能化**

2009 年 11 月 17 日，全煤首个 EMC（合同能源管理）项目落户河南中平能化集团。实行合同能源管理，建立市场调节的节能管理机制，其实质就是以减少的能源费用支付节能项目全部成本的节能业务模式。

**9. 兖州煤业成功收购菲利克斯资源公司**

2009年12月23日，兖州煤业股份公司发布公告称，收购澳大利亚菲利克斯资源公司的对价支付和股权过户已经完成，标志着兖州煤业收购菲利克斯交易全部完成。

**10. 抚顺矿业集团成为我国最大油母页岩综合利用企业**

2009年底，抚顺矿业集团页岩炼油厂二期工程建成投产，至此形成年产页岩油45万吨的生产能力，成为我国最大规模油母页岩综合利用企业。

链接2：

**山西煤炭整合主体企业**

来源：新浪财经

1. 中煤集团：中国煤炭巨头，山西省政府指定整合主体中唯一一家央企。

2. 阳煤集团：山西省属五大煤炭集团之一。

3. 晋煤集团：晋城煤业集团，由山西省国资委控股。

4. 同煤集团：前身为大同矿务局，将兼并重组南郊、左云等县区煤炭企业102个。

5. 潞安集团：前身是潞安矿务局，属原煤炭部重点企业。

6. 焦煤集团：山西焦煤集团公司，中国最大炼焦煤生产企业。

7. 山西省运销集团：中国最大的煤炭运销专业企业。

8. 山西省煤炭进出口集团：山西唯一拥有出口内销两个通道大型国有企业。

附表：

## 煤炭行业上市公司业绩评价结果排序表

| 行业排名 | 全部上市公司排名 | 股票代码 | 股票名称 | 综合得分（100分） | 每股收益 | 总资产报酬率% | 净资产收益率% | 总资产周转率（次） | 流动资产周转率（次） | 资产负债率（%） | 已获利息倍数 | 营业收入增长率（%） | 资本扩张率（%） | 市场投资回报率（%） | 股价波动率（%） | 年末资产额（万元） | 营业收入净额（万元） | 净利润（万元） |
|---|---|---|---|---|---|---|---|---|---|---|---|---|---|---|---|---|---|---|
| 1 | 5 | 600348 | 国阳新能 | 85.89 | 1.93 | 18.38 | 32.82 | 1.43 | 3.70 | 63.21 | 28.35 | 17.45 | 28.03 | 311.15 | 279.12 | 1 738 446.72 | 2 000 481.98 | 186 944.18 |
| 2 | 8 | 000937 | 冀中能源 | 83.63 | 1.39 | 15.29 | 19.55 | 1.26 | 3.78 | 51.52 | 11.53 | 118.26 | 63.48 | 139.64 | 193.16 | 2 111 038.11 | 2 024 553.78 | 161 244.96 |
| 3 | 9 | 600971 | 恒源煤电 | 83.61 | 1.41 | 10.01 | 22.17 | 0.69 | 3.12 | 71.36 | 15.9 | 160.7 | 86.47 | 191.73 | 222.69 | 1 078 310.26 | 534 217.98 | 52 579.08 |
| 4 | 15 | 601001 | 大同煤业 | 81.96 | 1.78 | 19.80 | 20.97 | 0.68 | 1.68 | 29.61 | 28.82 | 13.10 | 27.51 | 234.06 | 246.57 | 1 518 406.71 | 949 474.69 | 199 969.19 |
| 5 | 16 | 601699 | 潞安环能 | 81.63 | 1.83 | 15.65 | 24.34 | 0.94 | 1.82 | 55.9 | 26.94 | 9.55 | 14.95 | 232.29 | 236.54 | 2 173 003.85 | 1 826 108.67 | 218 072 |
| 6 | 27 | 002128 | 露天煤业 | 79.95 | 0.88 | 29.26 | 36.13 | 1.11 | 3.59 | 28.6 | 183.66 | 23.34 | 36.46 | 242.35 | 233.49 | 461 091.15 | 478 943.75 | 103 067.12 |
| 7 | 28 | 600508 | 上海能源 | 79.84 | 1.31 | 16.66 | 21.26 | 0.93 | 3.97 | 41.23 | 27.6 | 6.31 | 16.72 | 161.6 | 188.67 | 833 857.07 | 733 030.29 | 96 738.8 |
| 8 | 30 | 600395 | 盘江股份 | 79.6 | 1.01 | 24.02 | 26.39 | 0.92 | 2.44 | 25.15 | 65.6 | 10.77 | 153.82 | 126.59 | 199.42 | 717 135.72 | 454 606.07 | 98 711.59 |
| 9 | 43 | 600123 | 兰花科创 | 77.58 | 2.22 | 16.85 | 22.64 | 0.54 | 2.03 | 49.34 | 12.02 | 14.32 | 21.97 | 219.93 | 205.34 | 1 162 266.44 | 561 562.63 | 121 307.01 |
| 10 | 49 | 000983 | 西山煤电 | 77.04 | 0.92 | 16.01 | 21.74 | 0.62 | 1.30 | 51.37 | 27.71 | −6.92 | 15.38 | 189.68 | 233.52 | 2 327 007.94 | 1 233 702.88 | 229 600.71 |
| 11 | 52 | 601088 | 中国神华 | 76.87 | 1.52 | 15.54 | 18.74 | 0.41 | 1.42 | 36.64 | 24.6 | 13.23 | 12.99 | 81.93 | 159.44 | 31 051 400 | 12 131 200 | 3 474 500 |
| 12 | 57 | 000780 | 平庄能源 | 76.55 | 0.46 | 13.40 | 17.48 | 0.66 | 1.57 | 33.92 | 0 | 2.65 | 24.12 | 189.36 | 173.33 | 449 317.7 | 268 783.91 | 46 861.06 |
| 13 | 86 | 600546 | 山煤国际 | 74.53 | 1 | 17.79 | 45.47 | 2.55 | 3.96 | 75.78 | 12.81 | 658.89 | 468.02 | 414.83 | 303.76 | 1 473 241.54 | 2 100 627.87 | 95 408.5 |
| 14 | 87 | 600188 | 兖州煤业 | 74.39 | 0.79 | 11.12 | 14.24 | 0.46 | 1.19 | 54.28 | 0 | −17.7 | 7.73 | 157.18 | 182.1 | 6 225 234.87 | 2 150 035.22 | 390 653.02 |
| 15 | 92 | 600997 | 开滦股份 | 74.27 | 0.67 | 10.8 | 15.93 | 0.87 | 2.11 | 56.93 | 7.39 | 16.76 | 15.52 | 278.46 | 271.68 | 1 343 592.53 | 1 097 671.02 | 85 976.23 |
| 16 | 120 | 601666 | 平煤股份 | 72.87 | 1.01 | 11.39 | 16.07 | 1.17 | 2.87 | 49.41 | 98.55 | 8.46 | −15.72 | 168.83 | 226.12 | 1 584 855.73 | 1 885 039.54 | 140 878.89 |
| 17 | 186 | 601898 | 中煤能源 | 70.26 | 0.50 | 8.56 | 9.72 | 0.53 | 1.05 | 29.02 | 0 | 4.40 | 14.28 | 87.48 | 145.95 | 10 968 086.3 | 5 372 950.3 | 709 334.7 |
| 18 | 367 | 000552 | 靖远煤电 | 65.36 | 0.30 | 9.66 | 13.19 | 0.98 | 2.34 | 30.21 | 0 | 31.47 | 2.26 | 214.9 | 237.73 | 58 560.99 | 53 360.82 | 5 329.31 |
| 19 | 371 | 000933 | 神火股份 | 65.27 | 0.80 | 7.71 | 13.83 | 0.63 | 2.25 | 75.81 | 3.09 | −10.36 | 15.83 | 251.69 | 248.26 | 1 895 502.65 | 1 076 190.82 | 59 064.15 |
| 20 | 453 | 601918 | 国投新集 | 63.15 | 0.45 | 9.04 | 14.12 | 0.32 | 1.90 | 62.79 | 5.59 | −8.78 | 8.9 | 141.06 | 196.69 | 1 660 746.98 | 494 988.65 | 83 690.14 |
| 21 | 510 | 000968 | 煤气化 | 61.83 | 0.74 | 11.32 | 13 | 0.65 | 1.36 | 32.12 | 30.19 | −31.4 | 20.24 | 98.58 | 160.98 | 521 768.42 | 324 837.87 | 42 174.85 |
| 22 | 531 | 600121 | 郑州煤电 | 61.32 | 0.18 | 3.16 | 5.38 | 1.24 | 2.30 | 67.59 | 9.51 | 36.27 | −2.29 | 186.91 | 212.68 | 531 811.41 | 618 447.66 | 9 386.12 |
| 23 | 848 | 000835 | 四川圣达 | 54.13 | 0.11 | 10.05 | 8.69 | 1.31 | 2.03 | 38.41 | 4.25 | −33.33 | 10.38 | 80.46 | 109.77 | 66 427.49 | 89 321.96 | 3 389.42 |
| 24 | 1159 | 600652 | 爱使股份 | 47.45 | 0.04 | 4.60 | 3.29 | 0.47 | 1.70 | 54.84 | 2.03 | −12.77 | −3.45 | 105 | 151.76 | 407 418.63 | 187 115.13 | 6 153.58 |
| 25 | 1163 | 600397 | 安源股份 | 47.31 | 0.08 | 6.46 | 4.68 | 0.47 | 1.78 | 65.43 | 1.88 | −11.02 | 5.71 | 232.89 | 224.28 | 193 030.46 | 88 571.24 | 3 035.92 |
| 26 | 1226 | 000159 | 国际实业 | 45.55 | 0.63 | 9.75 | 13.85 | 0.25 | 0.49 | 49.37 | 8.31 | −32.84 | 15.46 | 101.09 | 115.18 | 230 205.23 | 51 751.03 | 15 064.82 |
| 27 | 1411 | 000723 | 美锦能源 | 38.51 | −0.03 | 0.91 | −0.85 | 0.78 | 1.17 | 49.16 | 0.66 | −49.23 | −0.85 | 54.47 | 88.13 | 99 281.09 | 86 889.78 | −430.93 |
| 28 | 1428 | 600381 | ST 贤成 | 37.57 | 0.17 | 19.47 | −24.62 | 0.15 | 1.16 | 151.26 | 5.36 | 30.23 | 0 | 77.23 | 141.68 | 34 748.85 | 5 303.06 | 5 032.91 |
| 29 | 1540 | 600408 | 安泰集团 | 28.55 | −0.46 | −4.27 | −16.28 | 0.63 | 1.18 | 55.83 | −1.7 | −41.36 | 21.26 | 99.33 | 161.92 | 667 452.53 | 374 036.62 | −43 789.63 |
| 30 | 1582 | 600179 | *ST 黑化 | 24.67 | −0.60 | −11.09 | −31.71 | 0.77 | 2.13 | 66.07 | −9.14 | −17.91 | −26.94 | 72.40 | 89.82 | 184 065.42 | 146 177.55 | −23 457.56 |
| 31 | 1664 | 600740 | *ST 山焦 | 16.06 | −1.32 | −9.31 | −49.59 | 0.50 | 1.92 | 81.45 | −5.2 | −41.44 | −39.74 | 73.22 | 136.44 | 607 552.85 | 289 695.52 | −74 315.78 |

# 第五章

# 钢铁行业上市公司业绩评价

钢铁行业是国民经济的重要支柱产业，在国民经济中具有举足轻重的地位，从国民经济上下游产业链的关系看，钢铁行业处于承上启下的位置，是经济发展的重要原材料工业，在经济建设、社会发展、财政税收、国防建设以及稳定就业等方面发挥着重要作用。

2009 年是新世纪以来中国钢铁工业处境最艰难的一年，在全球金融危机的影响下，外贸出口严重受阻；外矿谈判依旧被动，成本压力仍然不小；结构性、阶段性产能过剩。2010 年，国家应对金融危机采取的各种刺激经济政策效果逐步显现，经济企稳回升势头逐步增强的大背景下，住宅、汽车、家用电器等最终耗钢产品的消费能力得以释放，钢铁行业总体趋势向好。

## 一、 钢铁行业上市公司业绩评价结果

截至 2009 年末，钢铁行业 A 股上市公司共计 33 家，其中盈利 29 家，亏损 4 家，即有 87.88%的公司实现盈利，比 2008 年的 87.50%保持相对稳定；钢铁行业上市公司总资产共计 11 197.34 亿元，占上市公司总资产的 7.72%。

2009 年纳入本次评价范围的全部上市公司共计完成营业收入 103 086.40 亿元，钢铁行业 33 家上市公司完成营业收入 9 877.13 亿元，占上市公司全部营业收入的 9.58%；全部上市公司共计实现净利润 6 078.66 亿元，钢铁行业上市公司实现净利润 106.51 亿元，占上市公司全部实现净利润的 1.75%。

2009 年钢铁行业整体评价结果较为一般，行业业绩综合得分 52.96，低于上市公司 62.93 分的平均水平，只有一家公司进入 2009 年百强，略强于 2008 年（2008 年没有一家公司进入 2008 年百强），但与 2007 年的 9 家差距较大。在 33 家钢铁行业上市公司中，业绩评价综合得分最高的是新兴铸管 75.45 分，在全部上市公司中排名 74 位，是行业中唯一一家得分超过 70 分的企业；全行业 60 分至 70 分的有 5 家；60 分以下的有 27 家。

从评价结果的类型来看，钢铁行业上市公司的评价结果仅有 1 家公司为良，优良率为 3.03%；评价结果为中的 20 家，占全部钢铁行业上市公司的 60.61%；评价结果为低、差的 12 家，占全部钢铁行业上市公司的 36.36%。

表 5-1　　2009 年度中联钢铁十强

| 名次 | 股票代码 | 股票简称 | 业绩得分 | 在全部上市公司中排名 |
|---|---|---|---|---|
| 1 | 000778 | 新兴铸管 | 75.45 | 74 |
| 2 | 600307 | 酒钢宏兴 | 67.78 | 267 |
| 3 | 000708 | 大冶特钢 | 67.00 | 298 |
| 4 | 000709 | 河北钢铁 | 62.55 | 485 |
| 5 | 600231 | 凌钢股份 | 61.01 | 542 |
| 6 | 002318 | 久立特材 | 60.14 | 579 |
| 7 | 000959 | 首钢股份 | 58.68 | 639 |
| 8 | 600019 | 宝钢股份 | 58.01 | 672 |
| 9 | 601003 | 柳钢股份 | 57.49 | 690 |
| 10 | 000825 | 太钢不锈 | 56.20 | 751 |

基于对钢铁行业上市公司的整体评价，下面分别从财务效益状况、资产质量状况、偿债风险状况、发展能力状况、市场表现状况五个方面对钢铁行业上市公司进行具体分析。

## （一）财务效益

从综合得分来看，钢铁行业上市公司财务效益状况平均得分为 17.33 分，低于上市公司平均得分 22.16 分。

表 5-2 列示了钢铁行业上市公司财务效益状况评价结果。在钢铁行业上市公司财务效益状况指标中，行业综合评价位于一、三位的新兴铸管、大冶特钢分列财务效益排行榜一、二位，得分分别为 26.53 分、24.58 分，相应扣除非经常性损益净资产收益率分别为 12.13％、17.51％，远高于 2008 年上市公司平均水平和行业平均水平。新兴铸管财务效益排名第一的主要原因是其上半年在钢材市场价格出现阶段性下滑的情况下，充分利用铸管产品市场话语权优势，保持铸管产品价格平稳，稳定了铸管产品的盈利水平；在钢铁产品生产中，在固定资产投资增速加快的大背景下，公司适时调整螺纹钢生产规格，加大三级螺纹钢、小规格螺纹钢生产比例，提高了钢铁产品的盈利能力。

表 5-2　　钢铁行业财务效益状况比较表

| 分析指标 | | 2009 年上市公司平均值 | 2009 年行业值 | 2008 年行业值 | 增长率（％） |
|---|---|---|---|---|---|
| 基本指标 | 扣除非经常性损益净资产收益率（％） | 9.45 | 2.04 | 5.66 | －63.96％ |
| | 总资产报酬率（％） | 6.80 | 2.69 | 4.61 | －41.65％ |
| | 得分 | 21.00 | 14.56 | 18.73 | －22.26％ |
| 修正指标 | 营业利润率（％） | 7.07 | 1.30 | 2.30 | －43.48％ |
| | 盈利现金保障倍数 | 2.09 | 6.69 | 3.68 | 81.79％ |
| | 股本收益率（％） | 36.9 | 10.17 | 23.50 | －56.72％ |
| 综合得分 | | 22.16 | 17.33 | 21.20 | －18.25％ |

与2008年的情况相比较，钢铁行业上市公司总体上财务效益状况显著下降，所有指标均大幅低于2008年，除盈利现金保障倍数以外其他指标均低于2009年全部上市公司平均值。

表5-3　　2009年度钢铁行业财务效益中联五强排行榜

| 名次 | 股票代码 | 股票简称 | 财务效益得分 |
|---|---|---|---|
| 1 | 000778 | 新兴铸管 | 26.53 |
| 2 | 000708 | 大冶特钢 | 24.58 |
| 3 | 600019 | 宝钢股份 | 22.47 |
| 4 | 002318 | 久立特材 | 22.27 |
| 5 | 600295 | 鄂尔多斯 | 22.21 |

## （二）资产质量

从综合得分来看，钢铁行业上市公司资产质量状况平均得分为12.49分，高于上市公司平均得分9.24分。

表5-4列示了钢铁行业上市公司资产质量状况评价结果。在钢铁行业上市公司资产质量状况指标中，莱钢股份排名第一，得分为14.55分，接近满分15分。其原因是公司科学组织以高炉为中心的年度集中定修，提高了设备运行效率，同时优化组合经济批量，较好地保证了合同兑现率。莱钢股份在运营中保持了较高的存货周转率，2009年存货周转率为10.72，明显高于行业平均。

表5-4　　钢铁行业资产质量状况比较表

| 分析指标 | | 2009年上市公司平均值 | 2009年行业值 | 2008年行业值 | 增长率（%） |
|---|---|---|---|---|---|
| 基本指标 | 总资产周转率（次） | 0.78 | 0.95 | 1.27 | −25.20% |
| | 流动资产周转率（次） | 1.82 | 2.72 | 3.37 | −19.29% |
| | 得分 | 9.36 | 11.94 | 12.25 | −2.53% |
| 修正指标 | 应收账款周转率（次） | 14.10 | 46.90 | 61.64 | −23.91% |
| | 存货周转率（次） | 4.13 | 5.55 | 6.75 | −17.78% |
| 综合得分 | | 9.24 | 12.49 | 12.58 | −0.72% |

与2008年比较可知，2009年钢铁行业上市公司总体上资产质量略有下降，但变化不大，其中受交易结算方式的影响，钢铁行业公司平均应收账款周转率46.90次，明显高于2009年上市公司平均应收账款周转率14.10次，这主要与钢铁行业公司一贯坚持“款到发货”有关。

表 5-5　2009 年度钢铁行业资产质量中联五强排行榜

| 名次 | 股票代码 | 股票简称 | 资产质量得分 |
|---|---|---|---|
| 1 | 600102 | 莱钢股份 | 14.55 |
| 2 | 000959 | 首钢股份 | 14.51 |
| 3 | 600126 | 杭钢股份 | 14.21 |
| 4 | 600507 | 方大特钢 | 14.09 |
| 5 | 600307 | 酒钢宏兴 | 14.07 |

### （三）偿债风险

从综合得分来看，钢铁行业上市公司偿债风险状况平均得分为 6.89 分，低于上市公司平均得分 9.10 分。

表 5-6 列示了钢铁行业上市公司偿债风险状况评价结果。在钢铁行业上市公司偿债风险状况指标中，久立特材排名第一，得分为 11.05 分，主要由于公司公开发行新股募集资金到位，借款融资需求减少，其速动比率为 189.01，远远高于上市公司及行业平均水平。行业综合评价第一的新兴铸管在该项排名中名列第二，得分为 10.82 分。

表 5-6　钢铁行业偿债风险状况比较表

| 分析指标 | | 2009 年上市公司平均值 | 2009 年行业值 | 2008 年行业值 | 增长率（%） |
|---|---|---|---|---|---|
| 基本指标 | 资产负债率（%） | 57.52 | 61.23 | 59.10 | 3.60% |
| | 获利倍数 | 7.21 | 1.96 | 2.70 | −27.41% |
| | 得分 | 9.22 | 7.04 | 7.78 | −9.51% |
| 修正指标 | 速动比率（%） | 69.84 | 41.11 | 40.75 | 0.88% |
| | 现金流动负债比率（%） | 21.75 | 14.38 | 20.25 | −28.99% |
| | 带息负债比率（%） | 45.98 | 55.27 | 53.90 | 2.54% |
| 综合得分 | | 9.10 | 6.89 | 7.76 | −11.21% |

与 2008 年相比较，钢铁行业上市公司偿债风险状况平均得分下降 11.21%，说明随着钢铁行业逐渐扭亏的过程中，各个公司的营运资金需求增加，相应偿债风险也随之有所上升；同时，受金融危机冲击，钢企净资产缩水也是行业偿债风险上升的重要原因。

表 5-7　2009 年度钢铁行业偿债风险中联五强排行榜

| 名次 | 股票代码 | 股票简称 | 偿债风险得分 |
|---|---|---|---|
| 1 | 002318 | 久立特材 | 11.05 |
| 2 | 000778 | 新兴铸管 | 10.82 |
| 3 | 000708 | 大冶特钢 | 10.05 |
| 4 | 600126 | 杭钢股份 | 9.11 |
| 5 | 000959 | 首钢股份 | 8.44 |

### （四）发展能力

从综合得分来看，钢铁行业上市公司发展能力状况平均得分为 8.37 分，低于上市公司平均得分 13.37 分。

表 5-8 列示了钢铁行业上市公司发展能力状况评价结果。在钢铁行业上市公司发展能力状况指标中，酒钢宏兴排名第一，得分为 19.01 分，主要原因是公司于 2009 年完成了重大资产重组，使酒钢集团公司钢铁主业资产注入公司，从而导致资本扩张率与总资产增长率等指标均居行业前列。行业综合评价第一的新兴铸管排名第二，得分为 18.11 分。

**表 5-8　　钢铁行业发展能力状况表**

| 分析指标 | | 2009 年上市公司平均值 | 2009 年行业值 | 2008 年行业值 | 增长率（%） |
|---|---|---|---|---|---|
| 基本指标 | 营业收入增长率（%） | 3.85 | －15.95 | 23.86 | －166.85% |
| | 资本扩张率（%） | 17.60 | 8.39 | 3.50 | 139.71% |
| | 得分 | 12.21 | 8.38 | 12.02 | －30.28% |
| 修正指标 | 累计保留盈余率（%） | 35.83 | 34.38 | 36.99 | －7.06% |
| | 三年营业收入增长率（%） | 14.99 | 12.01 | 26.80 | －55.19% |
| | 总资产增长率（%） | 22.53 | 15.57 | 10.05 | 54.93% |
| | 营业利润增长率（%） | 51.83 | －55.61 | －63.98 | －13.08% |
| 综合得分 | | 13.37 | 8.37 | 11.77 | －28.89% |

与 2008 年相比，钢铁行业公司营业收入增长率从 2008 年的 23.86%跌至 2009 年的－15.80%。受经济危机影响，2009 年钢铁行业上市公司业绩仍在低位徘徊，整个钢铁行业的扩张步伐进一步放缓。

**表 5-9　　2009 年度钢铁行业发展能力中联五强排行榜**

| 名次 | 股票代码 | 股票简称 | 发展能力得分 |
|---|---|---|---|
| 1 | 600307 | 酒钢宏兴 | 19.01 |
| 2 | 000778 | 新兴铸管 | 18.11 |
| 3 | 000709 | 河北钢铁 | 17.04 |
| 4 | 000629 | * ST 钒钛 | 16.85 |
| 5 | 002318 | 久立特材 | 12.60 |

### （五）市场表现

2009 年，大盘在宏观经济形式好转，上市公司业绩回升因素的影响下，上证综指全年涨幅接近 80%，钢铁行业作为国民经济的重要支柱，其与整体经济走势高度相关，因而钢铁指数跟随市场行情同步上行。具体情况如图 5-1 所示。

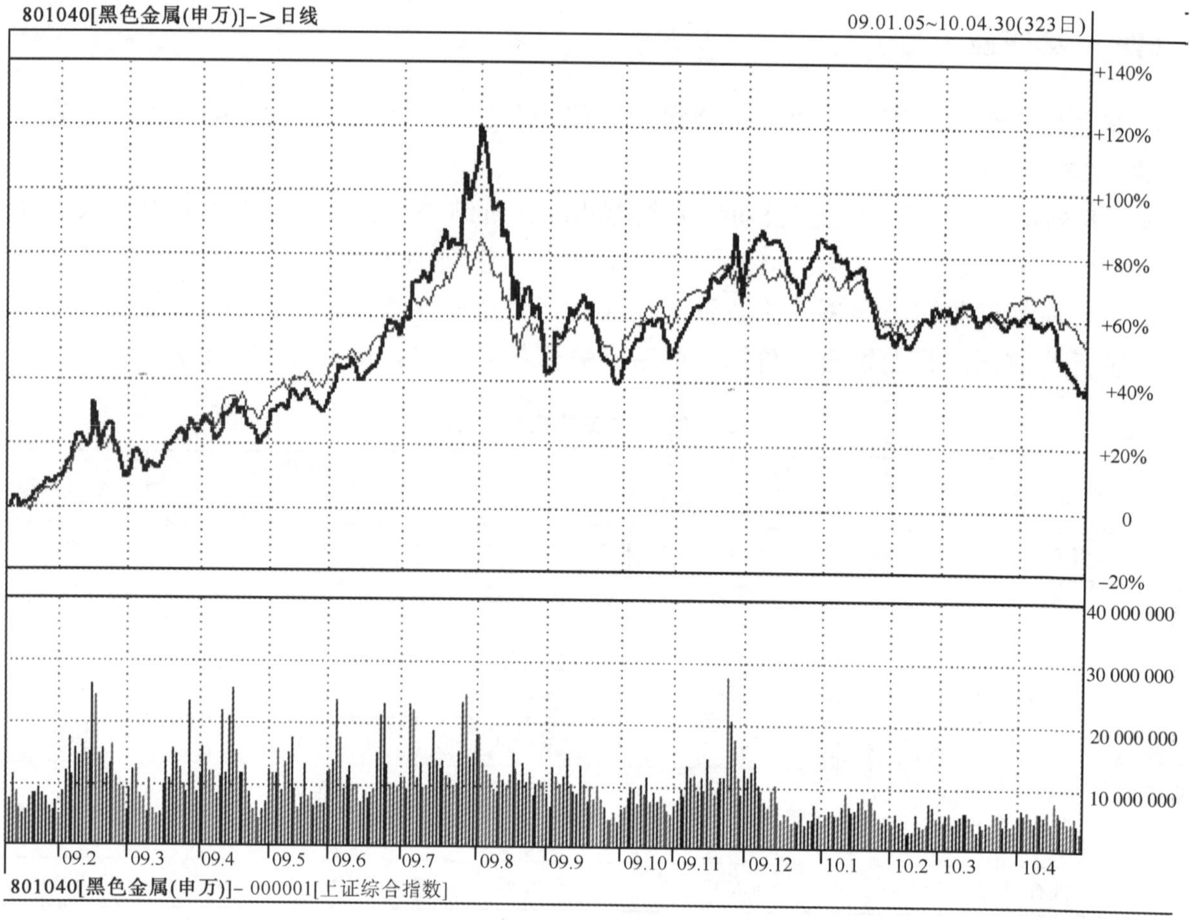
801040[黑色金属(申万)]->日线
09.01.05~10.04.30(323日)
+140%
+120%
+100%
+80%
+60%
+40%
+20%
0
-20%
40 000 000
30 000 000
20 000 000
10 000 000
09.2
09.3
09.4
09.5
09.6
09.7
09.8
09.9
09.10
09.11
09.12
10.1
10.2
10.3
10.4
801040[黑色金属(申万)]- 000001[上证综合指数]

**图 5-1　钢铁指数与大盘指数波动**

数据来源：Wind 资讯

从综合得分来看，钢铁行业上市公司市场表现状况平均得分为 7.88 分，低于全国上市公司 9.06 分的平均水平。

表 5-10 列示了钢铁行业上市公司市场表现状况评价结果。在钢铁行业上市公司市场表现状况指标中，三钢闽光名列第一，得分为 10.13 分，其相对较好的表现主要应归功于投资者对于国家加快海西经济区建设这一概念的热衷。

**表 5-10　　钢铁行业上市公司市场表现比较表**

| 分析指标 | 2009 年上市公司平均值 | 2009 年行业值 | 2008 年行业值 | 增长率（%） |
|---|---|---|---|---|
| 市场投资回报率（%） | 116.28 | 89.60 | －67.80 | — |
| 股价波动率（%） | 138.04 | 146.47 | 297.95 | －50.84% |
| 得分 | 9.06 | 7.88 | 7.17 | 9.90% |

2009 年，钢铁行业上市公司盈利水平逐步好转，在此基础上受大盘影响，2009 年钢铁行业上市公司市场投资回报率为 89.60%，远高于 2008 年－67.80%的回报率，但与整体市场相比仍有差距。全行业有 9 家公司的市场投资回报率高于全国上市公司平均水平，其中最高的为方大特钢，较 2009 年年初上涨将近 200%。

表 5-11　　2009 年度钢铁行业市场表现中联五强排行榜

| 名次 | 股票代码 | 股票简称 | 市场表现得分 |
|---|---|---|---|
| 1 | 002110 | 三钢闽光 | 10.13 |
| 2 | 600581 | 八一钢铁 | 9.84 |
| 3 | 000825 | 太钢不锈 | 9.51 |
| 4 | 600507 | 方大特钢 | 9.43 |
| 5 | 000708 | 大冶特钢 | 9.31 |

## 二、2009 年钢铁行业业绩的影响因素分析

2009 年是新世纪以来中国钢铁工业处境最艰难的一年，在全球金融危机的影响下，外贸出口严重受阻；外矿谈判依旧被动，成本压力仍然不小；结构性、阶段性产能过剩。但是，在我国政府推出的“保增长、扩内需、调结构、惠民生”一揽子计划和政策措施的作用下，我国经济逐步摆脱金融危机的困扰，GDP 逐季恢复，拉动钢材消费，刺激钢铁行业产能释放，钢铁企业逐渐扭亏为盈，我国钢铁行业缓慢复苏。

### （一）钢铁行业的强周期性使相关公司效益与国民经济形势紧密联系

在一揽子经济刺激政策推动下，我国固定资产投资加速增长，成为扩内需、保增长的最主要动力。2009 年全社会固定资产投资 224 846 亿元，比上年增长 30.1%，增速比上年加快 4.6 个百分点。其中，城镇固定资产投资 194 139 亿元，增长 30.5%，加快 4.4 个百分点；农村固定资产投资 30 707 亿元，增长 27.5%，加快 6.0 个百分点。在城镇投资中，第一产业投资增长 49.9%，第二产业投资增长 26.8%，第三产业投资增长 33.0%。固定资产投资增速加快，下游需求的释放，使得钢铁行业逐步走出低谷，呈现企稳回升的态势。全年来看，钢价两起两落、震荡反弹。

金融危机爆发后，经济进入去库存化的周期，国内钢材市场价格在低库存、调价等因素的支撑下，于 2009 年初走出一波上涨行情。1 月中旬，《钢铁产业调整和振兴规划》的出台也给了市场一定的信心。好景不长，由于当时的经济下行态势并没有得到有效遏制，下游需求依然疲软，从 2 月中旬直到 4 月中旬，在需求低迷、库存高位、原料价格下调的情况下，加之钢铁行业近几年一直保持的粗钢净出口态势在 3 月份反转成净进口，钢厂不得不下调钢材价格，以应对市场突变。从数据来看，国内市场 Myspic 钢材价格综合指数从 2 月中旬的阶段性高点 145.70 点，一直下探到 4 月中旬的 121.30 点。

经过两个多月的筑底，国家“保增长、扩内需”的一系列方针政策的效果逐渐显现，建

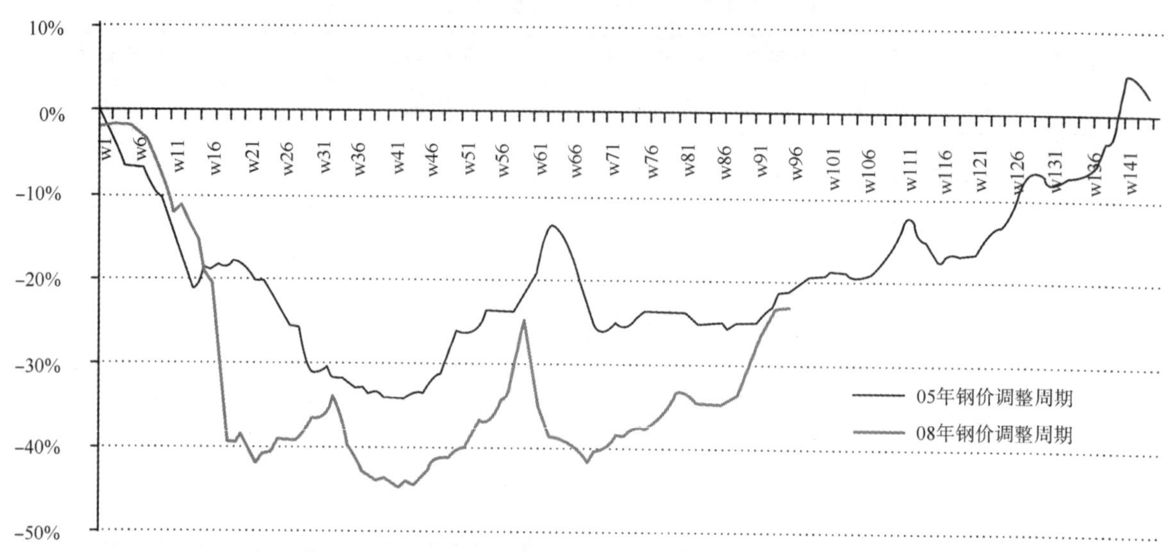


**图 5-2　钢铁调整周期对比**

注：X 轴为时间段（w 表示星期），Y 轴为周钢价与调整初最高价相比的变动幅度

05 年调整周期始于 2005 年 3 月 25 日，08 年调整周期始于 2008 年 6 月 13 日

资料来源：Mysteel，渤海证券研究所

筑、汽车等行业的用钢需求逐步增加，国内钢材市场受到提振，开始了 2009 年的第二波上涨行情。同时，钢材期货价格连续上涨，直接刺激现货市场，助推行情的进一步上扬。经过连续上涨，国内市场 Myspic 钢材价格综合指数 8 月中上旬达到 165.40 点，相对于 4 月份的年内低点上涨了 44.10 点，上涨幅度达到 36.40%。但经济企稳回升并不稳固，在持续攀升了几个月后，钢价步入下行通道，此次市场的再次高位跳水使市场心态急剧恶化，加之需求不足，产量继续增加，钢价下跌的状况一直持续到 10 月份。10 月中旬，国内市场 Myspic 钢材价格综合指数为 128.2 点，较前期高点下跌 37.20 点，下跌幅度 22.50%。2009 年年末，水、电、原料（铁矿石）、运费等资源价格纷纷上涨，钢铁生产成本不断升高，为钢材市场价格形成刚性支撑，各个钢厂陆续上调钢材出厂价格，12 月末，国内市场 Myspic 钢材价格综合指数 141.10 点，比 11 月末回升 3.50 点，同比上涨 6.70 点。

### （二）生产消费创历史新高，结构发生变化

金融危机爆发后，钢铁企业被迫大幅度减产，2008 年 10 月份，钢铁的生产水平降至年产 4.2 亿吨，比年内最高水平下降 26%。在国家经济刺激政策的作用下，钢铁生产开始逐步回升，2009 年 6 月份以来，各月始终保持较高生产水平。2009 年全年产钢 56 784 万吨，比 2008 年增产 6 753 万吨，增长 13.5%。在全球钢铁产量（除中国外）减产 21.5%的大背景下，国内消费需求强劲，缓解了出口大幅度减少的压力。与 2008 年相比，出口减少回流到国内粗钢 4 479 万吨，国内粗钢表观消费达到 56 504 万吨，增长 24.8%，创历史新高。

目前，国内一线钢铁企业已逐步完成了从长线材到板带材的转型，如宝钢股份、鞍钢股份、武钢股份等企业的线螺产量的比重都低于 10%，但二线钢铁企业中三钢闽光、酒钢宏兴、八一钢铁等企业长线材比重仍较大。受固定资产投资拉动，2009 年全年钢材需求结构

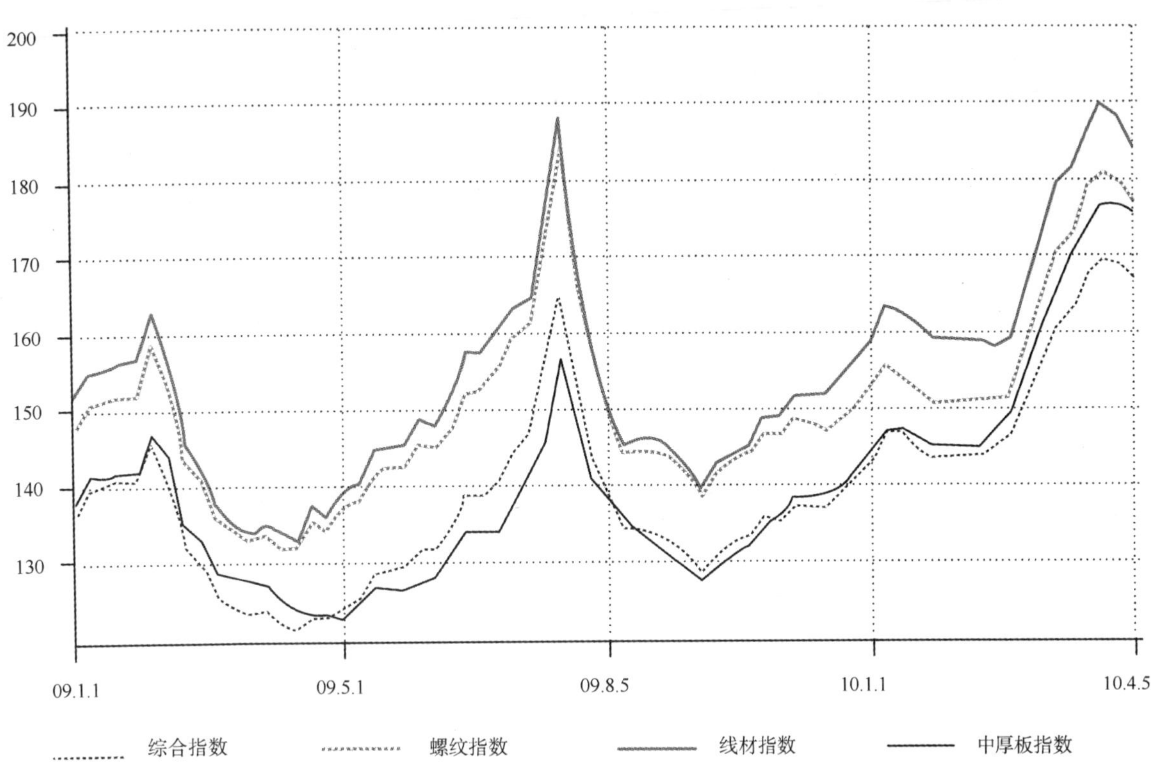


图 5-3 Myspic 钢铁价格指数走势图

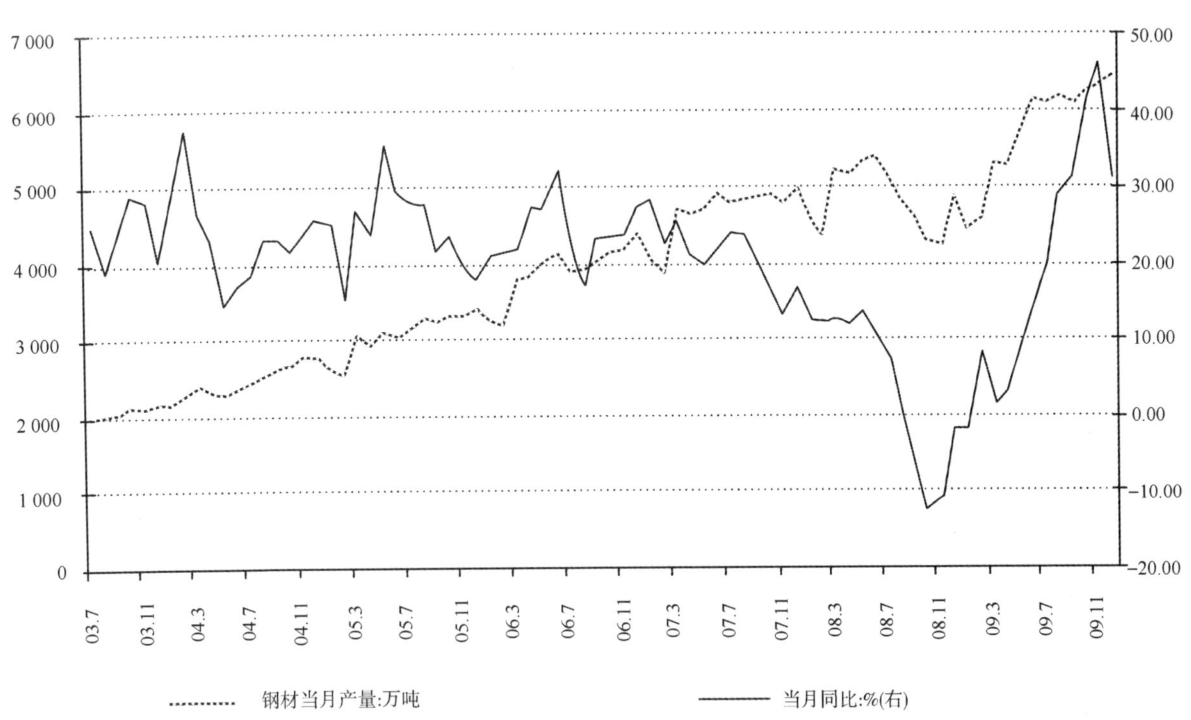


图 5-4 钢材当月产量及同比

发生变化，以建筑钢材为代表的长材增长幅度高于板材，2009 年长材需求增长 23.4%，高于板材 9.3 个百分点。钢企随市场需求变化灵活调整产品结构的能力成为影响钢企盈利能力的重要因素。

### （三）垄断矿企步步紧逼，铁矿石谈判机制名存实亡

2009年铁矿石谈判非常激烈，在三大铁矿贸易商的强势之下，中小钢厂纷纷倒戈，铁矿石谈判机制名存实亡。2009年5月26日，新日铁率先与力拓达成粉矿降价32.95%，块矿降价44.46%；2009年6月21日，巴西淡水河谷公司宣布与欧洲最大的钢铁企业阿赛洛米塔尔签订2009年铁矿石长期协议价格，其中，粉矿价格下降28.2%，块矿价格下降44.47%，降幅与此前和日韩签订的协议降幅相同。

2009年8月17日，我国与澳大利亚FMG公司对2009年进口铁矿石价格达成协议，其中，粉矿干基离岸价每吨度94美分，降35.02%，块矿干基离岸价每吨度100美分，降50.42%，合同有效期自2009年7月1日至12月31日。至此，三大铁矿石供应商与全球主要钢企就2009年的长期协议价格达成一致，基本都跟随了日澳的首发价。

中国从2003年开始加入国际铁矿石谈判，是世界第一大铁矿石买家，但我们在谈判中的话语权却微乎其微。对于钢铁行业上市公司而言，上述问题所带来的影响因为企业自身所拥有资源的多寡而存在较大差异。例如，鞍山钢铁集团七成左右的铁矿石是依靠属下的矿山，武汉钢铁集团也有自己的矿山，在国际铁矿石价格居高不下的环境下，仍然存在可以保证一定的利润空间的避风港，而大量依赖进口的宝钢集团等公司所面临的风险无疑相对较大。

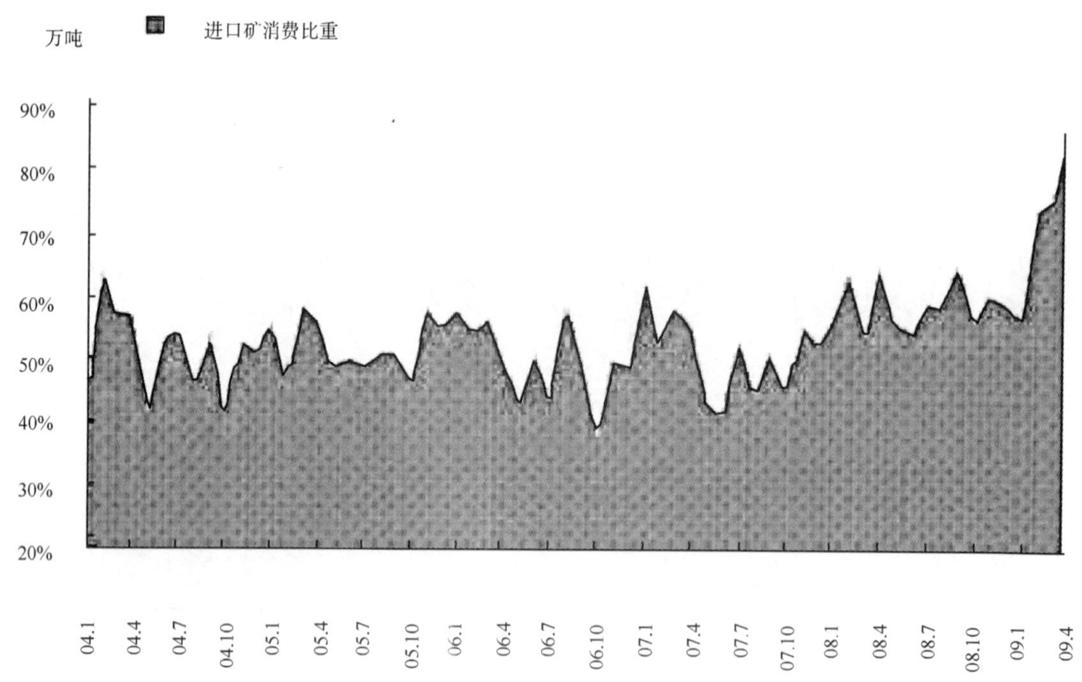


图5-5 中国对进口铁矿石依存度

**中国参与铁矿石谈判历史回顾**

☆ 2003年底，宝钢开始参与2004财年国际定价谈判，但没有发挥实质性的作用，接受了新日铁公司的谈判结果：价格涨幅18.6%。

☆ 2005财年，由于日本新日铁首先与Vale公司达成涨价71.5%的协议，中国企业只得被动接受涨价要求。

☆ 2006财年的铁矿石谈判是从2005年11月开始的，Vale公司与宝钢进行了数月的谈判，中国一直不愿接受对方的涨价要求。2006年5月16日，Vale与欧洲的蒂森克虏伯公司达成了涨价19%的协议，但中国企业予以坚决反对，一直到2006年6月20日，宝钢才与必和必拓达成涨价协议。

☆ 2007年的铁矿石谈判从2006年11月开始。2006年12月22日，宝钢与巴西淡水河谷公司达成协议，铁矿石价格上涨9.5%。

☆ 2008年的谈判于2007年12月初启动，宝钢开始与三大巨头磋商，但由于相互分歧太大，一直没有结果。直到2008年2月，日韩钢铁企业与Vale公司率先达成了新一年度铁矿石长期合同价格，巴西南部系统粉矿价格在2007年基础上上涨65%，卡拉加斯粉矿的价格上涨71%。随后，宝钢代表中国钢铁企业接受了这一协议。但是，这一价格首次没有按照惯例被澳大利亚“两拓”所接受，“两拓”以到中国的距离比巴西近三分之二为由寻求“海运加价”。谈判因此一直延缓到2008年7月5日，最终，宝钢被迫与“两拓”达成协议，“两拓”的2008年度PB粉矿、杨迪粉矿和PB块矿在2007年基础上分别上涨79.88%、79.88%和96.5%。这一涨幅，令世人震惊。

### （四）相关政策陆续出台，钢铁行业发展日益完善

2009年3月20日，国务院办公厅公布《钢铁产业调整和振兴规划》（以下简称《规划》）。《规划》明确，进一步发挥宝钢、鞍本、武钢等大集团的带动作用，实现鞍本集团、广东钢铁集团、广西钢铁集团、河北钢铁集团和山东钢铁集团的产供销、人财物统一管理的实质性重组；推进鞍本集团与攀钢、东北特钢，宝钢与包钢、宁波钢铁等跨地区和天津钢管与天铁、天钢、天津冶金公司，太钢与省内钢铁企业等区域内的联合重组。

2009年3月27日，上海期货交易市场推出钢材期货，市场功能初步显现。钢材产业链的所有企业，都可以利用目前推出的线材和螺纹钢这两个期货品种进行完全或拟合的套期保值。钢材期货是完善社会主义市场体系，落实国务院金融服务于实体经济的重要举措，钢材期货的推出将加强钢铁价格的透明度，使企业更好地管理价格风险，管理现金流，更有效地预测利润，计划生产。钢材期货挂牌上市以来，市场运行平稳，交易活跃，持仓稳步增长，市场风险

可控，参与者日趋广泛，市场功能初步显现。2009 年全年，螺纹钢期货成交量为 3.23 亿手（合 32.3 亿吨），成交金额为 13.3 万亿元；线材期货成交量为 218.4 万手（合 2184 万吨），成交金额 825.7 亿元，开市 9 个月的钢材期货成为国内成交量最大的期货产品。

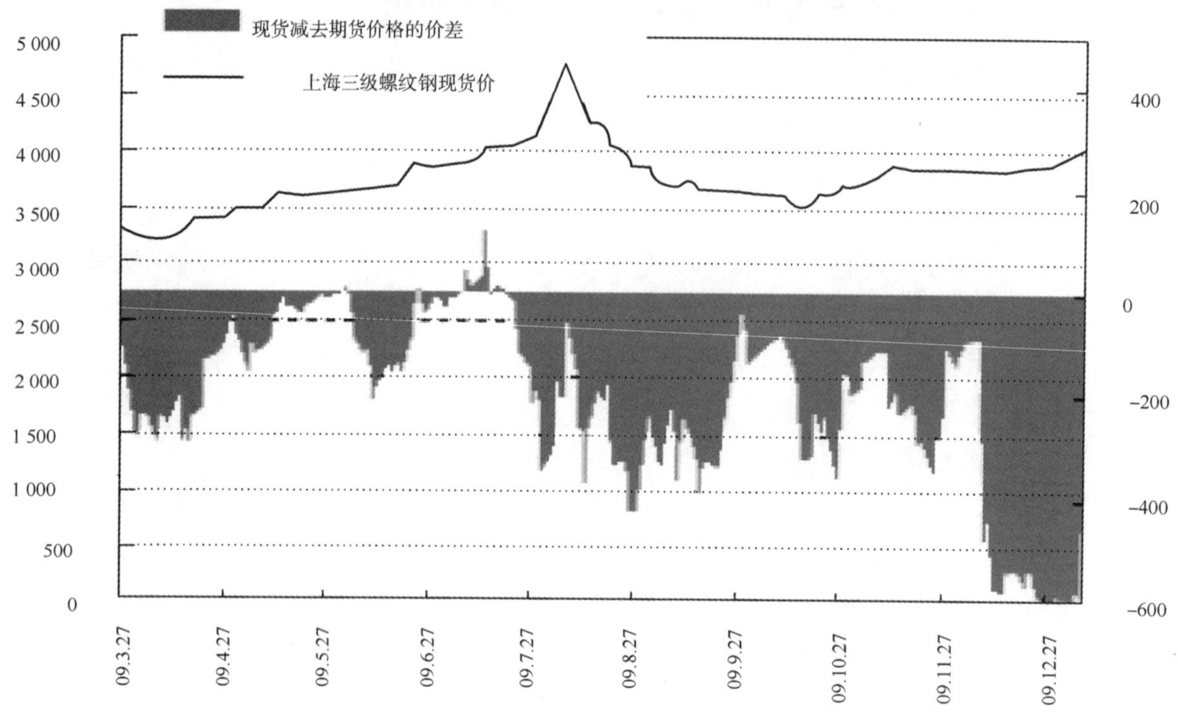


**图 5-6　上海三级螺纹钢期现价格**

2009 年 9 月，国务院批转国家发展和改革委员会等十部门《关于抑制部分行业产能过剩和重复建设，引导产业健康发展的若干意见》。其中明确要求“进一步提高钢铁等产业的能源消耗、环境保护、资源综合利用等方面的准入门槛”。建设资源节约型和环境友好型企业已成为钢铁工业可持续发展的必然之路。2009 年，重点钢铁企业总能耗在产量增长 11.2%的情况下增长 5.2%，吨钢综合能耗为 619.4 千克标煤，同比下降 1.7%，吨钢耗新水 4.4 吨，同比下降 12.8%，外排废水总量下降 13.7%，二氧化硫和烟尘排放同比减少 4.9%和 7.9%。

### 2009 年钢铁行业大事记

☆ 3 月 1 日，宝钢集团与杭钢集团正式签署重组宁波钢铁协议，宝钢以 20.214 亿元取得宁波钢铁 56.15%的控股权。

☆ 3 月 21 日，《钢铁产业调整和振兴规划》正式出台，规划期为 2009～2011 年。

☆ 3 月 27 日，钢材期货上市：首日走势平稳，主力合约大涨。

☆ 6 月 10 日，巴西淡水河谷与新日铁和韩国浦项就 2009 年铁矿石谈判价格达成协议：粉矿、块矿和球团矿分别下降 28.2%、44.7%和 48.3%。

☆ 7月5日，澳大利亚力拓公司驻上海办事处的首席代表胡士泰等4人因涉嫌为境外刺探和窃取中国国家秘密，被中国国家安全机关依法刑事拘留。

☆ 8月8日，首钢总公司与长钢在太原举行联合重组签约仪式，首钢正式入主长治钢铁。

☆ 10月30日，Aquila中午发布公告，称澳大利亚FIRB已批准宝钢以2.85亿美元收购Aquila公司15%股权的申请，并允许宝钢将收购比例继续提高至19.9%。

☆ 12月11日，工信部公布《促进中部地区原材料工业结构调整和优化升级方案》，其中对钢铁行业的产业布局、重组方向和产品定位进行了详细而明确的安排。

☆ 12月5日，在2010年铁矿石年度价格谈判即将拉开序幕之际，澳大利亚力拓和必和必拓宣布签署一份约束性协议，将合并西澳铁矿石运营，并希望在2010年下半年完成组建合资企业。拟建的合资公司将使三头垄断径直变成双头垄断。

## 三、2010年钢铁行业业绩前景分析

2010年一季度，国家各项宏观经济政策继续保持连续性，钢铁行业经济运行延续2009年下半年的趋势，产量保持增长，出口形势继续好转，企业经济效益好于上年同期。在高库存、铁矿石价格上涨等多重因素的影响下，钢铁企业利润被上下游吞噬的风险依然存在，但2010年全年在国家应对金融危机采取的各种刺激经济政策效果继续显现，经济企稳回升势头逐步增强的大背景下，钢铁行业总体趋势向好。

### （一）全球经济企稳，出口强势反弹

受经济回暖以及原材料价格上涨影响，全球钢材价格大幅上涨。全球钢材价格指数截至2010年4月9日，较3月份平均上涨9.8%。分地区来看，欧洲价格指数上涨13.6%，领先其他地区，北美地区上涨近7.8%。分品种来看，长材价格大幅上涨13.6%，部分的原因是长材价格基数较低，同样的成本上涨幅度导致的涨幅比例较大。同时，作为国外钢铁行业领先指标的生铁废钢指数仍然持续上涨。

2010年3月份，我国出口钢材333万吨，较2月份增加84万吨，与去年同期相比增长99.4%。2010年一季度，我国累计出口钢材871万吨，同比增长69.5%。由于国际经济回暖，以及国际钢材价格大幅提升，钢材出口恢复明显。

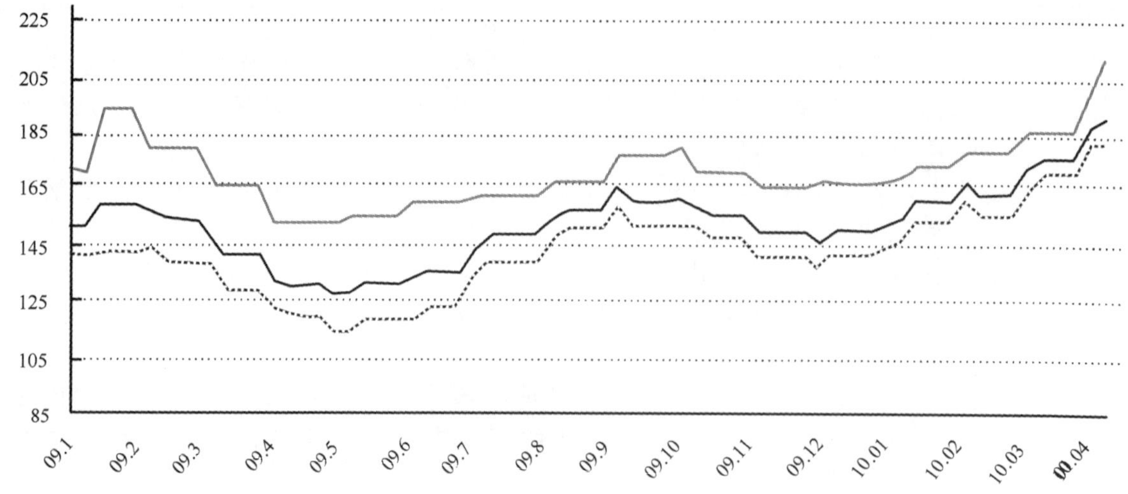

CRU：全球　CRU：扁平材　CRU：长材

图 5-7　全球钢材价格大幅上涨

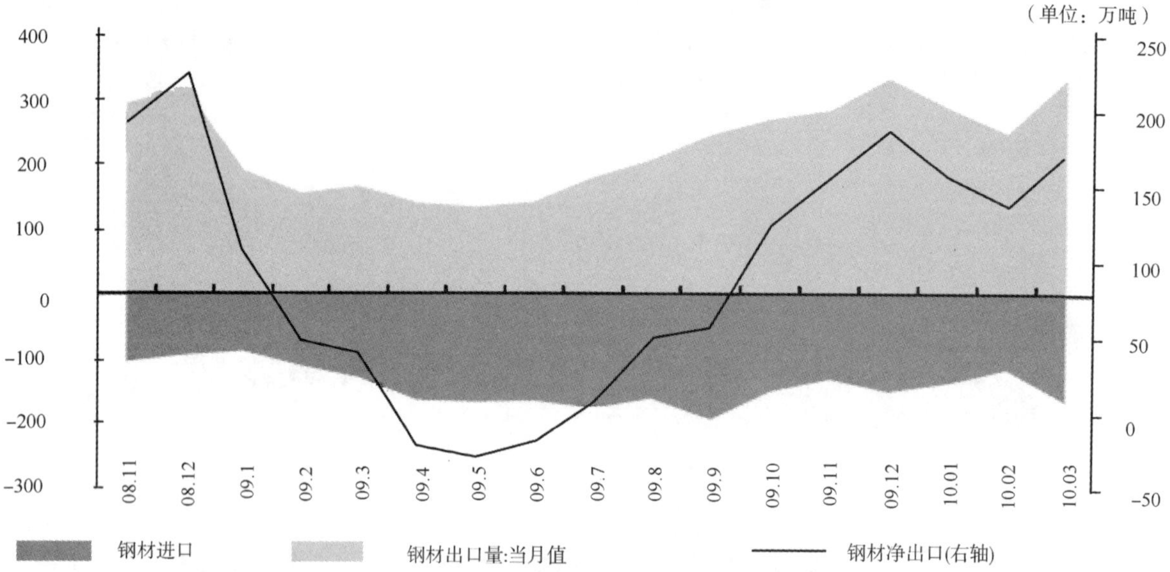

（单位：万吨）

钢材进口　钢材出口量:当月值　钢材净出口(右轴)

图 5-8　钢材净出口大幅反弹

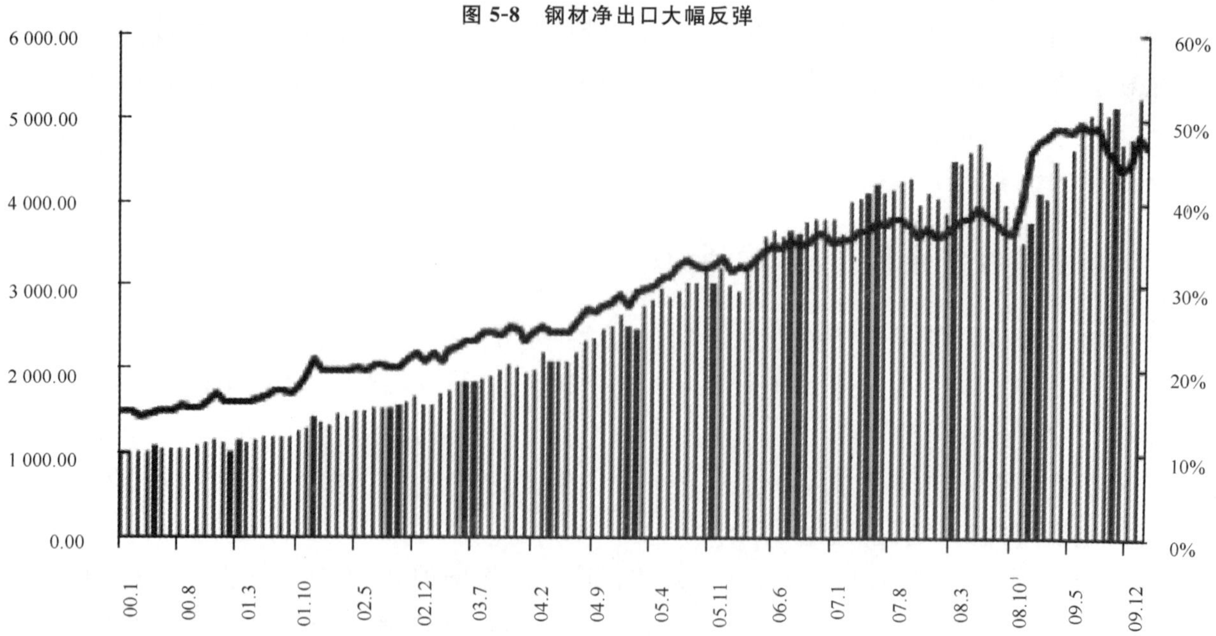

图 5-9　中国月度粗钢产量及其占世界比重

## （二）国内经济复苏，高库存有望下降

2009 年底到 2010 年初，钢材社会库存一度大幅上升。一方面，年底、年初属消费淡季，且全国各地雨雪天气对施工影响较大，需求受到影响；另一方面，部分中间商在矿石、焦炭等成本大幅上涨的预期下，大量囤积钢材，也是库存上涨的主要原因。

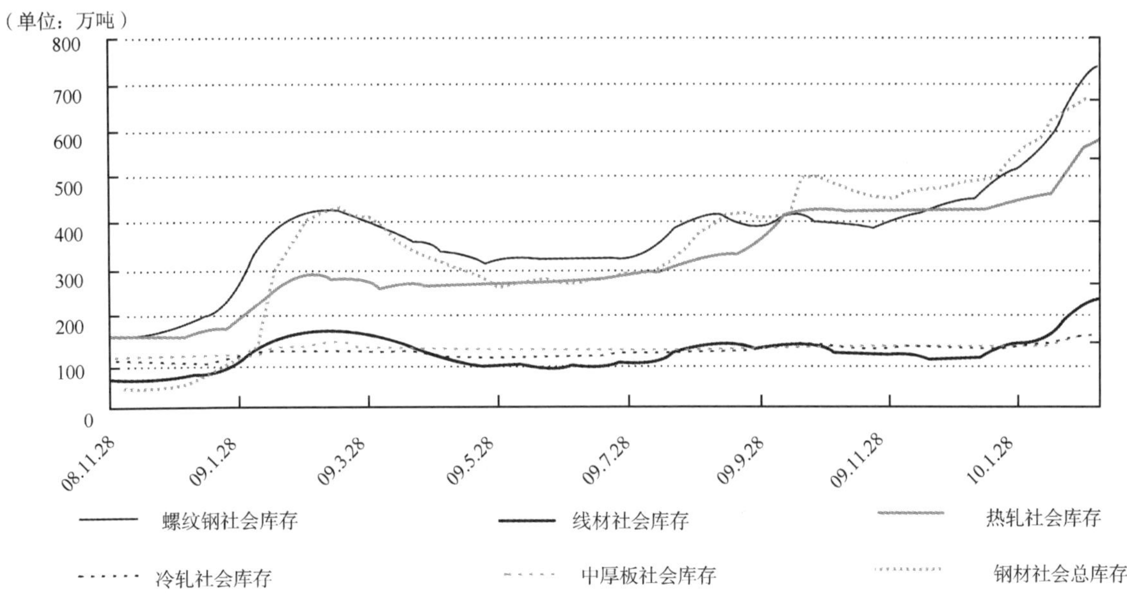


图 5-10 全国主要城市钢材库存

2010 年一季度，除中板外，各类钢材库存整体上升，尤其是螺纹钢、线材等建筑用钢。截至 2010 年 1 月 15 日，螺纹钢库存为 488 万吨，线材为 121 万吨，热轧为 397 万吨，中板为 121 万吨，冷轧为 115 万吨。

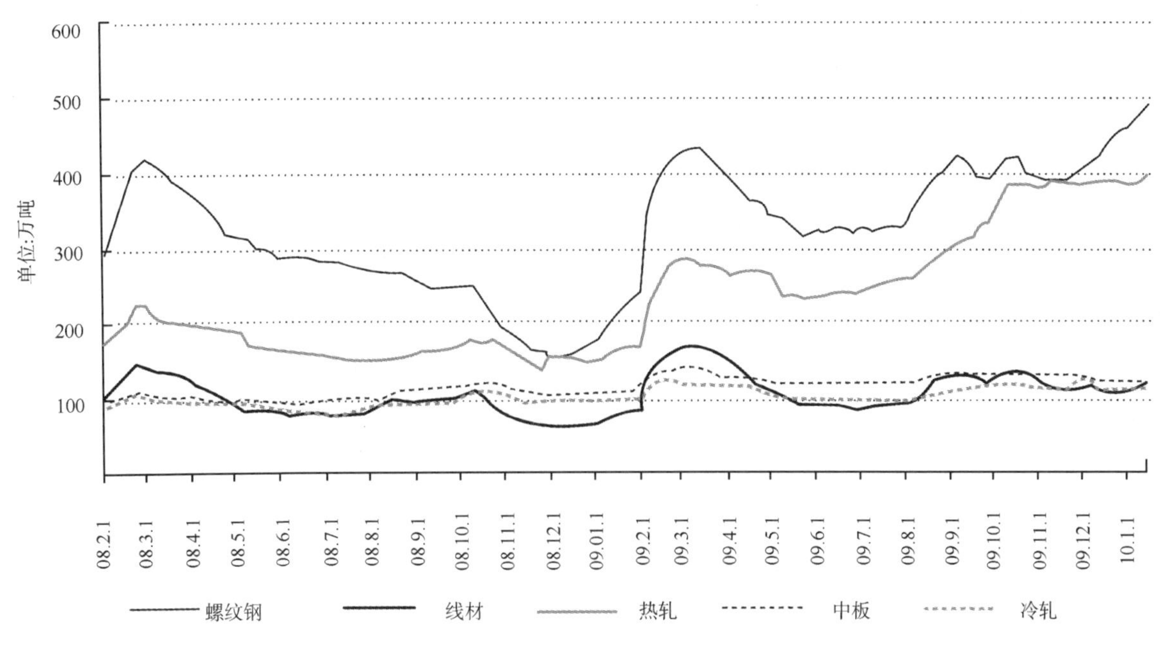


图 5-11 国内主要钢铁产品库存量

进入 2010 年 4 月，我国主要钢材品种的社会库存逐渐回落，高库存得到缓解。热轧下降幅度最快，周下降 4.07%；中厚板、线材、冷轧库存也出现回落。虽然库存还处于高位，但是随着需求的进一步上升和钢铁价格未来预期的逐步明确，很多企业可能在这之前提前采购钢材，钢材库存有望进一步下降。

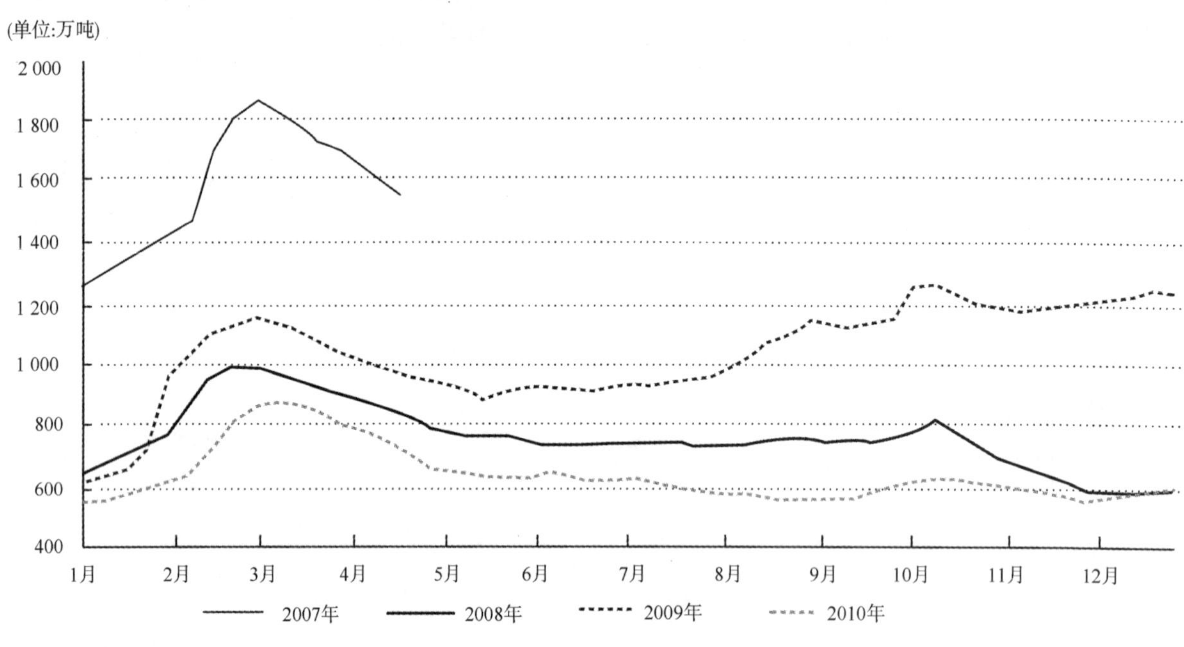


图 5-12　钢材社会总库存变动比较

## （三）铁矿石价格上涨，考验钢企盈利转嫁能力

2010 年 4 月 28 日，中钢协表示放弃统一领导，默认钢企与矿山自行定价，尽管宝钢作为中方代表仍在尝试与三大矿山达成协议，但在各家钢厂纷纷自行协商采购铁矿石的局面下，传统的铁矿石谈判可能由此终结。

由统计数据显示：2010 年 3 月份，我国进口铁矿石 5 901 万吨，比 2 月份增加 963 万吨，同比增长 13.3%。2010 年一季度，我国累计进口 1.55 亿吨，同比增长 18%，这反映出中国对进口铁矿石的依赖度依然较高，进口价持续高位。按照日韩同巴西淡水河谷签订的季度价格，巴西矿离岸价每吨约为 110 美元，比 2009 年长协价上涨 96.4%。一季度国内大型钢厂主要还在使用之前较为低价的矿石库存，但库存最多维持到 6 月。今年下半年，随着高价矿石全面到来，钢铁行业将面临严重的盈利风险。

2010 年 3 月，国内铁矿石原矿量产量为 7 972.55 万吨，同比上涨 28.16%，近年来我国铁矿资源供应能力明显提高，但对国外进口矿产依赖程度依然很高，2009 年进口依存度达到 69.62%。

成本转嫁实质上是上、中、下游行业间的利润分配，对钢材价格敏感的汽车、家电行业等的利润率表明钢材价格上涨仍有空间，对价格不甚敏感的房地产和机械设备，其需求释放仍将较充分地支持钢价上涨。

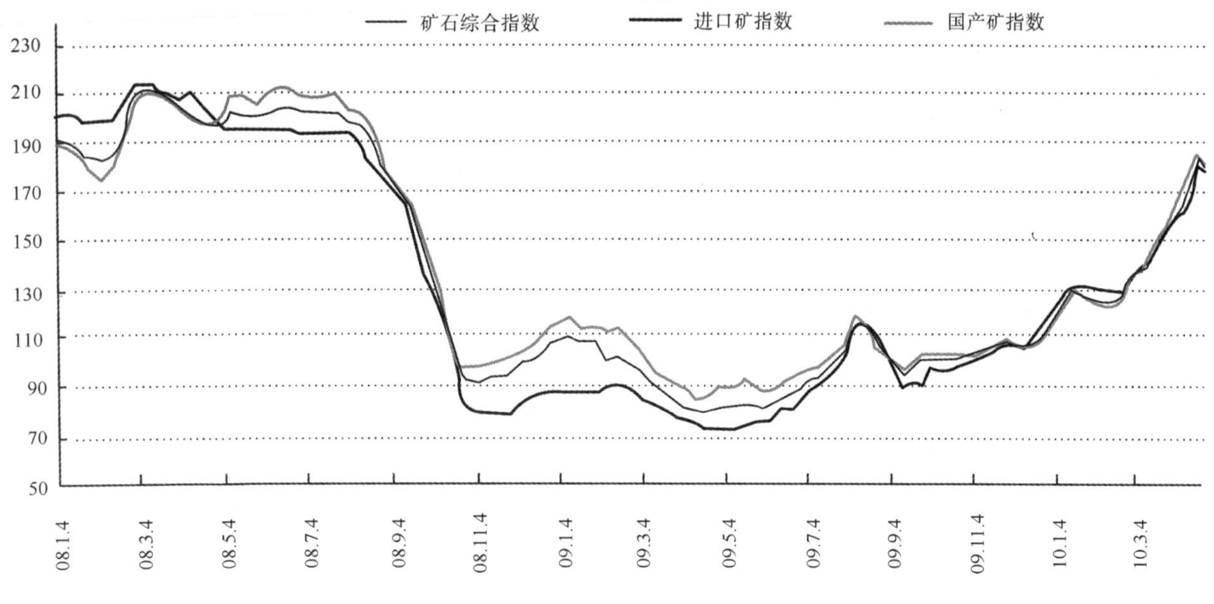


**图 5-13　国内铁矿石市场价格指数**

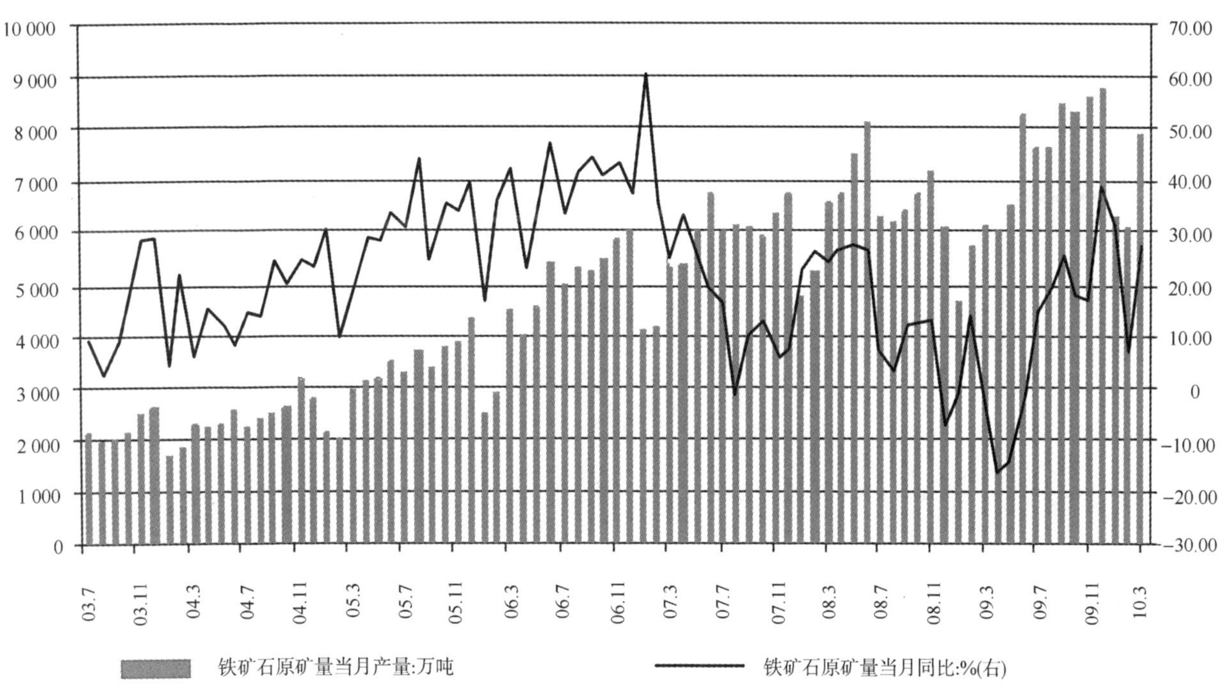


**图 5-14　铁矿石原矿量当月产量及同比**

一般而言，成本转嫁能力强弱与市场供求、行业组织结构、价格管制、技术更新换代、经济周期等具有密切相关关系。但由于其中有些因素在短期内不会发生明显的变化，因此，观察成本转嫁能力，也即判断钢价上涨的持续性主要还是从需求的变动情况来看，而此处我们用行业利润率指标来表示下游需求价格接受程度，而且该指标从历史上看，也较好地诠释了涨价能力。

下游汽车行业对钢材的需求依旧火爆。2010 年一季度，累计生产汽车 455.45 万辆，同比增长 76.99%，增速较上月下降 15.01 个百分点。2010 年 3 月份，汽车产销分别完成 173.43 万辆和 173.52 万辆，同比分别增长 58%和 56%，创历史新高。

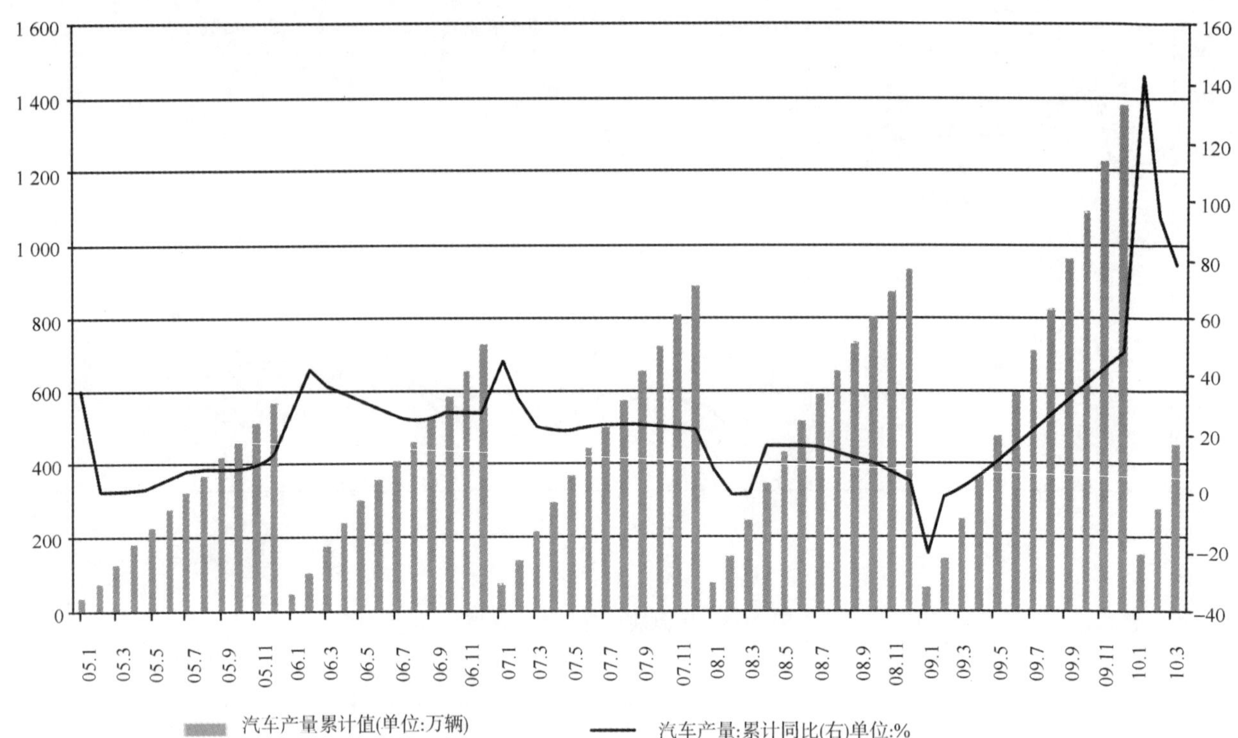


**图 5-15　汽车产量统计**

数据来源：Wind 资讯

**图 5-16　汽车制造业销售利润率与冷轧板价格关系**

家电行业，以洗衣机为例，2010 年一季度，中国家用洗衣机累计产量为 1 438.68 万台，同比增长 40.76%，累计同比增幅较去年明显扩大，预计将对钢材需求构成强有力的支撑。

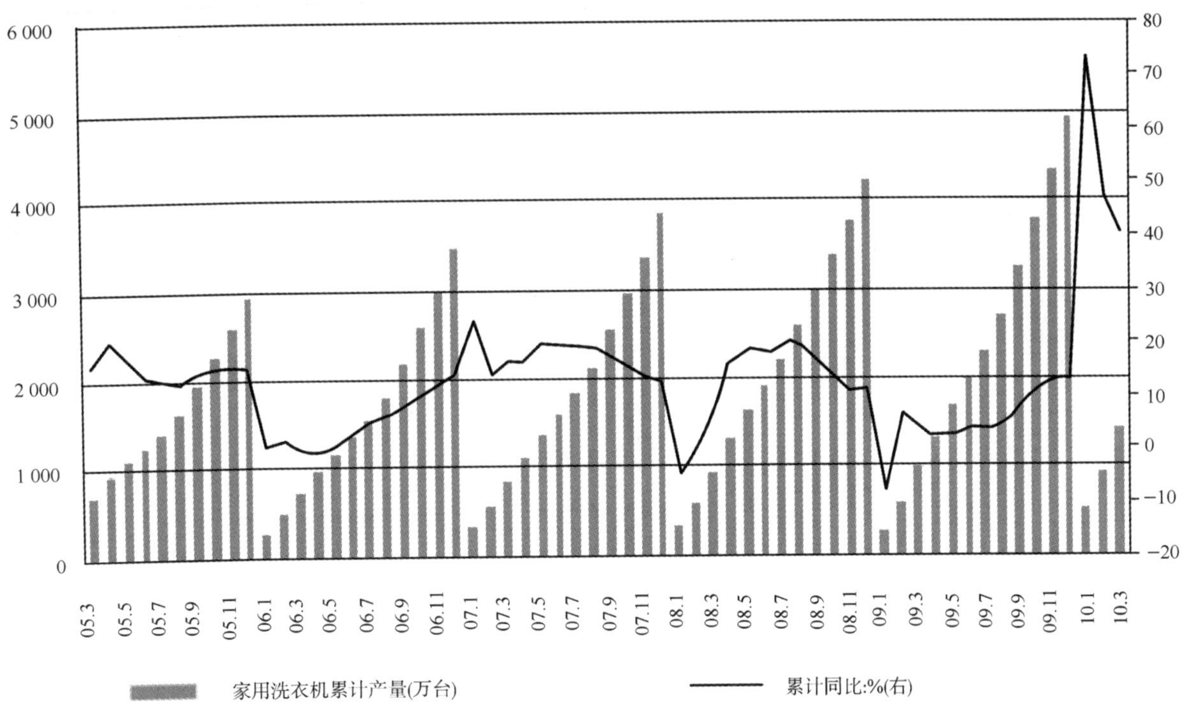


**图 5-17　洗衣机产量统计**

数据来源：Wind 资讯

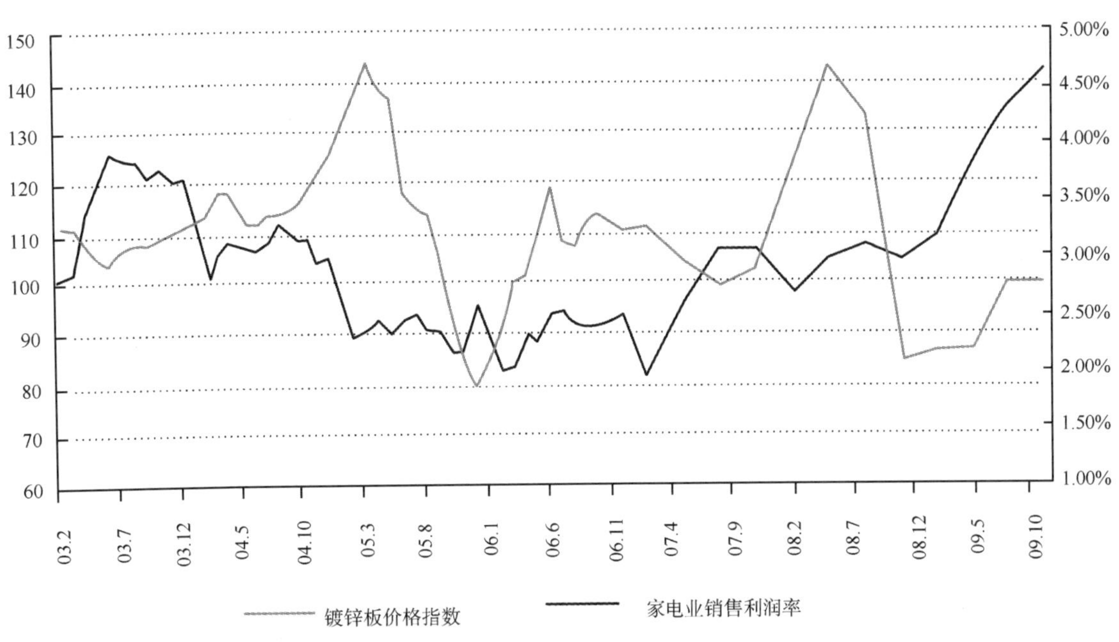


**图 5-18　镀锌板价格与家电业销售利润率关系**

2010 年 3 月份城镇固定资产投资完成额为 16 779 亿元，同比增幅为 26%，继续平稳增长。房屋销售面积 153.6 百万平方米，同比大幅增加 149%。房地产新开工面积 32 300 万平方米，同比增加 248%，环比增加 117%。

总的来说，下游行业对钢材的需求有较大幅度的增长，对钢材价格支撑强烈，特别是房地产销售和开工面积大幅增长，预计未来几个月钢材需求会有较好的保证。2010 年钢铁行

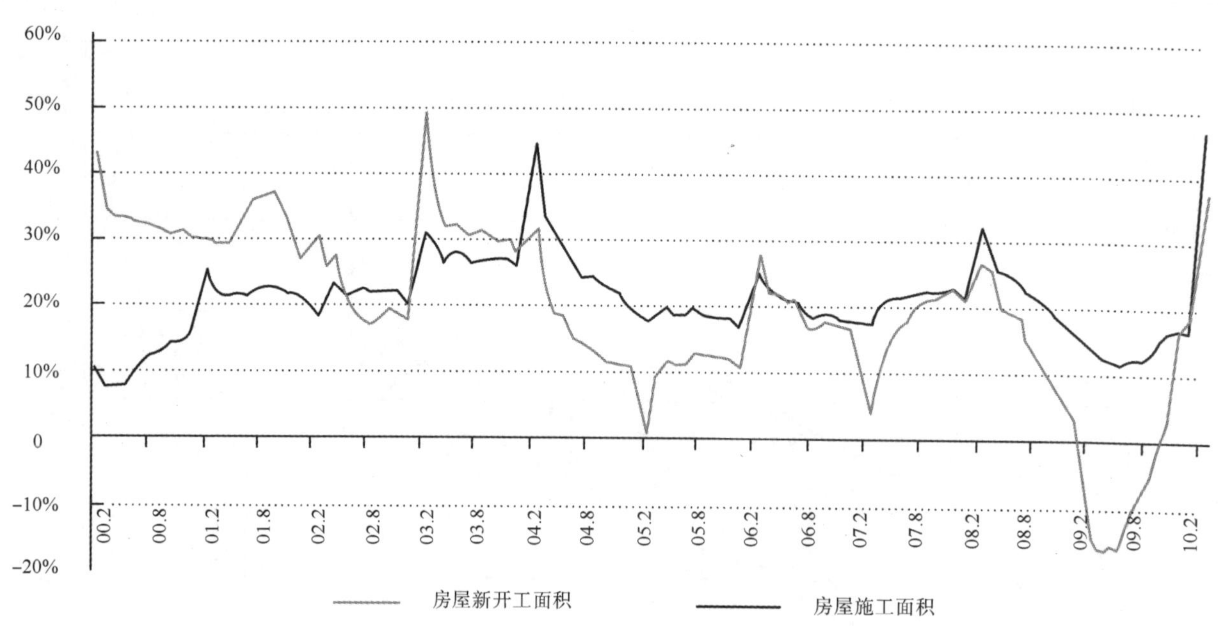


图 5-19　房地产新开工面积和施工面积同比增速

业企业业绩提升主要关注两类企业：一是自有矿比例高或者集团可以优惠供矿的钢企，如鞍钢股份、太钢不锈、酒钢宏兴等；二是在细分行业可居主导地位，对下游企业有一定议价能力的企业，如太钢不锈、首钢股份、华菱钢铁等。

### （四）兼并重组与海外建厂共同推进，为我国孕育世界级钢厂创造机会

2010 年，我国约有粗钢生产企业 500 家，生铁生产企业约 1000 家，钢材生产企业约 2500 家，钢铁产业集中度较低（CR10 不到 40%），导致重复建设、产能过剩、价格大幅波动，既不利于资源的有效使用和规范市场秩序，也不利于在面对国际强有力竞争者时在产品市场和资本市场进行竞争。中国钢铁工业要想提升竞争能力，获得持续发展，必须走联合重组之路，通过优势企业购并重组落后企业，优胜劣汰，才能在根本上实现我国从钢铁大国到钢铁强国的转变。

目前中国的钢铁行业 70%以上的资产都由国家控制，若没有政府的推动，整合购并的难度相当大。但经济危机带来的产能过剩、经济效益下滑，全行业面临亏损或微利已为市场化并购提供了客观的外部有利条件。在《钢铁产业调整和振兴规划》中也着力强调了要加快产业整合，以整合促发展，力争到 2011 年，全国形成宝钢集团、鞍本集团、武钢集团等几个产能在 5 000 万吨以上、具有较强国际竞争力的特大型钢铁企业；形成若干个产能在1 000 万～3 000 万吨级的大型钢铁企业。目前已完成的或进行中的以及《规划》中提到的涉及上市公司的重组如下表：

表 5-12 《规划》的钢铁行业上市公司重组框架

| 宝钢集团 | | | | | | 鞍本集团 | | | | | | 武钢集团 | | 河北钢铁集团 | | | 山东钢铁集团 | |
|---|---|---|---|---|---|---|---|---|---|---|---|---|---|---|---|---|---|---|
| 宝钢股份 | 包钢股份 | 宁波钢铁 | 韶钢松山 | 广钢集团 | 八一钢铁 | 鞍钢股份 | 本钢板材 | 攀钢钢钒 | 长城股份 | 攀渝钛业 | 东北特钢 | 武钢股份 | 柳钢股份 | 唐钢股份 | 邯郸钢铁 | 承德钒钛 | 莱钢集团 | 济钢集团 |

考虑到被购并企业往往具有一定的区域优势或者渠道优势，当其被优势企业并购后，这类企业可以借助优势企业的技术、管理、人才等因素获得更好的发展；甚至优势企业也可以以兼并企业为核心构建新的发展框架，如宝钢并购宁钢后的北仑港产业基地战略规划。因此，对于 2010 年完成重组并购后能够真正发挥协同效用的企业，其业绩预计均将有明显提升。2010 年存在相关预期的钢铁行业上市公司较多，包括韶钢松山、酒钢宏兴、济南钢铁、莱钢股份等企业。

随着国内钢铁行业产能过剩问题的日益突出，加快国内钢铁企业“走出去”的步伐成为增强企业竞争实力最重要的方式之一。目前，钢铁企业面临铁矿石资源不足、价格过高的困境，需要通过收购海外资源，增加资源控制量的方式实现，也可以通过在海外设厂，并在当地销售的方式缓解成本压力。

近年来，国际大型钢铁企业集团都纷纷迈开在海外建厂的步伐。韩国浦项投资 120 亿美元，在印度奥里萨邦建设 1 座联合钢铁企业，粗钢年产能为 1 200 万吨（韩国浦项）；印度塔塔钢铁公司在越南投资 35 亿美元，建设 1 座年产能为 400 万吨的联合钢铁厂；安赛乐米塔尔投资 180 亿美元，在印度建设 2 座联合钢厂，年产能各为 1 000 万吨；新日铁在巴西将投资 84 亿美元建设 2 座高炉冶炼生产设备等。

随着铁矿石作为战略性资源的位置愈发突出和钢厂对资源需求量的加大，直接对外资源收购越来越难，未来大型钢企，特别是国内的特大型钢企将越来越多地采用后一种方式，国家也将给予充分的政策支持，这对大型钢铁企业将是长期的潜在利好因素。在刚刚结束的“‘十二五’时期中国经济形势与产业发展思路”报告会中，专家指出，加快国内钢企“走出去”的步伐是行业发展的重点方向之一。

武钢已经计划在巴西里约热内卢州 ACU 港投资 50 亿美元建设一家钢厂，这一项目由武钢和巴西 LLXLogisitica 合资兴建，武钢将拥有其 70%的股权，LLXLosgisitica 公司持有 30%的股权。项目投产后，可年产粗钢 500 万吨，将主要用于巴西汽车、造船和石油开采行业，剩余部分将销售至中国。

附表：

## 钢铁行业上市公司业绩评价结果排序表

| 行业排名 | 全部上市公司排名 | 股票代码 | 股票名称 | 综合得分(100分) | 每股收益 | 总资产报酬率% | 净资产收益率% | 总资产周转率（次） | 流动资产周转率（次） | 资产负债率（%） | 已获利息倍数 | 营业收入增长率（%） | 资本扩张率（%） | 市场投资回报率（%） | 股价波动率（%） | 年末资产额（万元） | 营业收入净额（万元） | 净利润（万元） |
|---|---|---|---|---|---|---|---|---|---|---|---|---|---|---|---|---|---|---|
| 1 | 74 | 000778 | 新兴铸管 | 75.45 | 0.69 | 8.88 | 12.13 | 1.56 | 2.36 | 45.27 | 15.35 | 22.57 | 50.57 | 93.59 | 172.86 | 1 797 980.89 | 2 518 819.34 | 105 144.50 |
| 2 | 267 | 600307 | 酒钢宏兴 | 67.78 | 0.16 | 3.49 | 4.43 | 1.99 | 4.67 | 61.64 | 3 | 10.67 | 113.43 | 193.93 | 217.47 | 2 608 558.37 | 3 594 844.05 | 32 611.88 |
| 3 | 298 | 000708 | 大冶特钢 | 67.00 | 0.74 | 10.88 | 17.51 | 1.55 | 3.31 | 45.96 | 32.09 | −25.87 | 16.39 | 136.47 | 161.91 | 378 350.51 | 556 118.47 | 33 279.10 |
| 4 | 485 | 000709 | 河北钢铁 | 62.55 | 0.14 | 3.17 | 4.67 | 1.21 | 2.50 | 70.72 | 1.94 | 51.11 | 131 | 79.93 | 145.92 | 10 273 367.08 | 8 718 594.68 | 100 427.20 |
| 5 | 542 | 600231 | 凌钢股份 | 61.01 | 0.37 | 7.23 | 10.01 | 1.44 | 3.01 | 54.64 | 6.21 | 3.64 | 8.96 | 162.37 | 200.94 | 684 809.54 | 950 818.95 | 29 826.48 |
| 6 | 579 | 002318 | 久立特材 | 60.14 | 0.80 | 8.89 | 11.3 | 0.96 | 1.50 | 31.71 | 5.65 | −23.75 | 233.8 | −310.6 | 27.25 | 202 022.45 | 158 309.60 | 10 398.91 |
| 7 | 639 | 000959 | 首钢股份 | 58.68 | 0.12 | 3.57 | 4.78 | 1.27 | 3.62 | 56.73 | 3.37 | −7.04 | 2.6 | 101.42 | 146.02 | 1 850 764.48 | 2 278 817.81 | 30 405.86 |
| 8 | 672 | 600019 | 宝钢股份 | 58.01 | 0.33 | 4.57 | 6.22 | 0.74 | 2.66 | 49.68 | 5.35 | −25.96 | 3.46 | 100.61 | 132.99 | 20 114 278.25 | 14 832 636.39 | 609 520.17 |
| 9 | 690 | 601003 | 柳钢股份 | 57.49 | 0.11 | 5.16 | 5.53 | 1.85 | 4.48 | 66.41 | 1.74 | −9.07 | 5.69 | 156.64 | 208.68 | 1 495 264.30 | 2 656 551.44 | 27 021.80 |
| 10 | 751 | 000825 | 太钢不锈 | 56.20 | 0.16 | 3.02 | 4.37 | 1.13 | 2.87 | 64.69 | 1.99 | −13.53 | 2.1 | 147.6 | 172.58 | 6 154 820.64 | 7 182 836.00 | 89 515.60 |
| 11 | 862 | 600282 | 南钢股份 | 53.76 | 0.08 | 2.31 | 3.14 | 1.96 | 2.93 | 64.9 | 2.2 | −17.81 | 1.66 | 93.73 | 152.76 | 1 263 846.25 | 2 330 373.05 | 13 833.66 |
| 12 | 872 | 000898 | 鞍钢股份 | 53.53 | 0.10 | 1.81 | 1.38 | 0.73 | 3.17 | 46.73 | 1.93 | −11.92 | 1.31 | 114.17 | 177.04 | 10 098 700.00 | 7 012 600.00 | 68 600.00 |
| 13 | 883 | 002110 | 三钢闽光 | 53.30 | 0.08 | 3.06 | 1.61 | 1.85 | 3.59 | 64.45 | 1.30 | −23.13 | 0.91 | 175.95 | 194.06 | 743 617.55 | 1 342 781.38 | 4 227.05 |
| 14 | 901 | 600295 | 鄂尔多斯 | 52.90 | 0.38 | 6.82 | 10.33 | 0.45 | 1.1 | 66.66 | 2.49 | −14.73 | 14.39 | 58.91 | 100.26 | 2 061 891.93 | 811 748.89 | 66 746.42 |
| 15 | 906 | 600005 | 武钢股份 | 52.77 | 0.19 | 3.82 | 5.52 | 0.73 | 4.27 | 62.69 | 3.31 | −26.76 | −1.3 | 52.55 | 117.48 | 7 332 400.69 | 5 371 416.65 | 151 943.47 |
| 16 | 910 | 600126 | 杭钢股份 | 52.66 | 0.17 | 3.66 | 4.31 | 1.89 | 3.19 | 52.72 | 3.45 | −28.78 | −0.83 | 65.92 | 118.62 | 785 363.41 | 1 571 124.18 | 17 055.63 |
| 17 | 911 | 600102 | 莱钢股份 | 52.63 | 0.11 | 4.05 | 1.64 | 1.68 | 5.33 | 63.35 | 1.52 | −28.89 | −0.69 | 112 | 156.21 | 1 616 528.11 | 2 827 610.29 | 9 869.95 |
| 18 | 944 | 600808 | 马钢股份 | 51.93 | 0.05 | 2.20 | 1.50 | 0.77 | 2.40 | 60.01 | 1.60 | −27.22 | 2.48 | 50.17 | 101.89 | 6 798 410.65 | 5 185 996.95 | 53 386.61 |
| 19 | 963 | 600581 | 八一钢铁 | 51.49 | 0.14 | 3.65 | 3.86 | 1.33 | 3.23 | 77.03 | 1.21 | −17.88 | 2.55 | 154 | 168.52 | 1 259 939.86 | 1 645 257.28 | 11 016.83 |
| 20 | 987 | 600782 | 新钢股份 | 51.11 | 0.13 | 1.78 | 2.21 | 0.93 | 2.39 | 65.8 | 1.76 | −20.31 | 2.19 | 108.36 | 136.04 | 2 419 697.75 | 2 184 398.06 | 18 881.19 |
| 21 | 1036 | 600507 | 方大特钢 | 50.17 | 0.05 | 2.15 | 1.87 | 1.68 | 3.82 | 70.81 | 1.71 | −18.42 | 2.08 | 196.97 | 257.86 | 647 032.51 | 1 095 854.71 | 3 704.57 |
| 22 | 1154 | 000932 | 华菱钢铁 | 47.51 | 0.04 | 1.53 | 0.81 | 0.72 | 2.74 | 72.93 | 1.07 | −26.39 | 5.66 | 53.89 | 104.37 | 6 435 465.76 | 4 145 588.61 | 10 377.71 |
| 23 | 1176 | 600569 | 安阳钢铁 | 47.03 | 0.05 | 2.30 | 1.23 | 0.85 | 2.09 | 60.53 | 1.3 | −38.26 | 1.47 | 73.81 | 134.25 | 2 684 875.29 | 2 291 297.31 | 13 100.26 |
| 24 | 1223 | 000717 | 韶钢松山 | 45.65 | 0.06 | 2.23 | 1.61 | 0.75 | 2.56 | 68.39 | 1.36 | −30.14 | 1.62 | 99.73 | 176.07 | 1 834 082.07 | 1 334 967.95 | 9 269.60 |
| 25 | 1299 | 600117 | 西宁特钢 | 42.80 | 0.05 | 3.36 | 1.39 | 0.5 | 1.65 | 72.18 | 1.28 | −25.62 | −3.05 | 121.82 | 179.03 | 1 049 632.70 | 518 625.51 | 6 339.48 |
| 26 | 1318 | 600894 | 广钢股份 | 42.39 | 0.05 | 4.26 | 6.44 | 1.44 | 2.36 | 85.91 | 1.25 | −18.74 | 5.73 | 101.5 | 150.16 | 421 754.60 | 607 303.24 | 3 627.81 |

续表

| 行业排名 | 全部上市公司排名 | 股票代码 | 股票名称 | 综合得分（100分） | 每股收益 | 总资产报酬率% | 净资产收益率% | 总资产周转率（次） | 流动资产周转率（次） | 资产负债率（%） | 已获利息倍数 | 营业收入增长率（%） | 资本扩张率（%） | 市场投资回报率（%） | 股价波动率（%） | 年末资产额（万元） | 营业收入净额（万元） | 净利润（万元） |
|---|---|---|---|---|---|---|---|---|---|---|---|---|---|---|---|---|---|---|
| 27 | 1368 | 600399 | 抚顺特钢 | 40.60 | 0.05 | 3.25 | 1.64 | 0.82 | 1.41 | 69.92 | 1.30 | −22.06 | 1.66 | 108.6 | 165.99 | 542 643.28 | 417 714.55 | 2 660.91 |
| 28 | 1384 | 601005 | 重庆钢铁 | 39.77 | 0.05 | 2.55 | 1.50 | 0.75 | 1.66 | 65.21 | 1.34 | −35.5 | −1.58 | 37.98 | 94.65 | 1 596 845.80 | 1 065 411.50 | 8 402.90 |
| 29 | 1401 | 600022 | 济南钢铁 | 39.00 | 0.02 | 0.91 | 0.93 | 0.89 | 2.45 | 75.39 | 1.44 | −41.16 | −2.46 | 98.94 | 135.14 | 2 899 149.07 | 2 540 699.88 | 6 961.18 |
| 30 | 1434 | 000629 | *ST钒钛 | 37.18 | −0.27 | −0.99 | −11.38 | 0.95 | 3.03 | 71.97 | −0.43 | 36.88 | 22.14 | −14.67 | 50.41 | 5 603 334.48 | 3 848 598.76 | −163 563.40 |
| 31 | 1496 | 600516 | 方大炭素 | 31.90 | 0.01 | 1.35 | 0.74 | 0.38 | 0.57 | 48.13 | 1.24 | −36.52 | −5.73 | 94.79 | 142.16 | 541 558.04 | 212 188.93 | −1 947.80 |
| 32 | 1513 | 000761 | 本钢板材 | 30.37 | −0.49 | −3.56 | −10.32 | 1.05 | 2.54 | 59.44 | −9.36 | −8.02 | −10.75 | 62.25 | 123.58 | 3 482 168.65 | 3 559 777.60 | −154 519.10 |
| 33 | 1572 | 600010 | 包钢股份 | 25.19 | −0.25 | −3.32 | −12.19 | 0.78 | 1.6 | 71.02 | −1.99 | −22.91 | −13.28 | 73.44 | 110.34 | 4 294 206.35 | 3 401 623.03 | −162 981.43 |

# 第六章

# 有色金属行业上市公司业绩评价

有色金属行业作为国民经济的重要产业之一，为推动国民经济平稳快速增长做着重要贡献。我国有色金属行业在经历了2008年金融危机的洗礼后，金融危机影响延续到2009年，其影响幅度逐渐减缓，尤其是2009年下半年部分有色金属企业业绩出现较大幅度增长。

2010年，随着全球经济复苏及中国有色金属行业振兴规划的实施，电力、家电、汽车、建筑、机械及其他耐用品等行业需求增加，有色金属行业总体趋势向好。

# 一、有色金属行业上市公司价值分析结果

截至2009年末，有色金属行业（含铜、铝、黄金、铅、锌等采掘、冶炼、生产等子行业）的A股上市公司共57家，其中按生产环节划分，以采掘为主的公司9家，占15.79%，以冶炼为主的公司48家，占84.21%；沪市29户，占50.88%，深市28户，占49.12%。57家有色金属行业上市公司资产总额4 875.91亿元，归属母公司的所有者权益1 947.46亿元，资产负债率为53.60%，2009年完成营业收入3 785.14亿元，比2008年减少5.93%，实现净利润92.44亿元。有色金属行业与全部上市公司（含银行）相比，在总资产、营业收入、净利润所占比例分别为3.36%、3.67%、1.52%，其2009年获利能力由于受市场影响波动较大。根据综合评价结果，2009年进入上市公司100强的有色金属公司共计3家，分别是中金黄金、山东黄金、紫金矿业，主业皆为黄金冶炼。

按照中国上市公司业绩评价指标体系，有色金属行业综合评价结果为54.53分，在本次评价涉及的8个主要行业中位居第七，其中：财务效益状况得分为16.78分，资产质量状况得分为10.51分，偿债风险状况得分为7.46分，发展能力状况得分为9.72分，市场表现得分10.06分。通过对企业业绩评价的结果分析，我们可以得出以下结论：

第一，2009年有色金属板块的综合评价分值相比2008年分值有所下降，主要是由于金融海啸对实体经济的冲击效应的进一步显现，虽然下半年有色金属需求趋向转暖，好于上半年消费情况，但纵观全年，依然使得有色金属板块财务效益、发展能力状况、市场表现得分较去年有一定幅度降低，而资产质量指标有所上升。在市场表现方面，由于2009年有色金属板块走势活跃，导致市场表现指标大幅提高。

第二，在57家有色金属上市公司中，业绩评价综合得分70～80分的有4家，其中紫金矿业位居有色金属上市公司业绩评价排行榜首（见表6-1）；60～70分的有11家；50～60分的有14家；50分以下的有28家。从评价结果的类型来看，有色金属行业上市公司的评价结果为优

良的有 4 家，占比为 7.01%；评价结果为低和差的有 28 家，两者合计占比 49.12%。可以看出，有色金属企业受经济危机影响较大，业绩评价结果有所降低。

第三，有色金属中的采掘子行业综合得分 75.14 分，高于冶炼子行业的 59.81 分，其各项指标中除发展能力、市场表现基本持平外其他各项指标略优于冶炼子行业分项指标如图 6-1 所示。

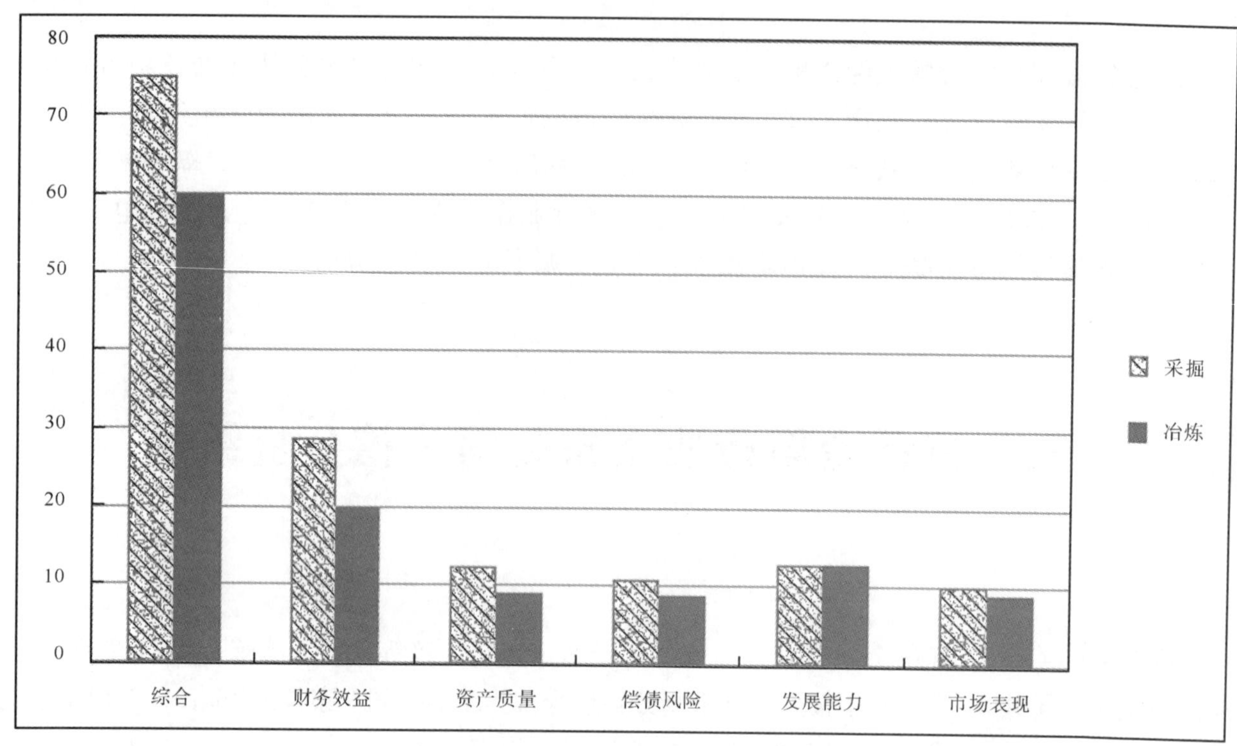


图 6-1 有色金属行业采掘、冶炼子行业指标比较图

表 6-1 2009 年度中联有色十强

| 名次 | 股票代码 | 股票简称 | 业绩得分 | 在纳入评价上市公司中排名 |
|---|---|---|---|---|
| 1 | 601899 | 紫金矿业 | 79.80 | 29 |
| 2 | 600547 | 山东黄金 | 75.70 | 71 |
| 3 | 600489 | 中金黄金 | 73.80 | 95 |
| 4 | 600362 | 江西铜业 | 70.50 | 179 |
| 5 | 600219 | 南山铝业 | 67.40 | 280 |
| 6 | 600549 | 厦门钨业 | 67.00 | 297 |
| 7 | 600139 | 西部资源 | 66.80 | 307 |
| 8 | 000060 | 中金岭南 | 65.50 | 357 |
| 9 | 600497 | 弛宏锌锗 | 64.00 | 424 |
| 10 | 000612 | 焦作万方 | 63.70 | 438 |

### （一）财务效益状况

表 6-2 列示了有色金属行业上市公司财务效益状况（满分为 35 分）评价结果。从基本指标来看，有色金属行业上市公司财务效益状况略低于全国上市公司平均水平，平均得分为 16.43 分，比全国所有上市公司平均分 21 分低 4.57 分，有 21 家公司超过全国平均水平，其中得分为满分 35 分的有 4 家公司，分别为紫金矿业、山东黄金、西部资源和 ST 珠峰。

从修正指标来看，其得分为 16.78，也略低于上市公司平均得分 22.16 分。扣除非经常性损益净资产收益率、总资产报酬率、营业利润率、盈利现金保障倍数和股本收益率指标均低于上市公司平均水平。就紫金矿业而言，其生产的黄金作为稀有贵金属，在面临经济危机的严重影响时充分体现了其保值的特点，价格维持在高位震荡。金锭的加工与销售业务在紫金矿业主营业务中占 63.3%，为企业 2009 年利润的稳步增长奠定了坚实基础。

根据表 6-2，与 2008 年的情况相比可以看出，有色金属行业在财务效益指标方面，各项指标较 2008 年都有所下降，其中盈利现金保障倍数下降幅度明显，下降了 43.73%。

表 6-2 有色金属行业财务效益状况表

| 评价指标 | | 2009 年上市公司平均值 | 2009 年行业值 | 2008 年行业值 | 增长率（%） |
|---|---|---|---|---|---|
| 基本指标 | 扣除非经常性损益净资产收益率（%） | 9.45 | 3.71 | 5.34 | −30.52% |
| | 总资产报酬率（%） | 6.80 | 4.14 | 5.34 | −22.47% |
| | 得分 | 21.00 | 16.43 | 19.04 | −13.71% |
| 修正指标 | 营业利润率（%） | 7.07 | 3.10 | 3.65 | −15.07% |
| | 盈利现金保障倍数 | 2.09 | 1.48 | 2.63 | −43.73% |
| | 股本收益率（%） | 36.90 | 15.73 | 21.24 | −25.94% |
| 综合得分 | | 22.16 | 16.78 | 21.17 | −20.74% |

### （二）资产质量状况

从表 6-3 可以看出，有色金属行业上市公司资产质量状况（满分为 15 分）基本指标平均得分 9.71 分，略高于全国所有上市公司 9.36 分的平均水平。该指标得满分的企业分别是山东黄金、中金黄金、精诚铜业和株冶集团。其原因是企业在运营中保持了较高的流动资产周转率，山东黄金、中金黄金、精诚铜业和株冶集团流动资产周转率分别为 19.32、5.58、3.36、4.46，明显高于行业平均值。

从修正指标来看，2009 年应收账款周转率为 28.09 次，明显高于市场平均值 14.1 次。

纵向来看，2009 年与 2008 年的情况相比可以看出，有色金属行业在资产质量指标方面，各项指标均有不同程度的下滑，虽然 2009 年有色金属价格呈现波动性上涨，但库存过剩问题依然存在，这是导致各项周转率指标较去年下滑的主要原因，也是有色金属市场商品属性弱于其金融属性的体现。

表 6-3　　有色金属行业资产质量状况表

| 评价指标 | | 2009 年上市公司平均值 | 2009 年行业值 | 2008 年行业值 | 增长率（%） |
|---|---|---|---|---|---|
| 基本指标 | 总资产周转率（次） | 0.78 | 0.82 | 5.34 | −84.64% |
| | 流动资产周转率（次） | 1.82 | 1.90 | 2.18 | −12.84% |
| | 得分 | 9.36 | 9.71 | 9.51 | 2.10% |
| 修正指标 | 应收账款周转率（次） | 14.10 | 28.09 | 29.19 | −3.77% |
| | 存货周转率（次） | 4.13 | 4.27 | 5.06 | −15.61% |
| 综合得分 | | 9.24 | 10.51 | 10.00 | 5.1% |

## （三）偿债风险状况

从表 6-4 中有色金属行业基本指标（满分为 15 分）的分析可知，该行业上市公司偿债风险状况平均得分 8.34 分，略低于全国所有上市公司 9.22 分的平均水平，共有 22 家公司超过平均水平，其中获得满分的企业共 1 家，为金钼股份。

从修正指标来看，该行业得分为 7.46 分，略低于上市公司平均水平的 9.1 分。速动比率略低于上市公司平均得分，现金流动负债比率大幅低于上市公司平均得分，带息负债比率均略高于上市公司平均得分。

根据表 6-4，与 2008 年相比，2009 年有色金属行业除资产负债率和带息负债比率分别上涨 6.03%和 4.63%外，获利倍数、速动比率、现金流负债比率均有所下降，其中现金流负债比率下降幅度较大，降幅为 61.55%。

表 6-4　　有色金属行业偿债风险状况表

| 评价指标 | | 2009 年上市公司平均值 | 2009 年行业值 | 2008 年行业值 | 增长率（%） |
|---|---|---|---|---|---|
| 基本指标 | 资产负债率（%） | 57.52 | 53.60 | 50.55 | 6.03% |
| | 获利倍数 | 7.21 | 3.00 | 3.04 | −1.32% |
| | 得分 | 9.22 | 8.34 | 8.80 | −5.23% |
| 修正指标 | 速动比率（%） | 69.84 | 62.61 | 79.82 | −21.56% |
| | 现金流动负债比率（%） | 21.75 | 7.51 | 19.53 | −61.55% |
| | 带息负债比率（%） | 45.98 | 66.25 | 63.32 | 4.63% |
| 综合得分 | | 9.10 | 7.46 | 8.56 | −12.85% |

## （四）发展能力状况

从表 6-5 可知，有色金属行业上市公司发展能力状况（满分为 20 分）基本指标平均得分为 9.26 分，略低于全国上市公司平均水平。其中满分的共 1 家，为 ST 金瑞。ST 金瑞由于进行了重大资产重组，公司向实际控制人青海省投资集团有限公司定向增发股份约 12 246.7 万股购买其持有的青海省西海煤炭开发有限责任公司 100%的股份，从而导致资本扩张率与总资产增长率等指标均居行业前列。

从修正指标来看，其得分为 9.72 分，略低于市场平均水平 13.37 分。

根据表 6-5，相对于 2008 年，营业利润增长率 2009 年为 －12.37%，与 2008 年 －68.81%的增长率相比，降幅有所放缓，但营业利润总额较去年仍为下降。同时，可以看到，资本扩张率呈进一步明显下滑态势，从 2008 年的 17.33%，下降到 2009 年的 5.27%，降幅高达 69.59%，表明有色金属行业在 2009 年投资放缓，并出现大幅下滑。

**表 6-5　有色金属行业发展能力状况表**

| 评价指标 | | 2009 年上市公司平均值 | 2009 年行业值 | 2008 年行业值 | 增长率（%） |
|---|---|---|---|---|---|
| 基本指标 | 营业收入增长率（%） | 3.85 | －5.94 | 4.05 | －246.67% |
| | 资本扩张率（%） | 17.60 | 5.27 | 17.33 | －69.59% |
| | 得分 | 12.21 | 9.26 | 11.13 | －16.80% |
| 修正指标 | 累计保留盈余率（%） | 35.83 | 33.85 | 35.98 | －5.92% |
| | 三年营业收入增长率（%） | 14.99 | 8.86 | 34.93 | －74.63% |
| | 总资产增长率（%） | 22.53 | 11.86 | 21.82 | －45.65% |
| | 营业利润增长率（%） | 51.83 | －12.37 | －68.81 | －82.02% |
| 综合得分 | | 13.37 | 9.72 | 11.93 | －18.52% |

## （五）市场表现状况

2009 年，大盘在宏观经济形式好转，上市公司业绩回升的因素影响下，呈上涨趋势，有色金属行业作为国民经济的重要产业之一，其与整体经济走势高度相关，因而有色金属指数跟随市场行情同步上行。具体情况如图 6-2 所示。

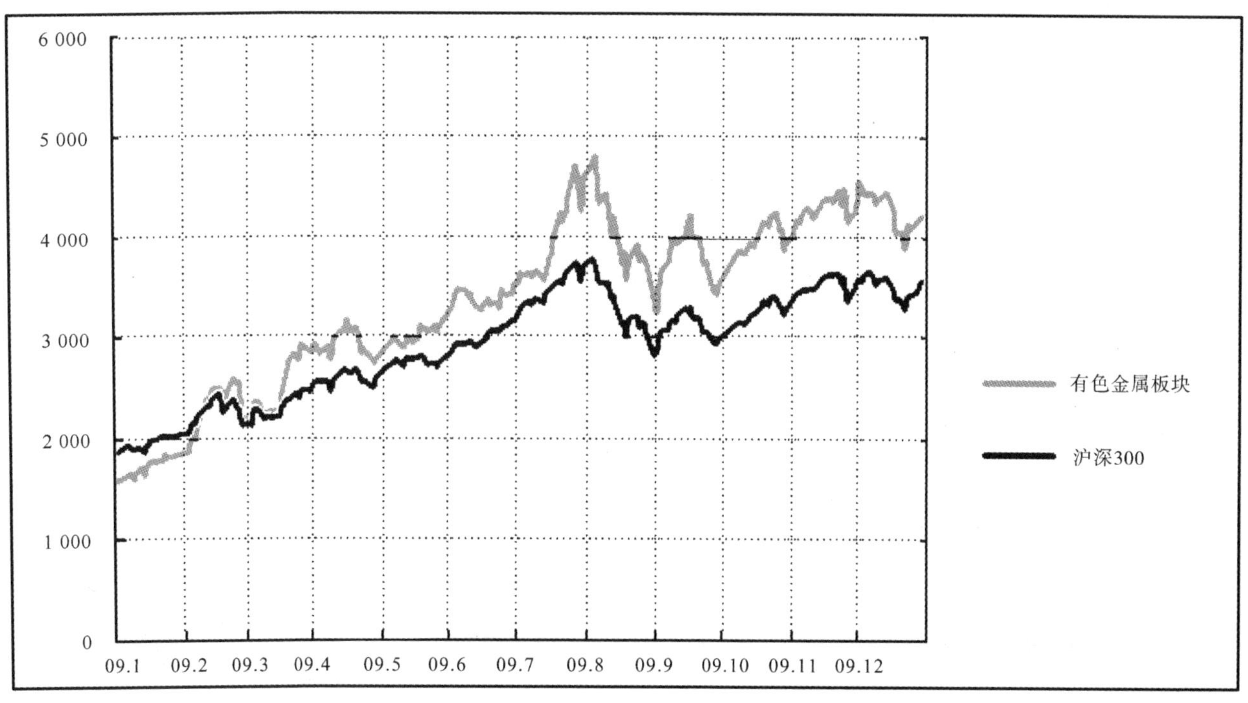


**图 6-2　有色金属指数与大盘指数波动**

从表6-6所示的有色金属行业上市公司市场表现状况评价结果（满分为15分）来看，市场表现状况平均得分为10.06分，高于全国所有上市公司9.06分的平均水平，市场表现得分较高表明了有色金属行业业绩快速增长对股价提升影响较大。共计有33家公司超过上市公司平均水平，其中，宏达股份位列第一，得分为12.19分。在具体指标方面，有色金属行业2009年市场投资回报率160.08%，较2008年—69.98%的水平有显著提高，且高于2009年整体上市公司投资回报水平。尽管2009年被业内公认为是新世纪以来有色金属工业最为困难的一年。但在政府"一揽子"经济刺激措施的推动下，尤其是随着《有色金属产业调整和振兴规划》各项措施的逐步落实，2009年二季度有色金属工业实现稳步回升，三季度持续向好，四季度基本恢复到正常水平。2009年有色金属板块走势活跃，总市值从2008年末的0.43万亿元涨到2009年末的1.03万亿元，涨幅达140%。有色金属的金融属性的作用仍强于金属属性。

同时，股价波动率由2008年的344.69%降低到2009年的168.64%，表明有色金属行业股价波动剧烈程度放缓，投资风险较去年大幅下降。

表6-6　有色金属行业公司市场表现状况表

| 评价指标 | 2009年上市公司平均值 | 2009年行业值 | 2008年行业值 | 增长率（%） |
|---|---|---|---|---|
| 市场投资回报率（%） | 116.28 | 160.08 | −69.98 | 328.75% |
| 股价波动率（%） | 138.04 | 168.64 | 344.69 | −51.07% |
| 得分 | 9.06 | 10.06 | 5.97 | 68.51% |

## 二、有色金属行业上市公司业绩影响因素分析

我国有色金属行业在经历了2008年金融危机的洗礼后，金融危机的影响延续到2009年。比较金融危机在2008年和2009年对有色金属行业的影响，其行业业绩波动的幅度有所减缓且其影响表现发生一定变化。2008年度铜、铝、铅、锌等有色金属（黄金除外）价格大幅下滑带动整体行业盈利状况出现下降；而2009年年初伊始，各主要有色金属价格呈现震荡上升态势，从2009年上半年我国有色金属上市公司业绩情况看，业绩呈现下滑，到2009年下半年，株冶集团、西部矿业、中金岭南、西部资源、中色股份等部分有色金属企业业绩出现较大幅度回升。有色金属行业作为我国国民经济发展中重要产业之一，在今后长期的经济发展中将得以逐步显现。2009年，影响有色金属行业业绩的因素主要有以下几个方面：

### （一）2009年度流动性宽裕推动有色金属价格上涨

2009年，中国宽松的信贷政策、低利率及由于中国经济的快速复苏和人民币盯住美元的走势，国际热钱对人民币升值的预期不断造成热钱流入，使得国内流动性较宽裕。由于流

动性在经济危机后得到快速扩充，直接导致金属在基本面恢复远未达到理想程度的情况下，强有力地支撑了金属的价格。在大规模流动性释放的同时，由于整个社会产能大量闲置，资金继续投向产能扩张的意愿不强，纷纷涌入资本市场，具有金融属性的有色金属资产受到追捧，推动有色金属价格上涨。

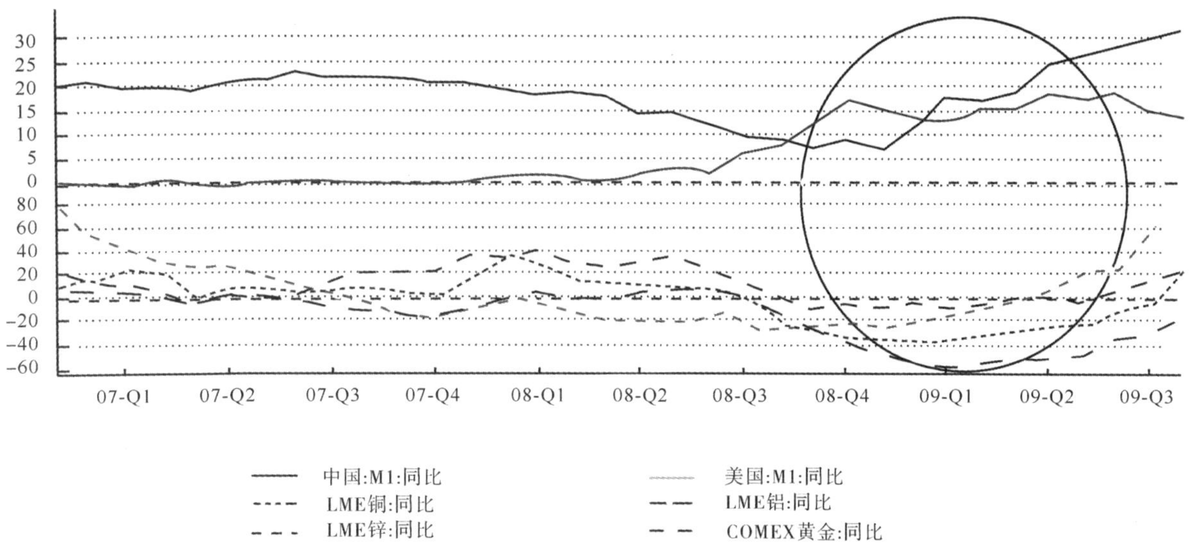


**图 6-3 流动性与金属价格对比图**

有色金属价格在经历了 2008 年金融危机重创下的暴跌后，2009 年出现几波强劲反弹，LME 三月期货价格、SHFE 三月期货价格如图 6-4、图 6-5 所示。2009 年度，基本金属中，LME 期铅、期铜、期锌价格领涨，反弹幅度分别高达 135.94%、133.14%、109.02%，LME 期镍、期锡、期铝价格反弹幅度相对落后，涨幅在 46%～62%之间。

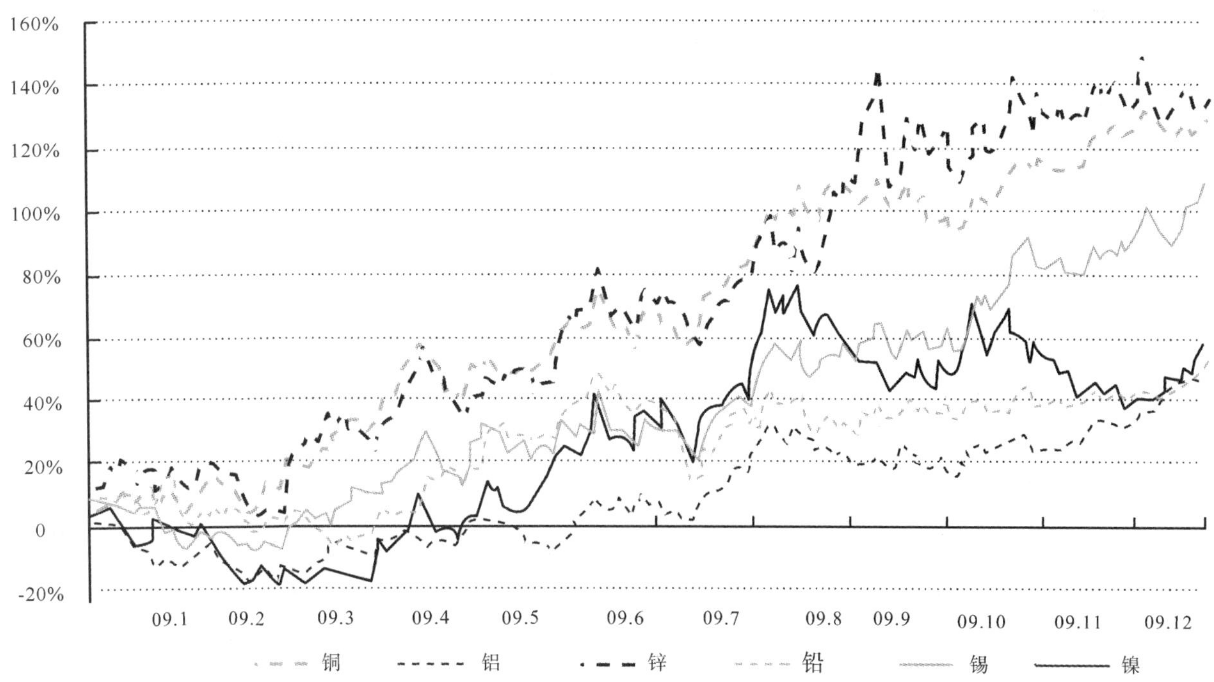


**图 6-4 LME 三月期货价格表现**

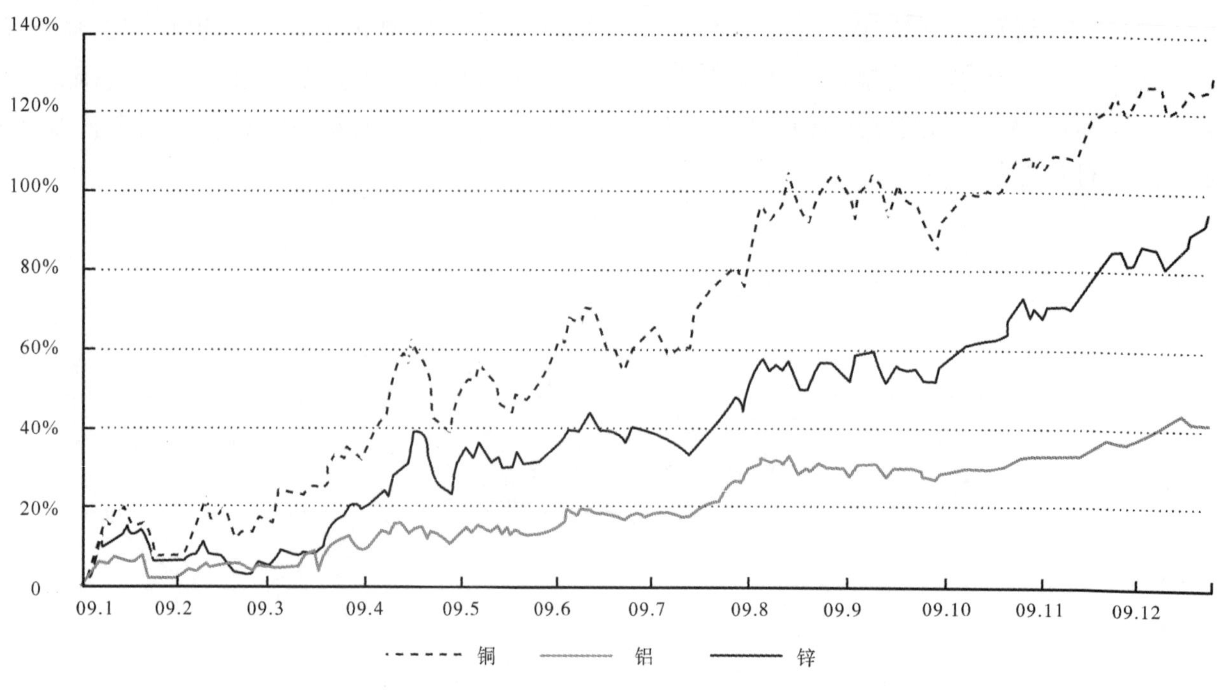


图 6-5 SHFE 三月期货价格表现

## （二）有色金属国内需求回升大于国际需求，产品库存有待于被消化

有色金属作为与宏观经济高度相关的行业，其真实需求取决于固定资产投资、消费、出口变化状况。从国内投资、消费需求来看，各主要有色金属情况有所不同。从有色金属下游终端需求领域分布来看，铜、铝、铅、锌几大有色金属的应用领域主要分布在电力、家电、汽车、建筑、机械及其他耐用品等行业。2009 年，我国电力电网系统在电力供应相对缓和的趋势下，同时受煤炭成本上涨及电价改革滞后的双重挤压影响，我国电站、电网系统投资增速下滑，发电设备、电力电缆、变压器的累计产量增速均从过去四年平均值 20％～30％，

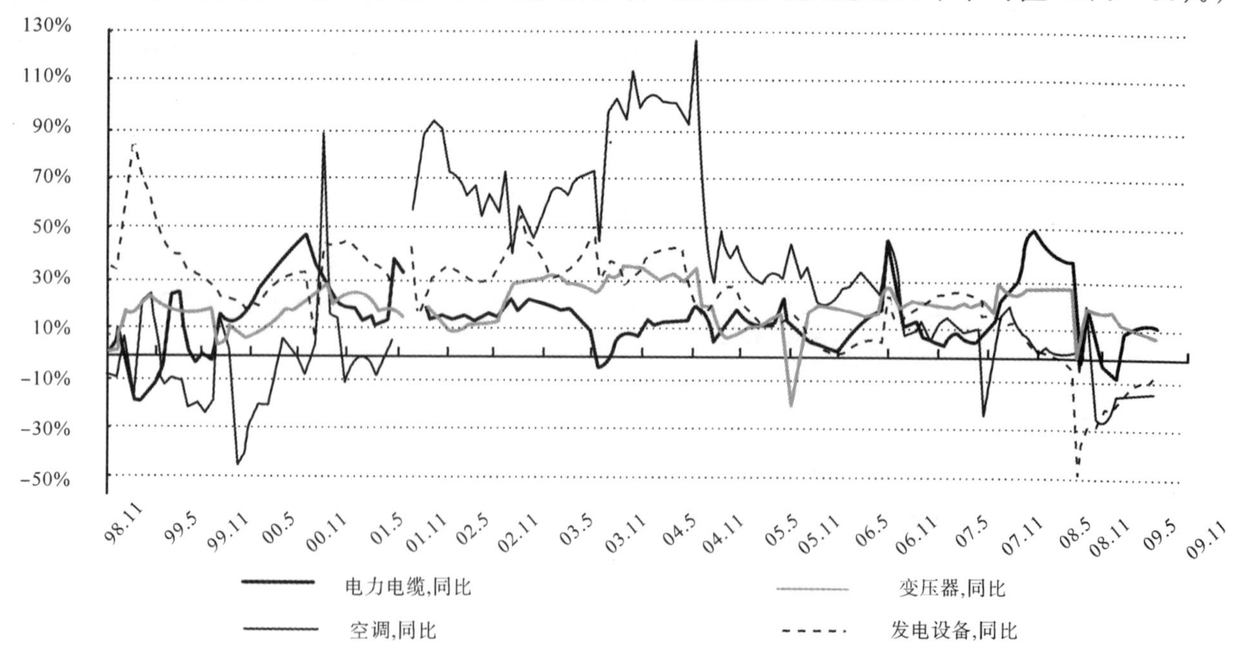


图 6-6 2009 年铜终端消费情况图

显著下滑至15%以下甚至高达15%以上的负增长。2009年在保增长的优惠政策刺激下，我国汽车产销量、房地产建筑投资在年初短暂见底后迅速强劲反弹至40%、15%以上的同比增速，从而对铝、铅、锌等主要有色金属品种的需求迅速回升。

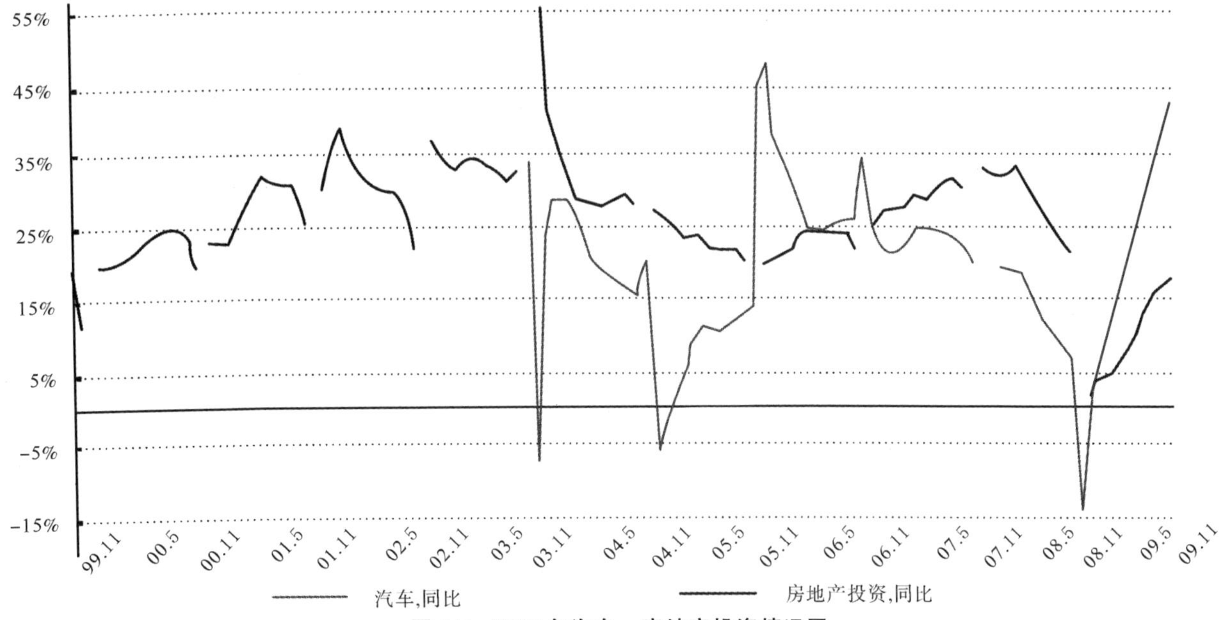


图6-7 2009年汽车、房地产投资情况图

如图6-7所示，2009年度国内外有色金属库存量呈上升趋势，供给较为充裕，拖累了有色金属出口，如图6-8所示。

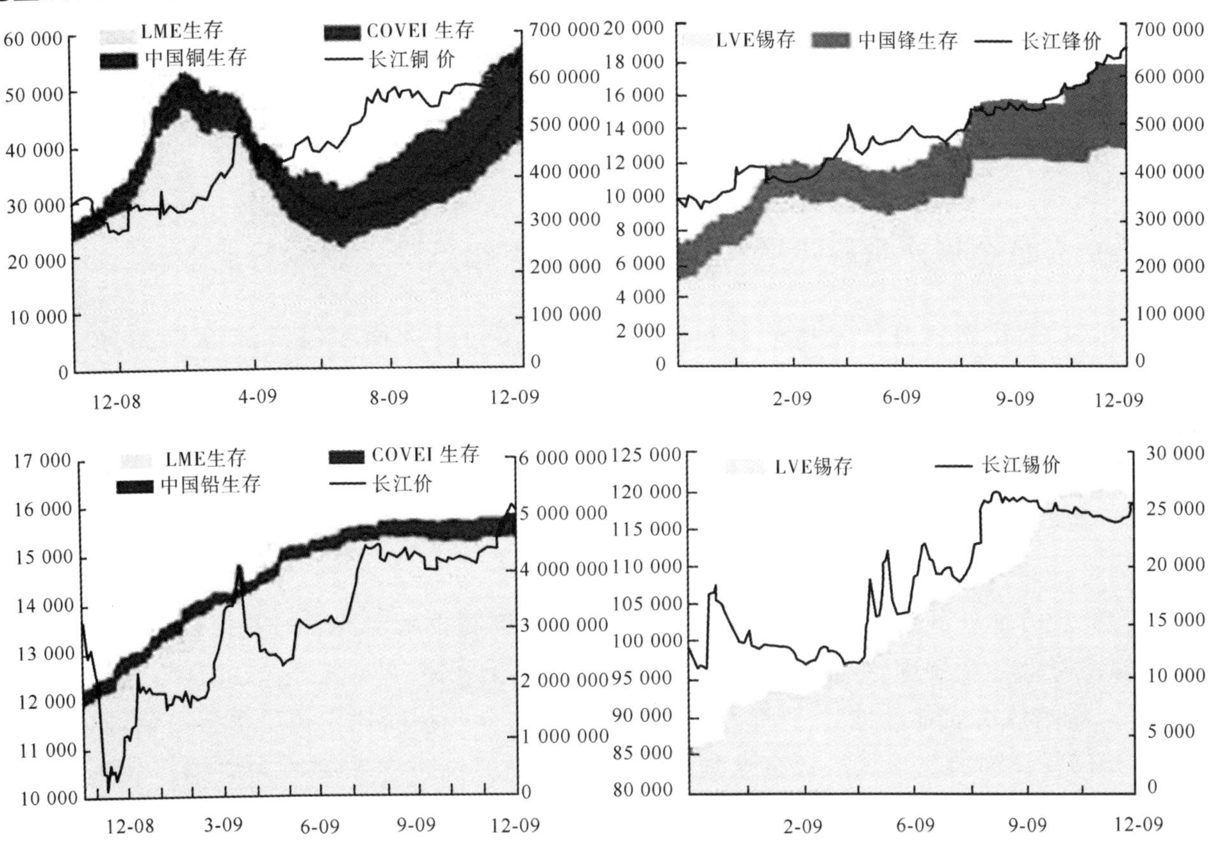

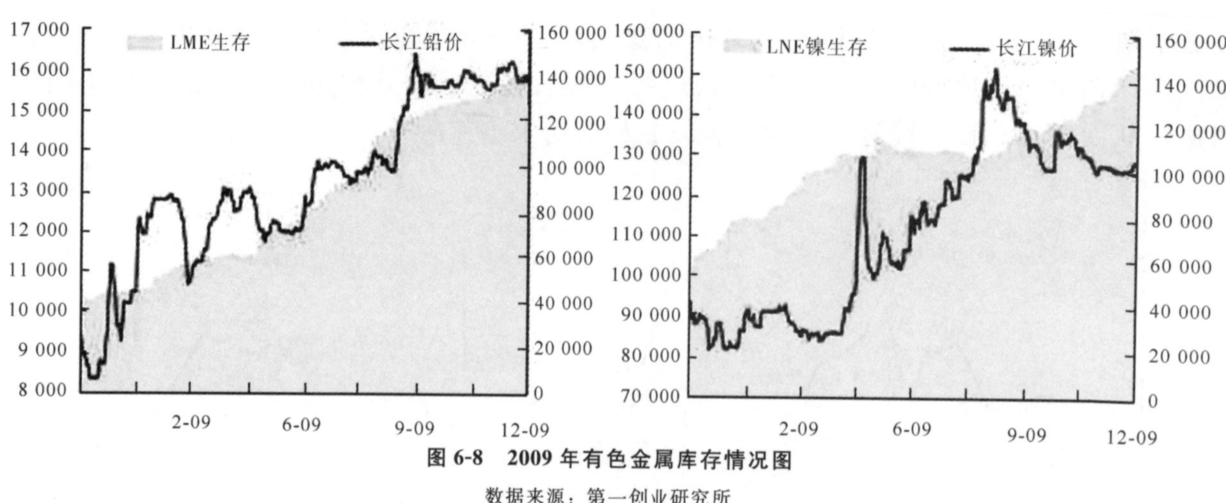


图 6-8 2009 年有色金属库存情况图

数据来源：第一创业研究所

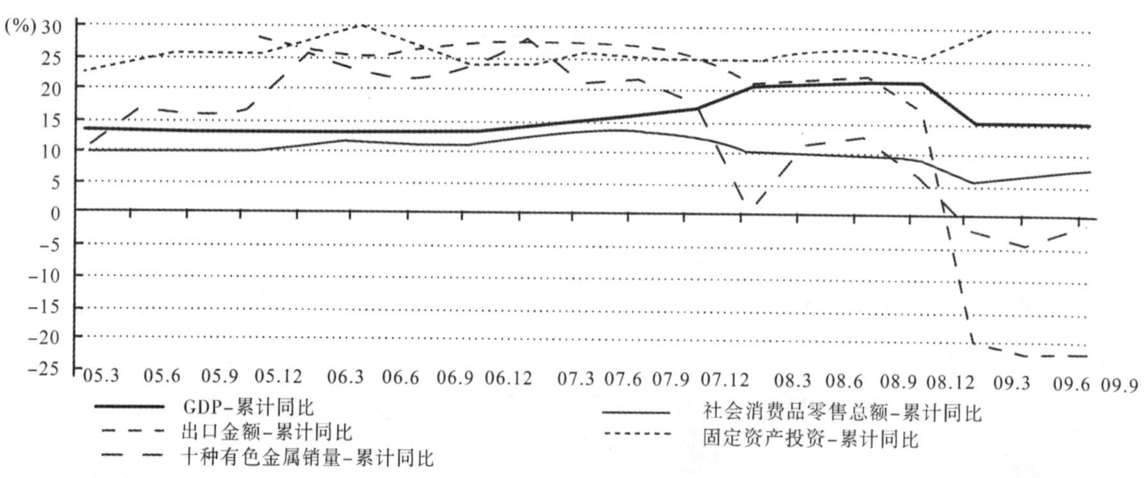


图 6-9 有色金属消费、出口等情况图

## (三) 有色金属产量稳步增长，生产能耗大幅下降，影响行业业绩

从 2009 年开始，有色金属产量止跌回升，逐步扭转大面积停产局面。2009 年 5 月份 10 种有色金属产量超过 200 万吨，7 月份产量略高于 2008 年同月，8 月份以后生产基本恢复正常。2009 年 10 种有色金属产量 2 681 万吨，同比增长 5.8%。其中，电解铝 1 299 万吨，增长 1%；铜产量增长 9.6%，减缓 0.4 个百分点；铅产量增长 16.4%，减缓 2.8 个百分点；锌产量增长 11.6%，加快 7.3 个百分点；氧化铝产量增长 4.4%，减缓 13.3 个百分点。

生产能耗方面，我国自主研发的低温低电压铝电解新技术实现了产业化，使电解铝直流电耗大幅度降低。铝锭综合交流电耗同比下降了 152 千瓦时/吨，氧化铝综合能耗同比下降 19.29%，铜冶炼综合能耗同比下降 7.2%，铅冶炼综合能耗同比下降 2.82%，电锌综合能耗下降 3.18%。铜冶炼吹氧造锍多金属捕集技术，已经通过专家验收并应用，节能减排效果明显。

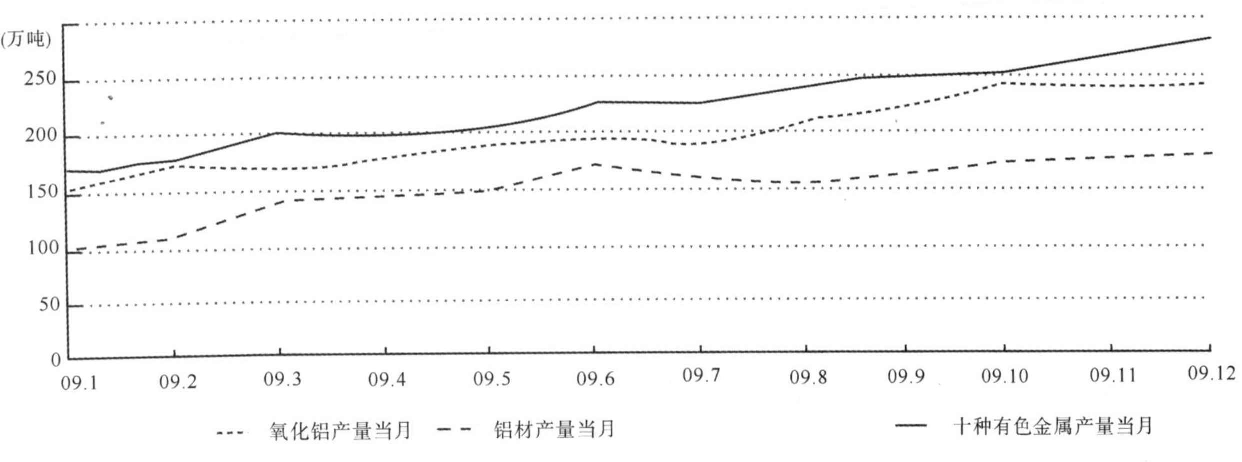


**图 6-10　主要有色金属产量图**

数据来源：Wind 资讯

## (四) 国内兼并重组和境外资源开发，进一步助推行业业绩

国内方面，中国五矿集团公司与湖南有色金属控股公司重组，2009 年底正式签署战略合作协议；中国黄金集团兼并了西藏甲玛铜矿等有色金属矿山；云南冶金集团出资收购美铝持有的美铝（上海）公司 100%股权；中国有色矿业集团收购了山东奥博特铜铝业有限公司。

与此同时，境外方面，中国五矿集团公司、中国有色股份公司、中金岭南公司分别收购了澳大利亚 OZMineral 公司、Terramin、PEM 公司的部分股权，华东有色地勘局在伦敦交易所收购 WTI 50.1%的股份；吉林吉恩镍业公司分别收购加拿大 3 个镍矿项目和澳大利亚 1 家公司的镍钴项目；金川集团与加拿大矿山企业 TiominResource 签署投资协议；中国有色矿业集团收购了赞比亚一个大型铜矿、吉尔吉斯斯坦一个大型金矿。

随着有色金属行业整合重组步伐的加快，优势资源向骨干企业集中，有色金属行业的产业集中度得到了大幅提高，这对于优化产业布局，推动产业升级，进而提升整个行业的竞争力有巨大影响，成为拉动有色金属行业业绩的重要因素。

## (五) 通货膨胀预期下，黄金避险功能加强，助推黄金类企业价值提升

黄金的工业属性难以替代金融属性支撑目前的高价位。黄金的工业属性比较弱，当影响金融属性的因素发生变化的时候，黄金的价格必然出现较大波动。经济危机发生后，黄金的投资性需求大大增强，而影响投资性需求增强的主要因素是美元利率和美元指数，在美元维持低利率的前提下，全球流动性得到极大提高，不断贬值的美元则直接刺激黄金价格上涨。

由图 6-11 可以很明显地看出，美元实际利率与黄金的价格是呈现一个反向的变化，进入 2009 年以来随着美联储实际利率的波动，黄金的期货收盘价格处于节节攀升的状态。

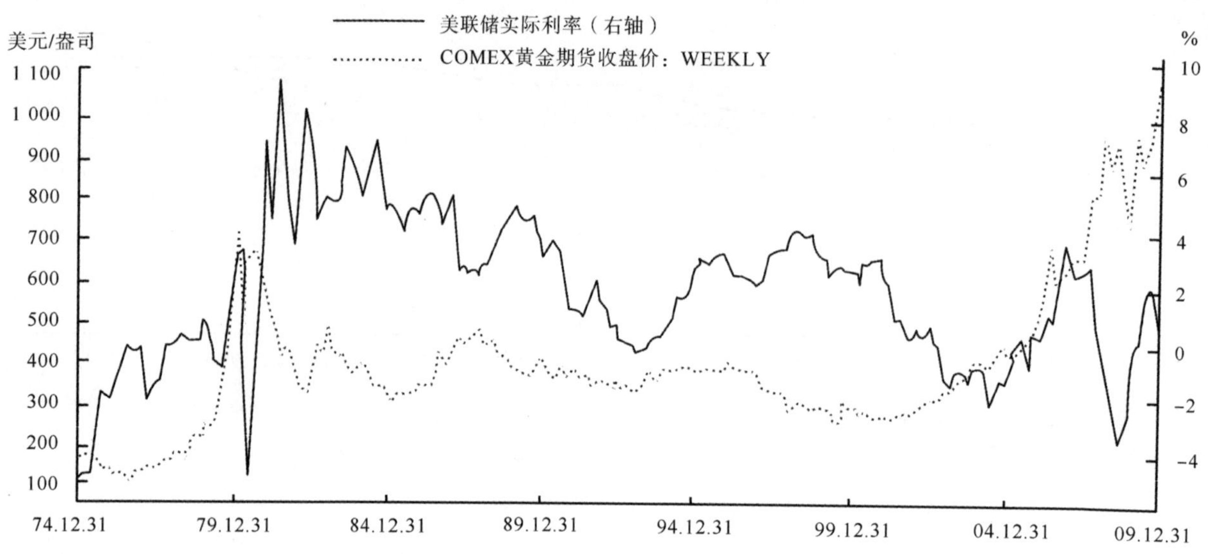


图 6-11 黄金价格与美元实际利率对比图

## 2009 年中国有色金属行业大事记

☆ 3 月 16 日，世界钨都——江西赣州市 18 亿元收储钨和稀土

☆ 3 月 23 日，怒江兰坪县发现亚洲最大铅锌矿，可供开采 100 年

☆ 5 月 11 日，《有色金属产业调整和振兴规划》颁布实施

☆ 6 月 2 日，甘蒙北山地区发现国家级铜镍矿成矿带

☆ 6 月 6 日，中国有色集团正式收购赞比亚卢安夏铜矿

☆ 6 月 7 日，中国国产高精度铍青铜带打破国外垄断

☆ 6 月 11 日，五矿集团收购澳大利亚第三大矿业公司

☆ 6 月 30 日，金属价格提振企稳国家暂停色金属收储计划

☆ 7 月 6 日，有色金属行业产业损害预警机制正式启动

☆ 9 月 15 日，华东有色走进非洲 1.8 亿收购 WTI 铜矿

# 三、 2010 年有色金属行业前景分析

## （一）全球经济复苏、有色金属的商品属性逐步显现，将推动有色金属价格维持高位或有所上升

国际货币基金组织 2009 年 10 月 1 日公布《世界经济展望报告》，预测全球经济在 2009 年收缩 1.1%之后，2010 年将增长 3.1%，报告指出，在经历严重的全球经济衰退后，由于广泛的公共干预支持了需求并降低了金融市场的不确定性和系统风险，全球经济增长转负为正。有报告预计，2010 年发达经济体将会呈现疲弱扩张，但在中国、印度等国经济增长的带动下，新兴经济体经济将在 2010 年增长 5.1%。虽然复苏过程缓慢，作为经济的先行指标，PMI 指数自 2008 年 12 月跌到本轮最低点之后，中国、美国、欧元区等地区均出现不同程度的反弹回升。从先行指标来看，经过快速下跌和快速反弹之后，基本回到历史平均水平之上，意味着相关地区的工业回升情况较为理想。这也预示着有色金属在工业行业中的需求将会有所回升，有助于有色金属金属属性的回归。

中国物流与采购联合会公布 2009 年 3 月份制造业采购经理人指数（PMI）为 55.1，较 2009 年 2 月上升了 3.1 个点，表明春节之后制造业开始更加强劲地扩张。不仅如此，该项指标连续 13 个月高于 50 这一强弱分界点，显示中国经济稳中有升。

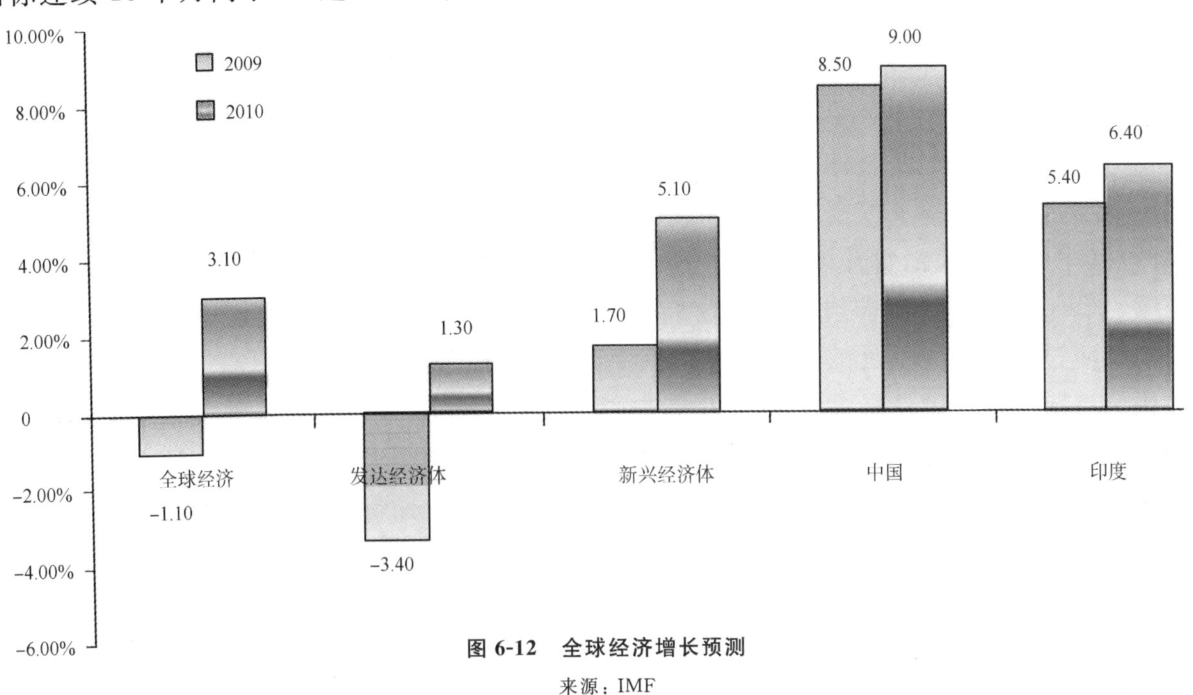


**图 6-12 全球经济增长预测**

来源：IMF

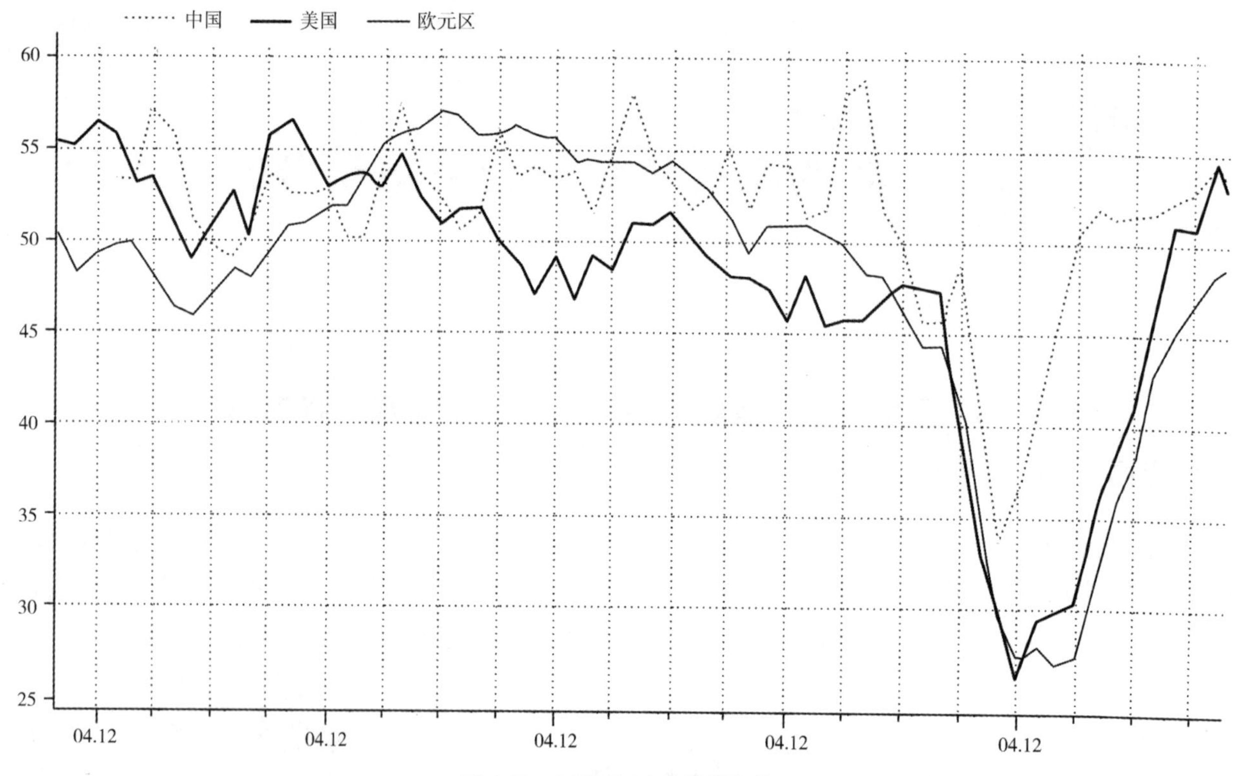


图 6-13 制造业 PMI 指数走势

全球经济复苏的信号也愈发明显，新兴市场国家与发达国家经济走势不一，最为担忧的则是欧洲国家主权债务问题。我们认为，现阶段正处于反弹与复苏、政府与市场、刺激与内生的交替时期，全球经济复苏曙光可期，同时，我们也有理由相信，一些金属行业的基本面由于下游行业的强劲发展而迎来转机。

**1. 铜**

2009 年，在电力行业投资的带动下，中国铜需求保持稳定增长。同时，中国铜需求超过预期的快速增长还受益于经济复苏紧密联系的可选消费品的增长，例如，家电行业的复苏。由于家电行业的用铜大户空调行业 40%面向发达国家出口，因此欧美等发达经济体消费者信心的回升以及经济整体好转都将带动家电行业出口回暖。而发展中国家家电行业出口回暖给铜需求带来支撑。根据相关部门预测，2010 年中国经济复苏将推动世界铜需求增长 5.6%，其中中国农村消费升级以及出口回暖将推动白电大幅好转，同时电力投资的高增长将延续；OECD 国家铜需求预计增速为 3.3%。经济复苏带动铜需求强劲反弹，伴随着市场平衡由供应过剩向供应不足的转变。考虑到中国对铜的潜在需求正在增长，中国基础设施建设加快，汽车产量和消费强劲，2010 年新的财政预算和政府（与电力基础设施相关的部门）2010 年一季度的刺激消费政策，以及消费者家电产品需求强劲，都将支撑铜价保持高位，加之保持高增长率的铜表现出的表观消费量，中国因素仍是铜价长期看涨的原因之一。

**2. 铝**

金属铝的下游行业主要有交通、包装、建筑等支柱产业，下游行业的强劲增速将会拉动金属铝的消费。尽管目前铝行业产能过剩的情形依然很严峻，但是从我国 2009 年公布的有色产业振兴计划的纲领来看，未来我国铝行业将面临着新一轮的资源整合过程，这将对整个行业起到优化资源、淘汰落后产能的重要作用，也能够从根本上解决我国铝行业产能过剩的问题，同时随着我国城镇化进程的不断深化，二线城市、农村消费将成为新的消费增长点，这也将进一步拉动我国铝消费需求。

**3. 铅**

精铅的主要消费为美国、中国、日本、英国等国家，其中美国和中国是全球两大消费大国，两国消费量之和占全球的 40%左右。近两年美国精铅消费逐渐减少，而中国却在稳步增加。发达国家巨大的替换市场决定了今后国际市场铅的生产和需求以循环为主，对原生铅的需求有限；原装汽车电池需求主要在新兴国家，今后三年将继续保持较快增长；我国启动铅酸蓄电池仍将以约 15%的发展速度增长；电动摩托车有较大的潜在市场；通信业正处于一个高速发展期。中国再生铅产量增速将加快，预计 2012～2013 年可以达到总产量的 50%左右。预计 2009～2012 年中国精铅需求年均复合增长 7.5%。

**4. 锌**

金属锌的下游行业主要是汽车制造、基建及建筑。随着世界经济摆脱衰退，未来三年全球锌需求将逐步回升，2011 年将恢复正常状态；全球拥有足够的冶炼产能和矿山项目储备，供应具有快速回升的能力，估计供应过剩至少持续到 2010 年底。但 2012 年一些矿山项目因资源枯竭导致精矿紧张，锌市场将转为供应短缺，2012～2013 年锌价有望达到新的高峰。未来三年国内良好的需求前景将鼓励生产继续较快发展，但原料供应不足会推高国内生产成本，锌价将不断追高，总体走势跟随 LME。

**5. 钨钼、镍、锡等稀有金属潜力巨大**

钨钼等小金属是我们比较看好的基本金属之一，主要原因有以下两点：①由于钨钼等金属在实际使用上更多是作为辅助性合金原料以及在使用上靠近产业链的终端，这使得钨钼等小金属有相对较高的消费弹性，即在景气周期时的超涨和危机时的超跌。而我们认为 2009 年全球经济只能说刚刚走出低谷，未来经济的真正复苏将带动钨钼等小金属的消费，我们认为 2010 年一季度钨钼涨幅靠前就反映它们的这种需求特征；②中国是全球最大的钨钼生产国，2009 年中国钨钼产量分别占全球产量的 78%和 37%，而最近几年，国家对于钨钼的控制力度不断加大。2009 年 12 月 11 日国家工信部发布《促进中部地区原材料工业结构调整和优化升级方案》的通知，提出将大力推动钨钼行业的集约化，支持重点骨干企业的横向并购，实现资源高效利用。国家对钨钼行业的整合将使得未来钨钼价格的上涨空间进一步加大。

2010 年 1 季度镍上涨 30%，是涨幅最大的基本金属，我们认为镍的上涨除了受不锈钢行业复苏带动需求之外，还有一个重要原因是镍的金融属性。镍是主要基本金属里面价格最高的也是金融属性最强的，除了一般的美元计价外，我们还可以通过镍跟黄金的比价来衡量镍的价值，目前镍黄金比值约为 22 盎司/吨，即 22 盎司的黄金价值等于 1 吨镍的价值，这要低于过去 20 年的均值 24 盎司/吨，更加低于过去 10 年的均值 29 盎司/吨。在这种基本面向好，金融属性被“低估”的情况下，我们预计今年镍将维持“价值回归”的走势。

电子行业是锡的主要下游产业，由于电子行业发展趋向小型、精密化，导致锡焊料在部分领域的需求较少，如显示器等。金融危机前的几年中，中国经济快速发展，电子制造业向中国转移，锡的需求稳步增加，对锡价形成了强劲的支撑，需求基本上是锡市场中较为稳定的因素。金融危机后，经济逐步向好的大环境不会发生改变，需求因素依然比较稳定。供应方面，中国和印度尼西亚是两个主要供应国家，其中，印度尼西亚由于品位下降及超长雨季的因素，2010 年的产量将继续下降，中国由于西南旱灾和整合小矿山等因素，精锡减产的可能性较大。供应是左右锡价的主要因素。

### （二）资源的稀缺性将大幅提升资源类企业的市场价值

物以稀为贵，最简单的表象体现出来了最为深刻的经济学原理。作为重要战略资源的有色金属，在全球经济高速增长的大环境下，资源的价值必将得以重估，特别是在资源紧缺的时代，企业对于资源的占有，将成为投资价值评判的重要参考指标，拥有资源优势的企业必然获得更高的溢价。矿产资源的稀缺性决定了有色金属行业利润在产业链内部的分配结构。一般情况下，上游采选环节因为存在资源供应瓶颈而能够享受到行业内部大部分利润，而下游冶炼环节则因为原料供应与竞争压力等多重因素影响而只能享受到较低的利润空间。以铜为例，2003 年以后铜价一路上涨，2008 年底国内铜价上涨至 7 万元/吨附近，上涨幅度超过 250%。但是由于铜精矿的严重短缺，铜价上涨的绝大部分利润被矿山企业所享有，下游冶炼企业所获得的加工费难以支付冶炼成本。一旦拥有有色金属资源优势，其将分享行业产业链利润的大部分。有色资源的稀缺性，将在未来经济高速增长时期，更显投资价值。

资源类是有色金属行业投资首选。资源储量、矿山产量是矿业公司的核心投资价值；风险探矿价值的逐步提升将是未来行业长期趋势。我们认为 2010 年三类有色公司业绩发展前景乐观：一是拥有自有矿产资源的公司，这些公司在金属价格上升过程中能够带动业绩更快成长；二是关注后续有整体上市和资产注入题材的上市公司，拥有实质性增长题材的公司在题材兑现之后能够真正达到业绩的快速增长，即便没有兑现，市场对于热点的炒作也会为投资者带去较大收益；三是拥有绝对稀缺性有色品种的企业。

### （三）有色金属行业的振兴规划，有利于推动龙头企业价值提升

2009 年 3 月 25 日，国务院批准了有色金属行业的振兴规划，以推进有色金属产业调整和振兴，控制总量、淘汰落后、技术改造、企业重组为重点，目标为推动产业结构调整和优化升级，最终版本的振兴规划兼顾了短、中、长期的行业发展。振兴规划对有色金属行业定调为行业调整。这适合我国有色金属工业的现状以及发展阶段。有色金属行业振兴规划的颁布标志着产能扩张为代表的粗放型快速发展阶段的结束，精细化调整式发展阶段的开始。

有色金属行业产业结构中资源和技术是短板，振兴规划中提到要充分利用国内外两种资源，增强资源保障能力；还提到要提高支持技术含量和附加值高的深加工产品出口，加大技术改造和研发力度，推动技术进步，国家安排贷款贴息支持企业技术改造。振兴规划对资源保障能力和技术提升的强调，显示未来政策导向将以资源和技术为主要方向。

产业振兴规划中提到企业重组，优化产业布局，面对中国有色金属产业集中度不高，企业竞争力弱的问题，在行业低谷期的大规模整合重组将不可避免，产业振兴规模显示国家在政策上对整合的支持。国有大型企业在规模、资源、技术，以及政策上占据较大的优势，预计未来以中铝、江铜、五矿、金川等大型国有有色金属企业为主进行大规模的整合。而大型企业重组的对象预计也将集中于拥有优势资源或者较高技术的公司。我们也将在关注兼并重组题材的时候更加关注企业的技术能力和资源水平。

振兴规划中提到了收储和调整有色金属的出口退税。这两项政策有稳定有色金属市场的作用。在面对全球经济危机威胁，有色金属需求大幅下滑的状况下，有助于减轻有色金属市场的震荡，减轻有色金属企业面临的压力，为有色金属企业的经营调整赢得时间，也将为有色金属企业的价值提升提供更大的空间。

### （四）中国需求依旧保持强劲增长势头，西方市场有望缓慢恢复，需求回升态势明显，企业价值提升空间加大

2009 年在全面刺激政策的促进下，中国经济保持了快速恢复的态势，无论从企业利润还是从制造业指数来看，已经恢复到危机前水平，虽然 2010 年面临着国家投资向私人投资转变的挑战，中国经济整体恢复的趋势已经是不可逆转，我们预计中国 2010 年 GDP 预计增长 8%左右，制造业随着内需和外贸出口的双重提升而出现较好增长。

中国需求的强劲增长是全球有色金属需求的最重要支撑，2010 年中国有色金属需求将是双轮驱动，一方面是以汽车、家电等行业为代表的内需行业将会表现强劲；另一方面外贸出口将随着欧美经济的恢复得到一定程度的好转，两方面的需求增长将推动中国需求出现比 2009 年的更强劲增长。

2009 年二季度开始，各有色品种产量开始明显恢复，随着价格上涨，生产商产能利用率明显上升，虽然下游需求仍旧只有中国需求支持，但中国内需强劲增长确实给了市场相当大的信心，随着中国经济增长方式的转变，刺激内需将是一个长期的过程，这也是我们看好 2010 年有色金属下游需求的基础。

从西方市场近期发展来看，经合组织经济指数整体恢复态势比较明显，市场对经济恢复预期强烈。但从实际经济数据来看，经济只能说在低位出现一定缓慢恢复的迹象，恢复的幅度和力度都相对较弱。负增长态势在 2009 年仍然明显，从经济数据反弹力度来看，后市似乎有减弱迹象。

中国需求的依然强劲，西方市场的缓慢恢复，使得全球基本金属的需求呈现全面的恢复态势。在 2009 年全球经历全面刺激经济政策之后，2010 年虽然美国等国家仍然面临经济二次探底的风险，但全球经济再次陷入全面危机的可能性已经很小，基本金属作为制造业的主要原料，必将随着全球经济的复苏呈现需求回升的态势。

附表：

## 有色金属行业上市公司业绩评价附表

| 行业排名 | 所有上市公司排名 | 股票代码 | 股票简称 | 综合得分 | 每股收益（元） | 总资产报酬率（%） | 净资产收益率（%） | 总资产周转率（次） | 流动资产周转率（次） | 资产负债率（%） | 已获利息倍数 | 营业收入增长率（%） | 资本扩张率（%） | 市场投资回报率（%） | 股价波动率（%） | 年末资产总额（万元） | 营业收入（万元） | 净利润（万元） |
|---|---|---|---|---|---|---|---|---|---|---|---|---|---|---|---|---|---|---|
| 1 | 29 | 601899 | 紫金矿业 | 79. 80 | 0. 24 | 18. 13 | 19. 86 | 0. 75 | 2. 46 | 27. 10 | 113. 72 | 23. 39 | 12. 69 | 98. 19 | 111. 59 | 2 964 613. 83 | 2 095 582. 47 | 405 065. 42 |
| 2 | 71 | 600547 | 山东黄金 | 75. 70 | 1. 05 | 22. 47 | 28. 98 | 4. 47 | 19. 32 | 49. 09 | 14. 54 | 17. 55 | 31. 29 | 246. 06 | 230. 12 | 626 265. 76 | 2 336 009. 52 | 81 401. 44 |
| 3 | 95 | 600489 | 中金黄金 | 73. 80 | 0. 66 | 10. 96 | 16. 17 | 1. 81 | 5. 38 | 62. 94 | 11. 09 | 29. 02 | 0. 86 | 256. 88 | 271. 28 | 1255 259. 57 | 1 871 209. 54 | 74 888. 07 |
| 4 | 179 | 600362 | 江西铜业 | 70. 50 | 0. 78 | 9. 82 | 10. 60 | 1. 43 | 2. 70 | 39. 07 | 9. 65 | −4. 18 | 9. 74 | 237. 91 | 224. 49 | 3 803 421. 55 | 5 171 464. 78 | 234 663. 14 |
| 5 | 280 | 600219 | 南山铝业 | 67. 40 | 0. 50 | 6. 90 | 7. 97 | 0. 50 | 1. 75 | 18. 24 | 18. 69 | 0. 66 | 33. 34 | 90. 51 | 133. 15 | 1 529 664. 70 | 727 911. 24 | 87 216. 54 |
| 6 | 297 | 600549 | 厦门钨业 | 67. 00 | 0. 31 | 8. 10 | 12. 55 | 0. 65 | 0. 92 | 62. 47 | 11. 81 | 28. 12 | 17. 95 | 129. 71 | 144. 30 | 1 070 563. 75 | 633 812. 20 | 46 581. 87 |
| 7 | 307 | 600139 | 西部资源 | 66. 80 | 0. 39 | 36. 44 | 42. 59 | 0. 47 | 0. 71 | 27. 92 | 147. 33 | −18. 94 | 154. 75 | 503. 30 | 367. 66 | 43 517. 75 | 15 632. 04 | 9 301. 49 |
| 8 | 357 | 000060 | 中金岭南 | 65. 50 | 0. 40 | 6. 52 | 12. 07 | 0. 77 | 1. 65 | 59. 42 | 78. 88 | 1. 47 | 21. 45 | 190. 41 | 202. 00 | 1 164 700. 94 | 755 114. 63 | 51 994. 21 |
| 9 | 424 | 600497 | 驰宏锌锗 | 64. 00 | 0. 28 | 6. 03 | 7. 38 | 0. 59 | 1. 33 | 40. 50 | 4. 42 | −17. 66 | 91. 54 | 206. 19 | 198. 52 | 783 937. 39 | 382 364. 68 | 26 191. 31 |
| 10 | 438 | 000612 | 焦作万方 | 63. 70 | 0. 40 | 8. 60 | 10. 16 | 1. 28 | 4. 18 | 49. 46 | 3. 79 | −15. 22 | 8. 48 | 234. 97 | 229. 00 | 391 448. 22 | 510 307. 29 | 19 310. 98 |
| 11 | 503 | 601168 | 西部矿业 | 62. 00 | 0. 25 | 5. 51 | 5. 71 | 0. 93 | 2. 26 | 41. 76 | 5. 25 | 33. 82 | 3. 28 | 113. 98 | 145. 25 | 1907228. 89 | 1 688 650. 54 | 62 437. 79 |
| 12 | 529 | 600595 | 中孚实业 | 61. 40 | 0. 47 | 6. 17 | 11. 86 | 0. 68 | 2. 04 | 74. 67 | 4. 10 | −1. 03 | 12. 46 | 322. 69 | 312. 53 | 1 069 184. 33 | 640 467. 76 | 30 342. 63 |
| 13 | 556 | 002237 | 恒邦股份 | 60. 60 | 0. 78 | 9. 72 | 12. 97 | 1. 03 | 1. 48 | 59. 56 | 6. 66 | 17. 03 | 10. 75 | 229. 72 | 190. 95 | 300 781. 88 | 248 999. 07 | 15 011. 28 |
| 14 | 576 | 000630 | 铜陵有色 | 60. 20 | 0. 47 | 5. 65 | 10. 45 | 1. 43 | 2. 97 | 71. 25 | 3. 17 | −17. 64 | 0. 15 | 196. 82 | 190. 92 | 2 387 890. 05 | 3 075 517. 55 | 71 694. 31 |
| 15 | 582 | 002295 | 精艺股份 | 60. 10 | 0. 54 | 11. 67 | 11. 94 | 1. 75 | 2. 07 | 27. 61 | 7. 54 | −19. 26 | 139. 14 | 144. 02 | 43. 32 | 118 709. 06 | 149 925. 43 | 7 274. 13 |
| 16 | 638 | 000969 | 安泰科技 | 58. 70 | 0. 39 | 5. 44 | 7. 31 | 0. 70 | 1. 14 | 44. 44 | 9. 67 | 4. 35 | 14. 32 | 102. 11 | 145. 17 | 485 592. 01 | 313 096. 23 | 18 479. 41 |
| 17 | 649 | 600888 | 新疆众和 | 58. 60 | 0. 52 | 8. 59 | 10. 04 | 0. 42 | 0. 71 | 29. 38 | 27. 37 | 8. 79 | 8. 99 | 72. 64 | 114. 81 | 268 232. 31 | 105 937. 96 | 18 228. 50 |
| 18 | 673 | 002155 | 辰州矿业 | 58. 00 | 0. 18 | 6. 57 | 5. 07 | 0. 63 | 1. 67 | 30. 32 | 6. 85 | 24. 79 | 2. 15 | 203. 78 | 206. 76 | 274 247. 72 | 169 241. 50 | 9 592. 15 |
| 19 | 712 | 600576 | 万好万家 | 57. 00 | 0. 14 | 5. 95 | 5. 85 | 0. 38 | 0. 50 | 31. 27 | 11. 48 | −24. 70 | 10. 29 | 286. 40 | 303. 55 | 80 517. 28 | 31 909. 50 | 3 084. 13 |
| 20 | 723 | 600961 | 株冶集团 | 56. 70 | 0. 13 | 3. 89 | 3. 39 | 2. 10 | 4. 46 | 66. 09 | 1. 64 | 40. 98 | 9. 70 | 224. 97 | 208. 48 | 637 477. 04 | 1 180 900. 20 | 6 995. 20 |
| 21 | 793 | 600531 | 豫光金铅 | 55. 40 | 0. 45 | 6. 75 | 10. 39 | 1. 92 | 2. 51 | 69. 95 | 2. 71 | −16. 29 | 9. 69 | 154. 04 | 184. 64 | 345 770. 91 | 637 889. 33 | 10 319. 61 |
| 22 | 837 | 000807 | 云铝股份 | 54. 40 | 0. 04 | 1. 89 | 1. 55 | 0. 61 | 1. 48 | 53. 55 | 1. 62 | −15. 44 | 30. 25 | 175. 96 | 229. 94 | 968 946. 89 | 520 956. 30 | 6 183. 47 |
| 23 | 878 | 002171 | 精诚铜业 | 53. 40 | 0. 25 | 4. 87 | 6. 81 | 2. 51 | 3. 36 | 33. 14 | 0. 00 | −13. 79 | 7. 05 | 117. 71 | 131. 65 | 91 703. 50 | 215 654. 60 | 4 040. 05 |
| 24 | 896 | 000758 | 中色股份 | 53. 00 | 0. 13 | 5. 37 | 6. 99 | 0. 52 | 1. 02 | 59. 42 | 3. 19 | −6. 33 | 13. 88 | 134. 26 | 171. 77 | 934 126. 66 | 462 536. 70 | 24 901. 34 |
| 25 | 909 | 002114 | 罗平锌电 | 52. 70 | 0. 04 | 3. 47 | 1. 36 | 1. 10 | 2. 34 | 56. 61 | 1. 38 | 31. 49 | 2. 74 | 160. 86 | 171. 00 | 112 626. 24 | 113 708. 43 | 656. 29 |
| 26 | 913 | 000960 | 锡业股份 | 52. 60 | 0. 21 | 4. 77 | 5. 24 | 1. 00 | 2. 33 | 65. 29 | 1. 87 | −21. 91 | 4. 89 | 167. 29 | 177. 24 | 740 152. 26 | 715 493. 52 | 13 144. 19 |

续表

| 行业排名 | 所有上市公司排名 | 股票代码 | 股票简称 | 综合得分 | 每股收益（元） | 总资产报酬率（%） | 净资产收益率（%） | 总资产周转率（次） | 流动资产周转率（次） | 资产负债率（%） | 已获利息倍数 | 营业收入增长率（%） | 资本扩张率（%） | 市场投资回报率（%） | 股价波动率（%） | 年末资产总额（万元） | 营业收入（万元） | 净利润（万元） |
|---|---|---|---|---|---|---|---|---|---|---|---|---|---|---|---|---|---|---|
| 27 | 953 | 000878 | 云南铜业 | 51. 70 | 0. 30 | 4. 62 | 9. 64 | 0. 67 | 1. 03 | 81. 91 | 1. 73 | −37. 16 | 10. 25 | 231. 92 | 210. 69 | 2 647 970. 33 | 1 618 427. 55 | 44 020. 44 |
| 28 | 980 | 002297 | 博云新材 | 51. 20 | 0. 30 | 6. 32 | 6. 48 | 0. 29 | 0. 55 | 20. 72 | 6. 17 | 5. 24 | 106. 39 | 56. 81 | 34. 11 | 72 192. 24 | 17 270. 68 | 2 752. 46 |
| 29 | 1006 | 002149 | 西部材料 | 50. 80 | 0. 18 | 4. 85 | 6. 68 | 0. 53 | 1. 41 | 54. 73 | 3. 53 | 5. 71 | 122. 68 | 160. 19 | 189. 63 | 204 296. 19 | 78 245. 45 | 4 476. 39 |
| 30 | 1057 | 600714 | ST 金瑞 | 49. 70 | 0. 13 | 9. 24 | 18. 06 | 0. 41 | 1. 85 | 69. 46 | 3. 33 | 467. 86 | 346. 15 | 153. 28 | 215. 56 | 107 501. 20 | 30 001. 89 | 3 629. 58 |
| 31 | 1071 | 600331 | 宏达股份 | 49. 50 | 0. 17 | 6. 91 | 8. 66 | 0. 50 | 0. 88 | 73. 72 | 2. 28 | 0. 56 | −25. 47 | 216. 10 | 176. 53 | 867 103. 39 | 398 677. 26 | 23 102. 41 |
| 32 | 1081 | 601958 | 金钼股份 | 49. 30 | 0. 17 | 3. 45 | 4. 09 | 0. 32 | 0. 45 | 4. 71 | 0. 00 | −23. 05 | −2. 77 | 108. 91 | 186. 48 | 1 407 236. 38 | 458 636. 98 | 55 674. 27 |
| 33 | 1089 | 600255 | 鑫科材料 | 49. 10 | 0. 05 | 1. 27 | 1. 99 | 1. 37 | 1. 81 | 45. 55 | 3. 11 | −25. 03 | 10. 09 | 119. 73 | 144. 88 | 212 935. 32 | 275 695. 85 | 2 204. 48 |
| 34 | 1091 | 600478 | 科力远 | 49. 10 | 0. 07 | 3. 62 | 3. 02 | 1. 00 | 1. 84 | 57. 09 | 1. 93 | −18. 94 | 5. 51 | 67. 86 | 85. 45 | 152 557. 16 | 137 906. 95 | 1 927. 34 |
| 35 | 1138 | 002203 | 海亮股份 | 47. 90 | 0. 44 | 6. 25 | 12. 24 | 1. 54 | 2. 43 | 68. 17 | 5. 16 | −23. 45 | −3. 94 | 76. 27 | 120. 89 | 453 419. 66 | 605 231. 60 | 18 019. 79 |
| 36 | 1139 | 600459 | 贵研铂业 | 47. 80 | 0. 08 | 3. 92 | 2. 14 | 0. 94 | 1. 81 | 38. 70 | 1. 65 | −20. 67 | 12. 11 | 173. 77 | 153. 23 | 98 252. 03 | 109 347. 54 | 1 216. 76 |
| 37 | 1144 | 600338 | ST 珠峰 | 47. 70 | 0. 32 | 14. 10 | −154. 58 | 0. 97 | 1. 99 | 100. 06 | 4. 61 | −0. 34 | 0. 00 | 328. 79 | 250. 04 | 59 030. 15 | 49 477. 36 | 5 526. 17 |
| 38 | 1182 | 600111 | 包钢稀土 | 46. 80 | 0. 07 | 4. 71 | 4. 66 | 0. 42 | 0. 67 | 61. 38 | 2. 51 | −19. 59 | 12. 72 | 220. 66 | 194. 95 | 646 352. 00 | 259 295. 60 | 10 975. 56 |
| 39 | 1236 | 600456 | 宝钛股份 | 45. 10 | 0. 04 | 0. 32 | 0. 50 | 0. 45 | 0. 66 | 27. 85 | 0. 00 | 1. 90 | −2. 29 | 59. 47 | 97. 18 | 532 859. 93 | 231 542. 53 | 1 929. 13 |
| 40 | 1256 | 600768 | 宁波富邦 | 44. 50 | 0. 02 | 4. 06 | 1. 73 | 0. 89 | 2. 07 | 77. 15 | 1. 09 | −26. 45 | 11. 41 | 142. 64 | 172. 86 | 58 306. 41 | 51 995. 78 | 218. 16 |
| 41 | 1258 | 002057 | 中钢天源 | 44. 40 | 0. 04 | 2. 73 | 1. 23 | 1. 03 | 1. 61 | 34. 00 | 2. 31 | 6. 54 | 1. 24 | 94. 67 | 123. 68 | 36 131. 78 | 37 306. 05 | 290. 97 |
| 42 | 1278 | 000751 | * ST 锌业 | 43. 70 | 0. 06 | 4. 95 | 3. 53 | 0. 63 | 1. 58 | 77. 64 | 1. 31 | −20. 77 | 3. 60 | 128. 09 | 119. 26 | 814 625. 17 | 485 609. 98 | 6 322. 62 |
| 43 | 1342 | 000962 | 东方钽业 | 41. 40 | 0. 11 | 2. 67 | 2. 82 | 0. 47 | 0. 70 | 58. 26 | 2. 72 | 14. 68 | −6. 15 | 111. 30 | 123. 43 | 288 105. 77 | 119 891. 83 | 3 499. 13 |
| 44 | 1356 | 600432 | 吉恩镍业 | 41. 00 | 0. 16 | 3. 84 | 3. 87 | 0. 19 | 0. 49 | 55. 43 | 2. 74 | −38. 22 | 9. 95 | 256. 88 | 267. 16 | 683 254. 78 | 112 584. 89 | 11 243. 08 |
| 45 | 1391 | 002160 | 常铝股份 | 39. 60 | 0. 03 | 3. 28 | 0. 86 | 0. 85 | 1. 52 | 56. 92 | 1. 22 | −13. 61 | 2. 56 | 76. 30 | 132. 08 | 144 680. 66 | 123 432. 66 | 528. 11 |
| 46 | 1395 | 002182 | 云海金属 | 39. 40 | 0. 03 | 2. 04 | 0. 57 | 0. 79 | 1. 51 | 56. 38 | 1. 40 | −34. 62 | 0. 62 | 63. 14 | 89. 91 | 201 888. 72 | 149 783. 78 | 501. 07 |
| 47 | 1415 | 000657 | * ST 中钨 | 38. 40 | −0. 05 | −2. 30 | −3. 24 | 1. 77 | 2. 91 | 30. 07 | 0. 00 | −39. 57 | −3. 19 | 150. 17 | 176. 58 | 45 854. 84 | 79 975. 99 | −1 056. 30 |
| 48 | 1442 | 000620 | S * ST 圣方 | 36. 50 | 0. 00 | 9. 43 | 15. 35 | 0. 00 | 0. 00 | 35. 50 | 0. 00 | 0. 00 | 16. 63 | 0. 00 | 0. 00 | 522. 01 | 0. 00 | 48. 01 |
| 49 | 1495 | 000928 | 中钢吉炭 | 32. 00 | 0. 01 | 2. 90 | 0. 23 | 0. 55 | 0. 87 | 59. 13 | 1. 04 | −35. 06 | 8. 68 | 92. 64 | 119. 17 | 249 256. 42 | 139 182. 02 | 220. 18 |
| 50 | 1503 | 000795 | 太原刚玉 | 31. 60 | 0. 03 | 1. 55 | 3. 72 | 0. 37 | 0. 51 | 83. 33 | 1. 64 | −9. 12 | 5. 10 | 164. 20 | 230. 90 | 141 044. 66 | 52 239. 13 | 853. 59 |
| 51 | 1546 | 601600 | 中国铝业 | 27. 80 | −0. 34 | −2. 39 | −8. 09 | 0. 52 | 1. 78 | 58. 51 | −1. 48 | −8. 42 | −7. 67 | 121. 99 | 158. 40 | 13 397 518. 90 | 7 026 800. 50 | −468 276. 80 |
| 52 | 1555 | 600980 | 北矿磁材 | 26. 80 | −0. 38 | −10. 55 | −15. 51 | 0. 49 | 0. 96 | 27. 93 | −12. 29 | −12. 77 | −12. 46 | 73. 59 | 91. 48 | 41 295. 40 | 21 528. 37 | −4 945. 24 |

续表

| 行业排名 | 所有上市公司排名 | 股票代码 | 股票简称 | 综合得分 | 每股收益（元） | 总资产报酬率（%） | 净资产收益率（%） | 总资产周转率（次） | 流动资产周转率（次） | 资产负债率（%） | 已获利息倍数 | 营业收入增长率（%） | 资本扩张率（%） | 市场投资回报率（%） | 股价波动率（%） | 年末资产总额（万元） | 营业收入（万元） | 净利润（万元） |
|---|---|---|---|---|---|---|---|---|---|---|---|---|---|---|---|---|---|---|
| 53 | 1570 | 600390 | 金瑞科技 | 25. 30 | −0. 96 | −9. 40 | −21. 38 | 0. 76 | 1. 61 | 50. 39 | −4. 26 | −21. 80 | −19. 95 | 88. 87 | 107. 36 | 126 612. 79 | 101 169. 56 | −15 105. 03 |
| 54 | 1617 | 600330 | 天通股份 | 22. 10 | −0. 49 | −12. 50 | −20. 58 | 0. 38 | 0. 96 | 34. 06 | −12. 38 | −53. 30 | −18. 98 | 104. 91 | 117. 01 | 196 435. 56 | 80 539. 39 | −29 782. 39 |
| 55 | 1623 | 000602 | 金马集团 | 21. 90 | −0. 07 | 0. 88 | −10. 79 | 0. 21 | 0. 42 | 70. 62 | 0. 37 | −73. 72 | −10. 29 | 242. 73 | 181. 62 | 210 310. 14 | 47 863. 86 | −7 050. 73 |
| 56 | 1626 | 002075 | ＊ST 张铜 | 21. 60 | −0. 41 | −13. 46 | 109. 56 | 0. 04 | 0. 08 | 129. 27 | −2. 31 | −97. 50 | 0. 00 | 115. 27 | 131. 40 | 78 770. 32 | 3 515. 81 | −16 323. 01 |
| 57 | 1646 | 000831 | ＊ST 关铝 | 18. 50 | −1. 09 | −22. 82 | −120. 35 | 0. 65 | 1. 94 | 89. 63 | −7. 13 | −28. 11 | −75. 29 | 122. 25 | 170. 72 | 226 234. 63 | 177 972. 74 | −71 223. 50 |

# 第七章

# 石油石化行业上市公司业绩评价

石油石化行业在中国国民经济的发展中有重要作用，是中国的支柱产业部门之一。石油石化行业的总量大，占中国GDP大概是5%左右，石油石化行业与其他行业的关联度高，石油、煤、天然气等作为一种基础原料，国民经济各部门的许多产品都是石油的衍生物。

2009年，受国际金融危机的影响，中国经济也受到严重冲击。中国政府实施促进经济增长的一揽子刺激计划，实行积极的财政政策与适度宽松的货币政策，使中国经济保持了较好增长，国内生产总值（GDP）增长8.7%。我国石油和化学工业在国内经济环境与国际行业形势的背景下，石油石化行业呈现出逐渐增长的态势。2010年，随着国内经济的增长，在国内原油、成品油需求渐增的预期下，石化行业实施产业结构调整产生积极的作用，将推动石油石化行业景气发展。

## 一、石油石化行业上市公司业绩评价结果

截至2009年末，石油石化行业包括石油、化工、塑胶、塑料等企业的A股上市公司共179家，其中144家盈利。石油石化行业的综合评价分值为71.88分，远高于同年全部上市公司的62.93分，与本行业2008年的68.40分相比上升3.48分。在179家石油石化上市公司中，业绩评价综合得分在70分以上的有8家，分别是中国石化、中国石油、南岭民爆、普利特、雷鸣科化、华鲁恒升、江南化工、诺普信；60～70分的有44家。

2009年上市公司石油石化板块格局仍然是中国石化、中国石油占绝对市场地位为主，根据表7-1的数据，中国石化、中国石油两家上市公司的资产总额、营业收入、净利润、总市值分别占石化行业上市公司相关总额的80.00%、87.64%、91.89%和77.80%，这两大巨头占据了石油石化行业绝大部分资产与收益。

中国石化的营业收入高于中国石油，主要是其炼油板块行业性转亏为盈，中国石油营业收入同比下降，主要是由于2009年国际油价平均下跌35%左右所致，中国石油净利润高于中国石化，主要是中国石油业务中盈利能力较强的石油开采勘探上游业务板块所占经营业务比例高于中国石化相同业务所占比例。

表 7-1　　2009 年中石油、中石化与石化行业上市公司指标表　　（单位：万亿）

| 企业名称 | 资产总额 | | 营业收入 | | 净利润 | | 总市值 | |
|---|---|---|---|---|---|---|---|---|
| | 数额 | 比例（%） | 数额 | 比例（%） | 数额 | 比例（%） | 数额 | 比例（%） |
| 中石化 | 0.87 | 30.00 | 1.34 | 48.73 | 0.064 | 34.59 | 1.22 | 25.31 |
| 中石油 | 1.45 | 50.00 | 1.07 | 38.91 | 0.106 | 57.30 | 2.53 | 52.49 |
| 石化行业上市公司 | 2.90 | 100.00 | 2.75 | 100.00 | 0.185 | 100.00 | 4.82 | 100.00 |

2009 年全部上市公司资产总额总计为 14.50 万亿元，石油石化行业全部上市公司资产总额合计为 2.90 万亿元，占上市公司资产总额的 20%；全年实现主营业务收入 10.31 万亿元，石油石化行业 179 家上市公司实现主营业务收入2.75 万亿元，占上市公司营业收入的 26.67%；全部上市公司共计实现利润总额0.77 万亿元，石油石化行业上市公司实现利润总额 0.24 万亿元，占上市公司全部实现利润总额的 31.17%，全部上市公司共计实现净利润 0.61 万亿元，石油石化行业上市公司实现净利润 0.185 万亿元，占全部上市公司实现净利润的 30.43%；该行业上市公司 2009 年度市场投资回报率 118.82%，略高于 2009 年全部上市公司 116.28%的市场投资回报率；石油石化行业上市公司股价波动率为 142.52%，略高于全部上市公司 138.04%的股价波动率。

从评价结果的类型来看，石油石化行业上市公司评价结果为良的有 8 家，优良率为 4.47%。石油石化行业扣除非经常性损益净资产收益率的平均值为 12.34%，明显高于上市公司 9.45%的平均水平；营业利润率平均值为 8.04%，高于上市公司 7.07%的平均水平；总资产报酬率 9.71%，高于上市公司的 6.8%，说明 2009 年石油石化行业上市公司资产收益水平、业务收益水平高于 A 股全部上市公司水平。

表 7-2　　2009 年中联石油石化十强

| 名次 | 股票代码 | 股票简称 | 业绩得分 | 上市公司综合排名 |
|---|---|---|---|---|
| 1 | 600028 | 中国石化 | 78.51 | 37 |
| 2 | 601857 | 中国石油 | 77.19 | 45 |
| 3 | 002096 | 南岭民爆 | 76.90 | 53 |
| 4 | 002324 | 普利特 | 76.20 | 63 |
| 5 | 600985 | 雷鸣科化 | 74.90 | 79 |
| 6 | 600426 | 华鲁恒升 | 74.10 | 93 |
| 7 | 002226 | 江南化工 | 72.80 | 124 |
| 8 | 002215 | 诺普信 | 70.40 | 180 |
| 9 | 600315 | 上海家化 | 69.80 | 199 |
| 10 | 600309 | 烟台万华 | 69.72 | 204 |

下面分别从财务效益状况、资产质量状况、偿债风险状况、发展能力状况及市场表现等五个方面对石油石化行业上市公司进行具体分析。

## (一) 财务效益状况

表 7-3 列示了石油石化行业上市公司财务效益状况评价结果。从评价指标来看，石油石化行业上市公司财务效益状况平均得分为 27.24 分，高于全国所有上市公司 22.16 分的平均水平。其中最高分为中国石化的 35 分，中国石油以 34.94 分排名第二，盐湖集团以 31.68 位居第三。石油石化行业扣除非经常性损益的净资产收益率、总资产报酬率、营业利润率、盈利现金保障倍数及股本收益率等财务效益指标都高于上市公司平均水平。

与 2008 年的财务效益情况相比较，2009 年行业财务效益增长 8.27%，所有财务效益指标都高于 2008 年，其中营业利润率较为突出，增长 110.60%；该行业实现净利润 1 850 亿元，比 2008 年的 1 555 亿元增加 295 亿元。

石油石化行业上市公司净资产收益率为 12.34%，高于上市公司 9.45%的平均值。与全体上市公司横向比较，石油石化行业财务收益指标较好，主要由于石油石化企业实施产业结构调整进行资产整合、国家成品油和税费改革等因素所致；从上市公司石油石化行业纵向看，石化板块的炼油企业行业性盈利的主要原因：一是 2009 年平均油价 61 美元/桶，相对 2008 年下跌 38.2%，二是企业一体化经营改革和成品油及税费改革政策因素。行业主要财务指标见表 7-3。

**表 7-3　石油石化行业财务效益状况表**

| 评价指标 | | 2009 年上市公司平均值 | 2009 年行业值 | 2008 年行业值 | 增长率（%） |
|---|---|---|---|---|---|
| 基本指标 | 净资产收益率（%） | 9.45 | 12.34 | 11.71 | 5.38 |
| | 总资产报酬率（%） | 6.80 | 9.71 | 9.20 | 5.54 |
| | 得分 | 20.94 | 25.64 | 23.26 | 10.23 |
| 修正指标 | 营业利润率（%） | 7.07 | 8.74 | 4.15 | 110.60 |
| | 盈利现金保障倍数 | 2.09 | 2.48 | 1.79 | 38.55 |
| | 股本收益率（%） | 36.90 | 50.72 | 42.69 | 18.81 |
| 综合得分 | | 22.16 | 27.24 | 23.47 | 16.06 |

**表 7-4　2009 年度石油石化行业财务效益中联五强排名**

| 名次 | 股票代码 | 股票简称 | 财务效益得分 |
|---|---|---|---|
| 1 | 600028 | 中国石化 | 35.00 |
| 2 | 601857 | 中国石油 | 34.94 |
| 3 | 000578 | 盐湖集团 | 31.68 |
| 4 | 600309 | 烟台万华 | 31.26 |
| 5 | 000792 | 盐湖钾肥 | 30.87 |

## (二) 资产质量

从表 7-5 可以看出，石油石化行业上市公司资产质量状况指标 2009 年平均得分 13.36 分，高于全国所有上市公司9.24的平均水平；另外，石油石化行业上市公司总资产周转率、流动资产周转率、存货周转率、应收账款周转率都高于市场均值。2009年石油石化行业虽然受全球金融危机的影响，但以中国石化、中国石油为首的企业进行了产业结构调整改革，业务进行了合理化整合，加强了经营管理并取得较明显的效果，其总体资产质量在本年度表现较好。

与2008年相比较，石油石化行业2009年资产质量各个指标项均有下降，主要是由于中国石化、中国石油营业收入分别下降6.9%、5%所致。上市公司资产质量排名前三名的为茂化实华、岳阳兴长、S＊ST天发，这三家公司在资产质量得分均为满分15分，表现优良。其共同点是：三家公司都保持很高的流动资产周转率以及应收账款周转率，其中茂化实华的存货周转率极为突出，达到39.64（次）。

表7-5　石油石化行业资产质量状况表

| 评价指标 | | 2009年上市公司平均值 | 2009年行业值 | 2008年行业值 | 增长率（%） |
|---|---|---|---|---|---|
| 基本指标 | 总资产周转率（次） | 0.78 | 1.02 | 1.28 | −20.31 |
| | 流动资产周转率（次） | 1.82 | 4.29 | 5.07 | −15.38 |
| | 得分 | 9.36 | 12.97 | 13.72 | −5.47 |
| 修正指标 | 应收账款周转率（次） | 14.10 | 41.25 | 50.93 | −19.01 |
| | 存货周转率（次） | 4.13 | 7.31 | 9.96 | −26.61 |
| 综合得分 | | 9.24 | 13.36 | 13.54 | −1.33 |

表7-6　2009年度石油石化行业资产质量中联五强排名

| 名次 | 股票代码 | 股票简称 | 资产质量得分 |
|---|---|---|---|
| 1 | 000637 | 茂化实华 | 15 |
| 1 | 000819 | 岳阳兴长 | 15 |
| 1 | 000670 | S＊ST天发 | 15 |
| 1 | 000985 | 大庆华科 | 15 |
| 1 | 000819 | 岳阳兴长 | 15 |

## （三）偿债风险

从表7-7石油石化行业指标的分析可知，该行业上市公司偿债风险状况平均得分9.78分，高于全国所有上市公司9.10分的平均水平。由于石油石化行业的资产负债率、获利倍数及现金流动负债远高于上市公司的均值，使得石油石化上市公司的偿债保障明显高于全部上市公司平均水平。

2009年石油石化行业的偿债风险与2008年基本持平，2009年获利倍数较2008年增长23.69%，说明2009年偿息能力提高。从基本指标看，偿债风险得分排在前三名的分别是雷鸣科化、江南化工和彩虹精化，其中江南化工资产负债率仅为8.05%，融资能力强。

表 7-7 石油石化行业偿债风险状况表

| 评价指标 | | 2009 年上市公司平均值 | 2009 年行业值 | 2008 年行业值 | 增长率（%） |
|---|---|---|---|---|---|
| 基本指标 | 资产负债率（%） | 57.52 | 46.34 | 42.11 | 10.05 |
| | 获利倍数 | 7.21 | 12.32 | 9.96 | 23.69 |
| | 得分 | 9.16 | 10.85 | 11.26 | －3.64 |
| 修正指标 | 速动比率（%） | 69.84 | 41.62 | 43.65 | －4.65 |
| | 现金流动负债比率（%） | 21.75 | 49.81 | 38.34 | 29.92 |
| | 带息负债比率（%） | 45.98 | 42.14 | 49.48 | －14.83 |
| 综合得分 | | 9.10 | 9.78 | 9.73 | 0.51 |

表 7-8 2009 年度石油石化行业偿债风险中联五强排名

| 名次 | 股票代码 | 股票简称 | 业绩得分 |
|---|---|---|---|
| 1 | 600985 | 雷鸣科化 | 14.99 |
| 1 | 002226 | 江南化工 | 14.99 |
| 1 | 002256 | 彩虹精化 | 14.99 |
| 1 | 002258 | 利尔化学 | 14.99 |
| 1 | 000670 | S＊ST 天发 | 14.99 |

## （四）发展能力

从表 7-9 可知，石油石化行业上市公司发展能力状况指标平均得分为 12.44 分，低于全国所有上市公司 13.37 分的平均水平。行业营业增长率、资本扩张率、三年营业收入增长率均低于全国所有上市公司平均水平，但行业的营业利润增长率高于上市公司的平均值近 40%。行业发展能力主要决定于营业增长，石油石化行业营业增长与国际油价相关性强，2009 年国际油价总体较 2008 年的总体下跌，是导致其增长能力下降的核心外部因素。

2009 年营业利润增长率高达 91.17%，2008 年为－58.56%。营业增长率、资本扩张率、三年营业利润增长率指标都低于 2008 年，营业利润增长率呈现高增长，究其原因主要是受石油石化行业产业结构调整、业务进行一体化结构调整和成品油及税费改革的影响。该行业发展能力排名前三名为浙江龙盛（16.51 分）、时代新材（16.24 分）、中材科技(15.88 分)。

表 7-9 石油石化行业发展能力状况表

| 评价指标 | | 2009 年上市公司平均值 | 2009 年行业值 | 2008 年行业值 | 增长率（%） |
|---|---|---|---|---|---|
| 基本指标 | 营业增长率（%） | 3.85 | －6.73 | 21.21 | — |
| | 资本扩张率（%） | 17.60 | 9.33 | 12.91 | －27.73 |
| | 得分 | 12.16 | 9.72 | 12.33 | －21.17 |
| 修正指标 | 累计保留盈余率（%） | 35.83 | 56.95 | 56.19 | 1.35 |
| | 三年营业收入增长率（%） | 14.99 | 9.79 | 22.02 | －55.54 |
| | 总资产增长率（%） | 22.53 | 17.89 | 12.47 | 43.46 |
| | 营业利润增长率（%） | 51.83 | 91.17 | －58.86 | — |
| 综合得分 | | 12.37 | 12.44 | 12.75 | －2.43 |

表 7-10　　2009 年度石油石化行业发展能力中联五强排名

| 名次 | 股票代码 | 股票简称 | 业绩得分 |
|---|---|---|---|
| 1 | 600352 | 浙江龙盛 | 16.51 |
| 2 | 600458 | 时代新材 | 16.24 |
| 3 | 002080 | 中材科技 | 15.88 |
| 4 | 002108 | 沧州明珠 | 15.79 |
| 5 | 002192 | 路翔股份 | 15.58 |

## （五）市场表现

表 7-11 列示了石油石化行业上市公司市场表现评价结果。2009 年 A 股市场股价一路缓缓上升，2009 年石油石化行业上市公司投资回报率为 118.82%，远远高于 2008 年的－60.24%，全国同期上市公司投资回报率为 116.28%。这主要是由于国内资本市场回暖，投资者信心回升。

2009 年全年石油石化的股指均高于上证 A 股指数（如图 7-1）。2009 年石油石化行业的股价波动率为 142.52%，略高于全国所有上市公司 138.04%的平均水平，低于自身2008 年的 269.60%。

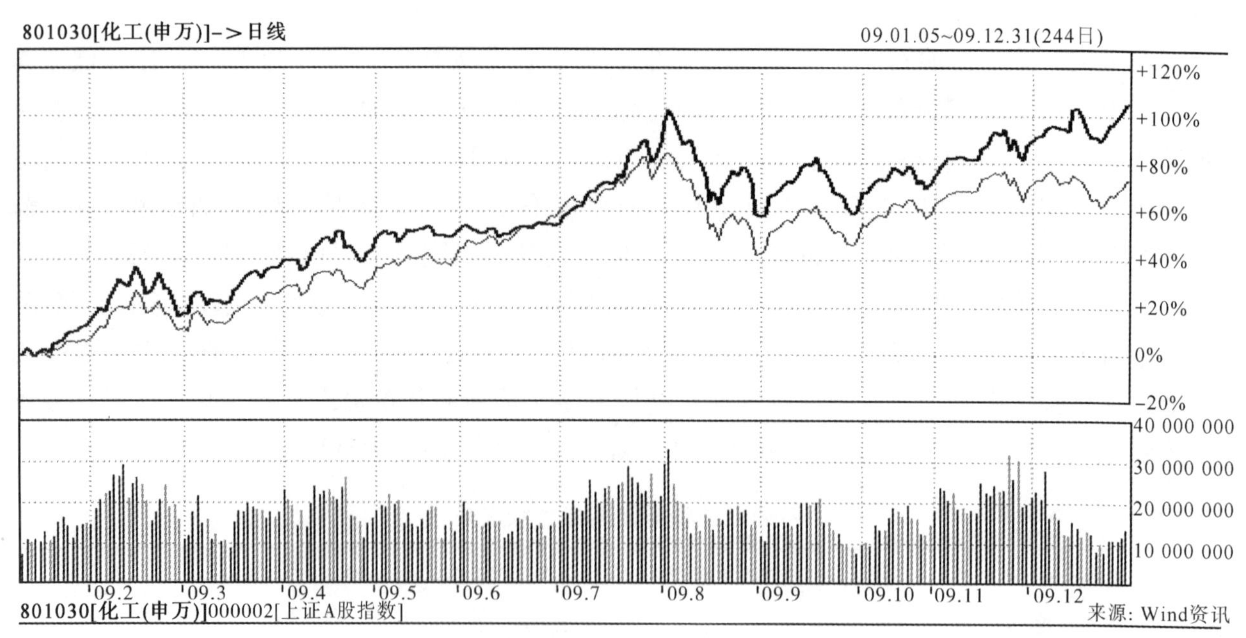


图 7-1　2009 年石油石化行业指数与上证 A 股指数比较图

2008 年石油石化市场表现的得分为 14.80 分，与 2008 年上市公司 9.06 的平均值相同。主要市场表现指标如表 7-11 所示。

表 7-11 石油石化行业公司市场表现表

| 评价指标 | 2009 年上市公司平均值 | 2009 年行业值 | 2008 年行业值 | 增长率（%） |
|---|---|---|---|---|
| 市场投资回报率（%） | 116.28 | 118.82 | −60.24 | — |
| 股价波动率（%） | 138.04 | 142.52 | 269.60 | −47.14 |
| 得分 | 9.06 | 9.06 | 14.80 | −38.78 |

表 7-12 2009 年度石油石化行业市场表现中联五强排名

| 名次 | 股票代码 | 股票简称 | 业绩得分 |
|---|---|---|---|
| 1 | 002324 | 普利特 | 15.00 |
| 2 | 600352 | 浙江龙盛 | 12.02 |
| 3 | 000036 | *ST 华控 | 11.50 |
| 4 | 002092 | 中泰化学 | 11.50 |
| 5 | 002165 | 红宝丽 | 11.36 |

☆ 国务院通过《石化产业调整和振兴规划》。根据《规划》，2009～2011 年，石化产业将经过 3 年调整和振兴，产业结构趋于合理、发展方式明显转变、综合实力显著提高、支柱产业地位进一步增强。

☆ 我国原油对外依存度首破 50%。据有关资料，2009 年我国石油消费量超过 4.05 亿吨，同比增长 3.7%左右，由于需求增长，进口原油量继续增长，2009 年原油进口量达 2.04 亿吨，超过日本成为世界原油进口量居第二位的国家，原油对外依存度 51.3%，首次突破 50%。这表明，1993 年我国首度成为石油净进口国以来，历经 16 个年头就突破了原油对外依存度 50%的国际警戒线。

（来源：中化新网讯）

## 二、 2009 年度石油石化行业上市公司影响因素分析

2009 年石油石化行业总体有所增长，全行业经济在 2009 年度内呈逐步增长的态势，行业工业增加值占全国工业增加值的 12.00%，同比增长 10.13%。全行业规模以上企业

3.46 万家，实现总产值 6.63 万亿元，同比增长 0.3%，销售产值 6.35 万亿元，同比增长 0.15%。在 2009 年度中，影响石油石化行业业绩的主要因素表现为以下几点：

### （一）国际油价先跌后扬、高位震荡，金融因素主导油价走势

2009 年全年国际油价呈宽幅波动上升走势，上半年先跌后扬，下半年在较高位震荡。国际油价从 2009 年 2 月 12 日 33.98 美元/桶的年内最低点走出之后强劲反弹，下半年持续徘徊在 70～80 美元/桶左右，11 月 4 日冲高至 80.64 美元/桶，全年平均 62 美元/桶，波动幅度高达 140%，波动幅度之大，仅次于 2008 年。

影响 2009 年国际油价波动的因素与以往有所不同。2003 年至 2008 年 7 月的国际油价上涨是在供需平衡的基础上，投机资金炒作、美元贬值、突发事件、地缘政治等多种因素综合作用所致。而 2009 年国际油价的上涨是在国际石油市场供需相对宽松的情况下，在金融危机后的经济复苏和美元贬值预期的作用下，投机资金炒作的结果。在 2009 年，国际油价与黄金价、美元汇率和国际主要股市股价走势轨迹大致趋同，这表明金融因素已成为影响油价走势的主要因素之一。

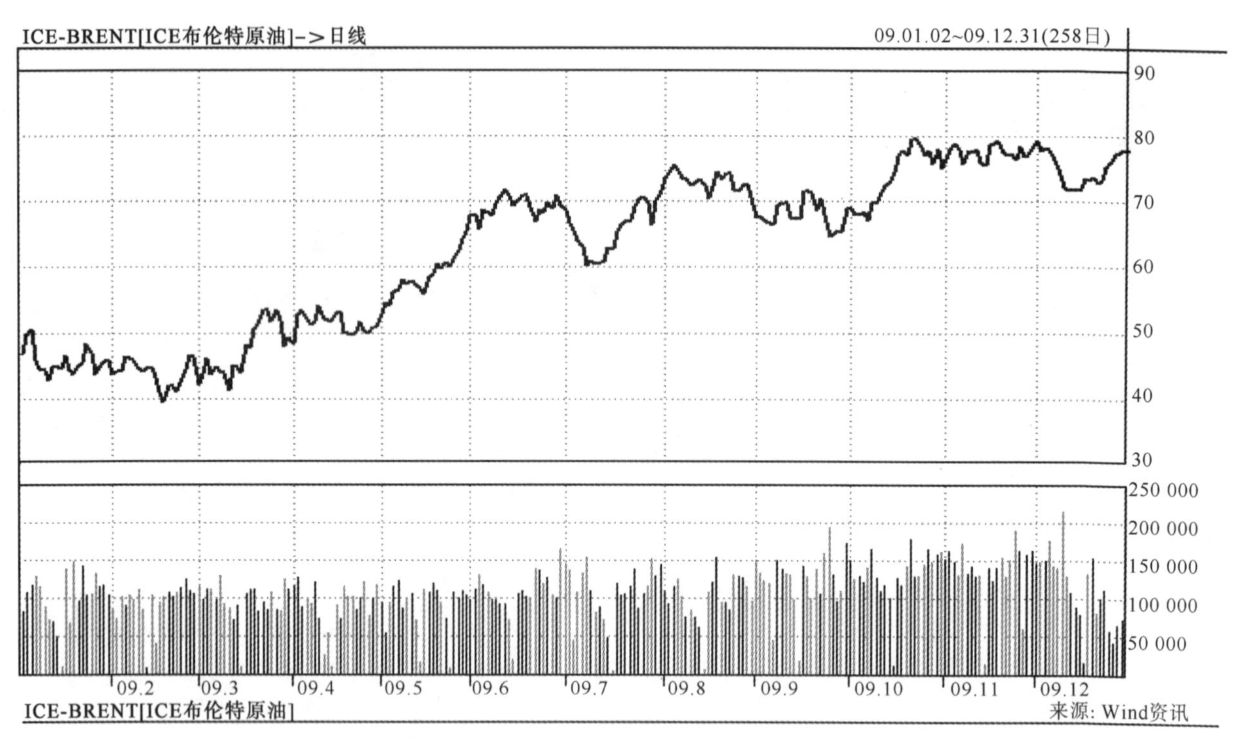


图 7-2　2009 年 1～12 月国际油价走势图

### （二）世界石油总体需求下降，而亚太地区逆势增长

受金融危机影响，2009 年世界石油总体需求较 2008 年下降，出现了自二十世纪七八十年代两次石油危机以来严重的负增长。据 IEA 估计，2009 年世界石油需求为 8 486 万桶/日，较 2008 年减少了 1.6%，但跌幅有逐季收窄之势。从国家类别看，金融危机对发达国家石油需求的影响最为严重。据 IEA 估计，2009 年经合组织石油需求为4 552万桶/日，较

2008年下降4.3%，美、日、欧均有不同程度下降。

发展中国家的石油需求增速虽有所放缓，但需求总量同比仍保持增长。非经合组织国家石油需求仅在2009年一季度同比出现了下降，随后即企稳回升，估计2009年全年需求达3 934万桶/日，同比增加近70万桶/日。需求增量主要来自亚太地区的中国和印度。由于欧美需求量下降，亚太逆势增加，使世界石油需求重心继续东移，2009年亚太地区成为世界最大石油消费区。

### （三）我国原油生产平稳，炼油工业表现景气，成品油供应充分

2009年，我国原油生产继续保持平稳，全年石油产量估计在1.9亿吨左右，与2008年大致持平。海上石油产量占全国石油总产量的比重已从2000年的6.7%升至11%，并保持稳步增长的势头。2009年我国炼油工业逆势上扬。2009年1～11月，炼油行业实现利润729亿元；化工行业实现利润1 718亿元，同比增长13.5%；石油天然气开采行业利润同比下降60.7%，实现利润1 687亿元。2009年全年建成新增原油一次加工能力4 500万吨/年，我国炼油能力增至4.83亿吨/年，在全球仅次于美国位居第二大炼油国，中国石化和中国石油分别成为世界第三和第八大炼油公司。2009年全年，国内原油加工量、成品油产量都走出了一波由低走高的过程。全年原油加工量约3.72亿吨，同比增长9.07%；成品油产量约2.27亿吨，同比增长9.1%。

另外，2009年全年国内成品油供应由偏紧转向充裕，2009年前10个月国内成品油产量1.87亿吨，而表观消费量只有1.82亿吨，产量超过消费量约500万吨。全年国内成品油产量超过消费量约500多万吨，市场总体处于供略大于求的状态。

### （四）新定价机制实施促使行业景气度增加，新机制待进一步提升

2009年起，我国开始实施新的成品油定价机制。该机制是国家借国际油价大幅回落和国内汽柴油价格大幅下调的有利时机，顺势推出的成品油价格、燃油税和交通收费三项重大改革中最重要的一项改革。在新的成品油定价机制实施的一年中，国内成品油价格根据新办法和国际原油价格变化情况进行了八次调整，五升三降。新定价机制及其管理办法使国内炼油行业一举扭转了多年连续亏损的局面，对国内炼油行业的健康发展，保障国内石油供应，促进能源合理消费起到了积极的作用，2009年除少数月份由于成品油价格因各种原因未调整到位而出现政策性亏损外，全年全行业总体实现了扭亏为盈。

新定价机制和办法在实行中也暴露出一些有待完善的问题。一是价格调整仍有很大不确定性，出现了调整不及时、不到位的情况；二是定价机制由模糊到清晰，市场预期和投机行为也随之放大，给投机留下较大空间；三是对今后油价攀升至80美元/桶以上乃至高于130美元/桶时如何定价不太明确，也给未来高油价下国内炼油企业的经营运作带来较大风险。

### （五）产业结构不合理格局尚需攻坚，行业龙头产业结构优化先行一步

我国石油和化学工业产业仍然存在着结构不合理的问题。首先是产品结构的不合

理。低端产品产能过剩，市场竞争激烈，而高端产品供应不足，需要高价进口，这主要源于先进自主创新技术不足。第二，资源短缺正越来越成为制约行业进一步发展的瓶颈。石油、天然橡胶、硫磺、钾肥等对外依存度都在50%以上。第三，环保压力始终为行业面临的突出难题。石化工业中的废水、废气、废固污染物排放分别居全国工业行业第1位、第4位和第5位，氨氮化合物、二氧化硫等主要污染物排放也均位于工业生产行业前列。第四，行业企业总体规模小、数量多、布局分散是导致行业竞争力不强、低水平重复建设的重要原因。

2009年，是我国石化行业化国际金融危机为转机的关键年份，既要看到石油石化产业结构合理化调整仍面临挑战，也要看到中国石油、中国石化、中国海油等国内行业巨头在产业结构合理化方面率先做出了表率，在海外油气资源的战略布局、与外资的合作创新、企业炼化业务做大做强的一体化管理已初见成效。

☆ 中国海油和山东海化联合重组。2009年9月7日，山东省潍坊市国资委将其持有的山东海化集团有限公司51%的股权无偿划转给中国海洋石油总公司全资子公司中海石油炼化有限责任公司，使中国海油成为海化集团的控股公司。

☆ 2009年4月，中国石油联合哈萨克斯坦国家油气公司收购曼格什套石油天然气公司的全部股权。

☆ 2009年6月，中国石化宣布以72亿美元收购瑞士公司阿达克斯石油公司（Addax Petroleum）普通股，创下中国史上最大石油资产交易的纪录。

☆ 2009年6月，中国石油宣布以10亿美元完成对新加坡石油公司45.51%股份的收购，并将对新加坡石油公司其余股票发出强制性有条件现金收购要约。

来源：中化新网讯

## 三、2010年石油石化行业前景分析

2010年，随着世界经济逐步回升，预计2010年，全球石油供给仍较宽松，国际油价将处于高位震荡。我国石油需求继续回升，行业总体将继续发展，国际、国内石油石化行业都

面临着新的机遇。

## （一）国际油价在供需宽松的背景下，呈上升趋势

随着世界经济逐步回升，预计2010年世界石油需求将转为正增长，增量在100万桶/日左右，达到8 600万桶/日，比2009年增长1.1%。世界石油需求增量主要来自亚太地区的中国、印度及中东地区。由于2010年以巴西、中亚为主的非欧佩克石油供应量可望增长，而欧佩克可能会维持或适当提高现有产量水平，因此全球石油供需平衡将较为宽松，供将略大于求，全球石油库存水平和欧佩克原油剩余产能仍将维持在较高水平。

美元币值的波动和投机资金炒作将对2010年国际油价的波动带来较大的影响。而对经济复苏的预期和通胀的预期等将成为投机资金炒高油价的主要题材。从2010年世界经济的走势、石油供需基本面和其他非基本面的分析看，预计2010年国际油价运行区间为65～100美元/桶，均价估计为75～85美元/桶，下半年国际油价总体将高于上半年。

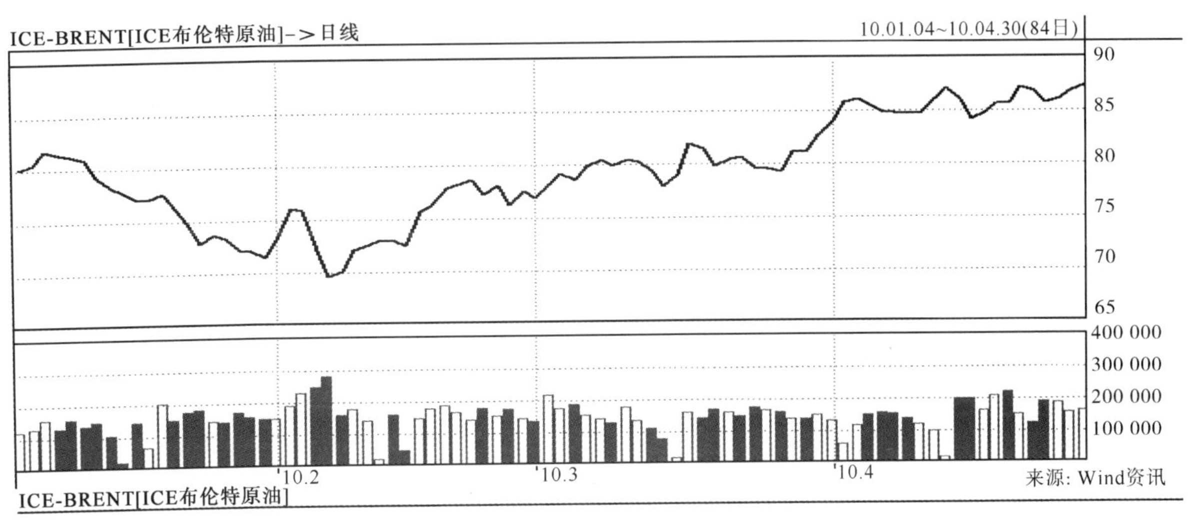


图7-3 2010年1～4月国际石油价格走势图

## （二）国内石油需求增加

预计国内经济将持续7%～8%增长，2010年国内石油需求增速将明显高于上年。预计全年石油表观消费量达4.27亿吨，增长在5%左右。预计2010年全国原油产量略高于上年，为1.93亿吨，低于需求的增长，因此全年原油净进口量将增至2.1亿吨以上，原油对外依存度将较上年有一定的提高。

由于2010年国内汽车市场将继续产销两旺，全年汽车销量有望达到1 600万辆，因此汽油需求量将继续较快增长。预计全年汽油表观消费量7 200多万吨，同比增长7.5%左右。由于工业和交通运输业继续企稳向好，因此柴油需求将于2009年的疲软转为旺盛，预计全年柴油表观消费量1.5亿吨，同比增长7.7%左右，由此使消费柴汽比较2009年有小幅上升。2010年初起我国车用汽柴油质量将全面升级，全部实施相当于欧III的国III质量标准，部分产品要达到欧IV标准。

### （三）石化产业结构调整与产业升级在新政下进入良性发展通道，全行业业绩增加

2010 年是执行中国石油和化学工业协会发布的《石油和化工产业结构调整指导意见》和《石油和化工产业振兴支撑技术指导意见》关键年份，石油石化行业正以结构调整促进产业升级、以科技创新带动产业长足发展，实施一体化、集约化、规模化、专业化协调发展的战略。石油石化行业发展将由 2010 年进入良性发展通道。

在勘探与生产方面，2010 年石油石化企业都实施资源优先的发展战略，行业龙头企业表现尤为突出。2010 年是中国石油实施勘探高峰期工程的第 3 年，提出了“规模、效益、科学”的勘探原则，强化战略发现，力争石油储量替换率大于 1，天然气储量替换率大于 3，确保油气储量替换率大于 1，持续推进油气储量增长高峰期工程，为上游业务持续有效快速发展提供资源保障。中国石油提出继续坚持“平稳、均衡、效率、受控、协调”的方针，保持生产经营平稳运行，确保全面完成各项目标任务。中国石化将资源发展放在发展战略的首位，坚持资源获取多样化，以原油、天然气、成品油资源为基础，以替代能源和非常规能源为补充，拓展更广阔的资源空间。

在炼油与化工方面，炼化一体化和集约经营的优势将近一步体现，炼化企业大型化趋势明显。2010 年将是中国炼油产能继续较快增长的一年，预计全年新增炼油能力 3 100 多万吨/年，全国炼油总产能首次突破 5 亿吨/年大关，达到 5.1 亿吨/年左右。乙烯总产能将首次突破 1 500 万吨/年大关，会带动乙烯下游衍生物和三大合成材料工业的发展。由于国内经济好转，2010 年我国原油加工量将增至约 4 亿吨，同比增长约 5%以上。中国石化规模化、一体化、基地化的炼化业务发展战略逐步落实，其炼油能力居世界第三，乙烯产能居世界第五，聚烯烃产能居世界第三。中国石油正继续大力推进几个千万吨炼油、百万吨乙烯项目建设，满足原油加工需求，增强盈利能力。

在成品油销售方面，行业集团企业实施“扩大市场份额，提高零售率，加大营销网络开发与调整力度，持续优化加油站布局和结构，加强成品油储备库和集散库建设，完善物流配送体系”一体化的协调发展战略，将利用规模化、专业化的管理优势，推进下游业务的发展。中国石化对油品销售提出了以油品销售企业以保量保价为原则，确保成品油市场份额不降、终端销售比重不降、原油加工量占全国比例不降，提高航煤市场占有率。中国石油提出，继续深化和推进市场战略，加快建设“效益优先、规模发展、管理科学、服务优良”的国际水准销售企业。

附表：

## 石油石化行业上市公司业绩评价结果排序表

| 行业排名 | 全部上市公司排名 | 股票代码 | 股票名称 | 综合得分(100分) | 每股收益 | 总资产报酬率% | 净资产收益率% | 总资产周转率（次） | 流动资产周转率（次） | 资产负债率(%) | 已获利息倍数 | 营业收入增长率（%） | 资本扩张率(%) | 市场投资回报率（%） | 股价波动率(%) | 年末资产额（万元） | 营业收入净额（万元） | 净利润（万元） |
|---|---|---|---|---|---|---|---|---|---|---|---|---|---|---|---|---|---|---|
| 1 | 37 | 600028 | 中国石化 | 78.51 | 0.71 | 10.76 | 17.02 | 1.66 | 7.98 | 53.77 | 12.41 | −7.37 | 14.14 | 100.28 | 125.15 | 86 647 500.00 | 134 505 200.00 | 6 400 000.00 |
| 2 | 45 | 601857 | 中国石油 | 77.18 | 0.56 | 10.96 | 12.56 | 0.77 | 3.90 | 37.40 | 27.92 | −4.84 | 7.12 | 38.03 | 81.60 | 145 074 200.00 | 101 927 500.00 | 10 637 800.00 |
| 3 | 53 | 002096 | 南岭民爆 | 76.86 | 0.82 | 28.31 | 32.28 | 0.98 | 2.34 | 32.98 | 21.67 | 55.65 | 27.88 | 276.63 | 272.49 | 63 190.97 | 55 597.75 | 11 393.99 |
| 4 | 63 | 002324 | 普利特 | 76.20 | 0.94 | 16.07 | 15.15 | 0.69 | 0.75 | 14.53 | 51.86 | 34.67 | 497.12 | 210.84 | 8.50 | 116 497.64 | 48 959.00 | 9 607.29 |
| 5 | 79 | 600985 | 雷鸣科化 | 74.88 | 0.60 | 15.66 | 14.45 | 0.90 | 1.23 | 16.81 | — | 35.52 | 18.37 | 164.37 | 141.63 | 51 978.74 | 42 020.26 | 5 890.84 |
| 6 | 93 | 600426 | 华鲁恒升 | 74.13 | 0.86 | 11.08 | 16.47 | 0.70 | 3.33 | 55.35 | 4.87 | 16.09 | 15.76 | 94.08 | 120.26 | 617 893.13 | 399 789.49 | 42 510.28 |
| 7 | 124 | 002226 | 江南化工 | 72.77 | 1.00 | 23.97 | 22.47 | 0.72 | 0.96 | 8.05 | — | 6.78 | 24.62 | 276.04 | 218.05 | 40 256.66 | 26 010.26 | 7 534.11 |
| 8 | 180 | 002215 | 诺普信 | 70.42 | 0.68 | 20.03 | 21.66 | 1.54 | 2.18 | 32.22 | 167.04 | 22.73 | 24.43 | 104.41 | 153.66 | 98 357.11 | 130 823.40 | 14 267.23 |
| 9 | 199 | 600315 | 上海家化 | 69.84 | 0.72 | 16.71 | 18.40 | 1.52 | 2.25 | 26.56 | 141.93 | 8.17 | 19.58 | 65.56 | 113.00 | 186 365.19 | 269 711.53 | 23 883.46 |
| 10 | 204 | 600309 | 烟台万华 | 69.72 | 0.64 | 17.16 | 18.29 | 0.74 | 1.71 | 39.71 | 28.09 | −15.72 | 6.89 | 124.29 | 131.24 | 966 117.86 | 649 291.97 | 127 972.34 |
| 11 | 209 | 600352 | 浙江龙盛 | 69.63 | 0.51 | 10.38 | 15.28 | 0.60 | 1.00 | 54.10 | 20.33 | 9.32 | 30.81 | 208.91 | 184.54 | 936 925.96 | 461 940.74 | 69 319.39 |
| 12 | 211 | 000036 | ＊ST 华控 | 69.44 | 0.25 | 20.58 | 27.63 | 0.62 | 0.78 | 44.10 | 37.30 | 1 394.77 | 22.53 | 217.49 | 201.09 | 311 801.20 | 191 966.01 | 43 644.47 |
| 13 | 219 | 000792 | 盐湖钾肥 | 69.32 | 1.60 | 28.62 | 41.05 | 0.52 | 0.84 | 46.07 | 57.11 | 12.07 | 1.20 | 51.13 | 67.35 | 948 905.27 | 456 011.55 | 209 158.89 |
| 14 | 227 | 002165 | 红宝丽 | 69.08 | 0.63 | 20.57 | 21.71 | 1.31 | 1.94 | 30.08 | 16.72 | 3.78 | 15.40 | 205.70 | 201.08 | 76 484.87 | 92 353.32 | 10 795.48 |
| 15 | 250 | 002250 | 联化科技 | 68.21 | 1.00 | 14.74 | 19.15 | 1.13 | 2.59 | 43.09 | 20.66 | 23.56 | 13.69 | 264.23 | 222.78 | 127 434.37 | 134 059.31 | 12 965.18 |
| 16 | 253 | 002054 | 德美化工 | 68.09 | 0.74 | 17.38 | 21.24 | 0.65 | 1.49 | 36.78 | 10.29 | 9.43 | 32.81 | 276.11 | 273.99 | 155 973.90 | 95 484.49 | 19 150.82 |
| 17 | 259 | 000950 | 建峰化工 | 67.95 | 0.60 | 7.71 | 12.19 | 0.67 | 1.34 | 38.62 | 330.84 | 43.75 | 132.51 | 62.37 | 91.77 | 372 836.10 | 208 365.12 | 20 332.32 |
| 18 | 264 | 002010 | 传化股份 | 67.86 | 0.69 | 18.19 | 22.27 | 1.48 | 2.11 | 37.37 | 20.64 | −0.73 | 22.58 | 154.80 | 204.48 | 135 813.17 | 185 721.88 | 17 724.30 |
| 19 | 261 | 002172 | 澳洋科技 | 67.93 | 0.46 | 11.48 | 17.07 | 0.87 | 3.05 | 53.82 | 6.25 | 43.18 | 19.83 | 230.90 | 213.10 | 293 892.29 | 234 046.58 | 22 465.09 |
| 20 | 271 | 002108 | 沧州明珠 | 67.66 | 1.06 | 18.37 | 26.56 | 1.09 | 1.89 | 46.19 | 10.53 | 13.13 | 57.80 | 240.83 | 248.77 | 97 251.92 | 82 610.72 | 11 043.76 |
| 21 | 276 | 600481 | 双良股份 | 67.55 | 0.53 | 13.15 | 19.63 | 0.99 | 1.96 | 41.20 | 14.29 | −5.16 | 12.91 | 389.26 | 292.96 | 383 275.73 | 371 257.13 | 41 291.24 |
| 22 | 292 | 002224 | 三力士 | 67.17 | 0.53 | 11.10 | 10.95 | 1.14 | 1.90 | 30.37 | 60.58 | 4.86 | 21.00 | 155.15 | 197.68 | 56 823.63 | 57 978.35 | 4 741.69 |
| 23 | 312 | 000422 | 湖北宜化 | 66.69 | 0.44 | 7.15 | 12.28 | 0.70 | 2.50 | 72.78 | 2.58 | 22.86 | 16.07 | 140.35 | 157.45 | 1 351 600.02 | 876 061.86 | 44 791.36 |
| 24 | 320 | 000589 | 黔轮胎 A | 66.50 | 1.42 | 14.14 | 25.17 | 1.13 | 2.32 | 64.22 | 5.57 | 8.31 | 27.57 | 272.47 | 287.89 | 433 546.74 | 473 741.14 | 36 379.78 |
| 25 | 335 | 002037 | 久联发展 | 66.07 | 0.57 | 14.30 | 18.92 | 1.04 | 1.94 | 48.09 | 16.14 | 35.54 | 16.99 | 114.12 | 167.38 | 129 635.07 | 116 553.53 | 11 493.92 |
| 26 | 360 | 002206 | 海利得 | 65.44 | 1.13 | 14.40 | 15.09 | 0.86 | 2.11 | 27.26 | 65.23 | −8.09 | 13.59 | 160.08 | 214.25 | 131 117.48 | 97 243.33 | 14 134.21 |

续表

| 行业排名 | 全部上市公司排名 | 股票代码 | 股票名称 | 综合得分(100分) | 每股收益 | 总资产报酬率% | 净资产收益率% | 总资产周转率（次） | 流动资产周转率（次） | 资产负债率(%) | 已获利息倍数 | 营业收入增长率（%） | 资本扩张率(%) | 市场投资回报率（%） | 股价波动率(%) | 年末资产额（万元） | 营业收入净额（万元） | 净利润（万元） |
|---|---|---|---|---|---|---|---|---|---|---|---|---|---|---|---|---|---|---|
| 27 | 379 | 600871 | S仪化 | 65.11 | 0.10 | 4.16 | 5.31 | 1.51 | 3.35 | 22.97 | — | −13.13 | 5.73 | 149.61 | 178.01 | 914 581.30 | 1 322 502.90 | 38 201.80 |
| 28 | 380 | 300031 | 宝通带业 | 65.09 | 1.29 | 12.97 | 13.11 | 0.64 | 0.76 | 11.25 | 63.90 | 10.29 | 368.49 | −49.63 | 1.39 | 68 827.03 | 27 670.62 | 4 830.51 |
| 29 | 391 | 600458 | 时代新材 | 64.96 | 0.47 | 8.74 | 19.13 | 1.09 | 1.62 | 68.60 | 6.34 | 45.57 | 17.31 | 111.95 | 122.28 | 167 603.41 | 152 234.69 | 9 405.43 |
| 30 | 406 | 000861 | 海印股份 | 64.61 | 0.29 | 15.53 | 18.74 | 0.60 | 2.41 | 47.04 | 11.07 | 0.76 | 18.37 | 117.93 | 151.78 | 158 638.58 | 85 143.01 | 14 762.04 |
| 31 | 409 | 000637 | 茂化实华 | 64.52 | 0.34 | 23.50 | 14.43 | 3.33 | 5.35 | 19.58 | — | −28.30 | 7.58 | 119.90 | 178.36 | 92 550.90 | 271 274.72 | 15 192.20 |
| 32 | 416 | 000578 | 盐湖集团 | 64.28 | 0.48 | 15.82 | 23.97 | 0.29 | 0.65 | 48.18 | 27.67 | 12.53 | 17.82 | 26.30 | 54.67 | 2 099 196.22 | 554 159.17 | 241 266.74 |
| 33 | 419 | 002088 | 鲁阳股份 | 64.20 | 0.53 | 10.59 | 11.32 | 0.57 | 1.01 | 22.84 | 11.48 | −4.18 | 52.14 | 101.83 | 142.00 | 156 350.73 | 77 601.01 | 11 694.26 |
| 34 | 423 | 600486 | 扬农化工 | 63.96 | 1.30 | 8.75 | 12.06 | 0.66 | 1.30 | 37.46 | 12.75 | −26.58 | 66.51 | 62.59 | 65.03 | 255 575.87 | 154 404.60 | 16 229.68 |
| 35 | 428 | 002080 | 中材科技 | 63.83 | 0.72 | 12.49 | 20.22 | 0.73 | 1.42 | 58.79 | 8.59 | 49.77 | 21.94 | 54.20 | 102.31 | 259 697.75 | 161 284.34 | 20 296.95 |
| 36 | 433 | 000615 | 湖北金环 | 63.74 | 0.91 | 18.95 | 2.63 | 0.53 | 1.32 | 38.80 | 12.51 | 2.87 | 35.59 | 310.27 | 297.72 | 128 287.06 | 62 143.92 | 19 286.06 |
| 37 | 456 | 002258 | 利尔化学 | 63.10 | 0.50 | 11.66 | 12.22 | 0.46 | 0.66 | 4.78 | — | −2.42 | 0.12 | 125.80 | 190.59 | 86 414.04 | 39 420.96 | 10 115.33 |
| 38 | 464 | 600469 | 风神股份 | 62.97 | 0.83 | 10.45 | 19.93 | 1.08 | 2.48 | 69.32 | 2.83 | −7.76 | 19.72 | 156.40 | 184.93 | 546 175.39 | 562 251.96 | 31 005.36 |
| 39 | 462 | 002256 | 彩虹精化 | 63.00 | 0.28 | 7.37 | 7.45 | 0.62 | 1.03 | 15.20 | — | 6.01 | 28.04 | 92.79 | 131.40 | 59 117.08 | 32 307.52 | 3 696.06 |
| 40 | 467 | 600157 | 鲁润股份 | 62.90 | 0.08 | 2.24 | 1.60 | 1.46 | 2.85 | 69.27 | 14.75 | 16.07 | 69.28 | 414.73 | 265.31 | 194 860.62 | 218 775.59 | 2 224.19 |
| 41 | 477 | 600688 | S上石化 | 62.63 | 0.22 | 8.36 | 9.17 | 1.77 | 6.64 | 48.65 | 7.88 | −14.24 | 10.88 | 112.45 | 170.50 | 3 045 832.20 | 5 172 272.70 | 162 607.60 |
| 42 | 501 | 002243 | 通产丽星 | 62.05 | 0.26 | 11.28 | 12.61 | 0.86 | 1.55 | 20.21 | 19.11 | 2.08 | 9.44 | 166.32 | 241.36 | 65 713.60 | 58 568.89 | 6 782.44 |
| 43 | 509 | 002130 | 沃尔核材 | 61.85 | 0.33 | 11.18 | 12.13 | 0.67 | 1.49 | 31.12 | 11.10 | 9.96 | 10.66 | 144.40 | 180.70 | 65 075.48 | 40 489.26 | 5 451.18 |
| 44 | 526 | 000985 | 大庆华科 | 61.43 | 0.22 | 6.57 | 6.98 | 1.77 | 6.59 | 8.42 | — | −23.46 | 7.13 | 102.18 | 121.07 | 51 035.85 | 87 157.02 | 2 814.23 |
| 45 | 536 | 002064 | 华峰氨纶 | 61.14 | 0.29 | 7.95 | 6.74 | 0.69 | 2.29 | 20.06 | 9.91 | 17.74 | 5.42 | 186.45 | 230.41 | 172 481.40 | 119 588.15 | 10 736.56 |
| 46 | 541 | 000599 | 青岛双星 | 61.02 | 0.51 | 7.99 | 18.97 | 1.02 | 2.30 | 66.55 | 5.48 | −3.19 | 22.85 | 183.67 | 224.64 | 431 579.97 | 420 144.07 | 26 727.46 |
| 47 | 545 | 000670 | S＊ST天发 | 60.94 | 0.01 | 5.81 | 2.96 | 0.50 | 0.53 | 12.97 | — | 11.23 | 2.99 | — | — | 26 695.80 | 12 666.65 | 675.17 |
| 48 | 568 | 002109 | 兴化股份 | 60.38 | 0.25 | 8.52 | 9.07 | 0.60 | 1.39 | 32.26 | 8.32 | 2.25 | 6.73 | 49.44 | 88.43 | 149 706.73 | 85 437.73 | 9 048.74 |
| 49 | 572 | 600527 | 江南高纤 | 60.27 | 0.26 | 11.44 | 12.09 | 0.95 | 2.03 | 31.43 | 9.96 | 12.72 | 10.25 | 87.23 | 110.94 | 117 905.65 | 102 972.02 | 9 432.13 |
| 50 | 570 | 002319 | 乐通股份 | 60.32 | 0.51 | 11.50 | 11.95 | 0.79 | 0.93 | 18.27 | 31.53 | 10.41 | 260.43 | −326.56 | 27.67 | 60 683.12 | 33 167.98 | 4 074.25 |
| 51 | 590 | 002254 | 烟台氨纶 | 59.99 | 0.67 | 7.14 | 6.92 | 0.59 | 1.17 | 12.59 | — | −20.09 | 0.80 | 65.08 | 108.96 | 194 203.31 | 113 302.23 | 11 992.00 |
| 52 | 600 | 600141 | 兴发集团 | 59.76 | 0.46 | 7.71 | 10.52 | 0.91 | 4.25 | 64.78 | 2.62 | 13.78 | 8.72 | 126.15 | 139.37 | 363 962.80 | 304 439.06 | 14 007.46 |

续表

| 行业排名 | 全部上市公司排名 | 股票代码 | 股票名称 | 综合得分(100分) | 每股收益 | 总资产报酬率% | 净资产收益率% | 总资产周转率(次) | 流动资产周转率(次) | 资产负债率(%) | 已获利息倍数 | 营业收入增长率(%) | 资本扩张率(%) | 市场投资回报率(%) | 股价波动率(%) | 年末资产额(万元) | 营业收入净额(万元) | 净利润(万元) |
|---|---|---|---|---|---|---|---|---|---|---|---|---|---|---|---|---|---|---|
| 53 | 604 | 002092 | 中泰化学 | 59.71 | 0.19 | 3.08 | 2.69 | 0.54 | 2.98 | 65.45 | 3.09 | −3.08 | 3.51 | 219.45 | 201.06 | 747 716.95 | 332 650.07 | 10 492.23 |
| 54 | 602 | 600182 | S佳通 | 59.74 | 0.44 | 15.18 | 29.87 | 0.90 | 1.93 | 62.59 | 5.96 | −6.46 | 35.62 | 248.21 | 228.82 | 298 987.99 | 264 653.28 | 29 371.80 |
| 55 | 607 | 002326 | 永太科技 | 59.61 | 0.57 | 9.21 | 10.36 | 0.57 | 0.78 | 31.66 | 8.47 | 25.37 | 364.33 | −73.65 | 2.07 | 126 342.64 | 49 281.11 | 5 724.29 |
| 56 | 678 | 000819 | 岳阳兴长 | 57.81 | 0.26 | 12.56 | 11.38 | 2.23 | 3.51 | 16.38 | — | −37.83 | 2.84 | 3.76 | 101.13 | 52 595.01 | 114 745.25 | 5 090.76 |
| 57 | 711 | 002061 | 江山化工 | 57.02 | 0.50 | 6.80 | 12.10 | 0.84 | 2.17 | 65.60 | 3.71 | 1.98 | 15.37 | 150.00 | 215.96 | 164 794.58 | 118 386.61 | 6 539.65 |
| 58 | 717 | 600470 | 六国化工 | 56.85 | 0.24 | 2.55 | 3.88 | 1.24 | 2.15 | 46.86 | 8.33 | −4.72 | 2.42 | 88.02 | 100.31 | 216 664.12 | 291 636.86 | 4 765.23 |
| 59 | 719 | 600143 | 金发科技 | 56.84 | 0.20 | 6.65 | 8.23 | 1.00 | 1.28 | 58.32 | 3.30 | −0.78 | 11.85 | 93.87 | 114.89 | 799 342.55 | 711 242.29 | 28 534.28 |
| 60 | 729 | 600746 | 江苏索普 | 56.65 | 0.08 | 6.06 | 6.22 | 1.32 | 6.09 | 22.16 | 8.51 | −7.92 | 7.01 | 168.43 | 171.26 | 52 759.08 | 72 353.51 | 2 394.68 |
| 61 | 734 | 000949 | 新乡化纤 | 56.53 | 0.17 | 6.63 | 8.24 | 0.67 | 2.02 | 63.03 | 3.18 | 18.83 | 7.53 | 175.16 | 208.75 | 384 845.96 | 242 563.60 | 9 961.50 |
| 62 | 752 | 000683 | 远兴能源 | 56.19 | 1.78 | 22.73 | −6.36 | 0.32 | 1.10 | 54.30 | 18.44 | −15.01 | 33.82 | 167.26 | 182.29 | 646 231.78 | 173 973.23 | 87 863.72 |
| 63 | 766 | 000407 | 胜利股份 | 55.88 | 0.41 | 13.78 | 9.07 | 0.65 | 1.26 | 52.57 | 8.44 | −18.86 | 21.28 | 101.00 | 153.46 | 240 909.02 | 145 994.51 | 23 937.94 |
| 64 | 771 | 000731 | 四川美丰 | 55.81 | 0.28 | 4.01 | 4.35 | 1.08 | 3.75 | 40.24 | 3.15 | 6.61 | −4.61 | 37.32 | 81.81 | 289 642.70 | 366 316.51 | 6 601.26 |
| 65 | 774 | 000839 | 中信国安 | 55.74 | 0.39 | 9.01 | 4.25 | 0.19 | 0.54 | 45.24 | 4.71 | 3.31 | 11.92 | 115.37 | 132.18 | 1 081 833.09 | 196 824.79 | 61 815.73 |
| 66 | 783 | 600623 | 双钱股份 | 55.61 | 0.19 | 4.99 | 8.62 | 0.84 | 1.91 | 74.22 | 2.50 | −10.25 | 15.19 | 369.42 | 417.16 | 872 848.54 | 729 405.46 | 18 296.24 |
| 67 | 784 | 002192 | 路翔股份 | 55.60 | 0.17 | 4.95 | 7.27 | 0.92 | 1.28 | 64.72 | 3.97 | 73.81 | 36.43 | 233.21 | 227.12 | 91 172.81 | 60 715.72 | 2 040.59 |
| 68 | 797 | 600378 | 天科股份 | 55.34 | 0.17 | 7.00 | 8.48 | 0.73 | 1.05 | 29.30 | — | −15.88 | 9.14 | 144.70 | 164.67 | 69 533.42 | 50 701.86 | 4 268.73 |
| 69 | 811 | 600596 | 新安股份 | 54.98 | 1.00 | 6.78 | 6.84 | 0.76 | 1.52 | 26.92 | — | −46.67 | 26.62 | 23.73 | 61.93 | 569 406.36 | 384 982.76 | 29 732.03 |
| 70 | 820 | 002068 | 黑猫股份 | 54.77 | 0.41 | 7.78 | 14.93 | 0.93 | 1.83 | 71.97 | 3.05 | 4.92 | 15.61 | 192.55 | 265.22 | 226 959.12 | 186 267.13 | 8 387.54 |
| 71 | 829 | 002246 | 北化股份 | 54.65 | 0.11 | 2.87 | 2.75 | 0.86 | 1.22 | 12.15 | — | 4.64 | 1.69 | 208.35 | 266.10 | 67 720.20 | 56 925.95 | 2 101.98 |
| 72 | 826 | 600725 | 云维股份 | 54.69 | 0.32 | 3.62 | 4.75 | 0.51 | 2.11 | 71.39 | 1.68 | −18.04 | 49.03 | 87.08 | 105.34 | 987 035.96 | 436 727.94 | 11 744.06 |
| 73 | 839 | 002167 | 东方锆业 | 54.32 | 0.37 | 5.71 | 7.17 | 0.36 | 0.67 | 46.56 | 5.46 | 40.66 | 131.77 | 152.84 | 210.52 | 102 939.90 | 26 781.86 | 3 016.28 |
| 74 | 854 | 000936 | 华西村 | 53.97 | 0.21 | 5.68 | 6.53 | 0.90 | 1.60 | 51.97 | 3.98 | −23.94 | 5.69 | 196.05 | 213.43 | 279 169.98 | 242 877.35 | 10 414.38 |
| 75 | 864 | 000782 | 美达股份 | 53.68 | 0.02 | 3.10 | 3.16 | 1.36 | 3.74 | 55.82 | 1.36 | −16.67 | 2.63 | 153.65 | 191.41 | 199 340.60 | 255 435.74 | 1 432.87 |
| 76 | 874 | 002136 | 安纳达 | 53.52 | 0.15 | 4.97 | 5.78 | 0.87 | 2.79 | 52.07 | 3.46 | 7.63 | 6.31 | 108.10 | 137.67 | 40 586.97 | 33 176.17 | 1 154.56 |
| 77 | 869 | 600387 | 海越股份 | 53.54 | 0.75 | 18.14 | 3.83 | 0.55 | 2.60 | 43.84 | 11.02 | −14.70 | 36.10 | 175.82 | 217.12 | 181 145.85 | 91 186.77 | 21 698.24 |
| 78 | 885 | 000155 | 川化股份 | 53.26 | 0.18 | 3.83 | 3.44 | 0.73 | 3.10 | 39.68 | 3.09 | −14.79 | 1.29 | 51.85 | 77.77 | 321 663.07 | 225 132.53 | 7 299.52 |

续表

| 行业排名 | 全部上市公司排名 | 股票代码 | 股票名称 | 综合得分(100分) | 每股收益 | 总资产报酬率% | 净资产收益率% | 总资产周转率（次） | 流动资产周转率（次） | 资产负债率(%) | 已获利息倍数 | 营业收入增长率（%） | 资本扩张率(%) | 市场投资回报率（%） | 股价波动率(%) | 年末资产额（万元） | 营业收入净额（万元） | 净利润（万元） |
|---|---|---|---|---|---|---|---|---|---|---|---|---|---|---|---|---|---|---|
| 79 | 888 | 000668 | 荣丰控股 | 53.22 | 0.76 | 15.57 | 20.55 | 0.33 | 0.38 | 34.21 | 166.46 | −87.52 | 18.56 | 9.10 | 71.46 | 104 957.59 | 35 589.42 | 12 425.89 |
| 80 | 900 | 002217 | 联合化工 | 52.94 | 0.36 | 7.41 | 8.76 | 0.56 | 1.11 | 32.94 | — | −28.05 | 7.62 | 55.83 | 128.28 | 113 322.82 | 57 915.65 | 7 947.98 |
| 81 | 903 | 000523 | 广州浪奇 | 52.84 | 0.06 | 2.70 | 1.40 | 1.35 | 2.34 | 38.72 | 4.50 | −5.89 | 2.01 | 105.84 | 129.64 | 75 849.52 | 96 746.29 | 914.41 |
| 82 | 914 | 000677 | 山东海龙 | 52.58 | 0.11 | 5.09 | 3.44 | 0.56 | 1.59 | 77.54 | 1.74 | 25.80 | 7.52 | 207.34 | 208.71 | 670 874.06 | 351 449.48 | 10 530.47 |
| 83 | 916 | 000830 | 鲁西化工 | 52.52 | 0.13 | 4.09 | 2.77 | 0.83 | 3.03 | 72.28 | 3.03 | −6.59 | −1.40 | 64.91 | 78.95 | 856 464.02 | 646 931.93 | 14 276.62 |
| 84 | 928 | 002170 | 芭田股份 | 52.24 | 0.04 | 1.91 | 1.38 | 1.77 | 2.64 | 24.46 | 3.20 | −20.42 | −0.09 | 67.94 | 108.60 | 73 520.44 | 141 733.94 | 1 193.27 |
| 85 | 929 | 002125 | 湘潭电化 | 52.22 | 0.04 | 4.18 | 4.14 | 0.72 | 1.47 | 57.23 | 2.15 | 34.63 | 3.24 | 188.10 | 179.51 | 68 272.56 | 50 131.87 | 1 244.32 |
| 86 | 936 | 002053 | 云南盐化 | 52.14 | 0.11 | 3.20 | 0.76 | 0.66 | 2.87 | 51.75 | 1.41 | 8.48 | 1.30 | 50.10 | 65.09 | 213 651.37 | 147 172.48 | 1 432.03 |
| 87 | 948 | 000635 | 英力特 | 51.78 | 0.32 | 5.54 | 8.03 | 0.48 | 3.49 | 75.82 | 1.75 | −7.54 | 18.00 | 124.05 | 176.63 | 375 133.09 | 187 336.52 | 7 745.06 |
| 88 | 957 | 000510 | 金路集团 | 51.61 | 0.01 | 2.50 | −1.11 | 0.83 | 2.11 | 58.93 | 1.14 | 13.17 | 2.48 | 252.84 | 222.63 | 280 703.77 | 228 395.14 | 746.77 |
| 89 | 955 | 600063 | 皖维高新 | 51.63 | 0.14 | 2.98 | 2.84 | 0.45 | 1.74 | 50.62 | 2.01 | −20.68 | 43.02 | 143.96 | 149.47 | 433 983.04 | 167 195.52 | 5 336.72 |
| 90 | 975 | 000665 | 武汉塑料 | 51.32 | 0.03 | 7.30 | 14.42 | 0.77 | 1.87 | 73.50 | 3.04 | 38.19 | 5.58 | 173.20 | 217.54 | 94 340.09 | 66 516.21 | 2 579.48 |
| 91 | 982 | 600160 | 巨化股份 | 51.20 | 0.17 | 3.11 | 3.28 | 0.89 | 3.17 | 49.79 | 1.43 | −30.57 | 0.68 | 128.52 | 137.49 | 409 896.18 | 369 961.02 | 9 245.88 |
| 92 | 998 | 600810 | 神马股份 | 50.99 | 0.02 | 2.47 | 0.64 | 0.95 | 2.60 | 58.92 | 1.36 | 35.98 | — | 161.23 | 233.94 | 665 469.72 | 617 448.77 | 1 180.38 |
| 93 | 1000 | 600589 | 广东榕泰 | 50.97 | 0.19 | 6.92 | 7.55 | 0.56 | 1.24 | 35.85 | 3.81 | 15.44 | 40.99 | 101.48 | 130.12 | 267 069.92 | 131 286.28 | 10 879.76 |
| 94 | 1003 | 600230 | 沧州大化 | 50.92 | 0.26 | 3.83 | 4.26 | 0.53 | 1.98 | 59.49 | 2.81 | −12.97 | 1.83 | 137.73 | 160.68 | 358 076.69 | 175 933.05 | 6 225.30 |
| 95 | 1008 | 000973 | 佛塑股份 | 50.74 | 0.01 | 4.32 | 2.30 | 0.88 | 2.20 | 66.21 | 1.48 | −14.03 | 2.22 | 190.49 | 182.11 | 418 886.97 | 369 913.47 | 3 773.91 |
| 96 | 1029 | 000096 | 广聚能源 | 50.38 | 0.21 | 6.88 | 3.59 | 0.53 | 1.34 | 10.27 | — | −48.57 | 3.26 | 95.76 | 116.75 | 183 669.88 | 92 682.94 | 11 234.04 |
| 97 | 1033 | 600260 | 凯乐科技 | 50.23 | 0.27 | 6.45 | 2.08 | 0.35 | 0.48 | 52.88 | 17.23 | −15.24 | 9.05 | 169.47 | 185.45 | 319 036.81 | 98 194.87 | 14 117.61 |
| 98 | 1051 | 000565 | 渝三峡 A | 49.89 | 1.17 | 17.23 | 1.18 | 0.29 | 0.90 | 54.14 | 11.92 | 3.23 | 54.80 | 120.63 | 102.55 | 146 671.00 | 39 193.55 | 19 455.13 |
| 99 | 1067 | 002015 | 霞客环保 | 49.58 | 0.08 | 4.34 | 3.46 | 0.88 | 1.74 | 62.98 | 1.54 | 10.63 | 43.77 | 116.24 | 173.11 | 146 053.53 | 122 197.90 | 1 959.55 |
| 100 | 1077 | 600636 | 三爱富 | 49.32 | 0.05 | 5.79 | 5.95 | 0.84 | 2.07 | 59.72 | 2.12 | −21.55 | 2.78 | 124.96 | 120.19 | 234 011.16 | 210 222.39 | 7 661.46 |
| 101 | 1078 | 002211 | 宏达新材 | 49.32 | 0.15 | 3.99 | 3.85 | 0.45 | 1.20 | 34.89 | 5.19 | −2.84 | 2.80 | 119.34 | 140.86 | 149 767.71 | 62 518.63 | 4 013.07 |
| 102 | 1084 | 000156 | *ST 嘉瑞 | 49.25 | 0.71 | 32.72 | 6.99 | 2.13 | 4.64 | 237.35 | 5.12 | 32.77 | — | — | — | 35 212.15 | 75 189.77 | 8 513.24 |
| 103 | 1086 | 000698 | 沈阳化工 | 49.19 | 0.10 | 1.73 | 1.74 | 0.66 | 3.21 | 60.27 | 1.91 | −23.78 | −0.34 | 68.61 | 97.94 | 704 500.77 | 450 581.22 | 6 247.82 |
| 104 | 1096 | 000687 | 保定天鹅 | 48.96 | 0.10 | 5.39 | −7.37 | 0.50 | 1.91 | 23.76 | 11.06 | 4.05 | 36.15 | 177.10 | 210.03 | 173 162.09 | 78 411.82 | 6 600.24 |

续表

| 行业排名 | 全部上市公司排名 | 股票代码 | 股票名称 | 综合得分（100分） | 每股收益 | 总资产报酬率% | 净资产收益率% | 总资产周转率（次） | 流动资产周转率（次） | 资产负债率(%) | 已获利息倍数 | 营业收入增长率（%） | 资本扩张率(%) | 市场投资回报率（%） | 股价波动率(%) | 年末资产产额（万元） | 营业收入净额（万元） | 净利润（万元） |
|---|---|---|---|---|---|---|---|---|---|---|---|---|---|---|---|---|---|---|
| 105 | 1115 | 600667 | 太极实业 | 48.32 | 0.06 | 3.14 | 1.18 | 0.45 | 1.23 | 45.48 | 2.88 | −5.77 | 50.24 | 152.33 | 177.95 | 172 155.48 | 61 733.38 | 2 664.41 |
| 106 | 1142 | 600061 | 中纺投资 | 47.72 | 0.01 | 2.53 | −0.28 | 1.55 | 2.53 | 29.86 | 3.73 | 0.04 | 2.46 | 187.30 | 241.49 | 78 282.45 | 123 865.69 | 464.68 |
| 107 | 1151 | 600227 | 赤天化 | 47.59 | 0.40 | 3.18 | 6.06 | 0.17 | 0.34 | 70.22 | 5.26 | −3.13 | 27.89 | 76.26 | 96.13 | 866 808.91 | 111 217.19 | 14 310.46 |
| 108 | 1153 | 002221 | 东华能源 | 47.53 | 0.17 | 4.22 | 3.84 | 1.79 | 2.67 | 59.61 | 3.72 | 43.96 | 4.73 | 103.68 | 118.79 | 143 073.67 | 237 975.07 | 3 511.69 |
| 109 | 1174 | 000707 | 双环科技 | 47.09 | 0.01 | 2.16 | −0.44 | 0.56 | 2.69 | 58.53 | 1.13 | −13.88 | 0.02 | 84.92 | 94.53 | 540 951.03 | 296 663.63 | 1 032.47 |
| 110 | 1177 | 600075 | 新疆天业 | 47.02 | 0.02 | 3.22 | −0.14 | 0.65 | 1.50 | 55.55 | 1.14 | −12.46 | −1.06 | 63.61 | 88.64 | 464 505.30 | 324 181.49 | 1 192.92 |
| 111 | 1179 | 000912 | 泸天化 | 46.98 | 0.19 | 2.79 | 1.26 | 0.62 | 1.75 | 49.33 | 2.29 | −17.69 | 1.73 | 20.96 | 55.13 | 732 946.47 | 474 622.91 | 7 998.11 |
| 112 | 1178 | 000553 | 沙隆达 A | 47.01 | 0.03 | 3.53 | 0.06 | 0.81 | 1.80 | 46.04 | 1.74 | −25.57 | −1.44 | 50.22 | 69.84 | 203 907.06 | 165 044.43 | 1 919.19 |
| 113 | 1181 | 002207 | 准油股份 | 46.86 | 0.11 | 3.34 | 3.24 | 0.45 | 0.85 | 47.84 | 3.37 | 7.97 | −2.36 | 130.10 | 202.74 | 68 156.42 | 28 865.38 | 1 128.23 |
| 114 | 1185 | 002263 | 大东南 | 46.75 | 0.15 | 6.57 | 5.86 | 0.56 | 2.17 | 54.00 | 2.29 | −7.84 | 4.44 | 121.97 | 109.96 | 213 960.90 | 107 633.27 | 6 571.61 |
| 115 | 1199 | 600409 | 三友化工 | 46.44 | 0.04 | 2.33 | 1.67 | 0.56 | 1.86 | 60.81 | 2.15 | −29.44 | 0.59 | 147.83 | 154.77 | 694 340.68 | 358 757.40 | 5 099.28 |
| 116 | 1200 | 600722 | ＊ST 金化 | 46.40 | −0.06 | 1.03 | 5.87 | 0.67 | 3.11 | 199.37 | 0.43 | 41.99 | — | 159.37 | 165.64 | 155 318.72 | 103 181.18 | −2 260.71 |
| 117 | 1204 | 600328 | 兰太实业 | 46.30 | 0.09 | 3.64 | 0.49 | 0.36 | 0.94 | 65.35 | 1.59 | 7.57 | 32.71 | 74.07 | 94.53 | 376 637.17 | 108 827.27 | 3 165.20 |
| 118 | 1212 | 000554 | 泰山石油 | 46.08 | 0.02 | 2.75 | 0.81 | 3.08 | 11.12 | 3.73 | 151.18 | −0.58 | −2.87 | 79.95 | 81.65 | 91 036.50 | 288 999.26 | 831.81 |
| 119 | 1215 | 000755 | 山西三维 | 46.03 | 0.02 | 2.70 | −2.45 | 0.51 | 2.54 | 52.94 | 1.30 | −14.19 | 0.43 | 84.93 | 101.53 | 461 443.25 | 226 996.79 | 1 042.48 |
| 120 | 1224 | 600423 | 柳化股份 | 45.65 | 0.08 | 3.27 | 1.43 | 0.42 | 2.17 | 63.75 | 1.36 | −4.84 | 4.82 | 60.62 | 98.91 | 396 935.25 | 153 972.84 | 2 828.50 |
| 121 | 1232 | 600249 | 两面针 | 45.17 | 0.04 | 0.70 | −2.87 | 0.20 | 0.90 | 23.14 | 6.98 | 26.00 | 31.12 | 92.48 | 112.00 | 407 985.83 | 71 299.45 | 1 614.54 |
| 122 | 1244 | 600731 | 湖南海利 | 44.87 | 0.02 | 4.24 | −0.98 | 0.54 | 1.25 | 68.39 | 1.36 | −1.61 | 2.04 | 140.55 | 182.31 | 129 832.45 | 69 446.99 | 819.30 |
| 123 | 1243 | 600367 | 红星发展 | 44.89 | 0.03 | 0.53 | −0.82 | 0.47 | 0.70 | 16.33 | — | −34.69 | 0.03 | 97.32 | 110.60 | 145 292.46 | 68 572.66 | 820.54 |
| 124 | 1267 | 600259 | ST 有色 | 44.06 | 0.11 | 4.28 | 2.72 | 0.56 | 0.99 | 70.79 | 4.55 | 20.83 | 13.73 | 99.16 | 127.02 | 117 603.22 | 68 026.51 | 2 964.21 |
| 125 | 1291 | 002201 | 九鼎新材 | 43.00 | 0.11 | 3.89 | 2.49 | 0.50 | 1.18 | 52.21 | 1.76 | −23.79 | 3.52 | 92.13 | 147.92 | 78 741.87 | 38 600.88 | 1 160.28 |
| 126 | 1300 | 000420 | 吉林化纤 | 42.75 | 0.05 | 4.01 | −6.33 | 0.73 | 2.59 | 63.71 | 1.83 | 3.40 | 2.42 | 132.90 | 151.59 | 273 078.84 | 184 509.73 | 991.44 |
| 127 | 1310 | 600889 | 南京化纤 | 42.53 | 0.27 | 5.03 | 0.17 | 0.29 | 0.66 | 74.28 | 2.18 | 56.76 | 16.24 | 156.80 | 216.92 | 317 549.02 | 74 737.91 | 6 909.77 |
| 128 | 1324 | 600096 | 云天化 | 42.30 | 0.13 | 2.59 | −0.31 | 0.32 | 1.17 | 68.70 | 1.07 | −21.76 | 12.39 | 27.92 | 60.79 | 1 950 396.81 | 602 783.40 | 127.29 |
| 129 | 1328 | 600078 | 澄星股份 | 42.15 | 0.09 | 3.58 | 2.03 | 0.47 | 0.89 | 71.09 | 1.73 | −16.61 | 1.72 | 24.33 | 61.28 | 561 093.72 | 254 592.47 | 6 496.82 |
| 130 | 1350 | 000525 | 红太阳 | 41.09 | 0.01 | 3.20 | −0.79 | 1.03 | 1.50 | 80.05 | 1.14 | 1.43 | −2.65 | 21.05 | 83.71 | 373 779.61 | 354 870.65 | 272.28 |

续表

| 行业排名 | 全部上市公司排名 | 股票代码 | 股票名称 | 综合得分（100分） | 每股收益 | 总资产报酬率% | 净资产收益率% | 总资产周转率（次） | 流动资产周转率（次） | 资产负债率(%) | 已获利息倍数 | 营业收入增长率（%） | 资本扩张率(%) | 市场投资回报率（%） | 股价波动率(%) | 年末资产产额（万元） | 营业收入净额（万元） | 净利润（万元） |
|---|---|---|---|---|---|---|---|---|---|---|---|---|---|---|---|---|---|---|
| 131 | 1352 | 000732 | *ST三农 | 41.08 | 0.51 | 29.90 | 60.19 | 0.60 | 0.87 | 83.54 | 6.67 | −61.17 | — | — | — | 58 666.20 | 30 938.33 | 11 835.05 |
| 132 | 1372 | 000059 | 辽通化工 | 40.48 | 0.16 | 2.13 | 3.22 | 0.14 | 0.38 | 71.00 | 2.51 | −25.07 | 3.26 | 120.10 | 124.99 | 2 143 621.90 | 274 890.26 | 19 610.61 |
| 133 | 1396 | 600579 | ST黄海 | 39.39 | 0.07 | 4.47 | −53.65 | 0.94 | 2.84 | 95.70 | 1.42 | 8.56 | 45.58 | 167.58 | 172.16 | 127 826.24 | 122 040.67 | 1 719.10 |
| 134 | 1403 | 000791 | 西北化工 | 38.85 | 0.06 | 2.21 | −0.62 | 0.32 | 0.94 | 51.83 | 2.56 | 9.28 | 0.73 | 114.29 | 125.89 | 71 200.10 | 23 907.09 | 891.10 |
| 135 | 1405 | 002018 | 华星化工 | 38.76 | 0.02 | 2.94 | 0.47 | 0.60 | 1.10 | 54.15 | 1.56 | −37.05 | 9.67 | 43.80 | 69.16 | 161 918.47 | 87 021.25 | 484.79 |
| 136 | 1412 | 600251 | 冠农股份 | 38.49 | 0.08 | 4.15 | 2.36 | 0.33 | 0.75 | 51.93 | 2.01 | −4.81 | 0.49 | 17.50 | 71.00 | 177 233.91 | 53 368.67 | 3 029.69 |
| 137 | 1421 | 000584 | 友利控股 | 38.04 | 0.07 | 2.30 | 0.43 | 0.30 | 0.82 | 34.09 | 2.18 | −28.71 | −2.27 | 172.53 | 181.46 | 260 774.08 | 81 931.90 | 3 056.06 |
| 138 | 1436 | 000606 | 青海明胶 | 36.97 | −0.05 | −0.34 | −6.35 | 0.68 | 1.48 | 40.83 | −0.26 | 34.02 | 25.40 | 152.52 | 166.52 | 105 610.71 | 66 141.47 | −1 688.46 |
| 139 | 1437 | 600882 | 大成股份 | 36.95 | 0.05 | 3.33 | −4.98 | 0.46 | 1.20 | 71.98 | 1.18 | −14.77 | 3.96 | 110.40 | 167.66 | 152 546.67 | 75 325.71 | 1 156.21 |
| 140 | 1435 | 000662 | 索芙特 | 37.03 | 0.01 | 1.33 | 0.23 | 0.34 | 0.59 | 22.57 | 1.81 | −8.07 | 0.38 | 64.30 | 91.87 | 124 251.75 | 42 809.12 | 347.64 |
| 141 | 1461 | 002002 | ST琼花 | 34.91 | 0.06 | 3.34 | −53.21 | 0.42 | 2.33 | 55.42 | 1.37 | −46.00 | 2.13 | 242.12 | 295.41 | 36 267.82 | 17 661.25 | 337.44 |
| 142 | 1485 | 600155 | *ST宝硕 | 33.22 | −0.71 | −32.44 | 11.64 | 0.87 | 5.86 | 446.48 | −22.72 | −38.17 | — | 115.50 | 131.62 | 76 254.53 | 75 382.43 | −29 434.73 |
| 143 | 1497 | 600532 | 华阳科技 | 31.87 | 0.03 | 3.48 | −14.52 | 0.43 | 0.94 | 65.03 | 1.13 | −36.49 | 0.71 | 109.75 | 138.60 | 89 533.88 | 40 433.17 | 455.44 |
| 144 | 1499 | 600844 | 丹化科技 | 31.68 | −0.13 | −2.18 | −4.53 | 0.12 | 0.51 | 38.00 | −2.21 | −46.39 | 477.77 | 123.71 | 157.51 | 345 312.54 | 26 275.12 | −5 580.94 |
| 145 | 1505 | 600229 | 青岛碱业 | 31.30 | −0.65 | −9.02 | −19.42 | 0.64 | 2.01 | 49.42 | −5.98 | −24.39 | 23.31 | 42.79 | 60.77 | 267 808.17 | 165 944.42 | −21 850.85 |
| 146 | 1508 | 600792 | ST马龙 | 30.90 | −2.22 | −22.39 | 393.31 | 1.20 | 1.88 | 120.83 | −5.61 | −31.58 | −345.44 | 82.74 | 115.11 | 99 249.04 | 124 904.16 | −27 714.35 |
| 147 | 1510 | 600618 | 氯碱化工 | 30.85 | −0.33 | −3.84 | −14.82 | 0.79 | 3.38 | 58.82 | −1.64 | −13.37 | −13.97 | 152.64 | 194.15 | 572 144.38 | 491 015.05 | −38 577.57 |
| 148 | 1517 | 000976 | *ST春晖 | 30.28 | −0.13 | −3.14 | −11.60 | 0.99 | 2.50 | 60.40 | −1.82 | −16.49 | −10.94 | 107.61 | 132.99 | 162 183.18 | 160 517.27 | −7 890.83 |
| 149 | 1519 | 600339 | 天利高新 | 29.91 | — | 2.12 | −7.20 | 0.24 | 2.43 | 67.72 | 1.01 | −14.74 | −6.00 | 81.58 | 93.77 | 371 777.13 | 89 105.10 | −886.96 |
| 150 | 1521 | 002113 | 天润发展 | 29.85 | −0.60 | −9.24 | −18.37 | 0.52 | 0.96 | 44.91 | −6.42 | 40.83 | −16.09 | 104.74 | 107.15 | 66 212.41 | 35 775.62 | −7 147.56 |
| 151 | 1527 | 000498 | *ST丹化 | 29.22 | 0.62 | 48.15 | 37.32 | 0.03 | 0.05 | 98.31 | 8.65 | −52.10 | — | — | — | 54 535.76 | 1 931.12 | 27 391.62 |
| 152 | 1532 | 600769 | *ST祥龙 | 28.88 | −0.53 | −15.63 | −36.18 | 0.61 | 2.43 | 57.75 | −8.91 | −18.75 | −30.33 | 92.69 | 156.87 | 107 575.29 | 67 984.72 | −19 786.43 |
| 153 | 1530 | 000859 | 国风塑业 | 28.94 | −0.32 | −8.07 | −7.84 | 0.78 | 2.72 | 37.58 | −4.14 | −26.57 | −12.91 | 189.00 | 219.65 | 148 059.84 | 129 039.83 | −13 336.61 |
| 154 | 1549 | 600633 | *ST白猫 | 27.53 | −0.13 | −7.88 | −26.55 | 1.68 | 2.75 | 44.62 | −9.92 | −17.22 | −14.14 | 45.85 | 117.20 | 20 666.88 | 37 407.74 | −1 931.60 |
| 155 | 1550 | 600299 | *ST新材 | 27.40 | −0.31 | 0.28 | −8.05 | 0.65 | 1.89 | 76.15 | 0.16 | −3.05 | −5.78 | 63.24 | 88.12 | 1 239 049.70 | 777 306.72 | −15 546.94 |
| 156 | 1557 | 600301 | *ST南化 | 26.73 | −1.26 | −9.83 | −37.90 | 0.55 | 2.05 | 65.40 | −3.57 | −19.94 | −6.39 | 95.78 | 144.13 | 252 567.82 | 141 893.75 | −32 622.27 |

续表

| 行业排名 | 全部上市公司排名 | 股票代码 | 股票名称 | 综合得分(100分) | 每股收益 | 总资产报酬率% | 净资产收益率% | 总资产周转率（次） | 流动资产周转率（次） | 资产负债率(%) | 已获利息倍数 | 营业收入增长率（%） | 资本扩张率(%) | 市场投资回报率（%） | 股价波动率(%) | 年末资产额（万元） | 营业收入净额（万元） | 净利润（万元） |
|---|---|---|---|---|---|---|---|---|---|---|---|---|---|---|---|---|---|---|
| 157 | 1565 | 600281 | 太化股份 | 25.96 | -0.50 | -5.71 | -22.53 | 0.73 | 1.66 | 69.96 | -3.39 | -25.59 | -17.74 | 232.10 | 207.51 | 388 857.63 | 278 377.85 | -28 168.09 |
| 158 | 1567 | 600727 | *ST鲁北 | 25.83 | -0.14 | -0.30 | -9.99 | 0.16 | 0.35 | 23.79 | -0.77 | -56.88 | 2.31 | 53.90 | 70.30 | 200 885.01 | 34 728.55 | -4 798.77 |
| 159 | 1580 | 600319 | 亚星化学 | 24.75 | -0.35 | -1.48 | -8.44 | 0.52 | 1.28 | 69.57 | -0.64 | -17.29 | -9.98 | 101.96 | 119.66 | 353 391.19 | 172 162.63 | -9 403.34 |
| 160 | 1583 | 000822 | 山东海化 | 24.40 | -0.79 | -9.40 | -19.52 | 0.67 | 2.35 | 54.69 | -4.86 | -36.36 | -17.41 | 49.57 | 69.90 | 773 342.35 | 545 864.12 | -73 951.84 |
| 161 | 1592 | 002274 | 华昌化工 | 24.06 | -0.49 | -2.19 | -8.27 | 0.73 | 2.27 | 60.34 | -1.21 | -20.69 | -10.81 | 4.24 | 86.80 | 328 416.42 | 235 069.41 | -9 990.39 |
| 162 | 1591 | 000049 | 德赛电池 | 24.13 | -0.26 | -5.10 | -27.10 | 1.43 | 1.92 | 74.54 | -3.30 | 12.55 | -25.83 | 46.87 | 76.12 | 61 351.37 | 87 240.68 | -5 085.53 |
| 163 | 1597 | 600074 | 中达股份 | 23.55 | -0.36 | -3.79 | -27.37 | 0.54 | 3.13 | 74.62 | -0.98 | -10.91 | -24.70 | 62.91 | 78.81 | 327 978.46 | 185 123.43 | -27 307.81 |
| 164 | 1598 | 600228 | 昌九生化 | 23.44 | -0.35 | -4.15 | -12.58 | 0.70 | 1.67 | 60.91 | -1.56 | -36.16 | -19.84 | 147.17 | 150.67 | 96 096.78 | 68 695.33 | -7 495.29 |
| 165 | 1604 | 000953 | *ST河化 | 22.87 | -0.45 | -10.04 | -68.44 | 0.58 | 1.42 | 87.79 | -5.18 | -2.09 | -48.54 | 100.99 | 140.70 | 114 598.58 | 63 599.73 | -13 201.65 |
| 166 | 1607 | 600617 | ST联华 | 22.63 | -0.40 | -82.30 | 202.97 | 0.24 | 0.29 | 225.27 | -16.46 | -20.84 | — | 55.28 | 83.13 | 5 109.56 | 2 054.88 | -7 412.16 |
| 167 | 1619 | 600389 | 江山股份 | 21.98 | -0.39 | -0.22 | -8.19 | 0.72 | 3.07 | 70.45 | -0.08 | -27.91 | -9.61 | 12.02 | 79.91 | 328 091.52 | 232 991.98 | -7 251.89 |
| 168 | 1622 | 000719 | S*ST鑫安 | 21.93 | 0.14 | 31.35 | 472.39 | 0.04 | 0.27 | — | — | — | — | — | — | — | 199.90 | 1 765.44 |
| 169 | 1628 | 600146 | 大元股份 | 21.57 | -0.24 | -11.56 | -16.64 | 0.22 | 0.43 | 22.53 | -26.84 | -28.58 | -15.61 | 592.84 | 354.66 | 37 087.01 | 8 620.70 | -4 784.05 |
| 170 | 1633 | 000737 | 南风化工 | 20.59 | -1.27 | -14.83 | -43.43 | 0.61 | 1.41 | 73.45 | -6.41 | -17.01 | -40.95 | 45.68 | 68.24 | 372 894.12 | 238 949.46 | -69 274.29 |
| 171 | 1644 | 600094 | *ST华源 | 18.78 | — | 1.50 | -21.97 | — | — | 50.35 | — | -100.00 | — | — | — | 2 388.93 | — | 120.29 |
| 172 | 1651 | 600885 | *ST力阳 | 17.73 | -0.79 | -10.31 | -150.72 | 0.86 | 1.81 | 100.96 | -1.89 | -5.87 | -104.62 | 28.78 | 84.04 | 57 814.25 | 59 461.15 | -11 436.26 |
| 173 | 1652 | 600176 | 中国玻纤 | 17.68 | -0.36 | 1.31 | -11.36 | 0.24 | 0.76 | 81.08 | 0.37 | -20.89 | -22.93 | 26.21 | 60.96 | 1 370 768.34 | 317 093.56 | -26 629.96 |
| 174 | 1653 | 000818 | *ST锦化 | 17.65 | -3.24 | -32.43 | -255.23 | 0.35 | 1.25 | 105.71 | -8.95 | -42.34 | -113.84 | 106.50 | 149.68 | 234 692.29 | 105 039.37 | -110 124.27 |
| 175 | 1656 | 600699 | *ST得亨 | 17.07 | -1.90 | -25.42 | -445.72 | 0.24 | 1.08 | 121.13 | -3.46 | -7.50 | -161.21 | 117.31 | 156.95 | 81 575.98 | 25 763.29 | -35 664.40 |
| 176 | 1660 | 600656 | ST方源 | 16.67 | -2.48 | -128.39 | 403.05 | — | 0.01 | 388.61 | -11.84 | -99.54 | -324.62 | 30.67 | 74.93 | 14 142.17 | 179.98 | -58 845.18 |
| 177 | 1665 | 002145 | *ST钛白 | 15.99 | -0.79 | -16.60 | -41.74 | 0.17 | 0.56 | 60.23 | -9.40 | -51.94 | -34.81 | 112.65 | 109.43 | 70 148.11 | 13 927.91 | -14 896.92 |
| 178 | 1672 | 600444 | *ST国通 | 14.72 | -0.82 | -8.97 | -73.35 | 0.29 | 1.24 | 86.38 | -2.11 | 2.61 | -56.81 | 24.54 | 66.43 | 56 928.49 | 17 143.02 | -10 233.00 |
| 179 | 1671 | 600091 | 明天科技 | 14.73 | -2.85 | -46.27 | -49.70 | 0.02 | 0.06 | 53.51 | -75.94 | -84.69 | -58.51 | 158.18 | 180.00 | 147 418.36 | 3 659.23 | -96 043.53 |

# 第八章

# 机械行业上市公司业绩评价

机械行业是战略性基础产业，在国家产业升级、技术进步方面担任着重要保障任务。得益于中国经济持续高速发展，近年来机械行业也呈现快速发展势头。尽管遭遇了2008年的国际经济动荡，2009年机械行业上市公司还是保持增长态势。随着国家区域振兴规划重点工程规划的出台，4万亿投资的逐步实施及国际需求逐步恢复等因素的驱动，机械行业上市公司面临着新的发展机遇，2010年仍将保持增长态势。

## 一、机械行业上市公司业绩评价结果

截至2009年底，机械行业上市公司共计168家，资产总额6 885.23亿元、营业收入4 397.79亿元、净利润325.58亿元，分别占全部上市公司（不含保险、信托和B股）的4.75%、4.27%和5.36%。168家企业中，154家盈利，13家亏损，亏损企业比2008年减少2家。

评价结果显示，机械行业综合得分为60.60分，略低于全部上市公司62.90的综合得分，与2008年基本持平。2009年机械行业上市公司共有8家进入全部上市公司综合评价排名前100名，潍柴重机在机械行业上市公司中排名第1，在全部上市公司中排名第18，综合得分为81.30分。机械行业上市公司综合得分在80～90分的有潍柴重机、徐工机械2家；得分在70～80分的有11家，占机械上市行业公司总数的6.55%；得分在60～70分的有40家，占机械行业上市公司总数的23.81%；得分在50～60分的企业多达52家，占同行业上市公司总数的30.95%。四类合计占机械行业上市公司的61.31%（表8-1）。

**表8-1　　2009年度机械行业中联十强排行榜**

| 名次 | 股票代码 | 单位名称 | 业绩得分 | 全部上市公司排名（含金融） |
|---|---|---|---|---|
| 1 | 000650 | 潍柴重机 | 81.30 | 18 |
| 2 | 000423 | 徐工机械 | 80.80 | 20 |
| 3 | 600216 | 三一重工 | 78.90 | 33 |
| 4 | 002294 | 天地科技 | 78.70 | 34 |
| 5 | 000538 | 柳工 | 78.20 | 37 |

续表

| 名次 | 股票代码 | 单位名称 | 业绩得分 | 全部上市公司排名（含金融） |
|---|---|---|---|---|
| 6 | 600276 | 特变电工 | 76.30 | 55 |
| 7 | 002007 | 金风科技 | 76.00 | 64 |
| 8 | 300015 | 中联重科 | 74.30 | 85 |
| 9 | 600763 | 金龙机电 | 73.10 | 107 |
| 10 | 000513 | 钢研高纳 | 70.90 | 151 |

| 序号 | 在全部上市公司中排名 | 公司名称 | 评价结果类型 | 综合得分 |
|---|---|---|---|---|
| 1 | 18 | 潍柴重机 | PR B+ | 81.30 |
| 2 | 20 | 徐工机械 | PR B+ | 80.80 |
| 3 | 33 | 三一重工 | PR B | 78.90 |
| 4 | 34 | 天地科技 | PR B | 78.70 |
| 5 | 37 | 柳　工 | PR B | 78.20 |
| 6 | 55 | 特变电工 | PR B | 76.30 |
| 7 | 64 | 金风科技 | PR B | 76.00 |
| 8 | 85 | 中联重科 | PR B | 74.30 |
| 9 | 107 | 金龙机电 | PR B | 73.10 |
| 10 | 151 | 钢研高纳 | PR B | 70.90 |

## 机械行业 2009 年大事记

1. 徐工集团通过资产重组实现整体上市

2009 年 6 月 23 日，徐工集团资产重组上市工作得到了中国证监会的批准。徐工集团通过将徐工机械所属的徐工重型以及其他工程机械核心业务、优质资产注入到上市公司徐州工程机械科技股份有限公司，从而实现徐工集团工程机械核心业务的整体上市。徐工集团表示，将充分利用资本市场平台，加快做强做大的发展步伐，实现 2015 年 1 000 亿元的战略目标。

2. 山东重工集团成立

2009 年 6 月 18 日，山东重工集团在济南揭牌成立。山东重工集团由潍柴控股集团有限公司、山东工程机械集团有限公司和山东汽车集团有限公司等企业全部国有产权组建。3 家企业在产业和产品上具有较强的关联性，重组后的集团公司在产品、技术、市场销售和服务、采购等方面的协同效应将更加突出，将实现存量资产的优化组合，推动增量投入的合理配置。

3. 三一重工商标之战海外告捷

三一重工与戴姆勒奔驰的商标之战耗时多年。2009 年 10 月 23 日，英国伦敦高等法院判决书裁定，驳回戴姆勒奔驰有关三一重工商标侵权其三叉星商标的诉讼。至此，三一重工与戴姆勒奔驰的商标之战取得了实质性的胜利。

来源：Wind 资讯

## （一）财务效益

如表 8-2 所示，2009 年机械行业上市公司财务效益综合得分为 22.18 分，略高于全部上市公司财务效益 22.16 的综合得分，与 2008 年机械行业上市公司财务效益 21.60 的综合得分相比有小幅上升，上升幅度为 2.69%。

与全部上市公司横向比较，机械行业上市公司除总资产报酬率、盈利现金保障倍数的分项指标略低于全部上市公司外，其余 3 项指标均明显优于全部上市公司，说明机械行业上市公司在赢利能力方面是高于上市公司平均水平的。

与 2008 年机械行业上市公司纵向比较，除扣除非经常性损益净资产收益率分项指标明显低于 2008 年外，其余分项指标均明显高于 2008 年，说明在 2009 年的宏观形势触底回升的背景下，机械行业上市公司的经营效益明显上升。

**表 8-2** 机械行业财务效益状况比较表

| 分析指标 | | 2009 上市公司平均值 | 2009 年行业值 | 2008 年行业值 | 增长率（%） |
|---|---|---|---|---|---|
| 基本指标 | 扣除非经常性损益净资产收益率（%） | 9.45 | 10.59 | 11.40 | −7.11 |
| | 总资产报酬率（%） | 6.80 | 6.63 | 6.62 | 0.15 |
| | 得分 | 21.00 | 21.72 | 22.81 | −4.78 |
| 修正指标 | 营业利润率（%） | 7.07 | 7.59 | 6.34 | 19.72 |
| | 盈利现金保障倍数 | 2.09 | 1.22 | 0.88 | 38.64 |
| | 股本收益率（%） | 36.90 | 42.27 | 37.96 | 11.35 |
| 综合得分 | | 22.16 | 22.18 | 21.60 | 2.69 |

机械行业上市公司财务效益综合得分前 5 名的是潍柴重机、徐工机械、三一重工、天地科技、柳工（表 8-3）。

**表 8-3** 2009 年度中国上市公司财务效益中联五强排行榜

| 名次 | 股票代码 | 股票简称 | 财务效益得分 |
|---|---|---|---|
| 1 | 000880 | 潍柴重机 | 32.66 |
| 2 | 000425 | 徐工机械 | 32.38 |
| 3 | 600031 | 三一重工 | 31.94 |
| 4 | 600582 | 天地科技 | 31.83 |
| 5 | 000528 | 柳工 | 30.68 |

## （二）资产质量

如表 8-4 所示，2009 年机械行业上市公司资产质量综合得分为 6.85 分，明显低于全部上市公司资产质量 9.24 的综合得分，与 2008 年机械行业上市公司财务效益 7.19 的综合得分相比略有下降，下降幅度为 4.73%。

与全部上市公司横向比较，机械行业上市公司总资产周转率、流动资产周转率和应收账款周转率明显低于全部上市公司。

与 2008 年机械行业上市公司纵向比较，应收账款周转率、资产周转率和流动资产周转率也明显下降。

综上指标表明，在 2009 年的宏观经济环境下，机械行业上市公司虽然财务效益状况已开始好转，但销售账款回收速度还没有明显改善，资产质量状况有待进一步提升。

表 8-4　　机械行业资产质量状况比较表

| 评价指标 | | 2009 年上市公司平均值 | 2009 年行业值 | 2008 年行业值 | 增长率（%） |
|---|---|---|---|---|---|
| 基本指标 | 总资产周转率 | 0.78 | 0.70 | 0.84 | －30.00 |
| | 流动资产周转率 | 1.82 | 1.01 | 1.23 | －17.89 |
| | 得分 | 9.36 | 7.68 | 7.77 | －1.16 |
| 修正指标 | 应收账款周转率 | 14.10 | 4.56 | 5.62 | －18.86 |
| 综合得分 | | 9.24 | 6.85 | 7.19 | －4.73 |

机械行业上市公司资产质量综合得分前 5 名的是潍柴重机、徐工机械、三一重工、天地科技、柳工（表 8-5）。

表 8-5　　2008 年度中国上市公司资产质量中联五强排行榜

| 名次 | 股票代码 | 股票简称 | 资产质量得分 |
|---|---|---|---|
| 1 | 000880 | 潍柴重机 | 15.00 |
| 2 | 000425 | 徐工机械 | 15.00 |
| 3 | 600031 | 三一重工 | 14.92 |
| 4 | 600582 | 天地科技 | 11.40 |
| 5 | 000528 | 柳工 | 10.97 |

## （三）偿债风险

如表 8-6 所示，2009 年机械行业上市公司偿债风险综合得分为 9.26 分，略高于全部上市公司资产质量 9.22 的综合得分，与 2008 年机械行业上市公司偿债风险 9.13 的综合得分相比略有上升，上升幅度为 1.42%。

与全部上市公司横向比较，机械行业上市公司分项指标除资产负债率、现金流动负债比率外均优于全部上市公司。

我国制造业企业自有资金不足的问题由来已久，上市公司虽然通过上市获得了大量资金使这个问题有所缓解，生产经营中需要的大量资金仍然有相当大的一部分需要通过举债获得，因此总体负债水平是较高的。但与2008年机械行业上市公司纵向比较，上市公司偿债风险有所降低，表现为资产负债率下降，速动比率上升，说明行业总体债务负担减轻，短期偿债风险减少。

表 8-6　　机械行业偿债风险状况比较表

| 评价指标 | | 2009年上市公司平均值 | 2009年行业值 | 2008年行业值 | 增长率（%） |
|---|---|---|---|---|---|
| 基本指标 | 资产负债率（%） | 57.52 | 60.91 | 62.39 | −2.37 |
| | 获利倍数 | 7.21 | 9.31 | 6.67 | 39.58 |
| | 得分 | 9.22 | 9.26 | 8.46 | 9.46 |
| 修正指标 | 速动比率（%） | 69.84 | 90.81 | 83.35 | 8.96 |
| | 现金流动负债比率（%） | 21.75 | 11.05 | 7.42 | 48.92 |
| | 带息负债比率（%） | 45.98 | 29.87 | 31.05 | −3.80 |
| 综合得分 | | 9.22 | 9.26 | 9.13 | 1.42 |

机械行业上市公司偿债风险综合得分前5名的是潍柴重机、徐工机械、三一重工、天地科技、柳工（表8-7）。

表 8-7　　2008年度中国上市公司偿债风险中联五强排行榜

| 名次 | 股票代码 | 股票简称 | 偿债风险得分 |
|---|---|---|---|
| 1 | 000880 | 潍柴重机 | 15.00 |
| 2 | 000425 | 徐工机械 | 14.99 |
| 3 | 600031 | 三一重工 | 14.99 |
| 4 | 600582 | 天地科技 | 14.99 |
| 5 | 000528 | 柳工 | 14.99 |

### （四）发展能力

如表8-8所示，2009年机械行业上市公司发展能力综合得分为12.98分，略低于全部上市公司发展能力13.37的综合得分，与2008年机械行业上市公司发展能力13的综合得分相比下降不明显，下降幅度为0.15%。在分项指标中营业收入增长率、三年营业收入增长率和总资产增长率有明显的下降，资本扩张率、营业利润增长率大幅上升，表明机械行业上市公司经过近几年的高速成长后，利润增速放缓。机械行业是资本密集型行业，资本扩张率保持增长态势有利于企业保持市场竞争地位，是企业维持长期增长的必要手段。

表 8-8　　　　机械行业发展能力状况比较表

| 评价指标 | | 2009 年上市公司平均值 | 2009 年行业值 | 2008 年行业值 | 增长率（%） |
|---|---|---|---|---|---|
| 基本指标 | 营业收入增长率（%） | 3.85 | 5.07 | 19.77 | −74.36 |
| | 资本扩张率（%） | 17.60 | 24.38 | 13.72 | 77.70 |
| | 得分 | 12.21 | 13.15 | 12.13 | 8.41 |
| 修正指标 | 累计保留盈余率（%） | 35.83 | 37.80 | 34.18 | 10.59 |
| | 三年营业收入增长率（%） | 14.99 | 15.01 | 27.55 | −45.52 |
| | 总资产增长率（%） | 22.53 | 19.98 | 24.26 | −17.64 |
| | 营业利润增长率（%） | 51.83 | 17.54 | 13.22 | 32.68 |
| | 得分 | 13.37 | 12.98 | 13.00 | −0.15 |
| 综合得分 | | 13.37 | 12.98 | 13.00 | −0.15 |

机械行业上市公司发展能力综合得分前 5 名的是潍柴重机、徐工机械、三一重工、天地科技、柳工（表 8-9）。

表 8-9　　　　2008 年度中国上市公司发展能力中联五强排行榜

| 名次 | 股票代码 | 股票简称 | 发展能力得分 |
|---|---|---|---|
| 1 | 000880 | 潍柴重机 | 20.00 |
| 2 | 000425 | 徐工机械 | 20.00 |
| 3 | 600031 | 三一重工 | 19.46 |
| 4 | 600582 | 天地科技 | 18.94 |
| 5 | 000528 | 柳工 | 18.22 |

## （五）市场表现

如表 8-10 所示，2009 年机械行业市场表现得分为 9.17，略高于全部上市公司的综合得分 9.06，与 2008 年相比有小幅下降，降幅为 1.29%。2009 年机械行业上市公司的市场投资回报率为 112.59%，略低于全部上市公司 116.28%的回报率，股价波动幅度也略小于全部上市公司。

机械行业上市公司市场表现综合得分前 5 名为：潍柴重机、徐工机械、三一重工、天地科技、柳工（表 8-11）。在 2009 年的市况下，潍柴重机的市场投资回报率为 199.38%，股价表现极为活跃。潍柴重机是机械行业上市公司排名第 1，在全部上市公司中排名第 18，它的市场表现与其内在价值是相吻合的。

表 8-10　　　　机械行业市场表现状况比较表

| 评价指标 | 2009 年上市公司平均值 | 2009 年行业值 | 2008 年行业值 | 增长率（%） |
|---|---|---|---|---|
| 市场投资回报率（%） | 116.28 | 112.59 | −58.22 | — |
| 股价波动率（%） | 138.04 | 126.75 | 264.16 | −52.02 |
| 综合得分 | 9.06 | 9.17 | 9.29 | −1.29 |

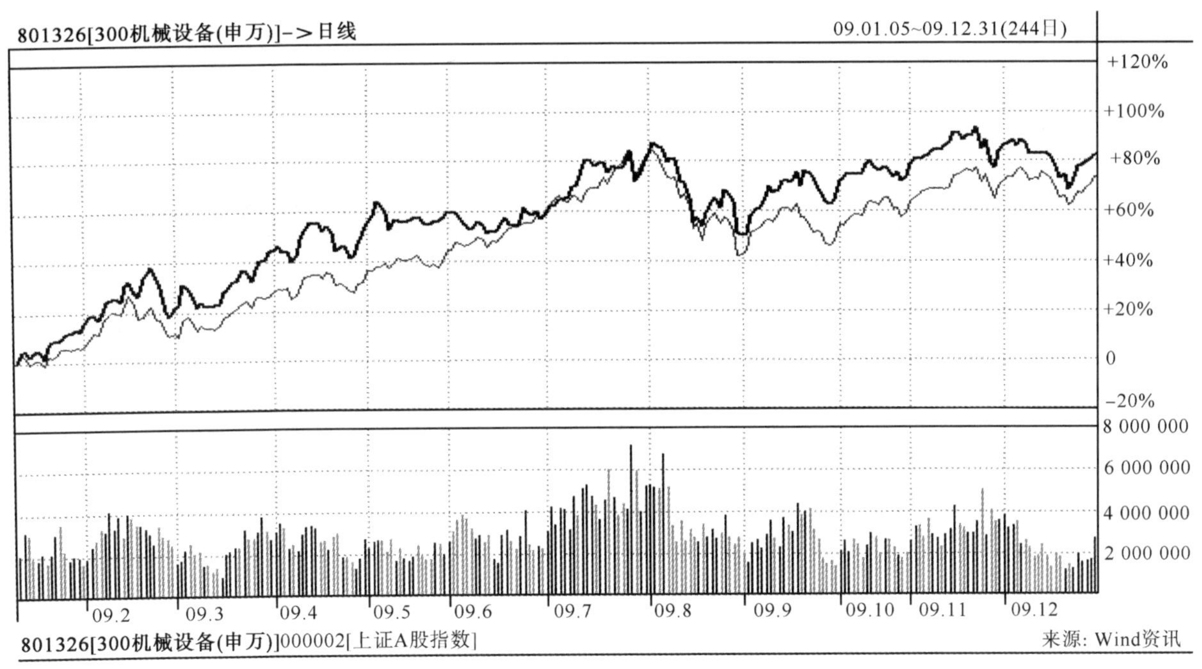


**图 8-1　机械行业指数与上证指数的对比**

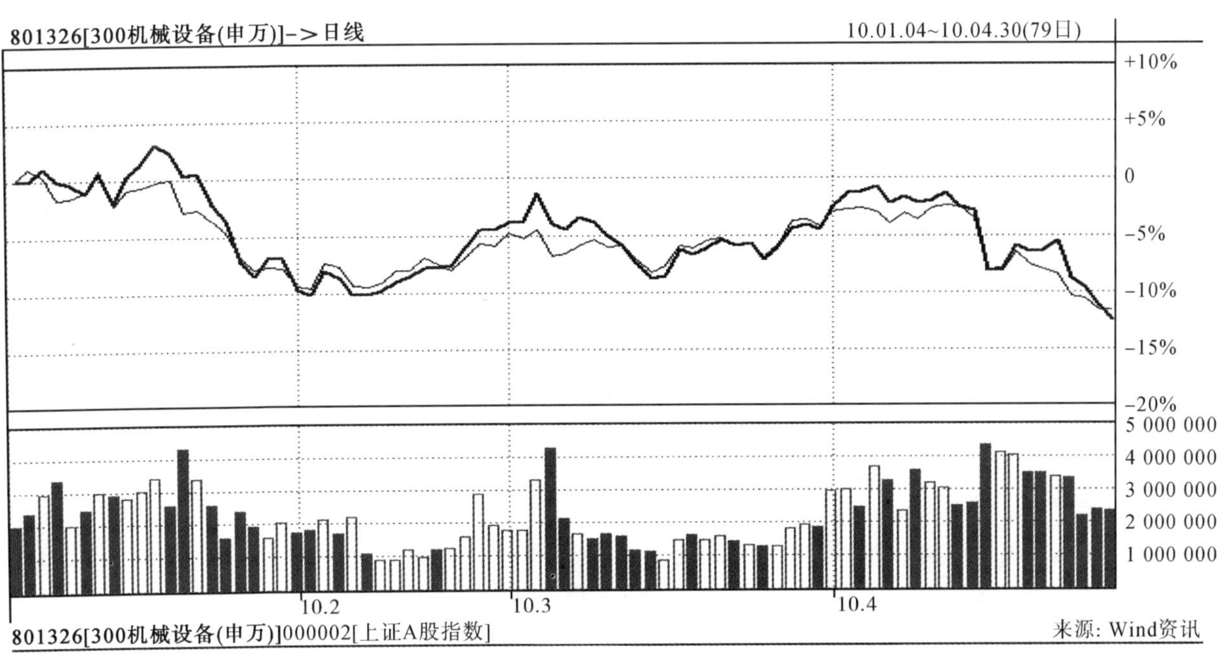


**2010 年 1～4 月机械行业指数与上证指数对比**

**表 8-11　　2008 年度中国上市公司市场表现中联五强排行榜**

| 名次 | 股票代码 | 股票简称 | 市场表现得分 |
|---|---|---|---|
| 1 | 000880 | 潍柴重机 | 15.00 |
| 2 | 000425 | 徐工机械 | 15.00 |
| 3 | 600031 | 三一重工 | 14.55 |
| 4 | 600582 | 天地科技 | 14.03 |
| 5 | 000528 | 柳工 | 12.48 |

## 二、机械行业上市公司业绩影响因素分析

2009 年机械行业上市公司业绩主要影响因素来自需求方面。国际需求明显下滑，造成机械行业出口额大幅减少，但来自于国内四万亿投资需求抵消了国际需求带来的负面作用，使机械行业保持了原有增长的势头。

### （一）国际需求下滑明显，机械行业出口锐减

受国际金融危机的影响，2009 年我国工程机械进出口出现较大下滑，贸易总额为 128.60 亿美元，比上年减少 33.90%。其中进口金额 51.50 亿美元，比上年减少 14.40%；出口金额 77.10 亿美元，比上年减少 42.60%，贸易顺差 25.60 亿美元，比上年减少顺差 48.40 亿美元，同比下降 65.40%。

在 GDP 增长的三大驱动因素中，资本形成总额对经济增长的贡献率为 94.80%，拉动 GDP 增长 7.30 个百分点；净出口对经济增长的贡献率为－46.70%，拉动 GDP 增长－3.60 个百分点。通过贡献率的对比，研究机构发现：①投资对 GDP 的贡献率和对 GDP 增长的拉动作用越来越明显；②在三驾马车中，对外贸易不管是对 GDP 增长的贡献率，还是对 GDP 增长的拉动，所起到的负面作用也越来越大，贡献率从－3.00%→－41.00%→－46.70%，拉动作用从－0.18%→－2.90%→－3.60%，表明我国出口形势严峻。

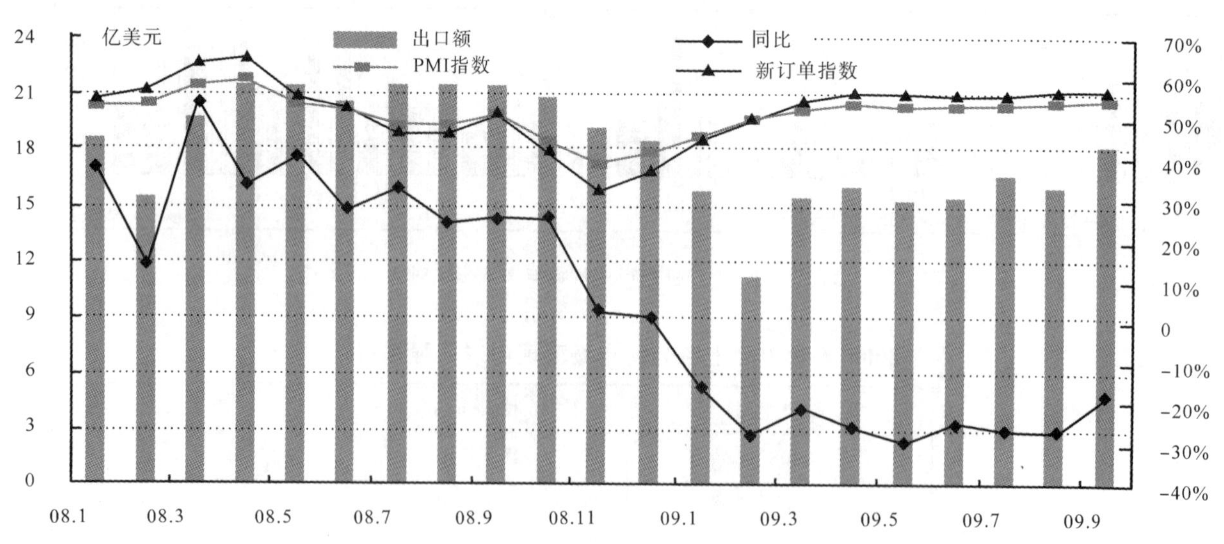


图 8-2　2008～2009 年机械行业相关出口指标

## (二) 4 万亿投资拉动效果显现，促进行业景气上升

2009 年，在出口下降和消费稳定的情况下，投资在经济增长中扮演了更重要的角色。国家四万亿投资计划以及各种产业政策和宽松的信贷政策影响下，2009 年全年城镇固定资产投资增速达到 31%。另外，随着国家“十一五”规划的逐步实施，铁路、公路、机场、港口、市政工程（地铁、城市道路等）以及小城镇建设迅速发展。受此影响，基建固定资产投资呈加速势头，政府投资拉动效果明显，国家四万亿投资计划和相关振兴规划的作用已逐渐发挥。在此背景下，2009 年机械行业上市公司盈利能力较 2008 年有所提升，营业利润率由 6.34%上升到 7.59%，增长 19.72%，营业利润增长率从 13.22%上升为 17.54%，呈现增长势头。

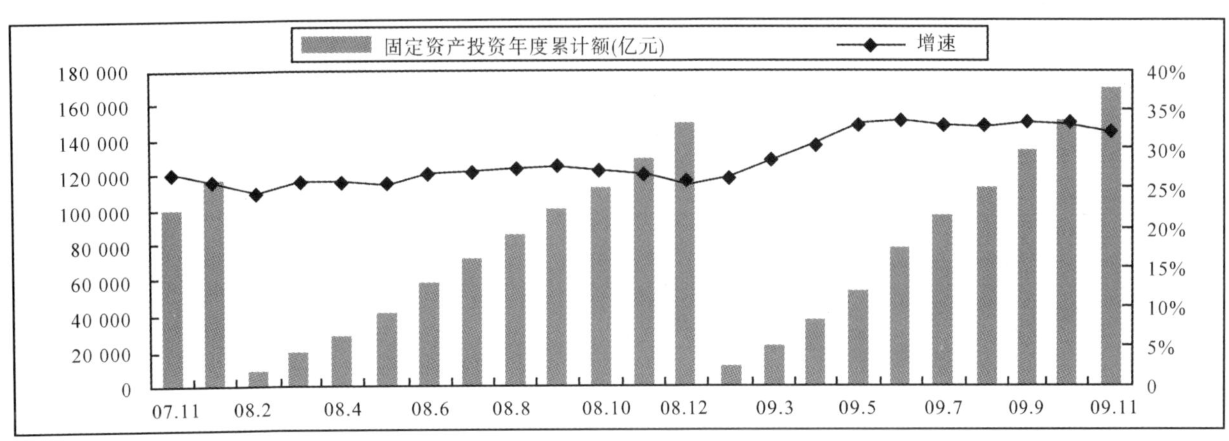


图 8-3 2008～2009 年国内城镇固定资产投资累计额（亿元）及其增速

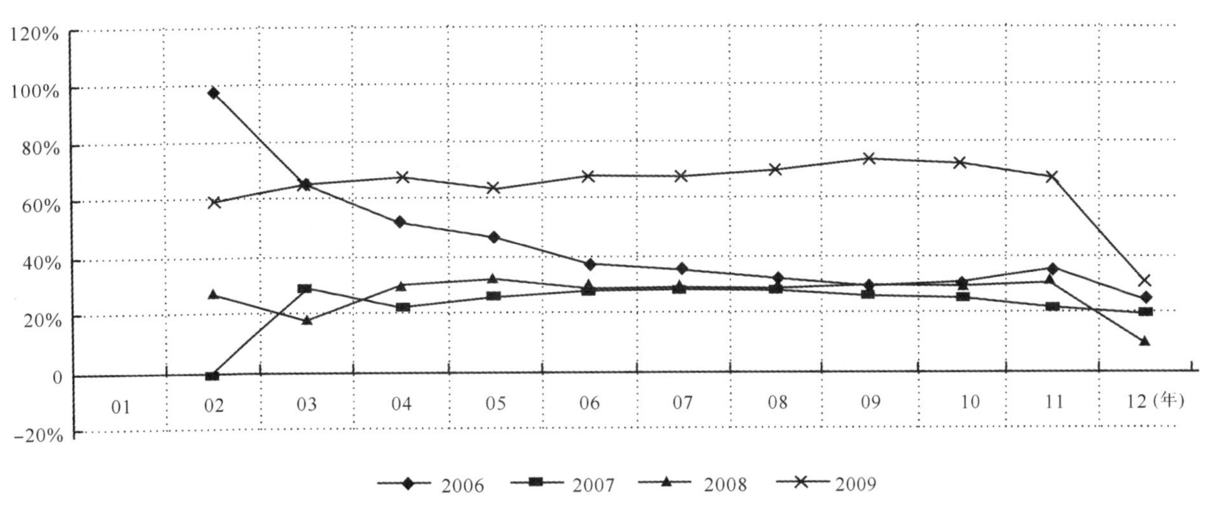


图 8-4 2006～2009 年新增固定资产投资累计同比

## (三) 钢材价格低位运行，行业盈利状况好转

钢材价格的上涨一直是机械行业的潜在风险，钢价上涨会吞食下游行业的利润，损害机械行业内企业的赢利能力。2009 年以来，虽然钢价也有阶段性上涨，但整体依然处在相对低位，机械企业的成本压力不大，再加上自 2009 年初以来机械行业销售持续好转，产销规

模的持续扩大，行业的赢利能力已基本走出低谷，利润总额增速不断提高。

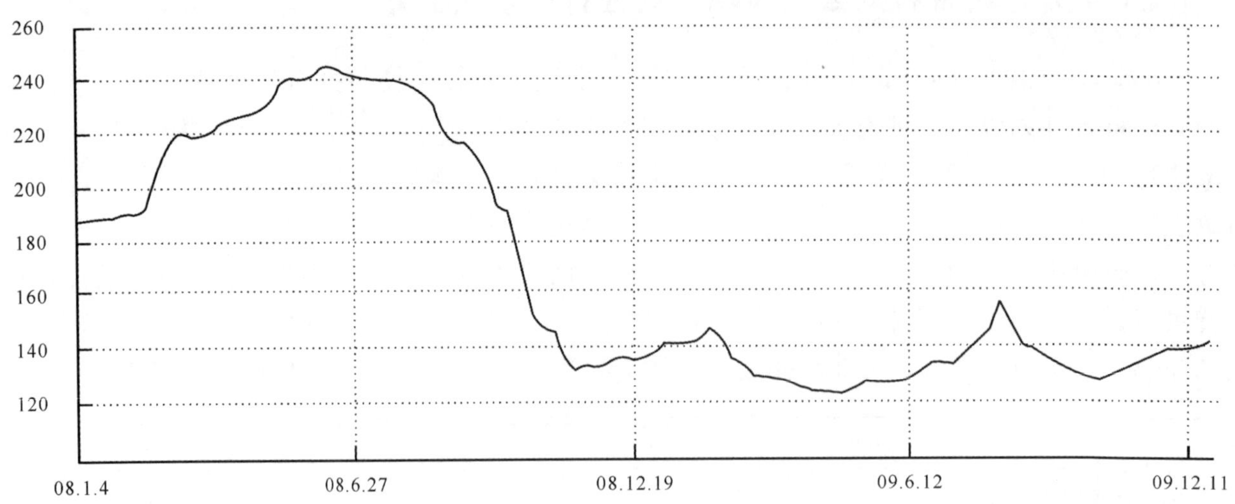


图 8-5　2008～2009 年国内中厚板价格指数

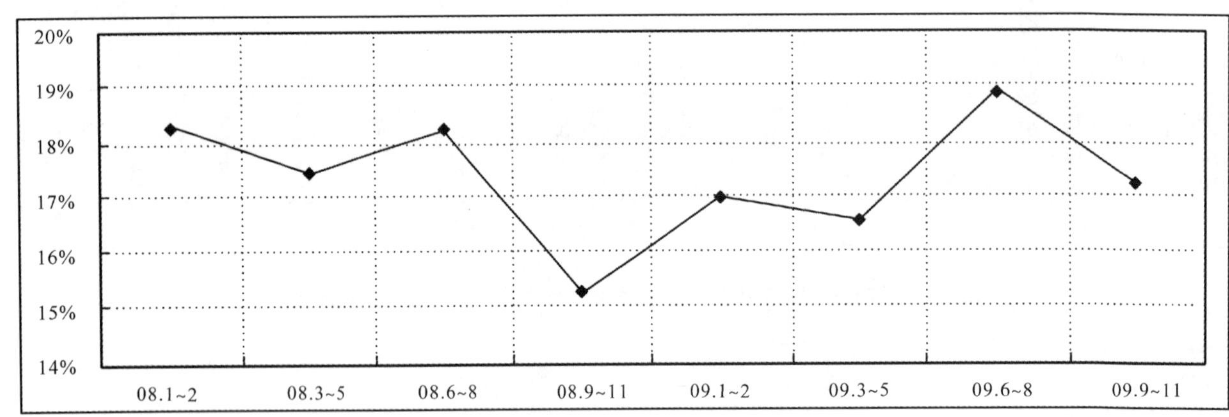


图 8-6　2008～2009 年国内机械行业毛利率变化

## 三、2010 年机械行业前景分析

### （一）固定资产投资推动仍将是 2010 年中国机械行业增长的主要动力

4 万亿刺激经济计划是从 2008 年底到 2010 年，包括两年中央新增投资 1.18 万亿元，加上地方配套和社会投资，形成 4 万亿的投资规模。而截至 2009 年底，中央新增投资只完成了一半，也就是说仍有将近 6 000 亿元的投资额度，如果再加上地方的配套，投资规模仍然可观。另外，2009 年已经下拨的 5 000 多亿的中央投资也会继续带动机械行业的采购需求，因为项目从设立到设备采购存在一定的时滞，那么部分在2009年下拨的投资可望在2010年形成真正的设备采购需求。

如图8-8所示，2010年1～2月份，我国城镇固定资产投资同比增长26.60%。从施工和新开工项目情况看，1～2月份，施工项目计划总投资同比增长29.90%；新开工项目计划总投资同比增长42.70%。虽然预计2010年固定资产投资依然将保持较快增长，但由于2009年固定资产投资增长创了近年新高，全年累计增长将达33%左右，投资的这种超常增长不大可能长期维持。根据研究机构的分析和预测，2010年固定资产投资的增长将相对2009年有所下降，回到25%左右的正常水平，而且投资增速极可能是呈前高后低的走势，2010年1季度仍能维持30%左右高增长，而2、3季度将可能下降到25%以下。

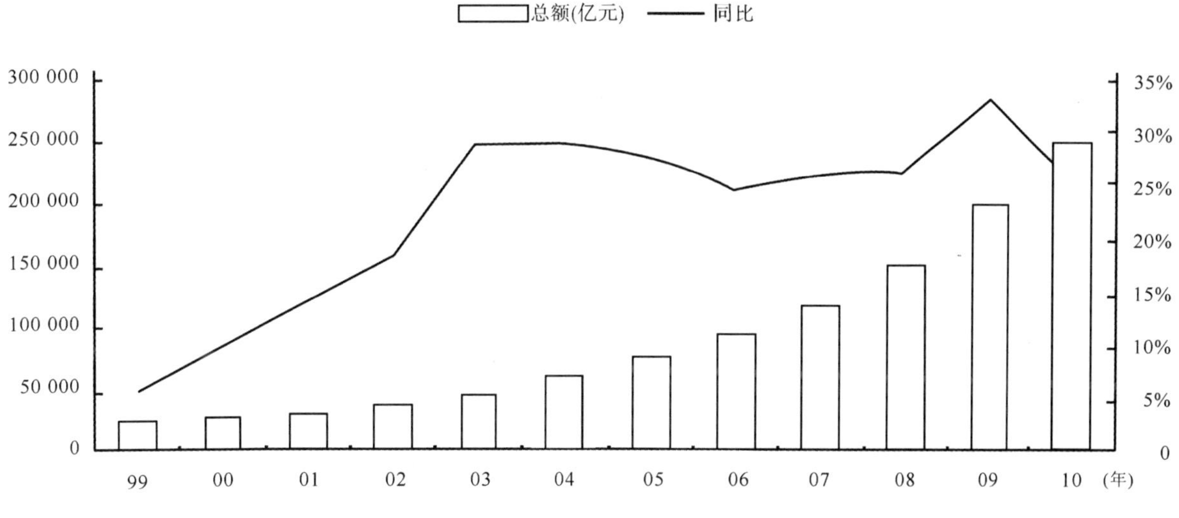


**图8-7 固定资产投资近10年增长趋势及预测**

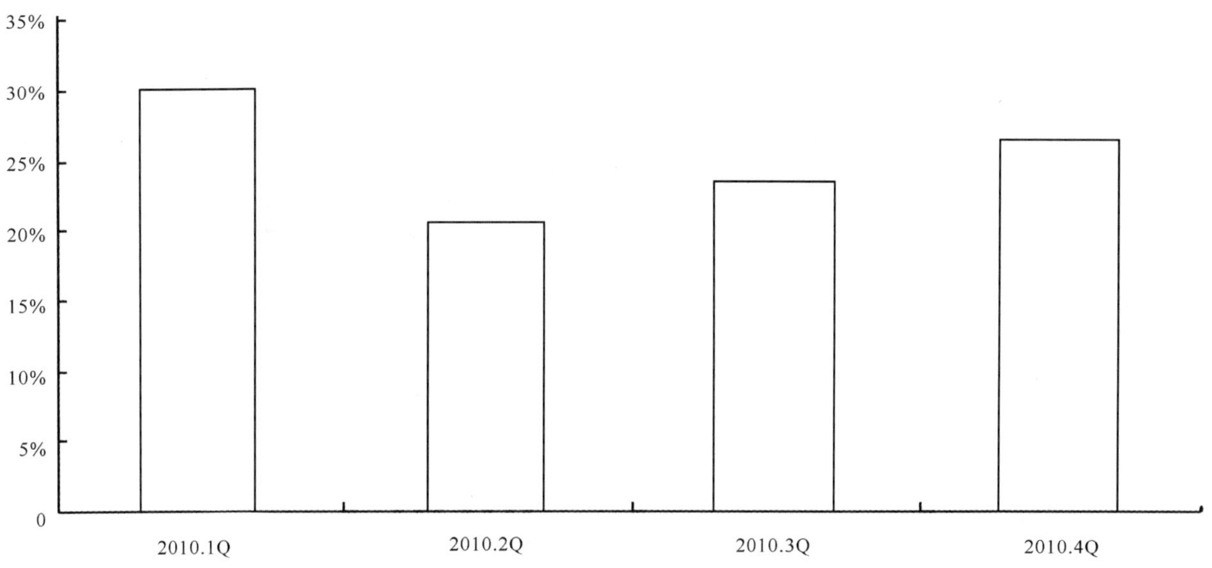


**图8-8 2010年各季度固定资产投资增速预测**

**战略性新兴产业——“下一个4万亿”**

据悉，由国家发改委及工信部、财政部等多部门起草的《国务院关于加快培育战略性新兴产业的决定》代拟稿力争6月前递交国务院，而《战略性新兴产业发展十二五规划》最快将在9月提出。这两个文件将为战略性新兴产业描绘出一张清晰的五年路线图。据悉，上述两个文件均由2月初成立的加快培育战略性新兴产业研究部际小组（下称部际小组）负责起草，而部际小组的成员包括发改委、科技部、工信部、财政部等20个部委或单位负责人组成。

来源：Wind资讯

## （二）住房消费升级和城镇化有望持续拉动机械行业需求

城镇化始终是我国工程机械行业长期发展的最大推力。2008年，我国城镇化率仅为45.70%，而根据我国现代化发展战略目标，2020年我国将基本完成工业化，城镇化率达到60%左右。通过“积极稳妥推进城镇化，提升城镇发展质量和水平”，放宽中小城市和城镇户籍限制来扩大内需是中央经济工作会议着重强调的一个环节，随着我国城镇化的深入，未来机械行业的市场将逐步推进到中小城市、中西部地区。2010年，房地产新开工面积增加以及国家对保障性住房建设力度加大的情况下，机械行业的国内需求不会出现大幅下滑。

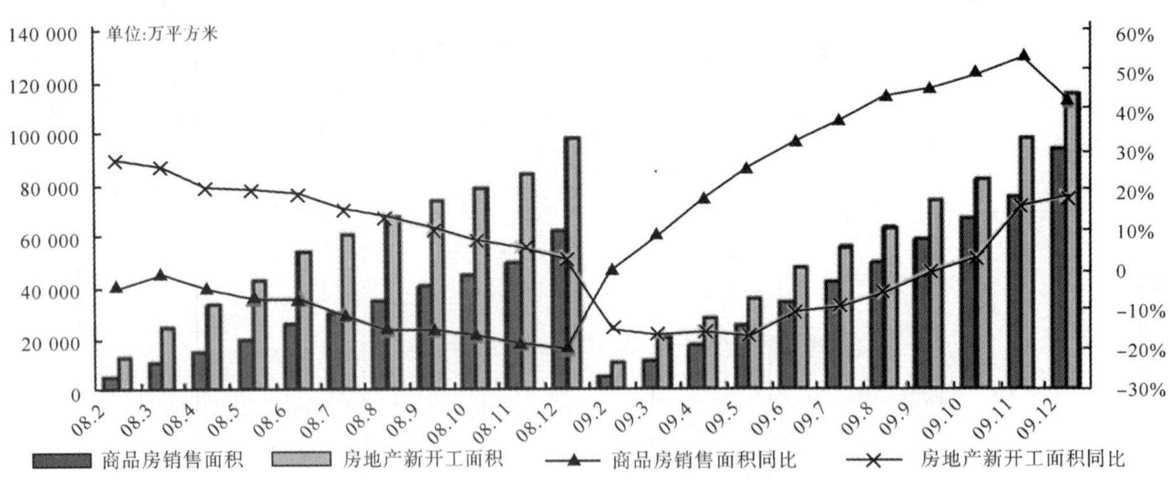


图8-9 2008～2009年房地产投资增长情况

## （三）出口状况将比2009年有所改善

根据国际货币基金组织（IMF）最新预测，全球经济活动预计将在2010年扩张约3%，伴随着金融危机的影响逐渐消退，海外消费出现明显的回升，虽然出口额恢复到历史峰值还需要一定的时间，但出口额增长无疑是肯定的。在全球经济明确复苏的过程中，新兴经济体相对于发达经济体更具增长优势，新兴经济体的增长将显著超过欧美发达经济体。2010 年发达经济体预计将呈现疲弱扩张，到 2010 年下半年，失业率仍将继续攀升，发达经济体继 2009 年经济收缩 3.50%后，预计 2010 年年增长约 1.25%；而新兴经济体受中国、印度以及其他若干新兴亚洲经济体带动，2010 年实际 GDP 增长将从 2009 年的 1.75%达到近 5%。而我国机械产品出口地大部分面向新兴经济体行业出口特别是资源类国家，少量出口欧美。新兴经济体增速较快，中东、非洲、俄罗斯等资源地区和国家由于全球资源价格的回升，收入和建设意愿都不断上升，同时这些资源国家基建投资的力度也较大，因此预计 2010 年行业出口在 2009 年基数较低的条件下增速能达到 20%左右的水平。

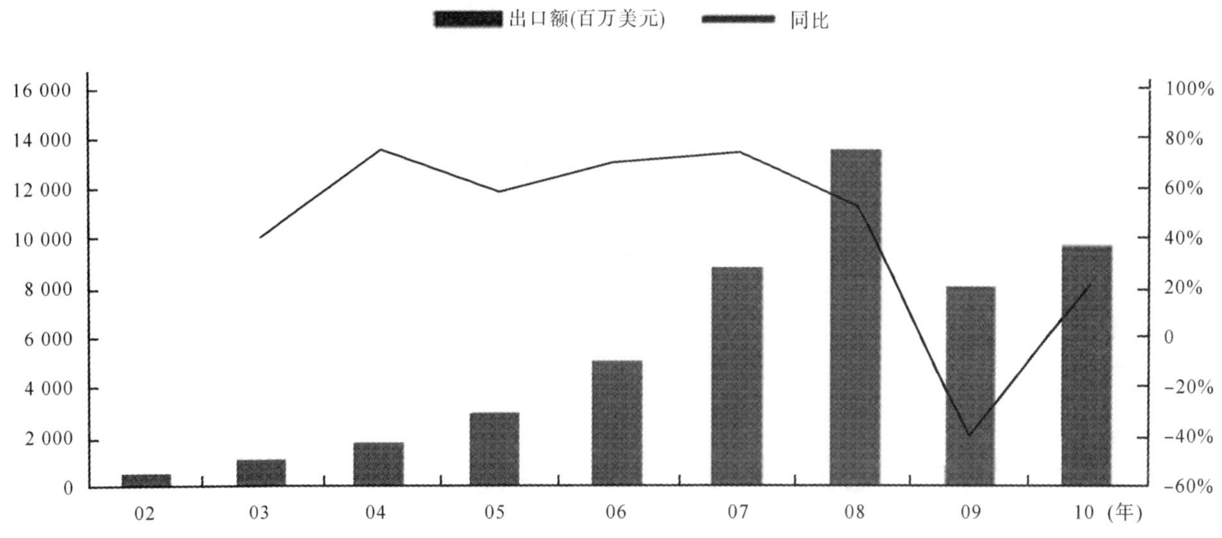


**图 8-10 工程机械行业进出口增长情况及预测**

研究机构预计，2010 年工程机械行业出口相对 2009 年显著改善的可能性很大，同比增长有望达到 20%以上，同时由于 2009 年上半年出口基数非常低，因此 2010 年出口增速在上半年也将明显高于下半年。

### 铁路建设成为 4 万亿刺激计划重点

2008 年 11 月，为促进宏观经济平稳较快增长，国务院决定实行积极的财政政策和适度宽松的货币政策，确定了进一步扩大内需、促进经济增长的十项措施，铁路建设为其中一项重要内容：“加快铁路、公路和机场等重大基础设施建设。重点建设一批客运专线、煤运通道项目和西部干线铁路”。这些投资项目的安排，主要依据“十一五”规划和其他中长期专项规划确定。

据公开信息显示，从 2008 年四季度第一批中央建设投资资金下发至今，中央投资已经下发了四批。据国家发改委公布的数据，2008 年底下发 1 000 亿元，2009 年 1 月下发了 1 300 亿元，4 月下发了 700 亿元，8 月下发了 800 亿元，预计第五批中央投资 1 700 亿元左右，将于年底陆续下发各地。在四万亿投资规划中，铁路、公路、机场、城乡电网建设为 15 000 亿元，占 4 万亿总量的 38%，成为拉动经济的投资建设项目的重中之重。

来源：Wind 资讯

## （四）区域经济振兴和重点工程是机械行业需求的重要支撑

2010 年政府工作的重点将是“稳增长、调结构、促消费”，而逐步改善区域经济非均衡发展，激发欠发达地区的经济增长潜力是优化经济结构、协调区域发展的关键。要实现这一目标，政府将有更多政策向欠发达地区倾斜，大力改善其基础设施等硬件环境。据推算，2010 年在建和新开工项目投资总规模为 5.20 万亿元，占比 50%。其中基础设施项目所占比重最大，总投资达 3.17 万亿元。基础设施项目分为四大块：交通、能源、城建和开发区，其中交通项目投资计划超过 1 万亿元，是比重最大的一块，这将为国内机械产品需求带来中长期保障。

**已通过和正拟定的区域发展规划**

| | |
|---|---|
| 北京、天津、河北 | 京津冀都市圈区域规划 |
| 天津 | 滨海新区综合配套改革实验总体方案 |
| 山东 | 黄河三角洲高效生态经济区发展规划 |
| 上海 | 国际金融中心和国际航运中心 |
| 江苏、浙江 | 长江三角洲地区区域规划纲要 |
| 福建 | 海峡西岸经济区 |
| 广东 | 珠江三角洲地区改革发展规划纲要、横琴总体发展规划 |
| 海南 | 国际旅游岛规划 |
| 湖北 | 武汉城市圈“两型社会”建设综合配套改革试验区 |
| 湖南 | 长株潭城市群“两型社会”建设综合配套改革试验区 |
| 江西 | 鄱阳湖生态经济区规划 |
| 安徽 | 皖江城市带承接产业转移示范区规划 |
| 辽宁 | 沿海经济带发展规划 |
| 吉林 | 中国图门江区域合作开发规划纲要 |
| 广西 | 北部湾经济区发展规划 |
| 甘肃 | 关中-天水经济区发展规划 |
| 四川 | 成渝经济区区域规划 |
| 重庆 | 成渝经济区区域规划、两江新区 |

来源：Wind 资讯

## （五）国家大面积推广低碳、节能、高效产品以及支持节能减排重点工程将持续推动机械行业需求

我国的单位 GDP 能耗虽然连续 8 年持续下降，但仍高出其他发达国家一倍以上，节能减排时间紧迫、任务艰巨。过去的五年，我国是统计五国中降低单位能耗最有效的国家。党中央、国务院已经确定了当前中国经济主线产业结构调整与升级，在完成这个重要的过程中，大力发展战略性新兴产业能使研究机构持续降低能耗，兑现研究机构对世界的承诺。装备作为工业之本，其更新换代必须走在产业结构调整的最前面，将同时受益于政策扶持与各新兴产业对其依赖的双重驱动力，相关装备的需求已经处于高增长之中。据统计，到 2020 年底，新能源将累计完成超过 7 万亿元的新建投资，平均每年将获得 6 000 亿元。产业推进，装备先行，我国以发展战略性新兴产业为主导的产业结构调整，正在提升相关装备制造业的整体水平，同时也打开了持续增长的空间。在政策扶持与市场需求的双轮驱动下，未来三年相关产业的年均增速有望达到 30%以上。

## （六）受通胀预期影响，财政和货币政策下半年对宏观经济环境可能产生不利影响

如图 8-11 所示，由于 2009 年信贷的大幅扩张和实体经济的逐步恢复，CPI 降幅逐步收窄并在 2010 年转正是高概率事件。根据研究机构的分析和预测，2010 年 CPI 的走势将稳步向上，到 2010 年下半年，通货膨胀的压力将变得更为现实和紧迫，这样 2010 年货币及财政政策在下半年很可能逐步趋紧，趋紧的宏观环境势必影响投资需求，进而对机械行业的需求产生连锁反应。因此，2010 年下半年应重点关注宏观经济政策的调整。

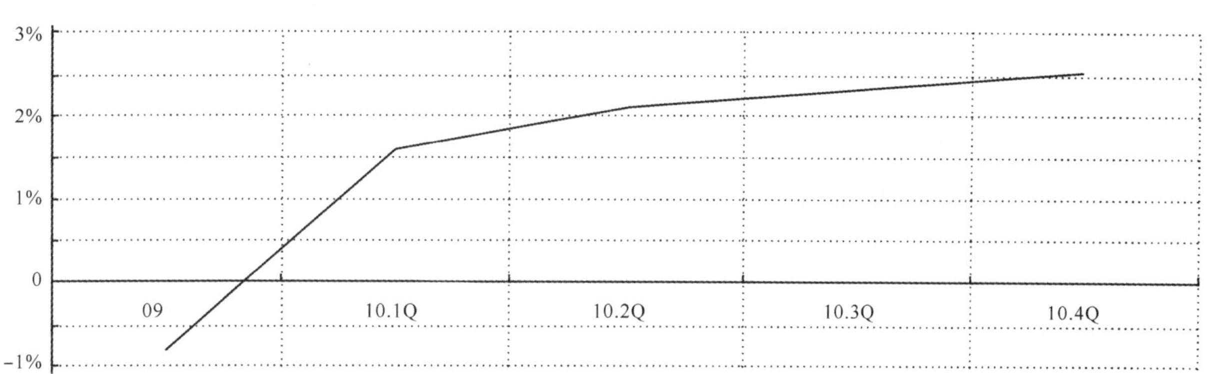


图 8-11　2009～2010 年各季度 CPI 走势预测

附表：

## 机械行业上市公司业绩评价结果排序表

| 行业排名 | 全部上市公司排名 | 股票代码 | 股票名称 | 综合得分(100分) | 每股收益 | 总资产报酬率% | 净资产收益率% | 总资产周转率(次) | 流动资产周转率(次) | 资产负债率(%) | 已获利息倍数 | 营业收入增长率(%) | 资本扩张率(%) | 市场投资回报率(%) | 股价波动率(%) | 年末资产额(万元) | 营业收入净额(万元) | 净利润(万元) |
|---|---|---|---|---|---|---|---|---|---|---|---|---|---|---|---|---|---|---|
| 1 | 18 | 000880 | 潍柴重机 | 81.30 | 0.65 | 29.47 | 15.25 | 1.61 | 2.73 | 63.45 | — | 97.89 | 34.56 | 199.38 | 216.14 | 190 575.34 | 233 722.46 | 17 886.59 |
| 2 | 20 | 000425 | 徐工机械 | 80.80 | 2.01 | 61.85 | 22.28 | 2.21 | 3.03 | 70.75 | 67.51 | 517.11 | 234.55 | 95.12 | 113.29 | 1 507 218.62 | 2 069 908.52 | 171 227.04 |
| 3 | 33 | 600031 | 三一重工 | 78.90 | 1.32 | 29.37 | 18.22 | 1.11 | 1.59 | 47.69 | 30.64 | 20.01 | 33.95 | 116.32 | 143.08 | 1 583 700.00 | 1 649 587.93 | 236 996.37 |
| 4 | 34 | 600582 | 天地科技 | 78.70 | 1.05 | 32.62 | 19.75 | 0.91 | 1.22 | 49.87 | 49.78 | 61.15 | 60.05 | 167.62 | 182.86 | 850 659.31 | 660 041.94 | 118 956.43 |
| 5 | 37 | 000528 | 柳工 | 78.20 | 1.41 | 25.70 | 13.49 | 1.29 | 1.79 | 57.05 | 29.50 | 9.87 | 54.91 | 142.99 | 138.09 | 956 512.94 | 1 018 296.27 | 86 744.24 |
| 6 | 55 | 600089 | 特变电工 | 76.30 | 0.85 | 25.09 | 11.18 | 0.87 | 1.40 | 57.78 | 14.74 | 17.86 | 34.44 | 56.02 | 95.30 | 1 886 794.75 | 1 475 429.30 | 157 930.66 |
| 7 | 64 | 002202 | 金风科技 | 76.00 | 1.25 | 39.12 | 15.56 | 0.82 | 1.06 | 62.86 | 33.96 | 66.28 | 33.58 | 38.31 | 77.84 | 1 488 294.58 | 1 073 835.52 | 179 060.25 |
| 8 | 85 | 000157 | 中联重科 | 74.30 | 1.42 | 38.04 | 11.10 | 0.73 | 1.20 | 77.41 | 9.22 | 53.24 | 43.78 | 117.53 | 137.69 | 3 400 575.31 | 2 076 216.31 | 241 882.17 |
| 9 | 107 | 300032 | 金龙机电 | 73.10 | 0.55 | 12.21 | 12.24 | 0.56 | 0.70 | 10.08 | 20.82 | 51.27 | 628.51 | 154.27 | 4.15 | 91 935.43 | 32 719.81 | 5 738.62 |
| 10 | 151 | 300034 | 钢研高纳 | 70.90 | 0.45 | 7.73 | 8.13 | 0.53 | 0.61 | 6.50 | 84.85 | 3.30 | 351.71 | 535.20 | 13.43 | 86 271.55 | 29 120.05 | 3 806.71 |
| 11 | 154 | 600499 | 科达机电 | 70.80 | 0.40 | 15.82 | 11.81 | 0.81 | 1.34 | 38.90 | 494.19 | 22.92 | 17.58 | 234.61 | 208.48 | 207 256.74 | 142 565.69 | 18 276.07 |
| 12 | 166 | 002249 | 大洋电机 | 70.30 | 0.78 | 16.24 | 13.67 | 0.89 | 1.16 | 29.11 | — | −7.60 | 8.21 | 233.18 | 224.79 | 177 905.68 | 144 930.24 | 19 554.54 |
| 13 | 170 | 002028 | 思源电气 | 70.20 | 2.16 | 37.92 | 32.71 | 0.55 | 0.89 | 22.26 | — | 23.46 | 33.12 | 36.12 | 88.50 | 386 075.69 | 188 860.62 | 98 225.55 |
| 14 | 179 | 000570 | 苏常柴A | 69.90 | 0.41 | 15.55 | 10.72 | 1.00 | 1.90 | 38.49 | — | 26.43 | 56.55 | 476.60 | 412.48 | 294 008.74 | 241 266.44 | 23 261.72 |
| 15 | 227 | 000581 | 威孚高科 | 68.40 | 0.79 | 16.70 | 10.70 | 0.64 | 1.39 | 38.60 | 16.37 | 1.56 | 13.40 | 268.10 | 205.22 | 503 587.16 | 308 061.63 | 46 370.07 |
| 16 | 231 | 002322 | 理工监测 | 68.10 | 1.52 | 15.10 | 15.12 | 0.23 | 0.26 | 3.42 | 50.78 | 11.16 | 451.77 | 212.31 | 8.46 | 88 727.58 | 12 546.36 | 7 568.03 |
| 17 | 251 | 600580 | 卧龙电气 | 67.70 | 0.70 | 17.44 | 12.18 | 0.98 | 1.55 | 46.30 | 14.29 | 4.46 | 25.65 | 130.38 | 157.94 | 266 789.07 | 223 224.65 | 22 632.30 |
| 18 | 260 | 600835 | 上海机电 | 67.40 | 0.46 | 9.79 | 7.22 | 0.93 | 1.27 | 48.38 | — | 5.16 | 9.25 | 52.03 | 83.21 | 1 311 162.85 | 1 098 623.53 | 80 675.96 |
| 19 | 268 | 600875 | 东方电气 | 67.20 | 1.76 | 28.70 | 2.60 | 0.51 | 0.58 | 87.58 | 12.67 | 18.87 | 272.67 | 49.09 | 91.41 | 7 303 083.47 | 3 322 324.71 | 159 589.72 |
| 20 | 269 | 300023 | 宝德股份 | 67.20 | 0.56 | 14.42 | 14.65 | 0.54 | 0.56 | 9.44 | 37.72 | −13.01 | 727.32 | 36.75 | 39.93 | 36 656.02 | 11 689.73 | 2 683.28 |
| 21 | 284 | 002255 | 海陆重工 | 66.90 | 0.95 | 14.05 | 9.18 | 0.58 | 0.71 | 44.14 | — | 30.13 | 100.30 | 186.44 | 244.10 | 199 097.20 | 97 942.02 | 12 621.00 |
| 22 | 310 | 600375 | 星马汽车 | 66.20 | 0.44 | 15.99 | 7.90 | 1.60 | 2.17 | 68.36 | 4.61 | 41.23 | 13.19 | 243.87 | 228.66 | 173 797.50 | 265 020.46 | 8 282.59 |
| 23 | 313 | 002248 | 华东数控 | 66.10 | 0.97 | 20.86 | 12.30 | 0.48 | 0.86 | 54.59 | 16.38 | 36.38 | 28.93 | 207.29 | 256.59 | 154 725.09 | 57 391.64 | 12 002.71 |
| 24 | 314 | 000926 | 福星股份 | 66.10 | 0.48 | 8.93 | 6.53 | 0.49 | 0.63 | 57.64 | 4.95 | 27.98 | 11.58 | 139.52 | 160.57 | 944 529.76 | 409 732.96 | 33 474.27 |
| 25 | 323 | 002123 | 荣信股份 | 65.80 | 0.87 | 19.03 | 13.82 | 0.59 | 0.81 | 35.07 | 49.82 | 58.28 | 101.92 | 73.52 | 115.62 | 204 452.00 | 92 219.65 | 19 596.16 |
| 26 | 336 | 002131 | 利欧股份 | 65.50 | 0.65 | 19.26 | 17.28 | 1.18 | 2.38 | 24.81 | 46.21 | −18.55 | 10.37 | 138.18 | 153.20 | 74 860.37 | 84 833.31 | 10 046.76 |

续表

| 行业排名 | 全部上市公司排名 | 股票代码 | 股票名称 | 综合得分(100分) | 每股收益 | 总资产报酬率% | 净资产收益率% | 总资产周转率(次) | 流动资产周转率(次) | 资产负债率(%) | 已获利息倍数 | 营业收入增长率(%) | 资本扩张率(%) | 市场投资回报率(%) | 股价波动率(%) | 年末资产额(万元) | 营业收入净额(万元) | 净利润(万元) |
|---|---|---|---|---|---|---|---|---|---|---|---|---|---|---|---|---|---|---|
| 27 | 337 | 600406 | 国电南瑞 | 65.40 | 0.98 | 24.65 | 12.60 | 0.81 | 1.00 | 57.18 | — | 60.63 | 7.35 | 118.39 | 166.52 | 245 427.43 | 177 869.20 | 25 012.92 |
| 28 | 340 | 300018 | 中元华电 | 65.40 | 1.14 | 15.89 | 15.94 | 0.39 | 0.41 | 6.36 | — | 32.72 | 663.76 | −73.13 | 22.59 | 68 914.52 | 15 692.54 | 5 796.45 |
| 29 | 347 | 002204 | 华锐铸钢 | 65.30 | 0.72 | 15.56 | 8.94 | 0.63 | 1.39 | 55.40 | 12.42 | 60.59 | 12.70 | 63.41 | 87.23 | 236 285.23 | 138 820.34 | 15 470.76 |
| 30 | 371 | 300029 | 天龙光电 | 64.90 | 0.46 | 10.26 | 10.20 | 0.35 | 0.40 | 13.65 | 14.22 | −6.93 | 488.21 | 199.35 | 5.32 | 132 164.13 | 29 634.39 | 6 796.18 |
| 31 | 378 | 300011 | 鼎汉技术 | 64.70 | 1.48 | 16.24 | 15.65 | 0.54 | 0.57 | 12.51 | 116.52 | 128.04 | 483.20 | 7.32 | 12.77 | 71 961.59 | 24 537.31 | 5 989.10 |
| 32 | 379 | 300001 | 特锐德 | 64.70 | 0.79 | 15.18 | 15.30 | 0.63 | 0.66 | 8.23 | — | 44.41 | 852.16 | −20.40 | 17.21 | 108 255.97 | 39 133.08 | 8 332.71 |
| 33 | 383 | 000680 | 山推股份 | 64.60 | 0.56 | 13.79 | 9.94 | 1.22 | 1.95 | 46.15 | 22.22 | 5.69 | 12.09 | 46.00 | 57.07 | 633 827.06 | 695 622.97 | 46 019.56 |
| 34 | 388 | 600097 | 开创国际 | 64.40 | 0.75 | 28.98 | 17.47 | 0.84 | 2.80 | 46.95 | 9.73 | −21.40 | 33.88 | 58.69 | 94.95 | 113 268.51 | 81 134.42 | 15 210.36 |
| 35 | 397 | 300007 | 汉威电子 | 64.10 | 0.84 | 13.69 | 14.11 | 0.38 | 0.46 | 7.84 | 38.90 | 30.44 | 442.74 | −49.21 | 26.75 | 53 751.57 | 12 696.29 | 4 014.64 |
| 36 | 406 | 600169 | 太原重工 | 63.80 | 0.77 | 19.85 | 6.19 | 0.81 | 0.95 | 71.62 | 8.88 | 14.49 | 21.06 | 59.06 | 72.94 | 1 076 641.58 | 806 888.50 | 55 374.64 |
| 37 | 423 | 002298 | 鑫龙电器 | 63.50 | 0.43 | 12.12 | 7.99 | 0.70 | 0.81 | 46.94 | 3.97 | 22.44 | 158.04 | 188.78 | 52.69 | 85 795.89 | 51 285.43 | 3 868.15 |
| 38 | 428 | 002168 | 深圳惠程 | 63.30 | 0.37 | 14.36 | 11.87 | 0.44 | 0.67 | 28.56 | 32.47 | 30.14 | 14.63 | 262.37 | 198.33 | 82 433.03 | 31 434.04 | 7 311.30 |
| 39 | 435 | 600525 | 长园集团 | 63.10 | 0.77 | 11.74 | 10.47 | 0.47 | 1.16 | 29.45 | 7.27 | 13.16 | 73.61 | 62.43 | 121.90 | 236 268.99 | 96 960.84 | 15 749.65 |
| 40 | 450 | 002323 | 中联电气 | 62.70 | 1.06 | 13.05 | 13.46 | 0.49 | 0.53 | 4.69 | — | −3.14 | 404.23 | −34.08 | 2.23 | 87 799.35 | 26 667.98 | 6 544.52 |
| 41 | 453 | 002150 | 江苏通润 | 62.70 | 0.43 | 10.30 | 11.34 | 0.99 | 1.93 | 28.48 | 39.95 | 20.85 | 5.75 | 67.54 | 94.81 | 62 358.89 | 54 521.52 | 4 521.95 |
| 42 | 463 | 600218 | 全柴动力 | 62.50 | 0.18 | 5.64 | 4.44 | 1.28 | 2.31 | 44.41 | — | 66.10 | 8.67 | 165.46 | 181.48 | 185 067.21 | 211 565.03 | 5 245.86 |
| 43 | 469 | 002158 | 汉钟精机 | 62.30 | 0.47 | 13.61 | 11.99 | 0.62 | 0.79 | 20.85 | — | −4.70 | 8.45 | 85.33 | 139.79 | 72 741.93 | 41 316.37 | 7 447.58 |
| 44 | 474 | 600806 | 昆明机床 | 62.20 | 0.51 | 19.12 | 12.70 | 0.70 | 1.05 | 36.83 | 46.52 | −12.21 | 15.65 | 87.18 | 86.88 | 202 443.36 | 137 219.66 | 21 312.72 |
| 45 | 476 | 002121 | 科陆电子 | 62.20 | 0.33 | 17.28 | 11.34 | 0.53 | 0.72 | 48.86 | 21.90 | 10.19 | 16.33 | 105.44 | 148.86 | 97 237.93 | 43 473.77 | 8 031.57 |
| 46 | 484 | 002122 | 天马股份 | 61.90 | 0.94 | 18.86 | 12.39 | 0.58 | 1.10 | 31.12 | 33.17 | 2.72 | 66.13 | 10.30 | 55.63 | 584 107.97 | 326 187.67 | 59 735.17 |
| 47 | 499 | 300004 | 南风股份 | 61.60 | 0.64 | 12.02 | 10.86 | 0.52 | 0.60 | 19.50 | 13.43 | 41.75 | 496.77 | −13.81 | 18.07 | 85 674.00 | 28 618.61 | 4 840.47 |
| 48 | 501 | 002101 | 广东鸿图 | 61.50 | 0.68 | 11.81 | 9.21 | 0.73 | 1.71 | 41.03 | 6.16 | −10.67 | 8.72 | 188.25 | 184.11 | 68 624.91 | 49 990.14 | 4 586.55 |
| 49 | 505 | 600416 | 湘电股份 | 61.40 | 0.56 | 10.58 | 4.43 | 0.86 | 1.21 | 72.42 | 4.08 | 53.13 | 32.14 | 164.49 | 156.72 | 682 264.35 | 511 705.58 | 17 389.38 |
| 50 | 507 | 002270 | 法因数控 | 61.40 | 0.43 | 11.75 | 9.37 | 0.54 | 0.82 | 26.55 | — | 26.73 | 9.40 | 54.44 | 98.62 | 75 170.42 | 39 648.93 | 6 206.90 |
| 51 | 517 | 002046 | 轴研科技 | 61.10 | 0.37 | 9.37 | 8.47 | 0.62 | 1.07 | 28.82 | 162.79 | 28.87 | 41.64 | 71.89 | 86.89 | 71 460.76 | 36 233.15 | 3 991.68 |
| 52 | 525 | 600765 | 中航重机 | 60.90 | 0.53 | 15.19 | 8.09 | 0.63 | 1.00 | 54.63 | 6.03 | 58.19 | 150.79 | 70.80 | 96.62 | 580 548.55 | 286 052.18 | 26 399.50 |

续表

| 行业排名 | 全部上市公司排名 | 股票代码 | 股票名称 | 综合得分(100分) | 每股收益 | 总资产报酬率% | 净资产收益率% | 总资产周转率（次） | 流动资产周转率（次） | 资产负债率(%) | 已获利息倍数 | 营业收入增长率（%） | 资本扩张率(%) | 市场投资回报率（%） | 股价波动率(%) | 年末资产产额（万元） | 营业收入净额（万元） | 净利润（万元） |
|---|---|---|---|---|---|---|---|---|---|---|---|---|---|---|---|---|---|---|
| 53 | 548 | 600071 | 凤凰光学 | 60.30 | 0.21 | 8.88 | 7.93 | 0.84 | 1.64 | 33.28 | 27.68 | −3.57 | 4.73 | 124.13 | 139.92 | 114 639.88 | 93 445.49 | 7 367.57 |
| 54 | 580 | 002300 | 太阳电缆 | 59.70 | 1.03 | 16.19 | 13.17 | 1.32 | 1.93 | 30.31 | 6.88 | −29.63 | 247.84 | −65.67 | 15.34 | 149 739.67 | 153 860.46 | 10 874.40 |
| 55 | 590 | 600973 | 宝胜股份 | 59.40 | 0.67 | 12.02 | 7.00 | 1.59 | 2.00 | 60.70 | 3.76 | −14.29 | 33.35 | 132.91 | 104.61 | 254 484.36 | 387 898.29 | 10 514.77 |
| 56 | 598 | 600517 | 置信电气 | 59.30 | 0.41 | 24.11 | 21.42 | 0.74 | 1.01 | 24.28 | 65.18 | −18.77 | 26.28 | 23.64 | 84.40 | 172 245.30 | 129 616.22 | 30 567.04 |
| 57 | 605 | 600290 | 华仪电气 | 59.00 | 0.31 | 14.49 | 8.82 | 0.82 | 0.97 | 54.75 | 9.98 | 54.60 | 85.57 | 38.41 | 76.05 | 178 191.75 | 119 881.48 | 8 940.68 |
| 58 | 617 | 002282 | 博深工具 | 58.70 | 0.39 | 11.00 | 11.04 | 0.55 | 0.78 | 8.72 | 17.76 | −9.91 | 201.06 | −7.03 | 26.41 | 84 695.89 | 35 049.88 | 5 664.55 |
| 59 | 619 | 300035 | 中科电气 | 58.60 | 1.03 | 11.41 | 11.78 | 0.38 | 0.40 | 8.35 | 70.30 | 4.07 | 409.10 | 6.34 | 0.18 | 75 953.84 | 18 027.19 | 4 752.03 |
| 60 | 621 | 000903 | 云内动力 | 58.60 | 0.45 | 6.77 | 5.05 | 0.62 | 1.05 | 39.35 | — | 39.00 | 4.95 | 159.86 | 132.97 | 430 071.10 | 249 069.92 | 18 045.33 |
| 61 | 632 | 000533 | 万家乐 | 58.40 | 0.34 | 25.51 | 10.49 | 1.03 | 1.27 | 66.22 | 4.75 | −1.59 | 32.29 | 224.63 | 220.87 | 257 213.26 | 275 275.53 | 19 332.24 |
| 62 | 635 | 600178 | 东安动力 | 58.40 | 0.51 | 11.55 | 7.08 | 0.59 | 1.01 | 45.97 | 9.98 | 22.85 | 12.26 | 270.35 | 210.86 | 396 809.86 | 215 519.51 | 23 409.37 |
| 63 | 636 | 002026 | 山东威达 | 58.30 | 0.24 | 6.20 | 4.76 | 0.60 | 0.89 | 22.45 | — | 0.04 | 4.74 | 159.65 | 167.05 | 68 060.38 | 38 505.68 | 3 200.46 |
| 64 | 642 | 600558 | 大西洋 | 58.20 | 0.63 | 10.73 | 7.37 | 1.19 | 1.86 | 52.82 | 6.91 | −7.04 | 11.35 | 72.55 | 100.25 | 177 965.16 | 195 880.84 | 8 597.15 |
| 65 | 645 | 600550 | 天威保变 | 58.10 | 0.50 | 14.86 | 7.15 | 0.43 | 0.75 | 69.73 | 3.00 | 37.56 | 7.18 | 50.45 | 108.61 | 1 560 179.76 | 600 969.27 | 60 831.01 |
| 66 | 679 | 600379 | 宝光股份 | 57.20 | 0.10 | 6.52 | 5.47 | 0.93 | 1.37 | 39.68 | 5.49 | 11.65 | 6.78 | 215.95 | 172.43 | 56 970.43 | 50 551.93 | 2 236.36 |
| 67 | 682 | 300024 | 机器人 | 57.20 | 1.36 | 10.88 | 9.57 | 0.53 | 0.67 | 18.96 | 69.00 | 20.59 | 222.63 | −19.48 | 13.29 | 119 059.07 | 46 649.94 | 7 097.84 |
| 68 | 692 | 000837 | 秦川发展 | 56.90 | 0.27 | 10.65 | 7.92 | 0.75 | 1.12 | 38.22 | 10.09 | 4.94 | 11.33 | 124.94 | 132.30 | 157 434.25 | 113 891.09 | 9 394.87 |
| 69 | 694 | 002164 | 东力传动 | 56.90 | 0.46 | 14.90 | 9.61 | 0.50 | 1.11 | 51.90 | 15.99 | 1.34 | 12.27 | 75.72 | 109.90 | 121 852.10 | 53 429.23 | 8 205.76 |
| 70 | 708 | 002272 | 川润股份 | 56.60 | 0.60 | 14.28 | 10.30 | 0.56 | 0.87 | 47.15 | 18.80 | 27.57 | 6.87 | 39.49 | 93.70 | 82 851.37 | 40 958.66 | 6 050.35 |
| 71 | 713 | 002031 | 巨轮股份 | 56.50 | 0.33 | 10.10 | 8.96 | 0.31 | 0.87 | 31.83 | 5.31 | 11.25 | 30.14 | 149.96 | 195.60 | 136 659.20 | 40 759.78 | 8 342.63 |
| 72 | 727 | 601727 | 上海电气 | 56.20 | 0.20 | 11.42 | 3.87 | 0.67 | 0.86 | 67.57 | — | −1.90 | 4.41 | 53.87 | 115.43 | 8 962 608.20 | 5 779 039.40 | 333 082.20 |
| 73 | 731 | 600841 | 上柴股份 | 56.10 | 0.14 | 3.74 | 0.87 | 1.11 | 1.54 | 39.56 | — | −4.69 | 1.49 | 104.58 | 144.09 | 323 395.05 | 337 754.92 | 2 349.60 |
| 74 | 732 | 600761 | 安徽合力 | 56.10 | 0.31 | 5.28 | 4.65 | 1.00 | 1.70 | 29.93 | 39.37 | −14.25 | 3.65 | 82.10 | 90.86 | 319 177.96 | 311 110.28 | 12 890.35 |
| 75 | 739 | 002278 | 神开股份 | 56.00 | 0.50 | 11.60 | 10.07 | 0.46 | 0.50 | 15.33 | 26.27 | −21.48 | 277.19 | −9.55 | 28.91 | 124 976.27 | 42 636.58 | 7 766.64 |
| 76 | 749 | 600112 | 长征电气 | 55.80 | 0.30 | 19.82 | 13.27 | 0.47 | 0.75 | 35.64 | 11.38 | −11.91 | 11.52 | 171.53 | 153.24 | 87 560.59 | 40 477.31 | 9 389.15 |
| 77 | 761 | 600577 | 精达股份 | 55.50 | 0.23 | 8.65 | 7.46 | 1.74 | 2.42 | 60.85 | 5.64 | −20.26 | 1.35 | 91.50 | 105.03 | 271 914.32 | 402 962.41 | 9 656.01 |
| 78 | 764 | 002309 | 中利科技 | 55.50 | 1.78 | 14.06 | 12.96 | 0.91 | 1.15 | 17.93 | 8.49 | 2.60 | 338.81 | −10.70 | 9.17 | 259 096.42 | 169 542.69 | 18 421.52 |

续表

| 行业排名 | 全部上市公司排名 | 股票代码 | 股票名称 | 综合得分(100分) | 每股收益 | 总资产报酬率% | 净资产收益率% | 总资产周转率(次) | 流动资产周转率(次) | 资产负债率(%) | 已获利息倍数 | 营业收入增长率(%) | 资本扩张率(%) | 市场投资回报率(%) | 股价波动率(%) | 年末资产额(万元) | 营业收入净额(万元) | 净利润(万元) |
|---|---|---|---|---|---|---|---|---|---|---|---|---|---|---|---|---|---|---|
| 79 | 766 | 002209 | 达意隆 | 55.50 | 0.34 | 9.39 | 5.70 | 0.57 | 0.86 | 42.13 | 14.54 | −3.36 | 68.38 | 91.45 | 123.88 | 90 913.79 | 47 651.79 | 3 935.80 |
| 80 | 767 | 002090 | 金智科技 | 55.50 | 0.49 | 11.26 | 7.99 | 0.68 | 1.01 | 36.19 | — | 13.97 | 6.04 | 67.65 | 133.28 | 72 494.77 | 44 988.20 | 5 091.29 |
| 81 | 778 | 002169 | 智光电气 | 55.20 | 0.24 | 12.23 | 8.49 | 0.64 | 0.90 | 52.58 | 8.46 | 17.78 | 11.12 | 127.36 | 180.68 | 74 483.69 | 43 908.68 | 4 198.38 |
| 82 | 804 | 002266 | 浙富股份 | 54.70 | 0.89 | 14.59 | 8.85 | 0.55 | 0.74 | 43.45 | — | 10.35 | 12.62 | 35.64 | 63.59 | 164 270.57 | 83 201.79 | 12 725.27 |
| 83 | 807 | 002132 | 恒星科技 | 54.60 | 0.39 | 12.24 | 8.96 | 0.82 | 1.79 | 49.59 | 5.61 | 26.69 | 32.16 | 102.54 | 155.58 | 182 546.44 | 128 348.24 | 9 896.99 |
| 84 | 810 | 000852 | 江钻股份 | 54.50 | 0.27 | 11.70 | 9.20 | 0.78 | 1.35 | 36.72 | 14.27 | −8.89 | 8.82 | 163.04 | 179.35 | 159 130.01 | 121 415.22 | 11 346.94 |
| 85 | 817 | 000811 | 烟台冰轮 | 54.30 | 0.47 | 14.89 | 5.94 | 0.65 | 1.43 | 59.06 | 4.75 | −14.51 | 5.57 | 125.42 | 117.01 | 157 047.41 | 100 902.57 | 6 837.91 |
| 86 | 820 | 002190 | 成飞集成 | 54.20 | 0.32 | 8.00 | 7.01 | 0.30 | 0.40 | 10.75 | — | −15.98 | 11.85 | 94.16 | 131.20 | 64 466.78 | 18 112.18 | 4 173.93 |
| 87 | 825 | 600862 | 南通科技 | 54.10 | 0.85 | 58.59 | 11.80 | 0.33 | 0.47 | 81.98 | 92.34 | 67.70 | 82.52 | 156.53 | 187.48 | 255 079.10 | 67 664.83 | 20 272.63 |
| 88 | 828 | 000400 | 许继电气 | 54.10 | 0.34 | 5.93 | 8.01 | 0.65 | 0.82 | 44.96 | 3.66 | 16.85 | 7.44 | 69.51 | 155.07 | 460 503.95 | 303 960.55 | 23 051.81 |
| 89 | 844 | 002212 | 南洋股份 | 53.60 | 0.57 | 12.56 | 13.42 | 0.95 | 1.23 | 21.95 | — | −8.28 | −3.15 | 89.67 | 129.07 | 140 620.82 | 126 252.60 | 14 954.28 |
| 90 | 851 | 000862 | 银星能源 | 53.50 | 0.15 | 15.94 | 5.89 | 0.43 | 1.18 | 85.47 | 1.83 | 100.40 | 17.06 | 110.78 | 96.74 | 217 833.80 | 79 411.69 | 3 895.72 |
| 91 | 889 | 000816 | 江淮动力 | 52.60 | 0.17 | 11.87 | 6.78 | 0.67 | 1.24 | 54.78 | 7.40 | −5.96 | 8.59 | 112.06 | 128.84 | 282 806.69 | 191 491.97 | 14 385.56 |
| 92 | 895 | 600992 | 贵绳股份 | 52.40 | 0.18 | 3.61 | 2.29 | 0.95 | 1.14 | 36.63 | — | −10.09 | 2.43 | 117.61 | 141.78 | 129 884.89 | 119 810.64 | 2 937.58 |
| 93 | 908 | 600592 | 龙溪股份 | 52.20 | 0.24 | 9.25 | 7.86 | 0.42 | 0.66 | 27.72 | 28.33 | −26.23 | 5.95 | 113.85 | 132.66 | 114 684.82 | 46 081.33 | 7 272.55 |
| 94 | 918 | 000777 | 中核科技 | 52.00 | 0.22 | 7.57 | 5.03 | 0.63 | 1.00 | 37.35 | — | 0.55 | 4.47 | 72.35 | 96.25 | 98 209.92 | 56 941.01 | 4 193.44 |
| 95 | 939 | 600353 | 旭光股份 | 51.50 | 0.16 | 4.47 | 4.40 | 0.52 | 0.71 | 34.22 | 7.63 | 0.14 | 4.57 | 143.41 | 150.42 | 62 267.30 | 31 410.14 | 1 788.30 |
| 96 | 941 | 600268 | 国电南自 | 51.50 | 0.47 | 9.97 | 7.00 | 0.68 | 0.92 | 64.85 | 3.69 | 12.94 | 5.91 | 61.06 | 98.79 | 293 248.40 | 189 614.38 | 11 388.62 |
| 97 | 972 | 002058 | 威尔泰 | 51.00 | 0.12 | 4.50 | 4.10 | 0.48 | 0.66 | 27.69 | 8.52 | 0.67 | 2.85 | 73.36 | 116.38 | 24 297.74 | 11 358.94 | 799.43 |
| 98 | 976 | 002111 | 威海广泰 | 51.00 | 0.35 | 12.37 | 8.38 | 0.50 | 0.79 | 48.35 | 7.02 | −11.35 | 11.22 | 64.40 | 88.30 | 85 252.43 | 38 962.90 | 4 742.78 |
| 99 | 985 | 600815 | 厦工股份 | 50.70 | 0.15 | 5.76 | 3.54 | 1.01 | 1.32 | 64.97 | 4.00 | −9.75 | 9.59 | 55.72 | 68.75 | 561 963.19 | 531 666.99 | 11 201.12 |
| 100 | 987 | 002147 | 方圆支承 | 50.70 | 0.17 | 9.58 | 8.86 | 0.55 | 1.28 | 20.69 | 20.58 | −15.33 | −0.11 | 10.17 | 71.64 | 52 660.35 | 28 525.76 | 3 715.39 |
| 101 | 991 | 000530 | 大冷股份 | 50.60 | 0.22 | 4.70 | 3.85 | 0.51 | 1.17 | 34.33 | 12.43 | −7.86 | 2.20 | 100.93 | 117.46 | 270 628.87 | 139 454.15 | 8 771.73 |
| 102 | 994 | 600560 | 金自天正 | 50.60 | 0.42 | 8.77 | 2.84 | 0.41 | 0.45 | 69.86 | — | 19.80 | 7.37 | 72.94 | 95.76 | 166 018.20 | 67 061.16 | 4 368.07 |
| 103 | 999 | 002180 | 万力达 | 50.50 | 0.27 | 6.87 | 5.59 | 0.32 | 0.40 | 10.43 | — | −0.48 | 4.31 | 113.31 | 163.71 | 37 528.30 | 12 078.71 | 2 222.97 |
| 104 | 1020 | 002276 | 万马电缆 | 50.10 | 0.51 | 12.62 | 8.29 | 1.06 | 1.40 | 33.41 | 7.09 | −8.22 | 157.10 | 28.52 | 29.07 | 148 963.02 | 148 342.26 | 8 693.43 |

续表

| 行业排名 | 全部上市公司排名 | 股票代码 | 股票名称 | 综合得分(100分) | 每股收益 | 总资产报酬率% | 净资产收益率% | 总资产周转率(次) | 流动资产周转率(次) | 资产负债率(%) | 已获利息倍数 | 营业收入增长率(%) | 资本扩张率(%) | 市场投资回报率(%) | 股价波动率(%) | 年末资产额(万元) | 营业收入净额(万元) | 净利润(万元) |
|---|---|---|---|---|---|---|---|---|---|---|---|---|---|---|---|---|---|---|
| 105 | 1024 | 000611 | 时代科技 | 50.00 | 0.04 | 2.16 | 3.73 | 0.34 | 0.70 | 13.94 | 13.83 | 5.37 | −8.83 | 79.09 | 106.17 | 79 255.14 | 28 213.53 | 2 146.57 |
| 106 | 1031 | 600475 | 华光股份 | 49.80 | 0.46 | 12.13 | 4.14 | 0.57 | 0.82 | 73.41 | 5.05 | −7.09 | 7.34 | 108.28 | 179.58 | 441 276.02 | 258 242.23 | 13 570.03 |
| 107 | 1032 | 002097 | 山河智能 | 49.80 | 0.39 | 8.45 | 5.84 | 0.60 | 0.76 | 51.31 | 5.16 | 15.71 | 9.22 | 47.77 | 80.48 | 270 783.25 | 145 167.38 | 10 499.60 |
| 108 | 1036 | 002184 | 海得控制 | 49.70 | 0.19 | 6.08 | 5.44 | 1.22 | 1.38 | 17.64 | — | 6.39 | 5.59 | 75.54 | 92.72 | 96 700.77 | 115 322.66 | 4 708.97 |
| 109 | 1046 | 600673 | 东阳光铝 | 49.50 | 0.09 | 3.79 | 5.58 | 0.47 | 1.29 | 54.78 | 2.16 | −2.84 | 0.46 | 130.35 | 145.86 | 510 359.85 | 239 746.46 | 9 736.57 |
| 110 | 1053 | 000617 | 石油济柴 | 49.30 | 0.18 | 6.49 | 3.84 | 0.75 | 1.62 | 62.21 | 2.87 | 25.09 | 5.93 | 159.51 | 142.92 | 221 154.65 | 158 824.09 | 5 274.93 |
| 111 | 1077 | 002112 | 三变科技 | 48.70 | 0.36 | 9.54 | 5.65 | 0.92 | 1.22 | 64.39 | 3.45 | −0.95 | 9.39 | 60.77 | 126.12 | 122 380.18 | 108 951.21 | 3 980.53 |
| 112 | 1079 | 600960 | 滨州活塞 | 48.60 | 0.32 | 7.74 | 5.14 | 0.58 | 0.88 | 64.97 | 2.47 | −15.46 | 8.21 | 131.59 | 137.75 | 198 033.21 | 122 328.80 | 5 264.82 |
| 113 | 1110 | 600202 | 哈空调 | 48.10 | 0.37 | 14.36 | 7.16 | 0.40 | 0.55 | 63.90 | 7.18 | −29.75 | 10.28 | 97.30 | 109.70 | 286 645.88 | 105 677.91 | 14 167.49 |
| 114 | 1123 | 600873 | 五洲明珠 | 47.70 | 0.10 | 4.82 | 4.30 | 1.06 | 1.48 | 72.72 | 2.48 | 13.72 | 8.36 | 309.04 | 273.46 | 103 252.47 | 98 432.54 | 1 642.72 |
| 115 | 1127 | 000039 | 中集集团 | 47.60 | 0.36 | 6.94 | 4.33 | 0.57 | 1.04 | 57.64 | 12.18 | −56.74 | 5.97 | 107.60 | 129.52 | 3 735 838.30 | 2 047 550.70 | 108 071.10 |
| 116 | 1129 | 600312 | 平高电气 | 47.50 | 0.23 | 6.71 | 4.09 | 0.51 | 0.69 | 46.82 | 3.32 | −10.67 | 85.35 | 39.91 | 113.25 | 518 918.48 | 234 046.90 | 14 090.55 |
| 117 | 1139 | 000901 | 航天科技 | 47.30 | 0.03 | 2.26 | 2.16 | 0.60 | 1.03 | 24.13 | 6.75 | 54.22 | 2.35 | 98.57 | 150.35 | 43 791.14 | 26 055.97 | 785.93 |
| 118 | 1141 | 002074 | 东源电器 | 47.30 | 0.24 | 9.15 | 7.59 | 0.52 | 0.76 | 46.63 | 6.41 | −14.11 | 6.08 | 39.05 | 78.95 | 79 913.04 | 39 901.55 | 4 316.94 |
| 119 | 1160 | 600262 | 北方股份 | 46.80 | 0.29 | 6.96 | 4.69 | 0.69 | 0.86 | 73.56 | 1.75 | 16.29 | 3.76 | 92.36 | 158.38 | 281 867.58 | 186 909.72 | 4 048.43 |
| 120 | 1171 | 600710 | 常林股份 | 46.50 | 0.14 | 6.16 | 3.83 | 0.65 | 1.16 | 48.21 | 5.00 | −20.81 | 6.28 | 73.50 | 105.87 | 227 557.62 | 147 047.54 | 6 994.34 |
| 121 | 1173 | 600382 | 广东明珠 | 46.50 | 0.27 | 10.68 | 8.46 | 0.43 | 0.81 | 45.24 | 4.10 | −13.71 | 9.19 | 107.91 | 111.55 | 166 664.54 | 69 437.37 | 9 125.23 |
| 122 | 1177 | 600320 | 振华重工 | 46.40 | 0.19 | 5.40 | 2.63 | 0.53 | 0.85 | 68.35 | 2.23 | 0.44 | 2.41 | 48.44 | 110.08 | 5 106 642.59 | 2 756 411.56 | 77 913.52 |
| 123 | 1192 | 600165 | 宁夏恒力 | 45.90 | 0.03 | 1.01 | 3.38 | 1.00 | 1.84 | 68.60 | 1.18 | 3.49 | 0.29 | 96.95 | 115.29 | 158 845.01 | 152 567.16 | 460.00 |
| 124 | 1211 | 600340 | *ST 国祥 | 45.10 | 0.05 | 2.78 | 2.77 | 0.51 | 1.11 | 19.90 | 4.02 | −39.29 | 2.53 | 267.04 | 266.00 | 34 016.77 | 18 338.42 | 746.53 |
| 125 | 1236 | 600343 | 航天动力 | 44.40 | 0.10 | 4.05 | 3.29 | 0.47 | 0.78 | 49.05 | 4.24 | 0.31 | 3.80 | 67.51 | 137.42 | 105 033.69 | 46 749.51 | 2 155.88 |
| 126 | 1251 | 002218 | 拓日新能 | 43.80 | 0.12 | 4.83 | 4.77 | 0.28 | 0.52 | 21.87 | 15.36 | −22.19 | 4.22 | 95.73 | 185.70 | 90 181.24 | 22 936.84 | 3 334.11 |
| 127 | 1267 | 600192 | 长城电工 | 43.00 | 0.09 | 2.34 | 2.66 | 0.49 | 0.68 | 59.28 | 2.12 | −4.98 | −1.18 | 114.42 | 131.68 | 275 107.49 | 132 606.53 | 3 038.15 |
| 128 | 1273 | 000923 | 河北宣工 | 42.90 | 0.07 | 2.66 | 3.14 | 0.57 | 0.89 | 50.19 | 1.91 | −10.70 | 16.43 | 100.00 | 105.75 | 106 577.38 | 57 868.76 | 1 310.26 |
| 129 | 1300 | 600172 | 黄河旋风 | 42.30 | 0.08 | 2.09 | 3.90 | 0.29 | 0.71 | 48.88 | 1.63 | −8.32 | 1.82 | 96.21 | 124.45 | 211 599.95 | 59 856.95 | 2 988.98 |
| 130 | 1308 | 000536 | 闽闽东 | 42.10 | 0.06 | 16.97 | 19.45 | 0.52 | 0.74 | 39.23 | 26.58 | −48.73 | 18.27 | 511.61 | 256.95 | 8 565.71 | 6 737.48 | 816.15 |

续表

| 行业排名 | 全部上市公司排名 | 股票代码 | 股票名称 | 综合得分(100分) | 每股收益 | 总资产报酬率% | 净资产收益率% | 总资产周转率（次） | 流动资产周转率（次） | 资产负债率(%) | 已获利息倍数 | 营业收入增长率（%） | 资本扩张率(%) | 市场投资回报率（%） | 股价波动率(%) | 年末资产额（万元） | 营业收入净额（万元） | 净利润（万元） |
|---|---|---|---|---|---|---|---|---|---|---|---|---|---|---|---|---|---|---|
| 131 | 1310 | 000585 | 东北电气 | 42.00 | 0.01 | 2.44 | 0.99 | 0.50 | 0.98 | 61.63 | 5.51 | −18.15 | 2.23 | 69.69 | 108.56 | 83 655.75 | 42 374.29 | 726.37 |
| 132 | 1312 | 002196 | 方正电机 | 41.90 | 0.06 | 1.72 | 2.35 | 0.59 | 0.85 | 49.34 | 1.87 | −9.14 | −1.88 | 132.27 | 201.61 | 50 058.88 | 28 636.31 | 439.13 |
| 133 | 1313 | 000519 | 银河动力 | 41.70 | 0.02 | 1.09 | 1.36 | 0.59 | 1.09 | 31.61 | 2.23 | −1.07 | 0.85 | 514.51 | 391.24 | 51 402.08 | 29 077.76 | 297.13 |
| 134 | 1316 | 600468 | 百利电气 | 41.40 | 0.10 | 6.56 | 4.86 | 0.48 | 1.05 | 43.58 | 7.19 | −31.42 | 0.76 | 180.74 | 238.29 | 95 400.34 | 42 444.77 | 3 135.40 |
| 135 | 1319 | 000821 | 京山轻机 | 41.30 | 0.01 | 0.29 | 0.01 | 0.29 | 0.48 | 14.47 | — | −24.92 | 0.27 | 139.37 | 176.15 | 131 897.24 | 39 111.92 | 304.49 |
| 136 | 1320 | 600243 | 青海华鼎 | 41.30 | 0.06 | 2.42 | 2.76 | 0.67 | 0.91 | 52.84 | 1.96 | −7.45 | 49.45 | 35.84 | 75.36 | 159 948.78 | 95 523.40 | 1 510.50 |
| 137 | 1337 | 002176 | 江特电机 | 40.80 | 0.08 | 2.57 | 2.57 | 0.59 | 0.77 | 33.38 | 4.18 | −22.30 | 2.16 | 43.49 | 67.05 | 53 700.54 | 32 091.25 | 890.18 |
| 138 | 1347 | 002227 | 奥特迅 | 40.50 | 0.22 | 4.15 | 3.05 | 0.22 | 0.23 | 11.84 | — | −16.09 | 0.39 | 45.45 | 95.30 | 66 389.79 | 14 102.58 | 2 422.23 |
| 139 | 1354 | 600847 | ST 渝万里 | 39.90 | 0.03 | 4.94 | 2.03 | 0.58 | 1.10 | 74.81 | 5.42 | 146.89 | 14.06 | 123.62 | 143.58 | 21 624.41 | 10 399.81 | 277.43 |
| 140 | 1356 | 600566 | 洪城股份 | 39.90 | 0.07 | 1.52 | 2.33 | 0.27 | 0.59 | 38.67 | 1.67 | 4.24 | 1.32 | 109.37 | 123.37 | 83 621.88 | 22 201.81 | 772.99 |
| 141 | 1358 | 000410 | 沈阳机床 | 39.80 | 0.05 | 2.07 | 2.89 | 0.65 | 0.86 | 84.16 | 1.58 | −8.67 | 2.39 | 122.48 | 146.33 | 895 629.39 | 597 769.68 | 5 260.08 |
| 142 | 1394 | 000757 | *ST 方向 | 38.20 | 0.03 | — | 12.71 | 0.63 | 1.29 | 220.51 | 1.19 | 42.57 | — | — | — | 73 866.19 | 45 305.03 | 1 198.27 |
| 143 | 1396 | 000967 | 上风高科 | 38.00 | −0.10 | −4.44 | −0.24 | 0.98 | 1.53 | 44.66 | −0.14 | −25.18 | 12.88 | 148.43 | 171.62 | 100 760.69 | 95 967.41 | −1 672.24 |
| 144 | 1398 | 600110 | 中科英华 | 38.00 | 0.01 | 0.47 | 1.83 | 0.26 | 0.47 | 48.47 | 2.41 | −20.03 | 4.18 | 113.08 | 127.54 | 299 104.60 | 71 709.80 | 1 891.40 |
| 145 | 1401 | 601002 | 晋亿实业 | 37.80 | — | −0.10 | 0.42 | 0.53 | 0.97 | 45.68 | 0.55 | −8.89 | −0.51 | 40.84 | 85.76 | 334 761.54 | 170 842.84 | −2 680.55 |
| 146 | 1402 | 000890 | 法尔胜 | 37.70 | 0.03 | 1.23 | 2.75 | 0.51 | 0.84 | 62.52 | 1.54 | −26.89 | −5.99 | 108.45 | 125.40 | 303 078.10 | 154 533.21 | 2 197.50 |
| 147 | 1405 | 002175 | 广陆数测 | 37.50 | 0.05 | 1.78 | 3.07 | 0.29 | 0.51 | 34.90 | 2.04 | −24.47 | 1.93 | 80.30 | 128.58 | 39 776.03 | 11 511.68 | 456.40 |
| 148 | 1413 | 600346 | 大橡塑 | 36.90 | 0.02 | 1.29 | 1.68 | 0.37 | 0.75 | 73.92 | 1.27 | −11.99 | 1.84 | 171.36 | 174.45 | 131 308.32 | 42 648.30 | 470.57 |
| 149 | 1415 | 000633 | ST 合金 | 36.70 | 0.01 | 1.74 | 4.50 | 0.51 | 2.20 | 25.12 | 16.21 | 22.33 | 2.11 | 1.07 | 27.06 | 39 916.52 | 23 169.41 | 863.66 |
| 150 | 1416 | 600302 | 标准股份 | 36.50 | 0.03 | 0.85 | 1.03 | 0.33 | 0.50 | 15.47 | — | −30.95 | −0.65 | 154.29 | 169.44 | 146 945.01 | 49 533.77 | 1 045.57 |
| 151 | 1421 | 002006 | 精功科技 | 36.20 | 0.16 | 7.84 | 3.01 | 0.48 | 0.81 | 75.35 | 1.35 | 4.36 | 6.12 | 135.77 | 150.87 | 133 180.67 | 64 033.97 | 697.63 |
| 152 | 1424 | 600848 | 自仪股份 | 35.70 | 0.01 | 3.63 | 2.13 | 0.96 | 1.25 | 87.10 | 1.14 | 2.29 | 3.41 | 84.25 | 102.18 | 125 187.54 | 111 809.22 | 531.44 |
| 153 | 1427 | 600843 | 上工申贝 | 35.60 | 0.07 | 6.30 | 3.36 | 0.81 | 1.30 | 70.19 | 1.19 | −27.02 | 4.40 | 183.92 | 174.31 | 197 838.08 | 163 196.64 | 1 580.98 |
| 154 | 1431 | 002009 | 天奇股份 | 35.20 | 0.01 | 0.50 | 2.25 | 0.43 | 0.57 | 68.84 | 1.34 | −29.17 | 6.00 | 49.63 | 81.02 | 156 441.46 | 61 152.36 | 602.45 |
| 155 | 1432 | 600114 | 东睦股份 | 35.20 | −0.04 | −1.45 | 2.04 | 0.48 | 1.40 | 54.23 | 0.80 | −0.53 | −5.32 | 54.47 | 76.15 | 140 432.99 | 66 475.93 | −841.87 |
| 156 | 1437 | 600610 | SST 中纺 | 34.70 | 0.02 | 4.05 | 2.38 | 0.19 | 0.70 | 44.62 | 7.06 | −13.60 | 40.80 | 118.08 | 138.56 | 40 767.63 | 7 186.64 | 756.10 |

续表

| 行业排名 | 全部上市公司排名 | 股票代码 | 股票名称 | 综合得分(100分) | 每股收益 | 总资产报酬率% | 净资产收益率% | 总资产周转率（次） | 流动资产周转率（次） | 资产负债率(%) | 已获利息倍数 | 营业收入增长率（%） | 资本扩张率(%) | 市场投资回报率（%） | 股价波动率(%) | 年末资产额（万元） | 营业收入净额（万元） | 净利润（万元） |
|---|---|---|---|---|---|---|---|---|---|---|---|---|---|---|---|---|---|---|
| 157 | 1445 | 600869 | 三普药业 | 34.30 | 0.02 | 3.02 | 6.05 | 0.73 | 1.12 | 74.98 | 2.68 | 2.07 | −1.31 | 126.13 | 117.56 | 30 568.61 | 21 207.31 | 200.52 |
| 158 | 1487 | 000666 | 经纬纺机 | 30.50 | −0.13 | −2.81 | −0.58 | 0.56 | 0.81 | 57.12 | −0.69 | −3.68 | −4.85 | 313.17 | 256.85 | 681 709.82 | 357 147.23 | −11 166.25 |
| 159 | 1538 | 600984 | *ST建机 | 26.30 | −0.13 | −6.66 | −0.79 | 0.63 | 0.94 | 64.50 | −0.34 | 12.80 | −6.45 | 174.47 | 187.21 | 75 944.57 | 47 846.14 | −1 858.03 |
| 160 | 1548 | 600520 | 三佳科技 | 25.20 | −0.53 | −25.44 | −17.07 | 0.38 | 0.68 | 30.58 | −21.31 | −26.54 | −22.49 | 271.52 | 309.39 | 36 318.14 | 15 601.73 | −7 314.61 |
| 161 | 1556 | 600860 | *ST北人 | 24.80 | −0.41 | −21.49 | −8.66 | 0.42 | 0.76 | 57.23 | −7.44 | 1.14 | −19.45 | 154.16 | 184.37 | 173 778.25 | 76 766.86 | −17 951.76 |
| 162 | 1581 | 000676 | *ST思达 | 22.60 | −0.32 | −24.96 | −4.55 | 0.53 | 0.87 | 70.45 | −1.58 | 0.79 | −20.60 | 143.75 | 181.96 | 145 564.52 | 77 806.59 | −11 164.18 |
| 163 | 1609 | 002021 | 中捷股份 | 20.30 | −0.19 | −9.63 | −3.63 | 0.20 | 0.27 | 55.80 | −8.53 | −23.12 | −10.62 | 239.62 | 216.69 | 198 744.14 | 36 854.06 | −7 895.36 |
| 164 | 1630 | 600604 | ST二纺 | 17.10 | −0.21 | −37.68 | −14.32 | 0.34 | 0.53 | 70.74 | −146.37 | −47.13 | −27.80 | 148.29 | 200.73 | 92 433.19 | 28 678.88 | −12 309.34 |
| 165 | 1633 | 000908 | *ST天一 | 16.80 | −0.85 | −138.10 | −23.41 | 0.27 | 0.80 | 87.17 | −5.36 | 9.03 | −70.27 | 141.80 | 199.88 | 78 480.62 | 23 637.61 | −24 403.11 |
| 166 | 1637 | 600335 | 鼎盛天工 | 16.50 | −0.26 | −20.19 | −5.60 | 0.39 | 0.54 | 66.19 | −3.76 | −32.53 | −17.57 | 53.72 | 68.76 | 98 889.98 | 40 162.96 | −7 124.05 |
| 167 | 1642 | 000922 | *ST阿继 | 15.70 | −0.19 | −59.18 | −13.91 | 0.35 | 0.66 | 79.78 | −9.00 | −3.36 | −47.00 | 66.33 | 120.52 | 34 043.47 | 12 546.90 | −5 636.22 |
| 168 | 1653 | 000595 | 西北轴承 | 13.00 | −0.55 | −28.29 | −7.09 | 0.27 | 0.36 | 57.44 | −2.92 | −47.01 | −24.12 | 44.90 | 81.74 | 86 835.43 | 24 465.54 | −12 080.22 |

# 第九章

# 汽车制造行业上市公司业绩评价

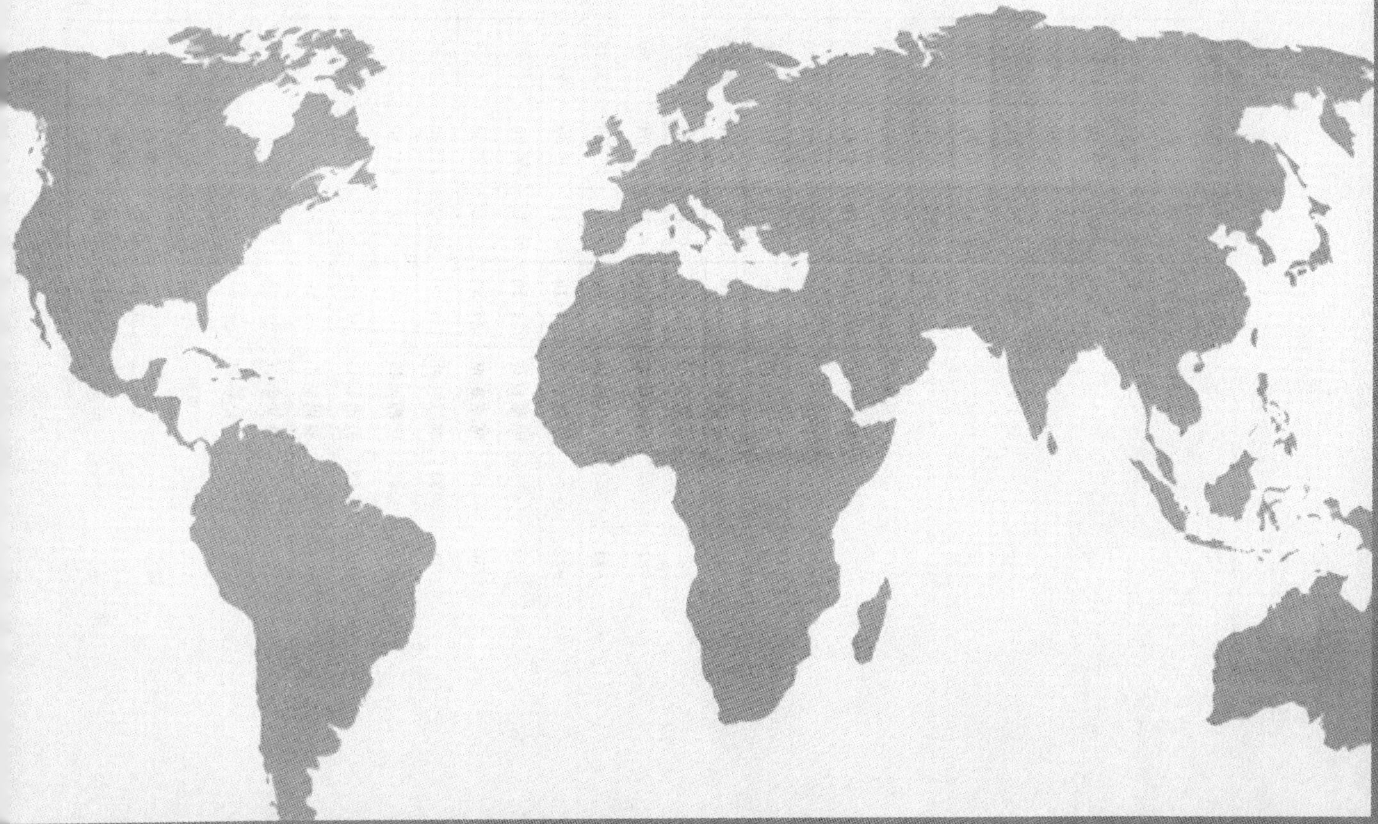

2009 年，在宏观经济整体向好及积极的国家政策的扶持下，我国汽车产销量双双超过千万辆，汽车工业对经济复苏起到了强劲的拉动作用，且正处于快速上升时期。在目前中国产业结构调整和升级的重要时期，汽车产业的发展不仅可以带动相关工业，而且对相关服务业具有很大的带动作用，这有利于实现工业稳定增长而服务业加快发展的结构调整目标，同时也有利于带动工业结构升级。

2010 年第一季度，汽车产销量继续保持着较高的增长速度，汽车销售 461.06 万辆，同比增长 72.11%，环比增长 15.78%；汽车产量 455.45 万辆，同比增长 76.99%，环比增长 9%。随着我国宏观经济的持续向好，居民收入的稳步提高等因素的促进作用，可以预见在 2010 年，汽车需求仍将保持较高增长水平，汽车行业业绩增长仍值得期待。

## 一、 汽车制造行业上市公司业绩评价结果

截至 2009 年末，汽车制造行业包括汽车整车、汽车零部件等企业的 A 股上市公司共 48 家，其中盈利 41 家。汽车制造行业上市公司市值 6 069.82 亿元，实现营业利润 276.16 亿元，实现净利润 249.89 亿元。2009 年汽车行业整体表现强于全部上市公司（接纳入评价范围的非金融类上市公司 1660 户口经收）的整体表现，汽车行业进入百强的上市公司有 8 家。其中有 4 家进入十强。

进入汽车行业排名前十的有一汽轿车、福田汽车、上海汽车、江铃汽车、潍柴动力、长安汽车、福耀玻璃、华域汽车、亚太股份、江淮汽车。汽车制造行业的综合评价分值为 77.30，相比上年的 57.20 分有较大幅度增值。在 48 家汽车制造上市公司中，业绩评价综合得分在 70 分（含）以上的有 13 家，综合得分在 60～70 分之间的有 12 家。行业排名前十的上市公司如表 9-1 所示：

**表 9-1　　中联汽车制造十强排名**

| 名次 | 股票代码 | 股票简称 | 业绩得分 | 在全部上市公司中排名 |
|---|---|---|---|---|
| 1 | 000800 | 一汽轿车 | 87.30 | 1 |
| 2 | 600166 | 福田汽车 | 86.10 | 3 |
| 3 | 600104 | 上海汽车 | 85.90 | 4 |
| 4 | 000550 | 江铃汽车 | 85.40 | 6 |

续表

| 名次 | 股票代码 | 股票简称 | 业绩得分 | 在全部上市公司中排名 |
|---|---|---|---|---|
| 5 | 000338 | 潍柴动力 | 80.50 | 25 |
| 6 | 000625 | 长安汽车 | 80.10 | 26 |
| 7 | 600660 | 福耀玻璃 | 74.80 | 82 |
| 8 | 600741 | 华域汽车 | 73.60 | 100 |
| 9 | 002284 | 亚太股份 | 73.30 | 110 |
| 10 | 600418 | 江淮汽车 | 72.70 | 127 |

下面分别从财务效益状况、资产质量状况、偿债风险状况、发展能力状况及市场表现五个方面对汽车制造行业上市公司进行具体分析。

### （一）财务效益状况

表 9-2 列示了汽车制造行业上市公司财务效益状况评价结果。从修正指标来看，汽车制造行业上市公司财务效益状况平均得分为 27.36 分，高于全国所有上市公司 22.16 分的平均水平。汽车制造行业上市公司实现净利润 249.89 亿元，占全部上市公司实现净利润的 4.11%；基本财务效益得分为 30.57 分，净资产收益率为 16.55%，高于上市公司 9.45%的平均值，较去年 3.33%的净资产收益率上升了 397%。一汽轿车在该项指标上得分为 30.14 分，成为 2009 年汽车制造行业财务效益最突出的上市公司。2009 年，一汽大众全年生产轿车 669 999 辆，其中大众品牌 527 662 辆，奥迪品牌 142 337 辆，全年销售整车 682 374 辆，其中大众品牌 540 007 辆，奥迪品牌 142 367 辆，规模效应极大地提高了公司的盈利能力。行业主要财务指标见表 9-2。

**表 9-2　　汽车制造行业财务效益状况比较表**

| 评价指标 | | 2009 年上市公司平均值 | 2009 年行业值 | 2008 年行业值 | 增长率（%） |
|---|---|---|---|---|---|
| 基本指标 | 扣除非经常性损益净资产收益率（%） | 9.45 | 16.55 | 3.33 | 397.00 |
| | 总资产报酬率（%） | 6.80 | 8.11 | 1.83 | 343.17 |
| | 得分 | 21.00 | 30.57 | 17.69 | 72.81 |
| 修正指标 | 营业利润率（%） | 7.07 | 6.01 | 4.09 | 46.94 |
| | 盈利现金保障倍数 | 2.09 | 2.17 | 2.59 | －16.22 |
| 综合得分 | | 22.16 | 27.36 | 23.49 | 16.48 |

### （二）资产质量状况

从表 9-3 可以看出，汽车制造行业上市公司资产质量状况指标平均得分 12.49 分，高于全国所有上市公司 9.36 的平均水平；从修正指标来看，2009 年，存货周转率（次）、应收账款周转率（次）都高于市场均值，说明 2009 年汽车制造行业总体资产质量在各行业中较好。上市公司资产质量排名前三名的为一汽轿车、顺发恒业、江淮汽车。一汽轿车资产质量排名进入前三主要得益于其较好的资产经营状况，其总资产周转率、流动资产周转率均为汽车制造业上市公司中最高的。具体资产质量状况比较见表 9-3：

表 9-3 汽车制造行业资产质量状况比较表

| 分析指标 | | 2009 年上市公司平均值 | 2009 年行业值 | 2008 年行业值 | 增长率（%） |
|---|---|---|---|---|---|
| 基本指标 | 总资产周转率（次） | 0.78 | 1.24 | 1.17 | 5.98 |
| | 流动资产周转率（次） | 1.82 | 2.17 | 2.12 | 2.36 |
| | 得分 | 9.36 | 12.49 | 10.35 | 20.68 |
| 修正指标 | 应收账款周转率（次） | 14.10 | 19.41 | 18.21 | 6.59 |
| | 存货周转率（次） | 4.13 | 8.32 | 7.32 | 13.66 |
| 综合得分 | | 9.24 | 11.60 | 10.40 | 11.54 |

## （三）偿债风险状况

分析表 9-4 中汽车制造行业指标可知，该行业上市公司偿债风险状况平均得分10.60 分，高于全国所有上市公司 9.22 分的平均水平。2009 年汽车制造行业的获利倍数显著大于 2008 年水平。从修正指标看，偿债风险得分排名前三的分别是一汽轿车、江铃汽车、特尔佳。排名第一的一汽轿车资产负债水平较低，未来的偿债风险较小。

表 9-4 汽车制造行业偿债风险状况表

| 评价指标 | | 2009 年上市公司平均值 | 2009 年行业值 | 2008 年行业值 | 增长率（%） |
|---|---|---|---|---|---|
| 基本指标 | 资产负债率（%） | 57.52 | 61.40 | 60.27 | 1.87 |
| | 获利倍数 | 7.21 | 17.09 | 3.42 | 399.71 |
| | 得分 | 9.22 | 10.60 | 7.87 | 34.69 |
| 修正指标 | 速动比率（%） | 69.84 | 86.82 | 76.80 | 13.05 |
| | 现金流动负债比率（%） | 21.75 | 23.48 | 11.23 | 109.08 |
| | 带息负债比率（%） | 45.98 | 18.33 | 26.60 | −31.09 |
| 综合得分 | | 9.10 | 10.76 | 8.93 | 20.49 |

## （四）发展能力状况

从表 9-5 可知，汽车制造行业上市公司发展能力状况指标平均得分为 17.09 分，高于全国所有上市公司 13.37 的平均水平。除累计盈余保留率低于全国所有上市公司水平外，营业收入增长率、资本扩张率、总资产增长率都高于上市公司的平均值，可见，2009 年汽车制造行业发展能力好于整个上市公司，这与 2009 年国家汽车产业振兴计划的影响密切相关。

2009 年营业收入增长率、资本扩张率、累计保留盈余率等各项发展指标都高于2008 年。从基本指标看，该行业发展能力排名前三名为福田汽车、长安汽车和一汽轿车。

表 9-5　　汽车制造行业发展能力状况表

| 分析指标 | | 2009 年上市公司平均值 | 2009 年行业值 | 2008 年行业值 | 增长率（%） |
|---|---|---|---|---|---|
| 基本指标 | 营业收入增长率（%） | 3.85 | 29.52 | 6.01 | 391.18 |
| | 资本扩张率（%） | 17.60 | 30.88 | −0.17 | 18 264.71 |
| | 得分 | 12.21 | 16.59 | 9.70 | 71.03 |
| 修正指标 | 累计保留盈余率（%） | 35.83 | 35.02 | 25.05 | 39.80 |
| | 三年营业收入平均增长率（%） | 14.99 | 35.92 | 34.27 | 4.81 |
| | 总资产增长率（%） | 22.53 | 34.39 | 6.99 | 391.99 |
| | 营业利润增长率（%） | 51.83 | 337.10 | −64.99 | −618.77 |
| 综合得分 | | 13.37 | 17.09 | 15.59 | 9.62 |

## （五）市场表现

表 9-6 列示了汽车制造行业上市公司市场表现评价结果，汽车制造业得分 10.45，高于上市公司平均值 9.06 分。从指标来看，汽车制造行业上市公司的市场投资回报率为 165.92%，较大幅度高于全国所有上市公司 116.28%的平均水平，汽车制造板块在证券市场的活跃能力高于市场平均水平。2008 年汽车制造行业的投资回报率为负数，2009 年 1～4 月该行业投资回报率为 6.38%。

在汽车制造类上市公司中，市场表现综合排名前三强分别为亚太股份、迪马股份和曙光股份。

表 9-6　　汽车制造行业公司市场表现表

| 分析指标 | 2009 年上市公司平均值 | 2009 年行业值 | 2008 年行业值 | 增长率（%） | 2010 年 1～4 月行业值 |
|---|---|---|---|---|---|
| 投资回报率（%） | 116.28 | 165.92 | −61.51 | 369.74 | 6.38 |
| 股价波动率（%） | 130.04 | 161.09 | 294.23 | −45.25 | 1 611.14 |
| 得分 | 9.06 | 10.45 | 7.79 | 34.15 | |

2009 年全年汽车制造业市场表现均好于上证 A 股指数（图 9-1）。2009 年汽车制造行业的投资回报率为 165.92%，高于全国所有上市公司 116.28%的平均水平。

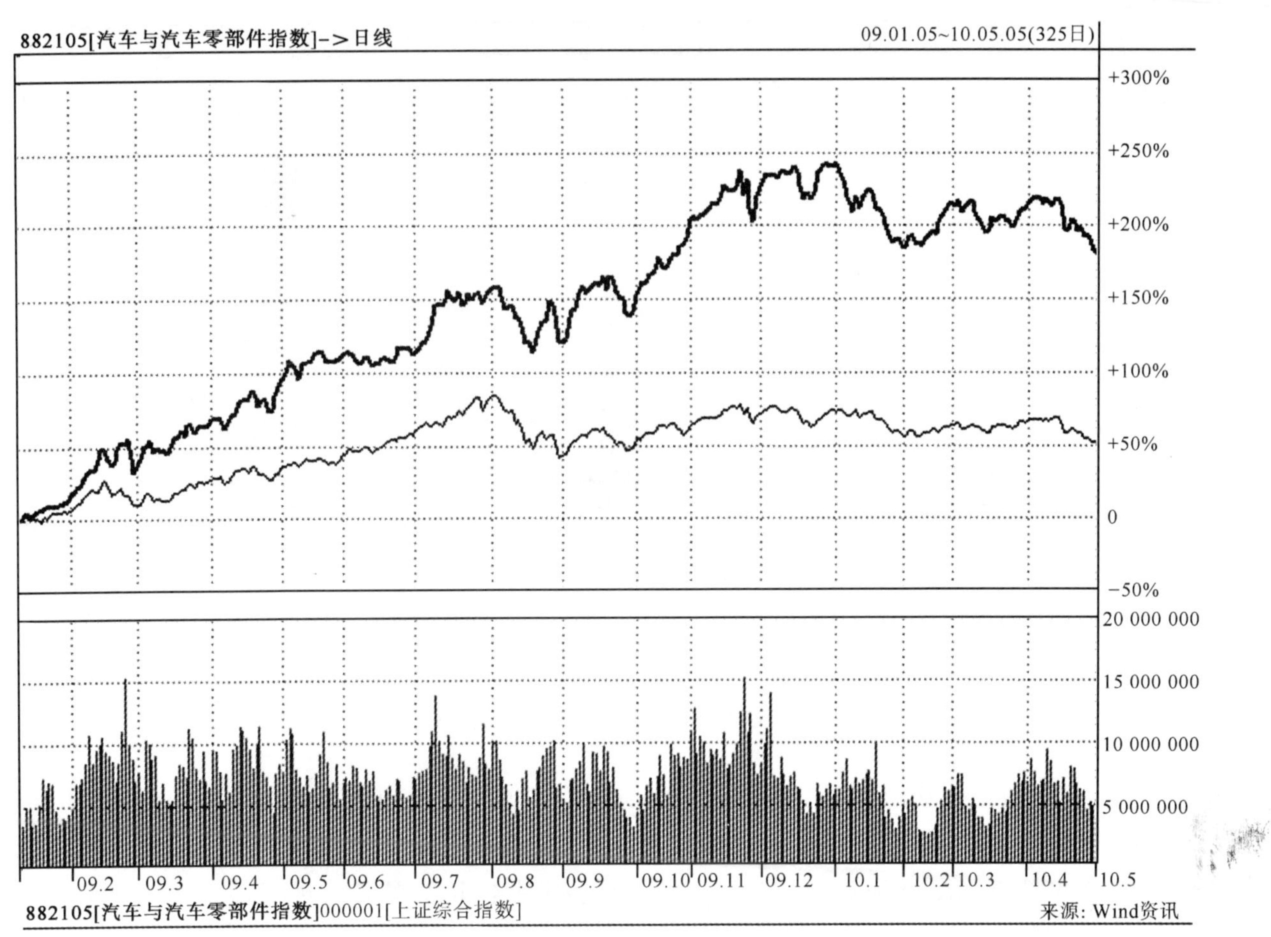


图 9-1 2009～2010 年 5 月汽车制造行业指数与上证综合指数比较图

## 二、 2009 年汽车制造行业业绩的影响因素分析

如图 9-2 所示，2009 年中国汽车行业在汽车产业振兴规划，尤其是购置税减半、汽车下乡等优惠政策的刺激下以及宏观经济复苏的大背景下，2009 年全年汽车累计销售 1 364 万辆，同比增长 46.20%。乘用车全年销量增长 53%，商用车的表现也显著超越预期，2009 年同比增长 28.40%，大大高于之前几年的水平。

### (一) 积极的国家政策直接刺激不同品种汽车销量

#### 1. 购置税减征释放小排量车型需求

受金融危机影响、居民消费信心下降、对政策出台的前期观望等导致 2008 年 8 月后汽车消费增速降低 8%～10%。

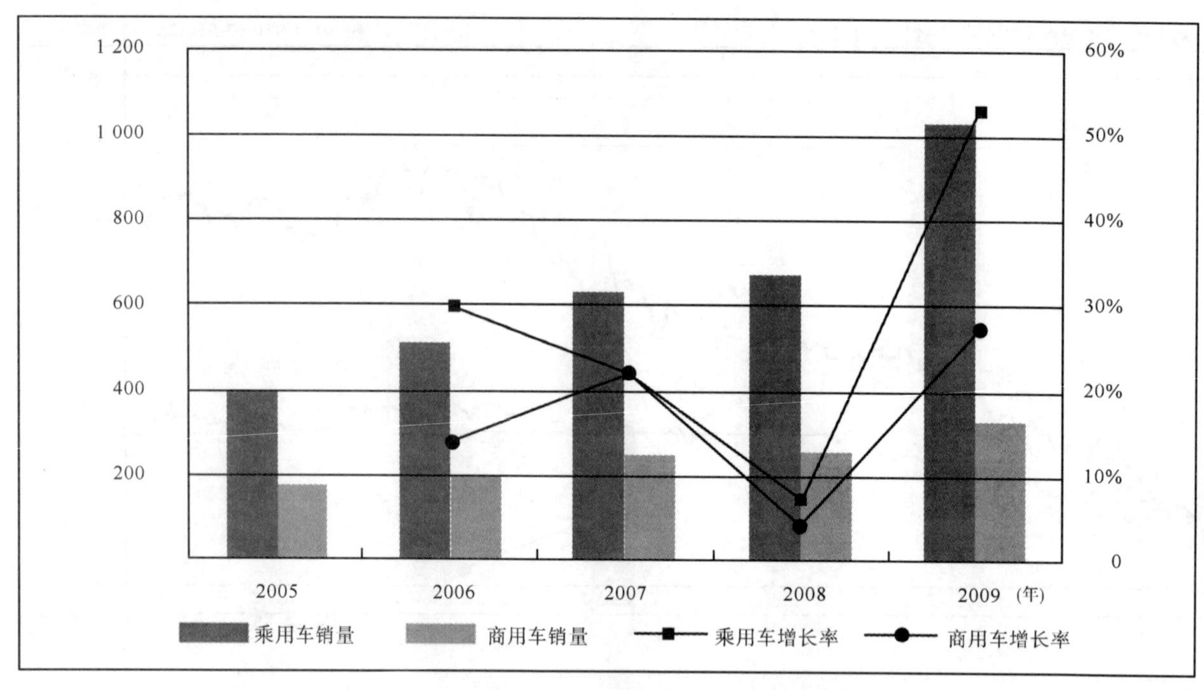


图 9-2 近几年乘用车和商用车销量及增长率

如图 9-2 所示，在小排量车型购置税减征的鼓励汽车消费的政策刺激下，2008 年下半年延迟的市场需求和 2009 年的当期需求集中释放。轿车销售先于经济出现反弹。由于企业对 2009 年的行业趋势判断普遍趋于保守，产品供给相对于市场需求出现短缺，2009 年全行业出现了罕见的销大于产的现象。3 季度，企业开足马力生产，产品供给不足的现象得以缓解。乘用车行业产品销量环比、同比均实现快速增长。2009 年轿车销量同比大幅增长 95.69%，且呈现逐季攀升态势，成为引领经济走出低谷的推动力之一。

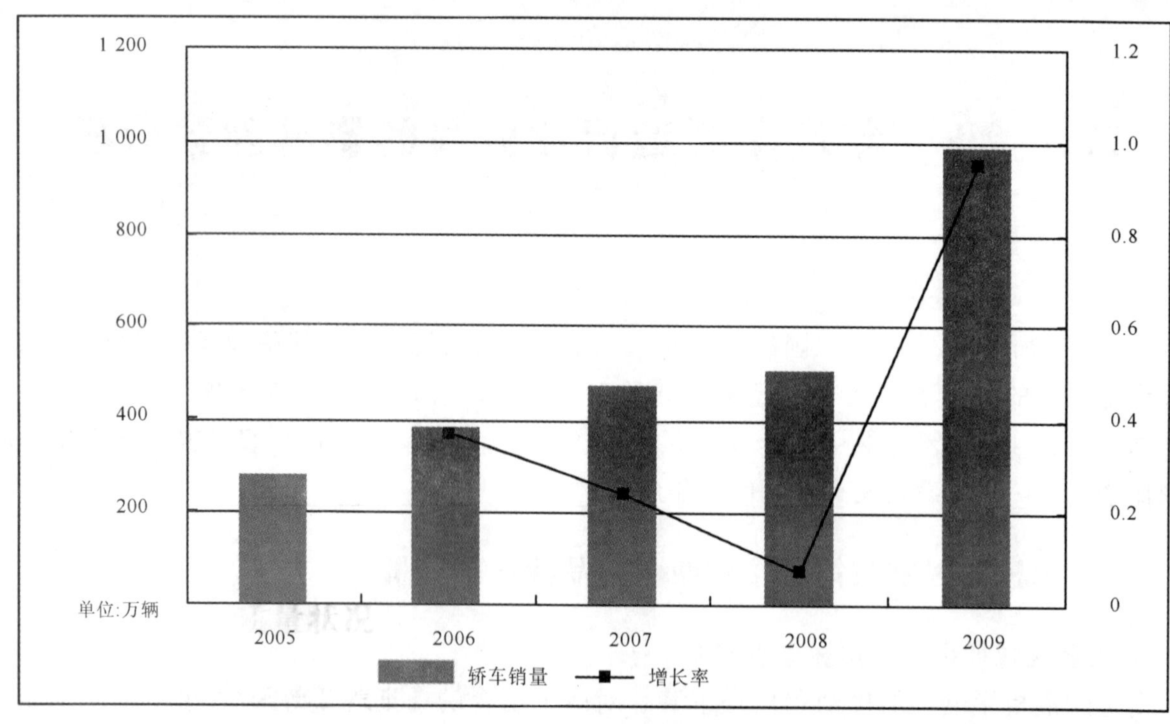


图 9-3 近几年轿车销量及增长率

**2. 价格补贴直接影响轻卡销量**

从2009年6月开始，《汽车摩托车下乡实施细则》颁布，补贴政策变成了直接补贴，这一政策变化对下半年轻卡产品的旺销产生了积极的影响。另外，燃油税政策实施后，养路费取消，有用车需求的客户开始采购自备车；大吨小标的车型遭到淘汰；大吨位轻卡受到青睐。燃油税政策的实施也对2009年的轻卡旺销产生了重要的驱动作用。

**3. 燃油消费税实施改变需求状况**

受养路费取消政策的刺激，公路货运类重卡需求从5月开始快速复苏，成为拉动重卡行业持续增长的最重要的因素。进入下半年，重卡销量持续快速增长，行业复苏的态势已经确立。燃油税政策的实施也对2009年的轻卡旺销产生了重要的驱动作用。

燃油税实施后，货运效率高（即每吨公里的油耗低）的重型载货车将从中获利；单车运输能力的提高，节约了高速公路的时空资源，增加了物流公司的收费收入。实施燃油税后，重卡的费用将降低。

**汽车产销量破千万辆**

2009年10月20日，随着一辆金橙色解放J6驶下生产线，2009年我国的第1 000万辆汽车在长春一汽诞生，中国就此迈进千万辆级的汽车生产大国行列。在国际金融危机冲击世界汽车工业的不利环境下，我国汽车工业仍能一枝独秀，蓬勃发展。2008年，在大家都以为中国汽车产业必然突破1 000万辆，连庆祝仪式都在准备的过程中，突如其来的金融危机，让这场庆祝仪式从去年改到了今年。今年年初《汽车产业调整和振兴规划》的出台，让今年的汽车销量呈现爆发式增长，在10月就迎来了中国汽车产业突破千万辆大关的仪式。

**4. 产业振兴政策提高自由品牌汽车占有率**

今年需求增长主要来自于内陆省份，新增消费者多为首次购车且购买能力相对较弱，对品牌认知力相对较低而对价格敏感性更高，自主品牌轿车产品凭借较高的性价比优势获得众多消费者认可，据中国汽车工业协会统计，2009年，乘用车自主品牌共销售457.70万辆，占乘用车销售总量的44.30%，比上年提高4.38个百分点；日系、德系、美系、韩系和法系分别销售219.66万辆、145.83万辆、101.78万辆、81.17万辆和27万辆，占乘用车销售总量的21.26%、14.12%、9.85%、7.86%和2.61%（图9-4）。

## （二）宏观经济间接影响市场

**1. 经济水平整体提高促进汽车销售的全面提高**

受益于国内经济增长，居民人均可支配收入持续提升，近两年更是维持15%左右增长，而车价整体来看每年呈现下降走势，年下降幅度约5%，同时2009年来汽车产品结构逐步下移，汽车产品均价持续下降，居民购车能力明显提升。从使用成本来看，养路费的取消使

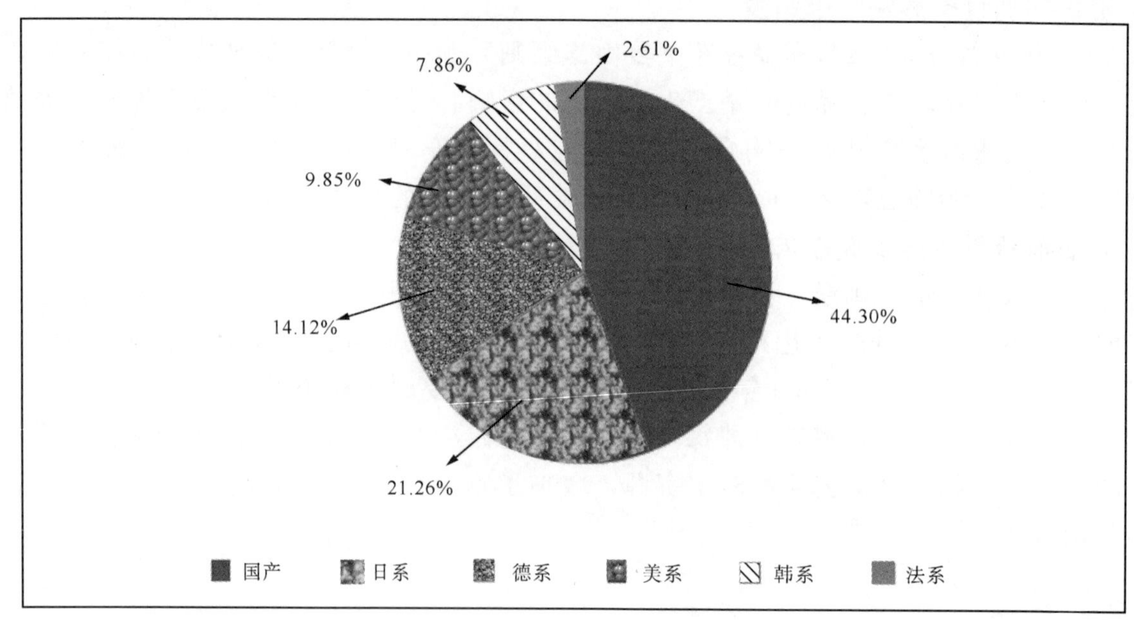


图 9-4 2009 年不同国家品牌销售量分布

得 2009 年居民用车成本下降近 10%，微客和中低端轿车拥有者使用成本降低幅度更大，也激发起部分消费者的购车热情。

如图 9-5 所示，2009 年的整体情况体现在一线城市净增量较大，二、三线城市相对增长速度较快。根据国家信息中心的统计数据，目前一级市场的汽车销量增长率为 8.10%，二级、三级、四级市场的销量增长率分别为 27.60%、33.70%、36%，远远高于一级市场。

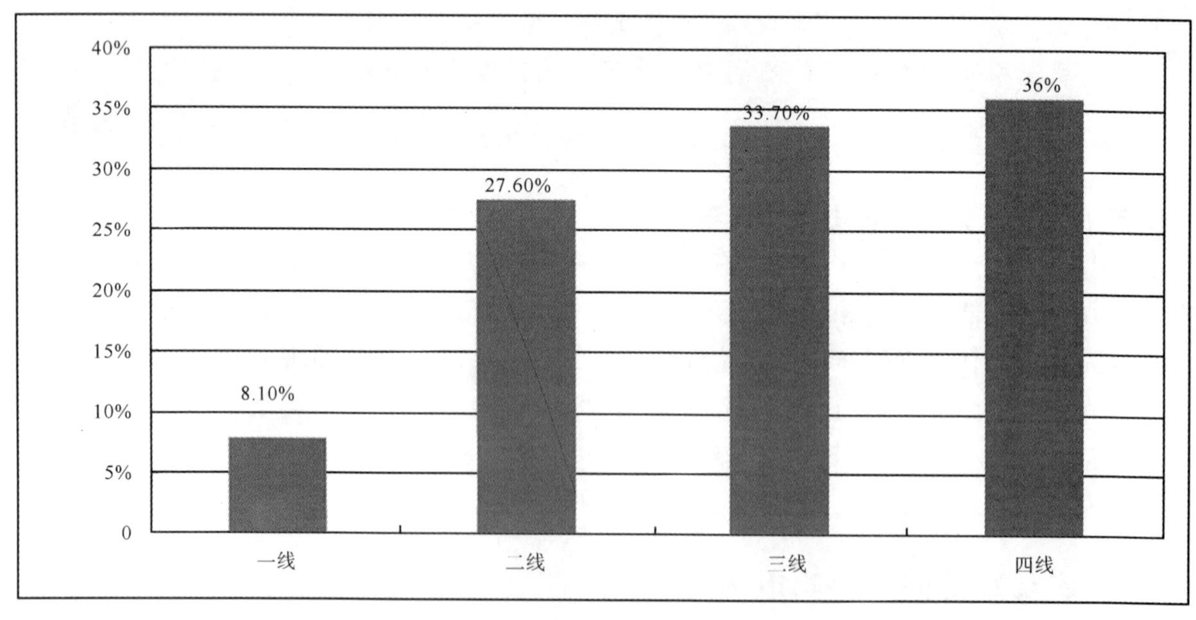


图 9-5 2009 年各级市场增长率

同时在区域销售状况上，二、三线城市的经济水平和居民消费水平呈较快攀升态势，一些县域经济的发展速度成为亮点，在国家总体经济布局中的重要性日益显现。

交通设施的持续改善，地区的交通状况明显好转，也在客观上助推了汽车消费，尤其是广大农村地区的微车消费。

通过数据分析，可以看出汽车区域市场出现明显变化，在全球金融危机和国内宏观调控的叠加作用下，全国出口量的92%都集中在东部和东北部地区，而中部和西部所占的比例还不到8%，这导致今年汽车需求正在由沿海及东部等传统经济发达地区向中西部内陆地区转移。

对于占销量大部分的二、三线城市的汽车消费，主要来自居民消费升级的初次购车需求，但同时这些地区的居民购车中中高级车型的占比要低于一线地区的消费者。

**2. 政府投资带动重卡复苏**

2009年经济处于相对低位，政府加大投资应对经济下滑，自卸车受益于固定资产投资增加，上半年销售良好，成为重卡销量维持平稳的主要推动力。下半年在经济逐步恢复背景下，物流需求持续回升，3季度半挂牵引车销量同比和环比分别上升95.50%和62.10%，重卡市场全面复苏。

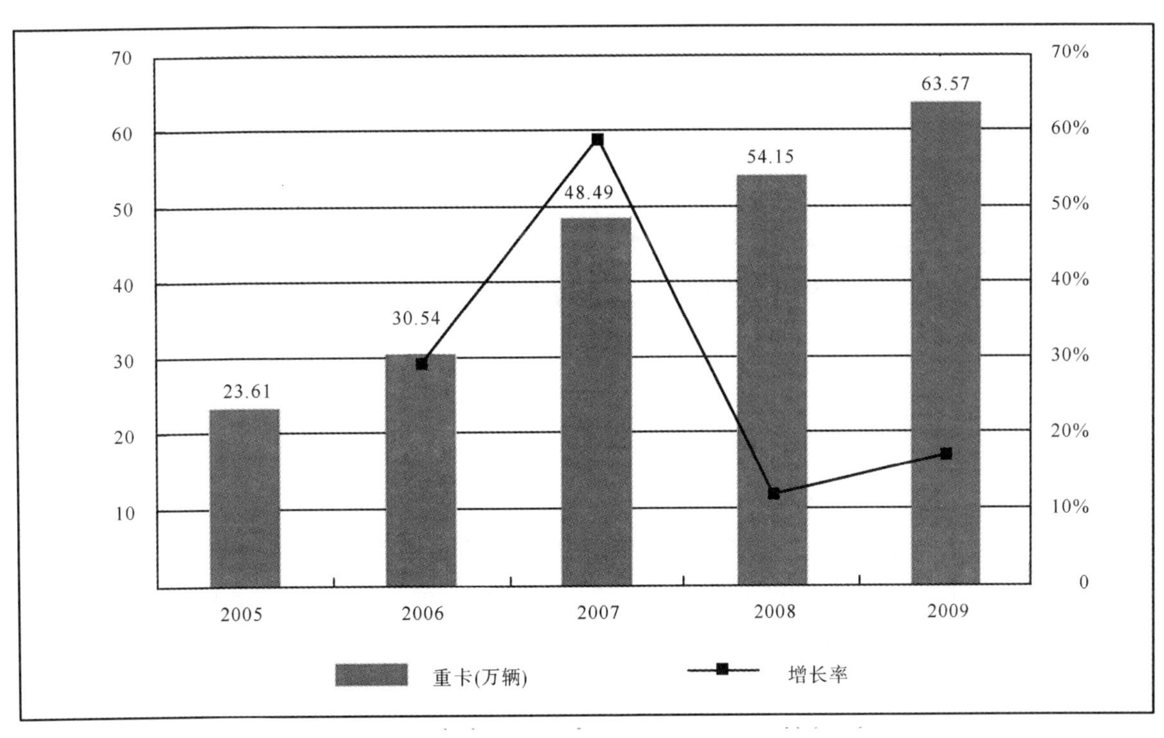


**图9-6　近几年重卡销量及增长率**

**3. 城镇物流提升推动轻卡销量增长**

轻卡主要用于城乡物流，受益于国内城市化率提升，近年来轻卡销售一直维持稳定增长态势，由于2008年低基数以及2009年的农民购车补贴，2009年轻卡销量实现25.32%的同比增长，为商用车中率先反弹的子行业。

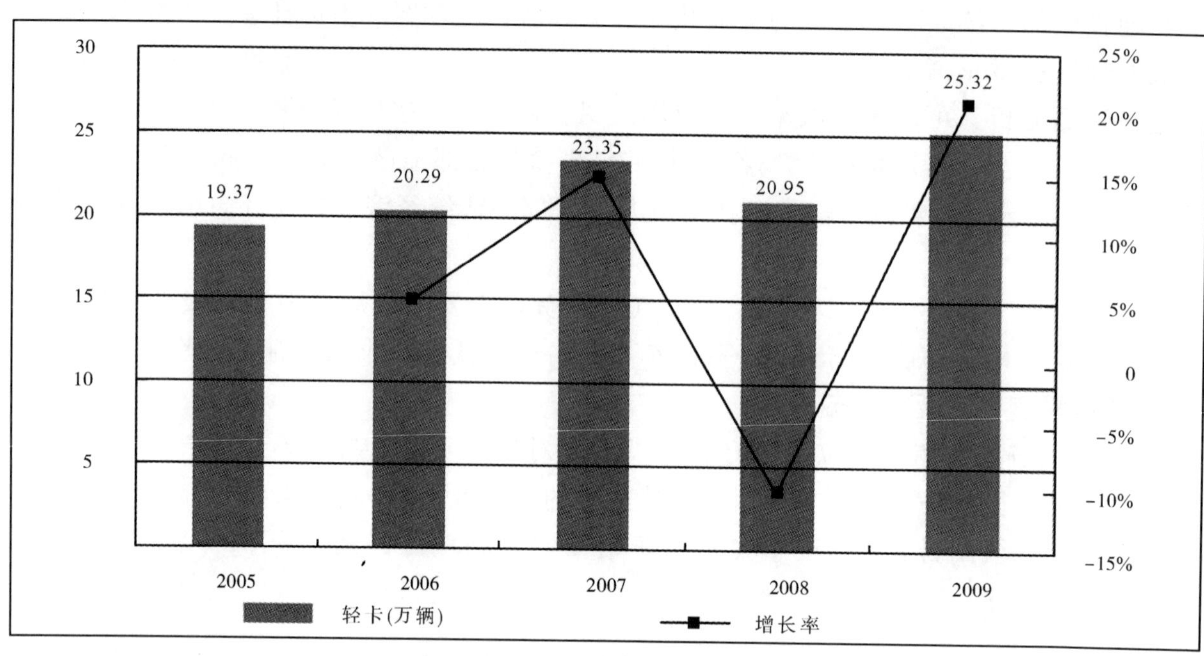


图 9-7 近几年轻卡销量及增长率

# 三、2010 年汽车制造行业前景分析

国家政策和宏观经济复苏共同铸就了 2009 年的汽车行业业绩。国家政策拉动、行业内在需求及 2008 年延迟消费对 2009 年的汽车销售起到了关键作用。乘用车销量增速高点将在 2010 年一季度出现，之后增速将可能下降，2010 年乘用车子行业产能利用率较 2009 年将有所下降。商用车 2009 年复苏时间较晚，其中大中客和重卡受出口影响直到下半年才开始恢复，这使得 2010 年大中客和重卡的同比基数较低，销量增长最为稳定，此类上市公司业绩增长较为稳定。汽车零部件企业产能释放和出口恢复这两大主题值得关注。目前乘用车占行业销量比例超过 75%，乘用车公司流通市值占行业指数比重也超过 60%，汽车行业指数基本取决于乘用车主要几家公司走势。

**1. 扶植政策效力显现，经济复苏的“发动机”作用仍将延续**

当前国家减少了对 1.60 升及以下排量轿车购置税的优惠幅度，相关专业人士认为，虽然优惠幅度减少了一些，但并不能影响中国汽车产业 2010 年的销量。新能源汽车的示范城市由原来的 11 个扩展到 20 个，老车旧车折旧补贴的比例在增加，汽车下乡的政策还在继续执行。从总体上说，国家对汽车产业的优惠政策并没有减少，而是在延续，2010 年扶植政策效力将进一步显现，汽车行业作为我国经济复苏的“发动机”作用仍将延续。

2010 年一季度，汽车销售实现 461.06 万辆，同比增长 71.78%，与 2009 年全年的

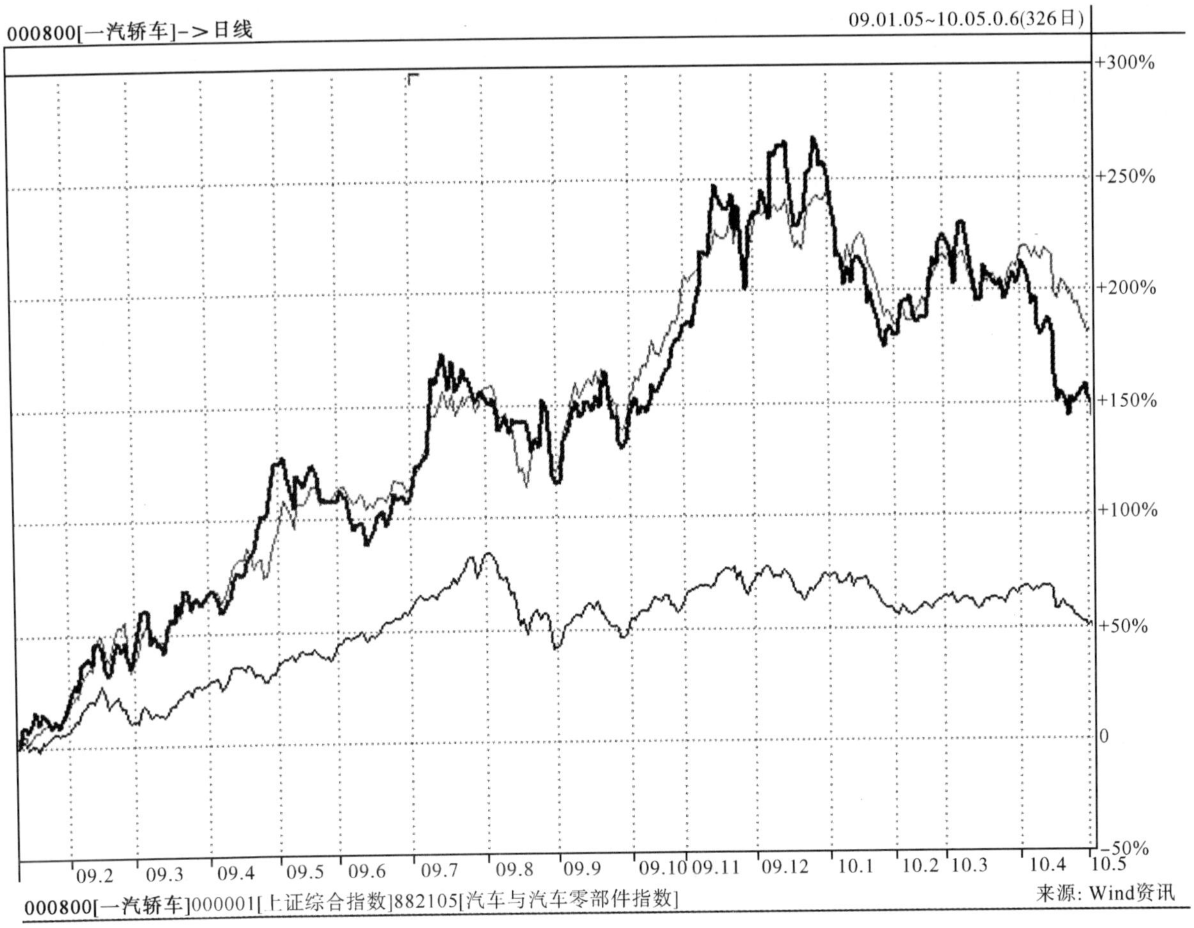

图 9-8 一汽轿车（000800.SZ）走势图

46.15%相比继续保持较高增速的态势，但这显然与2009年年初的较低基数有关。月度销售环比来看，1月份实现汽车销售166.42万辆，环比增长16.83%，而2月份销售121.15万辆，环比首次下降为－27.20%。3月份销量173.49万辆，环比增长43.42%。一季度环比增长17.87%，见图9-9。

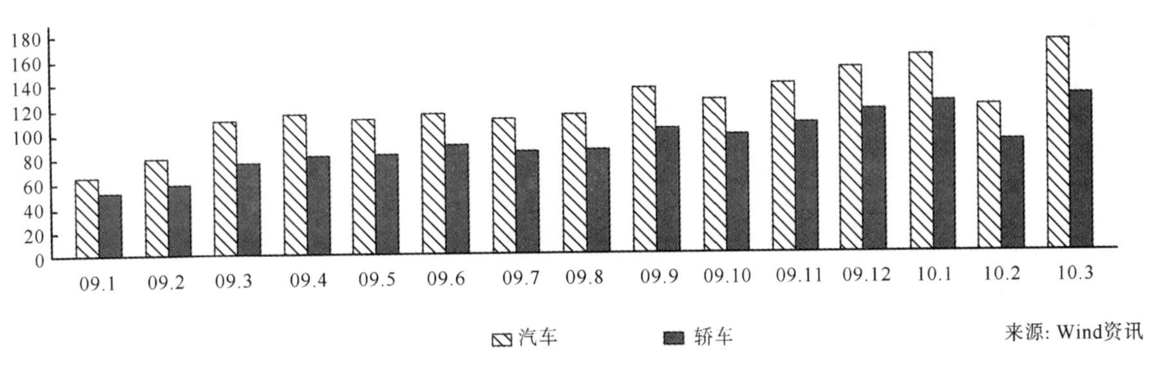


图 9-9 汽车销量图（单位：百万辆）

**2. 高品质小排量将成为大趋势**

《汽车产业调整与振兴规划》提出要实现1.50升以下排量乘用车市场份额达到40%以上，其中1.00升以下小排量车市场份额达到15%以上，从万得资讯中获取的数据来看，2010年一季度1.0升以下小排量车销量占比达15.51%，环比销售增长率高达56.98%，远高于全部汽车销售环比增长率14.82%。1.0升到1.60升汽车销量仍占据汽车销量比的50%以上(见图9-10)。

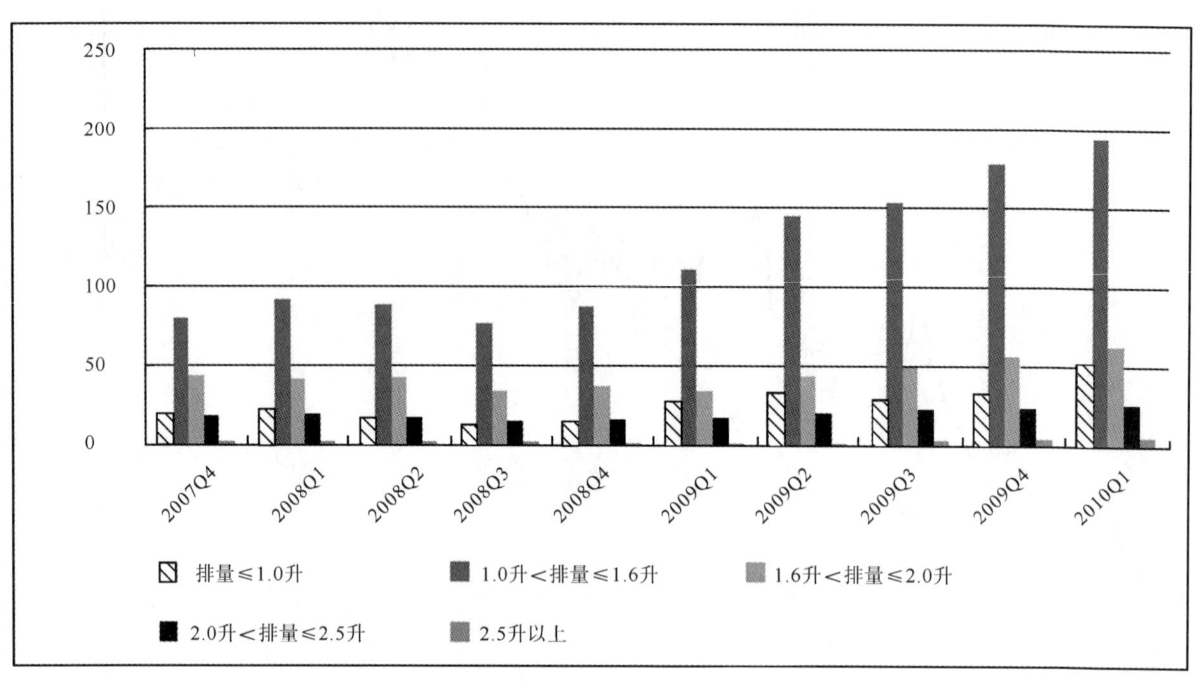


图9-10 我国汽车季度分排量销量图（单位：万辆）

2010年，对行业销量拉动比较大的3项政策——成品油价税费改革、乘用车购置税优惠和汽车下乡仍将影响中低端车型，促进中低端车型销量增速远高于高端车型。同时，低碳经济概念的深入人心，政府节能减排理念的宣传推广也将在一定程度上促进小排量汽车的消费。

**3. 物流需求复苏推动商用车仍将稳定增长**

今年一季度，我国商用车市场十分火爆，产销形势喜人，很多企业销量同比大幅增长，部分重卡企业销量同比增长幅度甚至超过100%。今年一季度，重卡市场与2009年前低后高的产销形势不同，多家重卡企业销量同比大幅度增长，与2009年后两个季度的火爆形势相比有过之而无不及。今年一季度的销量为实现全年销量目标打下良好基础。宏观经济形势好转使销售旺季中的重卡市场大放异彩。国家4万亿元投资对经济的拉动作用在2010年仍将延续，许多重大建设项目开始落实，带动了工程自卸车销量快速增长。宏观经济的持续回暖使物流市场发力，公路货运量增长，吸引了更多用户购买牵引车，拉动了公路用车的快速增长。

轻卡需求相对平稳，受益城市化率提升需求稳定增长。我国目前货物运输仍以公路货运为主，而我国目前轻卡保有量还不到700万辆，与我国经济体的容量相比较仍具备较大增长空间。轻卡行业竞争格局相对稳定，前五家企业福田、东风、江淮、江铃和南汽总共占据行业50%市场份额，行业龙头福田汽车市场份额更是稳定在25%以上，行业竞争格局相对稳定。由于农村及城乡结合部逐渐成为轻卡需求的增长点，未来轻卡销售结构将逐渐下移，具备规模和成本控制优势的龙头轻卡企业将面临发展机遇。

**2010年上海世博会官方指定轻客和轻卡发布**

4月24日，作为2010年上海世博会官方指定的轻客和轻卡，以“美好生活，从世博开‘驶’”为主题的南京依维柯世博版新车，今日在此间举办的北京国际汽车展览会上正式推出。

在两位2010年上海世博会吉祥物“海宝”的现场助阵下，南京依维柯在启动仪式上将“世博会中国馆”的微缩景观搬上了舞台，并通过点亮舞台中央的“中国馆”，宣布世博版新车正式亮相。南京依维柯此次发布的两辆世博版新车，分别是宝迪世博版豪华商务接待车，以及跃进世博版轻卡。前者是南京依维柯最新推出的高端欧系轻客车型，动力强劲，排放达到国Ⅳ标准，经济环保；而后者整车形象更加时尚。

上海汽车和南京汽车两大集团于2007年底合并之后，南京依维柯加速吸收两大股东的优势资源，综合实力不断提升。此次推出的世博版是两大股东联手打造的，并已获得上海世博会的认可。

来源：中国新闻网，2010年4月24日

**4. 自主品牌将步入收获期**

受益内陆省份需求增长，自主品牌逐步步入收获期。2009年的中国汽车销量数据，自主品牌的销量已快占据中国车市的半壁江山了。其中自主品牌的轿车销量同比增长57%，增幅远远超过了日系、德系和美系车。奇瑞、比亚迪、吉利、长安、华晨、一汽轿车、上海汽车，每家的销量都在不断创出新高。内陆省份为本轮汽车销量增长的主要推动力，当地居民多为首次购车，对价格更为敏感而品牌意识相对较弱，且购买力相对较弱而购车欲望相对较强，5万～8万性价比高的轿车在内陆省份具有较大销售空间。国内本土车企在经历多年的内陆省份布局以及产品质量提升后，具备更强的网络和性价比优势，获得内陆省份消费者青睐。

2010年二季度，自主品牌汽车销量171.81万辆，环比增长35.51万辆，增长率26.17%，远高于其他品牌8.25万辆、4.25%的环比增幅（图9-11）。

产能充足、新车较多以及渠道优势推动自主品牌市场份额将持续提升。大部分自主品牌车企在经历多年投入之后目前已经形成较为充足的产能，短期内将能更多受益于销量增长。从2010年新车投放来看将有更多自主品牌新车集中上市，且产品多集中于10万以下，该类产品更能适应内陆省份需求增长，市场份额有望持续提升。

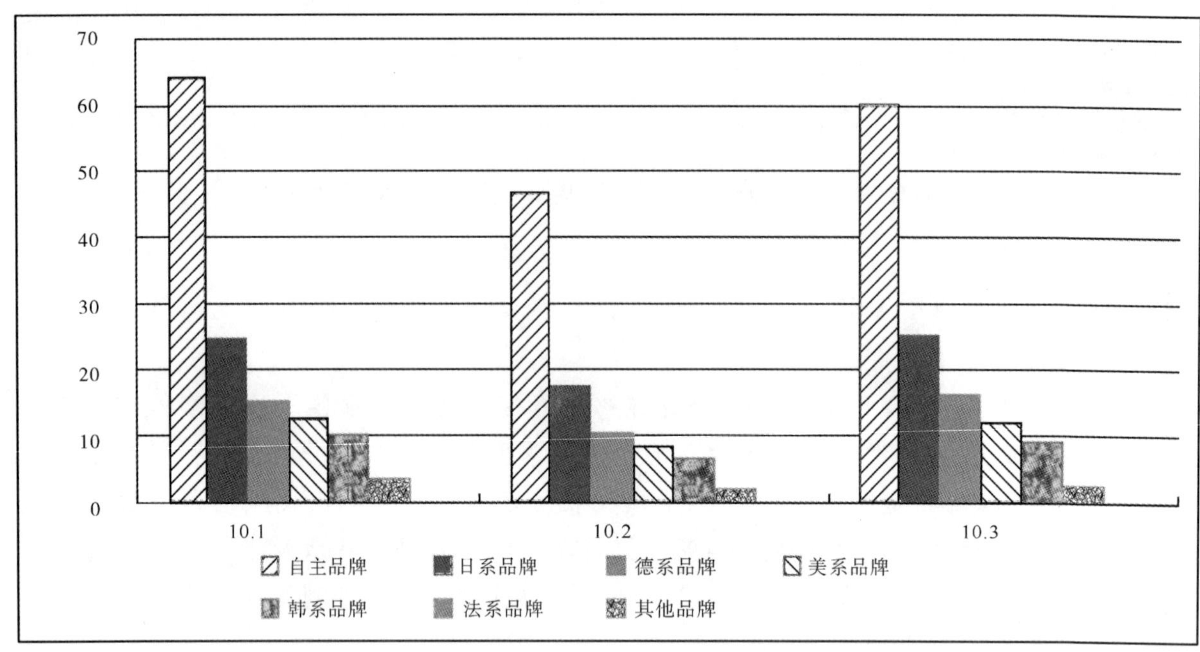


图 9-11　2010 年一季度分品牌汽车销量（单位：万辆）

## 吉利 18 亿美元正式收购沃尔沃 100％股权

中国浙江吉利控股集团有限公司（简称：吉利集团）2010 年 3 月 28 日与美国福特汽车公司在瑞典哥德堡正式签署协议，吉利以 18 亿美元收购沃尔沃 100％股权以及相关资产（包括知识产权）。

吉利集团董事长李书福表示："中国这一全球最大的汽车市场将成为沃尔沃轿车的第二个本土市场。作为国际知名的顶级豪华汽车品牌，沃尔沃轿车将在发展迅速的中国释放出巨大的市场潜力。"

收购清单包括 S40、S60 等几乎是目前沃尔沃在全球范围内销售的所有车型；沃尔沃的 P1、P2、P24 平台，其中，P1 平台专门生产紧凑型轿车，P2 平台是生产大中型轿车的平台，包括上述的 S60、XC90 系列车型。P24 平台生产包括 XC60、V70、S80 等大型轿车系列车型；2 000 多个全球网络。

这项海外并购，可以提升中国汽车产业在本土市场的竞争力，为自主创新提供原始技术依据，实现技术跨越，并为中国汽车产业"走出去"提供现成的通道，迅速提升中国汽车及零部件在欧美日市场的比例，解决中国汽车产业自主创新所面临的知识产权问题，实现在发达国家汽车市场你中有我零的突破，从根本上改变中国汽车产业的国际形象。

来源：凤凰网，2010 年 3 月 28 日

**5. 新能源汽车板块将成未来业绩增长点**

《汽车产业调整和振兴规划》提出：改造现有生产能力，形成50万辆纯电动、充电式混合动力和普通型混合动力等新能源汽车产能，新能源汽车销量占乘用车销售总量的5%左右。在新能源汽车发展过程中，产业链上最早受益者为关键零部件生产企业，近年内以镍氢电池为主，长期以锂电池发展为主。目前相关公司仍无具体业绩体现，但新能源汽车的持续发展政策与规划将使得整个新能源汽车概念板块成为未来的行业业绩增长点。

**2009年国外汽车品牌大事记**

1. 美国通用汽车申请破产保护

2009年6月1日，美国通用汽车正式申请进入破产保护程序，这一事件成为欧美汽车产业整体衰退的最好代言。对美国而言，百年通用汽车是一个不能倒塌的经济支柱，更是一个不能幻灭的民族梦想，所以在联邦政府史无前例的援助之下，通用汽车仅用39天时间便迅速走出破产保护程序，国有化的新通用汽车由此诞生。

来源：新华网，2009年7月10日

2. 大众收购保时捷并跃升为全球最大汽车制造商

2009年7月23日，保时捷监督理事会正式通过了增资至少50亿欧元（71亿美元）方案，为与大众集团联合创建综合汽车集团扫清障碍。从年初高调宣称已获大众超过一半股权，到年中为偿还巨额债务而被迫接受大众集团的反购计划，保时捷堪称这场金融危机中车企命运向背的最好诠释者。

来源：中国新闻网，2009年12月18日

附表：

## 汽车制造行业上市公司业绩评价结果排序表

| 行业排名 | 全部上市公司排名 | 股票代码 | 股票名称 | 综合得分(100分) | 每股收益 | 总资产报酬率% | 净资产收益率% | 总资产周转率(次) | 流动资产周转率(次) | 资产负债率(%) | 已获利息倍数 | 营业收入增长率(%) | 资本扩张率(%) | 市场投资回报率(%) | 股价波动率(%) | 年末资产额(万元) | 营业收入净额(万元) | 净利润(万元) |
|---|---|---|---|---|---|---|---|---|---|---|---|---|---|---|---|---|---|---|
| 1 | 1 | 000800 | 一汽轿车 | 87.27 | 1.00 | 15.23 | 22.91 | 2.26 | 3.36 | 46.29 | 0.00 | 37.04 | 17.02 | 222.66 | 208.95 | 1 441 911.76 | 2 774 450.11 | 164 538.57 |
| 2 | 3 | 600166 | 福田汽车 | 86.05 | 1.13 | 9.71 | 29.28 | 3.26 | 5.61 | 76.93 | 24.48 | 49.12 | 35.34 | 264.89 | 206.37 | 1 765 732.67 | 4 483 962.30 | 103 722.32 |
| 3 | 4 | 600104 | 上海汽车 | 85.89 | 1.01 | 7.46 | 19.01 | 1.13 | 2.13 | 66.15 | 15.86 | 31.75 | 21.35 | 349.11 | 268.12 | 13 815 835.72 | 13 887 542.08 | 810 802.55 |
| 4 | 6 | 000550 | 江铃汽车 | 85.42 | 1.22 | 16.71 | 23.74 | 1.46 | 2.46 | 40.36 | 0.00 | 21.50 | 19.17 | 172.75 | 193.53 | 829 434.62 | 1 043 320.50 | 108 015.22 |
| 5 | 25 | 000338 | 潍柴动力 | 80.51 | 4.09 | 14.74 | 29.25 | 1.08 | 1.58 | 56.76 | 32.93 | 7.24 | 38.27 | 217.63 | 223.69 | 3 621 815.12 | 3 552 518.25 | 394 751.02 |
| 6 | 26 | 000625 | 长安汽车 | 80.14 | 0.46 | 5.45 | 13.08 | 1.27 | 2.57 | 63.65 | 0.00 | 88.43 | 15.38 | 283.17 | 232.35 | 2 447 141.69 | 2 520 369.31 | 108 575.70 |
| 7 | 82 | 600660 | 福耀玻璃 | 74.82 | 0.56 | 16.19 | 29.21 | 0.66 | 2.37 | 51.54 | 7.21 | 6.34 | 34.16 | 260.55 | 227.24 | 905 130.17 | 607 936.92 | 111 802.92 |
| 8 | 100 | 600741 | 华域汽车 | 73.60 | 0.69 | 9.97 | 16.63 | 0.90 | 2.74 | 44.41 | 94.88 | 0.00 | 0.00 | 115.00 | 159.09 | 2 752 764.79 | 2 466 786.48 | 254 461.77 |
| 9 | 110 | 002284 | 亚太股份 | 73.34 | 1.14 | 8.76 | 14.41 | 0.99 | 1.56 | 45.92 | 6.24 | 45.33 | 124.30 | 188.62 | 79.81 | 167 800.63 | 132 403.62 | 9 453.85 |
| 10 | 127 | 600418 | 江淮汽车 | 72.66 | 0.26 | 3.96 | 8.04 | 1.90 | 5.14 | 64.18 | 0.00 | 36.45 | 8.65 | 243.12 | 266.20 | 1 237 315.80 | 2 009 170.92 | 34 216.15 |
| 11 | 154 | 600480 | 凌云股份 | 71.48 | 0.61 | 17.64 | 25.89 | 1.07 | 1.50 | 47.62 | 13.74 | 27.28 | 24.85 | 172.50 | 126.49 | 262 199.23 | 251 001.32 | 32 022.96 |
| 12 | 162 | 000887 | 中鼎股份 | 71.10 | 0.48 | 20.19 | 31.68 | 1.04 | 1.81 | 47.66 | 13.56 | 43.77 | 78.69 | 143.00 | 136.68 | 176 009.97 | 147 412.50 | 22 762.67 |
| 13 | 166 | 002048 | 宁波华翔 | 70.93 | 0.72 | 19.23 | 27.10 | 0.97 | 1.97 | 38.89 | 14.38 | 4.86 | 20.99 | 261.09 | 197.93 | 278 061.76 | 281 359.95 | 42 056.90 |
| 14 | 215 | 600066 | 宇通客车 | 69.34 | 1.08 | 13.00 | 29.29 | 1.72 | 2.79 | 60.53 | 77.73 | 5.35 | 27.80 | 114.03 | 151.77 | 550 737.12 | 878 173.12 | 56 746.99 |
| 15 | 241 | 000631 | 顺发恒业 | 68.65 | 0.27 | 11.59 | 42.62 | 0.43 | 0.45 | 81.87 | 126.37 | 0.00 | 3737.72 | 6.39 | 64.61 | 721 718.66 | 161 639.50 | 28 609.92 |
| 16 | 265 | 600742 | 一汽富维 | 67.85 | 1.68 | 17.71 | 23.66 | 1.71 | 5.60 | 26.91 | 32.27 | 2.59 | 25.63 | 290.61 | 202.15 | 228 325.55 | 356 545.31 | 35 454.03 |
| 17 | 294 | 000951 | 中国重汽 | 67.16 | 1.02 | 5.45 | 19.01 | 1.46 | 1.77 | 80.31 | 13.60 | 6.08 | 8.51 | 91.36 | 110.70 | 1 606 281.52 | 2 036 057.39 | 57 766.53 |
| 18 | 322 | 002328 | 新朋股份 | 66.40 | 0.67 | 15.21 | 14.75 | 0.72 | 0.86 | 9.28 | 44.94 | −14.55 | 253.79 | 0.00 | 0.00 | 240 505.48 | 118 391.82 | 20 635.53 |
| 19 | 418 | 600006 | 东风汽车 | 64.22 | 0.16 | 2.77 | 5.80 | 1.10 | 1.62 | 54.80 | 0.00 | 15.12 | 16.15 | 129.93 | 144.94 | 1 496 699.52 | 1 431 144.09 | 36 482.55 |
| 20 | 507 | 600686 | 金龙汽车 | 61.87 | 0.34 | 4.22 | 12.69 | 1.34 | 1.73 | 73.53 | 77.98 | −4.99 | 7.84 | 104.66 | 120.60 | 944 407.15 | 1 177 107.42 | 30 556.07 |
| 21 | 532 | 000559 | 万向钱潮 | 61.28 | 0.26 | 8.06 | 16.43 | 0.96 | 1.86 | 67.69 | 4.10 | 14.88 | 5.15 | 138.28 | 106.60 | 580 941.63 | 556 989.03 | 30 085.71 |
| 22 | 567 | 600303 | 曙光股份 | 60.38 | 0.72 | 5.04 | 11.83 | 0.85 | 1.45 | 71.69 | 7.01 | −6.37 | 8.83 | 198.66 | 171.49 | 513 013.75 | 404 698.85 | 16 483.72 |
| 23 | 595 | 002283 | 天润曲轴 | 59.88 | 0.57 | 8.71 | 11.75 | 0.46 | 0.98 | 21.77 | 29.34 | −5.51 | 156.20 | 19.09 | 32.07 | 196 166.76 | 77 474.17 | 12 538.29 |
| 24 | 655 | 000927 | 一汽夏利 | 58.41 | 0.11 | 3.05 | 5.26 | 1.11 | 3.37 | 56.90 | 4.37 | 17.69 | 4.83 | 169.38 | 177.55 | 806 692.23 | 856 728.11 | 17 853.52 |
| 25 | 674 | 002213 | 特尔佳 | 57.94 | 0.27 | 9.39 | 11.79 | 0.52 | 0.71 | 26.64 | 0.00 | 8.33 | 7.75 | 71.22 | 112.12 | 33 584.65 | 16 603.54 | 2 801.37 |
| 26 | 682 | 002085 | 万丰奥威 | 57.59 | 0.24 | 6.91 | 9.50 | 0.89 | 1.86 | 39.35 | 10.60 | −6.22 | 6.41 | 199.33 | 188.02 | 154 279.98 | 135 478.31 | 8 620.81 |

续表

| 行业排名 | 全部上市公司排名 | 股票代码 | 股票名称 | 综合得分(100分) | 每股收益 | 总资产报酬率% | 净资产收益率% | 总资产周转率（次） | 流动资产周转率（次） | 资产负债率(%) | 已获利息倍数 | 营业收入增长率（%） | 资本扩张率(%) | 市场投资回报率（%） | 股价波动率(%) | 年末资产额（万元） | 营业收入净额（万元） | 净利润（万元） |
|---|---|---|---|---|---|---|---|---|---|---|---|---|---|---|---|---|---|---|
| 27 | 806 | 000883 | 三环股份 | 55.09 | 0.17 | 3.46 | 5.95 | 1.05 | 1.66 | 74.39 | 2.50 | 15.34 | 3.86 | 192.86 | 212.56 | 477 520.24 | 465 700.93 | 7 146.70 |
| 28 | 821 | 000700 | 模塑科技 | 54.75 | 0.08 | 5.88 | 8.58 | 0.51 | 1.13 | 72.59 | 3.10 | 20.28 | 6.22 | 134.60 | 142.05 | 345 487.13 | 172 735.30 | 7 887.81 |
| 29 | 845 | 002013 | 中航精机 | 54.18 | 0.24 | 5.01 | 7.07 | 0.65 | 1.08 | 38.31 | 36.00 | 20.94 | 1.01 | 135.31 | 150.88 | 70 493.53 | 43 088.83 | 3 057.98 |
| 30 | 846 | 002126 | 银轮股份 | 54.17 | 0.54 | 7.63 | 11.78 | 0.80 | 1.25 | 53.44 | 4.43 | −8.85 | 9.75 | 131.54 | 145.46 | 116 048.65 | 89 571.03 | 6 079.61 |
| 31 | 927 | 600081 | 东风科技 | 52.25 | 0.10 | 5.74 | 10.15 | 1.06 | 2.39 | 65.84 | 3.33 | 10.44 | 8.83 | 122.79 | 163.92 | 129 902.03 | 128 998.30 | 4 322.06 |
| 32 | 954 | 000710 | 天兴仪表 | 51.63 | 0.07 | 4.54 | 9.29 | 1.21 | 1.79 | 68.72 | 2.79 | 42.57 | 9.74 | 128.65 | 160.36 | 36 604.53 | 40 895.62 | 1016.76 |
| 33 | 990 | 600991 | 广汽长丰 | 51.03 | 0.05 | 2.77 | 1.29 | 0.80 | 2.32 | 62.60 | 1.32 | 3.62 | −0.60 | 151.00 | 170.17 | 625 230.67 | 487 949.24 | 3 018.81 |
| 34 | 1048 | 000868 | 安凯客车 | 49.96 | 0.08 | 1.69 | 3.71 | 1.06 | 1.45 | 67.62 | 4.07 | 2.25 | 0.66 | 387.21 | 266.51 | 219 059.60 | 219 030.11 | 2 626.02 |
| 35 | 1105 | 600482 | 风帆股份 | 48.56 | 0.10 | 4.19 | 4.23 | 0.99 | 1.69 | 61.89 | 1.80 | −14.81 | 6.03 | 107.24 | 152.21 | 284 289.87 | 268 334.01 | 4 453.77 |
| 36 | 1108 | 002265 | 西仪股份 | 48.47 | 0.06 | 2.88 | 3.49 | 0.55 | 0.88 | 32.27 | 8.30 | 2.12 | 3.56 | 138.21 | 119.82 | 80 196.52 | 43 800.35 | 1 865.49 |
| 37 | 1206 | 000957 | 中通客车 | 46.25 | 0.09 | 2.45 | 3.78 | 1.02 | 1.42 | 60.08 | 4.36 | −15.07 | 3.76 | 183.28 | 154.84 | 137 147.94 | 145 251.17 | 2 033.58 |
| 38 | 1238 | 600372 | *ST 昌河 | 44.99 | 0.06 | 3.58 | 7.25 | 0.75 | 1.21 | 26.61 | 4.40 | −33.67 | 2586.48 | 0.00 | 83.13 | 95 405.89 | 119 871.64 | 2 630.83 |
| 39 | 1248 | 000572 | 海马股份 | 44.72 | −0.25 | −7.00 | −12.15 | 0.88 | 1.53 | 43.38 | 0.00 | 2.30 | 15.09 | 90.54 | 105.18 | 796 660.08 | 626 707.67 | −51 214.08 |
| 40 | 1302 | 000980 | 金马股份 | 42.70 | 0.11 | 3.35 | 2.95 | 0.34 | 0.57 | 31.69 | 3.68 | 1.85 | 3.04 | 43.61 | 73.21 | 164 330.05 | 56 734.02 | 3 260.51 |
| 41 | 1304 | 000678 | 襄阳轴承 | 42.63 | 0.04 | 3.24 | 2.94 | 0.63 | 1.11 | 39.12 | 5.20 | 0.48 | 1.14 | 123.51 | 162.07 | 77 849.94 | 49 248.02 | 1 385.37 |
| 42 | 1377 | 000760 | *ST 博盈 | 40.24 | −0.03 | 0.60 | −2.22 | 0.97 | 1.54 | 72.26 | 0.54 | 20.08 | −2.20 | 248.57 | 264.08 | 66 647.77 | 60 250.91 | −415.21 |
| 43 | 1404 | 600565 | 迪马股份 | 38.83 | 0.04 | 0.95 | 2.20 | 0.23 | 0.25 | 69.03 | 19.96 | −23.34 | −0.52 | 236.13 | 186.14 | 398 489.86 | 82 496.23 | 2 722.37 |
| 44 | 1534 | 600988 | *ST 宝龙 | 28.76 | −0.15 | −14.75 | 47.37 | 0.23 | 0.51 | 162.93 | −19.81 | 11.43 | 0.00 | 224.54 | 241.92 | 8 041.89 | 2 170.15 | −1 450.83 |
| 45 | 1556 | 600609 | 金杯汽车 | 26.77 | −0.37 | −6.06 | −103.95 | 0.91 | 1.28 | 96.95 | −4.78 | 28.03 | −73.52 | 119.70 | 135.60 | 481 702.84 | 410 553.71 | −36 473.73 |
| 46 | 1594 | 600148 | 长春一东 | 23.93 | −0.27 | −5.84 | −11.86 | 0.64 | 0.87 | 56.94 | −10.08 | −23.11 | −11.66 | 136.46 | 148.51 | 63 257.58 | 40 027.96 | −3 443.79 |
| 47 | 1638 | 600715 | ST 松辽 | 20.08 | −0.17 | −11.58 | −22.97 | 0.18 | 0.71 | 50.35 | −17 241.95 | −33.47 | −20.60 | 267.41 | 234.02 | 29 444.50 | 5 812.20 | −3 793.45 |
| 48 | 1645 | 600213 | 亚星客车 | 18.59 | −0.44 | −11.12 | −37.05 | 0.64 | 1.02 | 71.32 | −17.00 | −37.01 | −30.23 | 117.20 | 150.46 | 74 530.10 | 52 380.57 | −9 634.14 |

# 第十章 建筑行业上市公司价值分析

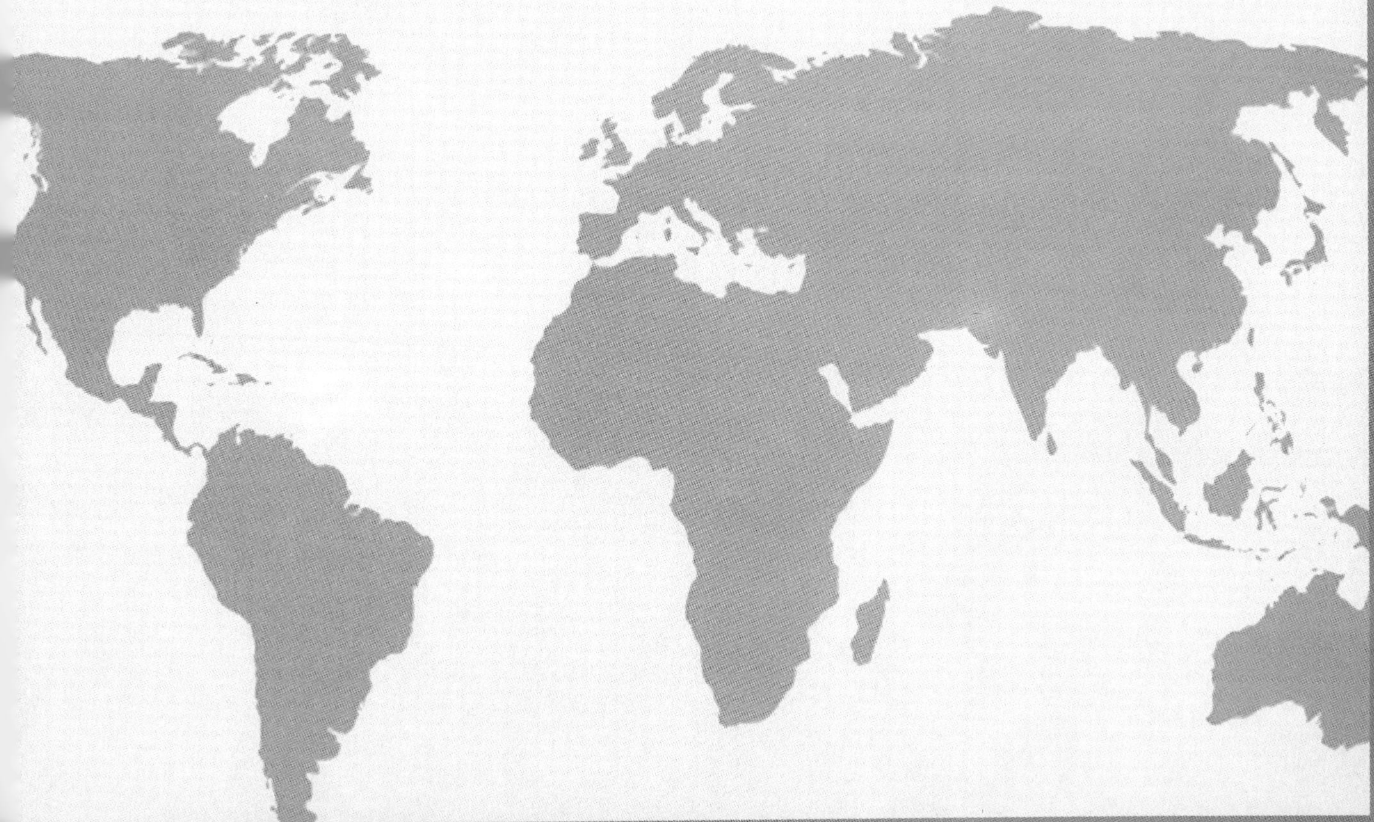

建筑行业是国民经济的重要物质生产部门，它与整个国家经济的发展、人民生活的改善有着密切的关系。从2008年开始，中国宏观经济步入新一轮景气周期，与建筑行业密切相关的全社会固定资产投资（FAI）总额增速持续在15%以上的高位运行，导致建筑行业总产值及利润总额增速也在20%的高位波动。

受国家4万亿投资计划、城镇化加速发展、房地产市场繁荣及建筑材料价格下降等因素的影响，建筑行业上市公司2009年业绩喜人。2009年，建筑行业上市公司实现营业收入13 484.63亿元，比上年同比增长37.59%；实现净利润356.41亿元，比上年同比增长192.51%。

# 一、建筑行业上市公司业绩评价结果

## （一）建筑行业上市公司整体价值概述

截至2009年末，建筑板块的A股上市公司共36家。在36家建筑上市公司中，有33家实现盈利，另外3家亏损，业绩评价综合得分进入全部上市公司排名前100强的是金螳螂（第91位），排名在行业前十名的有金螳螂、中材国际、中工国际、中南建设、中国建筑、中国铁建、宏润建设、北新路桥、北京城建和葛洲坝（表10-1）。

2009年全部A股上市公司1 595家共计实现主营业务收入10.31万亿元，建筑行业36家上市公司实现主营业务收入13 484.63亿元，占上市公司主营全部业务收入的13.08%，其中中国中铁、中国铁建、中国建筑和中国中冶四家龙头企业主营业务收入合计10 107.36亿元，占建筑板块的83.67%；全部A股上市公司共计实现利润总额7 714.06亿元，建筑行业上市公司实现利润总额456.06亿元，占上市公司全部实现利润总额的5.91%，其中中国中铁、中国铁建、中国建筑和中国中冶四家龙头企业主营业务利润合计363.64亿元，占建筑板块的79.73%；从总的评价结果来看，建筑行业综合得分为62.40分，与全部A股上市公司的62.93分基本持平，建筑整体业绩和整个A股上市公司的平均业绩基本上相同，主要是受大盘股中国建筑和中国中冶首次发行的影响，高开低走，影响了整个建筑板块的市场表现。

表 10-1　　2009 年度建筑行业中联十强排行榜

| 名次 | 股票代码 | 股票简称 | 业绩得分 |
|---|---|---|---|
| 1 | 002081 | 金螳螂 | 73.79 |
| 2 | 600970 | 中材国际 | 73.40 |
| 3 | 002051 | 中工国际 | 73.41 |
| 4 | 000961 | 中南建设 | 73.15 |
| 5 | 601668 | 中国建筑 | 71.25 |
| 6 | 601186 | 中国铁建 | 71.08 |
| 7 | 002062 | 宏润建设 | 70.62 |
| 8 | 002307 | 北新路桥 | 70.58 |
| 9 | 600266 | 北京城建 | 69.69 |
| 10 | 600068 | 葛洲坝 | 69.65 |

## （二）建筑行业上市公司财务效益状况、资产质量状况、偿债风险状况、发展能力状况及市场表现分析

下面分别从财务效益状况、资产质量状况、偿债风险状况、发展能力状况及市场表现五个方面对建筑行业上市公司进行具体分析。

**1. 财务效益状况分析**

表 10-2 列示了建筑行业上市公司财务效益状况评价结果。从指标来看，建筑行业上市公司财务效益状况平均得分为 20.33 分，略低于全国所有 A 股上市公司 22.16 分的平均水平。其中最高分为北京城建 32.47 分，最低分为 * ST 汇通和四维控股，得分为 0 分。该行业除了加权净资产收益率和总资产报酬率外，现金保障倍数外、营业利润率及股本收益率等财务效益指标都略低于上市公司平均水平。

与 2008 年的财务效益情况相比较得知，2009 年行业整体财务效益略有下降，总资产报酬率和盈利现金保障倍数指标比 2008 年下降都在 10%以上，原因主要是中国建筑和中国中冶大盘股上市，相对于 2008 年，行业年末资产量增加同比快于利润增加数，导致行业总资产报酬率下降。

表 10-2　　建筑行业财务效益状况表

| 评价指标 | | 2009 年上市公司平均值 | 2009 年行业值 | 2008 年行业值 | 增长率（%） |
|---|---|---|---|---|---|
| 基本指标 | 加权平均净资产收益率（%） | 2.08 | 9.57 | 8.67 | 10.38 |
| | 总资产报酬率（%） | 2.15 | 3.98 | 4.43 | −10.16 |
| | 得分 | 21.00 | 21.40 | 20.21 | 5.89 |
| 修正指标 | 营业利润率（%） | 7.07 | 3.21 | 2.87 | 11.85 |
| | 盈利现金保障倍数 | 2.09 | 1.64 | 1.97 | −16.75 |
| | 股本收益率（%） | 36.90 | 34.85 | 27.36 | 27.38 |
| 综合得分 | | 22.16 | 20.33 | 21.32 | −4.64 |

2009 年度建筑行业上市公司实现净利润 356.41 亿元，占全部上市公司实现净利润 6 078.66 亿元的 5.86%，净资产收益率为 9.57%，明显高于上市公司 2.08%的平均值。在财务效益指标中，得分排在前三名的上市公司分别是北京城建、中南建设和中材国际(表 10-3)。

**表 10-3　　2009 年度建筑行业财务效益中联五强排行榜**

| 名次 | 股票代码 | 股票简称 | 业绩得分 |
|---|---|---|---|
| 1 | 600266 | 北京城建 | 32.47 |
| 2 | 000961 | 中南建设 | 28.90 |
| 3 | 600970 | 中材国际 | 27.82 |
| 4 | 002081 | 金螳螂 | 27.20 |
| 5 | 600068 | 葛洲坝 | 26.99 |

北京城建是集建筑与地产一体的综合型多元化建筑企业，财务资产状况表现较佳得益于 2009 年度房地产项目的快速增长。中南建设主营业务为土木工程和房地产开发，同样受益于 2009 年房地产市场的火爆。中材国际受这几年宏观经济持续向好，固定资产投资加大，公司作为水泥生产设备设计、制造和安装集成服务商，经营业绩得到了充分体现。

**2. 资产质量状况分析**

从表 10-4 可以看出，建筑行业上市公司资产质量状况指标平均得分 10.73 分，高于全国所有上市公司 9.24 的平均水平；从修正指标来看，2009 年，存货周转率（次）略好于市场均值、应收账款周转率（次）低于市场均值，说明 2009 年建筑行业受房地产市场火爆、原材料价格下降等因素的影响，其总体资产质量有明显的改善。

与 2008 年相比，2009 年建筑行业的资产质量状况有较大提高。除存货周转率略低于去年、流动资产周转率与上一年基本相当外，本行业的其他各个指标项目均有上升，资本市场资产重组的效果直接体现在资产的质量状况指标上，建筑行业自身的结构性调整而导致的业绩进步也得到直接体现。上市公司资产质量排名前三名的为中工国际、中国铁建、上海建工，在该行业排名倒数三位分别为 * ST 汇通、北京城建和思维控股（表 10-5）。

**表 10-4　　建筑行业资产质量状况表**

| 评价指标 | | 2009 年上市公司平均值 | 2009 年行业值 | 2008 年行业值 | 增长率（%） |
|---|---|---|---|---|---|
| 基本指标 | 总资产周转率（次） | 0.78 | 1.11 | 0.92 | 20.65 |
| | 流动资产周转率（次） | 1.82 | 1.41 | 1.41 | — |
| | 得分 | 9.36 | 10.35 | 8.26 | 25.30 |
| 修正指标 | 应收账款周转率（次） | 14.10 | 7.14 | 6.90 | 3.48 |
| | 存货周转率（次） | 4.13 | 4.49 | 5.08 | −11.61 |
| 综合得分 | | 9.24 | 10.73 | 7.90 | 35.82 |

表 10-5　　2009 年度建筑行业资产质量中联五强排行榜

| 名次 | 股票代码 | 股票简称 | 业绩得分 |
|---|---|---|---|
| 1 | 002051 | 中工国际 | 13.96 |
| 2 | 601186 | 中国铁建 | 13.92 |
| 3 | 600170 | 上海建工 | 13.74 |
| 4 | 600970 | 中材国际 | 12.46 |
| 5 | 002325 | 洪涛股份 | 12.43 |

中工国际和中国铁建资产质量向好受益于 2009 年国内房地产、基建投资的告诉增长和国外业务的好转，上海建工除上述原因外海受益于 2010 年上海世博会及其带来的基建投资。

### 3. 偿债风险分析

从表 10-6 中建筑行业指标的分析可知，该行业上市公司偿债风险状况平均得分6.44 分，低于全国所有上市公司 9.10 分的平均水平；这些是由于建筑行业的资产负债率高于上市公司平均值，再有流动负债的行业数大幅提升，导致偿债风险得分下降的缘故。另外，建筑行业速动比率明显好于上市公司行业均值水平。

表 10-6　　建筑行业偿债风险状况表

| 评价指标 | | 2009 年上市公司平均值 | 2009 年行业值 | 2008 年行业值 | 增长率（%） |
|---|---|---|---|---|---|
| 基本指标 | 资产负债率（%） | 57.52 | 76.91 | 70.97 | 8.37 |
| | 获利倍数 | 7.21 | 8.25 | 2.95 | 179.66 |
| | 得分 | 9.22 | 4.91 | 6.09 | −19.38 |
| 修正指标 | 速动比率（%） | 69.84 | 90.12 | 81.96 | 9.96 |
| | 现金流动负债比率（%） | 21.75 | 6.70 | 7.16 | −6.42 |
| | 带息负债比率（%） | 45.98 | 24.39 | 32.91 | −25.89 |
| 综合得分 | | 9.10 | 6.44 | 7.43 | −13.32 |

2009 年建筑行业的偿债风险与 2008 年相比有一定的增加。由于新开工项目增加、行业拆解短期流动负债数量增加，整个行业的偿债风险随着资产负债率的上升有所加大，从基本指标看，偿债能力排在前三位的分别是洪涛股份、中工国际、北新路桥（表 10-7）。

北新路桥和洪涛股份分别是 2009 年 11 月、12 月刚刚挂牌上市的企业，偿债能力有较强的保证。中工国际受益于海外业务的好转，资产负债率较上年有小幅下降，偿债能力较强。

表 10-7　　2009 年度建筑行业偿债风险中联五强排行榜

| 名次 | 股票代码 | 股票简称 | 业绩得分 |
|---|---|---|---|
| 1 | 002325 | 洪涛股份 | 13.03 |
| 2 | 002051 | 中工国际 | 10.81 |
| 3 | 002307 | 北新路桥 | 9.25 |
| 4 | 600170 | 上海建工 | 8.99 |
| 5 | 601186 | 中国铁建 | 8.69 |

**4. 发展能力状况分析**

从表 10-8 可知，建筑行业上市公司发展能力状况指标平均得分为 15.68 分，略高于全国所有上市公司 13.37 分的平均水平。除行业累计盈余保留率外，其他发展能力指标如主营业务增长率、资本扩张率、总资产增长率等都明显高于上市公司的平均值，可见，建筑行业发展能力与市场虽然总体表现相当，但其自身发展能力的基本指标好于整个上市公司，在 2009 年国家扩大内需的政策预期下，该行业表现突出，增长性业绩指标也表现向好。

和 2008 年相比，2009 年建筑行业主营业务增长率、资本扩张率、营业利润增长率指标都明显高于 2008 年，特别是营业利润增长率同比增长 12.23 倍，但是累计保留盈余率、总资产增长率不如 2008 年。从基本指标看，该行业发展能力排名前三名为中南建设、葛洲坝、中国建筑（表 10-9）。其中中南建设完成了非公开发行股份事宜，房地产开发成为公司主营业务之一，从而使发展能力指标全面向好。

**表 10-8　　建筑行业发展能力状况表**

| 评价指标 | | 2009 年上市公司平均值 | 2009 年行业值 | 2008 年行业值 | 增长率（%） |
|---|---|---|---|---|---|
| 基本指标 | 主营业务增长率（%） | 3.85 | 37.59 | 26.73 | 40.63 |
| | 资本扩张率（%） | 17.60 | 60.33 | 42.92 | 40.56 |
| | 得分 | 12.21 | 19.68 | 17.18 | 14.55 |
| 修正指标 | 累计保留盈余率（%） | 35.83 | 18.77 | 21.56 | －12.94 |
| | 三年营业收入增长率（%） | 14.99 | 27.55 | 26.51 | 3.92 |
| | 总资产增长率（%） | 22.53 | 30.72 | 31.43 | －2.26 |
| | 营业利润增长率（%） | 51.83 | 102.57 | －9.13 | — |
| 综合得分 | | 13.37 | 15.68 | 14.07 | 11.44 |

**表 10-9　　2008 年度建筑行业发展能力中联五强排行榜**

| 名次 | 股票代码 | 股票简称 | 业绩得分 |
|---|---|---|---|
| 1 | 000961 | 中南建设 | 20.00 |
| 2 | 600068 | 葛洲坝 | 20.00 |
| 3 | 601668 | 中国建筑 | 19.86 |
| 4 | 600266 | 北京城建 | 18.53 |
| 5 | 601618 | 中国中冶 | 17.92 |

**5. 市场表现分析**

表 10-10 列示了建筑行业上市公司市场表现评价结果。从指标来看，建筑行业上市公司的市场投资回报率为 138.04%，略高于全国所有上市公司 116.28%的平均水平，建筑板块在证券市场的活跃能力高于市场平均水平，2008 年整个 A 股市场跌入谷底，2009 年由于大盘回暖，涨幅超过 70%，整个市场回报率大幅提高。

2009 年全年建筑指数基本上低于上证综合指数（图 10-1），原因主要是大盘股中国建筑和中国中冶发行上市，高开低走，拖累行业整体表现。2009 年建筑行业的股价波动率为 125.10%，略高于全国所有上市公司 112.90%的平均水平，股价波动率最高的是中南建设，为 294%。

**图 10-1 建筑行业指数和上证综合指数对比**

2009 年建筑市场表现的得分为 9.22 分，略低于 2008 年上市公司 9.48 的平均值。在建筑类上市公司中，市场表现排名前三强有北新路桥、北方国际和 S＊ST 华塑（表 10-11）。

**表 10-10 建筑行业公司市场表现**

| 评价指标 | 2009 年上市公司平均值 | 2009 年行业值 | 2008 年行业值 |
|---|---|---|---|
| 市场投资回报率（%） | 116.28 | 138.04 | −57.83 |
| 股价波动率（%） | 112.90 | 125.10 | 256.60 |
| 得分 | 9.06 | 9.22 | 9.48 |

**表 10-11 2008 年度建筑行业市场表现中联五强排行榜**

| 名次 | 股票代码 | 股票简称 | 业绩得分 |
|---|---|---|---|
| 1 | 002307 | 北新路桥 | 15.00 |
| 2 | 000652 | 北方国际 | 12.69 |
| 3 | 000509 | S＊ST 华塑 | 11.56 |
| 4 | 600545 | 新疆城建 | 10.88 |
| 5 | 002163 | 中航三鑫 | 10.45 |

**2009 年中国建筑业十大新闻**

1.2 月 9 日 20 时 27 分，中央电视台新址在建的附属文化工地发生火灾。

2.2 月 26 日，总投资 296.8 亿元的沪杭客运专线（沪杭高铁）在上海枫泾正式动工建设。这是铁路项目首次引入社会资本，央企参与铁路投资在国内尚属先例，是中国铁路建设在资本结构改革上迈出的重要一步。

3.5 月 12 日，震后首条高速公路——都江堰至映秀高速公路正式建成通车。

4.6 月 27 日，上海市闵行区在建的“莲花河畔景苑”13 层住宅楼突然整体倒覆。该倒覆事故为建国以来所罕见，引起了业内外及社会的强烈关注。

5.7 月 30 日，住房和城乡建设部就施工总承包企业特级资质问题发出通知，原定 2010 年 3 月起实施的施工企业特级资质新标准过渡期延长至 2012 年 3 月。

6.8 月 18 日，全国工程建设领域突出问题专项治理工作电视电话会议在京召开，会议提出用两年时间，专项治理工程建设领域内的突出问题。全行业由此掀起了“反腐风暴”。

7.10 月 29 日，由中国建筑业协会联合 11 家行业建设协会共同举办的新中国成立 60 周年“百项经典暨精品工程”发布会在人民大会堂隆重发布。这是建国 60 年以来首次最大规模评选经典工程，充分展示我国建筑业取得的辉煌成就，是中国建筑业的一次大检阅。

8.12 月 10 日，上海世博会中国馆举行竣工观摩活动，标志着世博园区“一轴四馆”永久性建筑已基本建成。

9.12 月 10 日，我国兴建的世界上第一条时速达 350 公里的高铁客运新干线——武广客运专线试运行成功，标志着我国高速铁路建设进入一个新的发展阶段。

10.12 月 15 日，总投资达 720 多亿元的港珠澳大桥在珠海正式开工建设。

来源：《建筑》杂志

## 二、2009 年建筑行业上市公司业绩影响因素分析

2009 年度，建筑行业上市公司营业收入及营业利润比 2008 年大幅增加，原因是固定资产投资的高速增长、房地产行业的持续繁荣和建筑材料价格的下降。但受首次发行的大盘股中国建筑和中国中冶的高开低走的影响，整个建筑行业整体市场业绩表现和整个大盘相当。

## （一）固定资产投资的高速增长大幅提高了建筑行业的景气

受益“四万亿”投资计划，自 2008 年 12 月以来，我国固定资产投资增速呈现逐月提高的局面；而建筑业总产值增长和行业新签合同增长等指标也在 2008 年 12 月实现触底回升，建筑行业重回景气轨道。截至 2009 年底，行业多项指标连创近几年新高，建筑行业迎来发展良机。在“以加大投资，保持经济增长”的背景下，投资增速和投资率均在 2009 年创下近十多年的新高（图 10-2）。

2009 年建筑行业固定资产投资占到 GDP 的比重为 57.89%创下历史新高，从投资主体来看，地方政府投资欲望强于中央政府，近期如海南国际旅游岛、安徽城市带、重庆两江新区和湖北“十二万亿”投资等多个区域振兴规划陆续出台，地方政府成为固定资产投资的主角，固定资产投资仍将保持较高增速，从而提升建筑行业的景气。

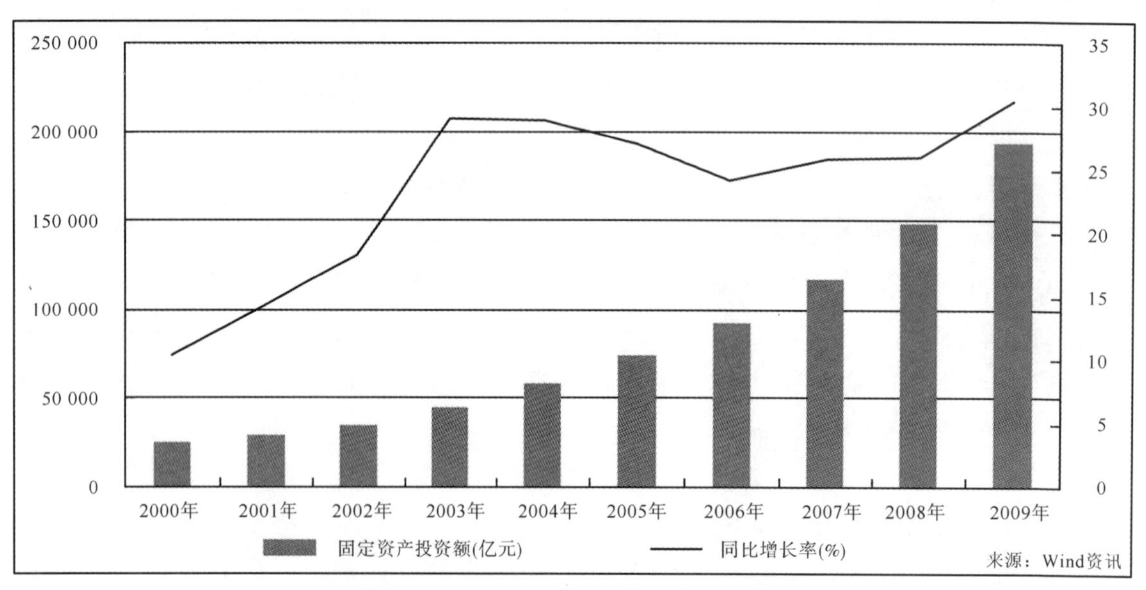


图 10-2 2000～2009 年固定资产投资及增长情况

## （二）城镇化发展是驱动建筑业长期发展的最主要因素

根据国际经验人均 GDP 达到 3 000 美元之后，工业化开始稳定并减速，城镇化将会加速。相应的带动城市服务业和房地产业的发展，为经济发展创造新的活力。2008 年，我国的人均 GDP 已经达到 3 266 美元，超过了 3 000 美元的台阶。这意味着我国城镇化进入加速发展阶段（图 10-3）。城镇化的发展，带来巨大的市政工程、城市配套服务设施、商业建筑、城市环保设施等基础设施以及房屋建设方面巨大建筑需求，成为推动建筑行业长期发展的主要因素。

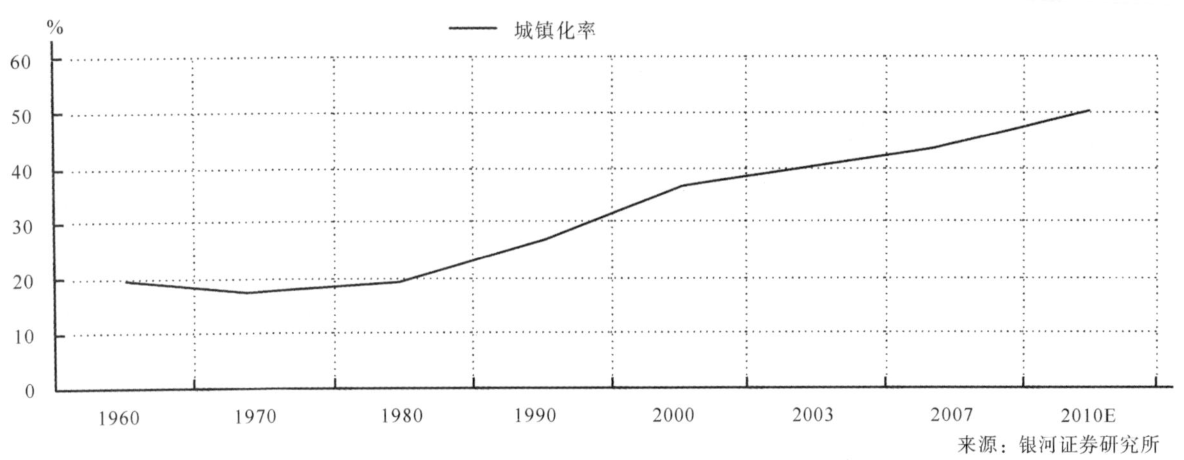


图 10-3 城镇化率发展水平

### (三) 房地产市场的繁荣增加了对建筑企业的需求，从而使建筑行业绩收入和利润都明显增加

如图 10-4 所示，2009 年，房地产市场火爆异常，实际完成投资额 36 231.71 亿元，同比增长 16.1%；商品房销售额达 43 994.54 亿元，同比增长 82.77%，房地产销售价格指数相比去年同期增长了 18.48%。繁荣的房地产市场必然导致对建筑工程项目的巨大需求。2009 年，我国建筑业总产值累计达 75 863.8 亿元，同比增长 24.07%；建筑业企业利润总额达到 2 663.20 亿元，涨幅 51.65%。

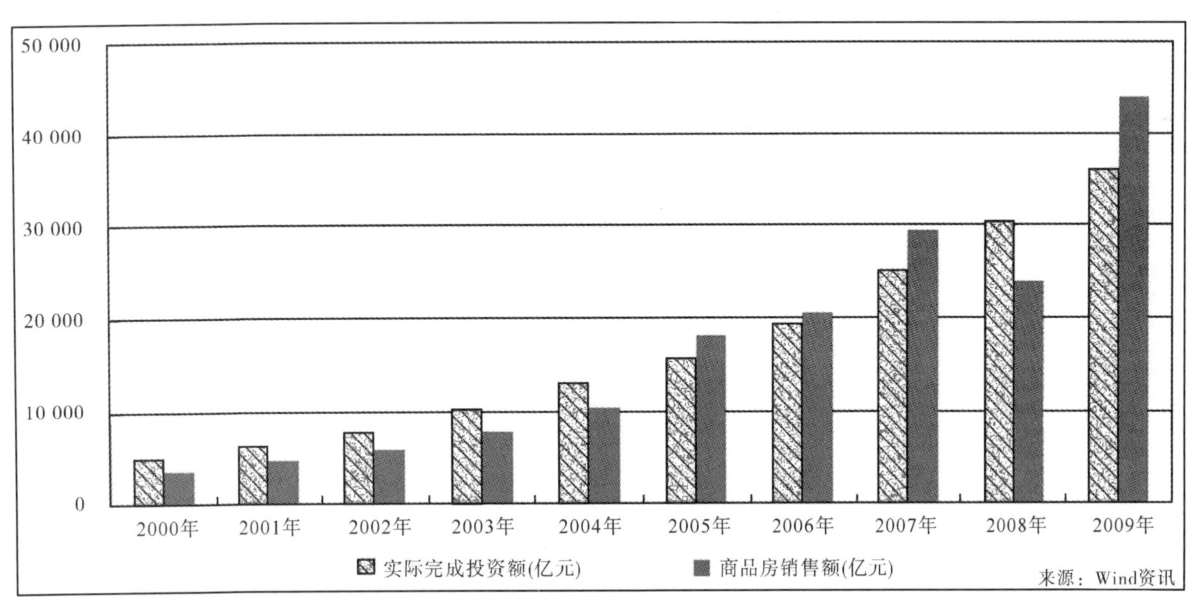


图 10-4 房地产投资及销售情况

### (四) 建筑材料价格的下降降低了建筑行业的成本，进一步提高了建筑行业的经营业绩

在建筑业工程结算成本中，原材料约占 55%，人工成本占 35%，其他费用占比不超过

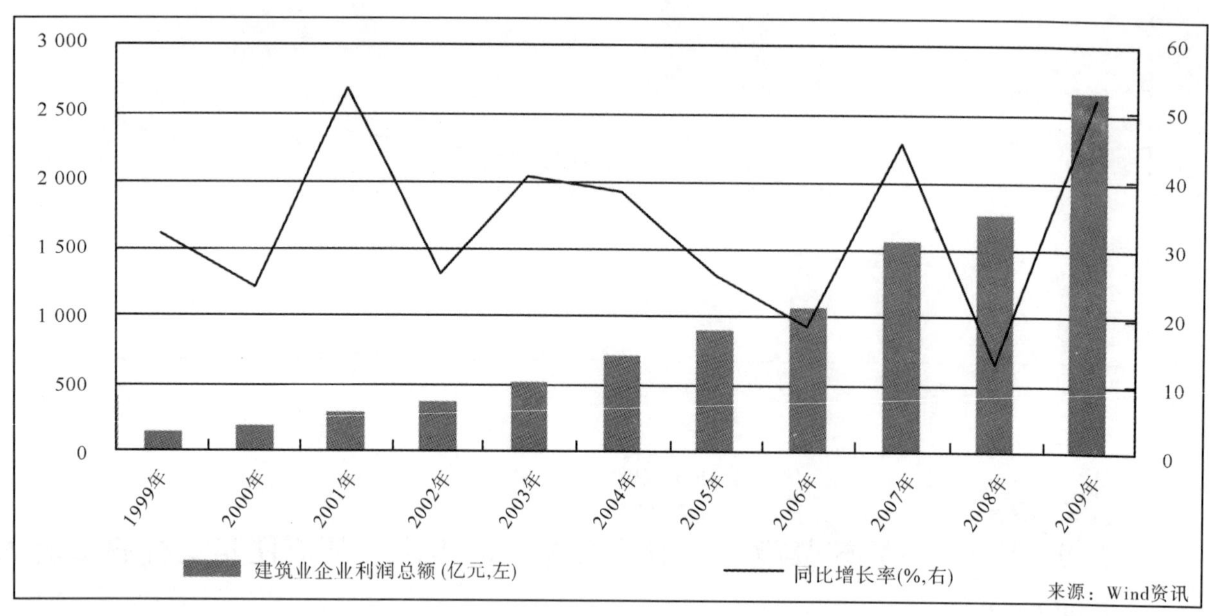


图 10-5 建筑业企业利润总额及增长率

10%；建材成本中，水泥约占 45%，钢铁约占 40%，其他材料约占 15%。与 2008 年相比，2009 年以来钢材、水泥等主要建材价格保持在低位水平，建筑企业成本压力普遍大幅减轻，扩大了利润空间。如图 10-6 所示，从 2008 年第四季度起建筑材料价格开始大幅下降一致持续到 2009 年第三季度末，然后才有小幅回升，2009 年 12 月建筑建材价格相对于 2009 年 1 月下降了 5.32%，2009 年整个建筑材料价格相比 2008 年下降了 7.38%。建筑材料价格的下降，降低了建筑业的营业成本，在总收入不变的情况下，直接导致行业利润的增加。

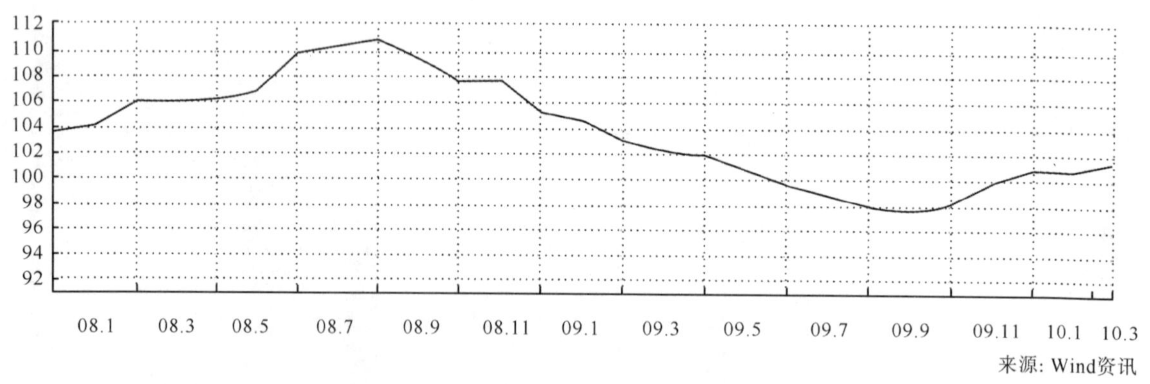


图 10-6 建筑材料价格指数

## （五）首发大盘权重股高开低走影响了整个建筑行业的市场表现

大盘权重股中国建筑和中国中冶分别于 2009 年 7 月和 2009 年 9 月首发上市，中国中冶首发当日最高价为 7.50 元，收盘价为 6.94，之后一路下跌，2009 年 12 月 31 日收盘价 5.42 元，全年跌幅高达 20%以上，中国建筑也基本上如此首发，当日最高 7.96 元，收盘价为 6.53 元，2009 年 12 月 31 日收盘价 4.72 元，全年跌幅高达 27%以上。大盘权重股高开低走在一定程度上影响了整个建筑行业的市场表现。

## 三、2010年建筑行业前景分析

### （一）"4万亿"投资计划尤其是固定资产投资扩张的力度，将使建筑行业继续受益

受益"4万亿"投资计划，截至2009年底，行业多项指标连创近几年新高，建筑行业迎来发展良机。我们认为，"4万亿"投资计划将会成为2010年投资稳定增长的主要推动力。一方面，"4万亿"投资计划为2009～2011年基础设施投资的总体规模描绘出了较为清晰的轮廓。在"4万亿"投资计划中，涉及基础设施领域的投资规模高达1.50万亿，另有4千亿元将投向廉租住房、棚户区改造等保障性住房，用于农村水电路气房等民生工程和基础设施的投资。在4万亿投资计划指导下，2009年全年固定资产投资高达194 138.60亿元，2010年前三个月为29 792.68亿元，根据国海证券研究，预计2010年固定资产投资仍将达到20%，即预计全年固定资产投资额为232 966.32亿元。目前，通过"4万亿"投资计划实现以中央投资引导地方投资的效果逐步显现；而地方投资热情的高涨，将成为2010～2011年投资规模保持稳定增长的主要驱动力量，建筑行业将从中受益匪浅。

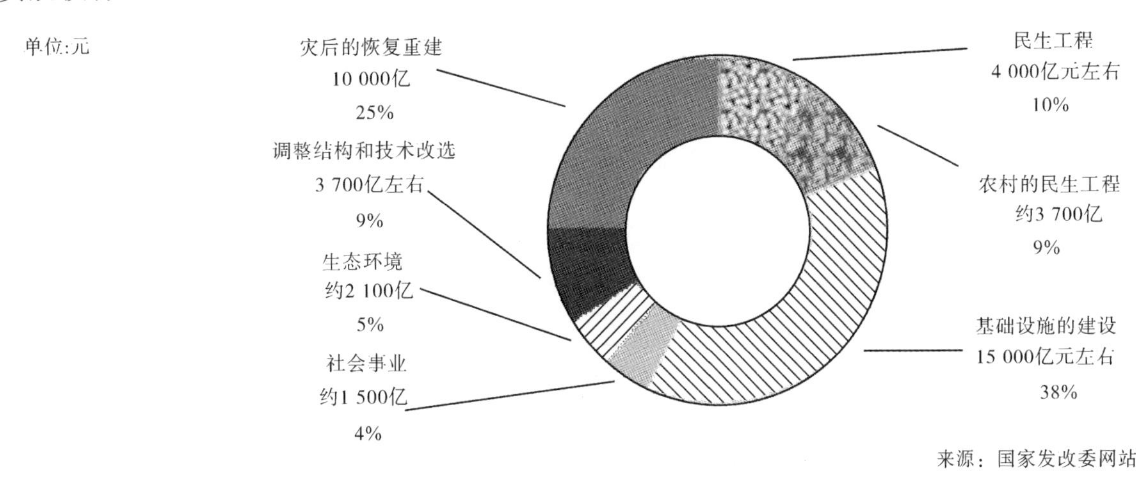


图10-7 调整后的"4万亿"构成

其中铁路固定资产投资方面，铁道部铁路中长期发展规划规定，2010年的任务目标是全国铁路营业里程达到9万公里，计划固定资产投资8 000亿元。到2020年，全国铁路营业里程达到12万公里以上，总投资达到5万亿元。2009年全国完成铁路固定资产投资7 013亿元，同比增长69.10%，其中铁路基建投资达6 006亿元，同比增长77.9%，创历史最高水平。根据中信建投证券研究成果预计，2010年铁路基建投资将达到7千亿元。

表 10-12 2008～2012 年铁建情况

| 年份 | 计划投资额（亿） | 实际投资额（亿） | 新建铁路干线（万公里） | 客运专线（万公里） | 运营里程（万公里） |
|---|---|---|---|---|---|
| 2008A | 3 000 | 3 375 | 3 600 | 0.10 | 8 |
| 2009E | 6 000 | 约 5 000 亿 | 5 600 | 1 200 | 8.60 |
| 2010E | 7 000 | 7 000 | 6 000 | 1 200 | 9.20 |
| 2011E | 7 500 | 7 500 | 8 000 | 3 500 | 10 |
| 2012E | 7 000 | 7 000 | 10 000 | 5 000 | 11 |

资料来源：中国铁路网

## （二）建筑行业将受益于国家地产调控新政策

面对房地产市场的火爆，2009 年底政府曾出台一系列地产控制措施，但是相关的政策并没有奏效，两会后房价再次疯涨，完全无视两会中中央领导关于稳定房地产价格的指示。2010 年 4 月 17 日国务院出台了近年来最严厉的调控措施《关于坚决遏制部分城市房价过快上涨的通知》，它们包括：①各地区、各有关部门要切实履行稳定房价和住房保障职责，建立问责机制；②坚决抑制不合理住房需求；③增加住房有效供给；④加快保障性安居工程建设；⑤加强市场监管等。

可以预期，这一套遏制房地产投机需求，鼓励房地产供给，调整地产结构，整顿房地产市场秩序的组合拳将会对目前过热的房地产市场有显著的降温作用，而实际上，政策效应已经有所体现，如房市销量开始出现明显下滑，热点地区房价也出现调整。

### 建筑行业：受益国家政策发展前景良好

日前，温家宝在政府工作报告中指出，要坚持走中国特色城镇化道路，促进大中小城市和小城镇协调发展，着力提高城镇综合承载能力，发挥城市对农村的辐射带动作用，促进城镇化和新农村建设良性互动。

从去年年底的中央经济工作会议和到今年的十一届全国人大三次会议，城镇化和新农村建设被反复提及。政府对统筹城乡协调发展的问题一向十分重视，政府在“三农”方面的投入也逐年增加。中央政府对农村的扶持体现在将政府投资向西部地区和农村地区倾斜。另外，根据交通部门制定的“十一五”规划，2010 年将是农村公路建设的关键之年。2010 年年底，我国将实现全国 96.10％的乡镇通油（水泥）路，东、中部地区 94.20％的建制村通油（水泥）路，西部地区 98.10％的建制村通公路。2010 年是“十一五”的最后一年，也是农村公路建设的决战之年。

银河证券分析师郝飞飞表示，大型综合建筑企业伴随我国经济建设和城乡发展而成长，可以看好其发展前景。个股方面给予：中国建筑、中国中铁“谨慎推荐”投资评级。

来源：港澳资讯，2010年3月10日

国家试行房地产新政的实施会使目前房地产价格趋于下降，在目前国内需大于供的局面下控制房价，会进一步增加对房屋建筑的需求，增加住房有效供给和加快保障性安居工程建设也会增加对建筑行业的需求，建筑行业将会从中受益。

**1. 城镇化进程的加快给建筑行业带来刚性需求**

2009年12月召开的中央经济工作会议对未来我国城镇化的发展提出了三个方面的要求：其一，要坚持走中国特色城镇化道路，促进大中小城市和小城镇协调发展，着力提高城镇综合承载能力，发挥好城市对农村的辐射带动作用，壮大县域经济；其二，要以稳步推进城镇化为依托，优化产业结构，努力使经济结构调整取得明显进展；其三，要提高城市规划水平，加强市政基础设施建设，完善城市管理，全方位提高城镇化发展水平。会议还提出了通过户籍制度改革等措施推进城镇化建设进程。我国正处于向城镇化高潮进军的时期，户籍制度的改革能大大加快城镇化的进度。

根据行业专家的预测，到2010年，我国城镇化率将接近50%，到2020年城镇化率将达到65%。这就意味着，未来10年间将增加1.50亿的城镇人口，仅按照人均36平米的标准，新增住宅面积就将达到54亿平方米，从而增加建筑业总产值1.20万亿以上。未来城镇化的发展，还将带来巨大的市政工程、城市配套服务设施、商业建筑、城市环保设施等方面巨大建筑需求。

城镇化进程的加速增加了房屋建筑及其他固定资产投资的刚性需求，在地产新政的影响下房价有下行趋势，只会在更多程度上放大这种刚性需求，使建筑行业受益。

**2. 地产新政带来了房屋建筑的巨大需求**

地产新政提出要增加住房有效供给和加快保障性安居工程建设，如今年住房用地拟供应量达到18万公顷，同比增幅超过135%；今年保障性住房建设创纪录，面积将达到2亿平方米，占2009年全国房地产新开工面积的18.10%。

房屋建筑业占建筑业总产值的60%以上，对建筑业的贡献巨大。如此规模的有效房屋供给必将带来房屋建筑的巨大需求，使建筑行业受益。

### （三）国家区域经济协调发展政策的出台对建筑行业将会产生重大影响

2010年政府工作的重点将是“稳增长、调结构、促消费”，调结构具体体现在消费结构、产业结构与区域经济结构的调整方面。而逐步改善区域经济非均衡发展，激发欠发达地区的经济增长潜力是优化经济结构、协调区域发展的关键。要实现这一目标，政府会有更多政策向欠发达地区倾斜，大力改善其硬件设施与软件环境，并立足优势培育增长点。

发改委副主任杜鹰2009年年底表示，下一阶段地区经济工作的一大思路是，围绕重点地区开发开放，继续组织编制重点地区区域规划和政策文件，使区域空间开发格局更加系统和完善。在未来一段时期，西藏、新疆、四川和重庆的国家级区域振兴规划有望出台，这些地区的政策倾斜会为基建、铁建等带来新的需求。2010 年，部分地区的区域经济发展规划还将陆续公布，而随着政策的落实和规划的实施，区域经济的发展潜力也将不同程度地激发出来。因此这些地区将成为最具活力的地区，这些地区的建筑行业具有很大的投资空间。

### （四）具备行业竞争优势的企业前景光明

根据目前建筑行业上市公司情况来看，具备竞争优势的主要两个方向：一是实行蓝海战略，实行低成本与高收益并存；二是多元化一体战略实行“建筑＋地产”的协同效应。具备竞争优势的企业在未来会有比较好的市场表现。

建筑产业的价值链可以划分为勘察设计、采购、施工、试运行等多个阶段，而项目管理又贯穿始终。其中勘察设计、项目管理是典型的智力密集型环节，毛利率较高。一流建筑企业做项目管理和设计，将施工外包，集中精力发展项目管理与设计业务，实现在产业链高附加值环节上的专业化，实现了低成本与高受益的并存。冶金化工专业工程（东华科技为典型代表）、国际工程服务（中工国际）、装修装饰（金螳螂）、水泥专业工程（中材国际），这些细分行业的企业大都选择执行专业化战略，在既有领域精耕细作。2009 年，这几家企业平均净资产收益率高达 27.24％，比整个建筑行业的 9.57％高出将近 20 个百分点，反映了市场对这种模式的认可。

“建筑＋ 地产”模式的优点突出，协同效应显著：“建筑＋地产”模式是房屋建筑企业实现相关多元化的必然选择，比之纯房屋建筑企业，拥有“建筑＋地产”模式的企业盈利能力更强；比之纯地产企业，“建筑＋地产”模式的企业业绩稳定性更强，建筑业务能够在房地产市场大幅波动时提供支撑公司的现金。按照建筑公司主业的不同，可以将“建筑＋地产”模式下的公司分为两类——“基建＋地产”和“房建＋地产”。中国建筑、北京城建、新疆城建、上海建工等属于“房建＋地产”类公司；中铁二局、宏润建设、葛洲坝、中国中铁、中国铁建、中国中冶等属于“基建＋地产”类公司。2009 年，这几家企业平均净资产收益率为 14.89％，比整个建筑行业的 9.57％高出将近 6 个百分点，要好于整个行业的平均水平。

附表：

## 建筑行业上市公司业绩评价结果排序表

| 行业排名 | 全部上市公司排名 | 股票代码 | 股票名称 | 综合得分(100分) | 每股收益 | 总资产报酬率% | 净资产收益率% | 总资产周转率（次） | 流动资产周转率（次） | 资产负债率（%） | 已获利息倍数 | 营业收入增长率（%） | 资本扩张率（%） | 市场投资回报率（%） | 股价波动率（%） | 年末资产额（万元） | 营业收入净额（万元） | 净利润（万元） |
|---|---|---|---|---|---|---|---|---|---|---|---|---|---|---|---|---|---|---|
| 1 | 91 | 0020812009 | 金螳螂 | 73.79 | 0.99 | 25.06 | 11.91 | 1.73 | 2.09 | 66.12 | 0.00 | 23.04 | 29.31 | 113.63 | 141.49 | 276 103.10 | 410 669.29 | 21 123.51 |
| 2 | 98 | 6009702009 | 中材国际 | 73.40 | 1.95 | 47.13 | 5.35 | 1.00 | 1.11 | 86.97 | 0.00 | 27.76 | 38.20 | 122.20 | 152.77 | 1 691 863.03 | 1 800 514.43 | 82 198.76 |
| 3 | 99 | 0020512009 | 中工国际 | 73.41 | 1.11 | 19.53 | 6.72 | 1.01 | 1.13 | 63.26 | 0.00 | 67.93 | 14.25 | 135.71 | 135.17 | 312 323.98 | 313 923.04 | 21 012.44 |
| 4 | 104 | 0009612009 | 中南建设 | 73.15 | 0.73 | 22.12 | 8.36 | 0.55 | 0.66 | 76.71 | 14.23 | 63.38 | 236.20 | 323.52 | 294.00 | 1 714 073.88 | 568 423.45 | 56 709.64 |
| 5 | 143 | 6016682009 | 中国建筑 | 71.25 | 0.30 | 13.52 | 5.52 | 1.05 | 1.22 | 69.81 | 16.54 | 28.84 | 187.58 | −68.95 | 50.17 | 29 258 415.50 | 26 037 963.50 | 907 512.00 |
| 6 | 145 | 6011862009 | 中国铁建 | 71.08 | 0.55 | 13.06 | 3.45 | 1.41 | 1.68 | 80.89 | 23.72 | 57.21 | 11.96 | −7.88 | 38.92 | 28 299 026.70 | 35 552 076.90 | 673 170.50 |
| 7 | 157 | 0020622009 | 宏润建设 | 70.62 | 1.03 | 22.43 | 8.34 | 1.11 | 1.28 | 71.93 | 13.35 | 24.39 | 34.37 | 113.15 | 111.32 | 611 004.87 | 599 135.82 | 30 945.29 |
| 8 | 159 | 0023072009 | 北新路桥 | 70.58 | 0.31 | 12.20 | 5.51 | 1.52 | 1.95 | 62.07 | 5.34 | 40.96 | 165.48 | 405.34 | 47.04 | 183 943.17 | 232 104.68 | 5 858.80 |
| 9 | 184 | 6002662009 | 北京城建 | 69.69 | 1.13 | 20.47 | 8.56 | 0.27 | 0.32 | 67.47 | 0.00 | 40.91 | 35.68 | 136.43 | 165.21 | 1 505 827.36 | 343 810.29 | 83 381.31 |
| 10 | 186 | 6000682009 | 葛洲坝 | 69.65 | 0.67 | 20.77 | 6.70 | 0.72 | 1.47 | 78.41 | 3.03 | 37.34 | 67.81 | 58.55 | 88.89 | 4 261 451.34 | 2 660 128.35 | 144 219.87 |
| 11 | 249 | 0021402009 | 东华科技 | 67.72 | 0.94 | 19.27 | 6.38 | 0.76 | 0.87 | 70.11 | 0.00 | 28.12 | 5.97 | 132.62 | 179.47 | 234 195.04 | 177 039.98 | 13 071.90 |
| 12 | 263 | 0023252009 | 洪涛股份 | 67.35 | 0.58 | 11.40 | 9.30 | 1.36 | 1.47 | 31.25 | 28.37 | 24.70 | 462.34 | −24.36 | 0.68 | 149 630.29 | 131 047.35 | 6 906.36 |
| 13 | 328 | 6004962009 | 精工钢构 | 65.68 | 0.51 | 17.43 | 7.77 | 1.11 | 1.54 | 67.22 | 5.17 | −1.70 | 58.71 | 127.05 | 131.91 | 422 005.72 | 450 983.75 | 19 606.50 |
| 14 | 364 | 6001702009 | 上海建工 | 65.02 | 0.51 | 9.18 | 1.96 | 1.90 | 2.35 | 80.76 | 0.00 | 31.45 | 6.61 | 55.65 | 104.52 | 2 326 045.46 | 4 018 786.95 | 36 834.52 |
| 15 | 408 | 6005282009 | 中铁二局 | 63.75 | 0.48 | 17.06 | 3.75 | 1.70 | 1.94 | 81.83 | 10.35 | 73.11 | 10.61 | 55.73 | 113.93 | 2 577 327.88 | 4 061 908.85 | 70 672.70 |
| 16 | 465 | 6013902009 | 中国中铁 | 62.41 | 0.35 | 11.76 | 3.26 | 1.23 | 1.61 | 78.72 | 16.46 | 47.46 | 8.62 | 14.96 | 56.28 | 31 178 112.80 | 34 597 361.90 | 740 815.40 |
| 17 | 506 | 6005452009 | 新疆城建 | 61.42 | 0.22 | 12.59 | 8.42 | 0.63 | 0.98 | 49.60 | 6.02 | 65.17 | 54.39 | 183.50 | 180.46 | 303 518.65 | 161 090.11 | 15 186.26 |
| 18 | 568 | 6016182009 | 中国中冶 | 60.02 | 0.27 | 20.29 | 4.45 | 0.82 | 1.07 | 79.97 | 3.67 | 7.57 | 354.98 | −23.91 | 13.00 | 23 047 720.70 | 16 520 114.70 | 516 597.40 |
| 19 | 640 | 6002632009 | 路桥建设 | 58.34 | 0.30 | 6.75 | 2.26 | 0.96 | 1.43 | 79.75 | 4.51 | 41.61 | 21.25 | 50.97 | 81.46 | 1 217 883.71 | 957 599.02 | 12 407.03 |
| 20 | 703 | 0000652009 | 北方国际 | 56.69 | 0.29 | 13.29 | 3.93 | 0.82 | 1.05 | 77.06 | 2.89 | 69.60 | 19.57 | 281.51 | 153.30 | 233 850.00 | 187 409.19 | 4 660.37 |
| 21 | 707 | 6008202009 | 隧道股份 | 56.60 | 0.50 | 9.51 | 4.01 | 0.92 | 1.46 | 77.66 | 3.53 | 20.65 | 6.75 | 24.09 | 69.55 | 1 784 105.10 | 1 508 337.26 | 36 443.91 |
| 22 | 709 | 0020602009 | 粤水电 | 56.52 | 0.26 | 6.28 | 3.98 | 0.81 | 1.28 | 68.18 | 2.82 | 36.78 | 4.55 | 53.41 | 56.36 | 442 277.36 | 323 287.27 | 8 577.50 |
| 23 | 784 | 6004772009 | 杭萧钢构 | 55.14 | 0.38 | 14.73 | 6.77 | 0.90 | 1.49 | 73.91 | 3.48 | −21.65 | 16.64 | 65.35 | 94.54 | 315 754.17 | 284 578.05 | 1 2331.55 |
| 24 | 833 | 6009862009 | 科达股份 | 53.88 | 0.15 | 9.60 | 3.44 | 0.45 | 0.59 | 53.87 | 0.00 | 50.28 | 6.32 | 75.22 | 102.76 | 146 880.87 | 71 657.70 | 5 048.55 |
| 25 | 899 | 6000392009 | 四川路桥 | 52.33 | 0.18 | 2.95 | 2.32 | 0.54 | 1.13 | 78.59 | 1.89 | 44.18 | 13.95 | 51.49 | 70.53 | 647 831.92 | 315 956.00 | 5 360.24 |
| 26 | 903 | 0021632009 | 中航三鑫 | 52.31 | 0.19 | 6.79 | 3.19 | 0.81 | 1.47 | 75.81 | 4.39 | 20.65 | 3.18 | 164.38 | 158.49 | 274 456.65 | 168 515.85 | 3 852.17 |

续表

| 行业排名 | 全部上市公司排名 | 股票代码 | 股票名称 | 综合得分(100分) | 每股收益 | 总资产报酬率% | 净资产收益率% | 总资产周转率(次) | 流动资产周转率(次) | 资产负债率(%) | 已获利息倍数 | 营业收入增长率(%) | 资本扩张率(%) | 市场投资回报率(%) | 股价波动率(%) | 年末资产额(万元) | 营业收入净额(万元) | 净利润(万元) |
|---|---|---|---|---|---|---|---|---|---|---|---|---|---|---|---|---|---|---|
| 27 | 916 | 6004912009 | 龙元建设 | 52.13 | 0.38 | 9.66 | 3.96 | 0.79 | 0.89 | 69.23 | 3.99 | −9.79 | 51.27 | 241.36 | 292.20 | 782 172.79 | 657 397.11 | 17 930.39 |
| 28 | 958 | 0021352009 | 东南网架 | 51.22 | 0.24 | 4.48 | 3.28 | 0.89 | 1.17 | 71.61 | 2.03 | 44.93 | 3.61 | 71.04 | 99.25 | 349 052.96 | 292 806.16 | 4 835.78 |
| 29 | 966 | 6008532009 | 龙建股份 | 51.00 | 0.05 | 3.56 | 1.28 | 1.01 | 1.36 | 86.30 | 2.47 | 116.52 | 3.44 | 77.41 | 110.91 | 555 937.78 | 503 437.85 | 2 533.47 |
| 30 | 1095 | 6005122009 | 腾达建设 | 48.30 | 0.11 | 3.96 | 3.17 | 0.68 | 1.07 | 63.68 | 2.56 | 6.68 | 3.79 | 58.45 | 87.15 | 298 844.96 | 193 492.15 | 3 964.77 |
| 31 | 1102 | 6005022009 | 安徽水利 | 48.22 | 0.20 | 7.39 | 4.36 | 0.75 | 1.16 | 75.56 | 1.89 | 10.82 | 9.89 | 212.77 | 283.24 | 262 552.87 | 204 340.16 | 4 430.69 |
| 32 | 1117 | 6002842009 | 浦东建设 | 47.78 | 0.48 | 7.34 | 2.28 | 0.18 | 1.15 | 70.99 | 9.49 | 53.17 | 4.04 | 27.50 | 75.34 | 1 144 382.72 | 175 975.02 | 16 441.76 |
| 33 | 1133 | 0000902009 | 深天健 | 47.46 | 0.13 | 2.45 | 2.26 | 0.47 | 0.66 | 55.23 | 2.84 | −6.34 | 26.55 | 290.37 | 262.25 | 588 976.75 | 266 647.15 | 5 771.47 |
| 34 | 1454 | 0005092009 | S＊ST华塑 | 33.54 | −0.17 | 0.00 | −0.21 | 0.92 | 2.35 | 102.44 | −0.03 | 44.01 | −151.38 | 196.96 | 179.49 | 59 356.91 | 57 653.27 | −4 255.48 |
| 35 | 1617 | 0004152009 | ＊ST汇通 | 18.94 | −0.28 | −29.03 | −5.82 | 0.23 | 0.41 | 74.58 | −3.41 | 7.32 | −22.16 | 86.61 | 94.53 | 115 390.13 | 25 442.64 | −8 543.99 |
| 36 | 1660 | 6001452009 | 四维控股 | 8.72 | −0.36 | −70.57 | −17.07 | 0.23 | 0.35 | 75.35 | −3.75 | −34.81 | −50.56 | 182.46 | 226.84 | 53 756.57 | 14 662.77 | −13 547.93 |

# 第十一章

# 医药行业上市公司业绩评价

2009年是我国医药行业具有里程碑意义的一年，在经历了2006年的行业低谷，2007年的反弹，2008年的复苏之后，2009年整个医药行业可谓欣欣向荣。尽管国际金融危机来势凶猛，各行业屡受冲击，但在新医疗改革政策不断推进，覆盖面不断扩大的情况下，2009年我国医药行业依然保持着持续稳定增长的良好趋势。但是，以出口为主要市场的化学原料药依然面临较大压力；而以中药、生物制药等为代表的新兴子行业由于市场需求而发展迅速。

政策面始终是影响医药行业增长的主要因素。2009年医药行业尤为值得关注的是：政府出台了多项重大利好政策来推动我国医药行业的全面健康发展。其中，备受瞩目的医药卫生体制改革方案于2009年4月正式出台，显示了我国医药卫生体制改革明显加快脚步，医药行业迎来重大的市场发展机遇。

## 一、 2009年医药行业上市公司业绩评价结果

截至2009年末，医药行业A股上市公司共计131家，合计完成营业收入2 512.77亿元，占全部上市公司[①]营业收入103 086.40亿元的2.44%；医药行业上市公司实现净利润234.85亿元，占全部上市公司实现利润的3.86%，较2008年净利润占比1.50%增长2.57倍（表11-1）；2009年市场逐步攀升，医药行业上市公司整体抗跌性较好，其中医药行业上市公司股价波动率136.10%，低于全部上市公司股价波动率138.04%。

**表11-1　　医药行业与全部上市公司经营业绩表　　单位：亿元**

| 项目 | 公司户数 | | 营业收入 | | 净利润 | |
|---|---|---|---|---|---|---|
| | 2009年 | 2008年 | 2009年 | 2008年 | 2009年 | 2008年 |
| 全部上市公司 | 1660 | 1595 | 103 086.40 | 106 756.26 | 6 078.66 | 8 593.33 |
| 医药行业 | 131 | 130 | 2 512.77 | 2 175.11 | 234.85 | 128.67 |
| 比例（%） | 7.89 | 8.15 | 2.44 | 2.04 | 3.86 | 1.50 |

① 按纳入评价范围的非金融类上市公司1 660户口径计算

从业绩评价结果看，其主要特点如下：

第一，综合评价稳中有升，在行业排名中表现突出。2009 年医药行业的综合评价分值为 66.10 分，较 2008 年医药行业的综合评价分值 61.80 分上升了 4.3 分，综合得分在 17 个行业中排名位列第 4，评价结果类型为“PR C— —中”，其中财务效益状况得分 25.28，较 2008 年 21.59 分提高了 3.69 分；资产质量状况得分 8.42，较 2008 年 7.86 分提高了 0.56 分；偿债能力状况得分 10.14，较 2008 年 9.43 分上升了 0.71 分；发展能力状况得分 13.89，较 2008 年 11.67 分提高了 2.22 分；市场表现状况得分 8.32，较 2008 年 11.26 分下降了 2.94 分，表明 2009 年医药行业上市公司因非市场热点，其市场表现弱于全部上市公司平均水平。

第二，百强名单中医药行业上市公司占了 6 家，较 2008 年 12 家少了 6 家。这 6 家上市公司分别为仁和药业（第 21 名）、东阿阿胶（第 39 名）、浙江医药（第 73 名）、信立泰（第 90 名）、云南白药（第 98 名）和恒瑞医药（第 100 名）。

第三，医药行业净资产收益率的平均值为 12.74%，高于全部上市公司净资产收益率的平均值 9.45%，营业利润增长率为 10.34%，高于全部上市公司营业利润增长率的平均值（7.07%）3.27 个百分点，表明医药行业上市公司盈利能力较强。

第四，医药行业上市公司评价结果分布呈现金字塔形特点，评价优良的比较少。从评价结果的类型来看，131 家医药上市公司中没有评价结果为优的，为良的有 16 家，优良率仅为 12.21%；评价结果为中的 78 家，占全部医药行业上市公司的 59.54%；评价结果为低、差的 37 家，占全部医药行业上市公司的 28.24%，说明该行业在评价中，其业绩状况基本属于中等偏下水平。

第五，医药行业上市公司的业绩水平与其规模不存在明显正相关，但与子行业的景气度存在一定正相关。2009 年医药行业前 10 名中，企业规模大多数为 3 类（10 亿～50 亿），在全部上市公司中属于偏小规模。此外，受子行业景气度影响，中药、生物制药两个子行业共有 4 家上市公司进榜，其中仁和药业获得行业业绩评价第一，说明中药类上市公司受国家政策扶植，美誉度较高且具有较高的定价权，其整体竞争力进一步增强。

第六，仁和药业经营规模迈上新台阶。2009 年，仁和药业业绩评价排名从 2008 年全部上市公司排名第 102 位快速上升到 2009 年的第 21 位，为公司业绩评价以来的最好排名。2009 年，公司实现主营业务收入 9.83 亿元，较 2008 年的 8.76 亿元净增长 1.07 亿元，增幅达 12.21%；公司实现净利润 1.66 亿元，较 2008 年的 0.70 亿元增幅高达 1.37 倍；在各项主要经营指标全面超额完成预定目标的同时，公司经营规模、资产质量、收益率和市值等指标继续保持同行业先进水平。

**表 11-2　　中联医药十强排名**

| 名次 | 股票代码 | 单位名称 | 业绩得分 | 全部上市公司排名（含金融） |
|---|---|---|---|---|
| 1 | 000650 | 仁和药业 | 80.90 | 21 |
| 2 | 000423 | 东阿阿胶 | 78.30 | 39 |
| 3 | 600216 | 浙江医药 | 75.50 | 73 |
| 4 | 002294 | 信立泰 | 74.30 | 90 |

续表

| 名次 | 股票代码 | 单位名称 | 业绩得分 | 全部上市公司排名（含金融） |
|---|---|---|---|---|
| 5 | 000538 | 云南白药 | 73.80 | 98 |
| 6 | 600276 | 恒瑞医药 | 73.60 | 100 |
| 7 | 002007 | 华兰生物 | 73.40 | 105 |
| 8 | 300015 | 爱尔眼科 | 73.30 | 111 |
| 9 | 600763 | 通策医疗 | 72.70 | 126 |
| 10 | 000513 | 丽珠集团 | 72.10 | 139 |

基于对医药行业上市公司的整体评价，下面分别从财务效益状况、资产质量状况、偿债风险状况、发展能力状况和市场表现状况五个方面对医药行业上市公司进行具体分析。

## （一）财务效益状况

医药行业上市公司财务效益状况（满分为35分）平均得分为25.28分，高于上市公司平均得分22.16分。表11-3列示了医药行业上市公司财务效益状况评价结果。

**表11-3　医药板块上市公司财务效益状况表**

| 评价指标 | | 2009年上市公司平均值 | 2009年医药板块上市公司值 | 2008年医药板块上市公司值 | 增长率（%） |
|---|---|---|---|---|---|
| 基本指标 | 扣除非经常性损益净资产收益率（%） | 9.45 | 12.74 | 9.41 | 35.39 |
| | 总资产报酬率（%） | 6.80 | 11.29 | 8.54 | 32.20 |
| | 得分 | 22.00 | 28.47 | 22.21 | 28.19 |
| 修正指标 | 营业利润率（%） | 7.07 | 10.34 | 6.44 | 60.56 |
| | 盈利现金保障倍数 | 2.09 | 1.10 | 1.39 | −20.86 |
| | 股本收益率（%） | 36.90 | 49.04 | 29.61 | 65.62 |
| 综合得分 | | 22.16 | 25.28 | 21.59 | 17.09 |

与2008年的情况相比较，医药行业上市公司总体上财务效益状况有所好转，净资产收益率不仅高于全部上市公司平均值9.45%，而且净资产收益率从2008年的9.41%上升到2009年的12.74%，增幅35.39%；股本收益率从2008年的29.61%上升到2009年的49.04%，增幅65.62%，各项财务指标均具有较大幅度增长。

在医药行业上市公司财务效益状况指标中，哈药股份、华润三九、长春高新、东阿阿胶、浙江医药（并列第5）及新和成（并列第5）6家公司排名靠前，2009年度医药行业财务绩效中联排名如表11-4所示。

**表11-4　2009年度医药行业财务效益中联五强排行榜**

| 名次 | 股票代码 | 股票简称 | 财务效益得分 |
|---|---|---|---|
| 1 | 600664 | 哈药股份 | 30.32 |

续表

| 名次 | 股票代码 | 股票简称 | 财务效益得分 |
|---|---|---|---|
| 2 | 000999 | 华润三九 | 29.61 |
| 3 | 000661 | 长春高新 | 29.09 |
| 4 | 000423 | 东阿阿胶 | 28.77 |
| 5 | 600216 | 浙江医药 | 28.67 |
| 5 | 002001 | 新和成 | 28.67 |

## （二）资产质量状况

医药行业上市公司资产质量状况（满分为 15 分）平均得分为 8.42 分，略低于上市公司平均得分 9.42 分。表 11-5 列示了医药行业上市公司资产质量状况评价结果。

**表 11-5　　医药板块上市公司资产质量状况表**

| 评价指标 | | 2009 年上市公司平均值 | 2009 年医药板块上市公司值 | 2008 年医药板块上市公司值 | 增长率（%） |
|---|---|---|---|---|---|
| 基本指标 | 总资产周转率（次） | 0.78 | 0.91 | 0.91 | 0.00 |
| | 流动资产周转率（次） | 1.82 | 1.59 | 1.64 | −3.05 |
| | 得分 | 9.36 | 9.57 | 8.45 | 13.25 |
| 修正指标 | 应收账款周转率（次） | 14.10 | 7.53 | 7.03 | 7.11 |
| | 存货周转率（次） | 4.13 | 4.06 | 4.34 | −6.45 |
| 综合得分 | | 9.42 | 8.42 | 7.86 | 7.12 |

与 2008 年比较可知，医药行业上市公司总体上资产质量变化不大，其中受行业竞争激烈及交易结算方式的影响，医药类公司平均应收账款周转率 7.53 次，明显低于 2009 年上市公司平均应收账款周转率 14.10 次，据统计，在医药类公司中应收账款周转率高于 2009 年全部上市公司平均水平的只有 20 家，这 20 家公司多数从事中药制药、销售，且在国内具有一定品牌影响力的中药类上市公司，从中药类上市公司自身特点可以看出，由于该类公司具有对产品的垄断性及对价格的控制权，资产质量状况较其他医药类公司相比较好。

在医药行业上市公司资产质量状况基本指标评价中，通策医疗排名第一（2008 年该指标排名第四），获得满分 15.00 分（表 11-6）。

**表 11-6　　2009 年度医药行业资产质量中联五强排行榜**

| 名次 | 股票代码 | 股票简称 | 资产质量得分 |
|---|---|---|---|
| 1 | 600763 | 通策医疗 | 15.00 |
| 2 | 000650 | 仁和药业 | 13.87 |
| 3 | 600750 | 江中药业 | 13.20 |
| 4 | 300015 | 爱尔眼科 | 12.97 |
| 5 | 000538 | 云南白药 | 11.49 |

## （三）偿债风险状况

从表11-7中医药行业指标的分析可知，该行业上市公司偿债风险状况（满分为15分）平均得分10.14分，高于全国所有上市公司9.01分的平均水平。偿债风险得分上升的原因主要是医药行业公司资产负债率低于上市公司均值，速动比率高于上市公司均值。2009年医药行业获利倍数为10.36，远高于2008年4.58，增幅1.26倍，这充分反映了医药行业的抗风险性。

**表11-7　医药行业偿债风险状况表**

| 评价指标 | | 2009年上市公司平均值 | 2009年医药板块上市公司值 | 2008年医药板块上市公司值 | 增长率（%） |
|---|---|---|---|---|---|
| 基本指标 | 资产负债率（%） | 57.52 | 47.37 | 49.21 | -3.74 |
| | 获利倍数 | 7.21 | 10.36 | 4.58 | 126.20 |
| | 得分 | 9.22 | 11.03 | 9.41 | 17.22 |
| 修正指标 | 速动比率（%） | 69.84 | 106.27 | 88.24 | 20.43 |
| | 现金流动负债比率（%） | 21.75 | 21.37 | 16.22 | 31.75 |
| | 带息负债比率（%） | 45.98 | 40.95 | 45.95 | -10.88 |
| 综合得分 | | 9.01 | 10.14 | 9.43 | 7.53 |

从偿债风险指标评价看，得分并列第一的共有13家，分别是：东阿阿胶、信立泰、恒瑞医药、华兰生物、通策医疗、红日药业、北陆药业、奇正藏药、安科生物、双鹭药业、上海莱士和嘉应制药，其得分均为14.99分。

## （四）发展能力状况

表11-8所示，医药行业上市公司发展能力状况（满分为20分）指标平均得分为13.89分，略高于全国所有上市公司13.37的平均水平。除主营业务增长率、资本扩张率高于全国所有上市公司水平外，累计保留盈余率、三年营业收入增长率和总资产增长率都低于上市公司的平均值。

2009年资本扩张率和总资产增长率远高于2008年，主营业务增长率、累计保留盈余率、三年营业利润增长率指标略高于2008年。由于该指标与相关公司行业排名、经营业绩相关，对A股市场的上市公司预期有着一定的参考价值。

**表11-8　医药行业发展能力状况表**

| 评价指标 | | 2009年上市公司平均值 | 2009年医药板块上市公司值 | 2008年医药板块上市公司值 | 增长率（%） |
|---|---|---|---|---|---|
| 基本指标 | 主营业务增长率（%） | 3.85 | 15.45 | 12.06 | 28.11 |
| | 资本扩张率（%） | 17.60 | 24.28 | 16.38 | 48.23 |
| | 得分 | 12.21 | 14.36 | 11.69 | 22.84 |

续表

| 评价指标 | | 2009 年上市公司平均值 | 2009 年医药板块上市公司值 | 2008 年医药板块上市公司值 | 增长率（%） |
|---|---|---|---|---|---|
| 修正指标 | 累计保留盈余率（%） | 35.83 | 33.50 | 26.08 | 28.45 |
| | 三年营业收入增长率（%） | 14.99 | 14.03 | 12.96 | 8.26 |
| | 总资产增长率（%） | 22.53 | 22.05 | 11.34 | 94.44 |
| 综合得分 | | 13.37 | 13.89 | 11.67 | 19.02 |

2009 年，医药行业发展能力指标评价排名并列第一的为华兰生物，该指标中联排名具体见表 11-9 所示。

**表 11-9　2009 年度医药行业发展能力中联五强排行榜**

| 名次 | 股票代码 | 股票简称 | 发展能力得分 |
|---|---|---|---|
| 1 | 002007 | 华兰生物 | 18.00 |
| 2 | 600518 | 康美药业 | 17.67 |
| 3 | 000282 | 一致药业 | 17.17 |
| 4 | 002294 | 信立泰 | 16.94 |
| 5 | 000423 | 东阿阿胶 | 16.93 |

## （五）市场表现状况

表 11-10 列出了医药行业上市公司市场表现（满分为 15 分）评价结果，医药业得分 8.32 分，低于上市公司平均值 9.06 分。从指标来看，医药行业上市公司的市场投资回报率为 95.04%，低于全国所有上市公司 116.28%的平均水平，说明医药板块在证券市场的活跃能力低于市场平均水平。

**表 11-10　医药行业公司市场表现表**

| 评价指标 | 2009 年上市公司平均值 | 2009 年医药板块上市公司值 | 2008 年医药板块上市公司值 | 增长率（%） |
|---|---|---|---|---|
| 市场投资回报率（%） | 116.28 | 95.04 | −49.24 | — |
| 股价波动率（%） | 138.04 | 136.10 | 235.04 | −42.09 |
| 得分 | 9.06 | 8.32 | 11.26 | −26.11 |

2009 年医药行业指数较沪深 300 指数前 7 个月逐步落后并拉开差距，后 5 个月逐步与沪深 300 指数同步并稍强于沪深 300 指数（图 11-1）。表明医药行业在 2009 年前 7 个月不是市场热点主流板块，在沪深 300 指数上涨时，医药行业指数仅是跟涨。而医药行业的周期性及抗风险能力性较强，使大盘在后 5 个月逐级盘整并攀升时，医药行业指数与大盘指数同步运行，并在医药行业连续利好政策推动下，走势略强于大盘。

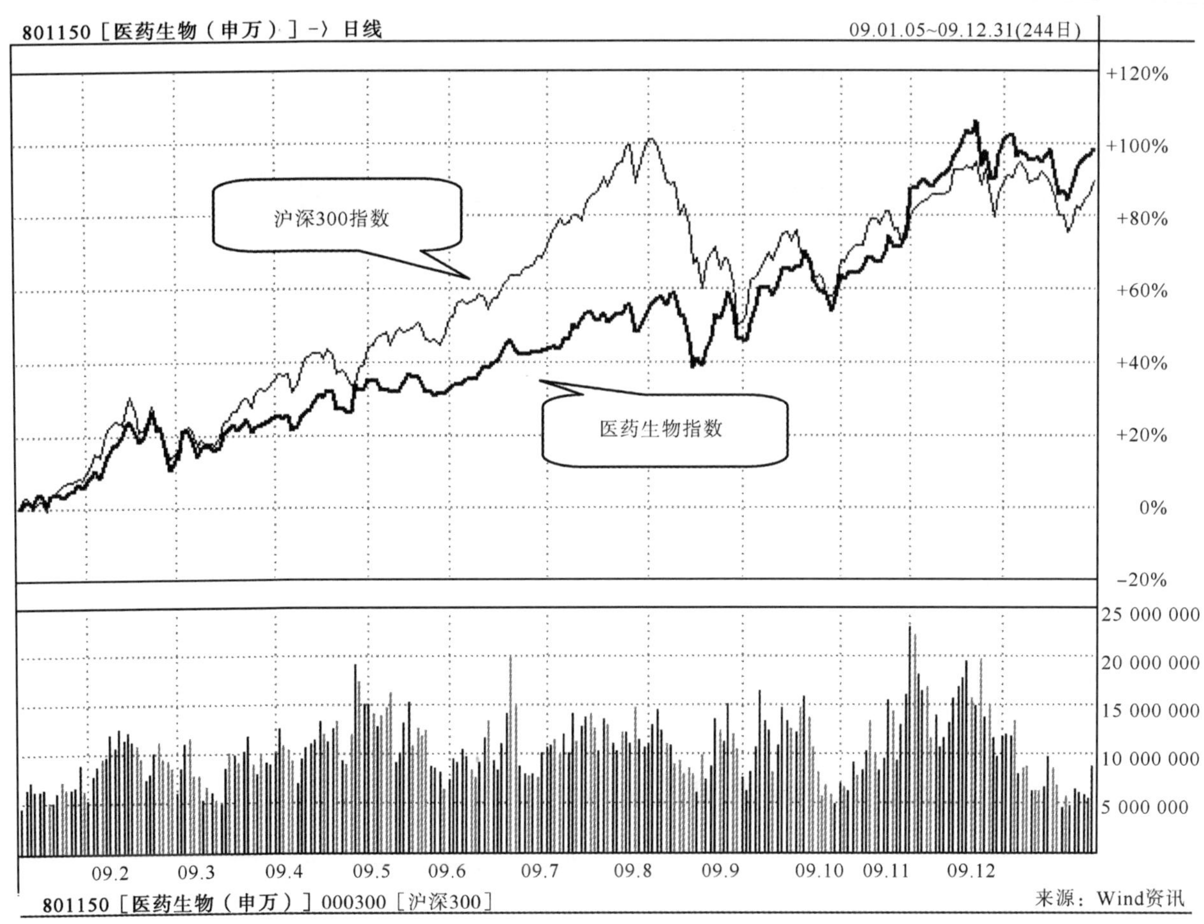


**图 11-1　2009 年医药行业指数与沪深 300 指数比较图**

从市场表现指标评价看，得分第一的是：中珠控股，其次是诚志股份，人福医药，武汉健民，星湖科技和华邦制药等 7 家公司并列第 5，其指标排名如表 11-11 所示。

**表 11-11　　2009 年度医药行业市场表现中联排行榜**

| 名次 | 股票代码 | 股票简称 | 市场表现得分 |
|---|---|---|---|
| 1 | 600568 | 中珠控股 | 11.51 |
| 2 | 000990 | 诚志股份 | 11.09 |
| 3 | 600079 | 人福医药 | 10.95 |
| 4 | 600976 | 武汉健民 | 10.71 |
| 5 | 600866 | 星湖科技 | 10.00 |
| 5 | 002004 | 华邦制药 | 10.00 |
| 5 | 600252 | 中恒集团 | 10.00 |
| 5 | 600421 | * ST 国药 | 10.00 |
| 5 | 002166 | 莱茵生物 | 10.00 |
| 5 | 600385 | ST 金泰 | 10.00 |
| 5 | 000078 | 海王生物 | 10.00 |

## 二、 医药行业上市公司业绩影响因素分析

### （一）2009年国内医疗卫生行业稳步发展，促进上市公司业绩向好

根据工业和信息化部统计数据，2009年，我国医药行业累计实现工业总产值首次突破1万亿元大关，达到10 382亿元，创历史新高，同比增长21.10%，工业增加值累计同比增长14.90%，高于全国工业平均水平（11.00%）3.90个百分点，继续保持较快的增长速度。

**2009中国医药行业重大事件**

【最核心事件】

新医改方案出炉

2009年4月6日，备受社会关注的新医改方案《中共中央国务院关于深化医药卫生体制改革的意见》在各界的热切期盼中新鲜出炉。

入选理由：

《中共中央国务院关于深化医药卫生体制改革的意见》的正式出台预示着中国朝人人享有基本医疗卫生服务这一目标迈进了一大步。新医改方案经过三年酝酿，选择在金融危机的大背景下出台，既有利于扩大内需，带动经济发展，同时也增加了行业发展的确定性。

从大的行业层面看，政府落实8 500亿元医改资金将带动个人和社会支出，整个医药卫生市场面临扩张机遇，这对于医药企业来说是普遍利好。从细分领域来看，符合新医改政策走向的相关工业、商业、基础医疗器械等均有望受益。整个行业将随着医改的推进而加速整合，集中度的提高将有利于优质企业做大做强。

【最具医改烙印的重组事件】

新上药重组

2009年12月25日，上海医药以换股方式吸收合并上实医药和中西药业的重组方案经证监会审核获得有条件通过，至此，上实系医药重组全部获批，“新上药”面世进入倒计时。

入选理由：

新上药重组的背后，其实是地方医药商业巨头和工业巨头强强联合布局新医改的一个重要表象。目前在新上药重组的同时，上药集团围绕网络布局、品种聚焦和竞争能力的提升已经有一系列实质性的并购启动。在加快全国商业布局方面，从 2009 年 10 月至今两个月以来，上海医药已经投资 1 个亿，完成了全国范围内 7 个医药商业项目的增资。

事实上，新上药的出现，是国内众多医药集团备战新医改的前兆，国药系、华润系、华鲁系、太极系、华立系、广药系均有重组的动机。

### （二）2009 年医药行业整体保持良好发展势头，化学药行业复苏明显

2009 年，受全球经济危机的影响，我国医药行业发展缓慢，但受益于政府的新医改计划拉动，2009 年我国医药行业依然保持稳定增长趋势。

2009 年上半年，我国化学药品产量出现负增长，下半年情况改善，呈较快的增长趋势。化学药品主要产品 12 月产量全年最高，达到 21.572 万吨。11 月份同比增长率最高，达到 30.23%（图 11-2）。

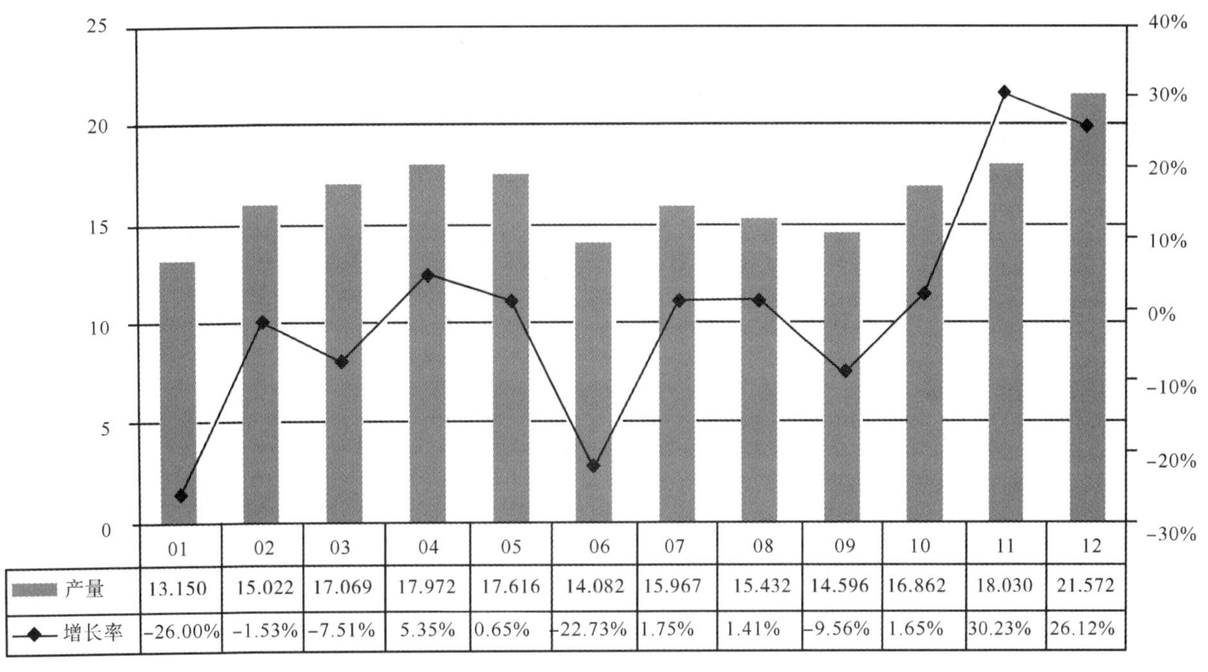


| | 01 | 02 | 03 | 04 | 05 | 06 | 07 | 08 | 09 | 10 | 11 | 12 |
|---|---|---|---|---|---|---|---|---|---|---|---|---|
| 产量 | 13.150 | 15.022 | 17.069 | 17.972 | 17.616 | 14.082 | 15.967 | 15.432 | 14.596 | 16.862 | 18.030 | 21.572 |
| 增长率 | -26.00% | -1.53% | -7.51% | 5.35% | 0.65% | -22.73% | 1.75% | 1.41% | -9.56% | 1.65% | 30.23% | 26.12% |

**图 11-2 2009 年化学药品原药主要产品月度产量及增长率（单位：万吨）**

资料来源：Wind 资讯

在国内药品产量稳步回升的同时，我国医药产品进出口量也在增加。保健品出口占我国医药出口的 1/4，但受金融危机影响，国外市场需求量下降，导致我国医药保健品出口量有所下滑，2009 年上半年中国医药品出口量总体比 2008 年低。2009 年 2 月份出口量仅为 3.502 万吨。但国内

市场的需求拉动使得医药进口量保持稳定，2009 年上半年中国医药进口总数量和 2008 年持平，仅 3 月份进口量同比下降较大，进口 0.524 万吨，同比减少 0.760 万吨（图 11-3）。

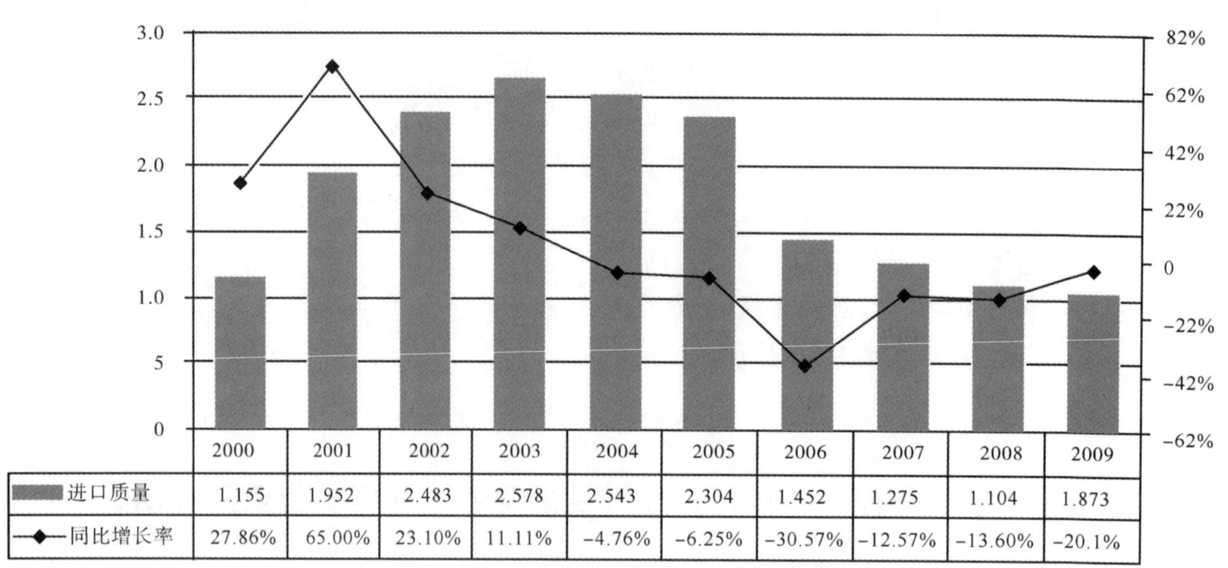


| | 2000 | 2001 | 2002 | 2003 | 2004 | 2005 | 2006 | 2007 | 2008 | 2009 |
|---|---|---|---|---|---|---|---|---|---|---|
| 进口质量 | 1.155 | 1.952 | 2.483 | 2.578 | 2.543 | 2.304 | 1.452 | 1.275 | 1.104 | 1.873 |
| 同比增长率 | 27.86% | 65.00% | 23.10% | 11.11% | -4.76% | -6.25% | -30.57% | -12.57% | -13.60% | -20.1% |

**图 11-3　2000～2009 年抗生素（制剂除外）进口数量统计及走势图（单位：吨）**

资料来源：Wind 资讯

尽管国际金融危机给中国医药出口市场带来了一定的不利影响。但是总体来看，国内新医改以及国家在医疗保健方面的投入，使得中国医药行业发展状态良好。随着 2010 年国际经济环境的好转，2010 年中国医药行业的发展环境要优于 2009 年，中国医药市场具有广阔的发展前景和巨大的发展潜力。

## （三）新政策、新形势将对医药行业产生重大影响

2009 年，中国医药产业走过了极其不平凡的一年。突发的金融危机及后续影响和新医改方案的渐进推行搅动了整个医药产业变局，而国家一揽子调控提振经济的新举措，又给医药经济快速增长提供了有力的保障。2009 年至今，国家食品药品监督管理局先后出台一系列重要法规、通知，主要如表 11-12 所示。

**表 11-12　　2009 年至今医药行业政策环境变化统计表**

| 时间 | 相关政策 |
|---|---|
| 1 月 | 2009 年 1 月 7 日，国家食品药品监督管理局组织制定了《新药注册特殊审批管理规定》。同日，国家食品药品监督管理局对进口药品再注册和分包装申报、受理、审批，再注册核档程序、再注册期间临时进口和分包装、再注册涉及的补充申请，再注册和补充申请注册证编发等有关事项进一步作了规范 |
| 2 月 | 2009 年 2 月 14 日，国家食品药品监督管理局发布了关于医学影像诊断系统等产品分类界定的通知 |
| 3 月 | 2009 年 3 月 30 日，国家食品药品监督管理局颁布关于《中国药典》2005 年版增补本的通知，并予以自 2009 年 7 月 1 日起施行 |
| 4 月 | 2009 年 4 月，医药卫生体制改革方案正式出台 |
| 6 月 | 2009 年 6 月 11 日，国家食品药品监督管理局颁布关于实施国家药品编码管理的通知，并制定了国家药品编码本位码编制规则 |

续表

| 时间 | 相关政策 |
|---|---|
| 7月 | 2009年7月31日，国家食品药品监督管理局制定了《药品再注册工作方案》，启动了药品再注册受理工作，并要求结合药品批准文号清查工作开展药品再注册 |
| 8月 | 2009年8月10日，国家食品药品监督管理局关于印发国家重点监管医疗器械目录（2009年版）<br>2009年8月19日，国家食品药品监督管理局组织制定了《药品技术转让注册管理规定》 |
| 9月 | 2009年9月22日，国家食品药品监督管理局组织制定了《关于加强基本药物质量监督管理的规定》 |
| 2010年2月 | 卫生部印发《中国国家处方集（化学药品与生物制品卷）（2010年版）》。《中国国家处方集》是我国第一部统一的国家级权威性的处方集，它既是合理用药的指导性文件，也是实施国家药物政策的重要文件<br>卫生部等五部委下发《关于公立医院改革试点的指导意见》，意味着，整个医改中，最关键也最核心的部门开始进行改革 |

# 三、2010年医药行业前景分析

## （一）全球医药行业总体将继续快速发展

现代制药工业起步于第二次世界大战后的国际经济复兴时期。随着化学合成技术的成熟，全球经济一体化的实现，全球制药行业的总规模从20世纪中后期开始持续的高增长，全球总产值从1970年的218亿美元增至2005年的6 020亿美元，年均增速达8.30%，为同期全球GDP增长率的两倍以上（图11-4）。

随着社会的发展、人口老龄化进程的加快，全球药品市场一直保持较快的增长速度。2008年全球药品市场销售额达7 731亿美元，较上年增长8.11%（图11-5）。

全球药品市场具有较高的集中度。2008年，北美市场药品销售额达3 118亿美元，占全球药品市场40.33%的份额；全球十大制药企业药品销售额达3 087.57亿美元（表11-13），占全球药品市场39.94%的份额；全球畅销药前十五位品种的销售额达到890.03亿美元，占全球药品销售总额的10%以上。

**表11-13　　2008年度全球十大制药企业销售排名**

| 排名 | 企业名称 | 销售额（亿美元） |
|---|---|---|
| 1 | 辉瑞（Pfizer） | 433.63 |
| 2 | 葛兰素史克（GlaxoSmithKline） | 365.06 |
| 3 | 诺华（Novartis） | 361.72 |

续表

| 排名 | 企业名称 | 销售额（亿美元） |
| --- | --- | --- |
| 4 | 赛诺菲-安万特（Sanofi-Aventis） | 356.42 |
| 5 | 阿斯利康（AstraZeneca） | 325.16 |
| 6 | 罗氏（Roche Group） | 303.36 |
| 7 | 强生（Johnson & Johnson） | 294.25 |
| 8 | 默克（Merck & CO） | 261.91 |
| 9 | 雅培（Abbott Laboratories） | 194.66 |
| 10 | 礼来（Eli Lilly and Company） | 191.40 |
|  | 合计 | 3 087.57 |

资料来源：IMS Health

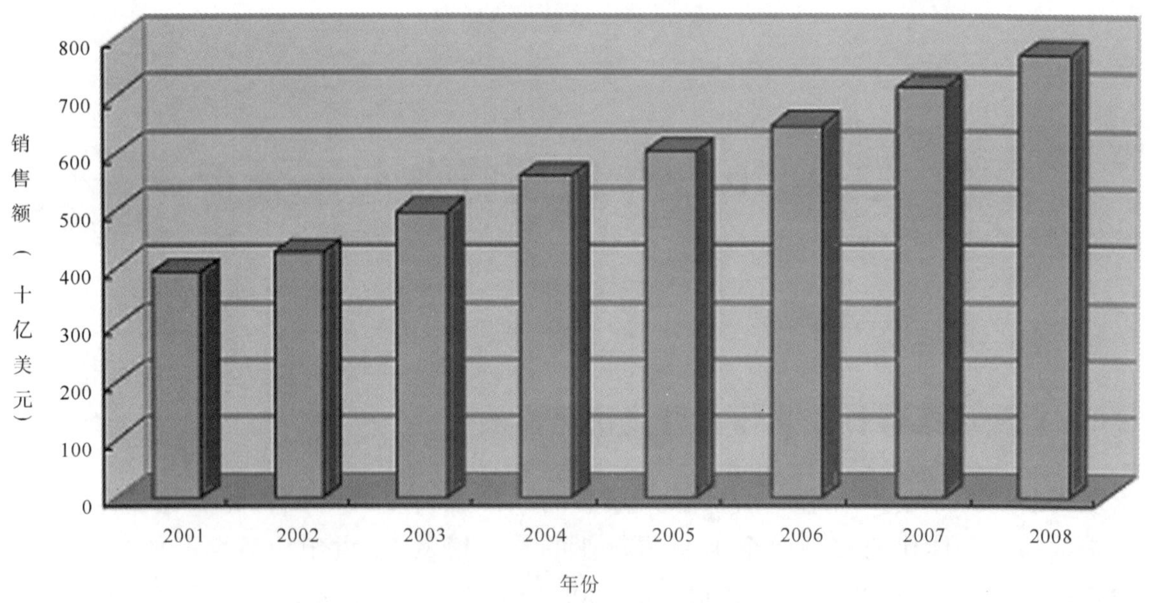


**图 11-4　2001～2008 年度全球药品市场销售情况**

资料来源：IMS Health

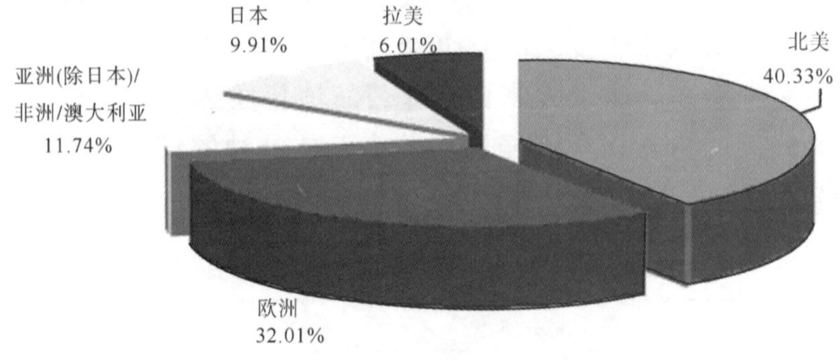


**图 11-5　2008 年度全球药品市场分布情况**

资料来源：IMS Health

## （二）国内医药行业总体将延续健康快速发展

医药行业是一个多学科先进技术和手段高度融合的高科技产业群体，关系国民健康、社会稳定和经济发展。由于人们对医药的消费具有很强的刚性和不可替代性，因而人口基数成为衡量一个国家医药消费市场大小的主要标准之一。从我国的实际情况来看，作为全球人口数量最多的国家，巨大的人口基数成为我国医药行业发展的保障。同时，随着我国人口逐渐老龄化和人民生活水平不断提高，以及全国医疗体制改革的深化，国内医药消费不断持续增长，为医药企业提供了巨大的发展空间。1978～2008 年，历经 30 年改革大潮洗礼的中国医药行业发生了翻天覆地的变化。30 年来，中国医药工业增长速度一直高于国内生产总值（GDP）。

九十年代以来，我国的医药消费市场年均增长率超过了 20%，远高于全球医药市场的平均水平和中国的 GDP 增长率，成为国民经济中发展最快的行业之一。

当前，我国已经具备了比较雄厚的医药工业物质基础，医药工业总产值占 GDP 的比重为 2.70%。维生素 C、青霉素工业盐、扑热息痛等大类原料药产量居世界第一，制剂产能居世界第一。与此同时，中国药品市场地位不断提升，占世界药品市场的份额由 1978 年的 0.88%上升到 2008 年的 8.25%。

随着城镇居民基本医疗保险制度试点范围不断扩大，农村新型合作医疗全面推进，新一轮医药卫生体制改革方案的出台实施，国内医药消费市场的巨大潜力逐渐显现，有力地推动了我国医药行业的快速发展。

但受我国人均收入低、医疗保障水平低的影响，现阶段我国的医药市场规模同发达国家相比存在较大差距。以 2008 年为例，我国医药市场规模达到了 700 亿美元，只占全球市场 7 731 亿美元的 9%。同时，中国人均医药消费额也处于非常低的水平，约 18 美元，不但远落后于发达国家人均 300 美元的水平，较发展中国家人均 30～40 美元的水平也有一定差距。如此低的消费水平预示着巨大的市场增长潜力。据预测，2012 年我国药品市场规模将跃升至世界第四位。

2009 年 1 月 21 日，国务院常务会议已原则通过了《关于深化医药卫生体制改革的意见》和《2009～2011 年深化医药卫生体制改革实施方案》。会议决定，从 2009～2011 年，重点抓好基本医疗保障制度等改革。其具体的措施有：

一是从 2009 年开始，逐步在全国建立统一的居民健康档案；

二是 2010 年，对城镇居民医保和新农合的补助标准提高到每人每年 120 元；

三是到 2011 年，基本医疗保障制度全面覆盖城乡居民；

四是 3 年内使城镇职工和居民基本医疗保险及新农合参保率提高到 90%以上。

新医改背景下，政府增加卫生投入、医保覆盖面扩大、经济增长、人口老龄化等众多因素，将拉动医药经济快速增长。2009 年 3 月 5 日，国务院总理温家宝在政府工作报告中表示，3 年内各级政府预计将投入 8 500 亿元，其中中央财政投入 3 318 亿元，以保证医疗卫生体制改革的顺利推进。

按照卫生部公布的数据，2008 年 9 月底，新农合已经覆盖全国 2 729 个县（市、区），参合农民达 8.14 亿人，参合率达到 91.50%。虽然覆盖工作基本完成，但目前新农合的筹资水平仍较低，未来将在现有基础上将人均筹资水平提高到 120 元/人/年。另外，城镇职工基本医疗保险制度起步较早，覆盖率和筹资水平较高，是目前医疗服务消费的主力军。按照用人单位缴纳本单位职工工资总额的6%，个人缴纳2%计算，人均筹资水平约为1 500元/年，目前该保险已覆盖的城镇职工约为1.98亿人。同时，城镇居民基本医疗保险制度惠及城镇非从业居民，总的原则是以家庭缴费为主，政府适当补助。该工作正处于扩大试点阶段，2009年将使试点城市扩大至全国80%以上，2010年全面推开，可以预见的是将带来医疗费用增加额逐年上涨的态势。三大医疗保障体系的逐步完善，预计将在未来两年为医疗市场带来近2000亿元的市场需求拉动。

新医改方案带来市场扩容机会、新上市产品的增加、药品终端需求活跃以及新一轮投资热潮等众多有利因素保证了中国医药行业的快速增长。2009年，中国医药行业增加值增长14.90%，同时我国医药外贸总体运行良好，医药保健品进出口逆势增长，进出口总额达到531亿美元，再创历史新高。

此外，今后五年世界药品市场增长的重心将从欧美等主流市场向亚洲、澳洲、拉美、东欧等地区逐渐转移。中国医药行业仍然是一个被长期看好的行业。据预测，到2013年中国将超过日本成为世界第二医药大国，2020年前中国将超过美国跃居世界第一医药大国。

## （三）医药行业各子行业发展继续向好

通常现代制药工业可分为：化学制药工业、生物制药工业和中成药制药工业三大类。其中，化学制药工业占据绝对主导地位。

### 1. 我国化学制剂药行业发展趋势

（1）我国化学制剂药行业市场容量

我国化学制剂药工业在解放初"一穷二白"的基础上发展起来，在改革开放以后进入高速发展期，目前，我国化学制剂药行业产量已能基本满足国内需求。在我国经济保增长的大环境下，随着新医改政策有步骤推进实施以及医药出口的增长，我国医药工业总产值将接近1万亿元。

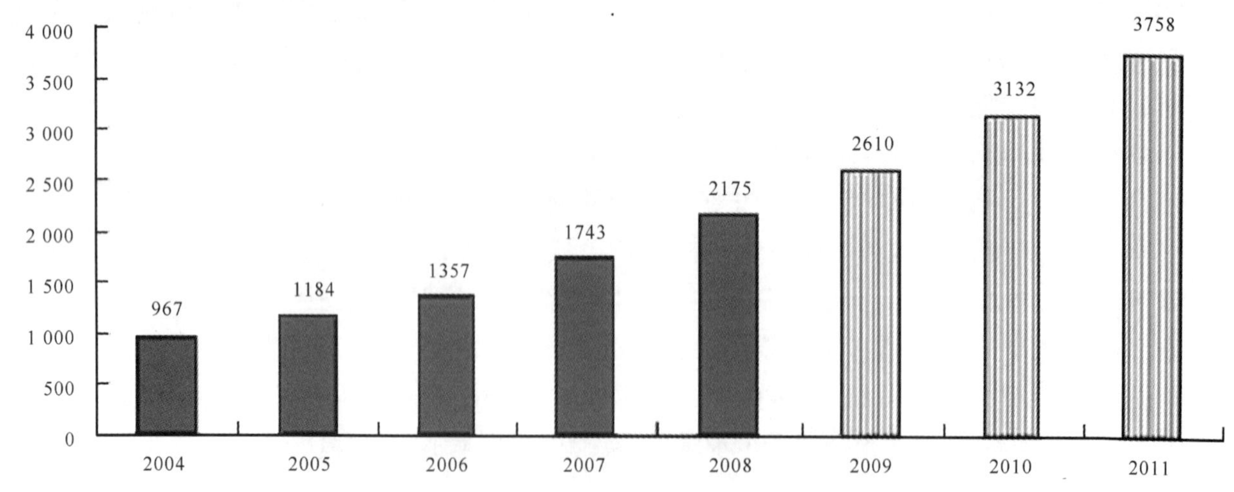


**图 11-6　2004～2011年中国化学药品制剂工业销售收入及走势预测（单位：亿元）**

资料来源：南方医药经济研究所

（2）化学制剂药行业的发展趋势

①化学制剂药行业的总体趋势。化学制剂药行业作为三大制剂制药行业之一，其发展趋

势与我国医药行业的发展是一致的，随着国家经济的进一步发展，人民消费水平的提高，人口老龄化社会的到来，国家新医改的推进，全民医保的实施，未来将保持较快的增长，其中化学制剂药行业中的基本药物市场增长速度将高于行业的整体水平。

②仿制药工业发展迅速。具有知识产权的原研新药能为医药生产企业带来高额的垄断利润，但其需要巨额的研发投入，具有高投入、长周期、高风险的特点。而仿制药则是对专利保护期已到期的新药的仿制，其开发成本及售价都远远低于新药，鉴于仿制药的此种特点，美国、英国、德国等发达国家，仿制药的普及已历经多年。2004 年，全球仿制药市场规模为 410 亿美元，其中，美国、加拿大、英国、法国、德国、意大利、西班牙及日本 8 国的销售额为 310 亿美元。美国的仿制药市场占全球仿制药市场的 54%，美国、德国、英国的仿制药使用率可达 50%～53%。由于仿制药具有研发技术难度低、投资风险小、市场需求大的特点，全球有许多只生产仿制药的公司，而包括诺华制药在内的一些医药跨国巨头也转向仿制药的开发和生产。

近年来，仿制药市场在全球范围内快速发展，一方面因为部分“重磅炸弹”级药物专利到期，仅 2008 年全球就有年销售额约 200 亿美元的药品面临专利过期；另一方面则是各国政府为削减药品开支，鼓励患者选用性价比更高的仿制药。

在供需两方面的双重推动下，Research and Markets 公司预计 2007～2011 年，全球仿制药市场的年平均增速将达到 13.62%，是新药市场增速的两倍以上。我国有望成为此次全球仿制药大发展的最大受益者之一。

**2. 我国生物医药行业发展趋势及主要影响因素**

生物制药是以基因工程、抗体工程或细胞工程技术生产源自生物体内的，用于诊断、治疗或预防的生物技术药物的产业。从 1982 年第一个现代生物技术药物重组人胰岛素上市至今，全球生物制药已走过 20 余年的历史，目前有 60 多种的生物技术药物上市销售。在我国，生物制药产业被列为重点支持的发展领域，起步于 20 世纪 80 年代，目前已经成为制药业乃至整个国民经济增长中的新亮点。在国家的支持和市场的推动下，我国生物制药产业规模保持平稳较快增长，技术成果产业化进展加快，涌现出一批快速发展的企业，全国生物制药产业初具规模。截至 2007 年末，我国生物制药产业占全国医药产业的比重已经达到 7%，在我国医药产业体系中的地位越来越突出。

在我国，当前由于生物药品的价格较高，且大多未被列入医保目录，而普通患者承受能力有限，潜在的市场需求未能得到充分开发。未来，生物药品将会逐步进入医保目录，价格也会有所下降，市场需求将充分显现，市场规模会持续扩大，行业的利润水平也会保持增长趋势。

(1) 国家产业政策扶持生物医药行业发展

国家陆续出台了一系列规划和政策，推动我国生物制药产业的高速增长。2007 年国家发改委发布的《生物产业发展“十一五”规划》明确提出，面向健康领域的重大需求，把生物医药作为生物产业的重点来推进，大力加强生物制药产业创新体系建设，并组织实施重大产业化专项。

(2) 技术先进为行业快速发展奠定基础

近几年，我国生命科学和生物技术得到迅猛发展。随着医药生物技术的发展，我国生物医药产品研发与产业化能力必将大幅度提高。未来几年，我国将针对肝炎、癌症、心脏病、高血压、糖尿病和神经系统等重大疾病，开发近 20 种具有自主知识产权的新药，这些成果的取得将会推动我国生物医药行业的快速发展。

（3）巨大的市场需求是行业持续性发展的保障

我国是世界上最大的潜在生物医药市场，巨大的潜在市场需求直接推动我国生物医药行业的快速发展。随着 13 多亿人口的医疗保障水平的不断提高，我国生物制药产业蕴藏着巨大的市场空间。以重组人干扰素为例，据统计，其治疗的主要适应证患者众多，我国乙肝病毒携带者超过 1.2 亿人，乙肝患者有 3 000 万人，丙肝患者有 1 000 万人，结核患者超过 450 万；而且我国居民高血压、糖尿病、恶性肿瘤和心脑血管疾病的发病率不断增加，对新生物医药的需求非常迫切。随着城市化推进和老龄化社会的来临，也将对生物医药产生新的需求。

（4）生物医药企业规模小是目前行业影响力不足的主要原因

虽然我国生物制药行业经过了多年发展，但目前与欧美发达国家相比，我国生物制药行业整体规模还不大，具有国际竞争力的大型生物制药企业尚未形成，生物医药企业多而小的局面并没有彻底解决。因而，国内生物制药行业竞争相对激烈，市场集中度尚有待提高。

**2009 年全球十大生物医药交易事件（按交易额排序）**

1. 辉瑞（Pfizer）收购惠氏（Wyeth），涉及金额 680 亿美元；
2. 罗氏（Roche）收购基因泰克（Genentech），涉及金额 468 亿美元；
3. 默克东（Merck & Co）收购先灵葆雅（Schering-Plough），涉及金额 411 亿美元；
4. 诺华（Novartis）收购爱尔康（Alcon），涉及金额 281 亿美元；
5. 赛诺菲-安万特（Sanofi-Aventis）收购默沙东梅里亚，涉及金额 40 亿美元；
6. 葛兰素史克（GSK）收购 Stiefel 实验室，涉及金额 36 亿美元；
7. 华纳奇考特（Warner Chilcott）收购宝洁（Procter & Gamble Co's），涉及金额 31 亿美元；
8. 百时美施贵宝（Bristol-Myers Squibb）收购 Medarex，涉及金额 24 亿美元；
9. 葛兰素史克（GSK）收购奥斯瓦尔多克鲁斯基金会（Fiocruz），涉及金额 22 亿美元；
10. 罗氏（Roche）收购 PTC Therapeutics，涉及金额 20 亿美元。

（5）融资渠道不畅是制约行业企业快速发展的资金瓶颈

一方面，业内企业规模普遍不大，“中小企业融资难的问题”尤为突出。另一方面，由于生物制药产品的研发投入高、时间长和回报不确定性，投资者难以承受长期投资和资本回报风险的压力。由于创业资金不足，造成大批优秀生物制药产业化项目无法成长。

(6) 自主创新能力不足是制约行业未来发展的主要瓶颈

生物医药研发具有周期长、技术难度高、资金投入大等特点。目前，国际上大型生物医药企业一般用于研发的投入占其销售额的10%以上，而国内企业普遍不足1%，2006年我国生物医药行业的研发总支出仅为美国辉瑞公司的1/10。科研费用投入不足，制约了我国生物制药企业自主创新产品的研发和自主创新能力的提高。

**海普瑞上市亮点频频，成就内地新首富**

在市场的热切关注下，海普瑞（002399）5月6日以开盘价166元，涨幅12.16%的成绩正式登陆深交所中小板。

亮点一：全球最大的肝素钠原料药生产企业。

亮点二：控股股东李锂、李坦夫妇成为内地新首富。

4月23日，海普瑞公布发行价为148元/股，李锂、李坦夫妇合计持有海普瑞28 803.70万股，以开盘价166元计算，其身家为478亿元，超过身家396亿元的比亚迪掌门人王传福，成为内地新首富。

亮点三：实际募资创中小板纪录。

海普瑞此次共发行4010万股A股，募集资金总额超59亿元，实际募资额创下中小板纪录。

亮点四：创A股市场网上最高发行价。

海普瑞2009年主营业务收入达到22.24亿元，较2007年增长649.55%，年均复合增长率达到173.78%；2010年第一季度营业收入和净利润分别为8.11亿元和2.50亿元，分别比上年同期增长124.89%和99.50%，成长性明显。一系列突出的投资亮点使海普瑞备受投资者的认可，成就了A股市场最高发行价148元/股的奇迹。

**3. 我国中医药行业发展趋势**

中医药行业与整个医药行业的运作规律一致，受刚性需求的拉动而保持较快的发展，对国家重大卫生事件和政策比较敏感，与宏观经济和GDP的增速没有明显的相关性，而体现出抵御宏观经济周期波动的特点。

(1) 中医药行业竞争激烈，优势企业逐步取得竞争优势

目前我国中医药行业内主要以中小企业为主，在同质化产品竞争激烈的市场环境下赢利能力持续降低。尤其是2007年2月国家发改委对278种中成药内科用药的零售价格进行调整之后，约70%的剂型规格品价格进行了下调，平均降价幅度15%，中成药中小企业面临着较大的生存压力。但同时还公布了一批享受单独定价特权的优质优价药品，对部分药材

好、质量优、工艺先进的品种给予较高的价格。行业内优势企业竞争地位上升，为研发实力强、生产规范、拥有优质优价产品的企业提供了更大的市场份额和发展机遇。

（2）我国中医药企业的发展趋势

为鼓励和扶持我国中药行业的发展，国家近几年出台了《中药现代化发展纲要（2002—2010）》、《中医药创新发展规划纲要（2006—2020）》、《中药、天然药物注射剂基本技术要求》和《中药注册管理补充规定》等一系列政策。未来中药行业的发展方向是：发挥中医药特色，以提高中药产业创新能力为核心，提高中药的标准，逐步达到可控，行业上下游并重，推动中药产业可持续快速发展。在这样的行业发展大趋势下，未来我国中医药企业的发展将向创新型企业迈进。创新型中医药企业是将品牌中医药企业和现代中医药企业二者进行有效结合，并成为我国中药现代化和国际化的重要载体。

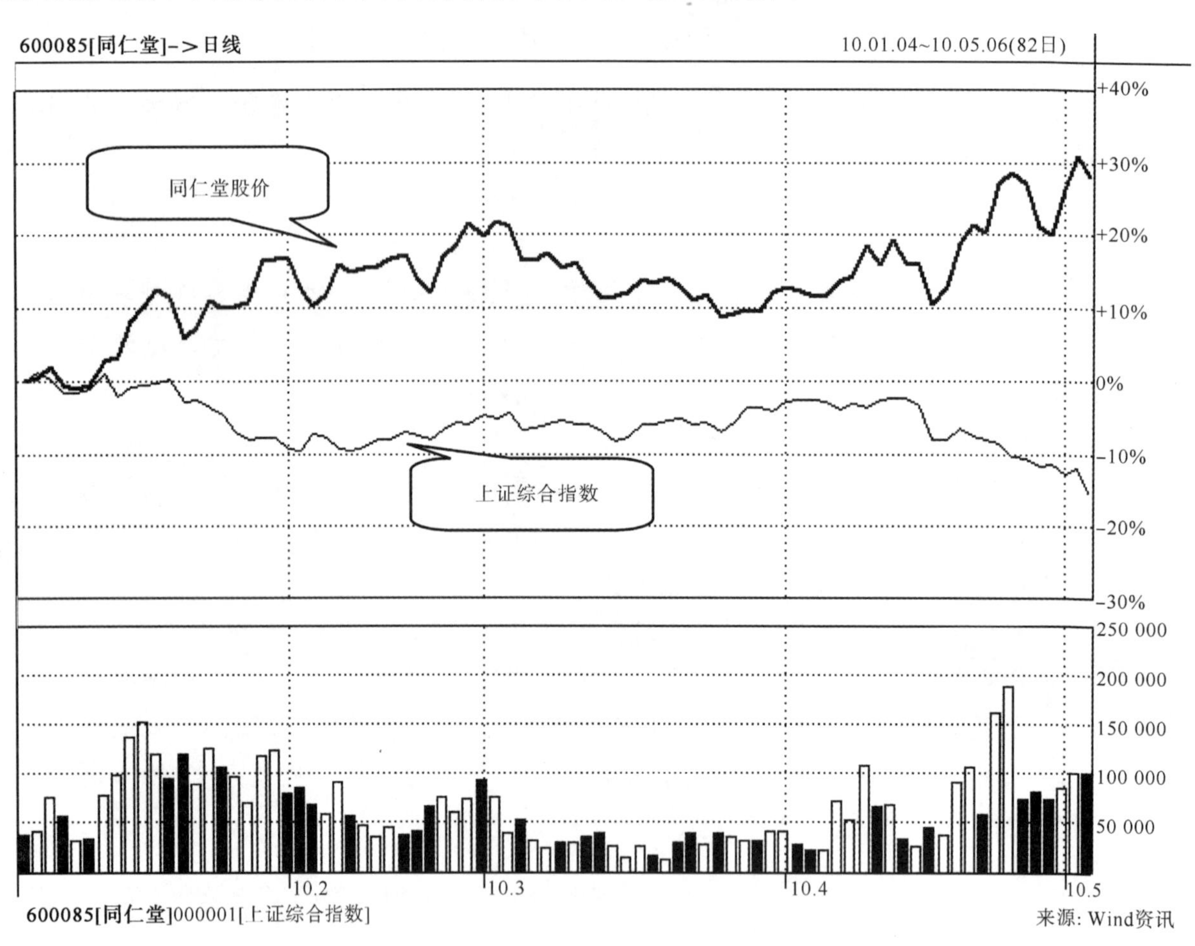


图 11-7 2010 年同仁堂与上证综合指数比较图

## （四）《公立医院改革试点意见》公布对医药行业影响重大，将有力地促进我国医药行业发展

作为医疗体制最重要的一环，公立医院的改革也拉开了帷幕，2010 年 2 月 23 日，卫生部公布了《公立医院改革试点意见》（简称《意见》），系统地论述了公立医院系统改革的目标和具体的步骤，为公立医院的改革提供了方向性的指引。公立医院的改革分为六个方面，

第一是在医院布局上，要改变目前资源集中在少数大医院的局面，构建乡镇（社区），县（市）级以及省级中心医院的三级体系，使基础医疗资源下沉，方便人民群众就近就医；第二是改革医院的管理体系，管办分开，提高医院经营自主权；第三是补偿机制，除了强调提出政府的投入以外，也探索其他方式来补偿由于药费收入减少对医院收入的影响，另外研究医疗费用的定价方式，并引入医院和医保机构的谈判模式；第四是加强医院自身的管理，强调人事和财务两方面的管理；第五是对医院的监督，提出了社会力量对医院的监管，并严格限定特需病房在医院的比例不超过10%；第六对社会办医给予政策性的肯定，在医保定点、科研立项、职称评定、继续教育等方面，与公立医院享有同等待遇，在服务准入、监督管理等方面一视同仁，对提供公共服务的营利性医院，采用政府购买服务的方式解决。这次医院体制改革，主要是强调了公立医院的公益性和非营利性。政府借助给医院提供补助的情况下，给医院一个“向左走，向右走”的选择，改变目前医院游走于边缘地带的情况。医院作为我国医疗体系中最重要的一环，如果有较大的改变无疑会对整个医药产业产生根本性的影响。医院地点的变化、内部人员的更迭、不同病种费用水平的升降等都会影响到制药企业产品的销售和价格。目前改革还处于试点阶段，给制药企业足够的时间进行调整。我们的基本判断是对于普药生产企业来说，面临着一次行业的洗牌，无法肯定谁将会是最后的胜利者，而对于专科药生产企业，尤其是在某一领域已经占据统治地位的专科药生产企业来说，无论医院体系怎样变化，其药品的销售将会保持稳定。在公布《公立医院改革试点意见》的同时，卫生部还发布了《中国国家处方集（化学药品和生物制品卷）（2010版）》、《医院处方点评管理规范（试行）》、《电子病历基本规范（试行）》等配套文件，并发布了多个病种的临床路径，在制度上对医院目前的大处方、不合理处方行为进行规范，如果落实，将会对我国的用药结构和用药水平产生一定的冲击。因此我们延续以前医疗体制改革对制药企业影响的看法，在扩大药品需求人群的同时，不合理用药的取消在一定程度上将会影响到药品的消费。

公立医院改革是牵一发而动全身，此次试点主要以二线城市为主显示了政府对试点范围和影响、结果的谨慎态度，同时也给各地留下了广阔的探索空间。

**1. 关注补偿机制的建立——“取消药品加成 vs 药事服务费”**

指导意见再次明确了新医改方案中对公立医院的补偿机制：改革以药补医机制，逐步将公立医院补偿由服务收费、药品加成收入和政府补助三个渠道，改为服务收费和政府补助两个渠道，即取消了原来的药品加价这一渠道，改变以药养医。取消药品加价后，如何补偿医院的这块利润损失？这是公立医院改革的最难点之一。从上述指导意见来看，主要渠道是：①增设药事服务费，纳入基本医疗保障报销范围；②调整部分技术服务收费标准。支付方式：①医疗保障基金支付；②增加政府投入支付。

药事服务费是新医改出台后新提出的。目的是保持了医院总的利润基本不变，而药品加价15%这部分的支付主体由原来的患者，变为政府和医保基金。

**2. 关注多元化办医格局的推进**

《意见》提出：鼓励社会力量举办非营利性医院。政府可采取购买服务的方式由非公立医院承担公共卫生服务和公共服务。落实非营利性医院税收优惠政策，完善营利性医院税收优惠政策。探索“公立医院转制”的配套政策措施，把部分公立医院转制为非公立医院。允许商业保险机构参与公立医院转制重组。显示政府鼓励社会资本进入医疗市场，医院投资主体多元化的意图，未来将涌现一批治理结构明晰、经营效率高、服务质量好的股份制医疗机构和医院管理集团，并可能通过证券市场做大做强。

**3. 医院改革对医药工商业的影响：看好中长期对产业链的正向引导**

从医院收入和药品消费量/价的角度观察：从试点内容看为保持医院利益不受损失，医院以药事服务费等方式获得政府的补偿，补偿多少？——仍会以药品消费金额为基数来考量——仍是消费越多，补偿越大。因此，从医院利益这一角度考虑，对原来的药品销售模式不会有根本性影响。其中的变化主要在于支付主体的改变、和医院博弈的主体由患者变为政府和医保基金。开大处方、多用高价药可能会在政府和医保基金的监督之下得到改善。同时，明确了政府在医疗体系中的责任，未来卫生费用中政府支出确定性上升。医疗技术服务价格将提高，药品价格将合理降低，但药价下降是行业特点和长期趋势，不会再现类似过去24次大规模政策性药品降价对制药企业的伤害，并且医疗资源扩大建设、各层次医保体系健全、基本药物目录全面推广之后，市场扩容带来的消费蛋糕扩大，远大于对药品降价的担忧。

短期影响：试点对上游医药产业的影响是逐步的，短期影响较小。公立医院改革是一个系统、长期的工程，最终的结果必将是逐步地牵引上游医药工业、医药商业企业的竞争行为和格局，优化整个医药/医疗卫生产业链竞争秩序。

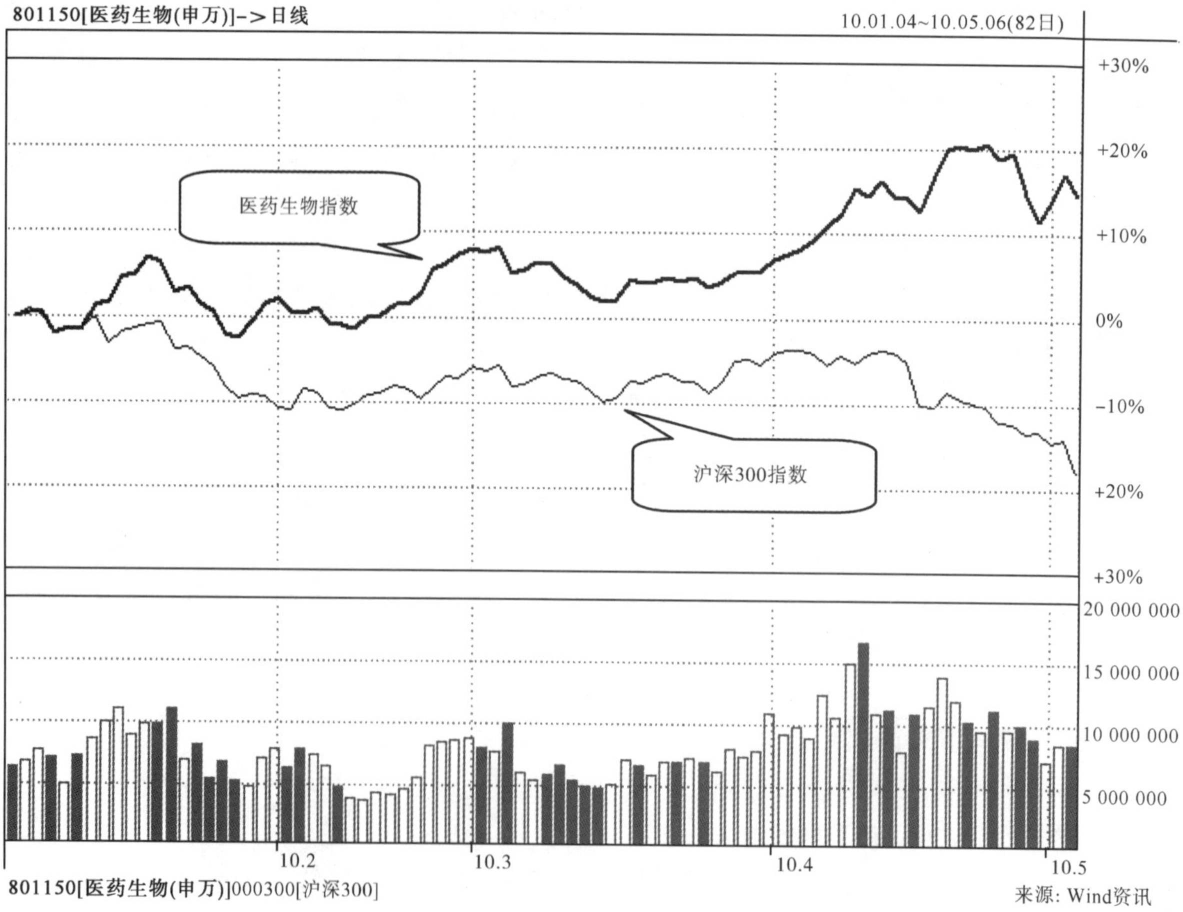

801150[医药生物(申万)]->日线
10.01.04~10.05.06(82日)
+30%
+20%
+10%
0%
-10%
+20%
+30%
医药生物指数
沪深300指数
20 000 000
15 000 000
10 000 000
5 000 000
10.2
10.3
10.4
10.5
801150[医药生物(申万)]000300[沪深300]
来源：Wind资讯

**图 11-8 2010 年 1 月至 2010 年 5 月医药行业指数与沪深 300 指数比较图**

长期影响：新医改方向明确，长期引导行业优化竞争秩序，细分龙头企业强者恒强。自2009年4月份颁布新医改的框架性文件后，从6月份开始，相关的配套政策措施开始密集出台，医改由此步入操作期。新医改政策改革方向明确，调集了各部委力量，分工明确，使得配套政策较具操作性，并有利于扶强汰劣。虽然各个执行细则都有其长、短期影响，也有直接和间接的区别——如基本药物制度的实施对企业的影响比较直接，而公立医院的改革的影响是间接的。总体而言，新医改系列政策对行业以及行业龙头公司而言是利好——每个政策出台，都是一次行业洗牌，有利于优质企业强者恒强。

## （五）行业整合崭露头角，行业巨无霸将破茧而出

2010年，注定是我国医药企业受政策推动掀起整合并购的一年。新医改实施方案对医药行业的上游（药品生产企业）、中游（药品流通经营）和下游（城市医院、社区医院、农村医院三级医疗网络和零售药店）都将产生深刻变革。此外，国家发改委明确提出，在“十一五”至“十二五”期间，将培育20～30个销售额在80亿元以上的大型医药集团，5个销售额在100亿元以上的医药商业企业，并争取有5家左右的本土企业初步发展成为国际化医药企业。因此，行业整合大戏即将上演，主要体现在医药商业、生物制药等领域。

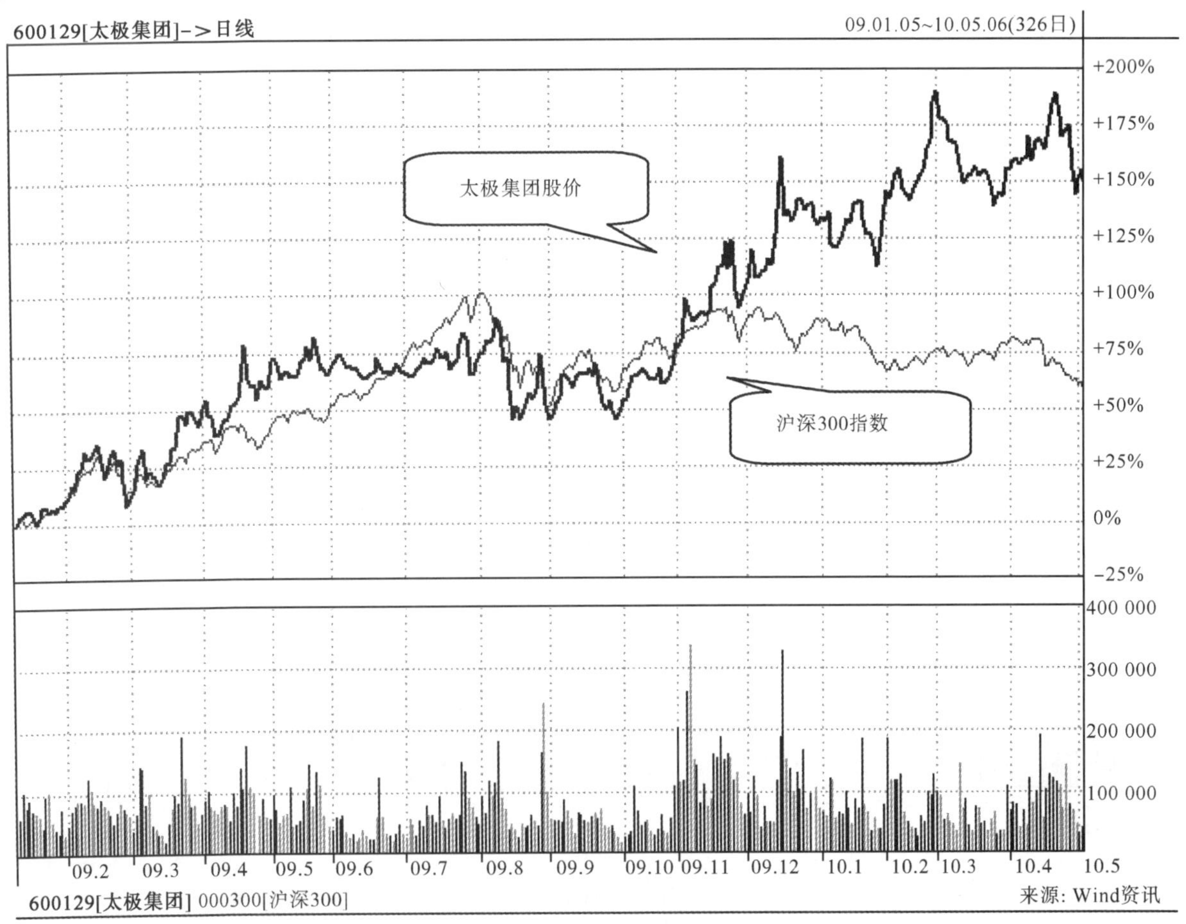


图11-9　2009年1月至2010年5月太极集团股价与沪深300指数比较图

例如，国药控股在医药商业方面的持续整合以及上实系（上海医药吸收合并上实医药和中西药业，成为又一支总市值超过 300 亿的超重量级医药股）的整合一直为市场关注。

在中央国资委、地方国资委整合旗下医药资产；新医改推进行业龙头通过外延式发展迅速做大做强等多方面因素的刺激下，诸如国药集团重组上海医工院；华润系与北药集团间的资产整合；中国通用技术集团下属的医药资产的整合；广州国资委下属医药资产的整合；华立系医药资产的整合；山东地区医药资产的整合；太极系医药资产的整合等，这样的集团与集团之间、与上市公司之间大规模的资产整合大戏还将上演，且尚未到高潮。

在这诸多的“预期”之中，重庆国资委旗下的太极系整合值得预期。

2009 年重庆市政府出台了《关于进一步推进重庆市国有重点企业整体上市工作的指导意见》，文件明确提出至 2012 年，重庆适宜上市的市属国有重点企业要全部上市，并确定了十大国有集团整体上市的目标。目前重庆国资委绝对控股的太极集团下有太极集团（图 11-9）（600129）、桐君阁（图 11-10）（000591）、西南药业（图 11-11）（600666）三家上市公司。面对太极集团内部宝贵的壳资源，毫无疑问将成为重庆国资委完成 2012 年重庆市国有重点企业整体上市任务的重要棋子。

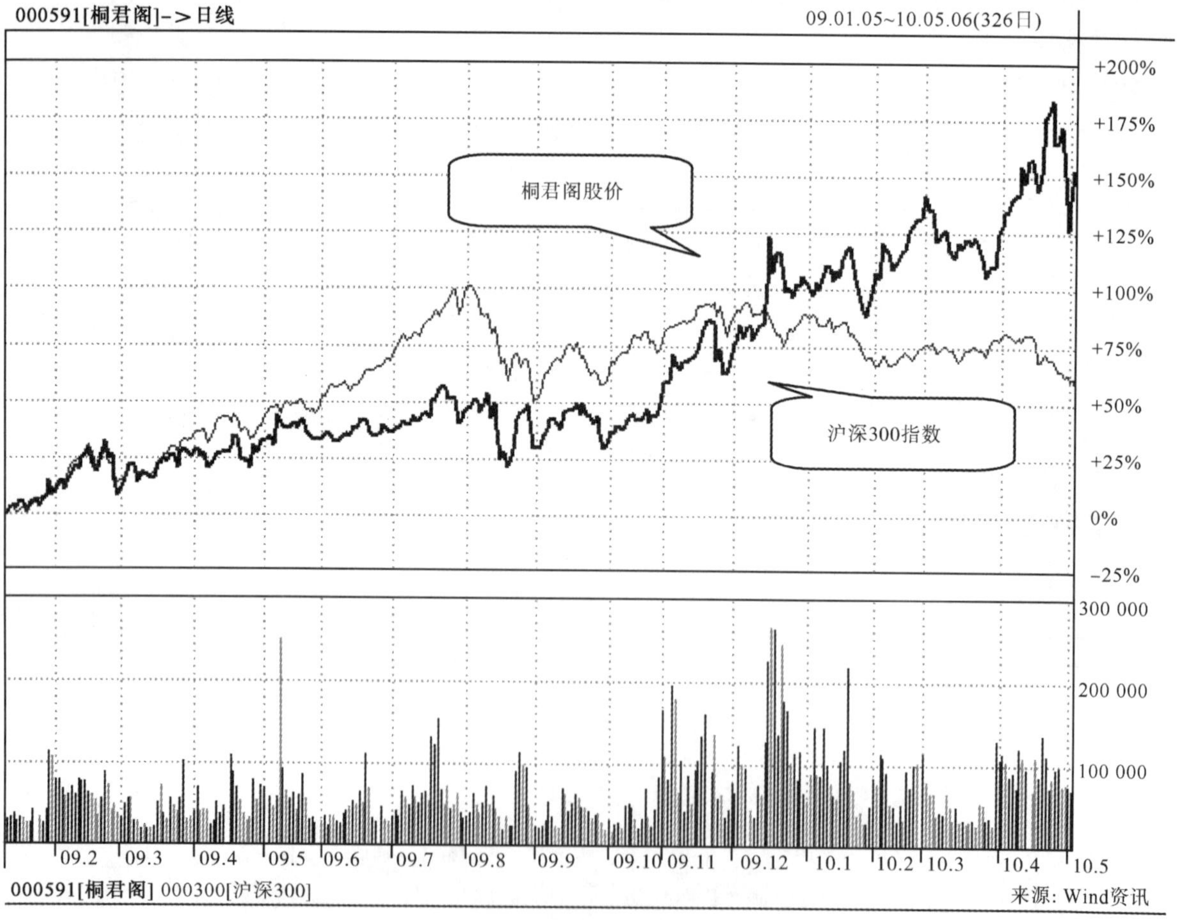

图 11-10　2009 年 1 月至 2010 年 5 月桐君阁股价与沪深 300 指数比较图

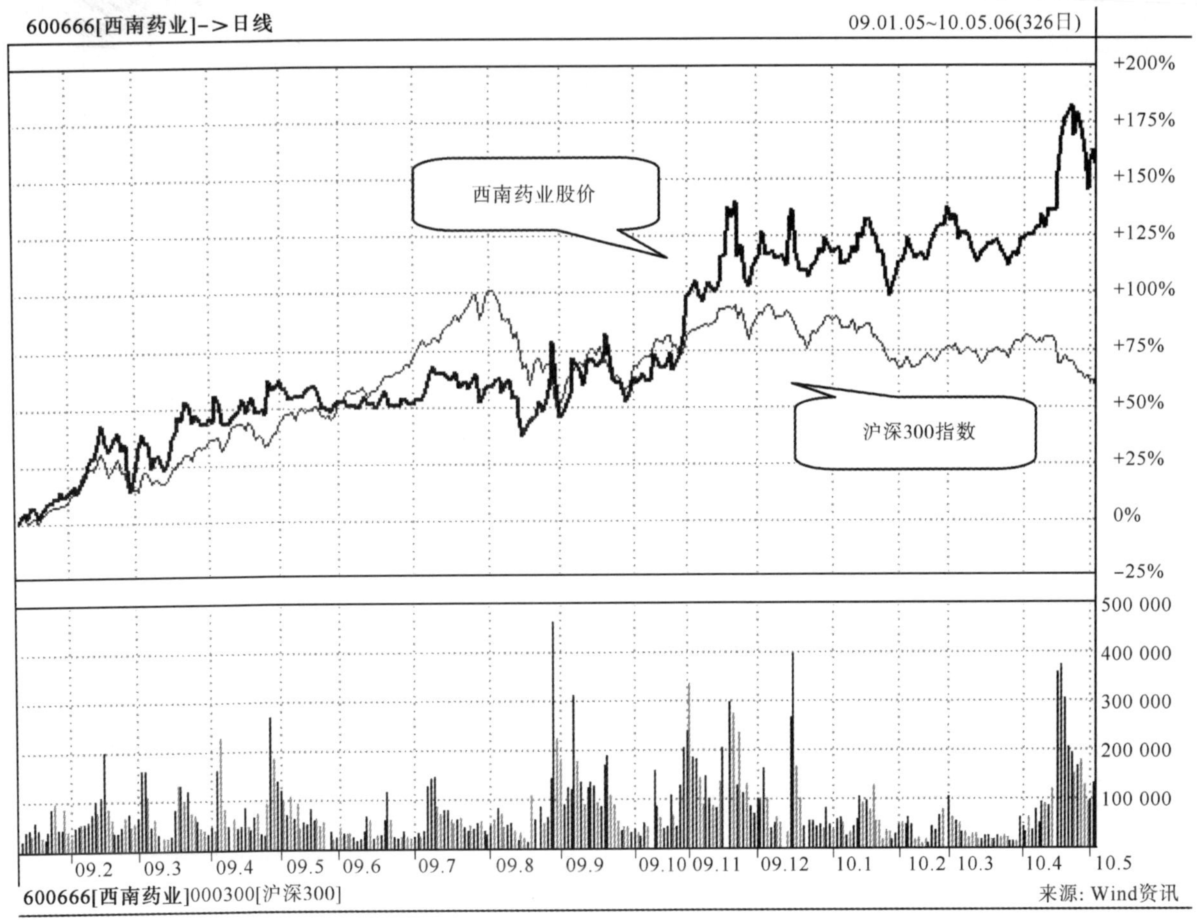


图 11-11　2009 年 1 月至 2010 年 5 月西南药业股价与沪深 300 指数比较图

附表：

## 医药行业上市公司业绩评价结果排序表

| 行业排名 | 全部上市公司排名 | 股票代码 | 股票名称 | 综合得分(100分) | 每股收益 | 总资产报酬率% | 净资产收益率% | 总资产周转率(次) | 流动资产周转率(次) | 资产负债率(%) | 已获利息倍数 | 营业收入增长率(%) | 资本扩张率(%) | 市场投资回报率(%) | 股价波动率(%) | 年末资产额(万元) | 营业收入净额(万元) | 净利润(万元) |
|---|---|---|---|---|---|---|---|---|---|---|---|---|---|---|---|---|---|---|
| 1 | 21 | 000650 | 仁和药业 | 80.94 | 0.68 | 28.30 | 22.78 | 1.31 | 2.00 | 19.20 | 0 | 12.13 | 180.48 | 127.16 | 152.44 | 106 088.25 | 98 273.68 | 16 552.54 |
| 2 | 39 | 000423 | 东阿阿胶 | 78.31 | 0.68 | 18.24 | 20.71 | 0.83 | 1.15 | 21.10 | 0 | 23.32 | 69.61 | 75.63 | 108.35 | 311 672.77 | 207 910.61 | 40 706.12 |
| 3 | 73 | 600216 | 浙江医药 | 75.50 | 2.70 | 40.46 | 52.87 | 1.17 | 1.92 | 26.25 | 62.06 | 11.24 | 57.89 | 143.38 | 190.88 | 387 963.96 | 418 374.08 | 121 355.72 |
| 4 | 90 | 002294 | 信立泰 | 74.34 | 2.34 | 22.98 | 22.55 | 0.78 | 0.90 | 8.39 | 213.58 | 61.16 | 517.49 | 64.69 | 38.41 | 177 195.38 | 84 959.77 | 21 567.90 |
| 5 | 98 | 000538 | 云南白药 | 73.84 | 1.13 | 12.35 | 17.39 | 1.31 | 1.51 | 39.56 | 0 | 25.31 | 13.91 | 87.16 | 133.74 | 600 534.87 | 717 178.40 | 60 919.52 |
| 6 | 100 | 600276 | 恒瑞医药 | 73.56 | 1.07 | 29.40 | 25.98 | 1.15 | 1.64 | 11.13 | 0 | 26.60 | 31.64 | 66.82 | 115.37 | 299 887.02 | 302 896.09 | 69 330.02 |
| 7 | 105 | 002007 | 华兰生物 | 73.44 | 1.69 | 47.83 | 49.42 | 0.75 | 1.22 | 7.74 | 0 | 156.86 | 62.22 | 122.79 | 251.30 | 201 172.04 | 122 049.34 | 75 219.27 |
| 8 | 111 | 300015 | 爱尔眼科 | 73.30 | 0.88 | 14.23 | 11.93 | 0.67 | 1.06 | 12.61 | 29.55 | 38.11 | 370.96 | −30.46 | 16.85 | 141 196.13 | 60 645.01 | 8 991.37 |
| 9 | 126 | 600763 | 通策医疗 | 72.71 | 0.14 | 14.63 | 11.67 | 0.83 | 2.10 | 11.35 | 0 | 36.02 | 11.64 | 82.13 | 110.81 | 24 129.84 | 18 924.42 | 2 172.67 |
| 10 | 139 | 000513 | 丽珠集团 | 72.10 | 1.61 | 19.93 | 21.64 | 0.86 | 1.50 | 28.77 | 45.66 | 26.10 | 21.31 | 114.77 | 164.39 | 312 437.68 | 259 584.71 | 51 379.42 |
| 11 | 151 | 600750 | 江中药业 | 71.66 | 0.68 | 16.71 | 19.32 | 1.19 | 2.88 | 32.84 | 13.24 | 29.66 | 8.49 | 76.28 | 156.95 | 159 765.81 | 189 002.43 | 19 921.76 |
| 12 | 157 | 002223 | 鱼跃医疗 | 71.43 | 0.65 | 21.83 | 21.56 | 0.99 | 1.77 | 24.41 | 195.04 | 34.01 | 18.94 | 108.61 | 162.09 | 63 828.90 | 53 788.16 | 10 114.28 |
| 13 | 162 | 600664 | 哈药股份 | 71.11 | 0.75 | 11.08 | 15.81 | 1.08 | 1.66 | 40.20 | 246.48 | 10.13 | 3.38 | 54.26 | 117.84 | 1 000 716.39 | 1 067 730.06 | 93 359.25 |
| 14 | 175 | 600993 | 马应龙 | 70.62 | 1.09 | 16.76 | 12.85 | 0.79 | 1.05 | 26.75 | 0 | 26.23 | 20.69 | 163.13 | 230.08 | 143 582.44 | 102 198.34 | 18 919.25 |
| 15 | 179 | 600866 | 星湖科技 | 70.51 | 0.43 | 18.34 | 24.44 | 0.96 | 2.30 | 31.87 | 21.89 | 39.08 | 31.40 | 253.76 | 268.35 | 149 763.26 | 136 605.22 | 22 368.11 |
| 16 | 180 | 000999 | 华润三九 | 70.37 | 0.72 | 16.93 | 19.85 | 0.91 | 1.73 | 29.83 | 0 | 12.43 | 15.79 | 28.78 | 86.27 | 563 141.70 | 485 271.70 | 76 159.00 |
| 17 | 203 | 002275 | 桂林三金 | 69.74 | 0.72 | 23.57 | 23.49 | 0.69 | 0.87 | 13.53 | 129.27 | 12.64 | 126.51 | −43.25 | 44.73 | 206 185.26 | 111 082.85 | 30 783.14 |
| 18 | 224 | 000597 | 东北制药 | 69.16 | 1.43 | 13.34 | 23.45 | 1.00 | 1.67 | 66.22 | 7.16 | 10.50 | 30.42 | 86.71 | 114.66 | 607 892.80 | 509 358.83 | 47 608.38 |
| 19 | 239 | 600380 | 健康元 | 68.76 | 0.44 | 15.51 | 16.43 | 0.62 | 1.36 | 28.38 | 24.13 | 25.35 | 13.98 | 121.11 | 177.06 | 614 597.51 | 368 324.71 | 78 453.76 |
| 20 | 244 | 600196 | 复星医药 | 68.50 | 2.02 | 35.55 | 7.72 | 0.41 | 1.35 | 39.69 | 27.26 | 2.62 | 56.37 | 83.97 | 125.49 | 1 152 714.59 | 387 225.63 | 256 427.25 |
| 21 | 248 | 000661 | 长春高新 | 68.43 | 0.56 | 12.66 | 22.66 | 0.66 | 1.07 | 55.45 | 10.51 | 27.29 | 20.91 | 144.04 | 156.46 | 155 081.38 | 102 358.68 | 13 110.29 |
| 22 | 257 | 002001 | 新和成 | 67.97 | 2.98 | 32.09 | 44.88 | 0.73 | 1.30 | 29.21 | 22.73 | −12.55 | 54.14 | 97.17 | 145.93 | 420 972.72 | 289 822.52 | 111 516.17 |
| 23 | 273 | 300026 | 红日药业 | 67.61 | 2.03 | 14.90 | 15.17 | 0.35 | 0.45 | 12.70 | 0 | 20.36 | 638.48 | −73.27 | 18.24 | 106 177.73 | 22 508.05 | 8 096.98 |
| 24 | 277 | 600518 | 康美药业 | 67.60 | 0.31 | 12.74 | 13.78 | 0.46 | 0.82 | 31.29 | 8.10 | 37.63 | 46.49 | 124.90 | 158.18 | 621 699.70 | 237 716.09 | 50 150.85 |
| 25 | 290 | 300003 | 乐普医疗 | 67.22 | 0.78 | 26.40 | 25.48 | 0.46 | 0.61 | 5.35 | 0 | 43.50 | 243.48 | −98.14 | 20.37 | 185 517.14 | 56 519.74 | 29 235.81 |
| 26 | 295 | 600267 | 海正药业 | 67.11 | 0.60 | 9.19 | 13.69 | 0.86 | 2.18 | 53.25 | 5.52 | 25.82 | 56.89 | 65.60 | 119.18 | 519 869.09 | 400 347.04 | 27 870.36 |

续表

| 行业排名 | 全部上市公司排名 | 股票代码 | 股票名称 | 综合得分(100分) | 每股收益 | 总资产报酬率% | 净资产收益率% | 总资产周转率(次) | 流动资产周转率(次) | 资产负债率(%) | 已获利息倍数 | 营业收入增长率(%) | 资本扩张率(%) | 市场投资回报率(%) | 股价波动率(%) | 年末资产额(万元) | 营业收入净额(万元) | 净利润(万元) |
|---|---|---|---|---|---|---|---|---|---|---|---|---|---|---|---|---|---|---|
| 27 | 301 | 300016 | 北陆药业 | 66.99 | 0.65 | 13.59 | 11.23 | 0.71 | 0.83 | 3.90 | 0 | 22.34 | 225.53 | −11.46 | 25.28 | 45 130.89 | 21 681.09 | 3 495.61 |
| 28 | 312 | 002287 | 奇正藏药 | 66.67 | 0.42 | 15.84 | 17.76 | 0.49 | 0.56 | 11.77 | 0 | 13.50 | 115.05 | −0.67 | 28.30 | 129 734.16 | 46 929.80 | 16 118.44 |
| 29 | 315 | 600351 | 亚宝药业 | 66.66 | 0.41 | 9.33 | 14.37 | 0.77 | 1.41 | 59.30 | 7.08 | 18.62 | 8.34 | 139.52 | 179.96 | 221 040.37 | 148 826.64 | 12 816.10 |
| 30 | 317 | 600079 | 人福医药 | 66.55 | 0.48 | 10.90 | 9.65 | 0.45 | 0.81 | 37.10 | 8.17 | 29.86 | 67.79 | 194.66 | 196.76 | 330 801.35 | 133 020.92 | 25 071.62 |
| 31 | 327 | 600420 | 现代制药 | 66.29 | 0.31 | 14.85 | 14.55 | 1.35 | 2.15 | 23.09 | 64.66 | 69.41 | 12.99 | 121.83 | 185.57 | 92 770.86 | 116 423.37 | 10 870.28 |
| 32 | 332 | 002317 | 众生药业 | 66.24 | 1.67 | 13.82 | 12.97 | 0.64 | 0.79 | 7.73 | 29.94 | 13.90 | 651.26 | −274.54 | 23.13 | 140 360.41 | 55 160.28 | 10 035.47 |
| 33 | 333 | 600161 | 天坛生物 | 66.20 | 0.41 | 22.05 | 25.82 | 0.66 | 1.32 | 56.08 | 19.40 | 61.16 | 25.39 | 68.25 | 148.49 | 216 102.04 | 110 025.30 | 28 018.49 |
| 34 | 339 | 000919 | 金陵药业 | 66.02 | 0.44 | 12.74 | 11.53 | 0.84 | 1.24 | 16.31 | 0 | 9.94 | 9.39 | 85.59 | 164.89 | 245 552.29 | 196 670.58 | 26 400.77 |
| 35 | 351 | 000963 | 华东医药 | 65.61 | 0.87 | 18.50 | 39.22 | 2.35 | 2.91 | 63.75 | 12.06 | 30.06 | 44.90 | 64.02 | 131.29 | 356 850.69 | 782 487.22 | 44 724.53 |
| 36 | 356 | 600085 | 同仁堂 | 65.62 | 0.55 | 9.68 | 10.11 | 0.69 | 0.90 | 20.51 | 0 | 10.59 | 6.39 | 57.83 | 83.42 | 492 226.59 | 325 021.99 | 38 829.24 |
| 37 | 368 | 300009 | 安科生物 | 65.36 | 0.65 | 13.68 | 12.36 | 0.50 | 0.73 | 8.66 | 48.26 | 21.83 | 233.29 | −75.46 | 19.80 | 54 235.51 | 19 064.40 | 4 457.05 |
| 38 | 372 | 000989 | 九芝堂 | 65.31 | 0.50 | 12.43 | 11.18 | 0.72 | 0.97 | 18.55 | 14.15 | 0.74 | 2.41 | 72.36 | 91.19 | 154 753.29 | 110 921.20 | 14 874.84 |
| 39 | 374 | 002038 | 双鹭药业 | 65.21 | 0.98 | 29.45 | 25.65 | 0.43 | 0.56 | 3.60 | 0 | 8.94 | 28.91 | 24.48 | 84.73 | 101 980.59 | 39 002.46 | 24 374.83 |
| 40 | 385 | 002004 | 华邦制药 | 65.00 | 0.97 | 13.53 | 11.31 | 0.48 | 1.31 | 21.49 | 20.44 | −5.42 | 9.14 | 229.71 | 241.00 | 114 299.46 | 54 452.07 | 12 924.60 |
| 41 | 389 | 600521 | 华海药业 | 65.04 | 0.55 | 12.54 | 12.16 | 0.57 | 1.01 | 30.14 | 23.82 | 15.79 | 9.90 | 109.29 | 157.44 | 173 524.90 | 92 796.70 | 16 438.74 |
| 42 | 390 | 002022 | 科华生物 | 65.03 | 0.50 | 29.26 | 26.66 | 0.75 | 1.07 | 14.37 | 0 | 27.53 | 23.16 | 30.61 | 85.36 | 92 584.41 | 62 119.63 | 21 358.46 |
| 43 | 391 | 600195 | 中牧股份 | 65.00 | 0.58 | 14.57 | 19.59 | 0.94 | 1.89 | 44.15 | 24.20 | 15.24 | 15.93 | 56.56 | 91.83 | 253 983.34 | 210 297.70 | 26 777.05 |
| 44 | 395 | 600535 | 天士力 | 64.89 | 0.65 | 11.81 | 14.78 | 1.07 | 2.38 | 46.06 | 10.49 | 16.26 | 3.74 | 74.09 | 136.11 | 402 533.05 | 399 264.53 | 32 363.40 |
| 45 | 397 | 600511 | 国药股份 | 64.91 | 0.47 | 13.02 | 22.86 | 2.18 | 2.73 | 61.00 | 19.87 | 18.45 | 24.74 | 79.53 | 141.73 | 277 679.69 | 519 459.95 | 22 942.14 |
| 46 | 398 | 002252 | 上海莱士 | 64.80 | 0.85 | 17.92 | 18.00 | 0.47 | 0.56 | 7.50 | 0 | 25.06 | 1.14 | 39.67 | 79.47 | 82 521.71 | 38 751.99 | 13 676.91 |
| 47 | 409 | 600252 | 中恒集团 | 64.54 | 0.48 | 14.60 | 19.41 | 0.56 | 0.98 | 61.65 | 6.44 | 13.41 | 27.65 | 383.61 | 295.39 | 150 455.46 | 71 239.59 | 12 813.09 |
| 48 | 410 | 600062 | 双鹤药业 | 64.43 | 0.79 | 12.46 | 13.37 | 1.12 | 1.81 | 25.06 | 0 | 1.75 | 12.20 | 10.74 | 41.00 | 471 697.46 | 503 794.64 | 46 345.17 |
| 49 | 417 | 600479 | 千金药业 | 64.26 | 0.60 | 13.34 | 13.84 | 0.78 | 1.16 | 24.84 | 0 | 12.83 | 8.63 | 62.47 | 148.70 | 126 577.37 | 90 427.01 | 13 691.02 |
| 50 | 442 | 300030 | 阳普医疗 | 63.57 | 0.51 | 8.01 | 7.82 | 0.35 | 0.45 | 14.34 | 28.70 | 36.10 | 615.80 | 83.27 | 2.27 | 65 784.25 | 14 079.34 | 2 690.50 |
| 51 | 447 | 600594 | 益佰制药 | 63.48 | 0.52 | 12.86 | 19.20 | 1.05 | 1.87 | 44.55 | 10.07 | 13.30 | 18.86 | 98.77 | 146.43 | 128 221.24 | 130 739.96 | 12 356.08 |
| 52 | 482 | 600829 | 三精制药 | 62.59 | 0.72 | 12.77 | 16.66 | 0.91 | 1.47 | 41.94 | 48.72 | 1.69 | 0.47 | 27.89 | 77.81 | 285 351.40 | 263 825.32 | 29 352.05 |

续表

| 行业排名 | 全部上市公司排名 | 股票代码 | 股票名称 | 综合得分(100分) | 每股收益 | 总资产报酬率% | 净资产收益率% | 总资产周转率(次) | 流动资产周转率(次) | 资产负债率(%) | 已获利息倍数 | 营业收入增长率(%) | 资本扩张率(%) | 市场投资回报率(%) | 股价波动率(%) | 年末资产额(万元) | 营业收入净额(万元) | 净利润(万元) |
|---|---|---|---|---|---|---|---|---|---|---|---|---|---|---|---|---|---|---|
| 53 | 494 | 600436 | 片仔癀 | 62.19 | 0.93 | 13.53 | 16.03 | 0.59 | 1.00 | 33.27 | 26.11 | 6.93 | 13.97 | 104.91 | 159.89 | 128 453.98 | 69 474.98 | 13 025.35 |
| 54 | 512 | 300006 | 莱美药业 | 61.81 | 0.55 | 11.60 | 11.35 | 0.72 | 0.89 | 19.67 | 10.42 | 25.76 | 281.08 | −33.76 | 22.77 | 65 362.56 | 33 354.45 | 4 046.78 |
| 55 | 521 | 000028 | 一致药业 | 61.62 | 0.67 | 7.00 | 25.70 | 2.46 | 2.91 | 83.22 | 6.09 | 30.97 | 35.23 | 66.68 | 118.21 | 523 348.94 | 1 094 993.69 | 19 825.96 |
| 56 | 534 | 600976 | 武汉健民 | 61.20 | 0.32 | 4.30 | 3.91 | 1.25 | 1.84 | 36.71 | 0 | 83.62 | 7.76 | 186.39 | 191.62 | 129 610.25 | 153 386.57 | 4 642.25 |
| 57 | 545 | 601607 | 上海医药 | 60.89 | 0.31 | 5.75 | 14.17 | 2.38 | 3.25 | 73.17 | 4.03 | 18.25 | 11.13 | 81.99 | 132.24 | 865 697.42 | 1 956 812.38 | 26 348.19 |
| 58 | 549 | 000788 | 西南合成 | 60.82 | 0.25 | 9.86 | 12.25 | 0.83 | 1.89 | 56.11 | 4.41 | 59.17 | 82.62 | 178.13 | 219.59 | 131 580.22 | 87 944.85 | 6 753.26 |
| 59 | 556 | 600529 | 山东药玻 | 60.57 | 0.56 | 8.63 | 9.73 | 0.59 | 1.06 | 28.13 | 21.04 | 7.24 | 9.51 | 42.62 | 76.32 | 221 673.11 | 124 215.85 | 14 483.93 |
| 60 | 557 | 000756 | 新华制药 | 60.51 | 0.22 | 6.10 | 7.14 | 0.97 | 2.39 | 36.41 | 5.46 | 10.73 | 12.30 | 95.82 | 133.55 | 262 618.71 | 232 192.72 | 10 593.78 |
| 61 | 585 | 600329 | 中新药业 | 60.03 | 0.70 | 8.58 | 11.53 | 0.81 | 1.90 | 51.24 | 6.18 | 21.79 | 21.42 | 119.97 | 176.84 | 366 703.54 | 288 086.33 | 27 491.05 |
| 62 | 615 | 600332 | 广州药业 | 59.36 | 0.26 | 5.69 | 4.66 | 0.93 | 2.03 | 19.44 | 38.72 | 10.05 | 5.48 | 70.51 | 134.32 | 422 249.61 | 388 193.85 | 20 876.57 |
| 63 | 627 | 002219 | 独一味 | 59.11 | 0.26 | 13.85 | 13.60 | 0.70 | 1.03 | 21.63 | 2 247.22 | 0.05 | 13.65 | 160.27 | 303.20 | 45 243.03 | 28 511.60 | 4 780.54 |
| 64 | 651 | 002100 | 天康生物 | 58.51 | 0.60 | 9.71 | 13.41 | 1.50 | 2.86 | 57.11 | 6.08 | 94.19 | 14.28 | 133.07 | 176.13 | 172 324.29 | 207 469.19 | 9 861.18 |
| 65 | 662 | 000990 | 诚志股份 | 58.26 | 0.14 | 3.36 | 2.00 | 0.87 | 1.45 | 54.73 | 1.89 | 12.58 | 24.35 | 161.96 | 124.70 | 369 513.71 | 283 351.33 | 3 700.71 |
| 66 | 668 | 600572 | 康恩贝 | 58.09 | 0.31 | 8.27 | 9.34 | 0.80 | 1.54 | 40.49 | 6.41 | 28.46 | 24.77 | 124.12 | 179.88 | 192 818.47 | 140 654.16 | 10 520.14 |
| 67 | 683 | 600587 | 新华医疗 | 57.58 | 0.31 | 5.28 | 6.17 | 0.87 | 1.26 | 31.45 | 37.06 | 35.25 | 8.23 | 77.32 | 122.48 | 103 597.97 | 88 583.66 | 4 403.49 |
| 68 | 740 | 600568 | 中珠控股 | 56.40 | 0.88 | 13.94 | 18.22 | 1.31 | 1.74 | 52.71 | 26.06 | −18.50 | 9.90 | 218.01 | 200.70 | 143 229.04 | 202 180.99 | 18 289.85 |
| 69 | 744 | 600466 | 迪康药业 | 56.34 | 0.08 | 2.90 | 2.33 | 0.58 | 1.23 | 10.28 | 0 | 32.02 | 3.18 | 166.08 | 206.35 | 54 885.14 | 31 435.04 | 1 519.28 |
| 70 | 747 | 000566 | 海南海药 | 56.26 | 0.31 | 12.46 | 10.74 | 0.65 | 1.21 | 47.31 | 6.96 | 33.77 | 8.67 | 78.46 | 146.58 | 84 506.15 | 51 720.52 | 7 167.81 |
| 71 | 766 | 600422 | 昆明制药 | 55.94 | 0.19 | 7.52 | 9.02 | 1.20 | 1.88 | 40.65 | 8.48 | 9.46 | 10.12 | 118.11 | 194.22 | 124 413.80 | 143 490.87 | 6 695.43 |
| 72 | 796 | 002030 | 达安基因 | 55.39 | 0.20 | 11.23 | 8.87 | 0.57 | 1.02 | 26.76 | 11.92 | 33.75 | 11.24 | 140.18 | 219.42 | 58 517.06 | 31 960.11 | 4 779.61 |
| 73 | 813 | 600833 | 第一医药 | 54.94 | 0.25 | 8.45 | 6.46 | 1.58 | 2.74 | 44.25 | 31.82 | 7.51 | 28.04 | 101.22 | 127.63 | 72 157.06 | 103 697.03 | 3 999.33 |
| 74 | 817 | 600557 | 康缘药业 | 54.90 | 0.50 | 13.41 | 14.28 | 0.70 | 1.11 | 25.41 | 25.20 | −14.44 | 12.93 | 55.07 | 120.07 | 144 540.82 | 96 853.27 | 16 039.99 |
| 75 | 822 | 002262 | 恩华药业 | 54.75 | 0.30 | 9.24 | 14.39 | 1.47 | 2.09 | 49.27 | 10.00 | 16.63 | 15.20 | 56.94 | 139.57 | 78 068.40 | 111 093.90 | 5 349.99 |
| 76 | 832 | 600055 | 万东医疗 | 54.63 | 0.32 | 8.36 | 5.70 | 0.69 | 1.06 | 42.42 | 8.65 | 13.23 | 11.28 | 55.60 | 82.11 | 97 039.38 | 68 344.12 | 6 939.26 |
| 77 | 859 | 600129 | 太极集团 | 53.87 | 0.11 | 4.04 | 3.30 | 0.84 | 1.93 | 72.87 | 1.76 | 9.56 | 9.47 | 116.52 | 133.92 | 652 286.48 | 527 514.57 | 7 688.23 |
| 78 | 874 | 600666 | 西南药业 | 53.51 | 0.21 | 6.90 | 10.24 | 0.63 | 1.07 | 66.37 | 2.95 | 15.92 | 12.27 | 105.84 | 130.41 | 121 791.19 | 71 379.62 | 4 050.83 |

续表

| 行业排名 | 全部上市公司排名 | 股票代码 | 股票名称 | 综合得分(100分) | 每股收益 | 总资产报酬率% | 净资产收益率% | 总资产周转率(次) | 流动资产周转率(次) | 资产负债率(%) | 已获利息倍数 | 营业收入增长率(%) | 资本扩张率(%) | 市场投资回报率(%) | 股价波动率(%) | 年末资产额(万元) | 营业收入净额(万元) | 净利润(万元) |
|---|---|---|---|---|---|---|---|---|---|---|---|---|---|---|---|---|---|---|
| 79 | 877 | 002118 | 紫鑫药业 | 53.45 | 0.50 | 13.16 | 14.96 | 0.43 | 0.94 | 34.28 | 8.74 | 14.76 | 14.64 | 22.64 | 70.25 | 65 519.38 | 25 628.76 | 6 108.42 |
| 80 | 893 | 600222 | 太龙药业 | 53.06 | 0.10 | 5.20 | 4.63 | 0.80 | 1.75 | 46.34 | 3.44 | 32.71 | 5.60 | 160.15 | 211.88 | 109 216.38 | 81 314.35 | 3 155.99 |
| 81 | 898 | 600513 | 联环药业 | 52.95 | 0.19 | 5.33 | 5.55 | 0.70 | 1.07 | 23.34 | 51.88 | 15.32 | 4.33 | 104.14 | 127.68 | 38 336.21 | 25 989.38 | 1 624.46 |
| 82 | 901 | 002198 | 嘉应制药 | 52.88 | 0.18 | 6.82 | 5.45 | 0.26 | 0.52 | 4.70 | 0 | −6.05 | 6.66 | 105.71 | 151.06 | 25 332.96 | 6 233.21 | 1 507.87 |
| 83 | 918 | 000522 | 白云山A | 52.49 | 0.23 | 6.30 | 6.88 | 0.97 | 2.03 | 67.13 | 2.84 | 6.04 | 13.10 | 127.91 | 202.41 | 294 505.43 | 279 510.55 | 12 116.83 |
| 84 | 921 | 600285 | 羚锐制药 | 52.41 | 0.15 | 4.35 | 2.90 | 0.47 | 0.98 | 36.96 | 4.99 | 9.46 | 17.46 | 87.67 | 136.30 | 102 420.43 | 46 328.11 | 2 951.17 |
| 85 | 931 | 600421 | *ST国药 | 52.19 | 0.28 | 80.67 | 19.09 | 0.24 | 2.97 | 307.62 | 8.11 | −1.02 | 0 | 246.09 | 224.64 | 7 681.68 | 1 893.66 | 5 480.35 |
| 86 | 935 | 600226 | 升华拜克 | 52.18 | 0.53 | 8.19 | 9.58 | 0.72 | 1.64 | 39.87 | 19.75 | −44.96 | 5.23 | 60.67 | 77.16 | 209 736.18 | 151 701.73 | 14 711.12 |
| 87 | 946 | 000739 | 普洛股份 | 51.89 | 0.13 | 4.07 | 3.74 | 0.78 | 1.81 | 54.58 | 2.14 | 9.39 | 3.47 | 112.79 | 156.52 | 174 969.01 | 136 785.37 | 3 286.30 |
| 88 | 959 | 600789 | 鲁抗医药 | 51.62 | 0.06 | 3.25 | 2.12 | 0.80 | 2.06 | 37.54 | 2.30 | 10.93 | 3.14 | 85.88 | 105.41 | 247 840.38 | 198 511.70 | 4 067.89 |
| 89 | 977 | 600713 | 南京医药 | 51.33 | 0.15 | 3.57 | 4.39 | 2.43 | 2.98 | 88.57 | 1.84 | 23.07 | 21.96 | 68.44 | 129.47 | 651 767.06 | 1 402 551.45 | 5 497.85 |
| 90 | 988 | 600488 | 天药股份 | 51.10 | 0.12 | 4.03 | 4.26 | 0.34 | 0.87 | 40.69 | 3.59 | 1.16 | 3.46 | 55.35 | 67.22 | 262 350.09 | 88 706.23 | 6 707.37 |
| 91 | 995 | 600781 | 上海辅仁 | 51.00 | 0.15 | 9.24 | 12.14 | 0.46 | 0.75 | 55.31 | 4.40 | −18.28 | 13.40 | 127.87 | 132.36 | 56 192.37 | 24 364.29 | 3 154.45 |
| 92 | 1019 | 000411 | 英特集团 | 50.64 | 0.15 | 7.43 | 19.76 | 3.06 | 3.64 | 81.22 | 3.50 | 23.87 | 23.09 | 66.58 | 91.39 | 184 844.34 | 507 711.62 | 6 364.77 |
| 93 | 1025 | 000004 | *ST国农 | 50.48 | 0.03 | 4.05 | 1.15 | 0.30 | 0.47 | 61.04 | 9.10 | 38.71 | 5.31 | 129.86 | 173.26 | 23 051.21 | 6 008.06 | 453.25 |
| 94 | 1040 | 002019 | 鑫富药业 | 50.06 | 0.15 | 4.23 | 3.35 | 0.41 | 1.05 | 19.93 | 6.01 | −15.41 | 59.96 | 73.86 | 136.85 | 114 046.21 | 40 598.73 | 3 036.96 |
| 95 | 1053 | 000153 | 丰原药业 | 49.92 | 0.09 | 4.04 | 2.91 | 0.81 | 1.68 | 43.70 | 3.03 | 9.37 | 3.76 | 105.19 | 130.21 | 120 547.39 | 95 569.55 | 2 370.72 |
| 96 | 1059 | 600211 | 西藏药业 | 49.72 | 0.14 | 3.48 | 3.54 | 1.41 | 2.12 | 59.66 | 5.55 | 11.96 | 7.47 | 132.10 | 147.44 | 74 370.29 | 110 962.11 | 2 084.49 |
| 97 | 1076 | 002099 | 海翔药业 | 49.40 | 0.19 | 4.89 | 5.46 | 0.89 | 1.55 | 43.61 | 3.32 | −15.96 | 2.61 | 82.19 | 104.73 | 99 626.87 | 89 336.90 | 3 033.93 |
| 98 | 1093 | 600297 | 美罗药业 | 48.98 | 0.04 | 2.98 | 1.67 | 0.76 | 1.25 | 59.40 | 1.60 | 5.75 | 1.44 | 174.30 | 207.57 | 194 908.76 | 133 693.16 | 1 471.61 |
| 99 | 1096 | 600201 | 金宇集团 | 48.97 | 0.24 | 7.86 | 8.4 | 0.52 | 0.73 | 46.33 | 14.10 | −15.89 | 3.80 | 60.79 | 79.43 | 139 913.26 | 68 549.47 | 7 109.16 |
| 100 | 1097 | 600200 | 江苏吴中 | 48.89 | 0.02 | 3.05 | −3.00 | 1.14 | 1.94 | 55.58 | 1.91 | −7.35 | 1.64 | 110.12 | 118.12 | 200 287.26 | 230 857.68 | 2 026.27 |
| 101 | 1124 | 000591 | 桐君阁 | 48.20 | 0.10 | 1.73 | 1.09 | 1.87 | 2.53 | 79.16 | 4.76 | 9.67 | 5.06 | 92.89 | 119.97 | 212 104.50 | 382 797.92 | 2 124.29 |
| 102 | 1133 | 000705 | 浙江震元 | 48.12 | 0.14 | 3.25 | 3.16 | 1.38 | 2.33 | 44.60 | 4.68 | 14.67 | 3.43 | 74.66 | 111.15 | 95 251.84 | 127 603.77 | 1 992.54 |
| 103 | 1144 | 000627 | 天茂集团 | 47.65 | 0.07 | 3.89 | 3.21 | 0.47 | 1.37 | 26.96 | 3.78 | 6.08 | 4.08 | 101.61 | 120.38 | 215 573.02 | 96 460.26 | 5 529.43 |
| 104 | 1225 | 000766 | 通化金马 | 45.64 | 0.07 | 3.46 | 0.34 | 0.20 | 0.33 | 32.83 | 1 912.45 | 5.20 | 5.38 | 174.26 | 206.05 | 86 922.79 | 16 816.38 | 2 979.10 |

续表

| 行业排名 | 全部上市公司排名 | 股票代码 | 股票名称 | 综合得分(100分) | 每股收益 | 总资产报酬率% | 净资产收益率% | 总资产周转率(次) | 流动资产周转率(次) | 资产负债率(%) | 已获利息倍数 | 营业收入增长率(%) | 资本扩张率(%) | 市场投资回报率(%) | 股价波动率(%) | 年末资产额(万元) | 营业收入净额(万元) | 净利润(万元) |
|---|---|---|---|---|---|---|---|---|---|---|---|---|---|---|---|---|---|---|
| 105 | 1248 | 002020 | 京新药业 | 44.71 | 0.04 | 2.92 | −0.41 | 0.57 | 1.23 | 66.51 | 1.44 | 4.15 | 1.31 | 78.86 | 114.36 | 91 722.15 | 53 147.43 | 397.17 |
| 106 | 1251 | 600867 | 通化东宝 | 44.65 | 0.15 | 5.12 | 2.99 | 0.26 | 0.82 | 27.75 | 3.45 | 4.14 | 13.47 | 7.94 | 45.12 | 225 144.02 | 57 385.33 | 6 768.06 |
| 107 | 1257 | 600253 | 天方药业 | 44.50 | 0.03 | 2.47 | 0.87 | 0.74 | 1.34 | 74.23 | 1.34 | 22.34 | 1.76 | 97.36 | 147.34 | 311 939.97 | 224 235.97 | 1 484.90 |
| 108 | 1269 | 600796 | 钱江生化 | 44.00 | 0.10 | 4.73 | −1.05 | 0.45 | 1.13 | 45.01 | 3.67 | −5.61 | 0.08 | 147.43 | 178.84 | 79 465.75 | 35 715.54 | 2 516.16 |
| 109 | 1288 | 000790 | 华神集团 | 43.21 | 0.04 | 2.13 | 1.70 | 0.51 | 1.08 | 43.45 | 2.07 | 4.87 | −2.89 | 41.54 | 84.43 | 71 158.06 | 38 087.75 | 520.76 |
| 110 | 1298 | 600645 | ST 中源 | 42.91 | 0.01 | 0.88 | −0.26 | 0.46 | 0.84 | 65.82 | 0 | 6.82 | −6.66 | 68.84 | 102.45 | 69 994.32 | 30 774.92 | −159.91 |
| 111 | 1301 | 600530 | 交大昂立 | 42.68 | 0.08 | 1.95 | −0.85 | 0.22 | 0.43 | 18.12 | 4.18 | −5.24 | −5.65 | 171.82 | 191.93 | 112 552.13 | 31 531.81 | 2 038.78 |
| 112 | 1312 | 002166 | 莱茵生物 | 42.49 | 0.11 | 3.38 | 2.43 | 0.33 | 0.64 | 38.14 | 2.77 | 13.50 | 2.76 | 270.35 | 323.59 | 40 978.31 | 12 793.84 | 681.06 |
| 113 | 1314 | 002107 | 沃华医药 | 42.47 | 0.32 | 8.16 | 5.82 | 0.23 | 0.33 | 11.04 | 0 | −10.48 | 8.23 | 73.67 | 159.11 | 77 386.37 | 17 219.55 | 5 237.31 |
| 114 | 1360 | 000605 | ST 四环 | 40.82 | 0.01 | 0.78 | 0.17 | 0.27 | 1.50 | 51.89 | 95.06 | −0.81 | 1.60 | 65.08 | 86.51 | 13 446.27 | 3 549.80 | 101.58 |
| 115 | 1362 | 000952 | 广济药业 | 40.73 | 0.17 | 3.84 | 2.09 | 0.36 | 0.93 | 37.35 | 10.56 | −21.61 | 0.69 | 72.92 | 141.66 | 130 383.90 | 44 819.74 | 3 719.80 |
| 116 | 1374 | 600385 | ST 金泰 | 40.40 | 0.02 | 22.25 | 5.13 | 0.10 | 0.64 | 501.45 | 1.34 | 54.52 | 0 | 169.23 | 187.54 | 5 418.03 | 530.37 | 314.65 |
| 117 | 1376 | 000078 | 海王生物 | 40.31 | 0.02 | 2.09 | −3.97 | 0.91 | 1.46 | 78.12 | 0.95 | 22.53 | −11.30 | 347.12 | 385.70 | 316 475.30 | 271 004.29 | 61.13 |
| 118 | 1407 | 600556 | *ST 北生 | 38.70 | 2.39 | 200.68 | 8.65 | 0.04 | 0.13 | 184.07 | 213.63 | −6.40 | 0 | 0 | 68.68 | 7 399.58 | 1 959.46 | 94 443.71 |
| 119 | 1505 | 600080 | *ST 金花 | 31.31 | −0.05 | 2.91 | −7.49 | 0.24 | 1.97 | 49.73 | 0.74 | −36.46 | −0.67 | 137.49 | 161.27 | 137 570.66 | 33 180.98 | −1 464.82 |
| 120 | 1541 | 600613 | 永生投资 | 28.52 | −0.16 | −10.21 | −14.16 | 0.30 | 0.65 | 24.84 | −15.57 | 10.56 | −12.16 | 98.34 | 127.32 | 24 404.51 | 7 697.54 | −2 553.69 |
| 121 | 1551 | 600671 | 天目药业 | 27.22 | −0.43 | −14.07 | −25.87 | 0.70 | 1.15 | 42.81 | −16.88 | −3.40 | −21.87 | 120.72 | 129.96 | 32 827.30 | 24 533.69 | −5 255.75 |
| 122 | 1559 | 600771 | ST 东盛 | 26.59 | −0.61 | −4.10 | 15.97 | 0.20 | 0.41 | 189.31 | −0.62 | −16.28 | 0 | 114.55 | 111.32 | 115 011.02 | 25 764.11 | −13 534.53 |
| 123 | 1572 | 000607 | 华立药业 | 25.18 | −0.17 | 0.85 | −7.25 | 0.80 | 1.43 | 63.15 | 0.29 | −31.68 | −11.55 | 148.56 | 190.00 | 210 575.55 | 195 561.13 | −6 344.65 |
| 124 | 1601 | 000590 | 紫光古汉 | 23.23 | −0.43 | −12.06 | −30.28 | 0.50 | 1.18 | 55.22 | −6.24 | 15.86 | −28.36 | 49.24 | 93.78 | 51 633.48 | 27 409.00 | −8 816.71 |
| 125 | 1620 | 600803 | 威远生化 | 21.96 | −0.17 | −0.57 | −11.80 | 0.59 | 1.12 | 68.23 | −0.19 | −15.62 | −12.60 | 74.61 | 112.03 | 110 366.31 | 66 117.39 | −3 905.46 |
| 126 | 1626 | 600812 | 华北制药 | 21.58 | −0.37 | −0.92 | −33.81 | 0.68 | 1.35 | 87.80 | −0.31 | −0.58 | −46.66 | 65.28 | 86.98 | 730 095.87 | 488 252.21 | −39 592.28 |
| 127 | 1629 | 000403 | S*ST 生化 | 21.41 | 0.01 | 1.68 | −25.08 | 0.38 | 1.53 | 89.00 | 0.49 | −19.50 | −22.35 | 0 | 0 | 125 179.52 | 46 591.08 | −4 000.07 |
| 128 | 1643 | 600706 | ST 长信 | 18.89 | −1.03 | −25.26 | −415.61 | 0.34 | 1.10 | 137.38 | −6.02 | −7.73 | −144.66 | 135.29 | 169.15 | 13 179.78 | 15 021.40 | −13 221.00 |
| 129 | 1649 | 000603 | *ST 威达 | 18.01 | −0.03 | −1.39 | −4.82 | 0.06 | 0.11 | 57.56 | −2.23 | −36.81 | −4.66 | 0 | 0 | 17 145.90 | 998.71 | −365.09 |
| 130 | 1674 | 000545 | 吉林制药 | 14.27 | −0.10 | −0.02 | −173.95 | 0.32 | 0.46 | 96.40 | 0 | −31.03 | −64.54 | 58.03 | 80.92 | 23 865.33 | 9 407.42 | −1 564.86 |
| 131 | 1676 | 600538 | *ST 国发 | 13.62 | −0.51 | −6.36 | −64.71 | 0.22 | 0.93 | 78.02 | −0.87 | −26.75 | −36.28 | 176.74 | 224.19 | 94 342.37 | 24 020.59 | −14 611.83 |

# 第十二章

# 房地产行业上市公司业绩评价

随着城镇化进程的加快和国民经济的快速发展，作为国民经济的支柱产业，房地产行业做出了举足轻重的贡献。其产业关联度强、带动系数大、后续效应和旁侧效应突出，带动了相关产业多达50多个部门。数据显示，2009年我国房地产完成开发投资3.60万亿元，而固定资产投资为22.48万亿元，房地产投资占比达16.01%，占GDP的比重达1/10。

2009年，随着宽松的货币政策以及“保增长”的宏观经济导向，房地产市场触底反弹，中国楼市在一年之内迅速由低迷转变为亢奋，由萧条转变为繁荣，由“去库存”转为“挤泡沫”。2010年一季度末房价涨到空前高位，随着政府“防止经济过热”和防通胀的宏观经济信号的释放，遏制房价过快上涨已成为“重拳”体现在后续的一系列政策中，行业政策面随之从“宽松”转为“趋紧”，预计2010年房地产行业将在调控中趋于理性。

## 一、2009年度房地产行业上市公司业绩评价结果

截至2009年末，房地产行业A股上市公司共计113家。2009年全部上市公司共计完成营业收入103 086.40亿元，房地产行业113家上市公司完成营业收入2 741.28亿元，占上市公司[①]全部营业收入的2.66%；全部上市公司共计实现营业利润7 283.65亿元，房地产行业上市公司实现营业利润553.85亿元，占上市公司全部实现营业利润的7.60%；全部上市公司共计实现净利润6 078.65亿元，房地产行业上市公司实现净利润427.57亿元，占上市公司全部实现净利润的7.03%。2009年，房地产行业上市公司净资产收益率13.03%，高出本年全部上市公司10.65%的净资产收益率2.38个百分点。

2009年房地产行业整体评价结果较2008年有明显变化，较2008年的2家公司进入百强，2009年有10家公司进入2009年百强。在113家房地产行业上市公司中，业绩评价综合得分70分以上的有16家，60分到70分的有19家；60分以下的有78家。2009年业绩评价综合得分最高的是83.22分，在全部上市公司中排名第10位。房地产行业的平均综合得分为61.45分，较低于全部上市公司的平均综合得分62.93分（表12-1）。

① 纳入评价范围的非金融类上市公司1 660户（以下简称全部上市公司）

表 12-1　　中联房地产十强

| 名次 | 股票代码 | 股票简称 | 业绩得分 | 在全部上市公司中排名 |
|---|---|---|---|---|
| 1 | 0022852009 | 世联地产 | 83.22 | 10 |
| 2 | 0006162009 | 亿城股份 | 82.10 | 12 |
| 3 | 0000692009 | 华侨城 A | 81.49 | 16 |
| 4 | 0000422009 | 深长城 | 78.97 | 31 |
| 5 | 0000022009 | 万科 A | 77.78 | 38 |
| 6 | 0009182009 | 嘉凯城 | 77.18 | 42 |
| 7 | 6006572009 | 信达地产 | 76.97 | 46 |
| 8 | 0021462009 | 荣盛发展 | 76.72 | 50 |
| 9 | 6006752009 | 中华企业 | 76.15 | 56 |
| 10 | 6000482009 | 保利地产 | 75.09 | 71 |

基于对房地产行业上市公司的整体评价，下面分别从财务效益状况、资产质量状况、偿债风险状况、发展能力状况、市场表现状况五个方面对房地产行业上市公司进行具体分析。

## (一) 财务效益状况

房地产行业上市公司财务效益状况平均得分为 24.65 分，高于上市公司平均得分 22.16 分。

表 12-2 列示了房地产行业上市公司财务效益状况评价结果。在 2009 年房地产行业上市公司中，华侨城 A 财务效益得分排在第一位，得分为 34.53 分，该公司扣除非经常性损益净资产收益率为 14.43%，两项指标同比有所提升，且远高于 2009 年上市公司平均和行业平均。华侨城 A 2009 年财务效益指标上的突出表现与整体上市和旅游地产业务有关。2009 年公司实行整体上市，大幅提升了公司整体水平；成都华侨城、上海华侨城以及东部华侨城的全面开业，公司纯旅游业务收入突破 20 亿元。此外，公司房地产业务收入约 70 亿元，销售房产回笼资金约百亿，且公司有未结算权益建面 683 万平方米，年报显示公司经营活动产生的现金流量净额为 72.56 亿元。

表 12-2　　房地产行业财务效益状况比较表

| 分析指标 | | 2009 年上市公司平均值 | 2009 年行业值 | 2008 年行业值 | 增长率（%） |
|---|---|---|---|---|---|
| 基本指标 | 扣除非经常性损益净资产收益率（%） | 9.45 | 11.33 | 9.71 | 16.68 |
| | 总资产报酬率（%） | 6.80 | 6.66 | 6.27 | 6.22 |
| | 得分 | 60.85 | 59.31 | 21.23 | 179.37 |

续表

| 分析指标 | | 2009 年上市公司平均值 | 2009 年行业值 | 2008 年行业值 | 增长率（%） |
|---|---|---|---|---|---|
| 修正系数 | 营业利润（%） | 7.07 | 20.20 | 18.12 | 11.48 |
| | 盈利现金保障倍数 | 2.09 | 1.12 | −1.59 | — |
| | 股本收益率（%） | 36.90 | 41.97 | 39.04 | 7.51 |
| 综合得分 | | 62.93 | 54.39 | 19.11 | 184.62 |

与 2008 年的情况相比较，房地产行业上市公司总体上财务效益状况显著提升，除总资产报酬率、股本收益率略有所提高，其他指标均大幅高于 2008 年。

**表 12-3　　2009 年度房地产行业财务效益中联五强排行榜**

| 名次 | 股票代码 | 股票简称 | 财务效益得分 |
|---|---|---|---|
| 1 | 0000692009 | 华侨城 A | 34.53 |
| 2 | 6002662009 | 北京城建 | 32.47 |
| 3 | 6000482009 | 保利地产 | 31.70 |
| 4 | 6002082009 | 新湖中宝 | 31.50 |
| 5 | 0009182009 | 嘉凯城 | 31.22 |

## （二）资产质量状况

房地产行业资产质量得分为 2.08 分，远低于上市公司平均得分 9.24 分。

表 12-4 列示了房地产行业上市公司资产质量状况评价结果。在 2009 年房地产行业上市公司中，有嘉凯城、万科 A、亿城股份、沙河股份、世联地产等 18 家资产质量得分均为满分 15 分，另有 57 家资产质量得分为 0。由此可以看出，2009 年房地产行业上市公司在资产质量上差异显著。

**表 12-4　　房地产行业资产质量状况比较表**

| 分析指标 | | 2009 年上市公司平均值 | 2009 年行业值 | 2008 年行业值 | 增长率（%） |
|---|---|---|---|---|---|
| 基本指标 | 总资产周转率（次） | 0.78 | 0.30 | 0.30 | 0.00 |
| | 流动资产周转率（次） | 1.82 | 0.36 | 0.35 | 2.86 |
| | 得分 | 9.36 | 1.60 | 1.60 | 0.00 |
| 修正系数 | 应收账款周转率（次） | 14.10 | 22.96 | 29.88 | −23.16 |
| | 存货周转率（次） | 4.13 | 0.34 | 0.31 | 9.68 |
| | 得分 | 9.24 | 2.08 | 3.90 | −46.67 |
| 综合得分 | | 9.24 | 2.08 | 3.90 | −46.67 |

由表 12-4 可知，除应收账款周转率指标外，2009 年房地产行业资产质量状况指标均高于 2008 年。

表 12-5　　2009 年度房地产行业资产质量中联五强排行榜

| 名次 | 股票代码 | 股票简称 | 资产质量得分 |
|---|---|---|---|
| 1 | 0009182009 | 嘉凯城 | 15 |
| 2 | 0000022009 | 万科 A | 15 |
| 3 | 0006162009 | 亿城股份 | 15 |
| 4 | 0000142009 | 沙河股份 | 15 |
| 5 | 0022852009 | 世联地产 | 15 |

## （三）偿债风险状况

房地产行业上市公司偿债风险状况平均得分为 8.63 分，低于全国上市公司 9.10 分的平均水平。

表 12-6 列示了房地产行业上市公司偿债风险状况评价结果。在房地产行业上市公司偿债风险状况指标中，世联地产排名第一，得分为 14.99 分，其资产负债率仅为 18%。由于 2009 年世联地产成功 IPO，募集资金约为 6.30 亿元。另外，公司在 2009 年完成了对 8 家子公司的股权收购而使少数股东损益较上年减少 1 332 万元，减幅达 99.40%。

表 12-6　　房地产行业偿债风险状况比较表

| 分析指标 | | 2009 年上市公司平均值 | 2009 年行业值 | 2008 年行业值 | 增长率（%） |
|---|---|---|---|---|---|
| 基本指标 | 资产负债率（%） | 57.52 | 65.24 | 63.10 | 3.39 |
| | 获利倍数 | 7.21 | 13.32 | 10.48 | 27.10 |
| | 得分 | 9.22 | 9.36 | 9.26 | 1.08 |
| 修正系数 | 速动比率（%） | 69.84 | 64.81 | 50.65 | 27.96 |
| | 现金流动负债比率（%） | 21.75 | 10.19 | −13.11 | — |
| | 带息负债比率（%） | 45.98 | 45.66 | 51.13 | −10.70 |
| | 得分 | 9.10 | 8.63 | 6.78 | 27.29 |
| 综合得分 | | 9.10 | 8.63 | 6.78 | 27.29 |

房地产行业上市公司在偿债能力方面主要指标均在 2008 年基础上有所提升，由于 2009 年房地产行业的回暖繁荣，资金回笼加快，现金流充沛，使其偿债风险相对较低。

表 12-7　　2009 年度房地产行业偿债风险中联五强排行榜

| 名次 | 股票代码 | 股票简称 | 偿债风险得分 |
|---|---|---|---|
| 1 | 0022852009 | 世联地产 | 14.99 |
| 2 | 6001362009 | 道博股份 | 13.81 |
| 3 | 0005672009 | 海德股份 | 13.59 |
| 4 | 6008902009 | *ST 中房 | 12.60 |
| 5 | 6006962009 | 多伦股份 | 12.49 |

## （四）发展能力状况

房地产行业上市公司发展能力状况平均得分为16.75分，高于全国上市公司13.37分的平均水平。

表12-8列示了房地产行业上市公司发展能力状况评价结果。在房地产行业上市公司发展能力状况指标中，华侨城A、保利地产、中南建设并列排名第一，得分为满分20分，原因是2009年华侨城A实行整体上市，大幅提升了公司整体水平；保利地产新增土地储备权益容积率面积1 338万平方米，商业地产发展迅速；中南建设参与儋州滨海新城4 500亩土地一级开发，在江苏省内、山东青岛和海南文昌等地土地储备权益建筑面积900多万平方米。

表12-8 房地产行业发展能力状况表

| 分析指标 | | 2009年上市公司平均值 | 2009年行业值 | 2008年行业值 | 增长率（%） |
|---|---|---|---|---|---|
| 基本指标 | 营业收入增长率（%） | 3.85 | 30.58 | 17.05 | 79.35 |
| | 资本扩张率（%） | 17.60 | 30.32 | 29.00 | 4.55 |
| | 得分 | 12.21 | 16.62 | 13.70 | 21.31 |
| 修正系数 | 累计保留盈余率（%） | 35.83 | 32.77 | 29.55 | 10.90 |
| | 三年营业收入增长率（%） | 14.99 | 29.66 | 33.04 | −10.23 |
| | 总资产增长率（%） | 22.53 | 37.93 | 31.07 | 22.08 |
| | 营业利润增长率（%） | 51.83 | 54.39 | 6.48 | 739.35 |
| | 得分 | 13.37 | 16.75 | 14.29 | 17.21 |
| 综合得分 | | 13.37 | 16.75 | 14.29 | 17.21 |

与2008年比较，房地产行业公司在发展能力方面各指标变化较大。最突出的指标是营业利润增长率和营业收入增长率，其中营业利润增长率从2008年的6.48%增长至2009年的54.39%，升幅高达739.35%；营业收入增长率从2008年的17.05%上升到2009年的30.58%，增幅为79.35%。这一变化，说明2009年房地产行业上市公司随着经济的复苏回归景气，经营效益大幅增加。

表12-9 2009年度房地产行业发展能力中联五强排行榜

| 名次 | 股票代码 | 股票简称 | 发展能力得分 |
|---|---|---|---|
| 1 | 0000692009 | 华侨城A | 20.00 |
| 1 | 6000482009 | 保利地产 | 20.00 |
| 1 | 0009612009 | 中南建设 | 20.00 |
| 2 | 6003832009 | 金地集团 | 19.91 |
| 3 | 6002082009 | 新湖中宝 | 19.88 |

## （五）市场表现状况

A股市场在拉动投资和刺激消费两大因素作用下，逐渐攀升，作为2009年中国经济

“保增长”的主要贡献力量，房地产行业与整体经济走势高度相关，因而房地产指数跟随市场行情同步回暖。

2009 年房地产行业上市公司市场表现状况平均得分为 9.34 分，高于全国上市公司 9.06 分的平均水平。

表 12-10 列示了房地产行业上市公司市场表现状况评价结果。在房地产行业上市公司市场表现状况指标中，中炬高新位居第一，得分均为 12.13 分（表 12-11）。

**表 12-10　房地产行业公司市场表现比较表**

| 分析指标 | 2009 年上市公司平均值 | 2009 年行业值 | 2008 年行业值 | 增长率（%） |
|---|---|---|---|---|
| 市场投资回报率（%） | 116.28 | 144.49 | −62.50 | — |
| 股价波动率（%） | 138.04 | 174.66 | 289.81 | 39.73 |
| 得分 | 9.06 | 9.34 | 8.17 | 14.32 |

2009 年房地产市场回归景气，在此基础上受大盘利好影响，房地产行业上市公司市场回报率大幅提升，市场投资回报率从去年的−62.50%变为 144.49%。

**表 12-11　2009 年度房地产行业市场表现中联五强排行榜**

| 名次 | 股票代码 | 股票简称 | 发展能力得分 |
|---|---|---|---|
| 1 | 6008722009 | 中炬高新 | 12.13 |
| 2 | 6007342009 | 实达集团 | 11.59 |
| 3 | 0000422009 | 深长城 | 11.32 |
| 4 | 0006282009 | 高新发展 | 11.30 |
| 5 | 6001752009 | 美都控股 | 11.17 |

## 二、2009 年度房地产行业上市公司业绩影响因素分析

2009 年，在鼓励住房消费及宽松货币政策的刺激下，房地产市场触底反弹。从年初的“试探性抄底”，到年中的“放量大涨”，再到年底的“恐慌性抢购”，中国楼市在一年之内迅速地由“低迷”转变为“亢奋”，由萧条转变为繁荣。房地产行业上市公司业绩表现一枝独秀。

### （一）房地产市场走势成为社会关注焦点

从 2009 年全年来看，全国商品房销售形势经历了回暖、畅旺到火爆三个阶段。全国 70 个大中城市房屋销售价格同比涨幅总体呈上涨趋势，具体来看，1～12 月份全国 70 个大中城市房屋销售价格环比分别增长−0.20%、−0.20%、0.20%、0.40%、0.60%、0.80%、

0.90%、0.90%、0.70%、0.70%、1.20%、1.50%。由此可以看出，房价起初2个月微跌，随后开始逐月上涨，且上涨幅度逐月扩大。此外，新建商品住房价格指数攀升至新高，二手住房价格指数也逐步回升（图12-2）。

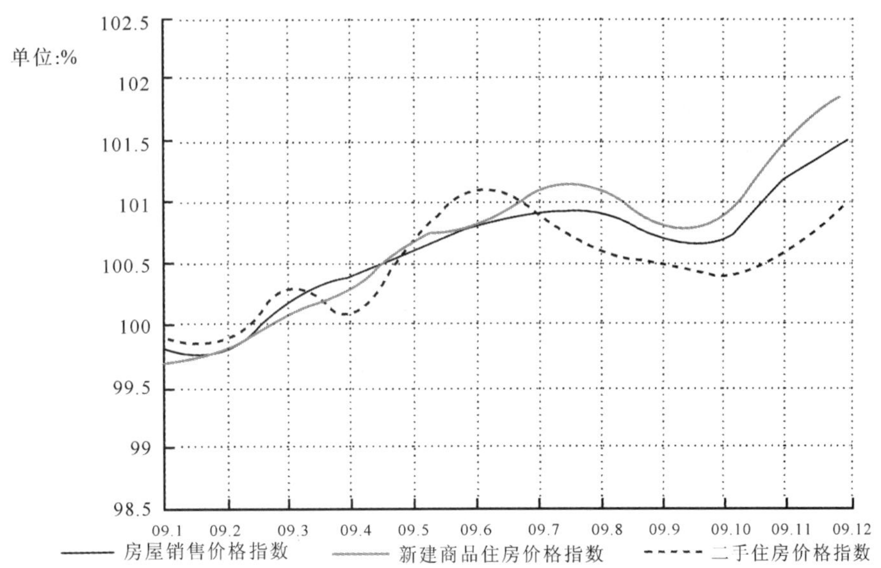


**图12-1 2009年全国房地产价格指数**

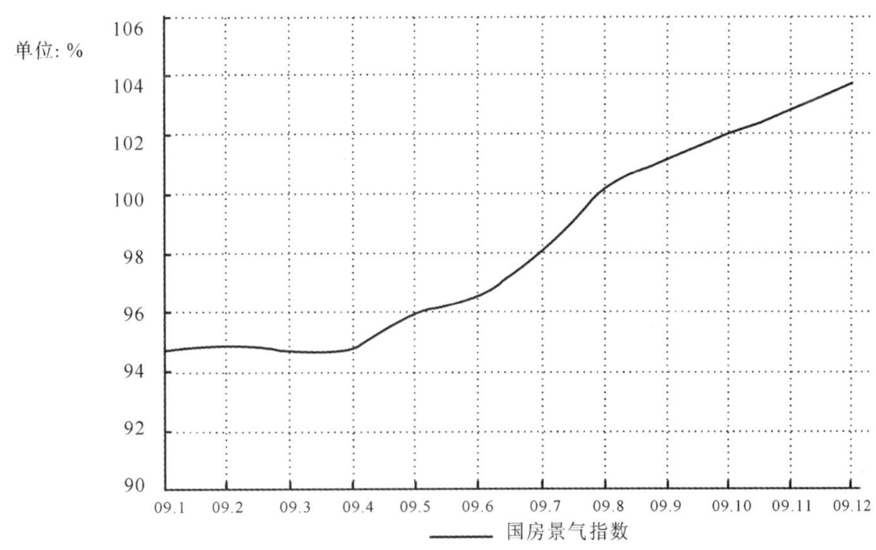


**图12-2 2009年1～12月份全国房地产开发景气指数趋势**

## 2009年房地产行业之政策篇

☆ 七折优惠利率。1月四大国有银行宣布，只要2008年10月27日前执行基准利率0.85倍优惠、无不良信用记录的优质客户，原则上都可以申请七折优惠利率。

☆ 二套房优惠政策。5 月 14 日部分地方推出二套房优惠政策：居民首次贷款购买普通自住房，贷款利率的下限可扩大为贷款基准利率的 0.70 倍，最低首付款比例调整为 20%。自 2009 年 1 月 1 日至 12 月 31 日，对已贷款购买一套住房，但人均住房面积低于当地平均水平，再申请贷款购买第二套用于改善居住条件的普通自住房的居民，可比照执行首次贷款购买普通自住房的优惠政策。

☆ 公积金贷款购保障房。5 月 10 月 住建部等七部委联合发出《关于利用住房公积金贷款支持保障性住房建设试点工作的实施意见》

☆ 最低资本金。5 月 27 日 国务院发布《关于调整固定资产投资项目资本金比例的通知》，明确保障性住房和普通商品住房项目的最低资本金比例为 20%，其他房地产开发项目的最低资本金比例为 30%。

☆ 营业税“2 转 5”。12 月 9 日 将个人住房转让营业税征免时限由 2 年恢复为 5 年，其他税收优惠继续维持。

☆ “国四条”。12 月 14 日 国务院“国四条”要求：增加普通商品住房的有效供给；鼓励居民自主和改善型住房消费，抑制投资投机性购房；加强市场监管；继续大规模推进住房保障安居工程建设。

☆ 购首付款增加。12 月 17 日 财政部等五部委《关于进一步加强土地出让收支管理的通知》，将开发商拿地的首付款比例提高至 5 成，分期缴纳全部价款的期限原则上不超过一年。

### （二）“量价齐升”显著提升房地产公司经营业绩

2009 年，商品房销售面积 9.37 亿平方米，同比增长 51%，并且远超 2007 年 7.60 亿平方米水平；商品房销售额 4.40 万亿元，同比增长 82.80%，远超 2007 年 2.96 万亿元的水平。销售面积和销售金额均创历史新高，两项指标的同比增幅也同时创下历史新高。

全国全年商品房平均成交均价 4 695 元/平方米，同比增长 21%，远高于 2007 年 3 885 元/平方米的水平。全国完成房地产开发投资 36 232 亿元，同比增长 16.10%。

由此可知，随着房地产市场“量价齐升”极大地提升了上市房地产企业的经营业绩。2009 年房地产行业实现营业利润 553.85 亿元，较 2008 年增长了 54.39%，净资产收益率达到 13.03%。房地产行业上市公司实现营业利润 553.85 亿元，占上市公司全部实现营业利润的 7.60%；全部上市公司共计实现净利润 6 078.65 亿元，房地产行业上市公司实现净利润 427.57 亿元，占上市公司全部实现净利润的 7.03%。房地产行业上市公司净资产收益率 13.03%，高出本年全部上市公司 10.65%的净资产收益率 2.38 个百分点。

### （三）政策导向与心理预期提升居民消费信心

从住房需求的角度分析，“二套房贷”贷款利率7折优惠、相关税费的减免，以及地方政府购房补贴、购房落户等优惠政策，从政府层面释放了宽松而积极的市场信号，促进自住型需求、改善型需求、投资性需求、投机型需求的大量释放，使得大量的潜在需求转变为有效需求，观望者纷纷入市，市场逐渐回暖。随着房价的进一步上涨，居民看涨的心理预期随之提升，进而带动需求的进一步释放，房价开始飙升。

此外2009年年底，个人住房转让营业税征免时限由2年转为5年的利空政策，进一步促使购房者在政策截至目前出手购房，使得需求短期内进一步释放，房价飞速上涨。

**2009年房地产行业之大事篇**

☆ 地王频现新高，央企入市成焦点。2009年，全国各大一线、二线甚至三线城市出现多个地王。针对主营业务非房地产的央企，抱着“谋求暴利”心态进军房地产业并不利于房地产业的生态环境的优化。

☆ 众多房企上市，提高市场竞争力。华南城、宝龙地产、恒盛地产、禹洲地产、恒大地产、龙湖地产等内地房企陆续赴港上市，这有助于提高市场竞争程度，促进行业集中度的提高，有利于市场资源优化配置。

☆ 政府严查非法囤地和闲置用地。国土资源部多次发文，地方政府屡次严查，剑指囤地行为。其中，广州市对27个闲置“地王”进行核查，并成功收回“科学城”地块。

☆ 经济适用房惊现“六连号”。6月12日，武汉市武昌区余家头124套经济适用房公开摇号，摇中的6个号码的购房资格证明编号竟是相连的号码，且均为2009年在硚口区登记。经过有关部门的调查，被证明“六连号”事件是政府工作人员徇私舞弊，弄虚作假造成的。

☆ 浙江嘉兴集体建设用地流转提速。截至2009年10月底，嘉兴已有13个试点已签约换房（或搬迁）农户已达11 649户，完成农民拆迁8 174户。就已通过宅基地统筹建设，置换出近万亩宅基地，可作为工业与建设用地。

☆ “二次房改”引发争议。2009年由14位专家向国务院有关部门提出“二次房改”建议书。其核心内容是“三种住房制度，三类供地方式，三支队伍参与”，简称“三三制住房制度”和“三三制房改方案”、“三三制房改路线图”。改革目标是建立“低端有保障，中端买得起，高端有选择”的多层次良性发展的住房供应体系。

☆ 中房信息登陆纳市，拓展商业模式创新空间。10月16日，易居中国旗下的房地产信息板块和新浪旗下的房地产业务分拆、合并后成立的新公司——中国房产信息集团在美国NASDAQ成功上市。作为在美国上市的首家地产信息概念股，影响体现在两个方面：一是这将推动我国房地产业信息化和产业化的发展，有利于房地产业线上线下业务的整合完善；二是给其他企业和行业带来巨大的示范效应。

## （四）土地市场的激烈竞争加剧房地产公司未来风险

因房地产市场回暖，2009年后半年房地产公司拿地日趋激烈。其中不乏资金实力雄厚的央企，以及拿未来乐观估计做赌注高价拿地的民营企业。

地王的拍得，立即使其周边区域二手房及新房市场产生涨价的预期，对推高区域房价起到推波助澜的作用。但一旦政府政策面收紧，并针对拿地环节，缩短开发商付款期限，提高付款比例，或未来房地产市场不景气，将直接导致那些无力全额支付土地出让金，或销售业绩不佳引致无法收回成本的上市房地产企业在股票市场存在很大的下跌可能，扰乱拿地片区的房地产市场正常秩序，从而加剧了房地产公司未来风险。

2009年中国土地出让金总额达15 000亿元。杭州和上海成为土地出让金超过千亿的两个城市，北京以928亿元排名第三。2009年，中国70个大中城市土地出让金共计10 836亿元，比2008年增加140%，比“疯狂”的2007年增加49%。具体如表12-12、表12-13所示。

**表12-12　2009年中国住宅用地成交总价十大“地王”（统计时间截至2009.11.23）**

| 排名 | 城市 | 地块名称 | 成交总价（亿元） | 竞得方 | 成交日期 |
|---|---|---|---|---|---|
| 1 | 上海 | 徐汇区斜土街道107街坊<br>龙华路1960号地块 | 72.45 | 绿地 | 2009-9-30 |
| 2 | 珠海 | 十字门商务区马骝洲及北山咀地块 | 70.18 | 华发 | 2009-11-05 |
| 3 | 上海 | 长风6B（B6）、7C地块 | 70.06 | 中海 | 2009-09-10 |
| 4 | 北京 | 顺义区后沙峪镇地块 | 50.50 | 大龙 | 2009-11-20 |
| 5 | 广州 | 科学城KXC-F8-1-1地块 | 43.41 | 雅居乐 | 2009-10-29 |
| 6 | 重庆 | 江北嘴CBD江北体育公园地块 | 41.00 | 中海 | 2009-10-28 |
| 7 | 北京 | 朝阳区广渠路15号 | 40.60 | 中化方兴 | 2009-06-30 |
| 8 | 佛山 | 桂城街道61、62街区地段 | 38.20 | 中海 | 2009-10-28 |
| 9 | 重庆 | 江北区鸿恩寺地块 | 38.10 | 保利 | 2009-06-25 |
| 10 | 大连 | 庙岭村红凌路两侧宗地 | 37.48 | 大华 | 2009-04-28 |

数据来源：中国房地产指数系统数据库

**表 12-13 2009 年中国住宅用地成交楼面地价十大“地王”(统计时间截至 2009.11.23)**

| 排名 | 城市 | 地块名称 | 楼面地价（元/平方米） | 竞得方 | 成交日期 |
|---|---|---|---|---|---|
| 1 | 厦门 | 思明区 03-14 片区云顶南路东侧 | 30940 | 恒兴 | 2009-09-08 |
| 2 | 北京 | 顺义区后沙峪镇地块 | 29859 | 大龙 | 2009-11-20 |
| 3 | 苏州 | 独墅湖北、高和路南 | 28057 | 绿城 | 2009-09-22 |
| 4 | 上海 | 徐汇区斜土街道 107 街坊龙华路 1960 号地块 | 27232 | 绿地 | 2009-9-30 |
| 5 | 杭州 | 上城区（南星桥粮库地块） | 24295 | 西子 | 2009-08-18 |
| 6 | 上海 | 徐虹北路 8 号地块 | 23245 | 上海城建 | 2009-09-02 |
| 7 | 上海 | 长风 6B（B6）、7C 地块 | 22409 | 中海 | 2009-09-10 |
| 8 | 杭州 | 拱墅区（湖墅南路 186 号新华集团地块） | 22361 | 绿城 | 2009-09-03 |
| 9 | 上海 | 长宁区周家桥街道 91 街坊地块 | 21983 | 朗华 | 2009-06-11 |
| 10 | 杭州 | 下城区（环城北路 57 号、环城东路 353 号地块） | 20963 | 绿城 | 2009-10-10 |

数据来源：中国房地产指数系统数据库

### （五）小结

2009 年全球房地产市场整体是企稳回暖的趋势。具体至中国而言，2009 年中国房地产市场由复苏向全面上涨转变，其原因有四点：①2008 年行业低潮压抑大量需求，房价下跌、利率下调、税费优惠等因素，促使购买力显著提升。②宽松的货币政策和积极的财政政策，促使投资、投机性需求大量入市。③行业回暖改变了市场的预期，正由看跌向看涨转变，“追涨行为”抬头不断强化，使销售持续畅旺。④2009 年底基于一些优惠的政策到期不再延续的利好预期。

基于上述描述，2009 年对于房地产上市公司而言是经营业绩极大提升的一年。

## 三、 2010 年房地产行业前景分析

随着中央明确表态要遏制房价过快上涨，宏观政策面已从“宽松”转为“趋紧”，另外，行业政策方面受紧缩性货币政策影响也将转为“趋紧”，因此，2009 年楼市的“火爆”和“疯狂”在 2010 年将难以重演，房地产上市公司 2010 年的销售增长将存在一定的不确定性，这将对上市公司的业绩增长构成负面影响，房价回调已成为不争的事实。由此确立了 2010 年房地产市场形势，即在调控中趋于理性。

### （一）宏观经济政策和房价走势将共同加大调控政策力度

2010 年一季度之后经济有趋热倾向，经济实际增速已经高于潜在增速，同时资产泡沫也在累积，基于前述市场背景，需调整货币政策抑制房价上涨成为必然。中央政府为防范资

产泡沫、通货膨胀及经济过热风险，分别于1月18日、2月25日、5月10日三次提高法定存款准备金，使其达到17%的高点，大大减小了货币流动性。

从两会关注度到“地王”的频频打破，从唐家岭的蚁族生活到大量房地产用地违法事件的曝光，整个社会对于房价的关注度提高到了空前水平。

2010年一季度，二、三线城市房价受2009年一线城市火爆房价的波及，房价也有较大幅度的增长，房价收入比、月供/收入比开始恶化并直逼一线城市，这势必引发后三个季度政策的超预期调控，包括土地、金融、税收等一篮子政策的密集出台；房价大幅上扬抑制市场需求，市场重回2008年有价无市状态的可能更加明显。

## （二）土地调控政策的陆续出台可能会使土地市场回归理性

### 1. 加大保障性住房用地供应量

2010年1月21日，国土资源部《国土资源部关于改进报国务院批准城市建设用地申报与实施工作的通知》，申报住宅用地的，经济适用住房、廉租住房和中低价位、中小套型普通商品住房用地占住宅用地的比例不得低于70%。

### 2. 提高中小套型商品房用地占比

从国土资源部公布的2010年住房供地计划，今年拟计划供应住房用地总量同比增长逾130%，其中中小套型商品房将占4成多，供地总量和小户型都超过去年总供总量。

### 3. 加强房地产用地的监管

国土资源部《关于加强房地产用地供应和监管有关问题的通知》，明确开发商竞买保证金最少两成，1月内付清地价50%，囤地开发商将被“冻结”。据悉，银监会、证监会将联合国土资源部，加强房地产监管，具体涉及事项主要是针对土地抵押贷款的准入；企业是否存在如违法取得土地、土地闲置、拖欠地价款、违规调整土地用途或规划条件等方面的问题，并据此出具是否支持融资的意见。

### 4. 完善土地出让招拍挂制度

国土资源部表示，将一改往日“价高者得”模式，在房价上涨过快的城市开展土地出让招拍挂制度完善试点。例如，北京市将试点采用“综合条件最优者得”、“限房价、竞地价”及“限地价、竞政策性住房面积”等方式；上海市将采用土地招标方式出让土地，按照“综合条件最佳者得”原则确定中标者，竞买报价仅占到全部评标环节的30%。

综上所述，保障性住房及中小型商品房用地的大量供应，促使土地供给方将社会福利纳入到供给因素中，而“综合条件最佳者得”的出让新规、加强用地监管则规范了土地市场需求方的拿地行为，进而促使土地市场回归理性。

## （三）信贷政策和税收政策的收紧影响房地产市场的供给和需求

2010年一季度，房地产市场由平稳转变为过度繁荣。为平抑房价上涨过快局面，国务院联合多个国家部委出台一系列紧缩类信贷和税收政策。

### 1. 紧缩个人贷款审批标准，抑制投资和投机性需求

2010年1月10日，国务院出台“国十一条”中明确表示严控二套房贷，首付不低于40%；4月15日，国务院指出贷款购买第二套住房的家庭，贷款首付款不得低于50%，贷

款利率不得低于基准利率的1.1倍，对购房首套住房且套型建筑面积在90平方米以上的家庭，贷款首付款比例不得低于30%；4月18日，国务院指出商品住房价格过高、上涨过快、供应紧张的地区，商业银行可根据风险暂停发放第三套及以上住房贷款；对不能提供一年以上当地纳税证明或社会保险缴纳证明的非本地居民暂停发放购买住房贷款。

**2. 撤销税收优惠政策，加大多套住房持有成本**

2010年4月2日，财政部颁布政策表示两个或两个以上个人共同购买90平方米及以下普通住房，其中一人或多人已有购房记录的，该套房产的共同购买人均不适用首次普通住房的契税优惠政策。此外，财政部门拟将第三套房及三套以上住房定性为经营性住房，开征房产税。预计相关政策将在年内出台。

以上政策主要针对房地产需求方面出台的。其中，大幅提高首付比例和贷款利率，针对约束那些依靠银行贷款购买多套住房的投资客和投机客；增加多套住房的持有成本，则针对那些受银行贷款影响较小（一次性付款或贷款比例小）的投资和投机客，以及在紧缩性房贷政策出台前已持有多套住房的投资者和投机者。

房地产开发企业将于年内出台约束房地产供给方的政策。一旦地方政府和银行积极配合和推行这些政策，势必将极大程度的抑制投资和投机型需求，届时，整个房地产市场将迅速转入持币观望期，随着市场预期趋冷，房地产市场将再度进入调整期，这将减少房地产泡沫对整个宏观经济的冲击。

### （四）热点区域的房地产市场走势将影响部分上市公司业绩

2010年一季度，受2009年政策的后滞影响，楼市进入持续观望状态；两会后，一方面由于“遏制房价过快上涨”的表态使得市场观望渐淡；但由于金融部门继续实行适度宽松的货币政策，大量非自住需求者涌入市场，进一步促使房价的大幅上涨，尤以环渤海区域、长三角区域、珠三角区域为典型。

以北京市为例，经历了1、2月份的市场低潮，由于，通州新城规划、朝阳区CBD东扩、城市轨道交通建设等重大规划出台，使得2010年3月，北京市东部地区（主要为通州、望京、亦庄片区）房地产市场异常活跃，房地产泡沫开始急剧膨胀，通州新城尤为突出，大量投资和投机客的涌入，直接导致房价较2009年初暴涨2～3倍，部分楼盘单价甚至超过3万元/平方米。

随着2010年4月份，土地、金融、税收等一系列利空政策的出台，尤其是4月30日——北京市政府率先发布的《北京市人民政府贯彻落实国务院关于坚决遏制部分城市房价过快上涨文件的通知》中，明确表示，同一购房家庭暂定只能在京新购一套商品住房；商业银行暂停发放第三套及以上住房贷款；不能提供1年以上本市纳税证明或社会保险缴纳证明的非本市居民购房贷款被暂停；对取得预售许可或者现房销售备案的房地产开发项目，需3日内一次性公开全部销售房源。如果上述政策得到有力执行银行和政府积极配合并严格执行的话，市场观望气氛将日趋浓厚，就商品而言，投资和投机客将大幅减少，购房意愿大大降低，但由于2009年以及2010年一季度不菲的销售业绩，使得绝大多数房地产企业资金链相对充足，预计新房价格将暂时维持稳定，预计2010年后半年将有松动趋势；就二手房市场而言，投资和投机客的大量抛售房源将直接致使二手房房价步入下行趋势。

## （五）78家非房地产主业央企退出将给市场带来一定冲击

2009年，中央企业房地产业务销售收入2 209亿元，约占全国商品房销售收入的5%；房屋销售面积为2 807万平方米，约占全国商品房销售面积的3%。虽然在房地产利润份额中所占比重很小，但由于资金实力雄厚，资金成本较低，央企在房地产领域往往成本控制较为宽松，且都是大手笔，尤其是在整个宏观经济景气的年份。由于目标多为繁华地段地块，央企拿地的楼面地价往往会在多轮竞拍中飙升，直接致使同一片区房价的飙升，如2010年3月15日北京土地市场一天内产生3个地王。如果把其他导致房价上涨因素排除在外，那么央企的存在无疑间接带动了房价的上涨。这与“两会”期间，对房地产市场释放的信号——“遏制房价过快上涨”的大方向相悖。

为此，2010年3月23日，国资委要求78户不以房地产为主业的央企，加快进行调整重组，完善企业自有土地开发和已实施项目等阶段性工作后要退出房地产业务，并在15个工作日内制定有序退出的方案。

可以预见，2010年随着部分央企退出房地产市场，一级土地市场拿地行为将在一定程度上更加趋于理性，从而达到平抑地价，稳定房价的作用。

### 2009年房地产行业上市公司业绩综合排名第一——世联地产

2009年世联地产成功上市，使其由一个区域性公司，一跃成为全国性房地产综合服务龙头。其辐射范围包括全国三大经济圈27个城市，营业收入的69%来自珠三角，环渤海地区占18%，长三角地区占13%。

主营业务为二手房中介和一手房代理，形成以“咨询（顾问策划业务）+实施（代理销售业务）”的经营模式。

一手房代理是收入及利润的主要来源。2009年一手房代理全年完成代理面积613万平方米，代理金额579亿元，收费费率0.88%，代理销售收入5.1亿元，占收入的70%，毛利率51%，市场占有率0.66%。顾问策划1.58亿收入占21%，毛利率48%；经济业务0.62亿收入占8%，毛利率24%。实现每股收益1.41元，分配预案为每10股派送红股7股，派送现金3元（含税）。

2009年公司陆续完成对子公司股权的收购，持股比例的上升，减少了少数股东损益，是其利润大幅增加的主要原因。

公司策划代理业务是未来的业绩增长点。公司已经在激烈的市场竞争中抢占了先机，目前和易居并列成为国内两家房地产综合性服务公司。2010年世联地产业绩仍将有显著的提升。

数据来源：Wind资讯

附表：

## 房地产行业上市公司业绩评价结果排序表

| 行业排名 | 全部上市公司排名 | 股票代码 | 股票名称 | 综合得分(100分) | 每股收益 | 总资产报酬率% | 净资产收益率% | 总资产周转率（次） | 流动资产周转率（次） | 资产负债率(%) | 已获利息倍数 | 营业收入增长率（%） | 资本扩张率（%） | 市场投资回报率（%） | 股价波动率(%) | 年末资产额（万元） | 营业收入净额（万元） | 净利润（万元） |
|---|---|---|---|---|---|---|---|---|---|---|---|---|---|---|---|---|---|---|
| 1 | 10 | 0022852009 | 世联地产 | 83.32 | 1.41 | 24.09 | 24.57 | 0.94 | 1.17 | 18.00 | 0 | 44.41 | 314.38 | 115.00 | 102.85 | 120 645.64 | 19 201.57 | 15 087.21 |
| 2 | 12 | 0006162009 | 亿城股份 | 82.87 | 0.47 | 8.65 | 15.32 | 0.54 | 0.59 | 61.12 | 0 | 226.78 | 15.48 | 145.40 | 170.70 | 754 891.51 | 59 201.70 | 41 964.61 |
| 3 | 16 | 0000692009 | 华侨城 A | 81.55 | 0.55 | 11.20 | 20.31 | 0.49 | 1.23 | 62.76 | 19.11 | 213.89 | 65.67 | 96.82 | 179.17 | 3 074 480.18 | 238 085.35 | 186 431.18 |
| 4 | 31 | 0000422009 | 深长城 | 79.05 | 1.11 | 8.22 | 14.02 | 0.34 | 0.47 | 68.03 | 5.13 | 79.13 | 18.98 | 250.45 | 206.71 | 648 071.98 | 35 158.65 | 26 735.30 |
| 5 | 38 | 0000022009 | 万科 A | 78.21 | 0.48 | 7.13 | 15.27 | 0.38 | 0.40 | 67.00 | 16.02 | 19.25 | 16.98 | 57.63 | 142.18 | 13 760 855.48 | 861 742.78 | 643 000.75 |
| 6 | 42 | 0009182009 | 嘉凯城 | 77.15 | 0.83 | 23.44 | 87.29 | 0.92 | 1.10 | 75.76 | 409.39 | 641.93 | 0 | 263.55 | 317.40 | 1 463 476.87 | 188 226.75 | 134 016.33 |
| 7 | 46 | 6006572009 | 信达地产 | 77.03 | 0.42 | 9.51 | 14.57 | 0.36 | 0.44 | 53.46 | 35.46 | 49.01 | 16.17 | 179.09 | 190.92 | 1 176 612.29 | 105 755.39 | 74 217.06 |
| 8 | 50 | 0021462009 | 荣盛发展 | 76.73 | 0.73 | 8.06 | 20.46 | 0.33 | 0.34 | 71.69 | 188.71 | 62.12 | 84.83 | 241.40 | 249.78 | 1 365 170.17 | 81 076.31 | 60 944.91 |
| 9 | 56 | 6006752009 | 中华企业 | 76.27 | 0.59 | 10.47 | 19.93 | 0.35 | 0.40 | 69.59 | 5.36 | 14.15 | 14.44 | 133.80 | 191.87 | 1 378 546.47 | 101 938.34 | 78 286.09 |
| 10 | 71 | 6000482009 | 保利地产 | 75.14 | 1.06 | 7.41 | 18.80 | 0.32 | 0.32 | 69.99 | 0 | 48.11 | 72.02 | 79.64 | 162.77 | 8 983 072.39 | 537 904.75 | 400 772.72 |
| 11 | 104 | 0009612009 | 中南建设 | 73.15 | 0.89 | 8.23 | 21.90 | 0.55 | 0.66 | 76.71 | 14.23 | 63.38 | 236.20 | 323.52 | 294.00 | 1 714 073.88 | 80 621.51 | 56 709.64 |
| 12 | 111 | 0006712009 | 阳光城 | 72.84 | 1.08 | 8.35 | 18.58 | 0.74 | 0.75 | 62.30 | 20.59 | 165.88 | 80.33 | 280.35 | 285.35 | 332 259.66 | 23 985.78 | 18 085.75 |
| 13 | 116 | 6002082009 | 新湖中宝 | 72.64 | 0.34 | 9.99 | 20.84 | 0.36 | 0.45 | 69.52 | 9.85 | 82.01 | 31.68 | 118.23 | 198.80 | 2 194 532.09 | 160 491.33 | 122 623.00 |
| 14 | 128 | 0022082009 | 合肥城建 | 71.93 | 0.69 | 8.08 | 13.85 | 0.41 | 0.42 | 61.33 | 0 | 75.76 | 10.36 | 182.06 | 215.02 | 217 164.71 | 14 852.99 | 11 082.42 |
| 15 | 134 | 6001592009 | 大龙地产 | 71.72 | 0.82 | 15.17 | 24.26 | 0.57 | 0.60 | 47.84 | 28.88 | 1174.08 | 27.61 | 317.54 | 296.68 | 300 694.04 | 45 291.46 | 33 938.95 |
| 16 | 139 | 0000142009 | 沙河股份 | 71.51 | 0.40 | 8.12 | 17.85 | 0.41 | 0.45 | 70.99 | 4.08 | 122.31 | 17.94 | 107.04 | 163.73 | 173 845.78 | 10 431.79 | 8 316.72 |
| 17 | 184 | 6002662009 | 北京城建 | 69.69 | 1.15 | 8.54 | 19.60 | 0.27 | 0.32 | 67.47 | 0 | 40.91 | 35.68 | 136.43 | 165.21 | 1 505 827.36 | 112 644.32 | 83 381.31 |
| 18 | 201 | 0007182009 | 苏宁环球 | 69.32 | 0.42 | 13.97 | 31.98 | 0.36 | 0.38 | 66.72 | 339.36 | 22.21 | 53.37 | 200.57 | 225.29 | 913 898.68 | 108 265.17 | 80 342.46 |
| 19 | 202 | 0005402009 | 中天城投 | 69.18 | 0.81 | 12.86 | 44.82 | 0.36 | 0.38 | 80.18 | 176.47 | 79.59 | 55.31 | 448.31 | 290.72 | 628 670.49 | 58 981.22 | 45 892.02 |
| 20 | 206 | 6000522009 | 浙江广厦 | 69.09 | 0.50 | 8.01 | 25.50 | 0.50 | 0.57 | 77.25 | 9.32 | 29.25 | 28.79 | 129.33 | 187.09 | 849 973.65 | 62 588.38 | 43 805.16 |
| 21 | 214 | 0000112009 | 深物业 A | 68.89 | 0.16 | 5.75 | 15.71 | 0.34 | 0.44 | 76.63 | 8.93 | 35.59 | 15.89 | 291.28 | 295.44 | 283 441.80 | 12 729.78 | 9 693.43 |
| 22 | 215 | 0007972009 | 中国武夷 | 68.82 | 0.17 | 7.07 | 13.08 | 0.56 | 0.71 | 72.40 | 3.64 | 69.45 | 18.88 | 122.07 | 119.60 | 513 006.59 | 24 918.61 | 17 043.44 |
| 23 | 274 | 6002392009 | 云南城投 | 67.17 | 0.36 | 7.80 | 14.28 | 0.39 | 0.39 | 61.81 | 133.29 | 386.85 | 317.03 | 111.21 | 178.35 | 930 596.75 | 41 774.89 | 31 472.71 |
| 24 | 286 | 6001752009 | 美都控股 | 66.77 | 0.29 | 6.03 | 9.73 | 0.68 | 0.90 | 46.67 | 5.10 | 31.04 | 160.33 | 268.27 | 211.37 | 338 717.60 | 14 568.52 | 12 162.82 |
| 25 | 301 | 6000672009 | 冠城大通 | 66.52 | 0.46 | 5.45 | 18.54 | 0.49 | 0.53 | 80.98 | 12.71 | −2.07 | 19.62 | 223.91 | 233.93 | 1 073 566.34 | 46 906.71 | 34 767.19 |
| 26 | 322 | 0006382009 | 万方地产 | 65.80 | 0.24 | 11.37 | 36.21 | 0.65 | 0.70 | 67.17 | 31.53 | 18.06 | 165.92 | −38.67 | 75.09 | 67 491.57 | 7 444.83 | 5 520.97 |

续表

| 行业排名 | 全部上市公司排名 | 股票代码 | 股票名称 | 综合得分(100分) | 每股收益 | 总资产报酬率% | 净资产收益率% | 总资产周转率(次) | 流动资产周转率(次) | 资产负债率(%) | 已获利息倍数 | 营业收入增长率(%) | 资本扩张率(%) | 市场投资回报率(%) | 股价波动率(%) | 年末资产额(万元) | 营业收入净额(万元) | 净利润(万元) |
|---|---|---|---|---|---|---|---|---|---|---|---|---|---|---|---|---|---|---|
| 27 | 355 | 0005582009 | 莱茵置业 | 65.18 | 0.35 | 8.40 | 23.81 | 0.50 | 0.59 | 73.58 | 0 | 30.17 | 30.83 | 79.51 | 158.01 | 254 465.21 | 20 278.88 | 14 123.79 |
| 28 | 381 | 6006652009 | 天地源 | 64.73 | 0.19 | 4.92 | 12.24 | 0.34 | 0.37 | 73.53 | 27.81 | 28.20 | 8.50 | 114.08 | 160.17 | 624 759.81 | 25 960.84 | 19 442.85 |
| 29 | 415 | 6001362009 | 道博股份 | 63.68 | 0.37 | 25.52 | 43.49 | 0.53 | 1.22 | 28.78 | 35.77 | 4.78 | 55.57 | 179.58 | 219.87 | 15 031.54 | 4 334.60 | 3 824.08 |
| 30 | 434 | 0000092009 | 中国宝安 | 63.05 | 0.23 | 9.05 | 14.91 | 0.48 | 0.70 | 60.21 | 5.34 | 13.04 | 19.67 | 170.62 | 156.05 | 750 200.97 | 51 046.98 | 40 859.44 |
| 31 | 449 | 0000242009 | 招商地产 | 62.75 | 0.96 | 5.27 | 10.15 | 0.24 | 0.27 | 61.79 | 0 | 183.72 | 12.42 | 88.34 | 159.83 | 4 789 716.05 | 227 373.00 | 175 446.59 |
| 32 | 456 | 6003932009 | 东华实业 | 62.57 | 0.22 | 3.73 | 7.17 | 0.49 | 0.52 | 63.34 | 35.53 | −4.25 | 2.86 | 191.19 | 186.58 | 258 999.90 | 9 302.66 | 6 714.16 |
| 33 | 479 | 6006482009 | 外高桥 | 62.04 | 0.35 | 4.23 | 9.41 | 0.36 | 0.62 | 77.78 | 3.89 | −15.90 | 20.49 | 69.44 | 101.96 | 2 158 519.69 | 59 224.56 | 41 304.97 |
| 34 | 491 | 6006412009 | 万业企业 | 61.68 | 0.37 | 9.21 | 10.59 | 0.30 | 0.33 | 49.00 | 13.68 | −1.59 | −1.21 | 120.53 | 152.26 | 526 003.60 | 39 087.63 | 28 588.11 |
| 35 | 524 | 6003252009 | 华发股份 | 60.91 | 0.83 | 5.61 | 13.32 | 0.26 | 0.28 | 68.34 | 237.48 | 15.15 | 15.08 | 76.95 | 127.20 | 1 746 443.06 | 86 524.90 | 68 834.46 |
| 36 | 563 | 6006142009 | 鼎立股份 | 60.00 | 0.13 | 5.70 | 9.92 | 0.41 | 0.63 | 60.12 | 5.75 | 15.93 | 11.96 | 132.74 | 168.24 | 187 501.55 | 8 292.88 | 7 020.10 |
| 37 | 569 | 6003832009 | 金地集团 | 60.02 | 0.78 | 7.14 | 14.18 | 0.27 | 0.27 | 69.65 | 14.86 | 23.93 | 61.87 | 144.67 | 226.86 | 5 551 781.41 | 249 809.29 | 193 340.40 |
| 38 | 578 | 0022442009 | 滨江集团 | 59.76 | 0.48 | 5.14 | 16.42 | 0.17 | 0.18 | 77.93 | 73.46 | 21.83 | 21.46 | 102.51 | 167.42 | 1 901 091.28 | 83 580.36 | 62 816.45 |
| 39 | 581 | 0008362009 | 鑫茂科技 | 59.71 | 0.25 | 5.58 | 6.43 | 0.49 | 0.79 | 49.44 | 3.29 | 49.35 | 55.80 | 52.76 | 115.38 | 192 796.19 | 6 235.92 | 5 142.75 |
| 40 | 610 | 6007342009 | 实达集团 | 58.76 | 0.33 | 14.73 | 59.48 | 0.88 | 1.07 | 77.32 | 12.76 | −5.21 | 91.92 | 191.50 | 165.44 | 150 310.61 | 19 496.13 | 15 422.26 |
| 41 | 629 | 6006062009 | 金丰投资 | 58.50 | 0.52 | 8.82 | 12.00 | 0.19 | 0.29 | 51.82 | 27.64 | 10.57 | 17.52 | 93.10 | 151.70 | 385 751.38 | 25 400.97 | 20 646.42 |
| 42 | 634 | 6006632009 | 陆家嘴 | 58.36 | 0.61 | 12.56 | 19.21 | 0.19 | 0.31 | 42.40 | 552.11 | 105.19 | 19.53 | 48.52 | 96.83 | 1 945 726.42 | 233 653.93 | 197 723.32 |
| 43 | 649 | 0006282009 | 高新发展 | 58.02 | 0.05 | 2.74 | 10.19 | 0.49 | 0.66 | 94.31 | 1.87 | −1.83 | 10.73 | 251.97 | 207.34 | 243 383.42 | 2 866.32 | 1 341.46 |
| 44 | 705 | 6006842009 | 珠江实业 | 56.66 | 0.33 | 6.18 | 8.24 | 0.33 | 0.36 | 56.27 | 6.23 | 107.25 | 8.58 | 131.14 | 168.94 | 180 150.41 | 8 348.42 | 6 233.13 |
| 45 | 718 | 0000062009 | 深振业 A | 56.39 | 0.64 | 10.08 | 17.33 | 0.28 | 0.32 | 69.86 | 5.32 | 80.99 | 30.65 | 115.16 | 162.86 | 727 202.75 | 40 429.56 | 33 522.30 |
| 46 | 733 | 0005022009 | 绿景地产 | 56.08 | 0.18 | 6.86 | 10.46 | 0.67 | 0.74 | 38.21 | 0 | −1.66 | 11.03 | 19.87 | 69.79 | 56 513.76 | 4 700.19 | 3 470.23 |
| 47 | 737 | 6003762009 | 首开股份 | 56.02 | 0.95 | 5.43 | 13.23 | 0.19 | 0.21 | 70.69 | 4.21 | −11.06 | 143.09 | 156.94 | 206.75 | 3 310 259.37 | 117 267.06 | 90 549.19 |
| 48 | 752 | 6008902009 | *ST 中房 | 55.65 | 0.07 | 11.85 | 14.11 | 0.25 | 0.40 | 37.02 | 58.15 | 252.78 | 15.19 | 164.87 | 242.61 | 48 811.53 | 5 150.20 | 4 053.14 |
| 49 | 757 | 0009652009 | 天保基建 | 55.68 | 0.34 | 5.26 | 8.65 | 0.18 | 0.20 | 51.47 | 0 | 109.40 | 9.04 | 201.82 | 210.19 | 390 660.84 | 19 042.18 | 15 719.55 |
| 50 | 768 | 6000642009 | 南京高科 | 55.48 | 0.74 | 3.35 | 5.08 | 0.16 | 0.31 | 56.30 | 3.63 | 38.97 | 84.84 | 160.36 | 168.95 | 1 525 280.13 | 31 706.60 | 26 108.08 |
| 51 | 774 | 6000072009 | 中国国贸 | 55.33 | 0.29 | 4.51 | 6.76 | 0.10 | 3.58 | 51.36 | 0 | −2.88 | 3.28 | 59.72 | 110.27 | 896 615.75 | 38 723.85 | 29 003.04 |
| 52 | 783 | 6006392009 | 浦东金桥 | 55.06 | 0.43 | 8.84 | 11.41 | 0.13 | 0.42 | 49.96 | 7.16 | −25.46 | 8.54 | 44.14 | 99.64 | 739 974.31 | 50 797.20 | 40 580.33 |

续表

| 行业排名 | 全部上市公司排名 | 股票代码 | 股票名称 | 综合得分(100分) | 每股收益 | 总资产报酬率% | 净资产收益率% | 总资产周转率(次) | 流动资产周转率(次) | 资产负债率(%) | 已获利息倍数 | 营业收入增长率(%) | 资本扩张率(%) | 市场投资回报率(%) | 股价波动率(%) | 年末资产额(万元) | 营业收入净额(万元) | 净利润(万元) |
|---|---|---|---|---|---|---|---|---|---|---|---|---|---|---|---|---|---|---|
| 53 | 787 | 6004632009 | 空港股份 | 55.04 | 0.22 | 4.82 | 8.85 | 0.41 | 0.56 | 70.71 | 6.10 | 3.43 | 1.02 | 119.10 | 137.89 | 212 527.63 | 7 406.26 | 5 480.32 |
| 54 | 792 | 0005372009 | 广宇发展 | 54.85 | 0.16 | 6.76 | 17.69 | 0.36 | 0.41 | 72.61 | 0 | −40.81 | 19.55 | 349.10 | 234.60 | 288 248.82 | 19 177.28 | 12 822.44 |
| 55 | 805 | 0006082009 | 阳光股份 | 54.70 | 0.50 | 6.90 | 13.68 | 0.15 | 0.19 | 70.13 | 20.53 | −34.73 | 11.41 | 199.97 | 223.91 | 776 084.50 | 44 095.90 | 30 102.80 |
| 56 | 818 | 0005062009 | 中润投资 | 54.31 | 0.31 | 9.70 | 41.30 | 0.30 | 0.35 | 80.21 | 65.99 | 12.35 | 52.05 | −7.43 | 57.78 | 350 686.71 | 32 163.02 | 23 756.55 |
| 57 | 852 | 6005332009 | 栖霞建设 | 53.54 | 0.21 | 5.55 | 9.50 | 0.27 | 0.28 | 64.75 | 7.28 | 38.35 | 3.08 | 99.75 | 147.41 | 900 213.70 | 39 704.63 | 29 685.15 |
| 58 | 870 | 0021332009 | 广宇集团 | 53.09 | 0.33 | 4.65 | 9.90 | 0.22 | 0.23 | 72.64 | 4.39 | 38.30 | 15.98 | 158.29 | 203.23 | 653 873.31 | 21 470.68 | 16 490.36 |
| 59 | 871 | 0005462009 | 光华控股 | 53.02 | 0.11 | 7.63 | 12.83 | 0.66 | 0.76 | 62.82 | 5.34 | 5835.70 | 4.43 | 99.18 | 221.22 | 40 680.56 | 3 016.35 | 1 898.78 |
| 60 | 875 | 6001852009 | 格力地产 | 53.04 | 0.67 | 10.27 | 26.94 | 0.17 | 0.20 | 69.23 | 22.70 | 21.68 | 1810.87 | 273.83 | 244.21 | 539 287.23 | 30 317.05 | 23 516.55 |
| 61 | 883 | 0000312009 | 中粮地产 | 52.76 | 0.21 | 4.43 | 7.72 | 0.18 | 0.26 | 51.36 | 8.57 | 85.26 | 97.24 | 113.38 | 211.51 | 1 328 726.25 | 44 983.71 | 37 589.64 |
| 62 | 927 | 0009792009 | 中弘地产 | 51.68 | 1.02 | 46.78 | −46.68 | 0.33 | 1.39 | 173.61 | 4.21 | 1.43 | 0 | 316.59 | 281.68 | 29 729.81 | 12 644.09 | 12 705.76 |
| 63 | 931 | 0009312009 | 中关村 | 51.59 | 0.07 | 3.20 | 6.76 | 0.6 | 0.70 | 77.45 | 1.87 | 13.30 | 7.55 | 99.61 | 106.99 | 380 873.14 | 5 921.29 | 5 604.88 |
| 64 | 940 | 6007432009 | 华远地产 | 51.52 | 0.44 | 8.26 | 20.70 | 0.2 | 0.24 | 73.29 | 24.37 | −48.59 | 10.80 | 73.54 | 134.36 | 688 145.37 | 46 611.59 | 36 206.99 |
| 65 | 967 | 0001502009 | 宜华地产 | 50.99 | 0.31 | 11.13 | 14.74 | 0.31 | 0.31 | 34.75 | 0 | −26.52 | 14.69 | 147.02 | 177.09 | 111 399.72 | 13 280.05 | 10 029.03 |
| 66 | 981 | 6008952009 | 张江高科 | 50.86 | 0.46 | 8.95 | 13.82 | 0.17 | 0.33 | 57.62 | 7.66 | 22.88 | 11.48 | 20.95 | 72.65 | 1 427 918.57 | 98 027.62 | 79 330.96 |
| 67 | 989 | 0000432009 | 中航地产 | 50.63 | 0.28 | 2.74 | 4.89 | 0.31 | 0.38 | 67.78 | 14.36 | −2.51 | 19.12 | 182.49 | 214.44 | 644 644.47 | 14 876.02 | 9 348.51 |
| 68 | 1015 | 6008722009 | 中炬高新 | 50.08 | 0.09 | 3.87 | 3.78 | 0.36 | 0.67 | 31.96 | 5.64 | −0.72 | 0.34 | 214.44 | 179.62 | 273 629.52 | 8 566.02 | 7 029.87 |
| 69 | 1043 | 6015882009 | 北辰实业 | 49.60 | 0.17 | 6.06 | 7.88 | 0.19 | 0.26 | 64.59 | 6.41 | 17.21 | 5.96 | 98.68 | 146.61 | 2 635 597.08 | 96 332.80 | 71 446.27 |
| 70 | 1044 | 0004022009 | 金融街 | 49.60 | 0.55 | 6.31 | 8.93 | 0.18 | 0.23 | 62.36 | 7.60 | 11.37 | 7.59 | 56.45 | 135.22 | 4 235 405.34 | 191 746.13 | 137 405.63 |
| 71 | 1045 | 6007362009 | 苏州高新 | 49.48 | 0.24 | 2.97 | 7.95 | 0.27 | 0.32 | 74.79 | 19.01 | 1.98 | 11.32 | 157.17 | 186.87 | 1 307 461.18 | 32 986.13 | 24 864.79 |
| 72 | 1067 | 0005672009 | 海德股份 | 49.08 | 0.09 | 6.67 | 8.57 | 0.25 | 0.35 | 28.54 | 0 | −5.53 | 8.95 | 122.44 | 163.25 | 24 165.41 | 1 718.66 | 1 419.19 |
| 73 | 1086 | 6008232009 | 世茂股份 | 48.39 | 0.18 | 3.85 | 5.22 | 0.11 | 0.15 | 56.22 | 8.12 | 122.38 | 361.11 | 134.52 | 171.88 | 1 597 941.81 | 31 571.55 | 22 199.74 |
| 74 | 1124 | 6006382009 | 新黄浦 | 47.69 | 0.29 | 4.18 | 5.91 | 0.1 | 0.19 | 54.29 | 9.95 | 14.19 | 12.81 | 72.51 | 84.23 | 643 037.05 | 19 286.91 | 16 372.06 |
| 75 | 1133 | 0000902009 | 深天健 | 47.46 | 0.13 | 3.18 | 2.45 | 0.47 | 0.66 | 55.23 | 2.84 | −6.34 | 26.55 | 290.37 | 262.25 | 588 976.75 | 8 258.03 | 5 771.47 |
| 76 | 1134 | 0000462009 | 泛海建设 | 47.45 | 0.18 | 2.75 | 4.44 | 0.11 | 0.11 | 60.70 | 0 | 67.59 | 3.20 | 129.19 | 196.23 | 2 274 090.93 | 58 775.01 | 39 040.19 |
| 77 | 1146 | 0009092009 | 数源科技 | 47.18 | 0.10 | 1.66 | 4.22 | 0.44 | 0.49 | 70.93 | 0 | 13.52 | −1.90 | 243.24 | 235.30 | 203 077.48 | 4 312.07 | 2 518.03 |
| 78 | 1168 | 6002152009 | 长春经开 | 46.50 | 0.01 | 1.65 | 0.12 | 0.16 | 0.25 | 25.55 | 3.69 | 136.55 | 0.12 | 128.89 | 145.93 | 308 137.04 | 3 642.38 | 279.45 |

续表

| 行业排名 | 全部上市公司排名 | 股票代码 | 股票名称 | 综合得分(100分) | 每股收益 | 总资产报酬率% | 净资产收益率% | 总资产周转率(次) | 流动资产周转率(次) | 资产负债率(%) | 已获利息倍数 | 营业收入增长率(%) | 资本扩张率(%) | 市场投资回报率(%) | 股价波动率(%) | 年末资产额(万元) | 营业收入净额(万元) | 净利润(万元) |
|---|---|---|---|---|---|---|---|---|---|---|---|---|---|---|---|---|---|---|
| 79 | 1184 | 6002402009 | 华业地产 | 46.17 | 0.18 | 3.95 | 5.68 | 0.24 | 0.26 | 69.00 | 7.88 | 126.84 | 2.32 | 136.60 | 163.99 | 667 597.75 | 17 779.76 | 11 614.38 |
| 80 | 1204 | 6002462009 | 万通地产 | 45.53 | 0.27 | 6.68 | 10.35 | 0.29 | 0.33 | 64.82 | 19.75 | −49.10 | 0.47 | 123.46 | 150.44 | 949 956.64 | 53 553.97 | 34 489.89 |
| 81 | 1215 | 0007362009 | ST重实 | 44.96 | 0.35 | 5.82 | 8.75 | 0.04 | 0.05 | 38.64 | 29.16 | 100.30 | 5.98 | 114.14 | 167.77 | 196 644.15 | 10 846.93 | 10 265.70 |
| 82 | 1216 | 6007482009 | 上实发展 | 44.97 | 0.23 | 3.74 | 10.07 | 0.18 | 0.22 | 79.22 | 4.99 | 13.02 | −2.84 | 103.71 | 179.17 | 1 307 442.15 | 36 824.66 | 27 751.73 |
| 83 | 1243 | 0023052009 | 南国置业 | 44.07 | 0.38 | 10.71 | 16.79 | 0.29 | 0.29 | 41.14 | 0 | 6.09 | 109.28 | −42.58 | 20.90 | 227 590.75 | 21 828.21 | 16 618.00 |
| 84 | 1253 | 0005142009 | 渝开发 | 43.75 | 0.24 | 6.82 | 7.10 | 0.14 | 0.31 | 36.41 | 5.33 | 9.84 | 5.28 | 138.6 | 188.59 | 349 079.88 | 18 219.69 | 15 375.87 |
| 85 | 1259 | 6006962009 | 多伦股份 | 43.28 | 0.02 | 2.43 | 1.90 | 0.08 | 0.10 | 16.14 | 3.13 | −6.67 | 3.33 | 169.84 | 157.45 | 63 767.98 | 1 180.87 | 1 001.01 |
| 86 | 1260 | 0006562009 | ST东源 | 43.27 | 0.07 | 2.98 | 3.86 | 0 | 0 | 1.45 | 0 | 122.17 | 3.94 | 285.19 | 335.47 | 44 535.90 | 1 388.46 | 1 662.74 |
| 87 | 1282 | 6006152009 | 丰华股份 | 42.59 | 0.03 | 1.66 | 1.42 | 0.28 | 0.31 | 50.18 | 5.69 | 70.37 | 1.43 | 144.58 | 120.19 | 71 157.70 | 1 005.40 | 500.84 |
| 88 | 1291 | 6006872009 | 刚泰控股 | 42.44 | 0.04 | 1.57 | 1.90 | 0.33 | 0.40 | 62.87 | 7.26 | −60.70 | 5.81 | 109.43 | 162.59 | 62 532.75 | 784.62 | 429.33 |
| 89 | 1306 | 0006672009 | 名流置业 | 42.12 | 0.21 | 5.29 | 5.75 | 0.12 | 0.13 | 40.59 | 15.30 | −13.73 | 7.89 | 126.3 | 203.19 | 851 290.60 | 36 468.51 | 28 004.91 |
| 90 | 1307 | 0005732009 | 粤宏远A | 42.08 | 0.03 | 2.15 | 1.72 | 0.20 | 0.38 | 44.83 | 1.85 | 48.52 | 4.00 | 136.48 | 166.22 | 256 011.03 | 2 603.97 | 2 376.26 |
| 91 | 1324 | 6000822009 | 海泰发展 | 41.15 | 0.14 | 4.22 | 5.55 | 0.27 | 0.32 | 39.18 | 34.12 | 17.57 | 4.31 | 181.63 | 168.41 | 275 579.58 | 12 515.36 | 9 108.31 |
| 92 | 1328 | 6003222009 | 天房发展 | 41.10 | 0.14 | 2.52 | 4.09 | 0.12 | 0.13 | 59.66 | 10.50 | −22.34 | 3.32 | 84.37 | 126.11 | 1 020 861.02 | 22 450.05 | 16 587.50 |
| 93 | 1330 | 0008972009 | 津滨发展 | 40.96 | 0.01 | 2.52 | 0.66 | 0.23 | 0.28 | 68.14 | 1.51 | 50.23 | −4.07 | 83.88 | 111.54 | 836 117.37 | 6 794.01 | 1 796.54 |
| 94 | 1345 | 6000532009 | 中江地产 | 40.64 | 0.04 | 0.57 | 1.70 | 0.17 | 0.17 | 71.11 | 0 | 37.63 | −0.28 | 156.22 | 159.47 | 262 540.45 | 1 475.04 | 1 289.08 |
| 95 | 1355 | 6006792009 | 金山开发 | 39.93 | 0.01 | 1.26 | 0.89 | 0.69 | 1.27 | 40.68 | 2.29 | −39.19 | −4.69 | 63.44 | 95.12 | 122 653.07 | 902.25 | 664.23 |
| 96 | 1368 | 6005032009 | 华丽家族 | 39.47 | 0.18 | 3.70 | 7.31 | 0.02 | 0.02 | 60.60 | 550.42 | −90.24 | 47.14 | 88.8 | 155.30 | 391 442.02 | 12 312.46 | 9 472.15 |
| 97 | 1375 | 0005112009 | 银基发展 | 39.02 | 0.10 | 5.63 | 7.98 | 0.22 | 0.25 | 56.04 | 0 | −6.39 | 8.31 | 90.38 | 137.70 | 344 524.27 | 15 606.29 | 11 617.47 |
| 98 | 1381 | 0007112009 | 天伦置业 | 38.76 | 0.01 | 2.60 | −0.51 | 0.07 | 0.22 | 54.46 | 1.28 | 6.43 | −0.50 | 155.23 | 204.61 | 81 285.93 | 433.24 | −187.56 |
| 99 | 1399 | 0005052009 | *ST珠江 | 38.02 | 0.19 | 8.05 | 20.33 | 0.19 | 0.35 | 67.26 | 3.03 | 180.09 | 410.62 | 34.99 | 78.65 | 203 369.53 | 8 118.21 | 8 092.61 |
| 100 | 1449 | 0008092009 | 中汇医药 | 34.01 | −0.05 | −0.24 | −4.03 | 0.59 | 1.23 | 44.61 | −0.15 | 13.74 | −1.02 | 162.73 | 279.57 | 23 990.15 | −509.65 | −537.61 |
| 101 | 1456 | 0006092009 | 绵世股份 | 33.48 | 0.05 | 0.67 | 1.82 | 0.01 | 0.02 | 21.51 | 0 | −97.77 | 1.84 | 40.31 | 92.70 | 105 936.67 | 1 673.57 | 1 500.71 |
| 102 | 1461 | 0000292009 | 深深房A | 33.11 | 0.02 | 2.93 | 1.68 | 0.27 | 0.38 | 63.83 | 1.91 | 6.26 | 1.55 | 155.48 | 221.38 | 336 111.03 | 3 618.03 | 2 021.74 |
| 103 | 1462 | 0008382009 | 国兴地产 | 32.97 | 0.01 | 0.74 | 0.70 | 0.07 | 0.07 | 43.66 | 0 | −64.49 | 0.71 | 115.19 | 153.84 | 62 663.73 | 475.02 | 247.83 |
| 104 | 1466 | 6007322009 | 上海新梅 | 32.20 | 0.07 | 2.03 | 2.37 | 0.10 | 0.11 | 58.59 | 0 | −63.31 | 2.40 | 68.61 | 93.38 | 190 976.96 | 3 858.14 | 1 855.09 |

续表

| 行业排名 | 全部上市公司排名 | 股票代码 | 股票名称 | 综合得分(100分) | 每股收益 | 总资产报酬率% | 净资产收益率% | 总资产周转率(次) | 流动资产周转率(次) | 资产负债率(%) | 已获利息倍数 | 营业收入增长率(%) | 资本扩张率(%) | 市场投资回报率(%) | 股价波动率(%) | 年末资产额(万元) | 营业收入净额(万元) | 净利润(万元) |
|---|---|---|---|---|---|---|---|---|---|---|---|---|---|---|---|---|---|---|
| 105 | 1489 | 6007532009 | 东方银星 | 30.25 | 0.03 | 1.77 | 2.26 | 0 | 0 | 43.88 | 3.29 | −98.61 | 2.29 | 142.66 | 178.28 | 22 889.02 | 287.50 | 287.50 |
| 106 | 1517 | 6007672009 | 运盛实业 | 28.35 | 0.01 | 1.31 | 0.65 | 0.13 | 0.16 | 38.1 | 1.19 | 347.31 | 0.64 | 92.35 | 133.61 | 62 560.32 | 118.91 | 251.15 |
| 107 | 1527 | 6007912009 | 京能置业 | 27.22 | 0.04 | 2.58 | 2.51 | 0.06 | 0.06 | 66.92 | 1.89 | −61.32 | −14.58 | 69.31 | 112.54 | 291 417.82 | 3 794.27 | 2 626.53 |
| 108 | 1535 | 6006032009 | ST 兴业 | 26.47 | 0.02 | 31.17 | −1.16 | 0.04 | 0.06 | 5540.85 | 31.63 | −92.01 | 0 | 91.76 | 128.41 | 496.40 | 315.81 | 315.81 |
| 109 | 1634 | 6007662009 | 园城股份 | 16.70 | 0.02 | −0.57 | −13.00 | 0.09 | 0.11 | 89.2 | −0.51 | 318.81 | −12.21 | 125.80 | 151.39 | 65 122.52 | −1 029.33 | −977.81 |
| 110 | 1645 | 0000052009 | 世纪星源 | 14.95 | −0.05 | −0.88 | −6.73 | 0.03 | 0.18 | 46.76 | −0.40 | −60.27 | −6.59 | 127.16 | 153.00 | 131 920.39 | −4 203.59 | −4 891.95 |
| 111 | 1650 | 6006342009 | *ST 海鸟 | 14.12 | −0.7 | −22.97 | −33.52 | 0.05 | 0.10 | 29.26 | −13.56 | −46.79 | −30.14 | 103.70 | 155.03 | 21 098.95 | −5 852.83 | −6 082.20 |
| 112 | 1654 | 6008072009 | 天业股份 | 12.85 | −0.35 | −4.73 | −16.11 | 0.08 | 0.09 | 70.42 | −2.61 | −70.77 | −14.91 | 396.99 | 360.84 | 111 271.03 | −7 016.48 | −5 764.65 |
| 113 | 1655 | 6004902009 | *ST 合臣 | 12.80 | −1.10 | −32.11 | −83.69 | 0.28 | 0.45 | 72.75 | −14.96 | −35.78 | −59.00 | 129.27 | 182.77 | 37 639.28 | −14 309.55 | −14 758.06 |

附录一

# 中国上市公司业绩评价体系说明

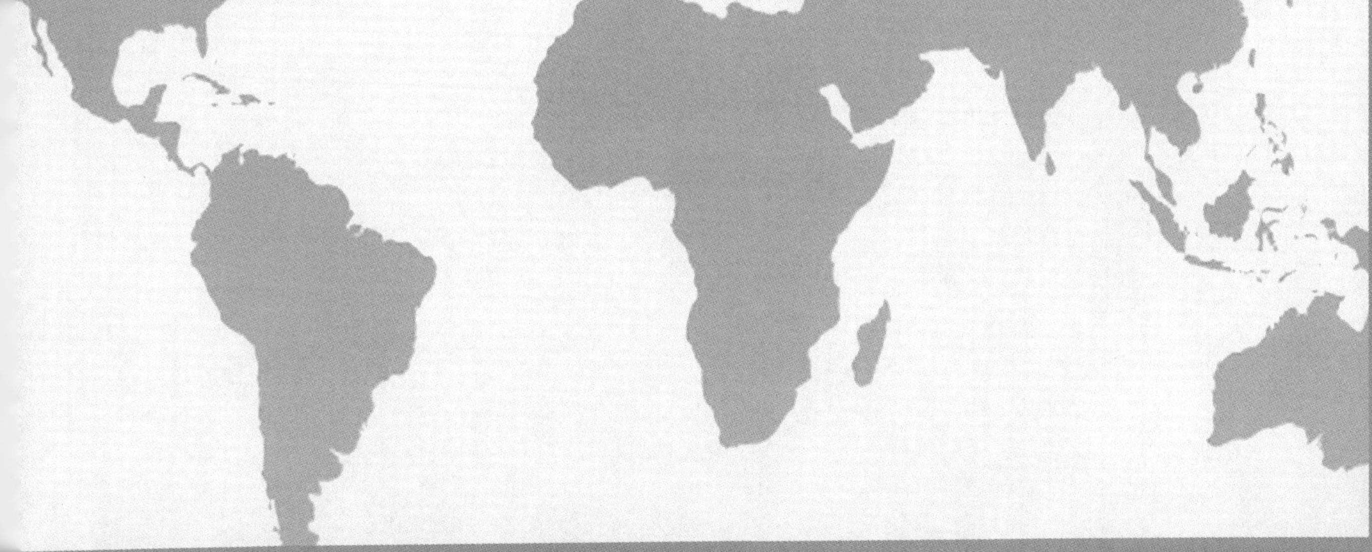

为准确、科学评价上市公司的经营业绩，提高上市公司监管效率，更好地服务于广大投资者和提高上市公司经营管理水平。2001 年中联财务顾问有限公司和中联资产评估有限公司组织评价领域有关专家成立“中国上市公司业绩评价课题组”，借鉴国内外企业绩效评价的体系与方法，结合上市公司的特点，研究建立了中国上市公司业绩评价指标体系。该评价体系是贯彻科学发展观的具体体现，从多角度反映上市公司的业绩，在衡量公司盈利能力的同时，兼顾公司的成长、风险、资产质量和市场表现。旨在为广大投资者、政府监管机构、债权人、公司职工以及其他利益相关者获取上市公司真实业绩的相关资料及信息，并提供一个有效的分析工具。现将该评价体系的基本内容说明如下。

## 一、中国上市公司评价体系的主要特点

在研究上市公司业绩评价体系过程中，我们充分借鉴了财政部、原国家经贸委、原中央企业工委、劳动保障部和原国家计委联合颁布《企业绩效评价实施细则》和国务院国有资产监督管理委员会颁布的《中央企业绩效评价管理暂行办法》（国资委令第 14 号）的有关规定，根据公开披露的上市公司数据，紧密结合中国上市公司的特点，突出反映上市公司的市场表现，研究建立了中国上市公司业绩评价指标体系。归纳起来，主要有以下特点。

### （一）充分体现了投入回报特性

企业的根本属性是以盈利为目的，不仅是短期盈利，更重要的是可持续的长期盈利。本评价体现以投入产出为核心，充分反映企业的盈利能力。在评价的五个方面中，有两个方面主要反映盈利能力，一个是从企业的角度反映企业的盈利水平，即盈利能力，占 35%的权重；另一个是从市场角度反映股票的增值水平，即市场表现，占 15%的权重。盈利能力主要从投资人和社会两个角度来反映，体现在净资产收益率和总资产报酬率上，增值水平主要体现在市场投资回报率上。因此，本评价体系的核心是体现投入产出特性。

### （二）构建了多层次的立体评价体系

本评价体系的评价指标包括基本评价指标和修正评价指标两个层次，两层次之间不是简单的并列关系，而是递进的修正和验证关系，首先，通过 10 项基本评价指标计算出上市公

司的业绩评价的得分，然后，通过13项评价指标对基本指标评价分数进行验证和修正，从而得出更加客观的评价结果。

### （三）首创了线性评价标准

对某一个评价指标而言，传统的评价标准只是一个数值，最多也只有满意值和不允许值等两个评价标准。而在本评价体系中，创立了线性评价标准，具体而言，每一评价指标分为优秀、良好、平均、较低、较差等五档标准，这五档标准反映在坐标轴上就是一条曲线，即评价标准线，线标准不仅能为评价计分提供准确地计算依据，而且，能描述不同评价指标的经济特性，不同的评价指标有不同类型的评价标准曲线，只有标准合理才能实现更加科学的计分。

### （四）具有较强的可操作性

在设计本评价体系时，我们将可操作性作为一项重要的目标，首先，要求所有的评价指标能够从公开的市场上能够获取；其次，评价标准要做到符合实际，既考虑到中国企业的普遍情况，又考虑到上市公司的实际特点；最后，还要设计一套上市公司业绩评价软件，通过软件自动评价中国上市公司的评价得分。

## 二、中国上市公司业绩评价指标体系

由于我国上市公司法人治理不完善、股权割裂、法制不健全等原因，上市公司出于市场融资、配合二级市场炒作、避免亏损、管理层骗取激励基金及政治追求等特别目的，人为进行盈余操纵，甚至财务欺诈的行为时有发生。因此，不能仅仅从实现利润情况评价上市公司的业绩，我们认为，上市公司的业绩应包括财务效益、资产质量、偿债风险、发展能力及市场表现等五个方面，对于每一方面，我们设置了若干财务指标反映其真实状况，具体分为基本指标和修正指标两个层次。只有五方面的有机结合，才能客观反映企业的真实业绩。

### （一）中国上市公司业绩评价指标体系的设置原则

上市公司业绩评价指标体系的设置遵循以下几项原则：一是选定的指标应具有较强的横向、纵向可比性，尽可能排除偶然或异常事项的影响，如果不能完全剔除这些因素的干扰，则通过调整相关指标的权数以降低其对评价结果的影响程度；二是各项指标的设立在整体均衡的基础上应突出相互的制衡性，整个指标体系要具备“此消彼长”的内在机制，提高操控整个指标体系的困难程度；三是指标体系的确定要充分考虑上市公司特点，而且所有财务指标的计算、取值只局限在上市公司公告的数据资料内，不尝试获得每家上市公司进一步的内部信息资料，即在现行法规框架下，通过对部分必要信息的分析判断取得尽可能公平合理的评价结果。

### （二）中国上市公司业绩评价指标体系的主要特点

第一，突出股东回报，企业的根本属性就是实现股东价值最大化，本评价体系以投入产出为核心，从股东价值和企业价值两个角度来反映企业的盈利能力，主要采用扣除非经常性损益后的净资产收益率和总资产报酬率两个财务指标来体现，占35%的权重，核心是突出股东回报，体现股东价值最大化。扣除非经常性损益后的净资产收益率剔除了企业盈利的偶然因素，反映企业持续盈利能力，总资产报酬率反映企业占用总资产创造的总价值，包括对股东的回报和对债权人的回报。当然，反映企业盈利能力的财务指标还有很多，我们重点从经营活动创造的利润、盈利是否有现金保障、投入资本获得的收益等多角度对企业的盈利能力进行修正，目的是更加全面、完整、真实地反映企业的盈利能力。

第二，关注公司成长。上市公司的发展不仅需要短期盈利，更需要长期持久的健康发展，本体系从规模增长的角度反映企业的成长性，采用的主要指标是销售增长率和资本扩张率，权重占20%。销售增长反映企业的市场占有和业务发展状况，资本扩张反映企业的盈利中用于扩大再生产的状况。同时，还采用三年营业收入增长、总资产增长、营业利润增长和盈余保留等项指标对成长性进行修正。

第三，体现资产质量。企业资产是创造财富的源泉，资产质量的高低间接反映企业盈利能力。本体系从资产效率的角度反映资产运营水平，采用的主要指标是总资产周转率和流动资产周转率，权重占15%。总资产周转率反映总资产创造产品和服务的能力，体现总资产的运营效率，流动资产周转率反映企业流动资产的运营效率。同时，还采用应收账款周转速度和存货周转速度进行修正。

第四，反映债务风险。企业在发展的同时要防范债务风险，防止出现债务危机，要做到收益和风险的平衡。本体系从负债和流动性角度反映企业的偿债能力，采用的主要指标是资产负债率和已获利息倍数，权重占15%。资产负债率是国际通行反映企业债务水平的指标，已获利息倍数反映企业的盈利中偿还债务利息的能力。同时，还采用带息负债、现金流和速动资产比率进行修正。

第五，重视市场表现。尽管目前我国资本市场的股票价与上市公司业绩的相关性不强，仅股价不能完全反映上市公司的真实业绩，但从我们多年的研究结果看，上市公司的市场表现与业绩的相关性逐年提高，本课题很重视企业在资本市场上的表现，将市场表现作为企业业绩的重要内容，采用的主要指标是市场投资回报率和股价波动率，占15%的权重。市场投资回报率反映股票投资人在资本市场上获得的收益，包括股价上涨、分红、送股等，股价波动率反映股价的稳定性，对股价大起大落的公司适当减分。

### （三）中国上市公司业绩评价指标体系的基本框架

中国上市公司业绩评价指标体系由财务效益状况、资产质量状况、偿债风险状况、发展能力状况以及市场表现等五部分指标构成，包括基本指标和修正指标两个层次，共23项评价指标。

附表 1　　中国上市公司业绩评价指标体系与指标权数表

| 评价指标 | | 基本指标 | | 修正指标 | |
|---|---|---|---|---|---|
| 评价内容 | 权数 100 | 指标 | 权数 100 | 指标 | 权数 100 |
| 一、财务效益状况 | 35 | 净资产收益率（%）<br>总资产报酬率（%） | 20<br>15 | 营业利润率（%）<br>盈利现金保障倍数<br>股本收益率（%）<br>资产规模系数 | 7<br>8<br>8<br>12 |
| 二、资产质量状况 | 15 | 总资产周转率（次）<br>流动资产周转率（次） | 8<br>7 | 应收账款周转率（次）<br>存货周转率（次） | 9<br>6 |
| 三、偿债风险状况 | 15 | 资产负债率（%）<br>获利倍数 | 8<br>7 | 速动比率（%）<br>现金流动负债比率（%）<br>带息负债比率（%） | 5<br>5<br>5 |
| 四、发展能力状况 | 20 | 营业收入增长率（%）<br>资本扩张率（%） | 10<br>10 | 累计保留盈余率（%）<br>三年营业收入增长率（%）<br>总资产增长率（%）<br>营业利润增长率（%）<br>资产规模系数 | 3<br>3<br>4<br>4<br>6 |
| 五、市场表现状况 | 15 | 市场投资回报率（%）<br>股价波动率（%） | 10<br>5 | | |

## （四）基本指标的内涵

基本指标是评价上市公司业绩的主要计量指标，是整个评价指标体系的核心。基本指标由净资产收益率、总资产报酬率、总资产周转率、流动资产周转率、资产负债率、已获利息倍数、营业收入增长率、资本扩张率、市场投资回报率以及股价波动率共 10 项计量指标构成。

**1. 净资产收益率**

（1）基本概念

净资产收益率是指企业一定时期内的净利润同平均净资产的比率。净平均净资产收益率充分体现了投资者投入企业的自有资本获取净收益的能力，突出反映了投资与报酬的关系，是评价企业资本经营效益的核心指标。

（2）计算公式

净资产收益率＝（净利润－非经常性损益）/平均净资产×100%

（3）内容解释

第一，净利润是指企业未作任何分配前的税后利润，为更好的评价企业业绩，反映上市公司的可持续盈利能力，本指标的净利润是指扣除非经常性损益后的净利润。

第二，平均净资产是企业年初所有者权益同本年所有者权益变动的平均数。净资产包括实收资本、资本公积金、盈余公积金和未分配利润等。

**2. 总资产报酬率**

(1) 基本概念

总资产报酬率是企业在报告期内获得的可供投资者和债权人分配的经营收益占总资产的百分比，反映资产利用的综合效果，本指标剔除了财务杠杆对收益率的影响。

(2) 计算公式

$$总资产报酬率=息税前利润/年度平均资产总额\times 100\%$$

(3) 内容解释

第一，息税前利润是指企业利润总额＋利息支出。数据取值于《利润及利润分配表》。由于很多上市公司没有披露利息支出，这里采用财务费用代替。

第二，年度平均资产总额指企业年平均占用的资产额，年度平均资产总额＝（资产总额年初数＋资产总额年末数）/2。数值取值于《资产负债表》。

**3. 总资产周转率**

(1) 基本概念

总资产周转率是指企业一定时期主营业务收入净额同平均资产总额的比值。总资产周转率是综合评价企业全部资产经营质量和利用效率的重要指标。

(2) 计算公式

$$总资产周转率（次）=\frac{主营业务收入净额}{平均资产总额}$$

(3) 内容解释

第一，主营业务收入净额同上。

第二，平均资产总额是指企业资产总额年初数与年末数的平均值，平均资产总额＝（资产总额年初数＋资产总额年末数）/2。数值取值于《资产负债表》。

**4. 流动资产周转率**

(1) 基本概念

流动资产周转率是指企业一定时期主营业务收入净额同平均流动资产总额的比值。流动资产周转率是评价企业资产利用效率的另一主要指标。

(2) 计算公式

$$流动资本周转率（次）=\frac{主营业务收入净额}{平均流动资产总额}$$

(3) 内容解释

第一，主营业务收入净额同上。

第二，平均流动资产总额是指企业流动资产总额的年初数与年末数的平均值，平均流动资产总额＝（流动资产年初数＋流动资产年末数）/2。数值取值于《资产负债表》。

**5. 资产负债率**

(1) 基本概念

资产负债率是指企业一定时期负债总额同资产总额的比率。资产负债率表示企业总资产中有多少是通过负债筹集的，该指标是评价企业负债水平和偿债能力的综合指标。该指标为逆向指标，实际值越低，得分越高。

（2）计算公式

$$资产负债率=\frac{负债总额}{资产总额}\times 100\%$$

（3）内容解释

第一，负债总额是指企业流动负债、长期负债和递延税款贷项的总和。少数股东权益不在负债总额中体现。数值取值于《资产负债表》。

第二，资产总额是指企业拥有各项资产价值的总和。数值取值于《资产负债表》。

**6. 获利倍数**

（1）基本概念

获利倍数是指企业一定时期的盈利偿还利息的能力。从偿还利息的角度来反映企业当期偿付债务的能力，也叫利息保障倍数。

（2）计算公式

获利倍数＝（利润总额＋利息费用）/利息费用

（3）内容解释

由于相当多的上市公司没有披露利息支出，本体系采用利润表中的“财务费用”替代。

**7. 营业收入增长率**

（1）基本概念

营业收入增长率是指企业本年营业收入增长额同上年营业收入的比率。营业收入增长率表示与上年相比，企业营业收入的增减变动情况，是评价企业成长状况和发展能力的重要指标。

（2）计算公式

营业收入增长率（%）＝本年营业收入增长额/上年营业收入×100%

（3）内容解释

第一，本年营业收入增长额是企业本年营业收入与上年营业收入的差额，本年营业收入增长额＝本年营业收入－上年营业收入。如本年营业收入低于上年，本年营业收入增长额用“－”表示。有关数据取值于《利润及利润分配表》。

第二，上年营业收入指企业上年全年的主要经营活动所取得的收入减去折扣与折让后的数额。数据取值于《利润及利润分配表》。

**8. 资本扩张率**

（1）基本概念

资本扩张率是指上市公司本年股东权益增长额同年初股东权益的比率。资本扩张率表示企业当年资本的积累能力，是评价企业发展潜力的重要指标。

（2）计算公式

$$资本扩张率=\frac{本年股东权益增长额}{年初股东权益}\times 100\%$$

（3）内容解释

第一，本年股东权益增长额是指企业本年股东权益与上年股东权益的差额，本年股东权益增长额＝股东权益年末数－股东权益年初数。数值取值于《资产负债表》。

第二，年初股东权益指股东权益的年初数。数值取值于《资产负债表》。

**9. 市场投资回报率**

（1）基本概念

市场投资回报率是指上市公司本年在资本市场上投资股票所获得的收益同年初股票投资成本的比率，反应上市公司股权在一年内的增值幅度。市场投资回报包括股票价格变动、企业分红派息、送配股等因素。市场投资回报率表示上市公司资本市场的增值能力，是评价上市公司市场表现的重要指标。

（2）计算公式

$$市场投资回报率=\frac{本年股票投资收益}{股票投资成本}\times 100\%$$

（3）内容解释

第一，本年股票投资收益是指在资本市场投资股票所获得的收益，本年股票投资收益＝股票年末复权价格－股票年初复权价格。

第二，股票投资成本是指年初投资股票时的复权价格。

**10. 股价波动率**

（1）基本概念

股价波动率是指上市公司每周股价同平均股价的标准平均方差，反映上市公司本年股票价格在股票市场上的波动情况。股价波动率主要体现上市公司的经营风险，以及稳定持续发展情况。该指标为逆向指标，实际值越低，得分越高。

（2）计算公式

$$股价波动率=\sqrt{\sum_{i=1}^{n}\left(\frac{xi}{\bar{x}}-1\right)^2}\times 100\%$$

其中：$xi$ 表示每周股票的复权开盘价；$\bar{x}$表示一年股票的平均复权价。

（3）有关说明

第一，为避免送配股、分红等对股价的影响，股价波动率采用股票的复权价格计算。

第二，考虑到股价对波动率的影响，在计算股价波动率时，对每周复权价和平均股价都除以平均股价。

## （五）修正指标的内涵

修正指标是从多方面调整完善基本指标评价结果的计量因素，是整个评价指标体系的重要辅助部分。通过修正指标的分析评价，实现对基本指标评价结果的全面调整和修正，形成定量指标评价结果。修正指标由营业利润率、盈利现金保障倍数、股本收益率、资产规模系数、应收账款周转率、存货周转率、速动比率、现金流动负债比率、带息负债比率、累计保留盈余率、三年营业收入增长率、总资产增长率以及营业利润增长率共 13 项计量指标构成。

**1. 营业利润率**

（1）基本概念

营业利润率是指企业一定时期营业利润同营业收入的比率。它表明企业每单位营业收入能带来多少营业利润，反映了企业日常经营性业务的获利能力。

（2）计算公式

$$营业利润率=本年营业利润/本年营业收入\times 100\%$$

（3）内容解释

第一，营业利润是指日常经营业务获得的利润，不包括投资收益、营业外收支等因素。数据取值于《利润及利润分配表》。

第二，营业收入额是指企业当期销售产品、商品、提供劳务等主要经营活动所取得的收入减去折扣与折让后的数额。数据取值于《利润及利润分配表》。

**2. 盈利现金保障倍数**

（1）基本概念

盈利现金保障倍数是企业一定时期经营现金净流量同净利润的比值。盈利现金保障倍数指标反映了企业当期净利润中现金收益的保障程度，真实地反映了企业盈余的质量。

（2）计算公式

$$盈余现金保障倍数=\frac{经营现金净流量}{净利润}\times 100\%$$

（3）内容解释

第一，经营现金净流量指一定时期内，由企业经营活动所产生的现金及其等价物的流入量与流出量的差额。数据取值于《现金流量表》。

第二，净利润同上。数据取值于《利润及利润分配表》。

**3. 股本收益率**

（1）基本概念

股本收益率是指企业一定时期内获得的净利润与平均股本净额的比率。股本收益揭示了上市公司净资产中的股本获取净收益的能力。突出反映了股本与报酬的关系。

（2）计算公式

$$股本收益率=\frac{净利润}{平均股本净额}\times 100\%$$

（3）内容解释

第一，净利润采用归属母公司的净利润。

第二，平均股本净额是指企业股本净额年初数与年末数的平均值，平均股本净额=（股本净额年初数+股本净额年末数）/2。数据取值于《资产负债表》。

**4. 资产规模系数**

为准确反映不同规模企业的业绩增长难度，合理评价公司业绩，我们设置了资产规模系数。对于资产总额较大的企业，其盈利增长和发展能力增长空间较小，获得高速增长的难度较大，对于资产总额较小的企业，其盈利增长和发展能力增长空间较大，获得高速增幅相对容易。因此，我们用资产规模系数来修正盈利能力和发展能力状况的评价得分，以上市公司的平均资产总额为基准，依据上市公司的实际资产规模适当修正评价得分。原则上，上市公司的总资产规模越大，则其对基本得分的正方向修正力度就越大。

**5. 应收账款周转率**

（1）基本概念

应收账款周转率是企业一定时期内主营业务收入净额同应收账款平均余额的比率。应收账款周转率是对流动资产周转率的补充说明。

（2）计算公式

$$应收账款周转率（次）=\frac{主营业务收入净额}{应收账款平均余额}\times 100\%$$

（3）内容解释

第一，主营业务收入净额同上。

第二，应收账款是指企业因赊销产品、材料、物资和提供劳务而应向购买方收取的各种款项。应收账款是应收账款账面价值减坏账准备之后的净值。应收账款平均余额=（应收账款余额年初数+应收账款余额年末数）/2。数据取值于《资产负债表》。

**6. 存货周转率**

（1）基本概念

存货周转率是企业一定时期主营业务成本与存货平均余额的比率。存货周转率是对流动资产周转率的补充说明。

（2）计算公式

$$存货周转率（次）=\frac{主营业务成本}{存货平均余额}\times 100\%$$

（3）内容解释

第一，营业成本是指企业销售产品、商品或提供劳务等经营业务的实际成本。数据取值于《利润及利润分配表》。

第二，存货余额是指企业存货账面价值与存货跌价准备之和，存货余额是存货账面价值减存货跌价准备之后的净值。存货账面价值指企业期末各种存货的历史成本。存货跌价准备指存货可变现净值低于存货成本的部分。存货平均余额是存货余额年初数与年末数的平均值，即存货平均余额=（存货余额年初数+存货余额年末数）/2。数据取值于《资产负债表》《资产减值表》。

**7. 速动比率**

（1）基本概念

速动比率是企业一定时期的速动资产同流动负债的比率。速动比率衡量企业的短期偿债能力，评价企业流动资产变现能力的强弱。

（2）计算公式

$$速动比率=\frac{速动资产}{流动负债}\times 100\%$$

（3）内容解释

第一，速动资产是指扣除存货后流动资产的数额，速动资产=流动资产－存货。数据取值于《资产负债表》。

第二，流动负债同上。

**8. 现金流动负债比率**

（1）基本概念

现金流动负债比率是企业一定时期的经营现金净流量同流动负债的比率。现金流动负债比率是从现金流动角度来反映企业当期偿付短期负债的能力。

（2）计算公式

$$现金流动负债比率=\frac{年经营现金净流量}{年末流动负债}\times 100\%$$

（3）内容解释

第一，年现金净流量指一定时期内，由企业经营活动所产生的现金及其等价物的流入量与流出量的差额。数据取值于《现金流量表》。

第二，流动负债指企业所有偿还期在一年或一个经营周期以内债务。数据取值于《资产负债表》。

**9. 带息负债比率**

（1）基本概念

带息负债比率是指带息负债与企业负债总额。带息负债包括短期借款＋一年内到期的非流动负债＋长期借款＋应付债券＋应付利息。该指标反映企业负债中承担利息负债的比率。该指标为逆向指标，实际值越低，得分越高。

（2）计算公式

$$带息负债比率=\frac{带息负债}{负债总额}\times 100\%$$

其中：带息负债＝短期借款＋一年内到期的非流动负债＋长期借款＋应付债券＋应付利息。

（3）内容解释

第一，带息负债表示企业负债中需要承担利息的负债额度。数值取值于《资产负债表》。

第二，负债总额同上。数值取值于《资产负债表》。

**10. 累计保留盈余率**

（1）基本概念

累计保留盈余率是指企业盈余公积与未分配利润之和同平均股东权益的比率。累计保留盈余率反映了企业靠自身经营积累的发展能力大小。

（2）计算公式

$$累计保留盈余率=\frac{盈余公积+未分配利润}{平均股东权益}\times 100\%$$

（3）内容解释

第一，盈余公积是企业按照有关规定及程序从净利润中提取的。数据取值于《资产负债表》。

第二，未分配利润是企业净利润经过一系列利润分配程序之后的剩余额。数据取值于《资产负债表》。

第三，平均股东权益是指企业股东权益年初数与年末数的平均值，平均股东权益＝（股东权益年初数＋股东权益年末数）/2。数据取值于《资产负债表》。

**11. 三年营业收入平均增长率**

（1）基本概念

三年营业收入平均增长率表明企业营业收入连续三年的增长情况，体现企业的持续发展态势和市场扩张能力。

（2）计算公式

$$三年主营业务平均增长率=\left(\sqrt[3]{\frac{当年主营业务收入净额}{三年前主营业务收入净额}}-1\right)\times100\%$$

（3）内容解释

第一，当年营业收入同上。

第二，三年前营业收入指企业三年前的营业收入数。数据取值于三年前《利润及利润分配表》。

**12. 总资产增长率**

（1）基本概念

总资产增长率是指企业资产规模的增长，反映企业的成长性。

（2）计算公式

$$总资产增长率=\frac{本年资产总额增长额}{上年资产总额}\times100\%$$

（3）内容解释

本年资产总额增长额＝本年资产总额－上年资产总额。如本年资产总额低于上年，本年资产总额增长额用“－”表示。数据取值于《资产负债表》。

**13. 营业利润增长率**

（1）基本概念

营业利润增长率是指企业本年营业利润增加额同上年营业利润的比率。

（2）计算公式

$$营业利润增长率=\frac{本年营业利润-上年营业利润}{上年营业利润}\times100\%$$

（3）内容解释

第一，本年营业利润增长额＝本年营业利润－上年营业利润。如本年营业利润低于上年，本年营业利润增长额用“－”表示。数据取值于《利润及利润分配表》。

第二，上年营业利润数据取值于上年的《利润及利润分配表》。

## （六）评价指标权数的确定方法

在一个指标集合中，指标权数是其中每项指标占有的比重。每项指标对上市公司业绩的影响程度不同，其占有的权重应有所差别。不同的评价目的，评价指标权数的设置也有所区别。上市公司的财务效益状况是整个业绩评价指标体系的重点，该部分的指标权重就应相应加大。在权数设置上进行了分层处理，根据不同层次指标评价的需要，同时采用了德尔菲法（专家意见法）和相关性权重法来确定每个指标的权数。

**1. 总权数与分层次权数的设置**

按照权重设计的习惯做法，将评价指标体系的总权数设定为100，即所有指标都是最好的企业可得满分100分。同时，为便于不同层次指标的评价计分，先将基本指标和修正指标的权重均设定为100，修正指标是对基本指标的评价结果的修正，再将不同层次的计分结果返回百分制。

**2. 具体指标的权数设置**

对具体指标的权数设置综合运用了相关性权重法与德尔菲法。首先，根据测算的各评价指标之间的相关系数，确定指标之间的关联度，根据关联度赋予每个指标的权数。然后，运用德尔菲法将测算初定的权数分配表，分别发送有关部门、专家，征求他们的意见，在此基础上进行意见综合，形成具体指标的权数分配。

## 三、中国上市公司业绩评价标准

评价标准是评价三要素之一，是上市公司业绩评价体系中重要组成部分，如果没有合适的评价对比标准，就无法进行具体评价。为取得客观、公正、准确的业绩评价结果，需要根据评价目的和上市公司的特点制定评价标准。为了客观、准确地评价上市公司经营业绩，我们利用全部上市公司的数据，结合全社会平均水平测算制定出一个统一的标准值，以适应所有上市公司跨行业评价的需要，其中上市公司的行业特性和规模大小分别通过所属行业的行业系数和企业规模系数进行修正。

本次业绩评价在考虑行业、规模影响因素的基础上，进一步将评价标准分类细化，分为优秀、良好、平均、较低、较差五个档次。附表2是根据上述原则制定的2009年度上市公司评价标准值。

**附表2　　2009年度中国上市公司业绩评价标准值**

| 项目 | 优秀值 | 良好值 | 平均值 | 较低值 | 较差值 |
|---|---|---|---|---|---|
| 一、财务效益状况 | | | | | |
| 净资产收益率（%） | 16.2 | 14.3 | 9.7 | 0.5 | −5.9 |
| 总资产报酬率（%） | 12.5 | 9.4 | 6.7 | 2.8 | −0.3 |
| 营业利润率（%） | 19.1 | 12.2 | 6.8 | 2.6 | −2.1 |
| 盈余现金保障倍数 | 4.9 | 2.6 | 1.9 | 0.4 | −0.5 |
| 总股本收益率（%） | 59.9 | 44 | 31.1 | 2.7 | −14.5 |
| 二、资产质量状况 | | | | | |
| 总资产周转率（次） | 1.4 | 1.1 | 0.8 | 0.4 | 0.3 |
| 流动资产周转率（次） | 3.1 | 2.3 | 1.6 | 0.7 | 0.4 |
| 存货周转率（次） | 12 | 8 | 4.2 | 1.5 | 0.6 |
| 应收账款周转率（次） | 40 | 24.7 | 13.1 | 5.2 | 3.3 |
| 三、偿债风险状况 | | | | | |
| 资产负债率（%）[逆向指标] | 24.7 | 38.1 | 57.1 | 66.5 | 74.6 |
| 已获利息倍数 | 20.2 | 11 | 6.2 | 1.5 | 0.3 |
| 速动比率（%） | 210.6 | 122 | 69.6 | 46.1 | 31.6 |

续表

| 项目 | 优秀值 | 良好值 | 平均值 | 较低值 | 较差值 |
|---|---|---|---|---|---|
| 现金流动负债比率（%） | 60.1 | 40.9 | 21.8 | 3.8 | −6 |
| 带息负债比率［逆向指标］ | 8.5 | 26 | 45.2 | 65.4 | 75.4 |
| 四、发展能力状况 | | | | | |
| 营业收入增长率（%） | 41 | 20 | 2.9 | −12.4 | −27.4 |
| 资本扩张率（%） | 50 | 33.6 | 16.8 | 2.2 | −5.2 |
| 累计保留盈余率(%) | 55.8 | 45 | 36.4 | 10.6 | −3.5 |
| 三年营业收入平均增长率（%） | 35.9 | 25.1 | 15 | 3 | −8.9 |
| 总资产增长率（%） | 47 | 30.7 | 21.8 | 1.5 | −4.8 |
| 营业利润增长率(%) | 45 | 20 | 1.8 | −17.9 | −48.5 |
| 五、市场表现状况 | | | | | |
| 市场投资回报率(%) | 208.6 | 167.9 | 115.3 | 61.5 | 33.7 |
| 股价波动率（%） | 68.7 | 93.6 | 139.1 | 185.5 | 216.8 |

# 四、中国上市公司的行业分类

本次业绩评价参照中国证监会颁布的《上市公司行业分类指引》，对被评价的上市公司进行行业分类，并针对不同行业确定了不同的行业系数。

**附表 3　　上市公司业绩评价的行业分类情况表**

| 序号 | 行业名称 | 行业代码 |
|---|---|---|
| 1 | 全国所有企业 | |
| 2 | 农林牧渔业 | A |
| 3 | 采掘业 | B |
| 4 | 其中：煤炭 | B01 |
| 5 | 制造业 | C |
| 6 | 食品、饮料 | C0 |
| 7 | 纺织、服装、毛皮 | C1 |
| 8 | 造纸、印刷 | C3 |
| 9 | 石油、化学、塑胶、塑料 | C4 |

续表

| 序号 | 行业名称 | 行业代码 |
|---|---|---|
| 10 | 电子 | C5 |
| 11 | 金属、非金属 | C6 |
| 12 | 机械、设备、仪表 | C7 |
| 13 | 医药、生物制品 | C8 |
| 14 | 其他制造业 | C9 |
| 15 | 电力煤气及水的生产和供应业 | D |
| 16 | 建筑业 | E |
| 17 | 交通运输、仓储业 | F |
| 18 | 信息技术业 | G |
| 19 | 批发和零售贸易业 | H |
| 20 | 房地产业 | J |
| 21 | 社会服务业 | K |
| 22 | 传播与文化产业 | L |
| 23 | 综合类 | M |

此外，我们根据上市公司的特点，分别依据上市地点、上市时间以及上市公司规模进行了分组。在本评价体系中，将各项分组汇总数据视同一户上市公司进行了业绩评价，目的是为了广大投资者在分析各上市公司业绩的同时，也能分辨不同行业的发展状况，从而更好地评判上市公司业绩状况。

# 五、 中国上市公司业绩评价计分方法

上市公司业绩评价计分方法主要为功效系数法，分为基本指标计分方法、修正指标计分方法两种。

## （一）基本指标计分方法

基本指标计分方法是指运用业绩评价的基本指标，将指标实际值对照相应的评价标准值，计算各项指标实际得分的方法。计算公式为：

$$基本指标总得分=\sum单项基本指标得分$$

$$单项基本指标得分=本档基础分+调整分$$

$$本档基础分=指标权数\times本档标准系数$$

调整分 =[(实际值－本档标准值)/(上档标准值－本档标准值)]×(上档基础分－本档基础分)

上档基础分=指标权数×上档标准系数

对有关指标的分母为零或为负数时，作了相应的具体处理。

在每一部分指标评价分数计算出来后，要计算该部分指标的分析系数。分析系数是指企业财务效益、资产营运、偿债能力、发展能力四部分评价内容各自的评价分数与该部分权数的比率。基本指标分析系数的计算公式为：某部分基本指标分析系数=该部分指标得分/该部分权数。

## (二) 修正指标计分方法

修正指标计分方法是在基本指标计分结果的基础上，运用修正指标对企业效绩基本指标计分结果作进一步调整。修正指标的计分方法仍运用功效系数法原理，以各部分基本指标的评价得分为基础，计算各部分的综合修正系数，再据此计算出修正指标分数。计算公式为：

修正后总得分= ∑四部分修正后得分

各部分修正后得分=该部分基本指标分数×该部分综合修正系数

综合修正系数=∑该部分各指标加权修正系数

某指标加权修正系数=(修正指标权数/该部分权数)×该指标单项修正系数

某指标单项修正系数=1.0+(本档标准系数+功效系数×0.2－该部分基本指标分析系数)/2

功效系数=(指标实际值－本档标准值)/(上档标准值－本档标准值)

该部分基本指标分析系数=该部分基本指标得分/该部分权数

在计算修正指标的修正系数时，对有关指标的单项修正系数作如下特殊规定。

## (三) 特殊修正指标计分方法

### 1. 资产规模系数

由于上市公司的总资产规模差异较大，不同规模公司的盈利增长难度是不同的，大企业可以获得规模效益，但利润或资产的增长速度很难与小企业相比，为了客观、公正地评价上市公司业绩，因而在评价体系的财务效益状况部分设置资产规模系数修正指标，并制定相应的评价标准值。上市公司的总资产规模越大，则其修正系数也越大，具体方法如下：

1) 当平均资产总额除以户均资产小于0.1，该指标修正系数为0.6；

2) 当平均资产总额除以户均资产在0.1(含)～0.5之间，该指标的基本修正系数为0.6～0.8；

3) 当平均资产总额除以户均资产0.5(含)～1.0之间，该指标的基本修正系数为0.8～1.0；

4) 当平均资产总额除以户均资产在1(含)～5之间，该指标的基本修正系数为1.0～1.2；

5) 当平均资产总额除以户均资产在5(含)～10之间，该指标的基本修正系数为1.2～1.4；

6) 当平均资产总额除以户均资产在10(含)～100之间，该指标的基本修正系数为1.4～1.6；

7）当平均资产总额除以户均资产大于100，该指标修正系数为1.6。

**2. 行业系数**

本次评价采用了所有企业统一的标准值，由于上市公司有本行业的资产营运特点，为客观、公正地评价上市公司业绩，就需要通过设置行业系数来修正上市公司的行业差异。

取得行业系数的具体办法是：首先，根据企业绩效评价方法，采用统一的评价标准计算出全国所有企业资产营运状况得分；然后，分行业对资产营运状况得分进行汇总统计，计算出各行业的资产营运状况的平均得分；最后，根据各行业的平均得分测算出各行业相应的行业修正系数。

## 六、 金融类上市公司业绩评价方法

近年来，银行、保险、证券等行业公司纷纷上市，自2006年中国银行、工商银行等国有大型银行A股上市开启了金融巨头上市的开端以来，交通银行、兴业银行、中信银行等大中型银行、中国人寿、中国平安等保险巨头，以及海通证券等证券公司也相继发行上市，截至2009年底，已有14家银行、3家保险公司和11家证券公司上市，总市值已达8.70万亿元，占A股上市公司28.97万亿总市值的30%，金融类上市公司已成为证券市场中一个重要的不可忽视的组成部分。

金融类上市公司越来越多，在A股市场权重越来越大，如何对金融类上市公司业绩进行评价就成为一个重要课题。与其他企业不同，金融类公司是经营特殊业务的公司，这种特殊性决定了不能采用一般行业企业的评价方法对之进行评价，主要表现在某些衡量指标差异较大，如资产负债率一般远高于其他企业，而总资产收益率相对较低，同时，金融类上市公司还有相对比较特殊的风险控制等指标，因此，不能将金融企业与其他企业简单等同起来一起进行评价，而必须单独设立一整套评价体系对之进行评价。同时，银行、保险、证券三类公司尽管都属于金融类公司，但相互之间区别也比较大，必须对每一子类公司分别研究进行评价。

为此，我们在对金融类公司的特殊性进行研究的基础上，对金融类公司的业绩评价体系进行了初步探索，由于业绩评价是建立在多个样本基础之上的，考虑到目前上市保险公司仅有三家，无法取得比较客观的评价结果，因此，目前我们仅对上市银行和证券公司的业绩评价进行了认真研究，并参考前述上市公司的评价方法，建立了一套上市银行、证券公司的业绩评价体系。

## （一）上市银行、证券公司绩效评价体系

根据目前银行、证券公司的财务状况特点以及我国有关监管部门对银行、证券公司的监管情况，我们在这两年对上市银行进行评价试点的基础上对评价方法进行了一定改进，并结合银行、证券公司各自不同的财务指标特点分别建立了银行、证券公司的评价指标体系，以更能反映银行业、证券业的整体财务状况。

参考前述上市公司的评价方法，经营绩效在流动性、安全性、盈利性、发展能力及股票市场表现上的要求，上市银行评价体系的设计仍然围绕这五个方面来选择指标。考虑到上市银行、证券公司在安全性和流动性方面比普通行业公司要求更高，同时相关财务指标也比较特殊，因此，我们着重对反映银行和证券公司安全性和流动性的指标进行了分析比较，并从一系列监管指标中选择了有代表性的财务指标加以应用。对于盈利能力、发展能力、市场表现等方面财务指标，我们尽量选择可以与普通行业公司相关指标对标的财务指标来衡量。

在比较了其他各个指标后，我们选取了十个指标用以衡量上述五个方面，同时考虑到指标的影响力，决定了其权重大小。

附表 4 是上市银行简易的业绩评价指标体系。

**附表 4**

| 评价内容 | 基本指标 | 指标权重（%） |
|---|---|---|
| 安全性 | 资本充足率 | 8 |
| | 不良资产比率 | 7 |
| 流动性 | 短期资产流动性比例 | 8 |
| | 存贷款比例 | 7 |
| 盈利能力 | 净资产收益率 | 20 |
| | 总资产报酬率 | 15 |
| 发展能力 | 总资产增长率 | 8 |
| | 营业收入增长率 | 12 |
| 市场表现 | 投资回报率 | 10 |
| | 股价波动率 | 5 |

附表 5 是证券公司简易的业绩评价指标体系。

**附表 5**

| 评价内容 | 基本指标 | 指标权重（%） |
|---|---|---|
| 安全性 | 证券自营规模比率 | 8 |
| | 风险准备覆盖率 | 7 |
| 流动性 | 净资本比率 | 8 |
| | 资本负债比率 | 7 |
| 盈利能力 | 净资产收益率 | 20 |
| | 总资产收益率 | 15 |

续表

| 评价内容 | 基本指标 | 指标权重（%） |
|---|---|---|
| 发展能力 | 总资产增长率 | 8 |
| | 营业收入增长率 | 12 |
| 市场表现 | 投资回报率 | 10 |
| | 股价波动率 | 5 |

注：安全性及流动性指标均为证监会监管要求的风险控制指标。其中，证券自营规模比率＝自营权益类证券及证券衍生品/净资本；风险准备覆盖率＝净资本/各项风险准备之和；净资本比率＝净资本/净资产；净资本负债比率＝净资本/负债。

此外，考虑到上市银行和部分证券公司规模差异较大，不同规模的银行或证券公司的盈利能力和发展能力指标不能用统一标准衡量，因此，参考一般企业的评价方法，设置了规模系数对盈利能力和发展能力指标进行调整，使行业内不同规模的企业标准能够相符。考虑到银行和证券公司的资产规模普遍较大，不能简单地运用一般上市企业的规模系数，因此，仅针对银行业具体情况单独设置了规模系数。

### （二）上市银行、证券公司业绩评价标准

本次上市银行和证券公司业绩评价考虑到行业特殊性、银行业或证券业监管要求及上市公司整体情况三个因素，将评价标准分为优秀值和平均值两个档次，但是对应不同的指标，标准值的选取有所不同。

对于银行业资本充足率指标，其平均值为银行业监管标准值8%。

对于净资产收益率、总资产增长率、主营业务收入增长率、投资回报率、股价波动率等指标，由于在这些指标上银行企业与其他企业具有可比性，因此，选择所有上市公司对应指标的优秀值、平均值为标准计算。

其他指标则选取所有上市银行或证券公司对应指标的优秀值和平均值为标准计算。

### （三）上市银行、证券公司业绩评价计分方法

上市银行和证券公司业绩评价计分方法仍然采用功效系数法。

指标计分方法是指运用业绩评价的指标，将指标实际值对照相应的评价标准值，计算各项指标实际得分的方法。计算公式为：

指标总得分＝∑单项基本指标得分

单项指标得分＝［0.6＋（实际值－平均值）/（优秀值－平均值）×0.4］×权重

对有关指标的分母为零或为负数时，作了相应的具体处理。

# 附录二

# 2009年度中国上市公司业绩评价排序

| 序号 | 评价单位代码 | 单位名称 | 分项得分 | | | | | | 上年排名 | 年初股价（元） | 年末股价（元） |
|---|---|---|---|---|---|---|---|---|---|---|---|
| | | | 小计 | 财务效益 | 资产质量 | 偿债风险 | 发展能力 | 市场表现 | | | |
| 1 | 000800 | 一汽轿车 | 87.27 | 30.14 | 15.00 | 12.63 | 18.25 | 11.25 | 44 | 7.18 | 26.02 |
| 2 | 002304 | 洋河股份 | 86.36 | 29.12 | 10.18 | 14.99 | 19.06 | 13.01 | — | — | 113.99 |
| 3 | 600166 | 福田汽车 | 86.05 | 31.62 | 14.49 | 8.71 | 19.90 | 11.33 | 431 | 4.81 | 19.05 |
| 4 | 600104 | 上海汽车 | 85.89 | 33.09 | 14.30 | 10.68 | 17.82 | 10.00 | 1 099 | 5.36 | 26.13 |
| 5 | 600348 | 国阳新能 | 85.89 | 34.27 | 12.54 | 11.20 | 17.88 | 10.00 | 12 | 9.73 | 48.37 |
| 6 | 000550 | 江铃汽车 | 85.42 | 32.10 | 13.34 | 14.04 | 15.96 | 9.98 | 164 | 8.40 | 22.98 |
| 7 | 000858 | 五粮液 | 85.26 | 34.20 | 9.05 | 14.36 | 18.90 | 8.75 | 78 | 13.34 | 31.66 |
| 8 | 000937 | 冀中能源 | 83.63 | 32.75 | 11.70 | 11.77 | 18.72 | 8.69 | 7 | 14.00 | 41.60 |
| 9 | 600971 | 恒源煤电 | 83.61 | 32.26 | 12.41 | 10.11 | 19.66 | 9.17 | 313 | 11.09 | 33.84 |
| 10 | 002285 | 世联地产 | 83.32 | 26.88 | 15.00 | 14.99 | 16.66 | 9.79 | — | — | 56.47 |
| 11 | 002142 | 宁波银行 | 83.28 | 28.41 | 13.10 | 11.22 | 17.79 | 12.76 | — | 6.80 | 17.49 |
| 12 | 600690 | 青岛海尔 | 83.22 | 32.29 | 14.27 | 13.44 | 14.73 | 8.49 | 134 | 8.99 | 24.79 |
| 13 | 000616 | 亿城股份 | 82.87 | 29.57 | 15.00 | 11.44 | 17.40 | 9.46 | 1 232 | 3.98 | 6.89 |
| 14 | 600600 | 青岛啤酒 | 82.10 | 32.85 | 12.42 | 13.12 | 15.34 | 8.37 | 143 | 19.99 | 37.61 |
| 15 | 601001 | 大同煤业 | 81.96 | 34.23 | 10.30 | 13.31 | 14.12 | 10.00 | 14 | 11.34 | 44.99 |
| 16 | 601699 | 潞安环能 | 81.63 | 34.20 | 11.83 | 11.95 | 13.65 | 10.00 | 4 | 12.49 | 51.78 |
| 17 | 000069 | 华侨城A | 81.55 | 34.53 | 10.16 | 9.41 | 20.00 | 7.45 | 260 | 8.18 | 17.17 |
| 18 | 601939 | 建设银行 | 81.53 | 34.90 | 7.41 | 14.90 | 14.57 | 9.75 | — | 3.83 | 6.19 |
| 19 | 002024 | 苏宁电器 | 81.49 | 31.96 | 9.36 | 12.04 | 19.76 | 8.37 | 13 | 17.91 | 20.78 |
| 20 | 000880 | 潍柴重机 | 81.26 | 28.42 | 14.92 | 12.69 | 14.66 | 10.57 | 287 | 4.99 | 16.77 |
| 21 | 000650 | 仁和药业 | 80.94 | 26.32 | 13.87 | 14.99 | 16.60 | 9.16 | 102 | 8.35 | 20.90 |
| 22 | 000425 | 徐工机械 | 80.76 | 30.45 | 10.97 | 10.52 | 20.00 | 8.82 | 591 | 15.55 | 35.12 |
| 23 | 000651 | 格力电器 | 80.65 | 32.72 | 11.80 | 9.06 | 17.41 | 9.66 | 28 | 19.44 | 28.94 |
| 24 | 600256 | 广汇股份 | 80.64 | 29.04 | 15.00 | 9.34 | 17.86 | 9.40 | 117 | 9.12 | 22.90 |
| 25 | 000338 | 潍柴动力 | 80.51 | 32.34 | 9.33 | 10.97 | 17.87 | 10.00 | 108 | 17.98 | 64.48 |
| 26 | 000625 | 长安汽车 | 80.14 | 26.07 | 14.30 | 10.96 | 18.81 | 10.00 | 1 056 | 3.67 | 14.03 |
| 27 | 002128 | 露天煤业 | 79.95 | 29.16 | 10.92 | 14.20 | 15.67 | 10.00 | 150 | 9.09 | 27.65 |
| 28 | 600508 | 上海能源 | 79.84 | 31.71 | 13.59 | 12.27 | 12.61 | 9.66 | 26 | 8.74 | 25.15 |
| 29 | 601899 | 紫金矿业 | 79.79 | 33.99 | 11.48 | 11.15 | 14.21 | 8.96 | 16 | 4.80 | 9.64 |
| 30 | 600395 | 盘江股份 | 79.60 | 30.24 | 11.78 | 13.31 | 16.28 | 7.99 | 10 | 11.74 | 29.44 |
| 31 | 600519 | 贵州茅台 | 79.17 | 33.36 | 7.18 | 15.00 | 16.31 | 7.32 | 9 | 108.70 | 169.82 |
| 32 | 600510 | 黑牡丹 | 79.15 | 30.77 | 6.50 | 12.07 | 18.68 | 11.13 | 727 | 3.98 | 12.42 |
| 33 | 000042 | 深长城 | 79.05 | 28.64 | 14.52 | 7.95 | 16.62 | 11.32 | 1 415 | 5.84 | 22.33 |
| 34 | 000527 | 美的电器 | 78.97 | 30.02 | 10.11 | 10.49 | 18.19 | 10.16 | 101 | 8.28 | 23.20 |
| 35 | 600031 | 三一重工 | 78.92 | 32.66 | 7.90 | 11.70 | 17.71 | 8.95 | 91 | 14.01 | 36.81 |
| 36 | 600582 | 天地科技 | 78.71 | 30.49 | 7.26 | 11.45 | 19.46 | 10.05 | 79 | 13.68 | 34.75 |
| 37 | 600028 | 中国石化 | 78.51 | 35.00 | 13.02 | 8.66 | 13.08 | 8.75 | 255 | 7.02 | 14.09 |
| 38 | 600999 | 招商证券 | 78.31 | 9.31 | 11.82 | 29.20 | 20.00 | 7.98 | — | — | 29.39 |
| 39 | 000423 | 东阿阿胶 | 78.31 | 28.77 | 9.41 | 14.99 | 16.93 | 8.21 | 142 | 13.50 | 26.15 |
| 40 | 000002 | 万科A | 78.21 | 31.08 | 15.00 | 8.96 | 16.52 | 6.65 | 236 | 6.45 | 10.81 |
| 41 | 000528 | 柳工 | 78.16 | 29.82 | 9.02 | 11.03 | 18.22 | 10.07 | 767 | 9.46 | 21.73 |

续表

| 序号 | 评价单位代码 | 单位名称 | 分项得分 | | | | | | 上年排名 | 年初股价（元） | 年末股价（元） |
|---|---|---|---|---|---|---|---|---|---|---|---|
| | | | 小计 | 财务效益 | 资产质量 | 偿债风险 | 发展能力 | 市场表现 | | | |
| 42 | 600880 | 博瑞传播 | 77.78 | 27.30 | 13.54 | 13.94 | 14.57 | 8.43 | 23 | 13.25 | 26.93 |
| 43 | 600123 | 兰花科创 | 77.58 | 31.85 | 10.51 | 9.30 | 14.55 | 11.37 | 30 | 11.91 | 43.74 |
| 44 | 600658 | 电子城 | 77.45 | 26.22 | 15.00 | 9.85 | 16.38 | 10.00 | 1 517 | 3.49 | 12.01 |
| 45 | 601857 | 中国石油 | 77.18 | 34.94 | 11.83 | 10.97 | 12.65 | 6.79 | 17 | 10.17 | 13.82 |
| 46 | 601169 | 北京银行 | 77.17 | 30.15 | 12.80 | 14.41 | 9.16 | 10.65 | — | 8.91 | 19.34 |
| 47 | 000918 | 嘉凯城 | 77.15 | 31.22 | 15.00 | 8.16 | 12.77 | 10.00 | 1 236 | 5.30 | 16.05 |
| 48 | 000895 | 双汇发展 | 77.06 | 26.29 | 15.00 | 13.67 | 14.52 | 7.58 | 21 | 34.48 | 53.10 |
| 49 | 000983 | 西山煤电 | 77.04 | 33.85 | 9.83 | 11.57 | 12.72 | 9.07 | 2 | 11.66 | 39.89 |
| 50 | 600657 | 信达地产 | 77.03 | 28.02 | 12.40 | 10.27 | 15.96 | 10.38 | 50 | 4.05 | 11.22 |
| 51 | 600720 | 祁连山 | 76.97 | 30.07 | 9.48 | 10.33 | 17.61 | 9.48 | 251 | 6.89 | 17.30 |
| 52 | 601088 | 中国神华 | 76.87 | 35.00 | 8.42 | 11.47 | 14.66 | 7.32 | 64 | 17.54 | 34.82 |
| 53 | 002096 | 南岭民爆 | 76.86 | 26.74 | 13.22 | 11.40 | 15.50 | 10.00 | 452 | 10.42 | 29.95 |
| 54 | 002146 | 荣盛发展 | 76.73 | 29.86 | 8.69 | 8.68 | 19.50 | 10.00 | 355 | 5.43 | 20.71 |
| 55 | 600271 | 航天信息 | 76.72 | 28.25 | 13.96 | 14.97 | 14.54 | 5.00 | 19 | 25.21 | 20.28 |
| 56 | 600585 | 海螺水泥 | 76.59 | 31.93 | 11.96 | 10.63 | 13.99 | 8.08 | 39 | 25.93 | 49.86 |
| 57 | 000780 | 平庄能源 | 76.55 | 29.65 | 9.33 | 14.69 | 11.57 | 11.31 | 120 | 4.59 | 15.22 |
| 58 | 002063 | 远光软件 | 76.48 | 26.22 | 7.26 | 14.99 | 16.63 | 11.38 | 69 | 14.40 | 22.77 |
| 59 | 600089 | 特变电工 | 76.34 | 31.94 | 8.47 | 10.83 | 17.53 | 7.57 | 6 | 23.88 | 23.80 |
| 60 | 600675 | 中华企业 | 76.27 | 30.61 | 14.63 | 6.45 | 16.08 | 8.50 | 233 | 5.64 | 14.74 |
| 61 | 000869 | 张裕 A | 76.23 | 29.44 | 9.74 | 13.82 | 15.32 | 7.91 | 24 | 48.50 | 76.02 |
| 62 | 002041 | 登海种业 | 76.22 | 28.60 | 9.89 | 14.23 | 14.97 | 8.53 | 202 | 15.94 | 34.89 |
| 63 | 002324 | 普利特 | 76.20 | 25.22 | 8.25 | 12.29 | 15.44 | 15.00 | — | — | 34.62 |
| 64 | 600716 | 凤凰股份 | 76.17 | 28.91 | 15.00 | 9.86 | 13.87 | 8.53 | 1 490 | 4.53 | 9.55 |
| 65 | 000568 | 泸州老窖 | 76.15 | 29.44 | 9.74 | 13.66 | 14.85 | 8.46 | 41 | 18.20 | 39.04 |
| 66 | 601888 | 中国国旅 | 76.11 | 24.01 | 12.88 | 12.20 | 14.61 | 12.41 | — | — | 20.94 |
| 67 | 002320 | 海峡股份 | 76.05 | 25.76 | 9.81 | 11.45 | 14.03 | 15.00 | — | — | 51.18 |
| 68 | 002202 | 金风科技 | 75.95 | 32.38 | 6.98 | 10.69 | 18.94 | 6.96 | 93 | 25.25 | 28.66 |
| 69 | 002306 | 湘鄂情 | 75.89 | 23.31 | 12.92 | 14.99 | 14.90 | 9.77 | — | — | 33.36 |
| 70 | 000401 | 冀东水泥 | 75.74 | 31.64 | 8.99 | 7.78 | 18.45 | 8.88 | 325 | 9.90 | 19.30 |
| 71 | 600547 | 山东黄金 | 75.72 | 26.53 | 13.95 | 8.39 | 16.85 | 10.00 | 32 | 48.56 | 80.30 |
| 72 | 600718 | 东软集团 | 75.63 | 28.39 | 9.64 | 14.76 | 13.67 | 9.17 | 35 | 11.73 | 22.61 |
| 73 | 600216 | 浙江医药 | 75.50 | 28.67 | 8.68 | 14.00 | 15.25 | 8.90 | 37 | 14.04 | 35.57 |
| 74 | 000778 | 新兴铸管 | 75.45 | 26.53 | 12.53 | 10.82 | 18.11 | 7.46 | 154 | 5.61 | 12.43 |
| 75 | 601166 | 兴业银行 | 75.44 | 32.94 | 13.19 | 5.37 | 10.37 | 13.57 | — | 14.60 | 40.31 |
| 76 | 600048 | 保利地产 | 75.14 | 31.70 | 8.08 | 8.20 | 20.00 | 7.16 | 119 | 14.40 | 22.40 |
| 77 | 000012 | 南玻 A | 75.09 | 32.16 | 11.78 | 7.25 | 14.52 | 9.38 | 484 | 8.50 | 19.60 |
| 78 | 000900 | 现代投资 | 74.88 | 30.38 | 8.87 | 12.47 | 12.84 | 10.32 | 184 | 11.76 | 29.99 |
| 79 | 600985 | 雷鸣科化 | 74.88 | 25.46 | 9.44 | 14.99 | 14.17 | 10.82 | 328 | 6.77 | 20.35 |
| 80 | 600809 | 山西汾酒 | 74.84 | 27.34 | 9.34 | 14.45 | 13.71 | 10.00 | 300 | 10.85 | 42.93 |

续表

| 序号 | 评价单位代码 | 单位名称 | 分项得分 | | | | | | 上年排名 | 年初股价（元） | 年末股价（元） |
|---|---|---|---|---|---|---|---|---|---|---|---|
| | | | 小计 | 财务效益 | 资产质量 | 偿债风险 | 发展能力 | 市场表现 | | | |
| 81 | 600030 | 中信证券 | 74.83 | 7.48 | 5.92 | 35.00 | 19.12 | 7.32 | — | 17.97 | 31.77 |
| 82 | 600660 | 福耀玻璃 | 74.82 | 31.92 | 8.11 | 10.23 | 14.56 | 10.00 | 1 014 | 3.89 | 14.94 |
| 83 | 000690 | 宝新能源 | 74.68 | 29.58 | 10.63 | 9.72 | 17.27 | 7.48 | 782 | 6.25 | 9.66 |
| 84 | 600887 | *ST伊利 | 74.58 | 28.93 | 14.01 | 9.19 | 12.45 | 10.00 | 1 405 | 8.00 | 26.48 |
| 85 | 001696 | 宗申动力 | 74.55 | 25.90 | 11.44 | 14.33 | 12.88 | 10.00 | 321 | 7.36 | 18.69 |
| 86 | 600546 | 山煤国际 | 74.53 | 26.29 | 11.66 | 6.58 | 20.00 | 10.00 | 888 | 6.68 | 34.39 |
| 87 | 600188 | 兖州煤业 | 74.39 | 32.74 | 9.96 | 11.52 | 10.51 | 9.66 | 1 | 8.24 | 23.04 |
| 88 | 300022 | 吉峰农机 | 74.37 | 22.68 | 8.20 | 12.46 | 16.10 | 14.93 | — | — | 60.75 |
| 89 | 002294 | 信立泰 | 74.34 | 25.94 | 7.35 | 14.99 | 16.94 | 9.12 | — | — | 88.73 |
| 90 | 000157 | 中联重科 | 74.33 | 31.83 | 7.10 | 6.29 | 20.00 | 9.11 | 124 | 11.18 | 26.01 |
| 91 | 600060 | 海信电器 | 74.32 | 22.36 | 13.16 | 11.33 | 17.47 | 10.00 | 425 | 6.40 | 25.79 |
| 92 | 600997 | 开滦股份 | 74.27 | 29.51 | 11.67 | 8.40 | 14.69 | 10.00 | 46 | 11.55 | 25.21 |
| 93 | 600426 | 华鲁恒升 | 74.13 | 28.52 | 14.02 | 8.94 | 14.03 | 8.62 | 158 | 10.61 | 23.49 |
| 94 | 600449 | 赛马实业 | 73.84 | 28.74 | 9.06 | 10.51 | 16.87 | 8.66 | 58 | 17.14 | 37.27 |
| 95 | 600489 | 中金黄金 | 73.84 | 27.19 | 13.95 | 7.97 | 14.73 | 10.00 | 176 | 37.24 | 58.28 |
| 96 | 000538 | 云南白药 | 73.84 | 27.29 | 11.49 | 12.36 | 14.63 | 8.07 | 8 | 34.41 | 60.40 |
| 97 | 002293 | 罗莱家纺 | 73.84 | 25.66 | 9.80 | 14.99 | 15.64 | 7.75 | — | — | 41.06 |
| 98 | 600588 | 用友软件 | 73.80 | 26.79 | 10.00 | 13.32 | 15.44 | 8.25 | 95 | 22.00 | 27.66 |
| 99 | 002081 | 金螳螂 | 73.79 | 27.20 | 9.58 | 11.80 | 16.32 | 8.89 | 172 | 20.10 | 30.90 |
| 100 | 600741 | 华域汽车 | 73.60 | 31.61 | 11.43 | 12.50 | 9.50 | 8.56 | 1 035 | 3.20 | 11.58 |
| 101 | 601398 | 工商银行 | 73.58 | 34.09 | 7.41 | 8.59 | 13.62 | 9.87 | — | 3.54 | 5.44 |
| 102 | 600276 | 恒瑞医药 | 73.56 | 27.30 | 7.28 | 14.99 | 16.27 | 7.72 | 52 | 38.51 | 52.50 |
| 103 | 002242 | 九阳股份 | 73.56 | 28.11 | 13.39 | 15.00 | 12.06 | 5.00 | 11 | 44.50 | 28.72 |
| 104 | 600000 | 浦发银行 | 73.56 | 28.93 | 12.79 | 11.28 | 9.21 | 11.34 | — | 13.25 | 21.69 |
| 105 | 002007 | 华兰生物 | 73.44 | 26.64 | 7.53 | 14.99 | 18.00 | 6.28 | 42 | 38.50 | 55.42 |
| 106 | 002051 | 中工国际 | 73.41 | 24.14 | 13.96 | 10.81 | 14.63 | 9.87 | 171 | 10.23 | 26.98 |
| 107 | 600109 | 国金证券 | 73.40 | 12.80 | 15.00 | 27.39 | 11.12 | 7.09 | — | 23.80 | 24.15 |
| 108 | 600970 | 中材国际 | 73.40 | 27.82 | 12.46 | 8.58 | 15.57 | 8.97 | 54 | 32.00 | 37.17 |
| 109 | 601006 | 大秦铁路 | 73.38 | 34.30 | 11.48 | 10.86 | 11.74 | 5.00 | 53 | 8.02 | 10.30 |
| 110 | 002284 | 亚太股份 | 73.34 | 22.61 | 9.04 | 10.78 | 17.34 | 13.57 | — | — | 44.10 |
| 111 | 300015 | 爱尔眼科 | 73.30 | 25.67 | 12.97 | 13.47 | 16.19 | 5.00 | — | — | 48.80 |
| 112 | 600138 | 中青旅 | 73.23 | 27.01 | 11.67 | 10.89 | 14.95 | 8.71 | 615 | 7.65 | 15.95 |
| 113 | 601009 | 南京银行 | 73.18 | 27.25 | 11.05 | 11.05 | 12.37 | 11.47 | — | 8.39 | 19.35 |
| 114 | 600897 | 厦门空港 | 73.17 | 27.09 | 10.71 | 14.13 | 13.56 | 7.68 | 67 | 11.99 | 18.25 |
| 115 | 600647 | 同达创业 | 73.16 | 29.19 | 9.32 | 10.83 | 14.60 | 9.22 | 1 007 | 7.44 | 18.97 |
| 116 | 000961 | 中南建设 | 73.15 | 28.90 | 7.22 | 7.03 | 20.00 | 10.00 | 799 | 4.81 | 22.39 |
| 117 | 000728 | 国元证券 | 73.11 | 15.00 | 15.00 | 15.98 | 20.00 | 7.13 | — | 10.72 | 21.31 |
| 118 | 300032 | 金龙机电 | 73.06 | 23.79 | 6.94 | 13.97 | 15.88 | 12.48 | — | — | 29.80 |
| 119 | 600794 | 保税科技 | 72.95 | 23.42 | 13.61 | 11.61 | 14.19 | 10.12 | 298 | 3.81 | 10.75 |

续表

| 序号 | 评价单位代码 | 单位名称 | 分项得分 | | | | | | 上年排名 | 年初股价（元） | 年末股价（元） |
|---|---|---|---|---|---|---|---|---|---|---|---|
| | | | 小计 | 财务效益 | 资产质量 | 偿债风险 | 发展能力 | 市场表现 | | | |
| 120 | 601666 | 平煤股份 | 72.87 | 31.64 | 13.81 | 11.96 | 7.41 | 8.05 | 3 | 12.48 | 32.00 |
| 121 | 000671 | 阳光城 | 72.84 | 28.85 | 8.50 | 9.49 | 16.00 | 10.00 | 1 054 | 5.75 | 23.90 |
| 122 | 600269 | 赣粤高速 | 72.84 | 31.83 | 9.46 | 9.01 | 14.27 | 8.27 | 110 | 7.80 | 8.69 |
| 123 | 000063 | 中兴通讯 | 72.81 | 28.81 | 8.68 | 7.36 | 19.00 | 8.96 | 96 | 27.20 | 44.87 |
| 124 | 002226 | 江南化工 | 72.77 | 26.15 | 8.38 | 14.99 | 13.25 | 10.00 | 140 | 13.85 | 47.99 |
| 125 | 600763 | 通策医疗 | 72.71 | 22.31 | 15.00 | 14.99 | 12.02 | 8.39 | 274 | 5.21 | 10.53 |
| 126 | 601998 | 中信银行 | 72.70 | 24.27 | 11.37 | 12.01 | 14.41 | 10.63 | — | 3.86 | 8.23 |
| 127 | 600418 | 江淮汽车 | 72.66 | 20.10 | 15.00 | 11.30 | 16.26 | 10.00 | 609 | 2.92 | 10.65 |
| 128 | 600208 | 新湖中宝 | 72.64 | 31.50 | 5.25 | 8.32 | 19.88 | 7.69 | 749 | 4.04 | 9.93 |
| 129 | 600642 | 申能股份 | 72.62 | 29.16 | 12.39 | 8.47 | 14.81 | 7.79 | 345 | 5.99 | 11.38 |
| 130 | 600369 | 西南证券 | 72.50 | 5.33 | 11.79 | 29.77 | 20.00 | 5.61 | — | 7.07 | 18.99 |
| 131 | 601099 | 太平洋 | 72.50 | 7.13 | 12.76 | 29.07 | 16.25 | 7.28 | — | 12.87 | 18.19 |
| 132 | 002267 | 陕天然气 | 72.48 | 28.74 | 14.75 | 10.07 | 11.26 | 7.66 | 331 | 11.90 | 22.17 |
| 133 | 002154 | 报喜鸟 | 72.36 | 26.63 | 7.26 | 13.40 | 15.84 | 9.23 | 65 | 11.00 | 22.56 |
| 134 | 000786 | 北新建材 | 72.35 | 29.27 | 8.78 | 8.60 | 14.44 | 11.26 | 918 | 4.49 | 15.76 |
| 135 | 600704 | 中大股份 | 72.25 | 26.41 | 8.41 | 6.19 | 19.34 | 11.90 | 1 061 | 7.76 | 26.56 |
| 136 | 600036 | 招商银行 | 72.19 | 30.70 | 12.68 | 5.39 | 13.76 | 9.67 | #N/A | 12.16 | 18.05 |
| 137 | 000987 | 广州友谊 | 72.16 | 26.53 | 9.90 | 14.07 | 12.22 | 9.44 | 141 | 10.58 | 27.75 |
| 138 | 600650 | 锦江投资 | 72.16 | 25.44 | 14.94 | 14.16 | 8.80 | 8.82 | 72 | 8.01 | 15.88 |
| 139 | 000513 | 丽珠集团 | 72.10 | 27.97 | 8.21 | 13.35 | 14.14 | 8.43 | 522 | 17.38 | 39.59 |
| 140 | 600570 | 恒生电子 | 72.10 | 25.48 | 7.67 | 12.68 | 15.02 | 11.25 | 209 | 10.23 | 21.01 |
| 141 | 000027 | 深圳能源 | 71.94 | 30.91 | 9.62 | 9.89 | 13.47 | 8.05 | 511 | 8.13 | 13.56 |
| 142 | 002208 | 合肥城建 | 71.93 | 24.69 | 12.07 | 10.44 | 14.97 | 9.76 | 530 | 6.54 | 21.48 |
| 143 | 002296 | 辉煌科技 | 71.90 | 24.59 | 3.69 | 12.75 | 15.89 | 14.98 | — | — | 64.89 |
| 144 | 601788 | 光大证券 | 71.86 | 15.00 | 13.74 | 17.11 | 18.03 | 7.98 | — | — | 25.52 |
| 145 | 601808 | 中海油服 | 71.85 | 33.70 | 7.45 | 8.70 | 17.00 | 5.00 | 125 | 11.89 | 16.26 |
| 146 | 600223 | 鲁商置业 | 71.81 | 26.93 | 13.64 | 7.15 | 14.09 | 10.00 | 1 118 | 3.76 | 12.43 |
| 147 | 002232 | 启明信息 | 71.77 | 22.79 | 12.54 | 14.46 | 12.67 | 9.31 | 84 | 13.21 | 17.34 |
| 148 | 002042 | 华孚色纺 | 71.76 | 24.15 | 11.00 | 6.91 | 18.58 | 11.12 | 1 249 | 6.83 | 19.22 |
| 149 | 002151 | 北斗星通 | 71.75 | 27.30 | 7.71 | 14.94 | 13.57 | 8.23 | 283 | 17.57 | 33.73 |
| 150 | 600159 | 大龙地产 | 71.72 | 30.14 | 6.20 | 12.27 | 13.11 | 10.00 | 1 421 | 3.96 | 17.96 |
| 151 | 600750 | 江中药业 | 71.66 | 26.46 | 13.20 | 12.14 | 12.69 | 7.17 | 128 | 11.17 | 23.18 |
| 152 | 000014 | 沙河股份 | 71.51 | 27.16 | 15.00 | 6.84 | 14.35 | 8.16 | 933 | 7.36 | 15.50 |
| 153 | 002073 | 软控股份 | 71.49 | 26.94 | 4.69 | 12.86 | 17.21 | 9.79 | 206 | 10.51 | 22.45 |
| 154 | 600480 | 凌云股份 | 71.48 | 26.81 | 8.04 | 10.63 | 14.49 | 11.51 | 527 | 4.20 | 13.30 |
| 155 | 600162 | 香江控股 | 71.45 | 26.66 | 15.00 | 9.49 | 11.14 | 9.16 | 426 | 3.36 | 8.82 |
| 156 | 600177 | 雅戈尔 | 71.45 | 32.23 | 4.54 | 6.77 | 19.36 | 8.55 | 599 | 7.21 | 14.51 |
| 157 | 002223 | 鱼跃医疗 | 71.43 | 26.01 | 8.86 | 13.62 | 14.69 | 8.25 | 76 | 23.89 | 34.23 |
| 158 | 600983 | 合肥三洋 | 71.40 | 24.89 | 9.48 | 11.06 | 16.62 | 9.35 | 126 | 8.09 | 25.21 |

续表

| 序号 | 评价单位代码 | 单位名称 | 分项得分 | | | | | | 上年排名 | 年初股价（元） | 年末股价（元） |
|---|---|---|---|---|---|---|---|---|---|---|---|
| | | | 小计 | 财务效益 | 资产质量 | 偿债风险 | 发展能力 | 市场表现 | | | |
| 159 | 601668 | 中国建筑 | 71.25 | 26.21 | 10.41 | 9.77 | 19.86 | 5.00 | — | | 4.72 |
| 160 | 600561 | 江西长运 | 71.22 | 25.78 | 15.00 | 9.54 | 12.24 | 8.66 | 223 | 6.12 | 11.92 |
| 161 | 600664 | 哈药股份 | 71.11 | 30.32 | 8.58 | 13.39 | 11.87 | 6.95 | 77 | 11.18 | 18.47 |
| 162 | 000887 | 中鼎股份 | 71.10 | 25.48 | 7.62 | 10.54 | 17.36 | 10.10 | 398 | 6.53 | 15.16 |
| 163 | 601186 | 中国铁建 | 71.08 | 25.78 | 13.92 | 8.69 | 17.69 | 5.00 | 109 | 10.04 | 9.14 |
| 164 | 600785 | 新华百货 | 71.02 | 24.96 | 10.18 | 12.52 | 13.56 | 9.80 | 163 | 10.55 | 28.39 |
| 165 | 300034 | 钢研高纳 | 70.94 | 19.64 | 7.28 | 14.99 | 14.03 | 15.00 | — | — | 34.53 |
| 166 | 002048 | 宁波华翔 | 70.93 | 27.37 | 9.01 | 11.31 | 11.64 | 11.60 | 875 | 3.60 | 14.08 |
| 167 | 600522 | 中天科技 | 70.90 | 26.29 | 8.07 | 9.59 | 17.16 | 9.79 | 222 | 9.29 | 24.77 |
| 168 | 600837 | 海通证券 | 70.88 | 11.79 | 12.49 | 24.35 | 16.15 | 6.10 | — | 8.11 | 19.19 |
| 169 | 600499 | 科达机电 | 70.79 | 24.24 | 8.19 | 12.98 | 14.11 | 11.27 | 240 | 6.98 | 21.83 |
| 170 | 000655 | 金岭矿业 | 70.78 | 25.19 | 9.09 | 14.99 | 11.76 | 9.75 | 86 | 9.59 | 18.88 |
| 171 | 300005 | 探路者 | 70.77 | 25.03 | 9.90 | 14.99 | 15.85 | 5.00 | — | — | 43.17 |
| 172 | 000623 | 吉林敖东 | 70.70 | 29.37 | 3.52 | 13.77 | 14.88 | 9.16 | 374 | 18.68 | 49.19 |
| 173 | 002062 | 宏润建设 | 70.62 | 25.92 | 10.16 | 8.50 | 16.51 | 9.53 | 71 | 13.30 | 20.07 |
| 174 | 600993 | 马应龙 | 70.62 | 25.58 | 8.29 | 14.45 | 14.48 | 7.82 | 272 | 24.18 | 38.34 |
| 175 | 002307 | 北新路桥 | 70.58 | 18.48 | 11.33 | 9.25 | 16.52 | 15.00 | — | — | 27.40 |
| 176 | 002194 | 武汉凡谷 | 70.56 | 29.47 | 7.97 | 14.99 | 9.37 | 8.76 | 68 | 16.50 | 21.80 |
| 177 | 600779 | 水井坊 | 70.53 | 28.70 | 7.38 | 13.04 | 12.43 | 8.98 | 361 | 11.20 | 22.91 |
| 178 | 600866 | 星湖科技 | 70.51 | 25.17 | 10.09 | 11.69 | 13.56 | 10.00 | 633 | 3.41 | 12.84 |
| 179 | 600362 | 江西铜业 | 70.47 | 26.45 | 12.07 | 9.57 | 12.38 | 10.00 | 179 | 9.98 | 40.21 |
| 180 | 002215 | 诺普信 | 70.42 | 24.64 | 10.63 | 11.80 | 15.06 | 8.29 | 81 | 17.90 | 30.99 |
| 181 | 002299 | 圣农发展 | 70.40 | 25.38 | 14.13 | 10.82 | 15.07 | 5.00 | — | — | 25.03 |
| 182 | 000999 | 华润三九 | 70.37 | 29.61 | 9.44 | 14.09 | 12.94 | 4.29 | 63 | 14.45 | 19.96 |
| 183 | 002249 | 大洋电机 | 70.34 | 26.51 | 8.78 | 15.00 | 10.05 | 10.00 | 262 | 19.02 | 34.85 |
| 184 | 600425 | 青松建化 | 70.33 | 26.28 | 8.38 | 10.10 | 14.57 | 11.00 | 270 | 7.30 | 22.56 |
| 185 | 000062 | 深圳华强 | 70.30 | 22.16 | 13.61 | 11.40 | 14.51 | 8.62 | 1 262 | 4.14 | 10.17 |
| 186 | 601898 | 中煤能源 | 70.26 | 28.02 | 8.01 | 13.31 | 13.10 | 7.82 | 20 | 6.47 | 13.58 |
| 187 | 000783 | 长江证券 | 70.22 | 9.24 | 12.02 | 23.25 | 20.00 | 5.72 | — | 8.77 | 19.29 |
| 188 | 002029 | 七匹狼 | 70.20 | 26.08 | 8.96 | 13.77 | 13.20 | 8.19 | 104 | 10.52 | 23.21 |
| 189 | 002028 | 思源电气 | 70.19 | 26.63 | 6.10 | 14.64 | 16.45 | 6.37 | 94 | 28.00 | 26.88 |
| 190 | 002186 | 全聚德 | 70.05 | 24.90 | 15.00 | 12.29 | 9.83 | 8.03 | 311 | 22.51 | 34.51 |
| 191 | 600233 | 大杨创世 | 70.01 | 25.71 | 8.73 | 14.46 | 11.11 | 10.00 | 467 | 4.06 | 16.66 |
| 192 | 002089 | 新海宜 | 69.98 | 24.40 | 5.75 | 11.40 | 16.25 | 12.18 | 455 | 6.00 | 15.70 |
| 193 | 000001 | 深发展A | 69.97 | 29.73 | 12.18 | 5.33 | 10.15 | 12.58 | — | 9.46 | 24.37 |
| 194 | 300002 | 神州泰岳 | 69.96 | 26.36 | 7.05 | 14.99 | 16.56 | 5.00 | — | — | 105.20 |
| 195 | 002277 | 家润多 | 69.96 | 26.32 | 10.10 | 13.43 | 15.11 | 5.00 | — | — | 34.46 |
| 196 | 600150 | 中国船舶 | 69.93 | 30.19 | 9.65 | 10.14 | 11.54 | 8.41 | 135 | 38.24 | 77.84 |
| 197 | 600125 | 铁龙物流 | 69.89 | 25.45 | 9.03 | 14.99 | 11.83 | 8.59 | 133 | 5.59 | 11.01 |

续表

| 序号 | 评价单位代码 | 单位名称 | 分项得分 | | | | | | 上年排名 | 年初股价（元） | 年末股价（元） |
|---|---|---|---|---|---|---|---|---|---|---|---|
| | | | 小计 | 财务效益 | 资产质量 | 偿债风险 | 发展能力 | 市场表现 | | | |
| 198 | 000570 | 苏常柴 A | 69.86 | 22.21 | 9.61 | 12.54 | 15.50 | 10.00 | 1 414 | 3.28 | 14.17 |
| 199 | 600315 | 上海家化 | 69.84 | 26.08 | 9.15 | 14.94 | 11.95 | 7.72 | 62 | 28.03 | 32.90 |
| 200 | 000531 | 穗恒运 A | 69.80 | 30.03 | 10.10 | 6.15 | 13.52 | 10.00 | 1 076 | 5.25 | 17.46 |
| 201 | 600859 | 王府井 | 69.75 | 28.12 | 10.20 | 10.16 | 13.38 | 7.89 | 350 | 19.00 | 36.89 |
| 202 | 600016 | 民生银行 | 69.74 | 28.36 | 12.71 | 4.67 | 14.18 | 9.83 | — | 4.07 | 7.91 |
| 203 | 002275 | 桂林三金 | 69.74 | 27.02 | 8.66 | 14.94 | 14.12 | 5.00 | — | — | 28.07 |
| 204 | 600309 | 烟台万华 | 69.72 | 31.26 | 10.27 | 9.32 | 9.36 | 9.51 | 160 | 10.00 | 24.01 |
| 205 | 600266 | 北京城建 | 69.69 | 32.47 | 0.00 | 9.45 | 18.53 | 9.24 | 1 139 | 7.01 | 17.89 |
| 206 | 000888 | 峨眉山 A | 69.69 | 24.66 | 15.00 | 8.63 | 12.46 | 8.94 | 771 | 5.53 | 12.80 |
| 207 | 600068 | 葛洲坝 | 69.65 | 26.99 | 10.54 | 4.14 | 20.00 | 7.98 | 219 | 8.84 | 11.71 |
| 208 | 300036 | 超图软件 | 69.65 | 21.30 | 4.59 | 13.16 | 15.60 | 15.00 | — | — | 38.31 |
| 209 | 600352 | 浙江龙盛 | 69.63 | 25.86 | 7.26 | 7.98 | 16.51 | 12.02 | 198 | 6.30 | 11.42 |
| 210 | 600987 | 航民股份 | 69.61 | 23.12 | 12.47 | 13.44 | 10.12 | 10.46 | 205 | 3.16 | 8.99 |
| 211 | 000036 | * ST 华控 | 69.44 | 26.08 | 8.11 | 12.52 | 11.23 | 11.50 | 1 565 | 1.99 | 6.54 |
| 212 | 600017 | 日照港 | 69.42 | 24.32 | 10.84 | 7.81 | 17.73 | 8.72 | 246 | 3.88 | 6.91 |
| 213 | 000848 | 承德露露 | 69.41 | 26.78 | 12.29 | 13.14 | 9.59 | 7.61 | 145 | 15.87 | 26.38 |
| 214 | 601139 | 深圳燃气 | 69.36 | 21.69 | 11.93 | 8.69 | 12.05 | 15.00 | — | — | 16.78 |
| 215 | 600066 | 宇通客车 | 69.34 | 25.69 | 11.34 | 10.41 | 13.22 | 8.68 | 371 | 9.00 | 19.99 |
| 216 | 600487 | 亨通光电 | 69.34 | 25.72 | 7.49 | 9.80 | 14.48 | 11.85 | 461 | 9.90 | 31.96 |
| 217 | 600881 | 亚泰集团 | 69.34 | 26.47 | 8.00 | 7.37 | 18.43 | 9.07 | 769 | 5.68 | 9.08 |
| 218 | 600563 | 法拉电子 | 69.34 | 25.18 | 6.93 | 14.99 | 11.94 | 10.30 | 471 | 5.90 | 16.46 |
| 219 | 000792 | 盐湖钾肥 | 69.32 | 30.87 | 7.77 | 11.46 | 10.97 | 8.25 | 15 | 57.03 | 56.99 |
| 220 | 000718 | 苏宁环球 | 69.32 | 25.80 | 10.20 | 5.79 | 17.92 | 9.61 | 245 | 5.15 | 13.71 |
| 221 | 002116 | 中国海城 | 69.27 | 22.90 | 15.00 | 12.09 | 11.43 | 7.85 | 364 | 8.90 | 20.90 |
| 222 | 000540 | 中天城投 | 69.18 | 25.27 | 8.48 | 6.29 | 19.14 | 10.00 | 525 | 4.96 | 18.53 |
| 223 | 002261 | 拓维信息 | 69.16 | 25.46 | 8.17 | 14.99 | 12.14 | 8.40 | 85 | 25.50 | 40.00 |
| 224 | 000597 | 东北制药 | 69.16 | 27.93 | 9.09 | 8.26 | 15.40 | 8.48 | 47 | 12.19 | 26.33 |
| 225 | 600052 | 浙江广厦 | 69.09 | 25.72 | 15.00 | 5.96 | 13.93 | 8.48 | 515 | 3.24 | 8.30 |
| 226 | 600388 | 龙净环保 | 69.09 | 25.62 | 6.87 | 10.69 | 15.49 | 10.42 | 212 | 11.86 | 34.34 |
| 227 | 002165 | 红宝丽 | 69.08 | 24.85 | 9.86 | 11.22 | 11.79 | 11.36 | 346 | 10.93 | 27.74 |
| 228 | 002303 | 美盈森 | 68.94 | 26.19 | 7.63 | 14.99 | 15.13 | 5.00 | — | — | 31.50 |
| 229 | 002078 | 太阳纸业 | 68.90 | 29.11 | 10.40 | 6.17 | 12.77 | 10.45 | 834 | 6.83 | 20.67 |
| 230 | 002301 | 齐心文具 | 68.90 | 23.33 | 8.38 | 14.56 | 14.72 | 7.91 | — | — | 35.20 |
| 231 | 000011 | 深物业 A | 68.89 | 25.37 | 12.08 | 6.83 | 14.61 | 10.00 | 1 220 | 3.89 | 10.69 |
| 232 | 002327 | 富安娜 | 68.87 | 24.46 | 9.84 | 14.85 | 14.72 | 5.00 | — | — | 39.66 |
| 233 | 600199 | 金种子酒 | 68.86 | 22.20 | 10.78 | 13.23 | 12.65 | 10.00 | 693 | 3.81 | 17.39 |
| 234 | 600982 | 宁波热电 | 68.86 | 21.06 | 15.00 | 12.28 | 11.50 | 9.02 | 524 | 4.02 | 9.29 |
| 235 | 000797 | 中国武夷 | 68.82 | 23.09 | 15.00 | 6.95 | 14.09 | 9.69 | 1 211 | 3.27 | 7.89 |
| 236 | 600327 | 大厦股份 | 68.81 | 25.24 | 10.20 | 11.07 | 13.55 | 8.75 | 356 | 5.55 | 14.34 |

续表

| 序号 | 评价单位代码 | 单位名称 | 分项得分 | | | | | | 上年排名 | 年初股价（元） | 年末股价（元） |
|---|---|---|---|---|---|---|---|---|---|---|---|
| | | | 小计 | 财务效益 | 资产质量 | 偿债风险 | 发展能力 | 市场表现 | | | |
| 237 | 000417 | 合肥百货 | 68.80 | 26.13 | 10.00 | 11.29 | 12.84 | 8.54 | 115 | 8.60 | 14.67 |
| 238 | 300012 | 华测检测 | 68.78 | 25.27 | 9.45 | 13.07 | 15.99 | 5.00 | — | — | 43.14 |
| 239 | 600380 | 健康元 | 68.76 | 28.28 | 7.58 | 11.69 | 12.81 | 8.40 | 1 008 | 4.55 | 11.68 |
| 240 | 600173 | 卧龙地产 | 68.72 | 27.31 | 5.68 | 10.50 | 15.69 | 9.54 | 919 | 4.09 | 13.44 |
| 241 | 000631 | 顺发恒业 | 68.65 | 28.93 | 15.00 | 8.50 | 11.22 | 5.00 | 1 277 | 0.76 | 10.70 |
| 242 | 600655 | 豫园商城 | 68.57 | 25.74 | 8.07 | 8.63 | 14.69 | 11.44 | 445 | 9.92 | 27.33 |
| 243 | 002032 | 苏泊尔 | 68.55 | 25.32 | 9.61 | 13.55 | 12.39 | 7.68 | 157 | 12.28 | 20.80 |
| 244 | 600196 | 复星医药 | 68.50 | 27.05 | 7.54 | 8.88 | 16.89 | 8.14 | 230 | 10.61 | 19.57 |
| 245 | 000877 | 天山股份 | 68.50 | 27.83 | 10.86 | 4.29 | 17.00 | 8.52 | 132 | 10.62 | 21.23 |
| 246 | 600225 | ST 松江 | 68.45 | 25.60 | 15.00 | 4.90 | 12.14 | 10.81 | 1 294 | 4.90 | 11.08 |
| 247 | 000581 | 威孚高科 | 68.44 | 26.87 | 8.01 | 10.26 | 11.93 | ‘ 11.37 | 851 | 5.00 | 18.85 |
| 248 | 000661 | 长春高新 | 68.43 | 29.09 | 6.24 | 11.27 | 12.11 | 9.72 | 569 | 9.08 | 26.72 |
| 249 | 600739 | 辽宁成大 | 68.25 | 30.03 | 6.17 | 10.10 | 11.62 | 10.33 | 562 | 12.16 | 38.09 |
| 250 | 002250 | 联化科技 | 68.21 | 25.59 | 9.31 | 10.55 | 12.76 | 10.00 | 296 | 10.33 | 43.20 |
| 251 | 600551 | 时代出版 | 68.12 | 23.54 | 8.87 | 14.36 | 12.37 | 8.98 | 34 | 16.66 | 18.79 |
| 252 | 002322 | 理工监测 | 68.09 | 25.04 | 0.00 | 13.80 | 14.25 | 15.00 | — | — | 61.88 |
| 253 | 002054 | 德美化工 | 68.09 | 26.64 | 7.37 | 10.41 | 13.67 | 10.00 | 470 | 8.05 | 21.59 |
| 254 | 300019 | 硅宝科技 | 68.06 | 24.99 | 8.12 | 14.99 | 14.96 | 5.00 | — | — | 43.74 |
| 255 | 300008 | 上海佳豪 | 68.05 | 25.87 | 7.22 | 14.99 | 14.97 | 5.00 | — | — | 50.91 |
| 256 | 002082 | 栋梁新材 | 68.01 | 20.68 | 15.00 | 10.47 | 11.86 | 10.00 | 112 | 4.74 | 14.18 |
| 257 | 002001 | 新和成 | 67.97 | 28.67 | 6.91 | 11.80 | 12.41 | 8.18 | 38 | 24.58 | 48.90 |
| 258 | 600703 | 三安光电 | 67.95 | 26.00 | 4.35 | 10.29 | 15.76 | 11.55 | 595 | 9.55 | 52.75 |
| 259 | 000950 | 建峰化工 | 67.95 | 23.34 | 11.63 | 10.38 | 14.50 | 8.10 | 25 | 9.92 | 18.14 |
| 260 | 600098 | 广州控股 | 67.94 | 26.04 | 12.41 | 10.55 | 11.41 | 7.53 | 383 | 4.74 | 7.40 |
| 261 | 002172 | 澳洋科技 | 67.93 | 24.22 | 12.45 | 6.72 | 13.42 | 11.12 | 1 530 | 3.64 | 13.07 |
| 262 | 601107 | 四川成渝 | 67.92 | 26.87 | 7.08 | 12.23 | 16.74 | 5.00 | — | — | 8.36 |
| 263 | 002302 | 西部建设 | 67.90 | 23.41 | 9.11 | 10.79 | 15.77 | 8.82 | — | — | 31.79 |
| 264 | 002010 | 传化股份 | 67.86 | 25.17 | 9.44 | 11.61 | 12.75 | 8.89 | 646 | 4.62 | 14.38 |
| 265 | 600742 | 一汽富维 | 67.85 | 23.03 | 12.95 | 7.27 | 13.13 | 11.47 | 409 | 5.81 | 28.01 |
| 266 | 600415 | 小商品城 | 67.81 | 29.87 | 7.01 | 7.26 | 15.83 | 7.84 | 45 | 54.88 | 44.73 |
| 267 | 600307 | 酒钢宏兴 | 67.78 | 18.11 | 14.07 | 7.31 | 19.01 | 9.28 | 586 | 4.65 | 15.17 |
| 268 | 002187 | 广百股份 | 67.73 | 23.72 | 10.20 | 10.68 | 15.13 | 8.00 | 214 | 16.82 | 31.50 |
| 269 | 002140 | 东华科技 | 67.72 | 24.84 | 10.26 | 10.62 | 13.21 | 8.79 | 269 | 25.30 | 41.80 |
| 270 | 600580 | 卧龙电气 | 67.68 | 25.22 | 8.51 | 10.58 | 14.21 | 9.16 | 327 | 7.07 | 18.21 |
| 271 | 002108 | 沧州明珠 | 67.66 | 25.10 | 8.99 | 7.78 | 15.79 | 10.00 | 169 | 11.08 | 36.69 |
| 272 | 300026 | 红日药业 | 67.61 | 26.40 | 5.95 | 14.99 | 15.27 | 5.00 | — | — | 91.20 |
| 273 | 000685 | 中山公用 | 67.61 | 28.67 | 7.28 | 7.37 | 16.07 | 8.22 | 136 | 12.52 | 30.47 |
| 274 | 000066 | 长城电脑 | 67.60 | 20.65 | 8.54 | 8.41 | 20.00 | 10.00 | 1 025 | 3.31 | 16.10 |
| 275 | 600518 | 康美药业 | 67.60 | 25.85 | 6.83 | 8.29 | 17.67 | 8.96 | 217 | 9.11 | 10.63 |

续表

| 序号 | 评价单位代码 | 单位名称 | 分项得分 | | | | | | 上年排名 | 年初股价（元） | 年末股价（元） |
|---|---|---|---|---|---|---|---|---|---|---|---|
| | | | 小计 | 财务效益 | 资产质量 | 偿债风险 | 发展能力 | 市场表现 | | | |
| 276 | 600481 | 双良股份 | 67.55 | 26.46 | 9.98 | 9.80 | 11.31 | 10.00 | 814 | 3.88 | 21.19 |
| 277 | 600210 | 紫江企业 | 67.55 | 29.65 | 7.44 | 8.57 | 12.66 | 9.23 | 795 | 3.03 | 7.86 |
| 278 | 000729 | 燕京啤酒 | 67.52 | 25.69 | 11.01 | 10.59 | 12.92 | 7.31 | 261 | 13.21 | 18.77 |
| 279 | 000726 | 鲁泰A | 67.47 | 29.66 | 9.11 | 9.53 | 10.63 | 8.54 | 268 | 6.14 | 11.70 |
| 280 | 600219 | 南山铝业 | 67.43 | 23.74 | 10.29 | 10.78 | 14.41 | 8.21 | 563 | 6.18 | 13.23 |
| 281 | 002152 | 广电运通 | 67.39 | 26.88 | 6.19 | 13.11 | 13.92 | 7.29 | 56 | 29.57 | 32.85 |
| 282 | 600801 | 华新水泥 | 67.37 | 26.03 | 12.42 | 7.59 | 13.97 | 7.36 | 114 | 14.81 | 23.75 |
| 283 | 002177 | 御银股份 | 67.36 | 23.18 | 6.89 | 12.59 | 16.25 | 8.45 | 532 | 9.36 | 15.49 |
| 284 | 600835 | 上海机电 | 67.35 | 26.31 | 9.12 | 12.49 | 11.69 | 7.74 | 294 | 8.06 | 13.68 |
| 285 | 002325 | 洪涛股份 | 67.35 | 21.72 | 12.43 | 13.03 | 15.17 | 5.00 | — | — | 33.18 |
| 286 | 002065 | 东华软件 | 67.34 | 25.31 | 7.71 | 11.25 | 14.22 | 8.85 | 49 | 14.48 | 23.24 |
| 287 | 600875 | 东方电气 | 67.24 | 30.68 | 5.13 | 7.41 | 16.82 | 7.20 | 867 | 29.81 | 45.09 |
| 288 | 600056 | 中国医药 | 67.23 | 25.37 | 5.67 | 11.93 | 16.55 | 7.71 | 827 | 9.26 | 27.85 |
| 289 | 000089 | 深圳机场 | 67.23 | 25.55 | 7.52 | 14.97 | 11.87 | 7.32 | 146 | 5.30 | 7.51 |
| 290 | 300003 | 乐普医疗 | 67.22 | 26.29 | 5.96 | 13.77 | 16.20 | 5.00 | — | — | 51.20 |
| 291 | 300023 | 宝德股份 | 67.17 | 25.60 | 6.36 | 14.99 | 13.00 | 7.22 | — | — | 38.68 |
| 292 | 002224 | 三力士 | 67.17 | 22.94 | 10.51 | 12.56 | 12.03 | 9.13 | 419 | 9.46 | 23.25 |
| 293 | 600239 | 云南城投 | 67.17 | 22.59 | 11.20 | 7.66 | 17.72 | 8.00 | 531 | 17.83 | 27.32 |
| 294 | 000951 | 中国重汽 | 67.16 | 26.67 | 11.26 | 6.88 | 13.62 | 8.73 | 339 | 12.72 | 27.38 |
| 295 | 600267 | 海正药业 | 67.11 | 25.28 | 8.97 | 8.82 | 16.45 | 7.59 | 282 | 14.94 | 24.13 |
| 296 | 002280 | 新世纪 | 67.03 | 24.73 | 8.83 | 14.99 | 13.48 | 5.00 | — | — | 41.25 |
| 297 | 600549 | 厦门钨业 | 67.02 | 26.20 | 6.86 | 9.98 | 14.54 | 9.44 | 608 | 7.72 | 18.93 |
| 298 | 000708 | 大冶特钢 | 67.00 | 24.58 | 13.56 | 10.05 | 9.50 | 9.31 | 465 | 4.49 | 12.16 |
| 299 | 002104 | 恒宝股份 | 66.99 | 22.79 | 7.83 | 14.99 | 11.38 | 10.00 | 665 | 4.79 | 21.11 |
| 300 | 300016 | 北陆药业 | 66.99 | 24.85 | 7.85 | 14.99 | 14.30 | 5.00 | — | — | 34.80 |
| 301 | 600298 | 安琪酵母 | 66.97 | 26.78 | 9.68 | 7.39 | 14.18 | 8.94 | 460 | 10.71 | 29.90 |
| 302 | 002138 | 顺络电子 | 66.97 | 25.10 | 7.02 | 13.61 | 12.14 | 9.10 | 437 | 11.40 | 20.23 |
| 303 | 600258 | 首旅股份 | 66.94 | 26.65 | 15.00 | 10.74 | 4.96 | 9.59 | 396 | 9.25 | 23.13 |
| 304 | 002255 | 海陆重工 | 66.90 | 24.45 | 6.21 | 11.76 | 15.57 | 8.91 | 323 | 16.78 | 55.36 |
| 305 | 000596 | 古井贡酒 | 66.88 | 27.59 | 10.19 | 13.42 | 5.68 | 10.00 | 529 | 8.28 | 33.99 |
| 306 | 600729 | 重庆百货 | 66.84 | 25.53 | 9.77 | 9.71 | 11.96 | 9.87 | 247 | 14.29 | 40.15 |
| 307 | 600139 | 西部资源 | 66.81 | 25.20 | 4.67 | 13.30 | 13.64 | 10.00 | 406 | 7.93 | 25.96 |
| 308 | 000935 | ST双马 | 66.79 | 26.11 | 12.32 | 10.02 | 10.58 | 7.76 | 714 | 6.22 | 11.39 |
| 309 | 000876 | 新希望 | 66.79 | 24.65 | 13.56 | 6.36 | 13.61 | 8.61 | 435 | 6.35 | 13.78 |
| 310 | 600175 | 美都控股 | 66.77 | 17.45 | 15.00 | 8.84 | 14.31 | 11.17 | 1 038 | 3.18 | 13.26 |
| 311 | 600101 | 明星电力 | 66.72 | 22.22 | 14.50 | 9.17 | 12.40 | 8.43 | 589 | 4.34 | 8.79 |
| 312 | 000422 | 湖北宜化 | 66.69 | 24.43 | 11.69 | 5.53 | 15.49 | 9.55 | 377 | 7.73 | 21.35 |
| 313 | 002287 | 奇正藏药 | 66.67 | 24.50 | 7.82 | 14.99 | 14.36 | 5.00 | — | — | 24.15 |
| 314 | 000521 | 美菱电器 | 66.66 | 20.45 | 10.93 | 9.24 | 16.04 | 10.00 | 698 | 3.21 | 13.13 |

续表

| 序号 | 评价单位代码 | 单位名称 | 分项得分 | | | | | | 上年排名 | 年初股价（元） | 年末股价（元） |
|---|---|---|---|---|---|---|---|---|---|---|---|
| | | | 小计 | 财务效益 | 资产质量 | 偿债风险 | 发展能力 | 市场表现 | | | |
| 315 | 600351 | 亚宝药业 | 66.66 | 25.66 | 9.15 | 9.70 | 13.11 | 9.04 | 168 | 12.46 | 16.69 |
| 316 | 600248 | 延长化建 | 66.55 | 19.83 | 12.33 | 9.73 | 13.45 | 11.21 | 570 | 5.98 | 13.11 |
| 317 | 600079 | 人福医药 | 66.55 | 23.55 | 6.77 | 9.96 | 15.32 | 10.95 | 641 | 4.19 | 14.16 |
| 318 | 600067 | 冠城大通 | 66.52 | 29.72 | 5.76 | 7.42 | 13.62 | 10.00 | 1 109 | 4.01 | 13.99 |
| 319 | 600403 | 欣网视讯 | 66.51 | 21.82 | 9.53 | 14.52 | 10.45 | 10.19 | 244 | 4.90 | 12.97 |
| 320 | 000589 | 黔轮胎 A | 66.50 | 26.99 | 8.98 | 7.25 | 13.28 | 10.00 | 736 | 4.46 | 17.87 |
| 321 | 000501 | 鄂武商 A | 66.46 | 27.27 | 10.20 | 7.08 | 11.45 | 10.46 | 414 | 5.02 | 14.86 |
| 322 | 002328 | 新朋股份 | 66.40 | 26.17 | 7.74 | 14.99 | 12.50 | 5.00 | — | — | 26.55 |
| 323 | 300020 | 银江股份 | 66.39 | 22.05 | 7.40 | 12.56 | 16.20 | 8.18 | — | — | 39.98 |
| 324 | 002311 | 海大集团 | 66.33 | 21.47 | 15.00 | 9.78 | 15.08 | 5.00 | — | — | 37.54 |
| 325 | 600420 | 现代制药 | 66.29 | 20.81 | 9.66 | 13.65 | 13.92 | 8.25 | 447 | 5.86 | 14.04 |
| 326 | 600167 | 联美控股 | 66.27 | 20.64 | 12.51 | 11.85 | 12.67 | 8.60 | 579 | 4.89 | 10.53 |
| 327 | 600377 | 宁沪高速 | 66.27 | 29.36 | 12.10 | 7.62 | 12.19 | 5.00 | 192 | 5.44 | 7.14 |
| 328 | 600375 | 星马汽车 | 66.24 | 24.85 | 9.52 | 8.76 | 13.11 | 10.00 | 1 027 | 3.98 | 14.90 |
| 329 | 002317 | 众生药业 | 66.24 | 25.24 | 7.96 | 13.43 | 14.61 | 5.00 | — | — | 70.77 |
| 330 | 600827 | 友谊股份 | 66.22 | 25.04 | 9.56 | 9.77 | 13.60 | 8.25 | 391 | 9.26 | 18.64 |
| 331 | 601988 | 中国银行 | 66.21 | 28.37 | 6.93 | 10.61 | 12.68 | 7.63 | — | 2.97 | 4.33 |
| 332 | 002014 | 永新股份 | 66.20 | 24.54 | 9.70 | 13.74 | 9.32 | 8.90 | 225 | 7.72 | 18.13 |
| 333 | 600161 | 天坛生物 | 66.20 | 25.87 | 7.05 | 10.23 | 16.00 | 7.05 | 344 | 14.52 | 26.60 |
| 334 | 000926 | 福星股份 | 66.12 | 19.86 | 15.00 | 7.39 | 14.41 | 9.46 | 254 | 4.84 | 12.09 |
| 335 | 002037 | 久联发展 | 66.07 | 23.84 | 10.80 | 8.84 | 14.24 | 8.35 | 399 | 8.54 | 18.48 |
| 336 | 002248 | 华东数控 | 66.06 | 25.90 | 5.87 | 9.20 | 15.15 | 9.94 | 400 | 13.99 | 52.42 |
| 337 | 600291 | 西水股份 | 66.02 | 24.04 | 5.19 | 10.77 | 15.55 | 10.47 | 1 325 | 5.51 | 16.54 |
| 338 | 000919 | 金陵药业 | 66.02 | 23.59 | 8.88 | 14.37 | 11.84 | 7.34 | 503 | 5.13 | 12.20 |
| 339 | 000562 | 宏源证券 | 66.00 | 8.11 | 7.41 | 26.87 | 16.66 | 6.95 | — | 11.70 | 23.80 |
| 340 | 000534 | 万泽股份 | 65.99 | 20.41 | 15.00 | 11.32 | 9.78 | 9.48 | 1 272 | 3.25 | 8.03 |
| 341 | 000539 | 粤电力 A | 65.88 | 28.38 | 11.93 | 8.12 | 12.70 | 4.75 | 841 | 6.15 | 7.83 |
| 342 | 002281 | 光迅科技 | 65.87 | 25.24 | 7.82 | 12.72 | 15.09 | 5.00 | — | — | 33.21 |
| 343 | 000021 | 长城开发 | 65.85 | 18.03 | 13.02 | 12.44 | 11.47 | 10.89 | 601 | 4.14 | 12.89 |
| 344 | 002123 | 荣信股份 | 65.84 | 24.64 | 5.42 | 10.47 | 17.34 | 7.97 | 121 | 34.68 | 37.70 |
| 345 | 000638 | 万方地产 | 65.80 | 22.90 | 15.00 | 11.13 | 12.03 | 4.74 | 216 | 2.79 | 14.09 |
| 346 | 002313 | 日海通讯 | 65.70 | 23.91 | 7.11 | 13.76 | 15.92 | 5.00 | — | — | 40.82 |
| 347 | 600153 | 建发股份 | 65.70 | 27.12 | 8.25 | 6.87 | 15.70 | 7.76 | 337 | 6.38 | 12.96 |
| 348 | 300013 | 新宁物流 | 65.70 | 23.70 | 9.92 | 12.98 | 14.10 | 5.00 | — | — | 32.75 |
| 349 | 600496 | 精工钢构 | 65.68 | 23.97 | 9.85 | 7.90 | 14.35 | 9.61 | 587 | 4.16 | 11.84 |
| 350 | 600498 | 烽火通信 | 65.66 | 21.72 | 6.74 | 10.88 | 16.24 | 10.08 | 342 | 10.57 | 26.72 |
| 351 | 600085 | 同仁堂 | 65.62 | 24.78 | 6.87 | 14.42 | 11.40 | 8.15 | 332 | 12.31 | 21.03 |
| 352 | 000963 | 华东医药 | 65.61 | 25.76 | 6.32 | 10.31 | 15.96 | 7.26 | 250 | 10.77 | 18.40 |
| 353 | 600118 | 中国卫星 | 65.61 | 23.84 | 8.21 | 12.48 | 12.61 | 8.47 | 278 | 17.77 | 24.22 |

续表

| 序号 | 评价单位代码 | 单位名称 | 分项得分 | | | | | | 上年排名 | 年初股价（元） | 年末股价（元） |
|---|---|---|---|---|---|---|---|---|---|---|---|
| | | | 小计 | 财务效益 | 资产质量 | 偿债风险 | 发展能力 | 市场表现 | | | |
| 354 | 600573 | 惠泉啤酒 | 65.57 | 19.85 | 12.13 | 14.97 | 9.94 | 8.68 | 376 | 5.36 | 11.29 |
| 355 | 002308 | 威创股份 | 65.55 | 26.09 | 6.20 | 14.79 | 13.47 | 5.00 | — | — | 31.83 |
| 356 | 601328 | 交通银行 | 65.55 | 30.75 | 8.79 | 3.83 | 11.93 | 10.25 | — | 4.74 | 9.35 |
| 357 | 000060 | 中金岭南 | 65.53 | 23.00 | 9.78 | 8.04 | 14.13 | 10.58 | 623 | 7.80 | 27.90 |
| 358 | 601333 | 广深铁路 | 65.50 | 22.51 | 14.70 | 11.06 | 12.23 | 5.00 | 188 | 3.71 | 4.77 |
| 359 | 002131 | 利欧股份 | 65.50 | 25.10 | 8.52 | 13.79 | 8.52 | 9.57 | 258 | 6.76 | 18.67 |
| 360 | 002206 | 海利得 | 65.44 | 25.41 | 10.01 | 10.18 | 11.06 | 8.78 | 131 | 12.91 | 37.18 |
| 361 | 600406 | 国电南瑞 | 65.42 | 25.34 | 5.85 | 10.93 | 14.77 | 8.53 | 380 | 20.39 | 48.96 |
| 362 | 300018 | 中元华电 | 65.41 | 25.67 | 4.79 | 14.99 | 14.96 | 5.00 | — | — | 48.57 |
| 363 | 000679 | 大连友谊 | 65.41 | 29.01 | 5.78 | 7.75 | 13.53 | 9.34 | 720 | 5.59 | 15.56 |
| 364 | 000748 | 长城信息 | 65.39 | 20.27 | 8.95 | 12.64 | 14.17 | 9.36 | 939 | 4.80 | 10.29 |
| 365 | 002238 | 天威视讯 | 65.38 | 19.46 | 13.83 | 14.08 | 10.10 | 7.91 | 148 | 12.25 | 21.21 |
| 366 | 600033 | 福建高速 | 65.38 | 29.00 | 8.16 | 7.71 | 13.51 | 7.00 | 159 | 4.89 | 6.60 |
| 367 | 000552 | 靖远煤电 | 65.36 | 20.94 | 9.81 | 14.20 | 10.41 | 10.00 | 237 | 4.91 | 17.73 |
| 368 | 300009 | 安科生物 | 65.36 | 24.77 | 6.85 | 14.99 | 13.75 | 5.00 | — | — | 42.67 |
| 369 | 002204 | 华锐铸钢 | 65.33 | 25.74 | 6.99 | 10.70 | 13.57 | 8.33 | 286 | 15.20 | 26.39 |
| 370 | 000989 | 九芝堂 | 65.31 | 24.10 | 8.29 | 14.91 | 9.51 | 8.50 | 201 | 7.87 | 14.28 |
| 371 | 000933 | 神火股份 | 65.27 | 28.34 | 11.48 | 3.98 | 11.47 | 10.00 | 97 | 13.10 | 36.88 |
| 372 | 002069 | 獐子岛 | 65.26 | 24.41 | 10.88 | 6.24 | 14.63 | 9.10 | 657 | 15.62 | 37.55 |
| 373 | 600238 | 海南椰岛 | 65.23 | 21.06 | 10.37 | 9.75 | 13.81 | 10.24 | 1 509 | 5.05 | 15.93 |
| 374 | 600350 | 山东高速 | 65.22 | 27.92 | 12.64 | 9.18 | 10.48 | 5.00 | 111 | 4.85 | 5.26 |
| 375 | 002038 | 双鹭药业 | 65.21 | 25.94 | 5.88 | 14.99 | 14.04 | 4.36 | 29 | 36.68 | 44.40 |
| 376 | 600012 | 皖通高速 | 65.21 | 28.17 | 7.87 | 9.49 | 11.44 | 8.24 | 319 | 3.77 | 5.94 |
| 377 | 000558 | 莱茵置业 | 65.18 | 22.35 | 15.00 | 6.96 | 13.61 | 7.26 | 305 | 3.90 | 7.95 |
| 378 | 600755 | 厦门国贸 | 65.16 | 23.21 | 7.90 | 7.20 | 17.58 | 9.27 | 628 | 8.62 | 15.62 |
| 379 | 600871 | S仪化 | 65.11 | 18.46 | 14.84 | 14.10 | 8.25 | 9.46 | 1 259 | 3.60 | 8.75 |
| 380 | 300031 | 宝通带业 | 65.09 | 24.79 | 7.33 | 13.05 | 14.92 | 5.00 | — | — | 56.43 |
| 381 | 300017 | 网宿科技 | 65.08 | 21.52 | 9.72 | 14.99 | 13.85 | 5.00 | — | — | 42.71 |
| 382 | 000885 | 同力水泥 | 65.05 | 22.95 | 14.36 | 6.12 | 12.72 | 8.90 | 443 | 6.13 | 14.15 |
| 383 | 002191 | 劲嘉股份 | 65.05 | 28.39 | 7.41 | 10.82 | 11.19 | 7.24 | 100 | 13.00 | 14.44 |
| 384 | 600521 | 华海药业 | 65.04 | 25.93 | 6.30 | 12.74 | 11.69 | 8.38 | 292 | 12.16 | 26.00 |
| 385 | 002022 | 科华生物 | 65.03 | 25.80 | 7.74 | 13.43 | 13.73 | 4.33 | 90 | 23.30 | 21.89 |
| 386 | 600804 | 鹏博士 | 65.02 | 22.01 | 9.87 | 13.17 | 11.14 | 8.83 | 549 | 9.73 | 10.85 |
| 387 | 600170 | 上海建工 | 65.02 | 19.88 | 13.74 | 8.99 | 15.07 | 7.34 | 211 | 9.04 | 15.46 |
| 388 | 002153 | 石基信息 | 65.01 | 26.22 | 6.93 | 14.99 | 9.92 | 6.95 | 31 | 48.46 | 32.98 |
| 389 | 002004 | 华邦制药 | 65.00 | 24.94 | 7.08 | 12.56 | 10.42 | 10.00 | 620 | 13.13 | 44.28 |
| 390 | 600195 | 中牧股份 | 65.00 | 25.55 | 8.77 | 9.73 | 13.24 | 7.71 | 365 | 11.76 | 20.27 |
| 391 | 600458 | 时代新材 | 64.96 | 23.20 | 8.38 | 7.89 | 16.24 | 9.25 | 412 | 9.80 | 21.40 |
| 392 | 600511 | 国药股份 | 64.91 | 24.22 | 6.74 | 11.64 | 14.70 | 7.61 | 166 | 28.57 | 25.60 |

续表

| 序号 | 评价单位代码 | 单位名称 | 分项得分 | | | | | | 上年排名 | 年初股价（元） | 年末股价（元） |
|---|---|---|---|---|---|---|---|---|---|---|---|
| | | | 小计 | 财务效益 | 资产质量 | 偿债风险 | 发展能力 | 市场表现 | | | |
| 393 | 002003 | 伟星股份 | 64.90 | 26.92 | 9.65 | 12.07 | 7.78 | 8.48 | 107 | 10.34 | 21.38 |
| 394 | 600011 | 华能国际 | 64.89 | 28.00 | 12.80 | 3.34 | 15.75 | 5.00 | 965 | 6.92 | 8.01 |
| 395 | 600535 | 天士力 | 64.89 | 26.01 | 9.72 | 9.54 | 12.08 | 7.54 | 243 | 12.37 | 22.40 |
| 396 | 300029 | 天龙光电 | 64.88 | 22.14 | 3.74 | 11.05 | 13.40 | 14.55 | — | — | 29.10 |
| 397 | 600435 | 中兵光电 | 64.85 | 20.74 | 7.36 | 10.53 | 15.76 | 10.46 | 180 | 19.18 | 23.38 |
| 398 | 002106 | 莱宝高科 | 64.82 | 24.44 | 5.53 | 12.30 | 10.19 | 12.36 | 597 | 6.96 | 24.40 |
| 399 | 002252 | 上海莱士 | 64.80 | 26.01 | 6.46 | 14.99 | 10.34 | 7.00 | 181 | 25.22 | 37.08 |
| 400 | 000619 | 海螺型材 | 64.75 | 23.67 | 12.66 | 9.65 | 10.61 | 8.16 | 408 | 5.00 | 13.62 |
| 401 | 300011 | 鼎汉技术 | 64.74 | 25.30 | 5.44 | 12.92 | 16.08 | 5.00 | — | — | 70.00 |
| 402 | 600665 | 天地源 | 64.73 | 23.06 | 9.30 | 9.28 | 14.59 | 8.50 | 942 | 2.88 | 6.66 |
| 403 | 300001 | 特锐德 | 64.67 | 24.61 | 6.84 | 12.60 | 15.62 | 5.00 | — | — | 42.24 |
| 404 | 600612 | 老凤祥 | 64.65 | 20.73 | 12.87 | 6.40 | 14.65 | 10.00 | 439 | 7.15 | 25.88 |
| 405 | 002115 | 三维通信 | 64.62 | 22.80 | 6.56 | 9.11 | 16.58 | 9.57 | 301 | 11.76 | 25.80 |
| 406 | 000861 | 海印股份 | 64.61 | 23.56 | 10.36 | 9.78 | 12.08 | 8.83 | 123 | 6.25 | 12.94 |
| 407 | 000680 | 山推股份 | 64.60 | 24.99 | 9.21 | 10.28 | 12.24 | 7.88 | 127 | 7.58 | 12.66 |
| 408 | 600252 | 中恒集团 | 64.54 | 23.91 | 8.81 | 7.40 | 14.42 | 10.00 | 944 | 5.98 | 26.52 |
| 409 | 000637 | 茂化实华 | 64.52 | 20.67 | 15.00 | 14.99 | 5.54 | 8.32 | 423 | 4.69 | 9.72 |
| 410 | 600062 | 双鹤药业 | 64.43 | 26.05 | 9.36 | 12.45 | 11.57 | 5.00 | 88 | 24.09 | 23.55 |
| 411 | 600097 | 开创国际 | 64.38 | 22.23 | 15.00 | 8.43 | 10.95 | 7.77 | 36 | 11.11 | 18.89 |
| 412 | 300010 | 立思辰 | 64.35 | 22.93 | 8.25 | 12.72 | 15.45 | 5.00 | — | — | 32.79 |
| 413 | 300033 | 同花顺 | 64.32 | 25.69 | 2.79 | 14.78 | 16.06 | 5.00 | — | — | 70.86 |
| 414 | 600845 | 宝信软件 | 64.32 | 24.98 | 6.75 | 12.54 | 11.52 | 8.53 | 271 | 15.38 | 31.56 |
| 415 | 002273 | 水晶光电 | 64.30 | 25.13 | 6.27 | 14.99 | 10.25 | 7.66 | 87 | 21.13 | 32.28 |
| 416 | 000578 | 盐湖集团 | 64.28 | 31.68 | 3.55 | 10.23 | 13.82 | 5.00 | 74 | 25.25 | 24.68 |
| 417 | 600479 | 千金药业 | 64.26 | 24.91 | 9.89 | 11.25 | 11.38 | 6.83 | 232 | 19.38 | 26.88 |
| 418 | 600006 | 东风汽车 | 64.22 | 18.47 | 10.81 | 11.81 | 13.70 | 9.43 | 768 | 2.93 | 6.86 |
| 419 | 002088 | 鲁阳股份 | 64.20 | 24.57 | 5.50 | 13.27 | 12.42 | 8.44 | 363 | 10.00 | 23.10 |
| 420 | 300007 | 汉威电子 | 64.12 | 24.67 | 5.16 | 14.12 | 15.17 | 5.00 | — | — | 44.01 |
| 421 | 600027 | 华电国际 | 64.08 | 23.22 | 13.43 | 2.84 | 16.97 | 7.62 | 1 131 | 3.82 | 5.37 |
| 422 | 002290 | 禾盛新材 | 63.98 | 20.75 | 7.97 | 9.99 | 13.98 | 11.29 | — | — | 48.06 |
| 423 | 600486 | 扬农化工 | 63.96 | 23.81 | 8.88 | 11.72 | 10.51 | 9.04 | 33 | 25.08 | 39.19 |
| 424 | 600497 | 驰宏锌锗 | 63.96 | 20.51 | 8.96 | 9.21 | 13.82 | 11.46 | 1 197 | 9.91 | 26.45 |
| 425 | 600787 | 中储股份 | 63.90 | 16.48 | 15.00 | 10.37 | 12.11 | 9.94 | 469 | 4.01 | 9.69 |
| 426 | 000701 | 厦门信达 | 63.87 | 19.03 | 15.00 | 8.15 | 11.73 | 9.96 | 504 | 3.68 | 10.92 |
| 427 | 002011 | 盾安环境 | 63.86 | 22.27 | 8.23 | 12.05 | 13.08 | 8.23 | 385 | 7.19 | 17.08 |
| 428 | 002080 | 中材科技 | 63.83 | 24.84 | 7.40 | 8.43 | 15.88 | 7.28 | 248 | 20.29 | 35.90 |
| 429 | 600169 | 太原重工 | 63.83 | 26.13 | 5.72 | 8.27 | 15.06 | 8.65 | 197 | 14.20 | 17.40 |
| 430 | 002205 | 国统股份 | 63.80 | 25.75 | 5.25 | 10.66 | 13.75 | 8.39 | 506 | 11.86 | 20.00 |
| 431 | 002117 | 东港股份 | 63.79 | 24.53 | 9.34 | 10.50 | 11.17 | 8.25 | 309 | 9.25 | 19.77 |

续表

| 序号 | 评价单位代码 | 单位名称 | 分项得分 | | | | | | 上年排名 | 年初股价（元） | 年末股价（元） |
|---|---|---|---|---|---|---|---|---|---|---|---|
| | | | 小计 | 财务效益 | 资产质量 | 偿债风险 | 发展能力 | 市场表现 | | | |
| 432 | 600528 | 中铁二局 | 63.75 | 23.18 | 10.87 | 6.72 | 15.85 | 7.13 | 273 | 8.19 | 13.06 |
| 433 | 000615 | 湖北金环 | 63.74 | 22.47 | 8.55 | 10.42 | 12.30 | 10.00 | 1 485 | 3.10 | 12.76 |
| 434 | 600386 | 北巴传媒 | 63.73 | 21.25 | 12.82 | 13.54 | 7.48 | 8.64 | 952 | 7.18 | 14.60 |
| 435 | 600004 | 白云机场 | 63.70 | 25.69 | 8.49 | 10.51 | 11.80 | 7.21 | 334 | 7.05 | 10.15 |
| 436 | 000541 | 佛山照明 | 63.68 | 21.78 | 7.61 | 14.99 | 9.40 | 9.90 | 487 | 5.85 | 10.39 |
| 437 | 600136 | 道博股份 | 63.68 | 22.72 | 10.45 | 13.81 | 8.13 | 8.57 | 416 | 3.44 | 10.74 |
| 438 | 000612 | 焦作万方 | 63.66 | 22.95 | 13.87 | 8.57 | 8.27 | 10.00 | 438 | 7.40 | 28.00 |
| 439 | 600697 | 欧亚集团 | 63.66 | 24.91 | 10.15 | 8.23 | 12.25 | 8.12 | 170 | 14.45 | 24.47 |
| 440 | 300030 | 阳普医疗 | 63.57 | 20.67 | 4.81 | 12.42 | 15.86 | 9.81 | — | — | 35.10 |
| 441 | 002247 | 帝龙新材 | 63.56 | 21.00 | 7.37 | 14.90 | 10.97 | 9.32 | 297 | 12.22 | 37.65 |
| 442 | 600622 | 嘉宝集团 | 63.56 | 27.14 | 2.92 | 11.48 | 13.38 | 8.64 | 482 | 3.95 | 12.27 |
| 443 | 000793 | 华闻传媒 | 63.54 | 21.52 | 12.78 | 11.49 | 9.18 | 8.57 | 284 | 3.05 | 7.02 |
| 444 | 002298 | 鑫龙电器 | 63.50 | 19.32 | 6.12 | 9.21 | 14.82 | 14.03 | — | — | 23.32 |
| 445 | 002236 | 大华股份 | 63.49 | 23.24 | 6.74 | 11.99 | 13.73 | 7.79 | 173 | 38.10 | 72.38 |
| 446 | 600583 | 海油工程 | 63.48 | 24.99 | 8.57 | 10.25 | 14.67 | 5.00 | 27 | 15.23 | 11.40 |
| 447 | 600594 | 益佰制药 | 63.48 | 23.63 | 9.04 | 10.21 | 12.37 | 8.23 | 275 | 7.42 | 17.89 |
| 448 | 600122 | 宏图高科 | 63.40 | 17.81 | 13.75 | 7.61 | 16.14 | 8.09 | 490 | 8.80 | 17.30 |
| 449 | 002233 | 塔牌集团 | 63.37 | 25.17 | 11.65 | 6.64 | 11.60 | 8.31 | 229 | 7.42 | 16.43 |
| 450 | 600900 | 长江电力 | 63.36 | 26.45 | 8.07 | 5.47 | 18.37 | 5.00 | 224 | 14.35 | 13.36 |
| 451 | 002168 | 深圳惠程 | 63.25 | 23.14 | 5.03 | 9.22 | 14.27 | 11.59 | 584 | 10.28 | 20.50 |
| 452 | 002139 | 拓邦股份 | 63.22 | 20.67 | 9.82 | 13.86 | 9.35 | 9.52 | 199 | 9.10 | 16.09 |
| 453 | 601918 | 国投新集 | 63.15 | 28.74 | 8.27 | 7.24 | 10.28 | 8.62 | 51 | 7.55 | 17.95 |
| 454 | 600846 | 同济科技 | 63.14 | 19.82 | 8.39 | 11.53 | 14.20 | 9.20 | 1 146 | 4.95 | 10.03 |
| 455 | 600708 | 海博股份 | 63.12 | 22.13 | 14.06 | 6.10 | 12.05 | 8.78 | 535 | 4.58 | 9.55 |
| 456 | 002258 | 利尔化学 | 63.10 | 24.97 | 6.28 | 14.99 | 8.62 | 8.24 | 116 | 13.90 | 24.60 |
| 457 | 000009 | 中国宝安 | 63.05 | 23.06 | 7.07 | 8.82 | 13.34 | 10.76 | 596 | 3.98 | 10.98 |
| 458 | 600525 | 长园集团 | 63.05 | 24.54 | 5.56 | 10.11 | 15.43 | 7.41 | 691 | 16.31 | 25.53 |
| 459 | 600137 | 浪莎股份 | 63.04 | 21.23 | 6.92 | 13.43 | 12.88 | 8.58 | 573 | 8.75 | 19.14 |
| 460 | 000517 | 荣安地产 | 63.02 | 23.73 | 15.00 | 7.41 | 11.88 | 5.00 | 1 436 | 2.00 | 9.92 |
| 461 | 600446 | 金证股份 | 63.01 | 18.37 | 10.54 | 13.01 | 9.48 | 11.61 | 405 | 5.25 | 15.04 |
| 462 | 002256 | 彩虹精化 | 63.00 | 19.16 | 8.97 | 14.99 | 11.55 | 8.33 | 182 | 10.20 | 14.49 |
| 463 | 002093 | 国脉科技 | 62.99 | 22.47 | 8.28 | 10.62 | 13.09 | 8.53 | 207 | 11.33 | 18.55 |
| 464 | 600469 | 风神股份 | 62.97 | 26.42 | 10.10 | 6.38 | 10.50 | 9.57 | 1 228 | 5.09 | 15.76 |
| 465 | 000715 | 中兴商业 | 62.97 | 20.85 | 10.20 | 12.76 | 11.01 | 8.15 | 512 | 7.09 | 11.43 |
| 466 | 002035 | 华帝股份 | 62.91 | 21.88 | 12.48 | 11.16 | 9.94 | 7.45 | 1 088 | 4.67 | 9.30 |
| 467 | 600157 | 鲁润股份 | 62.90 | 14.20 | 15.00 | 8.98 | 14.72 | 10.00 | 807 | 3.47 | 19.37 |
| 468 | 002148 | 北纬通信 | 62.90 | 21.50 | 7.45 | 14.99 | 9.91 | 9.05 | 349 | 13.54 | 34.50 |
| 469 | 600197 | 伊力特 | 62.88 | 21.65 | 8.74 | 11.58 | 11.11 | 9.80 | 338 | 5.11 | 13.13 |
| 470 | 300025 | 华星创业 | 62.87 | 24.51 | 8.03 | 9.33 | 16.00 | 5.00 | — | — | 46.07 |

续表

| 序号 | 评价单位代码 | 单位名称 | 分项得分 | | | | | | 上年排名 | 年初股价（元） | 年末股价（元） |
|---|---|---|---|---|---|---|---|---|---|---|---|
| | | | 小计 | 财务效益 | 资产质量 | 偿债风险 | 发展能力 | 市场表现 | | | |
| 471 | 600308 | 华泰股份 | 62.78 | 23.82 | 8.11 | 7.48 | 14.15 | 9.22 | 905 | 6.10 | 14.13 |
| 472 | 000024 | 招商地产 | 62.75 | 27.73 | 0.00 | 9.94 | 17.53 | 7.55 | 907 | 13.12 | 26.63 |
| 473 | 002150 | 江苏通润 | 62.74 | 21.20 | 9.74 | 12.16 | 11.45 | 8.19 | 353 | 9.15 | 16.55 |
| 474 | 600676 | 交运股份 | 62.72 | 18.90 | 10.25 | 9.66 | 13.24 | 10.67 | 436 | 3.68 | 8.35 |
| 475 | 600863 | 内蒙华电 | 62.71 | 27.31 | 12.16 | 4.39 | 10.01 | 8.84 | 1 335 | 2.77 | 7.57 |
| 476 | 002323 | 中联电气 | 62.68 | 24.56 | 5.22 | 14.99 | 12.91 | 5.00 | — | — | 40.57 |
| 477 | 600688 | S上石化 | 62.63 | 23.45 | 13.67 | 7.41 | 9.89 | 8.21 | 1 380 | 5.53 | 10.97 |
| 478 | 000829 | 天音控股 | 62.62 | 22.61 | 7.71 | 8.64 | 13.66 | 10.00 | 1 009 | 3.36 | 13.39 |
| 479 | 600088 | 中视传媒 | 62.62 | 19.49 | 14.01 | 9.81 | 11.78 | 7.53 | 551 | 9.47 | 15.77 |
| 480 | 600969 | 郴电国际 | 62.61 | 21.20 | 12.28 | 6.00 | 12.54 | 10.59 | 1 400 | 3.69 | 11.90 |
| 481 | 600829 | 三精制药 | 62.59 | 27.16 | 8.53 | 12.96 | 9.31 | 4.63 | 204 | 16.34 | 19.49 |
| 482 | 600631 | 百联股份 | 62.59 | 22.07 | 9.63 | 7.64 | 14.19 | 9.06 | 536 | 8.49 | 18.02 |
| 483 | 600393 | 东华实业 | 62.57 | 18.30 | 15.00 | 9.62 | 8.54 | 11.11 | 373 | 3.62 | 11.56 |
| 484 | 002050 | 三花股份 | 62.57 | 26.64 | 7.30 | 11.38 | 9.40 | 7.85 | 167 | 12.34 | 22.49 |
| 485 | 000709 | 河北钢铁 | 62.55 | 19.09 | 12.97 | 5.91 | 17.04 | 7.54 | 177 | 3.69 | 7.09 |
| 486 | 600410 | 华胜天成 | 62.49 | 20.90 | 8.81 | 12.15 | 11.82 | 8.81 | 259 | 10.68 | 16.98 |
| 487 | 600218 | 全柴动力 | 62.48 | 16.82 | 9.85 | 12.19 | 13.62 | 10.00 | 1 001 | 3.30 | 9.56 |
| 488 | 002269 | 美邦服饰 | 62.42 | 28.11 | 6.12 | 11.49 | 12.30 | 4.40 | 105 | 27.70 | 22.65 |
| 489 | 601390 | 中国中铁 | 62.41 | 21.98 | 10.60 | 7.79 | 17.04 | 5.00 | 472 | 5.42 | 6.30 |
| 490 | 002289 | 宇顺电子 | 62.39 | 17.83 | 8.24 | 9.25 | 14.43 | 12.64 | — | — | 33.78 |
| 491 | 002158 | 汉钟精机 | 62.33 | 24.30 | 7.27 | 13.22 | 9.66 | 7.88 | 451 | 10.06 | 18.89 |
| 492 | 002264 | 新华都 | 62.26 | 21.87 | 9.54 | 10.72 | 12.52 | 7.61 | 122 | 18.13 | 35.00 |
| 493 | 601111 | 中国国航 | 62.23 | 22.75 | 14.08 | 4.31 | 12.19 | 8.90 | 1 514 | 4.10 | 9.71 |
| 494 | 002091 | 江苏国泰 | 62.23 | 23.52 | 7.45 | 12.60 | 9.54 | 9.12 | 191 | 8.82 | 21.79 |
| 495 | 300027 | 华谊兄弟 | 62.21 | 23.02 | 5.88 | 13.09 | 15.22 | 5.00 | — | — | 55.43 |
| 496 | 600436 | 片仔癀 | 62.19 | 26.43 | 6.62 | 10.55 | 10.43 | 8.16 | 389 | 18.87 | 39.31 |
| 497 | 600754 | 锦江股份 | 62.15 | 20.72 | 6.24 | 13.20 | 13.07 | 8.92 | 602 | 9.11 | 23.57 |
| 498 | 600806 | 昆明机床 | 62.15 | 25.00 | 7.01 | 11.37 | 9.55 | 9.22 | 395 | 6.67 | 14.86 |
| 499 | 002121 | 科陆电子 | 62.15 | 24.26 | 4.93 | 10.77 | 13.77 | 8.42 | 514 | 18.99 | 20.38 |
| 500 | 600828 | 成商集团 | 62.10 | 24.22 | 10.12 | 7.42 | 11.66 | 8.68 | 381 | 9.74 | 22.48 |
| 501 | 002243 | 通产丽星 | 62.05 | 21.43 | 8.87 | 14.40 | 9.41 | 7.94 | 293 | 7.00 | 12.54 |
| 502 | 600648 | 外高桥 | 62.04 | 22.64 | 15.00 | 3.97 | 12.31 | 8.12 | 147 | 7.22 | 16.20 |
| 503 | 601168 | 西部矿业 | 61.97 | 19.72 | 11.07 | 8.24 | 14.12 | 8.82 | 818 | 6.29 | 14.70 |
| 504 | 000428 | 华天酒店 | 61.96 | 20.48 | 8.66 | 7.78 | 14.73 | 10.31 | 674 | 5.23 | 8.70 |
| 505 | 002292 | 奥飞动漫 | 61.93 | 23.85 | 6.79 | 10.43 | 15.86 | 5.00 | — | — | 42.49 |
| 506 | 600050 | 中国联通 | 61.90 | 21.41 | 12.58 | 8.07 | 12.29 | 7.55 | 48 | 5.03 | 7.29 |
| 507 | 600686 | 金龙汽车 | 61.87 | 22.41 | 9.54 | 10.18 | 10.73 | 9.01 | 590 | 4.66 | 10.97 |
| 508 | 002122 | 天马股份 | 61.86 | 28.05 | 6.46 | 7.78 | 14.57 | 5.00 | 70 | 53.33 | 29.23 |
| 509 | 002130 | 沃尔核材 | 61.85 | 22.38 | 7.79 | 10.72 | 11.75 | 9.21 | 663 | 11.58 | 19.33 |

续表

| 序号 | 评价单位代码 | 单位名称 | 分项得分 | | | | | | 上年排名 | 年初股价（元） | 年末股价（元） |
|---|---|---|---|---|---|---|---|---|---|---|---|
| | | | 小计 | 财务效益 | 资产质量 | 偿债风险 | 发展能力 | 市场表现 | | | |
| 510 | 000968 | 煤气化 | 61.83 | 26.34 | 7.64 | 13.02 | 6.92 | 7.91 | 55 | 9.46 | 21.35 |
| 511 | 300006 | 莱美药业 | 61.81 | 22.63 | 7.15 | 11.67 | 15.36 | 5.00 | — | — | 33.43 |
| 512 | 000418 | 小天鹅A | 61.78 | 19.36 | 9.18 | 11.45 | 11.46 | 10.33 | 1 089 | 4.48 | 14.63 |
| 513 | 601989 | 中国重工 | 61.73 | 21.33 | 6.75 | 10.44 | 18.21 | 5.00 | — | — | 7.81 |
| 514 | 000721 | 西安饮食 | 61.72 | 18.99 | 15.00 | 9.01 | 9.92 | 8.80 | 636 | 3.93 | 7.93 |
| 515 | 600356 | 恒丰纸业 | 61.71 | 23.20 | 8.12 | 10.48 | 10.68 | 9.23 | 489 | 6.00 | 13.12 |
| 516 | 600641 | 万业企业 | 61.68 | 24.63 | 6.83 | 11.54 | 9.76 | 8.92 | 354 | 7.48 | 9.52 |
| 517 | 002230 | 科大讯飞 | 61.68 | 24.05 | 5.74 | 13.82 | 10.93 | 7.14 | 82 | 23.50 | 36.19 |
| 518 | 600366 | 宁波韵升 | 61.64 | 23.48 | 6.76 | 12.81 | 7.26 | 11.33 | 1 070 | 4.49 | 15.35 |
| 519 | 300004 | 南风股份 | 61.63 | 23.91 | 6.03 | 10.71 | 15.98 | 5.00 | — | — | 39.16 |
| 520 | 000028 | 一致药业 | 61.62 | 24.14 | 7.00 | 5.66 | 17.17 | 7.65 | 195 | 16.41 | 27.68 |
| 521 | 002185 | 华天科技 | 61.58 | 19.96 | 7.98 | 13.32 | 10.29 | 10.03 | 679 | 4.36 | 10.78 |
| 522 | 600132 | 重庆啤酒 | 61.57 | 24.17 | 10.01 | 7.74 | 11.75 | 7.90 | 420 | 13.06 | 23.52 |
| 523 | 002101 | 广东鸿图 | 61.53 | 23.21 | 7.76 | 10.22 | 9.31 | 11.03 | 754 | 8.64 | 26.78 |
| 524 | 002012 | 凯恩股份 | 61.52 | 21.37 | 7.22 | 7.30 | 14.42 | 11.21 | 856 | 3.90 | 12.25 |
| 525 | 600021 | 上海电力 | 61.49 | 20.85 | 12.86 | 4.59 | 14.97 | 8.22 | 1 407 | 2.94 | 5.80 |
| 526 | 000985 | 大庆华科 | 61.43 | 16.64 | 15.00 | 14.13 | 6.75 | 8.91 | 664 | 6.65 | 14.86 |
| 527 | 600545 | 新疆城建 | 61.42 | 18.16 | 8.47 | 7.13 | 16.78 | 10.88 | 999 | 4.16 | 8.30 |
| 528 | 002270 | 法因数控 | 61.38 | 21.47 | 6.63 | 14.23 | 11.67 | 7.38 | 228 | 10.88 | 21.77 |
| 529 | 600595 | 中孚实业 | 61.37 | 21.47 | 11.74 | 4.36 | 13.80 | 10.00 | 673 | 5.61 | 25.99 |
| 530 | 600416 | 湘电股份 | 61.37 | 20.23 | 7.07 | 6.82 | 16.76 | 10.49 | 1 155 | 7.33 | 24.10 |
| 531 | 600121 | 郑州煤电 | 61.32 | 16.30 | 14.69 | 8.09 | 12.18 | 10.06 | 534 | 4.00 | 12.74 |
| 532 | 000559 | 万向钱潮 | 61.28 | 23.53 | 8.58 | 7.42 | 11.17 | 10.58 | 1 108 | 3.09 | 7.72 |
| 533 | 600120 | 浙江东方 | 61.23 | 22.89 | 6.24 | 11.86 | 9.38 | 10.86 | 1 142 | 3.45 | 9.64 |
| 534 | 600976 | 武汉健民 | 61.20 | 15.15 | 10.75 | 12.25 | 12.34 | 10.71 | 680 | 4.69 | 14.95 |
| 535 | 002251 | 步步高 | 61.17 | 22.01 | 9.30 | 11.62 | 11.21 | 7.03 | 103 | 42.10 | 28.12 |
| 536 | 002064 | 华峰氨纶 | 61.14 | 19.67 | 9.08 | 11.47 | 12.01 | 8.91 | 1 157 | 6.06 | 19.08 |
| 537 | 000738 | ST宇航 | 61.12 | 19.09 | 6.88 | 9.26 | 15.60 | 10.29 | 1 376 | 3.98 | 11.69 |
| 538 | 002046 | 轴研科技 | 61.11 | 18.90 | 7.14 | 11.85 | 14.56 | 8.66 | 384 | 8.50 | 15.78 |
| 539 | 002049 | 晶源电子 | 61.07 | 20.30 | 7.36 | 14.49 | 9.32 | 9.60 | 492 | 4.67 | 11.29 |
| 540 | 000022 | 深赤湾A | 61.05 | 29.89 | 6.81 | 9.35 | 6.87 | 8.13 | 196 | 9.50 | 15.13 |
| 541 | 000599 | 青岛双星 | 61.02 | 24.56 | 9.52 | 7.11 | 11.06 | 8.77 | 1 423 | 2.76 | 9.08 |
| 542 | 600231 | 凌钢股份 | 61.01 | 19.55 | 13.01 | 7.90 | 11.25 | 9.30 | 277 | 4.43 | 13.02 |
| 543 | 600995 | 文山电力 | 60.99 | 20.50 | 15.00 | 6.94 | 10.34 | 8.21 | 151 | 6.40 | 8.50 |
| 544 | 600979 | 广安爱众 | 60.98 | 20.49 | 14.31 | 6.38 | 10.86 | 8.94 | 397 | 3.64 | 7.97 |
| 545 | 000670 | S*ST天发 | 60.94 | 17.60 | 15.00 | 14.99 | 8.35 | 5.00 | 493 | — | |
| 546 | 600765 | 中航重机 | 60.93 | 20.00 | 6.68 | 7.99 | 17.98 | 8.28 | 440 | 10.74 | 22.10 |
| 547 | 600325 | 华发股份 | 60.91 | 28.97 | 0.00 | 9.21 | 14.90 | 7.83 | 73 | 9.30 | 18.74 |
| 548 | 601607 | 上海医药 | 60.89 | 22.81 | 9.89 | 6.87 | 13.41 | 7.91 | — | 7.20 | 14.00 |

续表

| 序号 | 评价单位代码 | 单位名称 | 分项得分 | | | | | | 上年排名 | 年初股价（元） | 年末股价（元） |
|---|---|---|---|---|---|---|---|---|---|---|---|
| | | | 小计 | 财务效益 | 资产质量 | 偿债风险 | 发展能力 | 市场表现 | | | |
| 549 | 000788 | 西南合成 | 60.82 | 20.72 | 8.63 | 8.17 | 14.80 | 8.50 | 662 | 4.90 | 15.33 |
| 550 | 002228 | 合兴包装 | 60.77 | 20.11 | 7.97 | 7.51 | 14.29 | 10.89 | 241 | 9.79 | 15.76 |
| 551 | 600586 | 金晶科技 | 60.68 | 18.48 | 8.95 | 7.18 | 13.90 | 12.17 | 820 | 4.80 | 16.25 |
| 552 | 600693 | 东百集团 | 60.62 | 22.55 | 10.14 | 8.30 | 10.81 | 8.82 | 220 | 8.69 | 11.65 |
| 553 | 002216 | 三全食品 | 60.62 | 21.27 | 8.07 | 13.26 | 10.80 | 7.22 | 221 | 27.69 | 21.83 |
| 554 | 002095 | 生意宝 | 60.60 | 21.94 | 2.45 | 14.99 | 12.15 | 9.07 | 873 | 15.60 | 36.97 |
| 555 | 600529 | 山东药玻 | 60.57 | 22.75 | 6.46 | 12.69 | 11.34 | 7.33 | 351 | 9.53 | 14.94 |
| 556 | 002237 | 恒邦股份 | 60.56 | 19.96 | 10.78 | 5.07 | 12.92 | 11.83 | 98 | 30.15 | 52.49 |
| 557 | 600354 | 敦煌种业 | 60.53 | 23.58 | 9.11 | 7.07 | 12.91 | 7.86 | 476 | 10.13 | 18.15 |
| 558 | 000756 | 新华制药 | 60.51 | 18.77 | 10.08 | 11.43 | 11.83 | 8.40 | 733 | 3.79 | 8.42 |
| 559 | 000516 | 开元控股 | 60.47 | 19.79 | 10.00 | 8.06 | 13.38 | 9.24 | 428 | 6.90 | 8.52 |
| 560 | 000939 | 凯迪电力 | 60.47 | 26.70 | 3.07 | 7.53 | 13.17 | 10.00 | 975 | 4.51 | 17.79 |
| 561 | 000571 | 新大洲 A | 60.44 | 21.05 | 6.92 | 11.09 | 11.77 | 9.61 | 972 | 3.00 | 7.02 |
| 562 | 600886 | 国投电力 | 60.43 | 24.11 | 8.77 | 3.13 | 19.42 | 5.00 | 463 | 9.13 | 9.84 |
| 563 | 000759 | 武汉中百 | 60.42 | 22.03 | 9.17 | 9.53 | 12.57 | 7.12 | 183 | 9.40 | 13.15 |
| 564 | 002044 | 江苏三友 | 60.41 | 16.44 | 11.73 | 13.26 | 10.65 | 8.33 | 697 | 3.54 | 8.06 |
| 565 | 002314 | 雅致股份 | 60.41 | 23.43 | 7.00 | 12.88 | 12.10 | 5.00 | — | — | 27.07 |
| 566 | 000652 | 泰达股份 | 60.39 | 21.58 | 8.99 | 6.22 | 15.64 | 7.96 | 794 | 5.33 | 8.25 |
| 567 | 600303 | 曙光股份 | 60.38 | 20.89 | 9.11 | 7.81 | 10.76 | 11.81 | 895 | 4.46 | 14.38 |
| 568 | 002109 | 兴化股份 | 60.38 | 21.70 | 10.88 | 11.42 | 9.04 | 7.34 | 89 | 6.70 | 10.93 |
| 569 | 600071 | 凤凰光学 | 60.32 | 19.80 | 9.72 | 12.23 | 9.25 | 9.32 | 773 | 3.10 | 7.68 |
| 570 | 002319 | 乐通股份 | 60.32 | 21.83 | 7.04 | 12.14 | 14.31 | 5.00 | — | — | 31.28 |
| 571 | 600760 | 东安黑豹 | 60.28 | 16.78 | 12.80 | 8.65 | 12.57 | 9.48 | 1 101 | 3.15 | 8.38 |
| 572 | 600527 | 江南高纤 | 60.27 | 20.48 | 10.59 | 9.35 | 11.27 | 8.58 | 366 | 4.22 | 7.43 |
| 573 | 002288 | 超华科技 | 60.27 | 21.27 | 4.92 | 10.04 | 12.88 | 11.16 | — | — | 27.22 |
| 574 | 600018 | 上港集团 | 60.26 | 26.60 | 4.78 | 10.69 | 9.97 | 8.22 | 190 | 3.31 | 5.80 |
| 575 | 000752 | 西藏发展 | 60.21 | 20.15 | 7.62 | 10.32 | 12.36 | 9.76 | 877 | 3.35 | 9.01 |
| 576 | 000630 | 铜陵有色 | 60.20 | 22.06 | 12.92 | 5.62 | 8.35 | 11.25 | 362 | 6.65 | 22.15 |
| 577 | 002286 | 保龄宝 | 60.18 | 19.63 | 8.85 | 7.68 | 12.40 | 11.62 | — | — | 45.00 |
| 578 | 601766 | 中国南车 | 60.17 | 21.73 | 8.36 | 10.15 | 14.93 | 5.00 | 174 | 4.31 | 5.69 |
| 579 | 002318 | 久立特材 | 60.14 | 22.27 | 9.22 | 11.05 | 12.60 | 5.00 | — | — | 33.13 |
| 580 | 000404 | 华意压缩 | 60.05 | 20.56 | 9.09 | 8.65 | 12.07 | 9.68 | 828 | 3.33 | 8.46 |
| 581 | 000916 | 华北高速 | 60.05 | 21.38 | 4.00 | 14.99 | 10.85 | 8.83 | 642 | 3.07 | 5.27 |
| 582 | 002295 | 精艺股份 | 60.05 | 17.74 | 10.07 | 7.99 | 12.16 | 12.09 | — | — | 24.00 |
| 583 | 600054 | 黄山旅游 | 60.04 | 22.78 | 10.59 | 9.11 | 9.94 | 7.62 | 215 | 13.38 | 18.59 |
| 584 | 600329 | 中新药业 | 60.03 | 22.29 | 8.45 | 8.44 | 12.48 | 8.37 | 516 | 8.94 | 21.60 |
| 585 | 600553 | 太行水泥 | 60.02 | 20.43 | 10.46 | 9.01 | 12.16 | 7.96 | 821 | 5.15 | 10.15 |
| 586 | 601618 | 中国中冶 | 60.02 | 23.34 | 9.30 | 4.46 | 17.92 | 5.00 | — | — | 5.42 |
| 587 | 600383 | 金地集团 | 60.02 | 26.12 | 0.00 | 6.87 | 19.91 | 7.12 | 500 | 6.51 | 13.88 |

续表

| 序号 | 评价单位代码 | 单位名称 | 分项得分 | | | | | | 上年排名 | 年初股价（元） | 年末股价（元） |
|---|---|---|---|---|---|---|---|---|---|---|---|
| | | | 小计 | 财务效益 | 资产质量 | 偿债风险 | 发展能力 | 市场表现 | | | |
| 588 | 002225 | 濮耐股份 | 60.01 | 22.00 | 5.65 | 10.62 | 12.19 | 9.55 | 488 | 4.81 | 10.86 |
| 589 | 600614 | 鼎立股份 | 60.00 | 17.23 | 15.00 | 7.41 | 11.33 | 9.03 | 1 145 | 5.19 | 7.86 |
| 590 | 002254 | 烟台氨纶 | 59.99 | 21.13 | 9.61 | 14.99 | 6.47 | 7.79 | 129 | 25.50 | 35.75 |
| 591 | 002310 | 东方园林 | 59.96 | 21.73 | 7.92 | 8.85 | 16.46 | 5.00 | — | — | 110.88 |
| 592 | 600685 | 广船国际 | 59.95 | 23.99 | 8.43 | 8.42 | 10.72 | 8.39 | 541 | 12.31 | 26.49 |
| 593 | 002157 | 正邦科技 | 59.94 | 14.61 | 14.55 | 5.97 | 15.76 | 9.05 | 249 | 5.23 | 12.03 |
| 594 | 600831 | 广电网络 | 59.89 | 19.39 | 15.00 | 7.18 | 10.80 | 7.52 | 577 | 7.45 | 8.85 |
| 595 | 002283 | 天润曲轴 | 59.88 | 23.21 | 6.64 | 11.66 | 13.37 | 5.00 | — | — | 21.39 |
| 596 | 000911 | 南宁糖业 | 59.84 | 21.48 | 10.76 | 6.87 | 10.10 | 10.63 | 833 | 7.26 | 23.49 |
| 597 | 600858 | 银座股份 | 59.80 | 18.79 | 14.13 | 5.10 | 13.83 | 7.95 | 75 | 16.41 | 25.98 |
| 598 | 600701 | *ST 工新 | 59.78 | 16.86 | 14.44 | 7.51 | 12.10 | 8.87 | 1 079 | 2.33 | 4.95 |
| 599 | 000789 | 江西水泥 | 59.77 | 19.18 | 11.76 | 6.52 | 14.85 | 7.46 | 372 | 4.54 | 7.46 |
| 600 | 600141 | 兴发集团 | 59.76 | 22.37 | 11.40 | 6.12 | 10.47 | 9.40 | 106 | 9.71 | 20.81 |
| 601 | 002244 | 滨江集团 | 59.76 | 28.52 | 0.00 | 7.65 | 15.68 | 7.91 | 417 | 7.85 | 14.47 |
| 602 | 600182 | S 佳通 | 59.74 | 24.22 | 6.66 | 7.85 | 11.01 | 10.00 | 1 167 | 3.14 | 11.52 |
| 603 | 000988 | 华工科技 | 59.73 | 20.02 | 5.07 | 9.23 | 14.72 | 10.69 | 862 | 5.59 | 14.81 |
| 604 | 002092 | 中泰化学 | 59.71 | 17.05 | 13.72 | 6.91 | 10.53 | 11.50 | 480 | 5.80 | 21.83 |
| 605 | 000836 | 鑫茂科技 | 59.71 | 14.69 | 15.00 | 6.89 | 16.24 | 6.89 | 780 | 9.02 | 9.65 |
| 606 | 002300 | 太阳电缆 | 59.65 | 24.04 | 9.42 | 10.31 | 10.88 | 5.00 | — | — | 33.33 |
| 607 | 002326 | 永太科技 | 59.61 | 21.63 | 7.00 | 10.71 | 15.27 | 5.00 | — | — | 31.27 |
| 608 | 600978 | 宜华木业 | 59.58 | 22.14 | 5.99 | 8.26 | 13.38 | 9.81 | 1 132 | 2.86 | 7.77 |
| 609 | 000686 | 东北证券 | 59.57 | 2.38 | 8.70 | 28.08 | 16.77 | 3.64 | — | 12.02 | 38.37 |
| 610 | 002315 | 焦点科技 | 59.55 | 24.23 | 0.00 | 14.99 | 15.33 | 5.00 | — | — | 69.18 |
| 611 | 600834 | 申通地铁 | 59.48 | 19.52 | 14.99 | 7.54 | 8.11 | 9.32 | 308 | 5.94 | 12.77 |
| 612 | 000893 | 东凌粮油 | 59.45 | 18.83 | 14.13 | 4.82 | 10.93 | 10.74 | 1 203 | 9.84 | 28.85 |
| 613 | 000100 | TCL 集团 | 59.42 | 18.32 | 9.83 | 8.01 | 14.37 | 8.89 | 626 | 2.62 | 5.13 |
| 614 | 600795 | 国电电力 | 59.42 | 24.41 | 9.33 | 4.18 | 16.50 | 5.00 | 690 | 5.57 | 7.38 |
| 615 | 600523 | 贵航股份 | 59.39 | 19.64 | 7.49 | 11.30 | 12.51 | 8.45 | 322 | 9.10 | 16.01 |
| 616 | 600973 | 宝胜股份 | 59.37 | 19.91 | 8.39 | 8.60 | 12.04 | 10.43 | 1 215 | 7.65 | 19.90 |
| 617 | 600332 | 广州药业 | 59.36 | 17.81 | 9.16 | 14.79 | 10.16 | 7.44 | 1 050 | 5.88 | 11.37 |
| 618 | 000712 | 锦龙股份 | 59.30 | 25.83 | 0.00 | 9.32 | 12.47 | 11.68 | 1 357 | 5.82 | 21.40 |
| 619 | 600517 | 置信电气 | 59.29 | 25.31 | 7.19 | 12.39 | 10.03 | 4.37 | 66 | 22.39 | 18.65 |
| 620 | 000543 | 皖能电力 | 59.26 | 16.59 | 10.33 | 8.12 | 14.85 | 9.37 | 1 257 | 4.13 | 9.35 |
| 621 | 601007 | 金陵饭店 | 59.26 | 19.46 | 7.19 | 13.52 | 10.79 | 8.30 | 545 | 4.48 | 8.47 |
| 622 | 600597 | 光明乳业 | 59.25 | 17.57 | 11.06 | 11.24 | 10.12 | 9.26 | 1 398 | 4.25 | 9.53 |
| 623 | 002016 | 世荣兆业 | 59.19 | 19.57 | 14.55 | 5.94 | 9.16 | 9.97 | 253 | 4.66 | 12.01 |
| 624 | 002045 | 广州国光 | 59.15 | 22.65 | 5.72 | 9.22 | 11.76 | 9.80 | 702 | 5.80 | 14.12 |
| 625 | 002219 | 独一味 | 59.11 | 22.43 | 5.41 | 12.47 | 11.09 | 7.71 | 153 | 18.00 | 24.92 |
| 626 | 600805 | 悦达投资 | 59.09 | 29.82 | 4.37 | 5.24 | 9.66 | 10.00 | 1 081 | 2.94 | 11.91 |

续表

| 序号 | 评价单位代码 | 单位名称 | 分项得分 | | | | | | 上年排名 | 年初股价（元） | 年末股价（元） |
|---|---|---|---|---|---|---|---|---|---|---|---|
| | | | 小计 | 财务效益 | 资产质量 | 偿债风险 | 发展能力 | 市场表现 | | | |
| 627 | 002127 | 新民科技 | 59.07 | 19.51 | 12.35 | 8.57 | 9.33 | 9.31 | 537 | 5.60 | 12.66 |
| 628 | 600893 | 航空动力 | 59.06 | 18.50 | 6.69 | 7.61 | 16.74 | 9.52 | 276 | 9.54 | 25.99 |
| 629 | 300021 | 大禹节水 | 58.99 | 16.79 | 6.60 | 8.02 | 15.41 | 12.17 | — | — | 41.20 |
| 630 | 600290 | 华仪电气 | 58.96 | 20.21 | 5.76 | 9.85 | 16.10 | 7.04 | 1 110 | 8.82 | 16.04 |
| 631 | 600190 | 锦州港 | 58.92 | 20.68 | 6.91 | 10.26 | 12.15 | 8.92 | 411 | 3.78 | 6.08 |
| 632 | 000915 | 山大华特 | 58.91 | 22.82 | 7.85 | 9.13 | 9.96 | 9.15 | 559 | 4.08 | 8.62 |
| 633 | 600037 | 歌华有线 | 58.86 | 20.89 | 6.21 | 14.45 | 10.83 | 6.48 | 509 | 9.49 | 14.19 |
| 634 | 000551 | 创元科技 | 58.81 | 19.36 | 9.56 | 9.77 | 10.89 | 9.23 | 694 | 4.45 | 10.72 |
| 635 | 600734 | 实达集团 | 58.76 | 20.20 | 8.55 | 7.14 | 11.28 | 11.59 | 625 | 2.59 | 7.55 |
| 636 | 002017 | 东信和平 | 58.74 | 15.35 | 8.03 | 14.15 | 11.21 | 10.00 | 518 | 6.47 | 18.38 |
| 637 | 600611 | 大众交通 | 58.72 | 24.39 | 9.13 | 9.50 | 7.74 | 7.96 | 622 | 5.62 | 12.15 |
| 638 | 000969 | 安泰科技 | 58.70 | 19.96 | 7.82 | 11.33 | 11.21 | 8.38 | 407 | 10.59 | 26.52 |
| 639 | 000959 | 首钢股份 | 58.68 | 18.24 | 14.51 | 8.44 | 9.16 | 8.33 | 593 | 2.88 | 6.01 |
| 640 | 000593 | 大通燃气 | 58.67 | 20.76 | 8.82 | 9.03 | 11.25 | 8.81 | 993 | 3.63 | 10.04 |
| 641 | 002282 | 博深工具 | 58.66 | 21.99 | 6.32 | 13.23 | 12.12 | 5.00 | — | — | 15.88 |
| 642 | 600326 | 西藏天路 | 58.63 | 18.50 | 7.58 | 10.10 | 12.45 | 10.00 | 1 169 | 4.05 | 14.56 |
| 643 | 600316 | 洪都航空 | 58.62 | 21.71 | 4.82 | 12.93 | 11.18 | 7.98 | 900 | 13.55 | 33.31 |
| 644 | 000903 | 云内动力 | 58.60 | 17.05 | 8.10 | 11.46 | 11.17 | 10.82 | 1 019 | 5.02 | 13.63 |
| 645 | 600635 | 大众公用 | 58.60 | 19.95 | 11.57 | 6.58 | 12.21 | 8.29 | 712 | 5.79 | 10.70 |
| 646 | 600261 | 浙江阳光 | 58.60 | 21.33 | 7.66 | 11.85 | 7.86 | 9.90 | 403 | 7.66 | 18.49 |
| 647 | 300035 | 中科电气 | 58.59 | 23.31 | 4.25 | 11.67 | 14.36 | 5.00 | — | — | 48.42 |
| 648 | 600035 | 楚天高速 | 58.56 | 24.37 | 9.00 | 7.21 | 10.72 | 7.26 | 320 | 3.78 | 5.50 |
| 649 | 600888 | 新疆众和 | 58.56 | 21.86 | 7.27 | 10.22 | 11.27 | 7.94 | 496 | 7.83 | 15.72 |
| 650 | 002100 | 天康生物 | 58.51 | 19.05 | 11.43 | 4.22 | 14.93 | 8.88 | 99 | 11.58 | 22.31 |
| 651 | 600606 | 金丰投资 | 58.50 | 25.65 | 0.00 | 11.31 | 13.64 | 7.90 | 1 250 | 4.70 | 10.15 |
| 652 | 002056 | 横店东磁 | 58.49 | 19.67 | 6.64 | 14.46 | 8.11 | 9.61 | 557 | 6.30 | 14.78 |
| 653 | 002312 | 三泰电子 | 58.46 | 22.27 | 5.96 | 10.65 | 14.58 | 5.00 | — | — | 47.01 |
| 654 | 002079 | 苏州固锝 | 58.44 | 17.56 | 8.40 | 12.70 | 10.67 | 9.11 | 627 | 3.82 | 8.78 |
| 655 | 000927 | 一汽夏利 | 58.41 | 14.10 | 14.62 | 7.40 | 12.05 | 10.24 | 1 180 | 3.81 | 11.90 |
| 656 | 000533 | 万家乐 | 58.39 | 22.85 | 6.91 | 7.90 | 10.73 | 10.00 | 1 144 | 3.19 | 11.17 |
| 657 | 600178 | 东安动力 | 58.38 | 19.64 | 6.18 | 8.62 | 12.75 | 11.19 | 860 | 4.28 | 16.81 |
| 658 | 000416 | 民生投资 | 58.37 | 18.60 | 7.61 | 13.61 | 8.80 | 9.75 | 1 043 | 3.69 | 8.78 |
| 659 | 600663 | 陆家嘴 | 58.36 | 29.61 | 0.00 | 5.32 | 16.43 | 7.00 | 897 | 13.28 | 25.28 |
| 660 | 600263 | 路桥建设 | 58.34 | 18.21 | 10.28 | 4.95 | 17.17 | 7.73 | 526 | 6.80 | 10.97 |
| 661 | 600505 | 西昌电力 | 58.34 | 24.76 | 9.12 | 6.09 | 9.42 | 8.95 | 585 | 3.71 | 10.48 |
| 662 | 600051 | 宁波联合 | 58.33 | 20.10 | 10.66 | 8.31 | 11.45 | 7.81 | 706 | 5.01 | 12.61 |
| 663 | 002026 | 山东威达 | 58.32 | 17.42 | 6.96 | 14.61 | 9.24 | 10.09 | 479 | 4.52 | 12.88 |
| 664 | 600300 | 维维股份 | 58.31 | 17.70 | 8.68 | 9.42 | 12.51 | 10.00 | 611 | 5.27 | 8.47 |
| 665 | 000990 | 诚志股份 | 58.26 | 15.37 | 10.19 | 7.65 | 13.96 | 11.09 | 713 | 5.95 | 17.40 |

续表

| 序号 | 评价单位代码 | 单位名称 | 分项得分 | | | | | | 上年排名 | 年初股价（元） | 年末股价（元） |
|---|---|---|---|---|---|---|---|---|---|---|---|
| | | | 小计 | 财务效益 | 资产质量 | 偿债风险 | 发展能力 | 市场表现 | | | |
| 666 | 600558 | 大西洋 | 58.23 | 20.13 | 10.64 | 8.89 | 10.31 | 8.26 | 505 | 9.88 | 18.81 |
| 667 | 002268 | 卫士通 | 58.21 | 20.61 | 5.40 | 14.39 | 10.81 | 7.00 | 358 | 21.26 | 36.12 |
| 668 | 600572 | 康恩贝 | 58.09 | 19.15 | 8.06 | 9.47 | 12.95 | 8.46 | 823 | 5.41 | 12.42 |
| 669 | 600550 | 天威保变 | 58.09 | 25.10 | 5.95 | 6.20 | 13.96 | 6.88 | 57 | 20.17 | 31.58 |
| 670 | 600857 | 工大首创 | 58.04 | 14.34 | 15.00 | 12.48 | 6.18 | 10.04 | 709 | 3.43 | 9.75 |
| 671 | 000628 | 高新发展 | 58.02 | 17.17 | 15.00 | 4.22 | 10.33 | 11.30 | 825 | 3.58 | 12.88 |
| 672 | 600019 | 宝钢股份 | 58.01 | 22.47 | 10.96 | 8.22 | 7.78 | 8.58 | 454 | 4.64 | 9.66 |
| 673 | 002155 | 辰州矿业 | 58.00 | 17.86 | 9.70 | 7.97 | 11.39 | 11.08 | 1 189 | 7.90 | 25.46 |
| 674 | 002213 | 特尔佳 | 57.94 | 20.44 | 5.57 | 13.26 | 10.72 | 7.95 | 483 | 7.06 | 13.78 |
| 675 | 002279 | 久其软件 | 57.93 | 23.20 | 2.10 | 14.99 | 12.64 | 5.00 | — | — | 50.75 |
| 676 | 000529 | 广弘控股 | 57.93 | 16.93 | 12.86 | 12.88 | 10.26 | 5.00 | 1 137 | 0.87 | 7.41 |
| 677 | 300014 | 亿纬锂能 | 57.84 | 23.02 | 5.00 | 11.09 | 13.73 | 5.00 | — | — | 39.55 |
| 678 | 000819 | 岳阳兴长 | 57.81 | 19.92 | 15.00 | 14.99 | 4.07 | 3.83 | 156 | 15.20 | 19.02 |
| 679 | 600738 | 兰州民百 | 57.79 | 17.79 | 9.71 | 8.61 | 10.32 | 11.36 | 849 | 3.11 | 9.30 |
| 680 | 600183 | 生益科技 | 57.76 | 23.04 | 6.71 | 9.72 | 9.54 | 8.75 | 937 | 4.63 | 10.35 |
| 681 | 002159 | 三特索道 | 57.60 | 21.44 | 7.73 | 7.31 | 11.95 | 9.17 | 1 098 | 4.80 | 14.28 |
| 682 | 002085 | 万丰奥威 | 57.59 | 17.81 | 8.91 | 10.32 | 9.09 | 11.46 | 1 000 | 3.62 | 11.84 |
| 683 | 002070 | 众和股份 | 57.59 | 19.00 | 7.51 | 6.67 | 14.40 | 10.01 | 812 | 4.39 | 8.42 |
| 684 | 600587 | 新华医疗 | 57.58 | 17.24 | 7.21 | 12.96 | 12.21 | 7.96 | 555 | 8.43 | 16.23 |
| 685 | 600745 | 中茵股份 | 57.58 | 21.75 | 5.71 | 7.60 | 13.07 | 9.45 | 616 | 3.34 | 9.30 |
| 686 | 600814 | 杭州解百 | 57.57 | 19.75 | 10.20 | 9.83 | 9.08 | 8.71 | 357 | 4.48 | 8.93 |
| 687 | 000582 | 北海港 | 57.56 | 19.97 | 9.43 | 9.02 | 10.45 | 8.69 | 872 | 6.83 | 15.35 |
| 688 | 002033 | 丽江旅游 | 57.53 | 22.59 | 5.79 | 8.35 | 12.60 | 8.20 | 658 | 9.98 | 17.98 |
| 689 | 002321 | 华英农业 | 57.51 | 16.16 | 10.68 | 7.85 | 12.14 | 10.68 | — | — | 26.61 |
| 690 | 601003 | 柳钢股份 | 57.49 | 19.82 | 13.02 | 4.57 | 11.25 | 8.83 | 528 | 3.07 | 8.39 |
| 691 | 000045 | 深纺织 A | 57.49 | 16.22 | 8.31 | 9.73 | 13.07 | 10.16 | 739 | 4.84 | 13.76 |
| 692 | 600235 | 民丰特纸 | 57.48 | 22.95 | 7.96 | 7.00 | 9.42 | 10.15 | 948 | 3.26 | 9.05 |
| 693 | 000803 | 金宇车城 | 57.43 | 15.07 | 15.00 | 9.54 | 9.07 | 8.75 | 1 280 | 3.20 | 7.85 |
| 694 | 600864 | 哈投股份 | 57.40 | 20.14 | 6.04 | 10.30 | 12.41 | 8.51 | 984 | 5.54 | 10.95 |
| 695 | 600717 | 天津港 | 57.39 | 21.97 | 11.43 | 8.84 | 10.15 | 5.00 | 60 | 8.68 | 12.43 |
| 696 | 600966 | 博汇纸业 | 57.36 | 21.41 | 8.91 | 8.10 | 10.53 | 8.41 | 481 | 4.96 | 10.22 |
| 697 | 000997 | 新大陆 | 57.36 | 18.20 | 7.29 | 9.88 | 11.99 | 10.00 | 1 158 | 3.30 | 14.96 |
| 698 | 002179 | 中航光电 | 57.35 | 20.64 | 5.30 | 10.86 | 12.01 | 8.54 | 266 | 15.34 | 21.07 |
| 699 | 000488 | 晨鸣纸业 | 57.31 | 21.31 | 8.04 | 9.24 | 10.11 | 8.61 | 378 | 5.14 | 8.56 |
| 700 | 600884 | 杉杉股份 | 57.31 | 15.17 | 6.61 | 8.93 | 14.13 | 12.47 | 930 | 4.97 | 16.88 |
| 701 | 002195 | 海隆软件 | 57.25 | 17.03 | 10.15 | 12.71 | 9.34 | 8.02 | 410 | 11.10 | 21.00 |
| 702 | 600379 | 宝光股份 | 57.19 | 15.70 | 7.51 | 10.63 | 11.07 | 12.28 | 917 | 4.55 | 12.85 |
| 703 | 600288 | 大恒科技 | 57.17 | 16.11 | 10.23 | 9.93 | 8.34 | 12.56 | 789 | 3.79 | 10.76 |
| 704 | 600758 | 红阳能源 | 57.16 | 18.81 | 8.60 | 10.25 | 8.93 | 10.57 | 519 | 5.22 | 13.96 |

续表

| 序号 | 评价单位代码 | 单位名称 | 分项得分 | | | | | | 上年排名 | 年初股价（元） | 年末股价（元） |
|---|---|---|---|---|---|---|---|---|---|---|---|
| | | | 小计 | 财务效益 | 资产质量 | 偿债风险 | 发展能力 | 市场表现 | | | |
| 705 | 600662 | 强生控股 | 57.16 | 19.64 | 10.35 | 8.48 | 8.89 | 9.80 | 685 | 3.62 | 8.59 |
| 706 | 300024 | 机器人 | 57.15 | 21.18 | 5.98 | 9.06 | 15.93 | 5.00 | — | — | 72.28 |
| 707 | 000913 | 钱江摩托 | 57.09 | 17.33 | 8.75 | 10.15 | 8.91 | 11.95 | 744 | 2.68 | 8.62 |
| 708 | 600323 | 南海发展 | 57.05 | 22.14 | 7.19 | 8.65 | 10.75 | 8.32 | 368 | 7.98 | 12.13 |
| 709 | 600438 | 通威股份 | 57.04 | 18.76 | 15.00 | 5.41 | 10.73 | 7.14 | 185 | 6.66 | 10.50 |
| 710 | 000851 | 高鸿股份 | 57.04 | 12.81 | 9.72 | 9.68 | 16.00 | 8.83 | 1 048 | 5.08 | 11.00 |
| 711 | 002061 | 江山化工 | 57.02 | 19.88 | 11.52 | 6.20 | 11.07 | 8.35 | 1 450 | 5.00 | 14.04 |
| 712 | 600576 | 万好万家 | 56.99 | 14.61 | 15.00 | 10.93 | 6.45 | 10.00 | 1 223 | 3.99 | 16.89 |
| 713 | 000837 | 秦川发展 | 56.94 | 18.28 | 7.53 | 9.74 | 11.87 | 9.52 | 624 | 4.52 | 11.29 |
| 714 | 002164 | 东力传动 | 56.89 | 22.59 | 6.10 | 8.87 | 11.16 | 8.17 | 263 | 9.20 | 18.09 |
| 715 | 601299 | 中国北车 | 56.86 | 18.83 | 7.09 | 8.55 | 17.39 | 5.00 | 0 | | 6.13 |
| 716 | 002241 | 歌尔声学 | 56.86 | 21.48 | 7.56 | 8.64 | 10.89 | 8.29 | 178 | 23.89 | 27.65 |
| 717 | 600470 | 六国化工 | 56.85 | 15.84 | 12.19 | 12.15 | 7.83 | 8.84 | 644 | 6.33 | 12.90 |
| 718 | 600008 | 首创股份 | 56.85 | 21.68 | 3.28 | 9.13 | 15.07 | 7.69 | 1 119 | 4.39 | 7.24 |
| 719 | 600143 | 金发科技 | 56.84 | 19.32 | 7.76 | 8.64 | 12.39 | 8.73 | 961 | 4.60 | 10.57 |
| 720 | 600824 | 益民商业 | 56.83 | 19.40 | 8.16 | 8.64 | 11.23 | 9.40 | 459 | 4.41 | 9.31 |
| 721 | 601999 | 出版传媒 | 56.82 | 17.70 | 8.26 | 12.52 | 10.65 | 7.69 | 762 | 6.52 | 11.26 |
| 722 | 600100 | 同方股份 | 56.81 | 18.56 | 8.08 | 8.74 | 12.39 | 9.04 | 738 | 9.93 | 18.73 |
| 723 | 600961 | 株冶集团 | 56.73 | 13.72 | 13.05 | 4.22 | 14.47 | 11.27 | 1 329 | 4.49 | 16.16 |
| 724 | 000823 | 超声电子 | 56.73 | 19.44 | 7.68 | 10.36 | 9.01 | 10.24 | 684 | 4.35 | 10.11 |
| 725 | 000065 | 北方国际 | 56.69 | 17.21 | 9.58 | 5.42 | 11.79 | 12.69 | 1 020 | 6.01 | 28.17 |
| 726 | 600009 | 上海机场 | 56.67 | 22.70 | 6.25 | 9.62 | 10.64 | 7.46 | 449 | 11.27 | 17.42 |
| 727 | 002023 | 海特高新 | 56.66 | 20.71 | 2.57 | 11.94 | 11.44 | 10.00 | 941 | 4.40 | 18.24 |
| 728 | 600684 | 珠江实业 | 56.66 | 20.06 | 5.83 | 7.77 | 14.04 | 8.96 | 1 385 | 4.92 | 13.20 |
| 729 | 600746 | 江苏索普 | 56.65 | 15.49 | 13.93 | 9.36 | 7.53 | 10.34 | 1 204 | 3.23 | 9.37 |
| 730 | 600820 | 隧道股份 | 56.60 | 21.69 | 10.56 | 4.98 | 14.40 | 4.97 | 130 | 10.90 | 13.89 |
| 731 | 600090 | 啤酒花 | 56.58 | 20.17 | 11.50 | 8.36 | 7.15 | 9.40 | 822 | 3.55 | 9.19 |
| 732 | 002272 | 川润股份 | 56.56 | 22.61 | 6.51 | 8.92 | 12.10 | 6.42 | 324 | 17.17 | 27.25 |
| 733 | 600712 | 南宁百货 | 56.53 | 18.97 | 10.20 | 8.57 | 9.23 | 9.56 | 578 | 4.17 | 9.13 |
| 734 | 000949 | 新乡化纤 | 56.53 | 18.33 | 10.26 | 7.01 | 11.31 | 9.62 | 1 524 | 2.43 | 7.13 |
| 735 | 002060 | 粤水电 | 56.52 | 17.87 | 10.52 | 7.34 | 12.37 | 8.42 | 510 | 6.45 | 9.10 |
| 736 | 002031 | 巨轮股份 | 56.48 | 20.88 | 5.02 | 8.70 | 12.88 | 9.00 | 1 087 | 4.45 | 12.83 |
| 737 | 000659 | 珠海中富 | 56.45 | 21.96 | 8.31 | 8.40 | 9.64 | 8.14 | 711 | 4.18 | 7.82 |
| 738 | 600568 | 中珠控股 | 56.40 | 20.97 | 8.32 | 7.64 | 7.96 | 11.51 | 477 | 4.81 | 17.74 |
| 739 | 000006 | 深振业 A | 56.39 | 25.67 | 0.00 | 6.18 | 16.06 | 8.48 | 1 279 | 4.93 | 11.33 |
| 740 | 600874 | 创业环保 | 56.37 | 23.74 | 4.40 | 9.72 | 10.71 | 7.80 | 618 | 4.86 | 7.60 |
| 741 | 600832 | 东方明珠 | 56.36 | 20.73 | 3.58 | 11.75 | 12.54 | 7.76 | 387 | 6.83 | 11.36 |
| 742 | 000544 | 中原环保 | 56.35 | 21.28 | 8.09 | 10.72 | 7.93 | 8.33 | 422 | 5.90 | 10.31 |
| 743 | 600466 | 迪康药业 | 56.34 | 13.66 | 8.28 | 14.84 | 10.30 | 9.26 | 1 138 | 3.67 | 10.64 |

续表

| 序号 | 评价单位代码 | 单位名称 | 分项得分 | | | | | | 上年排名 | 年初股价（元） | 年末股价（元） |
|---|---|---|---|---|---|---|---|---|---|---|---|
| | | | 小计 | 财务效益 | 资产质量 | 偿债风险 | 发展能力 | 市场表现 | | | |
| 744 | 600113 | 浙江东日 | 56.34 | 18.92 | 5.29 | 11.61 | 11.71 | 8.81 | 705 | 4.28 | 9.20 |
| 745 | 000910 | 大亚科技 | 56.28 | 23.12 | 8.64 | 6.53 | 7.64 | 10.35 | 639 | 3.95 | 11.36 |
| 746 | 000566 | 海南海药 | 56.26 | 20.45 | 6.60 | 9.94 | 11.80 | 7.47 | 498 | 8.32 | 15.56 |
| 747 | 600333 | 长春燃气 | 56.25 | 16.44 | 11.13 | 11.17 | 8.53 | 8.98 | 316 | 4.40 | 11.77 |
| 748 | 600108 | 亚盛集团 | 56.25 | 15.29 | 7.72 | 9.03 | 15.33 | 8.88 | 923 | 3.05 | 5.77 |
| 749 | 600070 | 浙江富润 | 56.24 | 17.23 | 10.68 | 7.98 | 11.36 | 8.99 | 901 | 3.26 | 8.95 |
| 750 | 601727 | 上海电气 | 56.22 | 21.40 | 6.67 | 10.48 | 10.70 | 6.97 | 556 | 5.78 | 9.62 |
| 751 | 000825 | 太钢不锈 | 56.20 | 19.23 | 12.37 | 6.14 | 8.95 | 9.51 | 687 | 3.61 | 9.54 |
| 752 | 000683 | 远兴能源 | 56.19 | 16.71 | 8.33 | 7.53 | 13.57 | 10.05 | 494 | 6.14 | 17.21 |
| 753 | 600616 | 金枫酒业 | 56.19 | 24.17 | 5.31 | 14.66 | 4.40 | 7.65 | 732 | 10.68 | 17.92 |
| 754 | 002229 | 鸿博股份 | 56.17 | 22.11 | 5.23 | 8.46 | 11.68 | 8.69 | 189 | 10.47 | 19.70 |
| 755 | 000502 | 绿景地产 | 56.08 | 17.28 | 15.00 | 11.50 | 7.34 | 4.96 | 242 | 7.66 | 9.96 |
| 756 | 600761 | 安徽合力 | 56.06 | 17.66 | 8.74 | 12.88 | 7.90 | 8.88 | 878 | 6.87 | 14.21 |
| 757 | 600841 | 上柴股份 | 56.05 | 13.35 | 11.40 | 13.31 | 9.50 | 8.49 | 707 | 8.42 | 19.27 |
| 758 | 600990 | 四创电子 | 56.05 | 15.85 | 7.59 | 8.27 | 14.34 | 10.00 | 520 | 9.95 | 52.09 |
| 759 | 002025 | 航天电器 | 56.03 | 18.70 | 3.67 | 14.73 | 10.52 | 8.41 | 497 | 6.26 | 13.34 |
| 760 | 601991 | 大唐发电 | 56.02 | 22.50 | 10.44 | 3.19 | 16.07 | 3.82 | 903 | 6.46 | 9.05 |
| 761 | 600376 | 首开股份 | 56.02 | 24.16 | 0.00 | 6.88 | 16.08 | 8.90 | 1 261 | 6.27 | 19.68 |
| 762 | 002278 | 神开股份 | 56.00 | 22.26 | 4.22 | 13.11 | 11.41 | 5.00 | 0 | | 25.90 |
| 763 | 600116 | 三峡水利 | 55.97 | 19.05 | 11.37 | 6.37 | 10.69 | 8.49 | 635 | 4.52 | 9.34 |
| 764 | 600422 | 昆明制药 | 55.94 | 17.89 | 8.43 | 10.97 | 10.82 | 7.83 | 583 | 4.42 | 10.62 |
| 765 | 600405 | 动力源 | 55.90 | 19.34 | 5.15 | 11.19 | 10.93 | 9.29 | 1 159 | 4.36 | 9.78 |
| 766 | 000407 | 胜利股份 | 55.88 | 22.64 | 8.80 | 7.02 | 9.26 | 8.16 | 379 | 5.55 | 8.73 |
| 767 | 600778 | 友好集团 | 55.86 | 16.86 | 7.99 | 9.43 | 11.36 | 10.22 | 854 | 3.14 | 8.89 |
| 768 | 002124 | 天邦股份 | 55.86 | 19.41 | 11.00 | 9.54 | 8.27 | 7.64 | 404 | 9.15 | 15.71 |
| 769 | 002103 | 广博股份 | 55.86 | 18.62 | 8.21 | 11.62 | 8.63 | 8.78 | 817 | 4.55 | 9.91 |
| 770 | 600029 | 南方航空 | 55.82 | 15.47 | 15.00 | 3.16 | 13.69 | 8.50 | 1 449 | 3.19 | 6.06 |
| 771 | 000731 | 四川美丰 | 55.81 | 17.00 | 14.75 | 9.28 | 8.05 | 6.73 | 165 | 6.39 | 9.30 |
| 772 | 600112 | 长征电气 | 55.80 | 20.74 | 4.90 | 10.58 | 8.70 | 10.88 | 632 | 6.26 | 20.09 |
| 773 | 000713 | 丰乐种业 | 55.76 | 17.55 | 10.93 | 8.54 | 11.05 | 7.69 | 457 | 9.71 | 14.76 |
| 774 | 000839 | 中信国安 | 55.74 | 23.24 | 3.29 | 7.83 | 12.23 | 9.15 | 1 034 | 5.96 | 14.57 |
| 775 | 000034 | *ST 深泰 | 55.74 | 20.35 | 14.50 | 4.49 | 6.40 | 10.00 | 1 470 | 1.83 | 8.80 |
| 776 | 600359 | 新农开发 | 55.73 | 16.63 | 11.32 | 7.77 | 12.95 | 7.06 | 1 338 | 7.75 | 20.87 |
| 777 | 600578 | 京能热电 | 55.73 | 20.05 | 8.40 | 6.35 | 12.90 | 8.03 | 731 | 5.15 | 10.07 |
| 778 | 600500 | 中化国际 | 55.69 | 21.18 | 8.44 | 8.70 | 10.40 | 6.97 | 304 | 7.79 | 11.87 |
| 779 | 000965 | 天保基建 | 55.68 | 21.81 | 0.00 | 9.20 | 13.79 | 10.88 | 1 069 | 6.87 | 15.10 |
| 780 | 600626 | 申达股份 | 55.66 | 14.08 | 13.05 | 11.36 | 8.86 | 8.31 | 418 | 4.00 | 8.10 |
| 781 | 600890 | *ST 中房 | 55.65 | 21.49 | 1.34 | 12.60 | 12.34 | 7.88 | 1 488 | 3.08 | 8.05 |
| 782 | 002291 | 星期六 | 55.65 | 21.24 | 6.19 | 8.61 | 14.61 | 5.00 | — | — | 23.84 |

续表

| 序号 | 评价单位代码 | 单位名称 | 分项得分 | | | | | | 上年排名 | 年初股价（元） | 年末股价（元） |
|---|---|---|---|---|---|---|---|---|---|---|---|
| | | | 小计 | 财务效益 | 资产质量 | 偿债风险 | 发展能力 | 市场表现 | | | |
| 783 | 600623 | 双钱股份 | 55.61 | 20.94 | 9.45 | 5.51 | 9.71 | 10.00 | 1 352 | 3.61 | 18.26 |
| 784 | 002192 | 路翔股份 | 55.60 | 14.72 | 7.64 | 7.66 | 15.58 | 10.00 | 966 | 12.08 | 21.83 |
| 785 | 600628 | 新世界 | 55.54 | 21.57 | 8.77 | 5.97 | 10.48 | 8.75 | 495 | 6.82 | 15.10 |
| 786 | 002090 | 金智科技 | 55.54 | 19.61 | 7.55 | 10.63 | 10.39 | 7.36 | 478 | 10.98 | 20.61 |
| 787 | 002209 | 达意隆 | 55.52 | 17.41 | 5.93 | 11.19 | 12.55 | 8.44 | 614 | 7.88 | 17.79 |
| 788 | 002309 | 中利科技 | 55.48 | 21.50 | 6.37 | 8.80 | 13.81 | 5.00 | — | — | 61.21 |
| 789 | 600064 | 南京高科 | 55.48 | 21.19 | 0.00 | 6.79 | 17.43 | 10.07 | 1 281 | 9.33 | 25.44 |
| 790 | 600577 | 精达股份 | 55.47 | 19.25 | 10.55 | 9.39 | 7.41 | 8.87 | 315 | 4.06 | 8.05 |
| 791 | 600981 | 江苏开元 | 55.47 | 16.94 | 7.28 | 11.59 | 10.65 | 9.01 | 980 | 3.55 | 7.14 |
| 792 | 002156 | 通富微电 | 55.47 | 18.00 | 8.28 | 9.23 | 10.29 | 9.67 | 924 | 5.85 | 11.88 |
| 793 | 600531 | 豫光金铅 | 55.42 | 18.69 | 12.00 | 5.35 | 9.89 | 9.49 | 996 | 7.85 | 21.20 |
| 794 | 000930 | 丰原生化 | 55.41 | 20.00 | 11.26 | 4.81 | 10.02 | 9.32 | 891 | 3.27 | 8.64 |
| 795 | 600292 | 九龙电力 | 55.40 | 18.46 | 9.38 | 4.31 | 12.73 | 10.52 | 1 442 | 3.11 | 9.78 |
| 796 | 002030 | 达安基因 | 55.39 | 19.92 | 5.52 | 11.17 | 11.83 | 6.95 | 508 | 7.34 | 15.98 |
| 797 | 600378 | 天科股份 | 55.34 | 17.51 | 7.81 | 13.06 | 7.39 | 9.57 | 779 | 4.31 | 11.28 |
| 798 | 600007 | 中国国贸 | 55.33 | 20.32 | 12.64 | 5.35 | 9.52 | 7.50 | 539 | 7.12 | 12.28 |
| 799 | 600674 | 川投能源 | 55.32 | 20.90 | 7.10 | 6.84 | 15.48 | 5.00 | 267 | 14.61 | 16.20 |
| 800 | 002169 | 智光电气 | 55.24 | 19.49 | 5.36 | 10.04 | 11.79 | 8.56 | 775 | 14.71 | 17.80 |
| 801 | 000826 | 桑德环境 | 55.23 | 22.48 | 4.31 | 7.90 | 13.36 | 7.18 | 299 | 9.38 | 15.45 |
| 802 | 600653 | 申华控股 | 55.21 | 15.59 | 11.97 | 8.05 | 10.93 | 8.67 | 986 | 2.43 | 4.46 |
| 803 | 000812 | 陕西金叶 | 55.20 | 18.09 | 7.36 | 10.67 | 9.88 | 9.20 | 708 | 2.61 | 6.76 |
| 804 | 600477 | 杭萧钢构 | 55.14 | 22.02 | 9.49 | 5.84 | 9.67 | 8.12 | 542 | 7.07 | 9.72 |
| 805 | 600277 | 亿利能源 | 55.11 | 16.64 | 9.67 | 6.72 | 14.06 | 8.02 | 1 102 | 7.43 | 14.91 |
| 806 | 000883 | 三环股份 | 55.09 | 17.40 | 8.54 | 5.92 | 12.86 | 10.37 | 629 | 2.85 | 8.90 |
| 807 | 000966 | 长源电力 | 55.07 | 18.13 | 11.74 | 3.22 | 13.36 | 8.62 | 1 478 | 2.80 | 5.38 |
| 808 | 002271 | 东方雨虹 | 55.07 | 20.32 | 5.82 | 7.49 | 14.16 | 7.28 | 367 | 33.10 | 49.97 |
| 809 | 600639 | 浦东金桥 | 55.06 | 24.90 | 6.29 | 8.54 | 8.71 | 6.62 | 433 | 7.67 | 13.68 |
| 810 | 600463 | 空港股份 | 55.04 | 15.21 | 14.99 | 5.63 | 10.04 | 9.17 | 289 | 3.87 | 9.71 |
| 811 | 600596 | 新安股份 | 54.98 | 20.74 | 9.95 | 11.43 | 7.86 | 5.00 | 5 | 31.34 | 45.11 |
| 812 | 600336 | 澳柯玛 | 54.96 | 18.93 | 12.03 | 4.13 | 11.19 | 8.68 | 1 217 | 3.88 | 7.73 |
| 813 | 600833 | 第一医药 | 54.94 | 16.92 | 6.64 | 10.82 | 11.83 | 8.73 | 803 | 5.14 | 11.24 |
| 814 | 600557 | 康缘药业 | 54.90 | 23.42 | 7.46 | 8.15 | 8.91 | 6.96 | 139 | 17.09 | 20.95 |
| 815 | 000692 | 惠天热电 | 54.89 | 17.34 | 8.16 | 8.58 | 11.43 | 9.38 | 1 253 | 2.88 | 6.85 |
| 816 | 600317 | 营口港 | 54.88 | 20.19 | 9.41 | 6.84 | 9.81 | 8.63 | 203 | 6.18 | 8.29 |
| 817 | 000537 | 广宇发展 | 54.85 | 25.52 | 4.43 | 8.37 | 6.53 | 10.00 | 1 184 | 2.84 | 14.28 |
| 818 | 000429 | 粤高速 A | 54.80 | 22.00 | 8.75 | 6.52 | 9.74 | 7.79 | 474 | 3.73 | 5.46 |
| 819 | 002178 | 延华智能 | 54.78 | 16.45 | 8.08 | 11.90 | 10.35 | 8.00 | 1 096 | 8.12 | 15.69 |
| 820 | 002068 | 黑猫股份 | 54.77 | 18.50 | 9.24 | 5.34 | 12.48 | 9.21 | 870 | 6.84 | 17.95 |
| 821 | 000700 | 模塑科技 | 54.75 | 19.73 | 7.32 | 5.88 | 12.15 | 9.67 | 979 | 2.82 | 7.05 |

续表

| 序号 | 评价单位代码 | 单位名称 | 分项得分 | | | | | | 上年排名 | 年初股价（元） | 年末股价（元） |
|---|---|---|---|---|---|---|---|---|---|---|---|
| | | | 小计 | 财务效益 | 资产质量 | 偿债风险 | 发展能力 | 市场表现 | | | |
| 822 | 002262 | 恩华药业 | 54.75 | 20.11 | 6.29 | 10.19 | 11.50 | 6.66 | 458 | 16.46 | 18.74 |
| 823 | 600398 | 凯诺科技 | 54.72 | 16.54 | 7.34 | 14.78 | 8.03 | 8.03 | 543 | 2.55 | 5.59 |
| 824 | 002266 | 浙富股份 | 54.71 | 20.94 | 5.53 | 9.19 | 11.91 | 7.14 | 175 | 20.88 | 32.70 |
| 825 | 000608 | 阳光股份 | 54.70 | 28.22 | 0.00 | 9.85 | 7.05 | 9.58 | 1 360 | 3.45 | 11.16 |
| 826 | 600725 | 云维股份 | 54.69 | 16.73 | 10.90 | 5.03 | 13.34 | 8.69 | 473 | 9.66 | 21.33 |
| 827 | 600559 | 老白干酒 | 54.68 | 17.76 | 9.63 | 7.04 | 12.08 | 8.17 | 954 | 8.01 | 25.00 |
| 828 | 000636 | 风华高科 | 54.66 | 15.74 | 9.08 | 11.10 | 6.86 | 11.88 | 1 504 | 2.76 | 9.10 |
| 829 | 002246 | 北化股份 | 54.65 | 13.72 | 8.18 | 14.84 | 7.92 | 9.99 | 468 | 5.10 | 18.35 |
| 830 | 600055 | 万东医疗 | 54.63 | 18.31 | 6.59 | 11.33 | 10.36 | 8.04 | 748 | 5.52 | 10.21 |
| 831 | 600590 | 泰豪科技 | 54.59 | 16.38 | 5.60 | 9.04 | 13.59 | 9.98 | 653 | 4.98 | 15.43 |
| 832 | 002132 | 恒星科技 | 54.59 | 17.56 | 8.80 | 5.48 | 14.58 | 8.17 | 575 | 6.13 | 14.20 |
| 833 | 000852 | 江钻股份 | 54.50 | 19.30 | 7.23 | 9.17 | 8.85 | 9.95 | 1 003 | 5.68 | 12.61 |
| 834 | 600135 | 乐凯胶片 | 54.48 | 11.74 | 8.11 | 14.99 | 7.79 | 11.85 | 950 | 3.41 | 11.92 |
| 835 | 002245 | 澳洋顺昌 | 54.44 | 17.11 | 9.17 | 6.82 | 13.47 | 7.87 | 672 | 15.99 | 16.02 |
| 836 | 600619 | 海立股份 | 54.38 | 17.03 | 9.26 | 8.68 | 10.41 | 9.00 | 724 | 4.46 | 9.29 |
| 837 | 000807 | 云铝股份 | 54.37 | 15.51 | 10.34 | 8.11 | 12.01 | 8.40 | 964 | 4.50 | 13.59 |
| 838 | 000810 | 华润锦华 | 54.36 | 17.48 | 10.22 | 7.19 | 10.21 | 9.26 | 847 | 4.34 | 10.74 |
| 839 | 002167 | 东方锆业 | 54.32 | 18.05 | 5.24 | 7.30 | 15.10 | 8.63 | 701 | 16.50 | 34.43 |
| 840 | 000811 | 烟台冰轮 | 54.31 | 20.04 | 7.23 | 8.44 | 8.73 | 9.87 | 969 | 5.38 | 13.36 |
| 841 | 000506 | 中润投资 | 54.31 | 24.26 | 5.74 | 6.55 | 12.76 | 5.00 | 840 | 4.44 | 8.21 |
| 842 | 002066 | 瑞泰科技 | 54.28 | 17.01 | 5.78 | 8.81 | 13.55 | 9.13 | 347 | 7.97 | 19.31 |
| 843 | 000088 | 盐田港 | 54.28 | 24.53 | 0.00 | 12.93 | 8.54 | 8.28 | 904 | 4.76 | 8.31 |
| 844 | 002190 | 成飞集成 | 54.23 | 19.62 | 3.17 | 14.99 | 8.07 | 8.38 | 533 | 7.41 | 15.72 |
| 845 | 002013 | 中航精机 | 54.18 | 16.16 | 6.54 | 10.60 | 11.37 | 9.51 | 716 | 6.12 | 13.72 |
| 846 | 002126 | 银轮股份 | 54.17 | 20.70 | 5.75 | 8.74 | 9.50 | 9.48 | 582 | 8.34 | 20.30 |
| 847 | 600601 | 方正科技 | 54.13 | 14.77 | 12.63 | 8.91 | 9.17 | 8.65 | 730 | 2.64 | 5.15 |
| 848 | 000835 | 四川圣达 | 54.13 | 19.48 | 10.47 | 11.13 | 4.71 | 8.34 | 208 | 5.88 | 9.47 |
| 849 | 002199 | 东晶电子 | 54.13 | 17.79 | 7.39 | 9.05 | 10.93 | 8.97 | 874 | 11.51 | 21.06 |
| 850 | 000400 | 许继电气 | 54.13 | 20.43 | 5.17 | 9.32 | 12.25 | 6.96 | 668 | 13.14 | 22.80 |
| 851 | 600862 | 南通科技 | 54.08 | 17.75 | 3.80 | 5.80 | 17.22 | 9.51 | 1 372 | 4.41 | 12.90 |
| 852 | 600069 | 银鸽投资 | 54.05 | 14.80 | 9.11 | 7.74 | 12.59 | 9.81 | 1 104 | 3.45 | 9.43 |
| 853 | 000070 | 特发信息 | 53.99 | 14.20 | 7.50 | 11.50 | 10.74 | 10.05 | 676 | 3.96 | 9.80 |
| 854 | 000936 | 华西村 | 53.97 | 16.45 | 10.65 | 8.79 | 7.59 | 10.49 | 654 | 3.35 | 10.38 |
| 855 | 600571 | 信雅达 | 53.95 | 16.69 | 7.51 | 9.22 | 9.63 | 10.90 | 1 315 | 3.54 | 9.83 |
| 856 | 600723 | 西单商场 | 53.88 | 15.27 | 9.34 | 10.69 | 8.51 | 10.07 | 1 264 | 4.00 | 10.87 |
| 857 | 600986 | 科达股份 | 53.88 | 16.32 | 6.57 | 12.23 | 10.45 | 8.31 | 1 371 | 7.34 | 7.86 |
| 858 | 600784 | 鲁银投资 | 53.88 | 16.75 | 15.00 | 4.24 | 8.13 | 9.76 | 863 | 3.33 | 8.87 |
| 859 | 600371 | 万向德农 | 53.88 | 21.96 | 9.73 | 8.13 | 9.06 | 5.00 | 547 | 9.23 | 12.93 |
| 860 | 600129 | 太极集团 | 53.87 | 17.38 | 9.62 | 5.64 | 12.07 | 9.16 | 866 | 5.34 | 12.92 |

续表

| 序号 | 评价单位代码 | 单位名称 | 分项得分 | | | | | | 上年排名 | 年初股价（元） | 年末股价（元） |
|---|---|---|---|---|---|---|---|---|---|---|---|
| | | | 小计 | 财务效益 | 资产质量 | 偿债风险 | 发展能力 | 市场表现 | | | |
| 861 | 000828 | 东莞控股 | 53.78 | 22.44 | 4.93 | 6.33 | 11.00 | 9.08 | 1 103 | 3.86 | 7.71 |
| 862 | 600282 | 南钢股份 | 53.76 | 16.79 | 12.80 | 7.45 | 8.81 | 7.91 | 634 | 2.91 | 6.09 |
| 863 | 600461 | 洪城水业 | 53.76 | 18.06 | 8.38 | 9.69 | 8.81 | 8.82 | 704 | 5.38 | 11.16 |
| 864 | 000782 | 美达股份 | 53.68 | 15.17 | 13.81 | 8.29 | 7.14 | 9.27 | 1 375 | 2.31 | 6.24 |
| 865 | 600822 | 上海物贸 | 53.65 | 13.48 | 10.20 | 6.03 | 15.36 | 8.58 | 718 | 6.06 | 13.59 |
| 866 | 000753 | 漳州发展 | 53.61 | 16.38 | 9.12 | 8.06 | 11.26 | 8.79 | 806 | 2.96 | 6.54 |
| 867 | 002212 | 南洋股份 | 53.60 | 23.18 | 7.46 | 7.35 | 7.34 | 8.27 | 138 | 13.18 | 17.90 |
| 868 | 000785 | 武汉中商 | 53.59 | 17.84 | 9.78 | 5.74 | 11.29 | 8.94 | 752 | 4.43 | 11.10 |
| 869 | 600387 | 海越股份 | 53.54 | 19.02 | 12.19 | 2.66 | 11.28 | 8.39 | 1 366 | 4.75 | 14.09 |
| 870 | 600839 | 四川长虹 | 53.54 | 14.64 | 8.85 | 7.28 | 14.02 | 8.75 | 513 | 3.22 | 6.56 |
| 871 | 600533 | 栖霞建设 | 53.54 | 23.59 | 0.00 | 8.73 | 12.98 | 8.24 | 1 247 | 3.12 | 6.71 |
| 872 | 000898 | 鞍钢股份 | 53.53 | 17.21 | 12.73 | 6.87 | 8.58 | 8.14 | 432 | 6.95 | 16.00 |
| 873 | 600883 | 博闻科技 | 53.52 | 15.81 | 3.74 | 14.99 | 9.22 | 9.76 | 1 453 | 4.09 | 10.41 |
| 874 | 002136 | 安纳达 | 53.52 | 15.54 | 12.93 | 7.46 | 8.83 | 8.76 | 1 429 | 6.99 | 14.65 |
| 875 | 600666 | 西南药业 | 53.51 | 18.07 | 7.52 | 7.22 | 11.86 | 8.84 | 607 | 5.06 | 11.69 |
| 876 | 000862 | 银星能源 | 53.46 | 19.54 | 7.03 | 3.47 | 13.66 | 9.76 | 1 090 | 6.01 | 14.61 |
| 877 | 002118 | 紫鑫药业 | 53.45 | 23.81 | 5.02 | 7.36 | 12.32 | 4.94 | 369 | 13.65 | 19.67 |
| 878 | 002171 | 精诚铜业 | 53.42 | 13.07 | 15.00 | 8.27 | 7.83 | 9.25 | 1 225 | 6.75 | 15.35 |
| 879 | 000882 | 华联股份 | 53.40 | 17.35 | 4.57 | 9.15 | 13.41 | 8.92 | 1 275 | 4.33 | 9.06 |
| 880 | 600236 | 桂冠电力 | 53.35 | 23.26 | 6.83 | 6.46 | 11.80 | 5.00 | 843 | 6.12 | 7.87 |
| 881 | 000948 | 南天信息 | 53.35 | 16.14 | 8.63 | 9.29 | 9.05 | 10.24 | 330 | 6.57 | 15.66 |
| 882 | 600548 | 深高速 | 53.32 | 21.35 | 6.24 | 5.85 | 14.88 | 5.00 | 699 | 4.41 | 5.94 |
| 883 | 002110 | 三钢闽光 | 53.30 | 16.25 | 13.29 | 5.51 | 8.12 | 10.13 | 427 | 5.89 | 18.06 |
| 884 | 002214 | 大立科技 | 53.28 | 22.41 | 3.85 | 8.47 | 10.24 | 8.31 | 710 | 14.86 | 29.79 |
| 885 | 000155 | 川化股份 | 53.26 | 16.81 | 12.94 | 8.72 | 6.84 | 7.95 | 394 | 5.71 | 8.96 |
| 886 | 000600 | 建投能源 | 53.22 | 18.46 | 12.56 | 5.87 | 11.33 | 5.00 | 838 | 4.68 | 6.93 |
| 887 | 600460 | 士兰微 | 53.22 | 15.86 | 6.47 | 7.88 | 10.97 | 12.04 | 1 303 | 3.35 | 11.27 |
| 888 | 000668 | 荣丰控股 | 53.22 | 26.50 | 6.43 | 9.05 | 6.35 | 4.89 | 257 | 17.91 | 13.86 |
| 889 | 600865 | 百大集团 | 53.21 | 17.53 | 8.58 | 7.68 | 9.83 | 9.59 | 728 | 3.98 | 10.20 |
| 890 | 600337 | 美克股份 | 53.17 | 17.57 | 7.24 | 9.66 | 8.67 | 10.03 | 998 | 4.06 | 9.42 |
| 891 | 000099 | 中信海直 | 53.15 | 17.90 | 6.68 | 9.34 | 10.44 | 8.79 | 761 | 3.38 | 7.78 |
| 892 | 002220 | 天宝股份 | 53.14 | 19.67 | 7.33 | 6.22 | 12.55 | 7.37 | 446 | 15.56 | 25.49 |
| 893 | 002133 | 广宇集团 | 53.09 | 22.80 | 0.00 | 6.19 | 15.04 | 9.06 | 1 378 | 3.55 | 9.76 |
| 894 | 600222 | 太龙药业 | 53.06 | 14.76 | 8.44 | 8.14 | 12.85 | 8.87 | 703 | 3.43 | 9.81 |
| 895 | 600185 | 格力地产 | 53.04 | 19.37 | 0.00 | 7.67 | 16.00 | 10.00 | 1 552 | 3.40 | 12.89 |
| 896 | 000758 | 中色股份 | 53.03 | 18.83 | 6.43 | 8.35 | 10.40 | 9.02 | 1 058 | 6.60 | 15.51 |
| 897 | 000546 | 光华控股 | 53.02 | 15.24 | 15.00 | 7.51 | 9.87 | 5.40 | 1 522 | 7.10 | 14.14 |
| 898 | 600345 | 长江通信 | 52.95 | 17.04 | 6.30 | 9.87 | 10.46 | 9.28 | 887 | 6.12 | 13.49 |
| 899 | 600513 | 联环药业 | 52.95 | 15.79 | 6.52 | 10.85 | 10.95 | 8.84 | 574 | 6.10 | 13.98 |

续表

| 序号 | 评价单位代码 | 单位名称 | 分项得分 | | | | | | 上年排名 | 年初股价（元） | 年末股价（元） |
|---|---|---|---|---|---|---|---|---|---|---|---|
| | | | 小计 | 财务效益 | 资产质量 | 偿债风险 | 发展能力 | 市场表现 | | | |
| 900 | 002217 | 联合化工 | 52.94 | 19.90 | 10.40 | 11.02 | 4.79 | 6.83 | 22 | 12.90 | 15.35 |
| 901 | 600295 | 鄂尔多斯 | 52.90 | 22.21 | 6.77 | 5.66 | 10.60 | 7.66 | 193 | 8.09 | 12.90 |
| 902 | 002198 | 嘉应制药 | 52.88 | 18.39 | 2.45 | 14.99 | 8.67 | 8.38 | 890 | 9.56 | 21.99 |
| 903 | 000523 | 广州浪奇 | 52.84 | 14.09 | 10.06 | 10.98 | 8.85 | 8.86 | 810 | 3.70 | 8.27 |
| 904 | 600861 | 北京城乡 | 52.83 | 15.13 | 7.81 | 13.17 | 7.93 | 8.79 | 660 | 5.44 | 10.39 |
| 905 | 600020 | 中原高速 | 52.79 | 22.54 | 3.72 | 5.21 | 13.12 | 8.20 | 742 | 2.65 | 4.38 |
| 906 | 600005 | 武钢股份 | 52.77 | 20.56 | 12.75 | 6.35 | 6.27 | 6.84 | 149 | 4.78 | 8.28 |
| 907 | 000031 | 中粮地产 | 52.76 | 19.60 | 0.00 | 6.92 | 19.14 | 7.10 | 1 149 | 4.80 | 11.23 |
| 908 | 600289 | 亿阳信通 | 52.67 | 17.72 | 6.29 | 11.39 | 7.89 | 9.38 | 643 | 8.47 | 16.50 |
| 909 | 002114 | 罗平锌电 | 52.67 | 14.28 | 12.00 | 5.36 | 10.99 | 10.04 | 1 455 | 6.77 | 17.95 |
| 910 | 600126 | 杭钢股份 | 52.66 | 17.59 | 14.21 | 9.11 | 4.14 | 7.61 | 335 | 3.86 | 6.71 |
| 911 | 600102 | 莱钢股份 | 52.63 | 18.46 | 14.55 | 6.74 | 4.37 | 8.51 | 450 | 5.83 | 13.07 |
| 912 | 000816 | 江淮动力 | 52.62 | 16.95 | 7.82 | 9.10 | 9.64 | 9.11 | 550 | 3.23 | 7.56 |
| 913 | 000960 | 锡业股份 | 52.60 | 18.53 | 10.24 | 5.50 | 8.17 | 10.16 | 1 100 | 9.44 | 30.84 |
| 914 | 000677 | 山东海龙 | 52.58 | 16.82 | 8.82 | 3.24 | 12.50 | 11.20 | 1 466 | 2.71 | 8.79 |
| 915 | 000564 | 西安民生 | 52.56 | 14.99 | 9.24 | 10.73 | 8.59 | 9.01 | 546 | 3.18 | 7.36 |
| 916 | 000830 | 鲁西化工 | 52.52 | 17.39 | 12.74 | 5.60 | 8.07 | 8.72 | 226 | 3.58 | 6.16 |
| 917 | 000522 | 白云山 A | 52.49 | 18.10 | 9.19 | 6.67 | 10.59 | 7.94 | 985 | 4.82 | 13.40 |
| 918 | 600370 | 三房巷 | 52.46 | 13.70 | 8.32 | 10.97 | 9.90 | 9.57 | 1 082 | 3.02 | 7.54 |
| 919 | 600992 | 贵绳股份 | 52.43 | 15.02 | 8.57 | 12.22 | 7.59 | 9.03 | 613 | 4.54 | 10.64 |
| 920 | 600285 | 羚锐制药 | 52.41 | 16.46 | 7.22 | 10.14 | 10.56 | 8.03 | 1 124 | 6.03 | 12.12 |
| 921 | 000917 | 电广传媒 | 52.40 | 17.63 | 12.20 | 6.43 | 11.23 | 4.91 | 340 | 13.49 | 18.02 |
| 922 | 002144 | 宏达经编 | 52.33 | 15.19 | 8.60 | 11.07 | 8.46 | 9.01 | 1 156 | 5.72 | 13.24 |
| 923 | 600039 | 四川路桥 | 52.33 | 16.39 | 9.99 | 3.83 | 13.91 | 8.21 | 723 | 5.48 | 8.94 |
| 924 | 002163 | 中航三鑫 | 52.31 | 15.05 | 9.85 | 4.61 | 12.35 | 10.45 | 560 | 4.94 | 14.43 |
| 925 | 600668 | 尖峰集团 | 52.26 | 15.40 | 10.31 | 7.75 | 10.57 | 8.23 | 893 | 3.39 | 6.61 |
| 926 | 600730 | 中国高科 | 52.25 | 15.04 | 8.15 | 11.23 | 7.95 | 9.88 | 1 206 | 3.19 | 8.22 |
| 927 | 600081 | 东风科技 | 52.25 | 16.11 | 10.21 | 7.13 | 10.05 | 8.75 | 1 381 | 3.34 | 8.51 |
| 928 | 002170 | 芭田股份 | 52.24 | 13.43 | 12.75 | 12.94 | 5.21 | 7.91 | 302 | 9.58 | 10.27 |
| 929 | 002125 | 湘潭电化 | 52.22 | 15.49 | 7.73 | 7.73 | 10.15 | 11.12 | 1 401 | 5.68 | 18.15 |
| 930 | 000860 | 顺鑫农业 | 52.22 | 18.18 | 9.36 | 5.78 | 11.88 | 7.02 | 390 | 10.98 | 17.67 |
| 931 | 600421 | * ST 国药 | 52.19 | 22.96 | 8.69 | 5.91 | 4.63 | 10.00 | 1 487 | 2.61 | 8.99 |
| 932 | 000875 | 吉电股份 | 52.19 | 17.60 | 8.82 | 5.25 | 13.23 | 7.29 | 1 402 | 3.26 | 5.34 |
| 933 | 600226 | 升华拜克 | 52.18 | 20.91 | 8.19 | 9.94 | 4.54 | 8.60 | 118 | 6.87 | 12.19 |
| 934 | 600967 | 北方创业 | 52.17 | 14.59 | 8.88 | 10.29 | 9.55 | 8.86 | 491 | 6.87 | 12.42 |
| 935 | 600592 | 龙溪股份 | 52.17 | 18.85 | 5.43 | 12.47 | 6.33 | 9.09 | 352 | 4.96 | 11.83 |
| 936 | 002053 | 云南盐化 | 52.14 | 14.84 | 12.65 | 7.82 | 8.65 | 8.18 | 1 185 | 9.18 | 15.11 |
| 937 | 600310 | 桂东电力 | 52.13 | 18.25 | 12.48 | 3.25 | 9.19 | 8.96 | 612 | 11.60 | 25.91 |
| 938 | 600491 | 龙元建设 | 52.13 | 17.07 | 6.83 | 7.52 | 10.71 | 10.00 | 1 024 | 4.68 | 17.55 |

续表

| 序号 | 评价单位代码 | 单位名称 | 分项得分 | | | | | | 上年排名 | 年初股价（元） | 年末股价（元） |
|---|---|---|---|---|---|---|---|---|---|---|---|
| | | | 小计 | 财务效益 | 资产质量 | 偿债风险 | 发展能力 | 市场表现 | | | |
| 939 | 000981 | S*ST兰光 | 52.08 | 22.84 | 0.00 | 14.86 | 9.38 | 5.00 | 1 572 | 3.40 | 5.55 |
| 940 | 002239 | 金飞达 | 52.06 | 16.91 | 6.36 | 14.99 | 3.54 | 10.26 | 235 | 6.97 | 13.70 |
| 941 | 600651 | 飞乐音响 | 52.04 | 17.04 | 9.76 | 9.14 | 6.94 | 9.16 | 781 | 4.42 | 9.48 |
| 942 | 000777 | 中核科技 | 52.02 | 15.65 | 6.70 | 11.09 | 10.24 | 8.34 | 735 | 11.21 | 19.51 |
| 943 | 000899 | 赣能股份 | 51.94 | 19.82 | 10.68 | 3.36 | 10.45 | 7.63 | 576 | 3.99 | 8.94 |
| 944 | 600808 | 马钢股份 | 51.93 | 17.42 | 12.05 | 8.09 | 7.37 | 7.00 | 310 | 3.23 | 5.05 |
| 945 | 000739 | 普洛股份 | 51.89 | 16.31 | 8.84 | 8.33 | 9.88 | 8.53 | 881 | 4.16 | 10.00 |
| 946 | 000768 | 西飞国际 | 51.85 | 16.36 | 5.31 | 11.12 | 9.69 | 9.37 | 256 | 12.49 | 15.29 |
| 947 | 600879 | 航天电子 | 51.79 | 18.88 | 5.26 | 8.78 | 11.16 | 7.71 | 793 | 8.67 | 11.58 |
| 948 | 000635 | 英力特 | 51.78 | 17.83 | 12.46 | 2.71 | 10.26 | 8.52 | 853 | 8.42 | 18.70 |
| 949 | 600747 | 大连控股 | 51.77 | 18.30 | 5.72 | 7.83 | 10.20 | 9.72 | 1 559 | 2.92 | 7.54 |
| 950 | 000735 | 罗牛山 | 51.75 | 13.27 | 10.83 | 10.37 | 8.48 | 8.80 | 605 | 3.00 | 6.16 |
| 951 | 600368 | 五洲交通 | 51.73 | 18.48 | 0.00 | 10.39 | 14.37 | 8.49 | 751 | 4.26 | 7.60 |
| 952 | 000979 | 中弘地产 | 51.68 | 17.89 | 15.00 | 4.23 | 4.56 | 10.00 | 1 408 | 4.75 | 15.78 |
| 953 | 000878 | 云南铜业 | 51.67 | 22.32 | 9.28 | 3.35 | 5.52 | 11.20 | 1 558 | 8.00 | 30.61 |
| 954 | 000710 | 天兴仪表 | 51.63 | 13.89 | 10.47 | 6.75 | 11.47 | 9.05 | 787 | 5.04 | 12.19 |
| 955 | 600063 | 皖维高新 | 51.63 | 15.25 | 8.67 | 6.96 | 10.88 | 9.87 | 951 | 4.82 | 12.34 |
| 956 | 600789 | 鲁抗医药 | 51.62 | 15.40 | 8.61 | 9.06 | 9.90 | 8.65 | 686 | 3.40 | 6.82 |
| 957 | 000510 | 金路集团 | 51.61 | 13.26 | 11.47 | 6.96 | 9.92 | 10.00 | 1 205 | 2.56 | 9.49 |
| 958 | 000906 | 南方建材 | 51.61 | 15.79 | 10.20 | 3.89 | 10.44 | 11.29 | 1 151 | 3.30 | 10.10 |
| 959 | 000931 | 中关村 | 51.59 | 16.36 | 14.56 | 4.19 | 7.35 | 9.13 | 1 321 | 3.15 | 6.57 |
| 960 | 600552 | 方兴科技 | 51.57 | 17.95 | 9.21 | 6.01 | 8.40 | 10.00 | 1 304 | 4.24 | 19.25 |
| 961 | 601008 | 连云港 | 51.55 | 16.62 | 11.21 | 6.60 | 8.65 | 8.47 | 677 | 4.15 | 7.70 |
| 962 | 600743 | 华远地产 | 51.52 | 27.72 | 0.00 | 9.21 | 7.04 | 7.55 | 264 | 4.83 | 10.06 |
| 963 | 600581 | 八一钢铁 | 51.49 | 16.03 | 13.46 | 2.87 | 9.29 | 9.84 | 652 | 4.98 | 16.00 |
| 964 | 600353 | 旭光股份 | 51.48 | 15.50 | 6.01 | 10.58 | 9.56 | 9.83 | 740 | 4.87 | 13.02 |
| 965 | 600268 | 国电南自 | 51.46 | 18.58 | 5.68 | 7.58 | 11.76 | 7.86 | 486 | 12.44 | 19.80 |
| 966 | 000016 | 深康佳A | 51.44 | 15.34 | 8.95 | 7.24 | 10.30 | 9.61 | 343 | 3.15 | 7.69 |
| 967 | 600621 | 上海金陵 | 51.43 | 16.98 | 10.48 | 9.09 | 7.53 | 7.35 | 835 | 4.31 | 8.76 |
| 968 | 600452 | 涪陵电力 | 51.41 | 12.92 | 15.00 | 8.66 | 6.62 | 8.21 | 647 | 4.43 | 10.12 |
| 969 | 000702 | 正虹科技 | 51.41 | 13.57 | 14.64 | 7.69 | 7.29 | 8.22 | 571 | 3.44 | 6.58 |
| 970 | 000592 | 中福实业 | 51.39 | 17.88 | 4.86 | 8.73 | 9.60 | 10.32 | 285 | 2.67 | 7.25 |
| 971 | 000733 | 振华科技 | 51.36 | 13.47 | 7.42 | 10.54 | 10.47 | 9.46 | 757 | 4.20 | 13.80 |
| 972 | 600644 | 乐山电力 | 51.34 | 16.96 | 11.33 | 6.08 | 10.64 | 6.33 | 291 | 6.66 | 10.51 |
| 973 | 002253 | 川大智胜 | 51.34 | 20.46 | 0.00 | 14.40 | 9.49 | 6.99 | 288 | 24.00 | 36.41 |
| 974 | 600713 | 南京医药 | 51.33 | 15.14 | 10.57 | 3.97 | 14.18 | 7.47 | 983 | 5.99 | 9.66 |
| 975 | 000665 | 武汉塑料 | 51.32 | 17.73 | 8.30 | 5.62 | 11.41 | 8.26 | 1 147 | 2.84 | 8.77 |
| 976 | 600483 | 福建南纺 | 51.31 | 13.34 | 9.66 | 9.28 | 9.77 | 9.26 | 1 029 | 2.76 | 6.41 |
| 977 | 002059 | 世博股份 | 51.30 | 14.37 | 13.72 | 9.21 | 5.71 | 8.29 | 682 | 4.97 | 10.09 |

续表

| 序号 | 评价单位代码 | 单位名称 | 分项得分 | | | | | | 上年排名 | 年初股价（元） | 年末股价（元） |
|---|---|---|---|---|---|---|---|---|---|---|---|
| | | | 小计 | 财务效益 | 资产质量 | 偿债风险 | 发展能力 | 市场表现 | | | |
| 978 | 600605 | 汇通能源 | 51.26 | 12.45 | 10.43 | 8.75 | 11.36 | 8.27 | 1 047 | 5.55 | 11.00 |
| 979 | 000419 | 通程控股 | 51.26 | 17.22 | 9.10 | 6.36 | 10.18 | 8.40 | 778 | 3.68 | 7.35 |
| 980 | 002297 | 博云新材 | 51.22 | 16.71 | 2.21 | 11.19 | 12.45 | 8.66 | 0 | | 28.02 |
| 981 | 002135 | 东南网架 | 51.22 | 16.16 | 7.19 | 6.29 | 13.35 | 8.23 | 899 | 6.51 | 12.90 |
| 982 | 600160 | 巨化股份 | 51.20 | 16.11 | 14.49 | 7.19 | 3.87 | 9.54 | 649 | 3.89 | 9.36 |
| 983 | 002193 | 山东如意 | 51.15 | 18.14 | 4.72 | 7.68 | 10.71 | 9.90 | 940 | 4.54 | 12.07 |
| 984 | 002120 | 新海股份 | 51.13 | 17.19 | 8.35 | 7.77 | 8.90 | 8.92 | 715 | 5.60 | 11.10 |
| 985 | 600026 | 中海发展 | 51.12 | 20.35 | 9.67 | 8.98 | 4.41 | 7.71 | 43 | 8.15 | 14.35 |
| 986 | 000881 | 大连国际 | 51.12 | 20.48 | 6.86 | 8.46 | 6.91 | 8.41 | 295 | 5.02 | 8.55 |
| 987 | 600782 | 新钢股份 | 51.11 | 16.68 | 11.52 | 6.25 | 7.85 | 8.81 | 415 | 4.04 | 8.96 |
| 988 | 600488 | 天药股份 | 51.10 | 17.66 | 5.67 | 9.28 | 9.93 | 8.56 | 886 | 5.61 | 9.47 |
| 989 | 002161 | 远望谷 | 51.04 | 20.32 | 4.44 | 7.37 | 11.15 | 7.76 | 401 | 18.68 | 21.85 |
| 990 | 600991 | 广汽长丰 | 51.03 | 15.33 | 11.21 | 6.46 | 8.34 | 9.69 | 776 | 4.86 | 11.34 |
| 991 | 000151 | 中成股份 | 51.03 | 12.88 | 6.35 | 12.00 | 8.67 | 11.13 | 976 | 3.56 | 10.58 |
| 992 | 000026 | 飞亚达 A | 51.02 | 18.49 | 5.12 | 5.80 | 11.58 | 10.03 | 947 | 4.85 | 13.07 |
| 993 | 002111 | 威海广泰 | 51.02 | 20.23 | 4.65 | 8.94 | 8.88 | 8.32 | 393 | 13.06 | 23.98 |
| 994 | 600853 | 龙建股份 | 51.00 | 14.60 | 9.86 | 4.33 | 14.00 | 8.21 | 1 036 | 2.96 | 5.59 |
| 995 | 600781 | 上海辅仁 | 51.00 | 21.37 | 4.40 | 8.41 | 7.19 | 9.63 | 760 | 4.24 | 11.21 |
| 996 | 002058 | 威尔泰 | 51.00 | 15.44 | 6.06 | 12.36 | 9.20 | 7.94 | 659 | 8.25 | 15.69 |
| 997 | 000150 | 宜华地产 | 50.99 | 19.29 | 7.46 | 7.76 | 7.09 | 9.39 | 359 | 2.90 | 7.93 |
| 998 | 600810 | 神马股份 | 50.99 | 12.15 | 11.87 | 6.88 | 12.34 | 7.75 | 1 170 | 4.62 | 12.64 |
| 999 | 600278 | 东方创业 | 50.99 | 14.43 | 7.74 | 9.99 | 9.54 | 9.29 | 801 | 4.95 | 12.12 |
| 1000 | 600589 | 广东榕泰 | 50.97 | 15.80 | 7.16 | 5.86 | 13.46 | 8.69 | 802 | 3.64 | 7.71 |
| 1001 | 600283 | 钱江水利 | 50.96 | 18.25 | 3.93 | 8.23 | 12.14 | 8.41 | 1 152 | 5.57 | 11.30 |
| 1002 | 002105 | 信隆实业 | 50.93 | 17.94 | 8.05 | 10.20 | 6.35 | 8.39 | 688 | 3.46 | 7.47 |
| 1003 | 600230 | 沧州大化 | 50.92 | 16.24 | 11.22 | 6.89 | 7.19 | 9.38 | 200 | 7.84 | 19.95 |
| 1004 | 000977 | 浪潮信息 | 50.92 | 11.73 | 9.52 | 14.03 | 6.65 | 8.99 | 830 | 4.88 | 10.22 |
| 1005 | 600895 | 张江高科 | 50.86 | 25.25 | 0.00 | 6.01 | 14.76 | 4.84 | 312 | 9.99 | 12.87 |
| 1006 | 002149 | 西部材料 | 50.83 | 14.65 | 7.43 | 7.27 | 11.90 | 9.58 | 925 | 12.25 | 23.99 |
| 1007 | 002235 | 安妮股份 | 50.82 | 15.85 | 7.47 | 7.41 | 10.67 | 9.42 | 280 | 9.50 | 15.90 |
| 1008 | 000973 | 佛塑股份 | 50.74 | 16.40 | 9.95 | 6.32 | 6.89 | 11.18 | 1 333 | 2.96 | 9.01 |
| 1009 | 600815 | 厦工股份 | 50.72 | 17.08 | 7.89 | 8.16 | 9.01 | 8.58 | 836 | 4.57 | 8.16 |
| 1010 | 002147 | 方圆支承 | 50.71 | 19.47 | 7.01 | 12.98 | 6.37 | 4.88 | 187 | 11.00 | 11.88 |
| 1011 | 000975 | 科学城 | 50.67 | 11.57 | 6.58 | 13.51 | 9.51 | 9.50 | 1 393 | 2.86 | 7.50 |
| 1012 | 000411 | 英特集团 | 50.64 | 18.18 | 7.20 | 4.61 | 12.37 | 8.28 | 678 | 4.01 | 7.21 |
| 1013 | 000043 | 中航地产 | 50.63 | 17.23 | 2.40 | 8.60 | 12.60 | 9.80 | 1 364 | 4.89 | 15.13 |
| 1014 | 002047 | 成霖股份 | 50.63 | 16.22 | 8.17 | 12.28 | 3.84 | 10.12 | 956 | 3.11 | 9.13 |
| 1015 | 600560 | 金自天正 | 50.61 | 17.55 | 4.46 | 9.62 | 10.60 | 8.38 | 695 | 7.82 | 15.10 |
| 1016 | 600683 | 京投银泰 | 50.59 | 20.06 | 0.00 | 8.20 | 13.17 | 9.16 | 1 239 | 4.69 | 12.28 |

续表

| 序号 | 评价单位代码 | 单位名称 | 分项得分 | | | | | | 上年排名 | 年初股价（元） | 年末股价（元） |
|---|---|---|---|---|---|---|---|---|---|---|---|
| | | | 小计 | 财务效益 | 资产质量 | 偿债风险 | 发展能力 | 市场表现 | | | |
| 1017 | 000850 | 华茂股份 | 50.58 | 16.77 | 8.41 | 7.24 | 9.88 | 8.28 | 1 071 | 4.08 | 8.35 |
| 1018 | 000530 | 大冷股份 | 50.56 | 16.32 | 5.61 | 11.99 | 7.69 | 8.95 | 725 | 4.74 | 9.56 |
| 1019 | 600724 | 宁波富达 | 50.55 | 18.94 | 0.00 | 6.19 | 15.95 | 9.47 | 645 | 4.01 | 9.38 |
| 1020 | 600770 | 综艺股份 | 50.51 | 14.28 | 5.80 | 9.10 | 11.13 | 10.20 | 1 192 | 6.79 | 17.24 |
| 1021 | 000938 | 紫光股份 | 50.50 | 12.49 | 12.83 | 9.96 | 6.09 | 9.13 | 580 | 8.69 | 15.02 |
| 1022 | 000626 | 如意集团 | 50.49 | 15.61 | 15.00 | 5.05 | 7.08 | 7.75 | 931 | 4.52 | 8.40 |
| 1023 | 600780 | 通宝能源 | 50.48 | 14.16 | 13.06 | 8.19 | 6.89 | 8.18 | 1 078 | 3.50 | 6.48 |
| 1024 | 002180 | 万力达 | 50.48 | 16.78 | 3.14 | 14.01 | 8.15 | 8.40 | 884 | 10.00 | 23.26 |
| 1025 | 000004 | ＊ST 国农 | 50.48 | 16.25 | 3.53 | 10.61 | 11.28 | 8.81 | 1 476 | 3.56 | 10.00 |
| 1026 | 600850 | 华东电脑 | 50.44 | 12.40 | 9.75 | 11.00 | 7.29 | 10.00 | 670 | 4.07 | 14.48 |
| 1027 | 600361 | 华联综超 | 50.41 | 15.83 | 9.67 | 7.69 | 9.63 | 7.59 | 831 | 6.16 | 9.57 |
| 1028 | 600433 | 冠豪高新 | 50.38 | 13.72 | 7.35 | 9.26 | 11.23 | 8.82 | 1 270 | 3.83 | 8.40 |
| 1029 | 000096 | 广聚能源 | 50.38 | 16.87 | 7.67 | 12.62 | 4.46 | 8.76 | 619 | 3.70 | 7.78 |
| 1030 | 002231 | 奥维通信 | 50.34 | 15.09 | 4.21 | 11.75 | 10.51 | 8.78 | 666 | 7.12 | 18.85 |
| 1031 | 600567 | 山鹰纸业 | 50.32 | 17.14 | 8.28 | 5.34 | 10.87 | 8.69 | 832 | 2.83 | 6.00 |
| 1032 | 000032 | 深桑达 A | 50.26 | 16.54 | 8.52 | 11.88 | 5.00 | 8.32 | 758 | 5.12 | 8.63 |
| 1033 | 600260 | 凯乐科技 | 50.23 | 17.69 | 4.45 | 8.23 | 9.78 | 10.08 | 1 113 | 5.25 | 7.84 |
| 1034 | 600756 | 浪潮软件 | 50.21 | 13.90 | 5.20 | 12.43 | 8.31 | 10.37 | 908 | 4.50 | 14.19 |
| 1035 | 600826 | 兰生股份 | 50.18 | 9.33 | 8.57 | 10.30 | 11.62 | 10.36 | 958 | 6.00 | 16.81 |
| 1036 | 600507 | 方大特钢 | 50.17 | 12.79 | 14.09 | 5.08 | 8.78 | 9.43 | 777 | 2.68 | 9.18 |
| 1037 | 600072 | 中船股份 | 50.16 | 14.29 | 7.07 | 9.13 | 10.86 | 8.81 | 1 114 | 10.07 | 17.73 |
| 1038 | 600105 | 永鼎股份 | 50.13 | 19.67 | 4.05 | 6.18 | 9.46 | 10.77 | 1 166 | 3.50 | 11.02 |
| 1039 | 300028 | 金亚科技 | 50.12 | 19.05 | 4.69 | 7.34 | 14.04 | 5.00 | 0 | | 31.06 |
| 1040 | 002005 | 德豪润达 | 50.10 | 16.56 | 7.81 | 7.67 | 8.06 | 10.00 | 1 358 | 2.81 | 17.13 |
| 1041 | 600872 | 中炬高新 | 50.08 | 14.51 | 6.83 | 8.37 | 8.24 | 12.13 | 829 | 3.13 | 10.44 |
| 1042 | 002197 | 证通电子 | 50.07 | 15.47 | 6.82 | 7.60 | 10.75 | 9.43 | 234 | 16.00 | 24.84 |
| 1043 | 002019 | 鑫富药业 | 50.06 | 15.28 | 6.64 | 9.57 | 11.06 | 7.51 | 1 251 | 8.87 | 16.29 |
| 1044 | 600151 | 航天机电 | 50.05 | 15.18 | 5.86 | 6.69 | 13.73 | 8.59 | 1 011 | 4.43 | 11.51 |
| 1045 | 002276 | 万马电缆 | 50.05 | 17.51 | 6.87 | 8.68 | 11.99 | 5.00 | 0 | | 29.70 |
| 1046 | 600391 | 成发科技 | 49.98 | 18.55 | 7.03 | 7.16 | 9.51 | 7.73 | 630 | 12.45 | 23.25 |
| 1047 | 000611 | 时代科技 | 49.97 | 16.30 | 6.20 | 12.91 | 6.19 | 8.37 | 1 044 | 3.56 | 6.43 |
| 1048 | 000868 | 安凯客车 | 49.96 | 14.28 | 8.82 | 8.42 | 8.44 | 10.00 | 669 | 2.55 | 13.65 |
| 1049 | 000153 | 丰原药业 | 49.92 | 14.03 | 7.83 | 8.68 | 10.56 | 8.82 | 747 | 3.36 | 7.55 |
| 1050 | 002055 | 得润电子 | 49.91 | 17.02 | 6.11 | 8.17 | 8.76 | 9.85 | 1 085 | 5.89 | 15.24 |
| 1051 | 000565 | 渝三峡 A | 49.89 | 17.54 | 3.92 | 6.99 | 11.44 | 10.00 | 1 289 | 6.95 | 17.10 |
| 1052 | 600493 | 凤竹纺织 | 49.88 | 15.10 | 8.16 | 8.21 | 8.94 | 9.47 | 1 013 | 3.18 | 8.56 |
| 1053 | 600539 | 狮头股份 | 49.86 | 11.75 | 6.89 | 13.76 | 8.87 | 8.59 | 926 | 4.00 | 8.35 |
| 1054 | 002174 | 梅花伞 | 49.81 | 15.23 | 7.00 | 11.03 | 7.80 | 8.75 | 1 107 | 6.09 | 15.71 |
| 1055 | 002097 | 山河智能 | 49.80 | 15.81 | 5.92 | 7.46 | 13.07 | 7.54 | 1 182 | 12.00 | 21.06 |

续表

| 序号 | 评价单位代码 | 单位名称 | 分项得分 | | | | | | 上年排名 | 年初股价（元） | 年末股价（元） |
|---|---|---|---|---|---|---|---|---|---|---|---|
| | | | 小计 | 财务效益 | 资产质量 | 偿债风险 | 发展能力 | 市场表现 | | | |
| 1056 | 600475 | 华光股份 | 49.79 | 19.52 | 6.53 | 7.07 | 8.80 | 7.87 | 1 030 | 7.98 | 18.69 |
| 1057 | 600714 | ST 金瑞 | 49.73 | 12.03 | 8.07 | 6.15 | 15.00 | 8.48 | 1 525 | 4.02 | 11.20 |
| 1058 | 600211 | 西藏药业 | 49.72 | 13.42 | 9.89 | 8.92 | 8.03 | 9.46 | 957 | 5.75 | 14.58 |
| 1059 | 600495 | 晋西车轴 | 49.71 | 15.25 | 7.63 | 11.88 | 9.95 | 5.00 | 152 | 17.57 | 20.47 |
| 1060 | 600038 | 哈飞股份 | 49.70 | 15.59 | 6.32 | 10.66 | 7.41 | 9.72 | 879 | 9.00 | 21.13 |
| 1061 | 002184 | 海得控制 | 49.69 | 13.35 | 8.65 | 9.99 | 9.14 | 8.56 | 429 | 5.75 | 11.23 |
| 1062 | 600186 | 莲花味精 | 49.66 | 13.32 | 7.46 | 8.25 | 11.23 | 9.40 | 1 129 | 2.19 | 6.15 |
| 1063 | 600133 | 东湖高新 | 49.66 | 19.46 | 0.00 | 7.00 | 12.46 | 10.74 | 1 234 | 3.46 | 11.00 |
| 1064 | 002076 | 雪莱特 | 49.61 | 13.69 | 5.99 | 12.71 | 9.03 | 8.19 | 729 | 5.22 | 10.08 |
| 1065 | 601588 | 北辰实业 | 49.60 | 21.17 | 0.00 | 7.31 | 12.90 | 8.22 | 1 128 | 2.81 | 5.93 |
| 1066 | 000402 | 金融街 | 49.60 | 21.20 | 0.00 | 7.00 | 14.67 | 6.73 | 448 | 7.61 | 12.13 |
| 1067 | 002015 | 霞客环保 | 49.58 | 12.14 | 10.82 | 5.45 | 12.86 | 8.31 | 565 | 4.48 | 11.25 |
| 1068 | 600825 | 新华传媒 | 49.56 | 20.74 | 4.67 | 12.28 | 6.87 | 5.00 | 402 | 12.73 | 11.77 |
| 1069 | 000023 | 深天地 A | 49.54 | 15.96 | 6.56 | 6.34 | 11.41 | 9.27 | 1 172 | 3.81 | 9.80 |
| 1070 | 600673 | 东阳光铝 | 49.51 | 17.11 | 7.07 | 7.08 | 8.83 | 9.42 | 885 | 3.26 | 8.16 |
| 1071 | 600331 | 宏达股份 | 49.49 | 19.82 | 6.69 | 4.57 | 6.22 | 12.19 | 1 553 | 5.10 | 18.08 |
| 1072 | 600736 | 苏州高新 | 49.48 | 20.88 | 0.00 | 6.87 | 12.18 | 9.55 | 959 | 3.04 | 8.41 |
| 1073 | 600198 | 大唐电信 | 49.48 | 18.22 | 8.89 | 4.14 | 8.38 | 9.85 | 857 | 6.75 | 18.43 |
| 1074 | 000682 | 东方电子 | 49.45 | 12.27 | 6.46 | 12.20 | 9.66 | 8.86 | 912 | 2.59 | 5.64 |
| 1075 | 600156 | 华升股份 | 49.42 | 10.74 | 11.26 | 12.23 | 6.30 | 8.89 | 1 075 | 2.68 | 5.81 |
| 1076 | 002099 | 海翔药业 | 49.40 | 16.70 | 7.72 | 9.09 | 7.36 | 8.53 | 883 | 6.23 | 11.87 |
| 1077 | 600636 | 三爱富 | 49.32 | 17.21 | 9.48 | 6.71 | 6.13 | 9.79 | 1 187 | 3.79 | 9.65 |
| 1078 | 002211 | 宏达新材 | 49.32 | 15.92 | 7.00 | 9.01 | 8.28 | 9.11 | 772 | 6.16 | 15.10 |
| 1079 | 600467 | 好当家 | 49.30 | 16.72 | 9.33 | 5.92 | 9.09 | 8.24 | 945 | 5.28 | 9.87 |
| 1080 | 600509 | 天富热电 | 49.29 | 17.79 | 4.43 | 6.68 | 11.58 | 8.81 | 1 240 | 4.50 | 9.47 |
| 1081 | 601958 | 金钼股份 | 49.28 | 18.29 | 4.81 | 12.98 | 5.47 | 7.73 | 40 | 10.07 | 19.06 |
| 1082 | 000617 | 石油济柴 | 49.27 | 13.48 | 7.42 | 7.18 | 10.59 | 10.60 | 997 | 6.88 | 15.70 |
| 1083 | 002119 | 康强电子 | 49.25 | 15.96 | 5.85 | 8.45 | 9.27 | 9.72 | 1 214 | 4.17 | 9.66 |
| 1084 | 000156 | * ST 嘉瑞 | 49.25 | 17.40 | 14.19 | 4.11 | 8.55 | 5.00 | 813 | | |
| 1085 | 600280 | 南京中商 | 49.20 | 18.40 | 7.99 | 4.00 | 8.81 | 10.00 | 943 | 6.52 | 23.67 |
| 1086 | 000698 | 沈阳化工 | 49.19 | 14.82 | 13.54 | 6.75 | 5.92 | 8.16 | 326 | 5.89 | 8.22 |
| 1087 | 000020 | 深华发 A | 49.16 | 11.11 | 8.52 | 6.39 | 13.14 | 10.00 | 1 224 | 2.40 | 11.02 |
| 1088 | 000970 | 中科三环 | 49.14 | 17.45 | 6.52 | 9.86 | 6.25 | 9.06 | 815 | 3.71 | 9.21 |
| 1089 | 600255 | 鑫科材料 | 49.10 | 10.93 | 14.58 | 8.50 | 6.04 | 9.05 | 763 | 3.05 | 7.13 |
| 1090 | 000567 | 海德股份 | 49.08 | 19.49 | 0.00 | 13.59 | 7.25 | 8.75 | 1 246 | 3.71 | 8.54 |
| 1091 | 600478 | 科力远 | 49.07 | 14.70 | 10.51 | 8.07 | 7.22 | 8.57 | 430 | 7.94 | 16.95 |
| 1092 | 000055 | 方大集团 | 49.05 | 14.41 | 5.95 | 8.38 | 11.39 | 8.92 | 855 | 4.01 | 9.72 |
| 1093 | 600297 | 美罗药业 | 48.98 | 14.72 | 8.53 | 7.53 | 8.60 | 9.60 | 553 | 5.97 | 9.24 |
| 1094 | 000594 | 国恒铁路 | 48.97 | 12.20 | 0.00 | 12.79 | 16.62 | 7.36 | 1 306 | 3.79 | 5.92 |

续表

| 序号 | 评价单位代码 | 单位名称 | 分项得分 | | | | | | 上年排名 | 年初股价（元） | 年末股价（元） |
|---|---|---|---|---|---|---|---|---|---|---|---|
| | | | 小计 | 财务效益 | 资产质量 | 偿债风险 | 发展能力 | 市场表现 | | | |
| 1095 | 600201 | 金宇集团 | 48.97 | 17.81 | 6.39 | 8.65 | 7.60 | 8.52 | 617 | 5.41 | 9.74 |
| 1096 | 000687 | 保定天鹅 | 48.96 | 8.60 | 10.17 | 9.98 | 10.54 | 9.67 | 1 416 | 2.75 | 7.84 |
| 1097 | 600200 | 江苏吴中 | 48.89 | 12.68 | 11.09 | 8.05 | 7.80 | 9.27 | 882 | 2.45 | 5.21 |
| 1098 | 600543 | 莫高股份 | 48.73 | 16.38 | 1.79 | 14.99 | 6.23 | 9.34 | 318 | 10.11 | 13.13 |
| 1099 | 600584 | 长电科技 | 48.71 | 15.41 | 7.89 | 6.67 | 8.00 | 10.74 | 826 | 2.89 | 8.75 |
| 1100 | 600106 | 重庆路桥 | 48.71 | 21.13 | 1.93 | 6.73 | 10.60 | 8.32 | 1 115 | 5.53 | 9.74 |
| 1101 | 002112 | 三变科技 | 48.69 | 17.73 | 5.67 | 7.84 | 10.21 | 7.24 | 637 | 11.83 | 14.76 |
| 1102 | 600960 | 滨州活塞 | 48.64 | 16.77 | 6.71 | 7.23 | 8.28 | 9.65 | 790 | 4.00 | 10.44 |
| 1103 | 000993 | 闽东电力 | 48.60 | 19.20 | 4.24 | 7.22 | 8.79 | 9.15 | 995 | 3.41 | 9.00 |
| 1104 | 600649 | 城投控股 | 48.59 | 21.25 | 0.00 | 8.71 | 11.76 | 6.87 | 155 | 8.24 | 12.63 |
| 1105 | 600482 | 风帆股份 | 48.56 | 16.20 | 8.69 | 7.73 | 7.52 | 8.42 | 1 479 | 5.28 | 11.98 |
| 1106 | 600733 | S前锋 | 48.54 | 14.09 | 3.56 | 13.55 | 8.46 | 8.88 | 1 271 | 10.71 | 26.16 |
| 1107 | 600694 | 大商股份 | 48.54 | 9.38 | 10.20 | 6.07 | 11.69 | 11.20 | 485 | 17.96 | 43.79 |
| 1108 | 002265 | 西仪股份 | 48.47 | 13.38 | 6.08 | 10.90 | 7.82 | 10.29 | 689 | 4.12 | 11.72 |
| 1109 | 000158 | 常山股份 | 48.44 | 12.19 | 9.78 | 6.47 | 8.07 | 11.93 | 858 | 2.93 | 9.32 |
| 1110 | 600321 | 国栋建设 | 48.44 | 15.50 | 4.78 | 8.57 | 10.43 | 9.16 | 1 026 | 4.71 | 10.52 |
| 1111 | 600823 | 世茂股份 | 48.39 | 16.45 | 0.00 | 6.94 | 15.98 | 9.02 | 1 340 | 6.72 | 16.66 |
| 1112 | 002098 | 浔兴股份 | 48.39 | 17.64 | 6.74 | 6.83 | 8.48 | 8.70 | 1 222 | 5.15 | 11.13 |
| 1113 | 000978 | 桂林旅游 | 48.39 | 17.89 | 5.53 | 7.84 | 8.20 | 8.93 | 1 195 | 6.40 | 12.09 |
| 1114 | 000532 | 力合股份 | 48.36 | 16.23 | 3.22 | 11.17 | 9.41 | 8.33 | 1 367 | 5.78 | 12.33 |
| 1115 | 600667 | 太极实业 | 48.32 | 11.60 | 7.21 | 7.52 | 12.42 | 9.57 | 1 196 | 2.89 | 7.93 |
| 1116 | 600270 | 外运发展 | 48.30 | 16.35 | 8.85 | 9.99 | 5.77 | 7.34 | 977 | 5.88 | 8.79 |
| 1117 | 600512 | 腾达建设 | 48.30 | 14.25 | 8.20 | 7.27 | 10.54 | 8.04 | 896 | 3.68 | 6.64 |
| 1118 | 002040 | 南京港 | 48.29 | 12.39 | 8.85 | 9.47 | 7.81 | 9.77 | 1 092 | 3.73 | 10.74 |
| 1119 | 000798 | 中水渔业 | 48.28 | 13.37 | 6.70 | 14.99 | 5.33 | 7.89 | 1 437 | 4.89 | 8.01 |
| 1120 | 600775 | 南京熊猫 | 48.25 | 13.32 | 8.19 | 9.69 | 7.70 | 9.35 | 1 126 | 4.06 | 9.64 |
| 1121 | 000998 | 隆平高科 | 48.24 | 16.51 | 8.69 | 8.68 | 9.36 | 5.00 | 421 | 15.18 | 18.61 |
| 1122 | 600735 | 新华锦 | 48.23 | 12.32 | 11.17 | 3.99 | 10.75 | 10.00 | 1 213 | 4.06 | 13.87 |
| 1123 | 000833 | 贵糖股份 | 48.23 | 15.39 | 9.30 | 9.48 | 5.47 | 8.59 | 552 | 5.40 | 11.19 |
| 1124 | 600502 | 安徽水利 | 48.22 | 17.18 | 8.19 | 4.02 | 8.83 | 10.00 | 1 063 | 3.62 | 12.81 |
| 1125 | 600896 | 中海海盛 | 48.21 | 14.00 | 8.68 | 8.55 | 9.36 | 7.62 | 392 | 4.78 | 8.94 |
| 1126 | 000591 | 桐君阁 | 48.20 | 12.69 | 10.81 | 5.20 | 10.91 | 8.59 | 770 | 4.84 | 10.28 |
| 1127 | 600363 | 联创光电 | 48.20 | 14.78 | 5.57 | 9.31 | 7.48 | 11.06 | 1 059 | 3.87 | 11.09 |
| 1128 | 002083 | 孚日股份 | 48.19 | 17.67 | 7.33 | 4.76 | 8.80 | 9.63 | 859 | 3.54 | 9.07 |
| 1129 | 600439 | 瑞贝卡 | 48.15 | 16.85 | 7.14 | 5.77 | 11.41 | 6.98 | 588 | 9.47 | 11.68 |
| 1130 | 600202 | 哈空调 | 48.13 | 20.60 | 4.97 | 7.85 | 5.73 | 8.98 | 162 | 10.09 | 18.84 |
| 1131 | 000705 | 浙江震元 | 48.12 | 13.68 | 6.12 | 9.81 | 10.41 | 8.10 | 719 | 4.97 | 9.79 |
| 1132 | 600220 | 江苏阳光 | 48.11 | 18.06 | 7.61 | 8.63 | 6.59 | 7.22 | 424 | 3.73 | 5.79 |
| 1133 | 002222 | 福晶科技 | 48.11 | 18.56 | 0.00 | 14.99 | 5.90 | 8.66 | 464 | 6.27 | 11.38 |

续表

| 序号 | 评价单位代码 | 单位名称 | 分项得分 | | | | | | 上年排名 | 年初股价（元） | 年末股价（元） |
|---|---|---|---|---|---|---|---|---|---|---|---|
| | | | 小计 | 财务效益 | 资产质量 | 偿债风险 | 发展能力 | 市场表现 | | | |
| 1134 | 600682 | 南京新百 | 48.10 | 17.69 | 6.44 | 5.78 | 7.73 | 10.46 | 990 | 4.56 | 11.30 |
| 1135 | 000929 | 兰州黄河 | 47.95 | 16.45 | 8.87 | 6.77 | 7.69 | 8.17 | 517 | 5.00 | 9.46 |
| 1136 | 600305 | 恒顺醋业 | 47.92 | 17.46 | 6.65 | 3.70 | 11.39 | 8.72 | 1 428 | 6.67 | 13.45 |
| 1137 | 000061 | 农产品 | 47.88 | 18.04 | 2.08 | 9.64 | 9.47 | 8.65 | 844 | 15.90 | 13.88 |
| 1138 | 002203 | 海亮股份 | 47.86 | 17.46 | 10.48 | 6.08 | 5.89 | 7.95 | 265 | 6.89 | 14.62 |
| 1139 | 600459 | 贵研铂业 | 47.81 | 11.58 | 10.18 | 7.89 | 7.17 | 10.99 | 1 468 | 8.52 | 26.47 |
| 1140 | 600284 | 浦东建设 | 47.78 | 17.74 | 5.27 | 4.59 | 15.45 | 4.73 | 852 | 8.80 | 13.89 |
| 1141 | 600501 | 航天晨光 | 47.76 | 14.45 | 5.75 | 7.78 | 11.08 | 8.70 | 1 077 | 4.73 | 11.15 |
| 1142 | 600061 | 中纺投资 | 47.72 | 10.15 | 11.38 | 8.41 | 8.83 | 8.95 | 865 | 3.43 | 10.20 |
| 1143 | 600797 | 浙大网新 | 47.71 | 12.82 | 9.91 | 7.90 | 8.08 | 9.00 | 962 | 3.19 | 6.90 |
| 1144 | 600338 | ST 珠峰 | 47.69 | 15.51 | 12.10 | 4.73 | 5.35 | 10.00 | 1 348 | 3.44 | 15.28 |
| 1145 | 000547 | 闽福发 A | 47.69 | 18.59 | 2.67 | 7.71 | 9.62 | 9.10 | 1 235 | 4.33 | 9.58 |
| 1146 | 600638 | 新黄浦 | 47.69 | 17.42 | 0.00 | 8.33 | 13.15 | 8.79 | 1 093 | 9.14 | 17.25 |
| 1147 | 600873 | 五洲明珠 | 47.66 | 12.78 | 7.86 | 5.30 | 11.72 | 10.00 | 797 | 4.51 | 20.75 |
| 1148 | 000627 | 天茂集团 | 47.65 | 13.65 | 8.21 | 6.27 | 10.62 | 8.90 | 1 064 | 3.25 | 7.46 |
| 1149 | 000421 | 南京中北 | 47.63 | 15.47 | 9.26 | 7.83 | 6.68 | 8.39 | 1 042 | 3.44 | 6.54 |
| 1150 | 000039 | 中集集团 | 47.63 | 17.20 | 6.87 | 9.05 | 5.59 | 8.92 | 631 | 6.20 | 13.10 |
| 1151 | 600227 | 赤天化 | 47.59 | 19.63 | 0.00 | 6.97 | 12.50 | 8.49 | 475 | 6.65 | 12.14 |
| 1152 | 600965 | 福成五丰 | 47.55 | 13.21 | 10.77 | 10.51 | 5.64 | 7.42 | 572 | 4.78 | 7.02 |
| 1153 | 002221 | 东华能源 | 47.53 | 12.42 | 9.95 | 5.55 | 10.59 | 9.02 | 499 | 4.97 | 11.58 |
| 1154 | 000932 | 华菱钢铁 | 47.51 | 16.24 | 11.90 | 4.40 | 7.76 | 7.21 | 341 | 4.57 | 7.67 |
| 1155 | 600312 | 平高电气 | 47.48 | 15.95 | 5.16 | 9.52 | 10.83 | 6.02 | 227 | 13.75 | 15.41 |
| 1156 | 000518 | *ST 生物 | 47.48 | 14.53 | 1.77 | 14.96 | 7.31 | 8.91 | 1 462 | 2.17 | 4.14 |
| 1157 | 600257 | 大湖股份 | 47.48 | 13.51 | 10.04 | 5.79 | 9.11 | 9.03 | 1 430 | 3.18 | 7.46 |
| 1158 | 000090 | 深天健 | 47.46 | 12.04 | 7.41 | 6.67 | 11.34 | 10.00 | 1 461 | 4.25 | 11.95 |
| 1159 | 600652 | 爱使股份 | 47.45 | 14.26 | 11.40 | 7.39 | 6.05 | 8.35 | 306 | 3.36 | 6.76 |
| 1160 | 000046 | 泛海建设 | 47.45 | 17.21 | 0.00 | 7.25 | 14.80 | 8.19 | 1 198 | 5.85 | 14.33 |
| 1161 | 002188 | 新嘉联 | 47.39 | 13.58 | 5.76 | 7.96 | 10.60 | 9.49 | 1 033 | 6.92 | 13.32 |
| 1162 | 002074 | 东源电器 | 47.33 | 17.83 | 5.28 | 9.55 | 7.70 | 6.97 | 413 | 9.50 | 14.06 |
| 1163 | 600397 | 安源股份 | 47.31 | 16.18 | 8.25 | 5.62 | 7.26 | 10.00 | 1 511 | 4.26 | 14.69 |
| 1164 | 000048 | ST 康达尔 | 47.29 | 13.13 | 12.29 | 4.20 | 7.81 | 9.86 | 1 052 | 1.98 | 4.95 |
| 1165 | 000901 | 航天科技 | 47.26 | 11.58 | 5.52 | 11.41 | 10.61 | 8.14 | 1 444 | 6.14 | 13.70 |
| 1166 | 600830 | 香溢融通 | 47.25 | 14.78 | 5.02 | 11.93 | 6.31 | 9.21 | 1 312 | 4.34 | 11.35 |
| 1167 | 002143 | 高金食品 | 47.23 | 9.94 | 13.95 | 5.78 | 8.00 | 9.56 | 786 | 5.27 | 13.69 |
| 1168 | 000909 | 数源科技 | 47.18 | 14.04 | 5.40 | 9.85 | 7.89 | 10.00 | 1 286 | 3.68 | 13.80 |
| 1169 | 002043 | 兔宝宝 | 47.17 | 15.21 | 8.63 | 9.43 | 5.44 | 8.46 | 734 | 3.73 | 6.94 |
| 1170 | 600115 | ST 东航 | 47.15 | 16.03 | 14.89 | 3.21 | 5.75 | 7.27 | 1 314 | 4.13 | 6.16 |
| 1171 | 000796 | 宝商集团 | 47.15 | 16.24 | 3.78 | 11.49 | 6.95 | 8.69 | 1 127 | 2.97 | 6.98 |
| 1172 | 600187 | ST 国中 | 47.12 | 16.90 | 3.33 | 11.39 | 10.50 | 5.00 | 1 116 | 0.98 | 7.61 |

续表

| 序号 | 评价单位代码 | 单位名称 | 分项得分 | | | | | | 上年排名 | 年初股价（元） | 年末股价（元） |
|---|---|---|---|---|---|---|---|---|---|---|---|
| | | | 小计 | 财务效益 | 资产质量 | 偿债风险 | 发展能力 | 市场表现 | | | |
| 1173 | 002087 | 新野纺织 | 47.12 | 14.24 | 8.59 | 6.18 | 8.88 | 9.23 | 932 | 3.51 | 6.91 |
| 1174 | 000707 | 双环科技 | 47.09 | 13.95 | 10.32 | 6.58 | 7.39 | 8.85 | 329 | 5.28 | 10.43 |
| 1175 | 600598 | 北大荒 | 47.06 | 16.01 | 9.46 | 5.45 | 11.14 | 5.00 | 307 | 10.73 | 15.25 |
| 1176 | 600569 | 安阳钢铁 | 47.03 | 16.40 | 11.33 | 6.65 | 5.08 | 7.57 | 453 | 3.02 | 5.72 |
| 1177 | 600075 | 新疆天业 | 47.02 | 14.94 | 10.41 | 7.11 | 6.28 | 8.28 | 1 097 | 5.08 | 9.44 |
| 1178 | 000553 | 沙隆达 A | 47.01 | 14.56 | 10.37 | 9.06 | 4.88 | 8.14 | 231 | 5.34 | 8.35 |
| 1179 | 000912 | 泸天化 | 46.98 | 16.48 | 10.30 | 8.84 | 6.36 | 5.00 | 538 | 7.96 | 10.56 |
| 1180 | 600212 | 江泉实业 | 46.97 | 14.70 | 8.79 | 7.60 | 6.44 | 9.44 | 1 130 | 2.14 | 5.35 |
| 1181 | 002207 | 准油股份 | 46.86 | 15.72 | 6.20 | 8.93 | 8.00 | 8.01 | 567 | 8.85 | 23.11 |
| 1182 | 600111 | 包钢稀土 | 46.82 | 14.22 | 6.18 | 6.55 | 8.17 | 11.70 | 667 | 7.02 | 27.42 |
| 1183 | 000905 | 厦门港务 | 46.82 | 16.81 | 8.46 | 11.17 | 4.19 | 6.19 | 348 | 5.91 | 8.38 |
| 1184 | 600262 | 北方股份 | 46.76 | 17.20 | 5.20 | 5.73 | 10.90 | 7.73 | 921 | 6.11 | 12.79 |
| 1185 | 002263 | 大东南 | 46.75 | 14.46 | 8.81 | 4.37 | 9.22 | 9.89 | 746 | 4.82 | 8.55 |
| 1186 | 600189 | 吉林森工 | 46.74 | 12.54 | 13.28 | 7.82 | 4.71 | 8.39 | 1 023 | 5.65 | 10.01 |
| 1187 | 002134 | 天津普林 | 46.70 | 12.03 | 7.49 | 13.27 | 5.77 | 8.14 | 696 | 4.90 | 8.10 |
| 1188 | 600856 | 长百集团 | 46.66 | 15.08 | 8.86 | 4.66 | 8.08 | 9.98 | 1 460 | 2.85 | 7.99 |
| 1189 | 600640 | 中卫国脉 | 46.61 | 6.16 | 9.69 | 11.28 | 10.99 | 8.49 | 1 339 | 7.17 | 12.56 |
| 1190 | 600059 | 古越龙山 | 46.60 | 17.11 | 4.31 | 7.72 | 9.12 | 8.34 | 726 | 7.11 | 9.75 |
| 1191 | 000799 | 酒鬼酒 | 46.56 | 14.04 | 4.41 | 7.71 | 10.49 | 9.91 | 1 330 | 5.37 | 16.67 |
| 1192 | 002094 | 青岛金王 | 46.52 | 15.25 | 7.13 | 9.07 | 5.42 | 9.65 | 987 | 4.70 | 11.03 |
| 1193 | 600128 | 弘业股份 | 46.52 | 11.81 | 7.06 | 9.52 | 10.48 | 7.65 | 868 | 11.10 | 18.00 |
| 1194 | 600215 | 长春经开 | 46.50 | 13.14 | 0.00 | 11.89 | 12.10 | 9.37 | 1 208 | 3.33 | 8.12 |
| 1195 | 600710 | 常林股份 | 46.48 | 14.72 | 6.92 | 8.69 | 7.97 | 8.18 | 839 | 3.29 | 6.61 |
| 1196 | 600851 | 海欣股份 | 46.48 | 13.05 | 3.94 | 8.99 | 12.08 | 8.42 | 1 512 | 2.83 | 5.87 |
| 1197 | 600382 | 广东明珠 | 46.46 | 16.76 | 5.76 | 6.26 | 8.34 | 9.34 | 650 | 3.94 | 8.88 |
| 1198 | 000601 | 韶能股份 | 46.45 | 16.70 | 7.76 | 7.29 | 6.18 | 8.52 | 1 062 | 2.76 | 6.57 |
| 1199 | 600409 | 三友化工 | 46.44 | 13.99 | 11.41 | 7.12 | 4.02 | 9.90 | 434 | 3.29 | 8.62 |
| 1200 | 600722 | *ST 金化 | 46.40 | 11.30 | 13.95 | 2.13 | 8.91 | 10.11 | 1 332 | 2.28 | 6.25 |
| 1201 | 600975 | 新五丰 | 46.39 | 11.39 | 14.32 | 5.47 | 7.09 | 8.12 | 540 | 6.25 | 11.36 |
| 1202 | 600293 | 三峡新材 | 46.38 | 15.50 | 6.59 | 5.72 | 8.57 | 10.00 | 1 322 | 3.02 | 14.14 |
| 1203 | 600320 | 振华重工 | 46.36 | 17.33 | 6.55 | 6.21 | 9.57 | 6.70 | 314 | 8.17 | 10.34 |
| 1204 | 600328 | 兰太实业 | 46.30 | 13.89 | 6.56 | 6.06 | 11.34 | 8.45 | 880 | 5.31 | 10.57 |
| 1205 | 002052 | 同洲电子 | 46.29 | 12.28 | 7.12 | 7.25 | 11.20 | 8.44 | 604 | 7.36 | 12.93 |
| 1206 | 000957 | 中通客车 | 46.25 | 12.26 | 7.72 | 8.07 | 6.78 | 11.42 | 809 | 3.55 | 10.62 |
| 1207 | 000507 | 粤富华 | 46.18 | 18.37 | 4.34 | 8.33 | 5.11 | 10.03 | 800 | 3.78 | 9.46 |
| 1208 | 600240 | 华业地产 | 46.17 | 15.72 | 0.00 | 7.10 | 14.08 | 9.27 | 1 268 | 3.13 | 8.14 |
| 1209 | 000802 | 北京旅游 | 46.13 | 13.29 | 7.82 | 8.08 | 7.79 | 9.15 | 1 463 | 5.99 | 15.14 |
| 1210 | 000920 | 南方汇通 | 46.10 | 10.93 | 8.23 | 10.74 | 7.71 | 8.49 | 784 | 4.20 | 7.26 |
| 1211 | 000925 | 众合机电 | 46.08 | 15.09 | 7.78 | 6.72 | 10.82 | 5.67 | 566 | 22.43 | 22.03 |

续表

| 序号 | 评价单位代码 | 单位名称 | 分项得分 | | | | | | 上年排名 | 年初股价（元） | 年末股价（元） |
|---|---|---|---|---|---|---|---|---|---|---|---|
| | | | 小计 | 财务效益 | 资产质量 | 偿债风险 | 发展能力 | 市场表现 | | | |
| 1212 | 000554 | 泰山石油 | 46.08 | 10.71 | 10.20 | 9.99 | 6.01 | 9.17 | 336 | 4.33 | 8.22 |
| 1213 | 600247 | 成城股份 | 46.07 | 15.09 | 8.75 | 7.29 | 6.15 | 8.79 | 978 | 2.77 | 6.42 |
| 1214 | 600737 | 中粮屯河 | 46.06 | 18.53 | 5.97 | 4.54 | 8.30 | 8.72 | 501 | 8.81 | 16.75 |
| 1215 | 000755 | 山西三维 | 46.03 | 13.23 | 11.25 | 5.37 | 7.48 | 8.70 | 1 216 | 4.72 | 9.80 |
| 1216 | 600836 | 界龙实业 | 45.93 | 16.39 | 7.22 | 6.20 | 11.39 | 4.73 | 1 065 | 10.77 | 15.02 |
| 1217 | 600086 | 东方金钰 | 45.93 | 12.28 | 7.97 | 5.27 | 12.39 | 8.02 | 982 | 4.82 | 9.73 |
| 1218 | 600428 | 中远航运 | 45.92 | 13.83 | 12.78 | 9.69 | 2.74 | 6.88 | 18 | 6.40 | 10.55 |
| 1219 | 600396 | 金山股份 | 45.92 | 18.19 | 9.30 | 3.19 | 8.02 | 7.22 | 1 040 | 5.56 | 8.71 |
| 1220 | 600165 | 宁夏恒力 | 45.86 | 13.89 | 8.49 | 6.03 | 8.61 | 8.84 | 692 | 3.78 | 8.11 |
| 1221 | 600593 | 大连圣亚 | 45.82 | 14.74 | 6.37 | 6.57 | 8.05 | 10.09 | 1 141 | 5.27 | 14.08 |
| 1222 | 600241 | 时代万恒 | 45.67 | 13.87 | 8.05 | 6.42 | 8.37 | 8.96 | 1 186 | 5.82 | 13.01 |
| 1223 | 000717 | 韶钢松山 | 45.65 | 16.63 | 12.12 | 4.61 | 4.67 | 7.62 | 1 420 | 3.12 | 6.69 |
| 1224 | 600423 | 柳化股份 | 45.65 | 15.57 | 9.26 | 4.66 | 8.34 | 7.82 | 756 | 7.84 | 14.17 |
| 1225 | 000766 | 通化金马 | 45.64 | 14.97 | 0.00 | 11.87 | 9.15 | 9.65 | 1 136 | 3.04 | 9.13 |
| 1226 | 000159 | 国际实业 | 45.55 | 21.51 | 2.57 | 6.39 | 6.08 | 9.00 | 213 | 8.20 | 18.77 |
| 1227 | 600246 | 万通地产 | 45.53 | 22.91 | 0.00 | 9.10 | 4.45 | 9.07 | 83 | 8.59 | 10.02 |
| 1228 | 002067 | 景兴纸业 | 45.50 | 14.74 | 7.48 | 6.59 | 8.21 | 8.48 | 1 482 | 3.21 | 6.70 |
| 1229 | 600485 | 中创信测 | 45.43 | 14.25 | 4.09 | 11.01 | 7.18 | 8.90 | 194 | 11.81 | 17.29 |
| 1230 | 002316 | 键桥通讯 | 45.41 | 19.81 | 0.00 | 7.90 | 12.70 | 5.00 | — | — | 31.13 |
| 1231 | 002259 | 升达林业 | 45.24 | 15.80 | 6.59 | 5.79 | 8.67 | 8.39 | 846 | 4.53 | 9.65 |
| 1232 | 600249 | 两面针 | 45.17 | 8.88 | 3.99 | 8.74 | 14.81 | 8.75 | 1 396 | 4.70 | 9.95 |
| 1233 | 000548 | 湖南投资 | 45.15 | 17.30 | 0.00 | 8.39 | 9.60 | 9.86 | 1 344 | 3.48 | 9.99 |
| 1234 | 600744 | 华银电力 | 45.12 | 8.46 | 10.28 | 2.90 | 14.88 | 8.60 | 1 536 | 3.00 | 5.75 |
| 1235 | 600340 | *ST 国祥 | 45.08 | 12.34 | 7.17 | 12.20 | 3.37 | 10.00 | 1 394 | 3.76 | 13.91 |
| 1236 | 600456 | 宝钛股份 | 45.07 | 13.01 | 5.92 | 10.54 | 7.83 | 7.77 | 788 | 11.38 | 22.95 |
| 1237 | 002034 | 美欣达 | 44.99 | 12.50 | 8.54 | 7.56 | 6.53 | 9.86 | 1 347 | 4.88 | 13.21 |
| 1238 | 600372 | *ST 昌河 | 44.99 | 14.68 | 6.09 | 13.12 | 6.68 | 4.42 | 1 459 | 4.19 | 8.34 |
| 1239 | 600748 | 上实发展 | 44.97 | 22.36 | 0.00 | 4.56 | 10.34 | 7.71 | 1 165 | 6.11 | 13.95 |
| 1240 | 000736 | ST 重实 | 44.96 | 16.03 | 0.00 | 7.73 | 12.86 | 8.34 | 1 229 | 6.47 | 14.30 |
| 1241 | 600629 | 棱光实业 | 44.94 | 12.80 | 9.30 | 9.80 | 8.04 | 5.00 | 92 | 9.83 | 13.79 |
| 1242 | 002039 | 黔源电力 | 44.94 | 14.82 | 7.58 | 2.34 | 12.19 | 8.01 | 80 | 11.69 | 18.40 |
| 1243 | 600367 | 红星发展 | 44.89 | 11.55 | 6.12 | 14.99 | 3.27 | 8.96 | 785 | 4.44 | 9.71 |
| 1244 | 600731 | 湖南海利 | 44.87 | 14.01 | 7.51 | 5.77 | 8.55 | 9.03 | 1 074 | 3.13 | 8.08 |
| 1245 | 000720 | *ST 能山 | 44.84 | 12.03 | 11.85 | 2.68 | 10.11 | 8.17 | 1 505 | 2.42 | 4.91 |
| 1246 | 002084 | 海鸥卫浴 | 44.82 | 16.29 | 7.64 | 9.13 | 3.59 | 8.17 | 837 | 6.40 | 11.46 |
| 1247 | 600360 | 华微电子 | 44.76 | 14.05 | 5.71 | 8.10 | 7.82 | 9.08 | 1 032 | 3.48 | 7.49 |
| 1248 | 000572 | 海马股份 | 44.72 | 0.00 | 11.54 | 12.78 | 11.57 | 8.83 | 1 324 | 3.12 | 6.86 |
| 1249 | 002020 | 京新药业 | 44.71 | 13.48 | 7.69 | 6.96 | 8.39 | 8.19 | 1 276 | 5.55 | 10.64 |
| 1250 | 000301 | 东方市场 | 44.68 | 16.49 | 2.18 | 8.98 | 8.24 | 8.79 | 1 345 | 3.40 | 7.00 |

续表

| 序号 | 评价单位代码 | 单位名称 | 分项得分 | | | | | | 上年排名 | 年初股价（元） | 年末股价（元） |
|---|---|---|---|---|---|---|---|---|---|---|---|
| | | | 小计 | 财务效益 | 资产质量 | 偿债风险 | 发展能力 | 市场表现 | | | |
| 1251 | 600774 | 汉商集团 | 44.67 | 11.52 | 9.16 | 5.84 | 8.54 | 9.61 | 1 083 | 3.02 | 7.90 |
| 1252 | 600867 | 通化东宝 | 44.65 | 17.05 | 2.96 | 9.68 | 9.96 | 5.00 | 753 | 13.99 | 13.19 |
| 1253 | 600272 | 开开实业 | 44.64 | 12.02 | 9.70 | 6.51 | 8.25 | 8.16 | 1 053 | 5.46 | 9.25 |
| 1254 | 600773 | 西藏城投 | 44.63 | 18.00 | 0.00 | 4.99 | 11.17 | 10.47 | 1 542 | 3.12 | 9.16 |
| 1255 | 600776 | 东方通信 | 44.61 | 12.12 | 10.99 | 9.99 | 3.25 | 8.26 | 564 | 3.95 | 6.24 |
| 1256 | 600768 | 宁波富邦 | 44.53 | 13.87 | 13.00 | 2.53 | 5.82 | 9.31 | 1 471 | 3.12 | 8.93 |
| 1257 | 600253 | 天方药业 | 44.50 | 12.84 | 7.32 | 5.29 | 10.90 | 8.15 | 1 313 | 3.63 | 8.37 |
| 1258 | 002057 | 中钢天源 | 44.42 | 10.61 | 8.35 | 7.89 | 9.00 | 8.57 | 1 290 | 4.96 | 11.55 |
| 1259 | 000010 | SST 华新 | 44.42 | 12.80 | 3.51 | 10.12 | 8.76 | 9.23 | 1 354 | 5.16 | 11.86 |
| 1260 | 600343 | 航天动力 | 44.36 | 14.00 | 4.84 | 8.42 | 9.84 | 7.26 | 1 055 | 7.49 | 14.32 |
| 1261 | 002086 | 东方海洋 | 44.32 | 16.86 | 3.00 | 7.28 | 8.05 | 9.13 | 600 | 11.33 | 13.44 |
| 1262 | 600242 | ST 华龙 | 44.30 | 21.07 | 9.97 | 3.70 | 0.00 | 9.56 | 281 | 4.38 | 7.43 |
| 1263 | 600152 | 维科精华 | 44.11 | 11.89 | 7.82 | 6.57 | 8.32 | 9.51 | 1 233 | 3.01 | 7.18 |
| 1264 | 600963 | 岳阳纸业 | 44.09 | 15.38 | 5.76 | 5.37 | 8.92 | 8.66 | 892 | 4.99 | 10.00 |
| 1265 | 600537 | 海通集团 | 44.09 | 11.37 | 7.81 | 6.57 | 8.34 | 10.00 | 1 135 | 3.63 | 26.34 |
| 1266 | 002305 | 南国置业 | 44.07 | 20.47 | 0.00 | 6.65 | 11.95 | 5.00 | — | — | 19.57 |
| 1267 | 600259 | ST 有色 | 44.06 | 13.85 | 6.27 | 6.68 | 8.59 | 8.67 | 1 162 | 7.90 | 15.66 |
| 1268 | 600796 | 钱江生化 | 44.00 | 13.52 | 6.96 | 6.95 | 7.21 | 9.36 | 1 481 | 3.06 | 8.04 |
| 1269 | 600099 | 林海股份 | 43.99 | 7.96 | 8.94 | 13.40 | 4.94 | 8.75 | 981 | 3.32 | 7.80 |
| 1270 | 600818 | 中路股份 | 43.87 | 10.97 | 9.68 | 8.28 | 7.41 | 7.53 | 1 068 | 10.07 | 20.08 |
| 1271 | 002162 | 斯米克 | 43.86 | 13.74 | 7.48 | 8.01 | 7.33 | 7.30 | 1 016 | 5.27 | 12.60 |
| 1272 | 600759 | 正和股份 | 43.82 | 16.55 | 0.00 | 6.32 | 11.78 | 9.17 | 1 117 | 2.95 | 7.29 |
| 1273 | 000560 | 昆百大 A | 43.82 | 15.03 | 5.47 | 3.82 | 10.38 | 9.12 | 1 341 | 4.70 | 12.17 |
| 1274 | 600692 | 亚通股份 | 43.81 | 13.55 | 9.28 | 5.78 | 6.41 | 8.79 | 992 | 5.09 | 9.69 |
| 1275 | 600721 | ST 百花 | 43.76 | 11.94 | 3.29 | 7.65 | 10.88 | 10.00 | 1 210 | 3.77 | 13.59 |
| 1276 | 002218 | 拓日新能 | 43.76 | 16.89 | 2.47 | 10.87 | 6.27 | 7.26 | 290 | 16.46 | 24.38 |
| 1277 | 000514 | 渝开发 | 43.75 | 16.69 | 0.00 | 7.73 | 10.54 | 8.79 | 928 | 5.23 | 13.58 |
| 1278 | 000751 | *ST 锌业 | 43.69 | 14.06 | 10.08 | 2.56 | 7.06 | 9.93 | 1 561 | 2.73 | 6.84 |
| 1279 | 000716 | *ST 南方 | 43.55 | 15.81 | 8.68 | 2.76 | 6.30 | 10.00 | 1 353 | 2.50 | 9.13 |
| 1280 | 601872 | 招商轮船 | 43.49 | 19.31 | 3.04 | 9.59 | 3.95 | 7.60 | 317 | 3.86 | 5.66 |
| 1281 | 600855 | 航天长峰 | 43.48 | 9.45 | 5.34 | 12.65 | 7.36 | 8.68 | 1 316 | 3.89 | 10.77 |
| 1282 | 002036 | 宜科科技 | 43.39 | 11.96 | 6.34 | 10.46 | 6.17 | 8.46 | 974 | 5.87 | 7.73 |
| 1283 | 600107 | 美尔雅 | 43.34 | 15.47 | 0.00 | 10.75 | 9.39 | 7.73 | 816 | 8.63 | 15.36 |
| 1284 | 600696 | 多伦股份 | 43.28 | 13.47 | 0.00 | 12.49 | 6.62 | 10.70 | 1 411 | 2.60 | 7.80 |
| 1285 | 000656 | ST 东源 | 43.27 | 12.87 | 0.00 | 9.99 | 10.41 | 10.00 | 1 327 | 3.93 | 15.80 |
| 1286 | 600158 | 中体产业 | 43.25 | 18.11 | 2.74 | 10.66 | 5.15 | 6.59 | 1 174 | 4.95 | 8.25 |
| 1287 | 000790 | 华神集团 | 43.21 | 13.97 | 5.34 | 8.70 | 8.27 | 6.93 | 1 018 | 5.90 | 9.17 |
| 1288 | 600624 | 复旦复华 | 43.19 | 13.90 | 7.26 | 6.72 | 8.23 | 7.08 | 700 | 6.88 | 10.08 |
| 1289 | 600811 | 东方集团 | 43.06 | 15.27 | 3.18 | 5.52 | 9.85 | 9.24 | 1 351 | 4.09 | 7.06 |

续表

| 序号 | 评价单位代码 | 单位名称 | 分项得分 | | | | | | 上年排名 | 年初股价（元） | 年末股价（元） |
|---|---|---|---|---|---|---|---|---|---|---|---|
| | | | 小计 | 财务效益 | 资产质量 | 偿债风险 | 发展能力 | 市场表现 | | | |
| 1290 | 600719 | 大连热电 | 43.00 | 12.99 | 5.80 | 6.75 | 8.60 | 8.86 | 1 153 | 3.63 | 8.58 |
| 1291 | 002201 | 九鼎新材 | 43.00 | 15.40 | 6.83 | 6.67 | 6.15 | 7.95 | 1 051 | 6.95 | 15.00 |
| 1292 | 600192 | 长城电工 | 42.98 | 13.98 | 4.97 | 8.07 | 6.83 | 9.13 | 1 111 | 4.70 | 12.18 |
| 1293 | 600476 | 湘邮科技 | 42.97 | 14.25 | 6.75 | 8.55 | 7.03 | 6.39 | 1 418 | 8.96 | 11.71 |
| 1294 | 600358 | 国旅联合 | 42.95 | 11.05 | 4.21 | 8.21 | 10.54 | 8.94 | 1 296 | 3.05 | 6.41 |
| 1295 | 000923 | 河北宣工 | 42.92 | 11.07 | 6.32 | 7.41 | 8.96 | 9.16 | 1 091 | 4.00 | 8.76 |
| 1296 | 600540 | 新赛股份 | 42.91 | 10.69 | 11.08 | 6.13 | 8.60 | 6.41 | 606 | 8.19 | 13.28 |
| 1297 | 600645 | ST 中源 | 42.91 | 10.86 | 7.25 | 11.28 | 5.44 | 8.08 | 507 | 3.90 | 7.53 |
| 1298 | 600677 | 航天通信 | 42.89 | 10.20 | 9.32 | 6.06 | 8.10 | 9.21 | 1 176 | 5.50 | 12.59 |
| 1299 | 600117 | 西宁特钢 | 42.80 | 16.53 | 8.30 | 4.22 | 5.36 | 8.39 | 960 | 4.15 | 10.49 |
| 1300 | 000420 | 吉林化纤 | 42.75 | 7.94 | 10.70 | 5.60 | 9.11 | 9.40 | 1 531 | 2.24 | 5.64 |
| 1301 | 600093 | 禾嘉股份 | 42.71 | 8.13 | 8.37 | 10.37 | 8.41 | 7.43 | 1 368 | 5.38 | 7.64 |
| 1302 | 000980 | 金马股份 | 42.70 | 12.80 | 4.24 | 8.56 | 9.57 | 7.53 | 805 | 4.26 | 7.21 |
| 1303 | 600530 | 交大昂立 | 42.68 | 13.44 | 1.72 | 13.48 | 4.06 | 9.98 | 1 523 | 3.41 | 10.19 |
| 1304 | 000678 | 襄阳轴承 | 42.63 | 10.07 | 6.83 | 8.77 | 8.15 | 8.81 | 1 028 | 2.75 | 6.55 |
| 1305 | 600279 | 重庆港九 | 42.59 | 16.33 | 4.68 | 5.93 | 7.22 | 8.43 | 741 | 5.56 | 10.34 |
| 1306 | 600615 | 丰华股份 | 42.59 | 14.10 | 0.00 | 12.06 | 5.90 | 10.53 | 1 190 | 4.36 | 12.18 |
| 1307 | 600728 | S＊ST 新太 | 42.58 | 11.63 | 6.83 | 4.07 | 8.71 | 11.34 | 1 413 | 4.58 | 18.80 |
| 1308 | 000526 | 旭飞投资 | 42.56 | 10.62 | 2.80 | 8.94 | 10.76 | 9.44 | 1 419 | 3.97 | 13.22 |
| 1309 | 002008 | 大族激光 | 42.53 | 11.37 | 4.87 | 7.66 | 9.47 | 9.16 | 661 | 5.85 | 10.82 |
| 1310 | 600889 | 南京化纤 | 42.53 | 12.55 | 3.75 | 3.84 | 14.81 | 7.58 | 1 426 | 3.18 | 9.78 |
| 1311 | 000982 | 中银绒业 | 42.53 | 15.15 | 4.86 | 2.67 | 9.74 | 10.11 | 1 168 | 4.14 | 11.36 |
| 1312 | 002166 | 莱茵生物 | 42.49 | 12.05 | 4.55 | 5.43 | 10.46 | 10.00 | 1 154 | 9.58 | 37.85 |
| 1313 | 000008 | ST 宝利来 | 42.48 | 11.95 | 0.00 | 14.99 | 5.62 | 9.92 | 1 199 | 4.42 | 12.28 |
| 1314 | 002107 | 沃华医药 | 42.47 | 18.77 | 0.00 | 8.52 | 8.16 | 7.02 | 144 | 27.01 | 24.50 |
| 1315 | 600687 | 刚泰控股 | 42.44 | 10.48 | 10.93 | 8.62 | 4.14 | 8.27 | 1 057 | 4.70 | 10.72 |
| 1316 | 002102 | 冠福家用 | 42.43 | 11.31 | 6.75 | 6.21 | 9.70 | 8.46 | 1 230 | 4.54 | 8.48 |
| 1317 | 600234 | ＊ST 天龙 | 42.40 | 15.04 | 5.79 | 5.39 | 4.64 | 11.54 | 1 496 | 2.09 | 7.10 |
| 1318 | 600894 | 广钢股份 | 42.39 | 13.37 | 11.42 | 2.33 | 7.02 | 8.25 | 1 443 | 3.66 | 7.76 |
| 1319 | 600127 | 金健米业 | 42.39 | 11.64 | 9.26 | 4.44 | 8.16 | 8.89 | 1 433 | 4.66 | 8.45 |
| 1320 | 000018 | ＊ST 中冠 A | 42.37 | 17.20 | 1.79 | 10.83 | 4.33 | 8.22 | 1 448 | 3.98 | 8.60 |
| 1321 | 002071 | 江苏宏宝 | 42.35 | 9.88 | 6.42 | 8.65 | 8.27 | 9.13 | 1 095 | 4.12 | 10.00 |
| 1322 | 600654 | 飞乐股份 | 42.34 | 10.68 | 8.05 | 8.28 | 6.21 | 9.12 | 936 | 2.62 | 6.66 |
| 1323 | 600172 | 黄河旋风 | 42.32 | 16.36 | 2.77 | 7.10 | 7.48 | 8.61 | 845 | 3.98 | 8.75 |
| 1324 | 600096 | 云天化 | 42.30 | 16.21 | 6.62 | 5.97 | 8.50 | 5.00 | 210 | 17.64 | 24.07 |
| 1325 | 000921 | ST 科龙 | 42.23 | 9.73 | 11.48 | 4.23 | 6.79 | 10.00 | 1 245 | 2.36 | 8.45 |
| 1326 | 000767 | 漳泽电力 | 42.22 | 7.42 | 12.01 | 3.05 | 11.25 | 8.49 | 1 546 | 2.70 | 5.79 |
| 1327 | 600689 | 上海三毛 | 42.19 | 5.32 | 12.68 | 7.81 | 8.14 | 8.24 | 902 | 5.63 | 9.69 |
| 1328 | 600078 | 澄星股份 | 42.15 | 16.51 | 7.24 | 6.14 | 7.26 | 5.00 | 370 | 5.94 | 8.58 |

续表

| 序号 | 评价单位代码 | 单位名称 | 分项得分 | | | | | | 上年排名 | 年初股价（元） | 年末股价（元） |
|---|---|---|---|---|---|---|---|---|---|---|---|
| | | | 小计 | 财务效益 | 资产质量 | 偿债风险 | 发展能力 | 市场表现 | | | |
| 1329 | 000667 | 名流置业 | 42.12 | 17.51 | 0.00 | 7.15 | 9.61 | 7.85 | 1 022 | 3.41 | 8.19 |
| 1330 | 000536 | 闽闽东 | 42.09 | 10.77 | 6.89 | 10.33 | 4.10 | 10.00 | 621 | 4.83 | 19.70 |
| 1331 | 000573 | 粤宏远 A | 42.08 | 14.82 | 0.00 | 6.29 | 11.74 | 9.23 | 1 510 | 2.08 | 5.32 |
| 1332 | 600058 | 五矿发展 | 42.05 | 10.94 | 9.18 | 5.22 | 9.99 | 6.72 | 442 | 11.59 | 19.42 |
| 1333 | 000037 | 深南电 A | 42.04 | 16.40 | 7.07 | 5.06 | 4.78 | 8.73 | 1 031 | 3.18 | 7.24 |
| 1334 | 000025 | 特力 A | 41.96 | 12.20 | 9.62 | 6.73 | 3.53 | 9.88 | 1 282 | 3.81 | 11.28 |
| 1335 | 000585 | 东北电气 | 41.96 | 12.69 | 5.66 | 9.74 | 5.90 | 7.97 | 1 406 | 2.34 | 4.25 |
| 1336 | 002196 | 方正电机 | 41.94 | 13.58 | 5.17 | 9.05 | 6.00 | 8.14 | 1 284 | 8.50 | 22.70 |
| 1337 | 600599 | 熊猫烟花 | 41.73 | 11.99 | 4.94 | 7.58 | 9.88 | 7.34 | 681 | 9.41 | 24.04 |
| 1338 | 000519 | 银河动力 | 41.68 | 8.50 | 6.77 | 7.94 | 8.47 | 10.00 | 1 417 | 2.56 | 17.02 |
| 1339 | 000038 | *ST 大通 | 41.61 | 20.64 | 0.00 | 8.91 | 7.06 | 5.00 | 1 285 | — | — |
| 1340 | 600168 | 武汉控股 | 41.37 | 15.21 | 0.00 | 8.32 | 9.25 | 8.59 | 1 258 | 3.97 | 8.18 |
| 1341 | 600468 | 百利电气 | 41.35 | 14.14 | 6.22 | 8.58 | 3.78 | 8.63 | 1 045 | 5.55 | 17.35 |
| 1342 | 000962 | 东方钽业 | 41.35 | 11.60 | 6.04 | 6.78 | 7.74 | 9.19 | 1 273 | 5.55 | 12.92 |
| 1343 | 000821 | 京山轻机 | 41.28 | 10.82 | 1.84 | 14.66 | 4.84 | 9.12 | 970 | 2.60 | 6.89 |
| 1344 | 600243 | 青海华鼎 | 41.28 | 10.99 | 6.34 | 7.24 | 9.83 | 6.88 | 973 | 5.26 | 8.35 |
| 1345 | 600962 | 国投中鲁 | 41.22 | 12.92 | 8.75 | 8.87 | 2.48 | 8.20 | 598 | 7.53 | 13.37 |
| 1346 | 002141 | 蓉胜超微 | 41.20 | 10.05 | 8.58 | 7.01 | 7.13 | 8.43 | 910 | 6.93 | 10.90 |
| 1347 | 000801 | 四川湖山 | 41.16 | 12.87 | 8.20 | 6.29 | 5.16 | 8.64 | 792 | 5.15 | 11.73 |
| 1348 | 600082 | 海泰发展 | 41.15 | 14.13 | 0.00 | 7.07 | 8.91 | 11.04 | 1 227 | 5.03 | 7.72 |
| 1349 | 600322 | 天房发展 | 41.10 | 18.03 | 0.00 | 6.73 | 8.20 | 8.14 | 1 336 | 3.21 | 6.33 |
| 1350 | 000525 | 红太阳 | 41.09 | 14.05 | 11.27 | 3.19 | 8.18 | 4.40 | 798 | 12.46 | 16.94 |
| 1351 | 000610 | 西安旅游 | 41.09 | 9.54 | 8.33 | 6.44 | 8.05 | 8.73 | 963 | 3.26 | 7.57 |
| 1352 | 000732 | *ST 三农 | 41.08 | 21.25 | 7.94 | 6.89 | 0.00 | 5.00 | 548 | — | — |
| 1353 | 600702 | 沱牌曲酒 | 41.06 | 15.45 | 2.27 | 8.19 | 7.00 | 8.15 | 968 | 5.67 | 16.57 |
| 1354 | 000897 | 津滨发展 | 40.96 | 15.18 | 0.00 | 5.77 | 11.57 | 8.44 | 1 386 | 3.07 | 5.89 |
| 1355 | 002210 | 飞马国际 | 40.95 | 14.14 | 9.64 | 3.80 | 4.47 | 8.90 | 444 | 8.16 | 12.00 |
| 1356 | 600432 | 吉恩镍业 | 40.95 | 16.59 | 2.70 | 6.05 | 5.61 | 10.00 | 1 086 | 9.87 | 29.40 |
| 1357 | 000886 | 海南高速 | 40.89 | 13.08 | 0.00 | 9.99 | 8.25 | 9.57 | 1 226 | 2.26 | 5.56 |
| 1358 | 600221 | 海南航空 | 40.85 | 8.88 | 7.67 | 2.94 | 12.29 | 9.07 | 1 508 | 3.12 | 6.65 |
| 1359 | 600536 | 中国软件 | 40.82 | 4.82 | 8.78 | 7.66 | 9.69 | 9.87 | 558 | 9.02 | 23.59 |
| 1360 | 000605 | ST 四环 | 40.82 | 11.83 | 4.58 | 8.02 | 7.98 | 8.41 | 1 319 | 7.78 | 13.09 |
| 1361 | 002176 | 江特电机 | 40.81 | 12.47 | 5.04 | 9.91 | 5.69 | 7.70 | 819 | 8.44 | 13.35 |
| 1362 | 000952 | 广济药业 | 40.73 | 13.00 | 6.73 | 7.45 | 6.19 | 7.36 | 581 | 8.06 | 14.39 |
| 1363 | 600892 | ST 湖科 | 40.70 | 11.92 | 10.12 | 0.00 | 7.38 | 11.28 | 1 320 | 6.81 | 15.79 |
| 1364 | 600764 | 中电广通 | 40.65 | 11.66 | 6.88 | 7.80 | 5.09 | 9.22 | 1 106 | 3.61 | 8.08 |
| 1365 | 600053 | 中江地产 | 40.64 | 13.41 | 0.00 | 8.34 | 8.77 | 10.12 | 1 311 | 4.03 | 9.65 |
| 1366 | 600313 | *ST 中农 | 40.62 | 0.00 | 14.85 | 12.43 | 4.24 | 9.10 | 1 178 | 3.09 | 7.53 |
| 1367 | 000426 | 富龙热电 | 40.62 | 10.05 | 4.20 | 9.71 | 6.66 | 10.00 | 1 456 | 3.14 | 15.35 |

续表

| 序号 | 评价单位代码 | 单位名称 | 分项得分 | | | | | | 上年排名 | 年初股价（元） | 年末股价（元） |
|---|---|---|---|---|---|---|---|---|---|---|---|
| | | | 小计 | 财务效益 | 资产质量 | 偿债风险 | 发展能力 | 市场表现 | | | |
| 1368 | 600399 | 抚顺特钢 | 40.60 | 12.51 | 8.11 | 4.89 | 6.92 | 8.17 | 906 | 3.76 | 8.24 |
| 1369 | 600749 | 西藏旅游 | 40.59 | 13.83 | 0.00 | 8.08 | 8.77 | 9.91 | 1 541 | 3.51 | 9.63 |
| 1370 | 600555 | 九龙山 | 40.57 | 16.60 | 0.00 | 12.18 | 3.40 | 8.39 | 1 365 | 3.10 | 9.01 |
| 1371 | 600015 | 华夏银行 | 40.54 | 13.50 | 6.59 | 4.36 | 7.67 | 8.42 | — | 7.27 | 12.42 |
| 1372 | 000059 | 辽通化工 | 40.48 | 17.89 | 0.00 | 5.61 | 7.49 | 9.49 | 656 | 5.09 | 11.62 |
| 1373 | 002227 | 奥特迅 | 40.46 | 15.00 | 0.00 | 12.77 | 5.88 | 6.81 | 561 | 13.21 | 21.89 |
| 1374 | 600385 | ST 金泰 | 40.40 | 14.96 | 3.10 | 3.33 | 9.01 | 10.00 | 1 533 | 2.47 | 6.94 |
| 1375 | 600680 | 上海普天 | 40.31 | 7.93 | 5.58 | 8.04 | 10.09 | 8.67 | 1 291 | 5.69 | 11.46 |
| 1376 | 000078 | 海王生物 | 40.31 | 11.42 | 8.77 | 3.03 | 7.09 | 10.00 | 1 163 | 3.11 | 16.99 |
| 1377 | 000760 | *ST 博盈 | 40.24 | 8.12 | 8.09 | 5.05 | 8.98 | 10.00 | 1 480 | 2.77 | 8.52 |
| 1378 | 000503 | 海虹控股 | 40.06 | 12.30 | 0.00 | 10.55 | 7.83 | 9.38 | 1 193 | 4.25 | 11.18 |
| 1379 | 600566 | 洪城股份 | 39.94 | 12.29 | 2.39 | 8.12 | 8.01 | 9.13 | 1 094 | 4.44 | 10.34 |
| 1 380 | 600847 | ST 渝万里 | 39.93 | 5.99 | 7.55 | 5.42 | 11.75 | 9.22 | 1 473 | 4.78 | 11.54 |
| 1381 | 600679 | 金山开发 | 39.93 | 12.06 | 8.57 | 9.42 | 1.84 | 8.04 | 1 067 | 5.32 | 9.23 |
| 1382 | 000996 | 中国中期 | 39.92 | 12.88 | 0.00 | 12.05 | 7.96 | 7.03 | 864 | 15.03 | 40.13 |
| 1383 | 000410 | 沈阳机床 | 39.79 | 12.69 | 6.08 | 3.30 | 8.61 | 9.11 | 1 382 | 4.82 | 11.32 |
| 1384 | 601005 | 重庆钢铁 | 39.77 | 13.60 | 10.56 | 5.47 | 3.85 | 6.29 | 239 | 3.45 | 5.84 |
| 1385 | 600318 | 巢东股份 | 39.77 | 6.12 | 12.83 | 4.47 | 8.96 | 7.39 | 1 435 | 4.07 | 8.14 |
| 1386 | 600392 | 太工天成 | 39.73 | 9.55 | 5.05 | 6.85 | 6.48 | 11.80 | 824 | 7.98 | 25.85 |
| 1387 | 000697 | *ST 偏转 | 39.70 | 4.48 | 10.07 | 9.52 | 5.03 | 10.60 | 1 387 | 3.32 | 9.78 |
| 1388 | 000576 | *ST 甘化 | 39.60 | 7.85 | 9.03 | 9.23 | 4.83 | 8.66 | 1 390 | 2.79 | 6.87 |
| 1389 | 002189 | 利达光电 | 39.57 | 9.27 | 6.81 | 9.43 | 5.46 | 8.60 | 791 | 4.73 | 8.73 |
| 1390 | 600130 | *ST 波导 | 39.55 | 3.99 | 14.30 | 9.44 | 3.29 | 8.53 | 1 452 | 2.44 | 4.84 |
| 1391 | 002160 | 常铝股份 | 39.55 | 10.79 | 8.30 | 4.89 | 7.87 | 7.70 | 1 231 | 6.18 | 13.39 |
| 1392 | 600503 | 华丽家族 | 39.47 | 15.75 | 0.00 | 7.35 | 8.71 | 7.66 | 59 | 6.21 | 13.48 |
| 1393 | 600400 | 红豆股份 | 39.46 | 15.60 | 0.00 | 7.14 | 8.23 | 8.49 | 1 265 | 3.21 | 6.58 |
| 1394 | 600077 | *ST 百科 | 39.42 | 0.00 | 14.75 | 7.92 | 4.50 | 12.25 | 1 125 | 3.24 | 11.86 |
| 1395 | 002182 | 云海金属 | 39.40 | 12.17 | 8.01 | 7.34 | 3.67 | 8.21 | 808 | 8.76 | 16.08 |
| 1396 | 600579 | ST 黄海 | 39.39 | 6.41 | 9.89 | 2.98 | 9.83 | 10.28 | 1 556 | 2.35 | 7.28 |
| 1397 | 600087 | 长航油运 | 39.30 | 11.47 | 5.30 | 5.17 | 8.84 | 8.52 | 638 | 3.86 | 7.51 |
| 1398 | 600877 | 中国嘉陵 | 39.05 | 4.40 | 10.81 | 6.05 | 8.20 | 9.59 | 1 318 | 2.69 | 7.78 |
| 1399 | 000430 | *ST 张股 | 39.04 | 12.38 | 12.64 | 0.00 | 5.13 | 8.89 | 1 323 | 4.06 | 7.07 |
| 1400 | 000511 | 银基发展 | 39.02 | 16.56 | 0.00 | 5.12 | 9.24 | 8.10 | 1 160 | 2.59 | 5.35 |
| 1401 | 600022 | 济南钢铁 | 39.00 | 12.97 | 11.57 | 2.71 | 3.27 | 8.48 | 382 | 4.44 | 5.27 |
| 1402 | 600250 | 南纺股份 | 38.93 | 12.34 | 7.43 | 3.40 | 6.13 | 9.63 | 1 140 | 2.99 | 7.45 |
| 1403 | 000791 | 西北化工 | 38.85 | 9.80 | 5.24 | 7.09 | 7.47 | 9.25 | 1 209 | 3.33 | 8.46 |
| 1404 | 600565 | 迪马股份 | 38.83 | 13.17 | 0.00 | 7.83 | 5.85 | 11.98 | 989 | 3.25 | 6.50 |
| 1405 | 002018 | 华星化工 | 38.76 | 11.00 | 6.83 | 7.73 | 5.49 | 7.71 | 218 | 11.20 | 12.68 |
| 1406 | 000711 | 天伦置业 | 38.76 | 12.34 | 0.00 | 6.84 | 10.67 | 8.91 | 1 439 | 3.63 | 10.11 |

续表

| 序号 | 评价单位代码 | 单位名称 | 分项得分 | | | | | | 上年排名 | 年初股价（元） | 年末股价（元） |
|---|---|---|---|---|---|---|---|---|---|---|---|
| | | | 小计 | 财务效益 | 资产质量 | 偿债风险 | 发展能力 | 市场表现 | | | |
| 1407 | 600556 | *ST北生 | 38.70 | 22.85 | 0.00 | 7.02 | 3.83 | 5.00 | 1 513 | 3.06 | 4.09 |
| 1408 | 600661 | 新南洋 | 38.60 | 12.76 | 7.78 | 6.20 | 3.10 | 8.76 | 1 287 | 4.29 | 9.08 |
| 1409 | 600184 | 新华光 | 38.55 | 11.23 | 4.97 | 7.78 | 5.28 | 9.29 | 764 | 8.22 | 21.50 |
| 1410 | 600526 | 菲达环保 | 38.53 | 11.50 | 6.49 | 3.55 | 8.67 | 8.32 | 949 | 8.73 | 17.80 |
| 1411 | 000723 | 美锦能源 | 38.51 | 9.80 | 8.49 | 9.32 | 3.19 | 7.71 | 675 | 9.00 | 17.48 |
| 1412 | 600251 | 冠农股份 | 38.49 | 12.46 | 7.63 | 5.11 | 8.38 | 4.91 | 592 | 29.48 | 25.42 |
| 1413 | 600630 | 龙头股份 | 38.48 | 8.22 | 8.66 | 8.43 | 5.73 | 7.44 | 804 | 6.41 | 10.21 |
| 1414 | 600119 | 长江投资 | 38.46 | 4.77 | 7.77 | 7.13 | 8.38 | 10.41 | 1 121 | 3.73 | 9.84 |
| 1415 | 000657 | *ST中钨 | 38.37 | 4.08 | 12.19 | 10.35 | 2.23 | 9.52 | 1 080 | 3.78 | 9.48 |
| 1416 | 600575 | 芜湖港 | 38.33 | 12.06 | 4.94 | 8.82 | 2.51 | 10.00 | 683 | 3.09 | 15.20 |
| 1417 | 600429 | 三元股份 | 38.26 | 0.00 | 11.44 | 8.39 | 10.98 | 7.45 | 544 | 5.59 | 8.08 |
| 1418 | 000757 | *ST方向 | 38.18 | 15.48 | 7.04 | 2.67 | 7.99 | 5.00 | 1 334 | — | — |
| 1419 | 000586 | *ST汇源 | 38.16 | 13.81 | 6.51 | 4.33 | 6.27 | 7.24 | 1 564 | 3.98 | 6.77 |
| 1420 | 000669 | 领先科技 | 38.12 | 10.46 | 0.00 | 12.21 | 6.94 | 8.51 | 1 355 | 4.16 | 9.99 |
| 1421 | 000584 | 友利控股 | 38.04 | 11.28 | 6.62 | 7.05 | 2.77 | 10.32 | 1 150 | 3.73 | 11.29 |
| 1422 | 000505 | *ST珠江 | 38.02 | 11.92 | 0.00 | 7.07 | 12.34 | 6.69 | 1 573 | 5.19 | 7.48 |
| 1423 | 000967 | 上风高科 | 37.96 | 7.33 | 7.87 | 7.12 | 6.08 | 9.56 | 988 | 3.70 | 9.22 |
| 1424 | 600110 | 中科英华 | 37.95 | 12.32 | 2.34 | 7.45 | 6.67 | 9.17 | 737 | 4.93 | 7.43 |
| 1425 | 000040 | 深鸿基 | 37.92 | 8.68 | 2.60 | 7.02 | 10.96 | 8.66 | 1 540 | 3.48 | 7.18 |
| 1426 | 601002 | 晋亿实业 | 37.80 | 9.63 | 6.47 | 7.98 | 6.90 | 6.82 | 603 | 5.24 | 7.93 |
| 1427 | 000890 | 法尔胜 | 37.73 | 13.75 | 5.49 | 6.98 | 2.46 | 9.05 | 1 175 | 2.63 | 5.92 |
| 1428 | 600381 | ST贤成 | 37.57 | 14.81 | 4.11 | 4.50 | 6.63 | 7.52 | 1 255 | 3.66 | 7.48 |
| 1429 | 000632 | 三木集团 | 37.54 | 7.86 | 9.77 | 4.06 | 6.91 | 8.94 | 1 266 | 2.33 | 5.46 |
| 1430 | 002175 | 广陆数测 | 37.54 | 14.28 | 1.95 | 8.00 | 5.38 | 7.93 | 1 143 | 6.73 | 13.36 |
| 1431 | 002137 | 实益达 | 37.53 | 11.35 | 6.24 | 10.56 | 0.00 | 9.38 | 1 218 | 5.23 | 9.91 |
| 1432 | 000815 | 美利纸业 | 37.46 | 12.76 | 4.82 | 5.06 | 6.76 | 8.06 | 1 015 | 5.53 | 10.05 |
| 1433 | 002183 | 怡亚通 | 37.34 | 13.36 | 3.77 | 4.57 | 10.64 | 5.00 | 521 | 19.30 | 17.28 |
| 1434 | 000629 | *ST钒钛 | 37.18 | 0.00 | 12.88 | 2.45 | 16.85 | 5.00 | 386 | 9.18 | 7.68 |
| 1435 | 000662 | 索芙特 | 37.03 | 9.90 | 4.07 | 8.08 | 6.81 | 8.17 | 1 274 | 3.60 | 6.95 |
| 1436 | 000606 | 青海明胶 | 36.97 | 0.00 | 7.26 | 7.22 | 12.66 | 9.83 | 1 066 | 3.52 | 6.24 |
| 1437 | 600882 | 大成股份 | 36.95 | 10.92 | 7.43 | 4.25 | 6.15 | 8.20 | 1 425 | 3.52 | 7.95 |
| 1438 | 600346 | 大橡塑 | 36.88 | 10.23 | 4.58 | 4.08 | 7.58 | 10.41 | 1 188 | 5.67 | 8.07 |
| 1439 | 600287 | 江苏舜天 | 36.83 | 7.05 | 6.63 | 5.84 | 8.18 | 9.13 | 1 241 | 3.52 | 8.57 |
| 1440 | 000633 | ST合金 | 36.68 | 6.84 | 10.00 | 6.85 | 7.99 | 5.00 | 1 183 | 12.08 | 11.10 |
| 1441 | 600302 | 标准股份 | 36.54 | 8.25 | 3.55 | 11.36 | 3.55 | 9.83 | 1 194 | 3.03 | 8.06 |
| 1442 | 000620 | S*ST圣方 | 36.49 | 11.74 | 0.00 | 14.93 | 4.82 | 5.00 | 1 254 | — | — |
| 1443 | 600506 | *ST香梨 | 36.29 | 15.94 | 0.00 | 6.30 | 7.17 | 6.88 | 1 520 | 7.10 | 11.90 |
| 1444 | 600790 | 轻纺城 | 36.27 | 15.92 | 0.00 | 6.04 | 4.65 | 9.66 | 1 256 | 3.50 | 9.12 |
| 1445 | 600870 | *ST厦华 | 36.27 | 10.87 | 10.74 | 3.47 | 7.32 | 3.87 | 1 486 | 1.62 | 3.35 |

续表

| 序号 | 评价单位代码 | 单位名称 | 分项得分 | | | | | | 上年排名 | 年初股价（元） | 年末股价（元） |
|---|---|---|---|---|---|---|---|---|---|---|---|
| | | | 小计 | 财务效益 | 资产质量 | 偿债风险 | 发展能力 | 市场表现 | | | |
| 1446 | 002006 | 精功科技 | 36.15 | 7.18 | 6.50 | 3.54 | 9.40 | 9.53 | 1 369 | 5.53 | 14.29 |
| 1447 | 600637 | 广电信息 | 35.90 | 7.61 | 8.94 | 7.80 | 3.05 | 8.50 | 1 502 | 3.02 | 6.83 |
| 1448 | 600191 | 华资实业 | 35.73 | 11.66 | 0.00 | 8.42 | 6.00 | 9.65 | 1 489 | 3.51 | 9.24 |
| 1449 | 600848 | 自仪股份 | 35.73 | 10.40 | 6.28 | 3.21 | 7.18 | 8.66 | 1 248 | 5.38 | 10.70 |
| 1450 | 000725 | 京东方 A | 35.73 | 3.61 | 3.10 | 8.86 | 11.56 | 8.60 | 1 492 | 2.70 | 5.20 |
| 1451 | 002173 | 山下湖 | 35.69 | 12.79 | 3.28 | 5.10 | 6.63 | 7.89 | 850 | 13.97 | 16.40 |
| 1452 | 002200 | 绿大地 | 35.63 | 6.40 | 7.97 | 6.11 | 8.34 | 6.81 | 252 | 32.79 | 28.69 |
| 1453 | 600843 | 上工申贝 | 35.60 | 5.62 | 8.16 | 5.85 | 4.94 | 11.03 | 1 191 | 3.99 | 12.46 |
| 1454 | 000019 | 深深宝 A | 35.54 | 7.32 | 5.87 | 5.61 | 8.27 | 8.47 | 1 263 | 5.09 | 10.43 |
| 1455 | 000622 | S＊ST 恒立 | 35.49 | 17.65 | 5.39 | 3.45 | 4.00 | 5.00 | 1 072 | — | — |
| 1456 | 002009 | 天奇股份 | 35.24 | 12.04 | 4.32 | 6.24 | 4.98 | 7.66 | 721 | 7.46 | 12.56 |
| 1457 | 600114 | 东睦股份 | 35.21 | 9.26 | 6.97 | 5.72 | 5.07 | 8.19 | 914 | 4.30 | 7.04 |
| 1458 | 000613 | ST 东海 A | 35.18 | 4.72 | 5.36 | 7.76 | 6.05 | 11.29 | 1 219 | 1.84 | 5.69 |
| 1459 | 000561 | ＊ST 烽火 | 35.14 | 13.18 | 1.68 | 6.05 | 4.29 | 9.94 | 1 288 | 4.19 | 9.25 |
| 1460 | 600891 | SST 秋林 | 34.95 | 10.44 | 3.05 | 5.08 | 6.34 | 10.04 | 1 297 | 3.23 | 8.85 |
| 1461 | 002002 | ST 琼花 | 34.91 | 6.70 | 9.44 | 5.75 | 3.02 | 10.00 | 1 438 | 2.81 | 11.15 |
| 1462 | 600610 | SST 中纺 | 34.74 | 4.75 | 4.42 | 7.75 | 8.70 | 9.12 | 1 458 | 6.55 | 14.35 |
| 1463 | 600802 | 福建水泥 | 34.54 | 0.00 | 9.10 | 4.86 | 11.80 | 8.78 | 1 252 | 3.92 | 7.89 |
| 1464 | 600149 | ＊ST 建通 | 34.48 | 8.38 | 0.00 | 9.99 | 7.85 | 8.26 | 1 427 | 3.22 | 6.05 |
| 1465 | 000762 | 西藏矿业 | 34.46 | 8.28 | 3.47 | 9.88 | 3.22 | 9.61 | 722 | 7.64 | 22.24 |
| 1466 | 000727 | 华东科技 | 34.43 | 5.83 | 6.10 | 8.00 | 5.52 | 8.98 | 1 177 | 2.92 | 8.60 |
| 1467 | 600838 | 上海九百 | 34.41 | 11.88 | 2.91 | 4.26 | 5.35 | 10.01 | 1 307 | 3.63 | 9.71 |
| 1468 | 000639 | 金德发展 | 34.38 | 9.20 | 3.54 | 11.47 | 2.42 | 7.75 | 1 049 | 7.55 | 15.75 |
| 1469 | 000663 | 永安林业 | 34.36 | 8.34 | 4.03 | 5.56 | 8.13 | 8.30 | 1 202 | 4.67 | 9.30 |
| 1470 | 600869 | 三普药业 | 34.34 | 7.03 | 6.02 | 3.84 | 7.57 | 9.88 | 1 477 | 7.38 | 17.66 |
| 1471 | 000779 | 三毛派神 | 34.15 | 3.43 | 6.80 | 10.04 | 4.89 | 8.99 | 743 | 3.57 | 8.10 |
| 1472 | 600798 | 宁波海运 | 34.09 | 12.78 | 6.68 | 6.11 | 0.00 | 8.52 | 375 | 4.50 | 5.84 |
| 1473 | 000750 | S＊ST 集琦 | 34.04 | 5.19 | 8.46 | 7.14 | 8.25 | 5.00 | 1 447 | 3.44 | 4.39 |
| 1474 | 000809 | 中汇医药 | 34.01 | 6.72 | 6.61 | 5.83 | 7.05 | 7.80 | 898 | 7.31 | 22.62 |
| 1475 | 002240 | 威华股份 | 33.85 | 7.22 | 4.17 | 5.40 | 9.26 | 7.80 | 1 005 | 6.37 | 11.51 |
| 1476 | 000050 | 深天马 A | 33.66 | 0.00 | 8.08 | 3.73 | 12.60 | 9.25 | 1 384 | 3.07 | 6.65 |
| 1477 | 002077 | 大港股份 | 33.66 | 7.40 | 6.66 | 7.30 | 8.01 | 4.29 | 1 201 | 5.21 | 7.62 |
| 1478 | 000030 | ＊ST 盛润 A | 33.57 | 13.72 | 0.00 | 3.04 | 6.81 | 10.00 | 1 454 | 2.13 | 7.74 |
| 1479 | 000509 | S＊ST 华塑 | 33.54 | 2.48 | 12.32 | 0.00 | 7.18 | 11.56 | 1 534 | 3.02 | 9.47 |
| 1480 | 002027 | 七喜控股 | 33.51 | 0.00 | 12.18 | 8.09 | 4.93 | 8.31 | 842 | 3.56 | 6.52 |
| 1481 | 000609 | 绵世股份 | 33.48 | 11.74 | 0.00 | 11.40 | 3.82 | 6.52 | 303 | 7.61 | 12.01 |
| 1482 | 600821 | 津劝业 | 33.48 | 5.59 | 6.29 | 7.20 | 5.58 | 8.82 | 1 532 | 2.77 | 5.95 |
| 1483 | 600777 | 新潮实业 | 33.45 | 12.33 | 0.00 | 8.07 | 3.51 | 9.54 | 1 207 | 2.43 | 6.96 |
| 1484 | 600073 | 上海梅林 | 33.27 | 0.00 | 10.06 | 3.77 | 10.33 | 9.11 | 1 295 | 4.34 | 10.57 |

续表

| 序号 | 评价单位代码 | 单位名称 | 分项得分 | | | | | | 上年排名 | 年初股价（元） | 年末股价（元） |
|---|---|---|---|---|---|---|---|---|---|---|---|
| | | | 小计 | 财务效益 | 资产质量 | 偿债风险 | 发展能力 | 市场表现 | | | |
| 1485 | 600155 | ＊ST 宝硕 | 33.22 | 9.57 | 14.48 | 0.00 | 0.00 | 9.17 | 1 373 | 2.50 | 5.52 |
| 1486 | 000029 | 深深房 A | 33.11 | 11.89 | 0.00 | 5.06 | 8.63 | 7.53 | 1 002 | 2.60 | 7.18 |
| 1487 | 000806 | 银河科技 | 32.98 | 8.52 | 3.77 | 6.69 | 4.40 | 9.60 | 1 424 | 2.15 | 6.12 |
| 1488 | 000838 | 国兴地产 | 32.97 | 13.24 | 0.00 | 7.89 | 3.16 | 8.68 | 1 446 | 4.51 | 10.61 |
| 1489 | 000955 | ＊ST 欣龙 | 32.32 | 5.92 | 5.04 | 6.38 | 7.44 | 7.54 | 1 467 | 3.55 | 6.06 |
| 1490 | 600217 | ＊ST 秦岭 | 32.24 | 12.40 | 6.94 | 0.00 | 3.22 | 9.68 | 1 526 | 2.05 | 5.78 |
| 1491 | 600732 | 上海新梅 | 32.20 | 14.00 | 0.00 | 5.68 | 4.25 | 8.27 | 648 | 5.04 | 9.80 |
| 1492 | 600171 | 上海贝岭 | 32.11 | 0.00 | 3.04 | 14.33 | 4.93 | 9.81 | 1 238 | 3.02 | 7.88 |
| 1493 | 000058 | 深赛格 | 32.08 | 0.00 | 3.51 | 13.56 | 3.31 | 11.70 | 1 221 | 2.01 | 6.72 |
| 1494 | 600306 | 商业城 | 32.05 | 5.17 | 7.36 | 5.00 | 7.30 | 7.22 | 1 120 | 7.10 | 10.69 |
| 1495 | 000928 | 中钢吉炭 | 32.00 | 7.03 | 6.33 | 5.89 | 4.15 | 8.60 | 938 | 4.00 | 8.72 |
| 1496 | 600516 | 方大炭素 | 31.90 | 11.41 | 5.09 | 7.23 | 0.00 | 8.17 | 113 | 8.15 | 10.21 |
| 1497 | 600532 | 华阳科技 | 31.87 | 6.94 | 6.48 | 6.53 | 3.12 | 8.80 | 1 434 | 4.16 | 8.85 |
| 1498 | 600232 | 金鹰股份 | 31.71 | 5.87 | 4.57 | 6.96 | 5.17 | 9.14 | 1 342 | 2.95 | 6.26 |
| 1499 | 600844 | 丹化科技 | 31.68 | 4.32 | 3.13 | 6.19 | 9.12 | 8.92 | 755 | 11.67 | 28.23 |
| 1500 | 000017 | ＊ST 中华 A | 31.63 | 7.73 | 14.81 | 0.00 | 4.09 | 5.00 | 1 122 | 3.49 | 3.49 |
| 1501 | 600193 | 创兴置业 | 31.63 | 14.77 | 0.00 | 9.52 | 0.00 | 7.34 | 594 | 5.43 | 11.81 |
| 1502 | 000524 | 东方宾馆 | 31.61 | 0.00 | 10.05 | 8.40 | 4.95 | 8.21 | 765 | 4.07 | 8.40 |
| 1503 | 000795 | 太原刚玉 | 31.55 | 8.81 | 3.91 | 3.69 | 7.28 | 7.86 | 1 537 | 2.69 | 8.16 |
| 1504 | 600080 | ＊ST 金花 | 31.31 | 5.33 | 7.14 | 6.13 | 3.35 | 9.36 | 1 350 | 2.31 | 5.94 |
| 1505 | 600229 | 青岛碱业 | 31.30 | 0.00 | 9.78 | 6.47 | 7.40 | 7.65 | 655 | 4.88 | 7.02 |
| 1506 | 600273 | 华芳纺织 | 31.20 | 0.00 | 11.89 | 4.13 | 5.18 | 10.00 | 915 | 2.63 | 13.41 |
| 1507 | 600868 | ST 梅雁 | 30.99 | 5.66 | 8.02 | 4.96 | 3.71 | 8.64 | 1 337 | 1.98 | 3.73 |
| 1508 | 600792 | ST 马龙 | 30.90 | 12.54 | 10.04 | 0.00 | 0.00 | 8.32 | 462 | 6.48 | 12.79 |
| 1509 | 600898 | ＊ST 三联 | 30.88 | 7.68 | 9.38 | 9.93 | 0.00 | 3.89 | 1 465 | 4.03 | 5.68 |
| 1510 | 600618 | 氯碱化工 | 30.85 | 0.00 | 13.50 | 4.55 | 3.66 | 9.14 | 811 | 3.14 | 8.64 |
| 1511 | 600757 | ＊ST 源发 | 30.62 | 12.18 | 8.82 | 0.00 | 0.00 | 9.62 | 1 422 | 2.36 | 5.93 |
| 1512 | 000666 | 经纬纺机 | 30.48 | 0.00 | 7.01 | 6.43 | 7.04 | 10.00 | 1 242 | 2.72 | 12.32 |
| 1513 | 000761 | 本钢板材 | 30.37 | 0.00 | 12.27 | 5.46 | 5.27 | 7.37 | 554 | 4.10 | 7.07 |
| 1514 | 000587 | S＊ST 光明 | 30.33 | 11.19 | 3.55 | 2.90 | 3.72 | 8.97 | 1 451 | 3.79 | 12.46 |
| 1515 | 000995 | ＊ST 皇台 | 30.31 | 6.50 | 1.61 | 7.33 | 5.94 | 8.93 | 1 516 | 3.54 | 6.96 |
| 1516 | 000409 | ST 泰复 | 30.31 | 0.00 | 0.00 | 14.99 | 4.86 | 10.46 | 1 361 | 2.88 | 8.67 |
| 1517 | 000976 | ＊ST 春晖 | 30.28 | 0.00 | 13.34 | 4.98 | 3.12 | 8.84 | 1 475 | 2.34 | 4.90 |
| 1518 | 600753 | 东方银星 | 30.25 | 8.14 | 0.00 | 9.53 | 3.38 | 9.20 | 1 547 | 3.14 | 8.61 |
| 1519 | 600339 | 天利高新 | 29.91 | 5.09 | 8.13 | 4.22 | 3.72 | 8.75 | 971 | 5.00 | 9.71 |
| 1520 | 600057 | ＊ST 夏新 | 29.88 | 17.92 | 1.98 | 5.81 | 0.00 | 4.17 | 1 469 | 1.97 | 3.98 |
| 1521 | 002113 | 天润发展 | 29.85 | 0.00 | 7.16 | 6.70 | 6.68 | 9.31 | 1 283 | 3.98 | 9.17 |
| 1522 | 000695 | 滨海能源 | 29.76 | 0.00 | 11.05 | 3.79 | 6.55 | 8.37 | 1 004 | 4.23 | 8.22 |
| 1523 | 000007 | ST 零七 | 29.69 | 11.18 | 4.50 | 3.09 | 2.74 | 8.18 | 1 309 | 3.24 | 7.03 |

续表

| 序号 | 评价单位代码 | 单位名称 | 分项得分 | | | | | | 上年排名 | 年初股价（元） | 年末股价（元） |
|---|---|---|---|---|---|---|---|---|---|---|---|
| | | | 小计 | 财务效益 | 资产质量 | 偿债风险 | 发展能力 | 市场表现 | | | |
| 1524 | 600854 | ST 春兰 | 29.49 | 3.03 | 3.81 | 12.21 | 5.44 | 5.00 | 1 326 | 6.51 | 7.98 |
| 1525 | 600726 | 华电能源 | 29.43 | 0.00 | 11.01 | 0.00 | 10.72 | 7.70 | 523 | 2.69 | 4.88 |
| 1526 | 600076 | ＊ST 华光 | 29.22 | 5.72 | 0.00 | 7.36 | 6.14 | 10.00 | 1 554 | 2.14 | 8.72 |
| 1527 | 000498 | ＊ST 丹化 | 29.22 | 17.64 | 0.00 | 6.58 | 0.00 | 5.00 | 1 374 | 3.64 | — |
| 1528 | 000787 | ＊ST 创智 | 29.21 | 8.17 | 0.00 | 9.54 | 6.50 | 5.00 | 1 397 | — | — |
| 1529 | 000598 | ＊ST 清洗 | 29.07 | 0.00 | 10.73 | 3.51 | 4.87 | 9.96 | 1 105 | 4.27 | 11.86 |
| 1530 | 000859 | 国风塑业 | 28.94 | 0.00 | 10.25 | 7.65 | 2.00 | 9.04 | 745 | 2.66 | 8.29 |
| 1531 | 600103 | 青山纸业 | 28.90 | 0.00 | 6.81 | 7.72 | 5.89 | 8.48 | 922 | 2.19 | 4.52 |
| 1532 | 600769 | ＊ST 祥龙 | 28.88 | 0.00 | 13.67 | 4.85 | 2.58 | 7.78 | 1 391 | 2.40 | 5.76 |
| 1533 | 000557 | ST 银广夏 | 28.78 | 14.18 | 0.00 | 6.72 | 0.00 | 7.88 | 1 501 | 2.59 | 4.86 |
| 1534 | 600988 | ＊ST 宝龙 | 28.76 | 11.92 | 1.78 | 0.00 | 5.06 | 10.00 | 1 395 | 3.75 | 12.88 |
| 1535 | 000856 | ＊ST 唐陶 | 28.70 | 6.31 | 2.41 | 3.45 | 7.34 | 9.19 | 1 518 | 3.55 | 7.72 |
| 1536 | 002234 | 民和股份 | 28.60 | 0.00 | 13.63 | 5.64 | 4.33 | 5.00 | 238 | 12.08 | 16.78 |
| 1537 | 600373 | ＊ST 鑫新 | 28.60 | 0.00 | 10.31 | 0.00 | 8.29 | 10.00 | 1 472 | 2.80 | 12.09 |
| 1538 | 600751 | SST 天海 | 28.60 | 11.92 | 6.79 | 0.00 | 0.00 | 9.89 | 1 356 | 3.36 | 9.43 |
| 1539 | 600602 | 广电电子 | 28.58 | 4.84 | 3.00 | 9.55 | 0.00 | 11.19 | 1 544 | 2.34 | 8.00 |
| 1540 | 600408 | 安泰集团 | 28.55 | 0.00 | 8.09 | 5.82 | 6.72 | 7.92 | 717 | 3.67 | 8.51 |
| 1541 | 600613 | 永生投资 | 28.52 | 0.00 | 5.15 | 9.66 | 5.08 | 8.63 | 967 | 5.74 | 13.07 |
| 1542 | 600767 | 运盛实业 | 28.35 | 3.97 | 0.00 | 7.20 | 8.91 | 8.27 | 1 410 | 2.80 | 6.06 |
| 1543 | 600608 | ＊ST 沪科 | 28.22 | 11.92 | 7.63 | 0.00 | 0.00 | 8.67 | 1 527 | 2.38 | 6.46 |
| 1544 | 600401 | ＊ST 申龙 | 28.06 | 6.49 | 6.03 | 2.90 | 7.64 | 5.00 | 1 535 | 2.38 | 2.78 |
| 1545 | 000902 | ＊ST 中服 | 27.86 | 0.00 | 10.91 | 3.63 | 2.91 | 10.41 | 1 317 | 2.54 | 7.48 |
| 1546 | 601600 | 中国铝业 | 27.82 | 0.00 | 9.50 | 4.10 | 5.39 | 8.83 | 994 | 6.15 | 14.47 |
| 1547 | 002181 | 粤传媒 | 27.80 | 6.13 | 1.75 | 12.56 | 0.00 | 7.36 | 1 300 | 5.63 | 9.99 |
| 1548 | 000703 | ＊ST 光华 | 27.67 | 0.00 | 8.92 | 6.83 | 1.92 | 10.00 | 1 412 | 2.67 | 9.53 |
| 1549 | 600633 | ＊ST 白猫 | 27.53 | 0.00 | 10.40 | 7.91 | 2.87 | 6.35 | 1 392 | 5.00 | 7.89 |
| 1550 | 600299 | ＊ST 新材 | 27.40 | 3.57 | 9.64 | 0.00 | 5.91 | 8.28 | 1 331 | 7.34 | 13.58 |
| 1551 | 600671 | 天目药业 | 27.22 | 0.00 | 6.83 | 6.77 | 4.21 | 9.41 | 1 039 | 5.05 | 12.19 |
| 1552 | 600791 | 京能置业 | 27.22 | 13.01 | 0.00 | 6.34 | 0.00 | 7.87 | 1 133 | 4.01 | 7.50 |
| 1553 | 000672 | ＊ST 铜城 | 27.08 | 5.30 | 2.75 | 4.38 | 9.65 | 5.00 | 1 301 | — | — |
| 1554 | 600131 | ＊ST 岷电 | 26.82 | 3.24 | 9.11 | 2.71 | 3.90 | 7.86 | 1 545 | 3.49 | 6.30 |
| 1555 | 600980 | 北矿磁材 | 26.77 | 0.00 | 6.10 | 8.97 | 3.16 | 8.54 | 1 073 | 5.47 | 11.18 |
| 1556 | 600609 | 金杯汽车 | 26.77 | 0.00 | 9.19 | 0.00 | 8.33 | 9.25 | 1 495 | 2.38 | 5.58 |
| 1557 | 600301 | ＊ST 南化 | 26.73 | 0.00 | 12.14 | 3.62 | 2.81 | 8.16 | 1 403 | 4.36 | 9.20 |
| 1558 | 000693 | S＊ST 聚友 | 26.60 | 12.38 | 6.01 | 0.00 | 3.21 | 5.00 | 1 161 | — | — |
| 1559 | 600771 | ST 东盛 | 26.59 | 12.43 | 1.66 | 0.00 | 2.92 | 9.58 | 1 474 | 2.82 | 6.65 |
| 1560 | 600603 | ST 兴业 | 26.47 | 12.07 | 0.00 | 6.05 | 0.00 | 8.35 | 1 359 | 4.27 | 8.61 |
| 1561 | 000972 | 新中基 | 26.38 | 11.22 | 2.01 | 2.56 | 3.46 | 7.13 | 1 200 | 5.35 | 10.23 |
| 1562 | 600984 | ＊ST 建机 | 26.33 | 0.00 | 5.27 | 4.54 | 6.25 | 10.27 | 1 538 | 3.06 | 9.77 |

续表

| 序号 | 评价单位代码 | 单位名称 | 分项得分 | | | | | | 上年排名 | 年初股价（元） | 年末股价（元） |
|---|---|---|---|---|---|---|---|---|---|---|---|
| | | | 小计 | 财务效益 | 资产质量 | 偿债风险 | 发展能力 | 市场表现 | | | |
| 1563 | 002260 | 伊立浦 | 26.29 | 0.00 | 8.40 | 7.00 | 3.11 | 7.78 | 759 | 6.33 | 9.93 |
| 1564 | 000889 | 渤海物流 | 26.18 | 0.00 | 6.89 | 5.76 | 5.60 | 7.93 | 913 | 4.10 | 8.07 |
| 1565 | 600281 | 太化股份 | 25.96 | 0.00 | 8.86 | 3.38 | 2.42 | 11.30 | 861 | 3.13 | 11.13 |
| 1566 | 000691 | *ST 亚太 | 25.89 | 11.05 | 0.00 | 5.32 | 0.00 | 9.52 | 1 562 | 1.93 | 5.77 |
| 1567 | 600727 | *ST 鲁北 | 25.83 | 2.72 | 0.00 | 11.11 | 3.61 | 8.39 | 1 457 | 4.15 | 6.74 |
| 1568 | 600206 | 有研硅股 | 25.79 | 3.59 | 5.88 | 7.15 | 0.00 | 9.17 | 456 | 6.36 | 12.22 |
| 1569 | 600783 | 鲁信高新 | 25.35 | 6.26 | 1.74 | 5.17 | 2.05 | 10.13 | 1 046 | 8.07 | 23.67 |
| 1570 | 600390 | 金瑞科技 | 25.25 | 0.00 | 8.20 | 5.96 | 2.37 | 8.72 | 935 | 6.28 | 13.56 |
| 1571 | 600520 | 三佳科技 | 25.21 | 0.00 | 4.77 | 8.67 | 1.77 | 10.00 | 1 060 | 3.63 | 14.71 |
| 1572 | 600010 | 包钢股份 | 25.19 | 0.00 | 10.68 | 3.23 | 3.21 | 8.07 | 388 | 2.54 | 4.64 |
| 1573 | 000607 | 华立药业 | 25.18 | 3.51 | 7.70 | 4.85 | 0.00 | 9.12 | 920 | 2.72 | 7.18 |
| 1574 | 000504 | *ST 传媒 | 25.15 | 0.00 | 8.44 | 4.97 | 3.58 | 8.16 | 1 548 | 3.03 | 8.17 |
| 1575 | 600681 | S*ST 万鸿 | 25.09 | 14.56 | 0.00 | 3.56 | 1.97 | 5.00 | 1 278 | 4.42 | |
| 1576 | 000958 | *ST 东热 | 25.00 | 0.00 | 11.64 | 0.00 | 5.48 | 7.88 | 1 506 | 3.07 | 5.63 |
| 1577 | 600448 | 华纺股份 | 24.96 | 0.00 | 9.56 | 3.70 | 2.21 | 9.49 | 953 | 2.59 | 6.75 |
| 1578 | 000035 | *ST 科健 | 24.91 | 13.87 | 0.00 | 2.35 | 0.00 | 8.69 | 1 310 | 3.02 | 6.90 |
| 1579 | 000033 | 新都酒店 | 24.88 | 0.00 | 5.36 | 6.57 | 3.81 | 9.14 | 1 173 | 2.78 | 7.35 |
| 1580 | 600319 | 亚星化学 | 24.75 | 0.00 | 9.03 | 3.39 | 3.40 | 8.93 | 946 | 3.23 | 7.00 |
| 1581 | 600860 | *ST 北人 | 24.75 | 0.00 | 4.79 | 5.77 | 4.69 | 9.50 | 1 557 | 2.79 | 7.91 |
| 1582 | 600179 | *ST 黑化 | 24.67 | 0.00 | 9.31 | 3.92 | 2.88 | 8.56 | 1 112 | 3.60 | 6.81 |
| 1583 | 000822 | 山东海化 | 24.40 | 0.00 | 11.45 | 4.86 | 0.00 | 8.09 | 610 | 4.90 | 7.91 |
| 1584 | 600705 | S*ST 北亚 | 24.35 | 5.18 | 0.00 | 9.51 | 4.66 | 5.00 | 1 370 | — | — |
| 1585 | 000722 | *ST 金果 | 24.30 | 0.00 | 9.19 | 0.00 | 5.03 | 10.08 | 1 349 | 2.86 | 9.03 |
| 1586 | 600819 | 耀皮玻璃 | 24.28 | 0.00 | 6.41 | 5.64 | 3.91 | 8.32 | 1 041 | 4.49 | 8.54 |
| 1587 | 600180 | *ST 九发 | 24.21 | 9.21 | 0.00 | 5.00 | 0.00 | 10.00 | 1 432 | 2.15 | 7.18 |
| 1588 | 601866 | 中海集运 | 24.21 | 0.00 | 10.55 | 5.81 | 0.00 | 7.85 | 869 | 2.65 | 4.63 |
| 1589 | 600515 | *ST 筑信 | 24.21 | 0.00 | 8.66 | 0.00 | 5.55 | 10.00 | 1 555 | 2.13 | 8.19 |
| 1590 | 000813 | 天山纺织 | 24.15 | 0.00 | 5.82 | 10.15 | 0.00 | 8.18 | 894 | 2.70 | 6.57 |
| 1591 | 000049 | 德赛电池 | 24.13 | 0.00 | 8.60 | 2.45 | 5.43 | 7.65 | 889 | 6.58 | 10.69 |
| 1592 | 002274 | 华昌化工 | 24.06 | 0.00 | 11.52 | 5.10 | 3.17 | 4.27 | 161 | 16.36 | 19.89 |
| 1593 | 600817 | *ST 宏盛 | 24.06 | 8.54 | 5.52 | 0.00 | 0.00 | 10.00 | 1 549 | 2.14 | 7.27 |
| 1594 | 600148 | 长春一东 | 23.93 | 0.00 | 5.26 | 6.59 | 2.48 | 9.60 | 1 006 | 4.73 | 11.73 |
| 1595 | 600355 | *ST 精伦 | 23.80 | 0.00 | 1.98 | 9.64 | 3.48 | 8.70 | 1 494 | 2.90 | 7.14 |
| 1596 | 600562 | *ST 高陶 | 23.63 | 0.00 | 5.22 | 5.78 | 2.63 | 10.00 | 1 363 | 4.42 | 25.60 |
| 1597 | 600074 | 中达股份 | 23.55 | 0.00 | 11.60 | 0.00 | 3.31 | 8.64 | 1 212 | 2.77 | 4.74 |
| 1598 | 600228 | 昌九生化 | 23.44 | 0.00 | 8.63 | 4.85 | 0.00 | 9.96 | 848 | 3.30 | 8.65 |
| 1599 | 600793 | ST 宜纸 | 23.31 | 0.00 | 9.95 | 0.00 | 3.03 | 10.33 | 1 305 | 3.59 | 11.46 |
| 1600 | 000590 | 紫光古汉 | 23.23 | 0.00 | 5.17 | 5.96 | 4.98 | 7.12 | 909 | 4.85 | 7.73 |
| 1601 | 000681 | *ST 远东 | 23.17 | 4.88 | 0.00 | 9.99 | 3.30 | 5.00 | 1 528 | 2.30 | 3.30 |

续表

| 序号 | 评价单位代码 | 单位名称 | 分项得分 | | | | | | 上年排名 | 年初股价（元） | 年末股价（元） |
|---|---|---|---|---|---|---|---|---|---|---|---|
| | | | 小计 | 财务效益 | 资产质量 | 偿债风险 | 发展能力 | 市场表现 | | | |
| 1602 | 600691 | *ST 东碳 | 23.01 | 12.38 | 0.00 | 0.00 | 2.76 | 7.87 | 1 445 | 4.24 | 10.69 |
| 1603 | 600876 | ST 洛玻 | 22.96 | 0.00 | 8.79 | 0.00 | 1.91 | 12.26 | 1 440 | 2.17 | 7.90 |
| 1604 | 000953 | *ST 河化 | 22.87 | 0.00 | 9.77 | 0.00 | 4.66 | 8.44 | 1 499 | 4.10 | 8.54 |
| 1605 | 600237 | 铜峰电子 | 22.65 | 0.00 | 4.75 | 5.80 | 2.43 | 9.67 | 934 | 2.95 | 7.04 |
| 1606 | 000676 | *ST 思达 | 22.64 | 0.00 | 5.11 | 3.27 | 5.10 | 9.16 | 1 269 | 2.90 | 7.02 |
| 1607 | 600617 | ST 联华 | 22.63 | 12.38 | 0.00 | 0.00 | 2.28 | 7.97 | 1 571 | 4.15 | 7.50 |
| 1608 | 600695 | 大江股份 | 22.61 | 0.00 | 8.97 | 3.00 | 3.38 | 7.26 | 1 164 | 4.14 | 7.42 |
| 1609 | 601919 | 中国远洋 | 22.59 | 0.00 | 10.07 | 4.66 | 0.00 | 7.86 | 61 | 7.50 | 13.90 |
| 1610 | 600163 | 福建南纸 | 22.53 | 0.00 | 5.16 | 4.89 | 3.69 | 8.79 | 911 | 2.72 | 5.39 |
| 1611 | 000892 | ST 星美 | 22.48 | 15.18 | 0.00 | 0.00 | 0.00 | 7.30 | 1 237 | 5.02 | 10.44 |
| 1612 | 600711 | ST 雄震 | 22.46 | 0.00 | 9.64 | 0.00 | 4.15 | 8.67 | 1 267 | 5.16 | 11.29 |
| 1613 | 600620 | 天宸股份 | 22.22 | 6.11 | 0.00 | 4.61 | 4.50 | 7.00 | 783 | 5.26 | 7.69 |
| 1614 | 600311 | 荣华实业 | 22.13 | 0.00 | 8.03 | 5.91 | 0.00 | 8.19 | 1 017 | 5.68 | 11.72 |
| 1615 | 600419 | ST 天宏 | 22.06 | 0.00 | 9.01 | 2.42 | 2.22 | 8.41 | 1 179 | 3.76 | 10.71 |
| 1616 | 001896 | *ST 豫能 | 22.06 | 0.00 | 8.11 | 0.00 | 4.97 | 8.98 | 1 529 | 3.25 | 8.42 |
| 1617 | 600330 | 天通股份 | 22.05 | 0.00 | 5.98 | 6.97 | 0.00 | 9.10 | 1 010 | 2.82 | 6.02 |
| 1618 | 600365 | 通葡股份 | 21.99 | 0.00 | 1.94 | 7.19 | 2.35 | 10.51 | 1 260 | 3.98 | 11.79 |
| 1619 | 600389 | 江山股份 | 21.98 | 2.73 | 12.12 | 2.58 | 0.00 | 4.55 | 137 | 12.31 | 15.93 |
| 1620 | 600698 | ST 轻骑 | 21.96 | 0.00 | 10.62 | 2.74 | 0.00 | 8.60 | 1 012 | 2.99 | 6.45 |
| 1621 | 600803 | 威远生化 | 21.96 | 0.00 | 7.11 | 3.43 | 3.34 | 8.08 | 774 | 5.84 | 11.14 |
| 1622 | 000719 | S*ST 鑫安 | 21.93 | 11.03 | 0.00 | 5.90 | 0.00 | 5.00 | 1 244 | 9.27 | — |
| 1623 | 000602 | 金马集团 | 21.88 | 3.69 | 1.79 | 4.32 | 0.00 | 12.08 | 955 | 5.15 | 18.68 |
| 1624 | 600707 | 彩虹股份 | 21.86 | 0.00 | 7.30 | 4.56 | 0.00 | 10.00 | 466 | 3.01 | 12.23 |
| 1625 | 000863 | *ST 商务 | 21.70 | 13.91 | 0.00 | 2.79 | 0.00 | 5.00 | 1 377 | — | — |
| 1626 | 002075 | *ST 张铜 | 21.61 | 12.44 | 0.00 | 0.00 | 0.00 | 9.17 | 1 567 | 3.11 | 7.04 |
| 1627 | 600812 | 华北制药 | 21.58 | 0.00 | 7.85 | 0.00 | 5.32 | 8.41 | 360 | 6.07 | 11.70 |
| 1628 | 600146 | 大元股份 | 21.57 | 0.00 | 2.05 | 9.52 | 0.00 | 10.00 | 1 302 | 3.46 | 26.40 |
| 1629 | 000403 | S*ST 生化 | 21.41 | 4.44 | 7.25 | 2.04 | 2.68 | 5.00 | 796 | — | — |
| 1630 | 600209 | *ST 罗顿 | 21.06 | 3.58 | 0.00 | 6.02 | 2.20 | 9.26 | 1 404 | 2.62 | 6.59 |
| 1631 | 600095 | 哈高科 | 20.99 | 0.00 | 1.83 | 6.47 | 3.45 | 9.24 | 1 292 | 2.96 | 6.81 |
| 1632 | 000971 | ST 迈亚 | 20.86 | 0.00 | 4.78 | 0.00 | 7.25 | 8.83 | 1 551 | 2.84 | 5.81 |
| 1633 | 000737 | 南风化工 | 20.59 | 0.00 | 7.48 | 2.32 | 2.93 | 7.86 | 876 | 4.12 | 6.22 |
| 1634 | 002021 | 中捷股份 | 20.34 | 0.00 | 0.00 | 6.78 | 2.56 | 11.00 | 1 379 | 3.91 | 8.64 |
| 1635 | 000688 | *ST 朝华 | 20.34 | 8.73 | 0.00 | 6.61 | 0.00 | 5.00 | 1 383 | — | — |
| 1636 | 000820 | *ST 金城 | 20.22 | 0.00 | 3.82 | 0.00 | 6.83 | 9.57 | 1 570 | 2.35 | 5.89 |
| 1637 | 600265 | 景谷林业 | 20.20 | 0.00 | 5.50 | 4.95 | 2.05 | 7.70 | 1 308 | 6.52 | 10.12 |
| 1638 | 600715 | ST 松辽 | 20.08 | 0.00 | 3.60 | 6.48 | 0.00 | 10.00 | 1 298 | 1.98 | 7.75 |
| 1639 | 600203 | 福日电子 | 19.51 | 0.00 | 10.56 | 0.00 | 0.00 | 8.95 | 1 409 | 3.53 | 7.18 |
| 1640 | 002129 | 中环股份 | 19.13 | 0.00 | 3.55 | 6.58 | 2.79 | 6.21 | 441 | 6.24 | 9.10 |

续表

| 序号 | 评价单位代码 | 单位名称 | 分项得分 | | | | | | 上年排名 | 年初股价（元） | 年末股价（元） |
|---|---|---|---|---|---|---|---|---|---|---|---|
| | | | 小计 | 财务效益 | 资产质量 | 偿债风险 | 发展能力 | 市场表现 | | | |
| 1641 | 002072 | *ST 德棉 | 18.99 | 0.00 | 6.63 | 0.00 | 3.61 | 8.75 | 1 388 | 3.49 | 9.85 |
| 1642 | 000415 | *ST 汇通 | 18.94 | 0.00 | 1.87 | 2.50 | 5.66 | 8.91 | 1 500 | 4.22 | 8.92 |
| 1643 | 600706 | ST 长信 | 18.89 | 0.00 | 6.34 | 0.00 | 3.44 | 9.11 | 1 493 | 3.43 | 8.99 |
| 1644 | 600094 | *ST 华源 | 18.78 | 4.33 | 0.00 | 9.45 | 0.00 | 5.00 | 1 134 | 4.37 | |
| 1645 | 600213 | 亚星客车 | 18.59 | 0.00 | 6.53 | 3.23 | 0.00 | 8.83 | 1 084 | 3.32 | 8.68 |
| 1646 | 000831 | *ST 关铝 | 18.54 | 0.00 | 9.96 | 0.00 | 0.00 | 8.58 | 1 539 | 3.99 | 9.62 |
| 1647 | 600455 | *ST 博通 | 18.43 | 0.00 | 4.57 | 0.00 | 3.73 | 10.13 | 1 498 | 6.44 | 15.66 |
| 1648 | 000805 | *ST 炎黄 | 18.08 | 13.08 | 0.00 | 0.00 | 0.00 | 5.00 | 1 148 | — | — |
| 1649 | 000603 | *ST 威达 | 18.01 | 4.14 | 0.00 | 6.94 | 1.93 | 5.00 | 1 299 | 7.72 | 7.72 |
| 1650 | 600275 | ST 昌鱼 | 17.81 | 0.00 | 0.00 | 0.00 | 7.81 | 10.00 | 1 441 | 1.81 | 6.86 |
| 1651 | 600885 | *ST 力阳 | 17.73 | 0.00 | 9.39 | 0.00 | 3.96 | 4.38 | 1 343 | 7.68 | 9.90 |
| 1652 | 600176 | 中国玻纤 | 17.68 | 4.47 | 3.03 | 1.70 | 3.48 | 5.00 | 333 | 13.81 | 18.68 |
| 1653 | 000818 | *ST 锦化 | 17.65 | 0.00 | 9.21 | 0.00 | 0.00 | 8.44 | 1 431 | 3.44 | 7.95 |
| 1654 | 600678 | ST 金顶 | 17.28 | 0.00 | 6.44 | 0.00 | 5.84 | 5.00 | 651 | 5.13 | 6.73 |
| 1655 | 600604 | ST 二纺 | 17.10 | 0.00 | 5.07 | 3.27 | 0.00 | 8.76 | 1 399 | 2.80 | 7.30 |
| 1656 | 600699 | *ST 得亨 | 17.07 | 0.00 | 4.57 | 0.00 | 3.80 | 8.70 | 1 519 | 2.87 | 6.95 |
| 1657 | 000555 | ST 太光 | 17.06 | 8.81 | 0.00 | 0.00 | 0.00 | 8.25 | 1 181 | 4.05 | 9.02 |
| 1658 | 000908 | *ST 天一 | 16.80 | 0.00 | 3.25 | 0.00 | 5.00 | 8.55 | 1 491 | 3.64 | 9.84 |
| 1659 | 600766 | 园城股份 | 16.70 | 0.00 | 0.00 | 0.00 | 7.56 | 9.14 | 1 569 | 3.32 | 7.90 |
| 1660 | 600656 | ST 方源 | 16.67 | 11.92 | 0.00 | 0.00 | 0.00 | 4.75 | 991 | 3.71 | 6.22 |
| 1661 | 600084 | *ST 中葡 | 16.56 | 2.79 | 0.00 | 3.23 | 0.00 | 10.54 | 1 503 | 3.50 | 10.51 |
| 1662 | 600335 | 鼎盛天工 | 16.47 | 0.00 | 4.02 | 4.01 | 0.00 | 8.44 | 1 123 | 4.56 | 7.50 |
| 1663 | 000056 | 深国商 | 16.36 | 3.66 | 0.00 | 1.92 | 3.42 | 7.36 | 1 563 | 5.91 | 10.09 |
| 1664 | 600740 | *ST 山焦 | 16.06 | 0.00 | 8.56 | 0.00 | 0.00 | 7.50 | 1 328 | 4.37 | 9.37 |
| 1665 | 002145 | *ST 钛白 | 15.99 | 0.00 | 2.20 | 4.24 | 0.00 | 9.55 | 1 560 | 4.81 | 10.42 |
| 1666 | 600083 | ST 博信 | 15.88 | 0.00 | 0.00 | 4.89 | 0.00 | 10.99 | 1 362 | 2.89 | 8.75 |
| 1667 | 000922 | *ST 阿继 | 15.71 | 0.00 | 4.13 | 0.00 | 3.99 | 7.59 | 1 543 | 3.79 | 6.59 |
| 1668 | 600462 | *ST 石岘 | 15.36 | 0.00 | 7.04 | 0.00 | 0.00 | 8.32 | 1 521 | 2.53 | 5.77 |
| 1669 | 000413 | 宝石 A | 15.30 | 0.00 | 0.00 | 7.67 | 0.00 | 7.63 | 916 | 4.17 | 9.24 |
| 1670 | 000005 | 世纪星源 | 14.95 | 0.00 | 0.00 | 5.80 | 0.00 | 9.15 | 1 389 | 2.48 | 6.02 |
| 1671 | 600091 | 明天科技 | 14.73 | 0.00 | 0.00 | 4.98 | 0.00 | 9.75 | 1 507 | 3.00 | 8.39 |
| 1672 | 600444 | *ST 国通 | 14.72 | 0.00 | 5.25 | 0.00 | 4.47 | 5.00 | 1 497 | 12.52 | 15.24 |
| 1673 | 000068 | ST 三星 | 14.35 | 0.00 | 4.35 | 0.00 | 0.00 | 10.00 | 750 | 2.32 | 8.02 |
| 1674 | 000545 | 吉林制药 | 14.27 | 2.81 | 3.20 | 0.00 | 0.00 | 8.26 | 766 | 6.45 | 10.65 |
| 1675 | 600634 | *ST 海鸟 | 14.12 | 0.00 | 0.00 | 5.89 | 0.00 | 8.23 | 1 171 | 5.53 | 12.20 |
| 1676 | 600538 | *ST 国发 | 13.62 | 0.00 | 3.40 | 0.00 | 1.79 | 8.43 | 1 568 | 2.95 | 8.11 |
| 1677 | 600207 | ST 安彩 | 13.01 | 0.00 | 3.88 | 0.00 | 0.00 | 9.13 | 1 037 | 2.86 | 5.83 |
| 1678 | 000595 | 西北轴承 | 13.00 | 0.00 | 0.00 | 5.71 | 0.00 | 7.29 | 871 | 6.53 | 10.65 |
| 1679 | 600807 | 天业股份 | 12.85 | 0.00 | 0.00 | 2.85 | 0.00 | 10.00 | 1 243 | 3.35 | 18.44 |

续表

| 序号 | 评价单位代码 | 单位名称 | 分项得分 | | | | | | 上年排名 | 年初股价（元） | 年末股价（元） |
|---|---|---|---|---|---|---|---|---|---|---|---|
| | | | 小计 | 财务效益 | 资产质量 | 偿债风险 | 发展能力 | 市场表现 | | | |
| 1680 | 600490 | *ST 合臣 | 12.80 | 0.00 | 1.94 | 2.27 | 0.00 | 8.59 | 1 484 | 4.49 | 11.40 |
| 1681 | 600800 | ST 磁卡 | 11.67 | 0.00 | 0.00 | 0.00 | 3.03 | 8.64 | 1 346 | 3.89 | 5.90 |
| 1682 | 000408 | *ST 玉源 | 11.03 | 0.00 | 0.00 | 2.44 | 0.00 | 8.59 | 1 293 | 4.01 | 8.91 |
| 1683 | 000520 | 长航凤凰 | 10.84 | 0.00 | 5.84 | 0.00 | 0.00 | 5.00 | 929 | 4.14 | 5.66 |
| 1684 | 000673 | *ST 大水 | 9.53 | 0.00 | 0.00 | 0.00 | 0.00 | 9.53 | 1 566 | 3.62 | 9.15 |
| 1685 | 600145 | 四维控股 | 8.72 | 0.00 | 0.00 | 0.00 | 0.00 | 8.72 | 1 550 | 2.52 | 7.91 |

注：上年排名不含金融行业

附录三

# 2009年度中国上市公司分类财务指标及评价得分

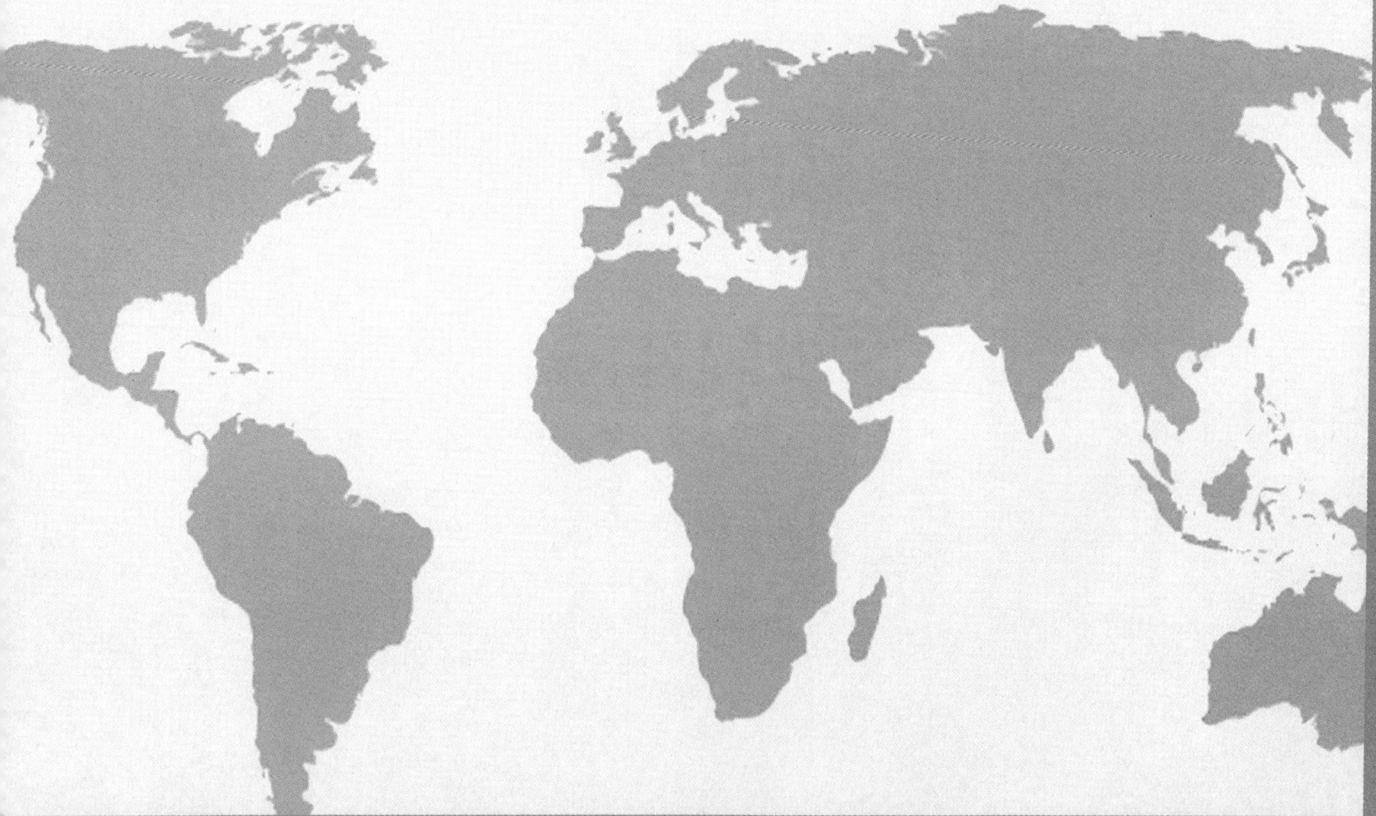

**附表：　　2009 年度中国非金融上市公司分类财务指标及评价得分**

| 序号 | 单位名称 | 带息负债比率（%） | 累计保留盈余率（%） | 三年营业收入平均增长率（%） | 总资产增长率（%） | 营业利润增长率（%） | 净资产收益率 |
|---|---|---|---|---|---|---|---|
| 1 | 全国所有上市公司 | 45.98 | 35.83 | 14.99 | 22.53 | 51.83 | 10.67 |
| 2 | 一、按行业划分 | | | | | | |
| 3 | 农林牧渔业 A | 56.26 | 18.21 | 16.27 | 12.68 | 25.43 | 5.59 |
| 4 | 采掘业 B | 43.92 | 55.27 | 12.84 | 18.89 | 40.65 | 13.63 |
| 5 | 制造业 C | 43.81 | 30.1 | 13.51 | 20.01 | 49.47 | 9.31 |
| 6 | 食品、饮料 C0 | 41.12 | 39.15 | 17.63 | 19.83 | 84.14 | 18.07 |
| 7 | 纺织、服装、毛皮 C1 | 53.72 | 25.14 | 3.8 | 22.35 | 122.22 | 9.61 |
| 8 | 造纸、印刷 C3 | 62.54 | 26.92 | 9.12 | 15.53 | −0.18 | 6.38 |
| 9 | 石油、化学、塑胶、塑料 C4 | 61.58 | 19.87 | 6.6 | 13.08 | 1 475.21 | 5.19 |
| 10 | 电子 C5 | 44 | 7.34 | 0.74 | 24.61 | 0 | 0.88 |
| 11 | 金属、非金属 C6 | 55.84 | 34.64 | 10.32 | 16.66 | −13.64 | 4.68 |
| 12 | 非金属矿物制品业（建筑材料）C61 | 60.26 | 27.64 | 18.13 | 21.25 | 62.01 | 10.86 |
| 13 | 机械、设备、仪表 C7 | 22.77 | 31.63 | 23.98 | 26.75 | 58.72 | 14.66 |
| 14 | 普通机械、专用设备（装备制造） | 36.64 | 36.56 | 22 | 21.42 | 4.21 | 12.47 |
| 15 | 交通运输设备制造业 C75 | 19.95 | 28.32 | 32.02 | 30.15 | 186.28 | 14.74 |
| 16 | 医药、生物制品 C8 | 41.51 | 37.7 | 12.44 | 17 | 73.09 | 18.04 |
| 17 | 医药制造业 C81 | 41.04 | 40.94 | 12.19 | 17.66 | 53.69 | 16.82 |
| 18 | 其他制造业 C9 | 55.26 | 22.66 | 16.43 | 18.77 | 53.71 | 9.77 |
| 19 | 电力煤气及水的生产和供应业 D | 80.86 | 28.86 | 17.07 | 32.95 | 0 | 8.6 |
| 20 | 建筑业 E | 24.39 | 18.77 | 27.55 | 30.72 | 102.57 | 13.82 |
| 21 | 交通运输、仓储业 F | 62.17 | 20.69 | 6.47 | 10.53 | −21.01 | 5.27 |
| 22 | 信息技术业 G | 31.38 | 16 | 15.65 | 25.16 | 77.37 | 6.85 |
| 23 | 批发和零售贸易业 H | 29.19 | 33.69 | 14.11 | 28.09 | 25.85 | 12.14 |
| 24 | 房地产业 J | 45.53 | 31.87 | 29.04 | 39.34 | 58.72 | 13.34 |
| 25 | 社会服务业 K | 54.32 | 33.73 | 17.53 | 24.38 | 33.81 | 11.53 |
| 26 | 传播与文化产业 L | 50.48 | 25.21 | 19.55 | 11.26 | 24.84 | 9.17 |
| 27 | 综合类 M | 49.49 | 16.31 | 6.12 | 17.53 | 148.67 | 8.78 |
| 28 | 二、按规模划分 | | | | | | |
| 29 | 100 亿元以上 | 45.99 | 40.42 | 16.14 | 22.14 | 48.57 | 11.08 |
| 30 | 50 亿～100 亿元 | 50.23 | 34.43 | 15.83 | 22.17 | 35.62 | 11.06 |
| 31 | 10 亿～50 亿元 | 44.26 | 26.41 | 10.97 | 21.39 | 61.22 | 9 |
| 32 | 10 亿元以下 | 38.14 | −12.92 | 6.84 | 43.31 | 2 660.28 | 9.22 |
| 33 | 三、按地点划分 | | | | | | |
| 34 | 沪市 | 49.86 | 34.34 | 12.41 | 21.36 | 200.95 | 10.35 |
| 35 | 深市 | 45.88 | 30.11 | 16 | 27.53 | 47.69 | 10.78 |
| 36 | 其中：中小企业板 | 44.03 | 35.75 | 20.82 | 32.34 | 28.15 | 13.64 |
| 37 | 创业板 | 20.26 | 22.66 | 48.84 | 253.99 | 50.73 | 14.19 |

续表

| 序号 | 单位名称 | 带息负债比率（%） | 累计保留盈余率（%） | 三年营业收入平均增长率（%） | 总资产增长率（%） | 营业利润增长率（%） | 净资产收益率 |
|---|---|---|---|---|---|---|---|
| 38 | 四、按上市时间 | | | | | | |
| 39 | 2008 年以后上市 | 23.49 | 22.13 | 24.37 | 34.85 | 19.05 | 13.08 |
| 40 | 2007 年上市 | 42.76 | 48.81 | 17.09 | 17.98 | −10.8 | 10.54 |
| 41 | 2006 年上市 | 63.27 | 29.89 | 18.54 | 16 | 55.98 | 13.15 |
| 42 | 2005 年上市 | 70.24 | 31.09 | 29.06 | 16.05 | 0 | 12.69 |
| 43 | 2004 年上市 | 43.88 | 33.73 | 11.99 | 23.92 | 22.26 | 11.83 |
| 44 | 2003 年以前上市 | 48.61 | 32.83 | 12.93 | 22.77 | 152.05 | 10.13 |
| 45 | 100 强 | 35.25 | 56.18 | 17.16 | 25.78 | 59.64 | 16.45 |
| 46 | 上年 100 强 | 39.52 | 46.81 | 19.25 | 21.63 | −7.56 | 12.99 |
| 47 | 五、其他 | | | | | | |
| 48 | 煤炭 B01 | 54.11 | 35.59 | 28.88 | 25.08 | −2.46 | 17.31 |
| 49 | 零售 H11 | 21.29 | 34.27 | 16.04 | 21.45 | 23.63 | 13.02 |
| 50 | 外贸 H21 | 38.21 | 34.53 | 11.92 | 39.22 | 24.73 | 11.03 |
| 51 | 钢铁（采掘＋制造）B05，C65 | 55.26 | 34.95 | 10.52 | 15.73 | −58.11 | 2.26 |
| 52 | 有色金属（采掘＋制造）B07，C67 | 66.37 | 35.47 | 9.7 | 11.9 | −14.59 | 4.51 |
| 53 | 石油石化（采掘＋制造）B03，C41，C43 | 41.52 | 58.56 | 10.26 | 18.06 | 80.04 | 12.43 |
| 54 | 建筑建材（建筑业＋建材）C61，E | 28 | 21.18 | 26.75 | 29.31 | 92.37 | 13.01 |
| 55 | 按照申银行业代码分类 | | | | | | |
| 56 | 建筑建材（申银） | 29.56 | 22.67 | 27.02 | 27.63 | 82.66 | 13.2 |
| 57 | 汽车（申银） | 18.33 | 35.02 | 35.92 | 34.39 | 337.1 | 17.25 |
| 58 | 纺织服装（申银） | 48.79 | 24.77 | 8.12 | 22.93 | 93.59 | 9.96 |
| 59 | 轻工制造（申银） | 63.16 | 23.19 | 11.63 | 12.04 | 32.04 | 7.73 |
| 60 | 医药生物（申银） | 40.95 | 33.5 | 14.03 | 20.05 | 75.48 | 16.45 |
| 61 | 房地产（申银） | 45.66 | 32.77 | 29.66 | 37.93 | 54.39 | 13.03 |
| 62 | 信息服务（申银） | 33.35 | 15.1 | 17.18 | 20.56 | 63.84 | 6.01 |
| 63 | 有色金属（申银） | 66.25 | 33.85 | 8.86 | 11.86 | −12.37 | 4.19 |
| 64 | 黑色金属（申银） | 55.27 | 34.38 | 12.01 | 15.57 | −55.61 | 2.55 |
| 65 | 机械设备（申银） | 29.87 | 37.8 | 15.01 | 19.98 | 17.54 | 13.41 |
| 66 | 化工（申银） | 48.92 | 49.69 | 7.61 | 14.57 | 0 | 12.84 |
| 67 | 石油＋化工（申银） | 42.14 | 56.95 | 9.79 | 17.89 | 91.17 | 12.41 |
| 68 | 煤炭（申银） | 54.38 | 34.94 | 28.37 | 24.53 | −4.06 | 16.67 |
| 69 | 家用电器（申银） | 18.92 | 26.03 | 10.81 | 36.24 | 100.68 | 15.61 |
| 70 | 商业贸易（申银） | 29.84 | 33.1 | 14.36 | 28.7 | 28.41 | 11.57 |
| 71 | 餐饮旅游（申银） | 38.39 | 17.03 | 10.71 | 22.5 | 47.67 | 9.28 |
| 72 | 电子元器件（申银） | 51.67 | 4.66 | −4.11 | 19.53 | 0 | −1.9 |

# 后　记

2009年中国政府采取了积极的财政政策和宽松的货币政策，以保证资金的供给；出台了一系列区域和产业刺激政策，支持产业经济发展，中国经济率先从世界经济危机中复苏，走出了一条快速反转的“V”型曲线。中国股市也一扫2008年的跌势，总市值在2009年7月15日首次超过日本，跃居全球第二位；上证综合股指数以全年80%的涨幅跻身世界前十名，而深证成份股指数更以全年111%的涨幅成功晋身世界第三名。上市公司也充分发挥了中国经济龙头的作用，总体业绩大幅提高。

中联研究院、中联财务顾问有限公司、中联资产评估有限公司、中联资本管理有限公司、中联税务师事务所、中勤万信会计事务所、中国总会计师协会与国务院国资委有关专家共同组成上市公司业绩评价课题组，以财政部等五部委颁布的《企业绩效评价操作细则（修订）》为基础，结合中国上市公司的特点，构建了一套包含20多项财务指标的业绩评价体系，连续九年开展了上市公司业绩评价分析工作，并出版了《中国上市公司业绩评价报告(2010)》。

课题组把上市公司的经营业绩放在全球经济复苏的宏观背景下，通过跟踪市场特点，对上市公司财务数据的系统分析，从而得出科学的评价结论。报告首先系统分析了上市公司运行的国际国内宏观经济背景，对上市公司业绩进行了综合评价，并依据评价成果，深入征询了各界专家的意见，并通过网络参与、邮寄参与等形式，广泛吸收公众投资者的建议，最终评选出中国资本市场最具权威、系统、科学的中联价值百强排名。课题组还深入煤炭、石油石化、有色等9个重点行业，进行了细致分析，所选行业覆盖了产业规划重点扶持行业和投资者关注的市场特点板块。

全书共分12章，其中第一章由曾建、徐文石撰写；第二章由余蓓蕾、赵燕、王淑贤撰写；第三章由穆东升、李麦团撰写，第四章由唐章奇、张跃撰写，第五章由鲁杰钢、腾飞撰写，第六章由董丽丽、董银雪撰写，第七章由潘明、陈志红撰写，第八章由金阳、方炳希撰写，第九章由田祥雨、吴梅撰写，第十章由杜超、胡智撰写，第十一章由程旭撰写，第十二章由彭璐、李睿甲撰写，附录中的《上市公司业绩评价体系说明》由孙庆红、刘志撰写。孙庆红、徐文石、穆东升负责统稿工作。孙庆红、刘志负责本书数据采集、处理和统计分析工作。全书由王子林、沈莹、廖家生审定。